本书由上海适达公益基金会赞助出版

特奥口述史
Special Olympics Oral History

| 总主编　廖　梅

这一次 请听我说

特奥家庭领袖卷

本卷主编　田乐

上海人民出版社

谨以此书向致力于
促进智力障碍人士的尊严和社会包容、创造更美好世界的
个人和机构致敬

To people and organizations dedicated to promoting dignity and social inclusion of persons with intellectual disabilities and a better world for all

总 序 一

国际特奥会主席 蒂姆·施莱佛博士

50 年前，一项运动诞生了。

1968 年 7 月 20 日，第一届国际特殊奥林匹克运动会在美国伊利诺伊州芝加哥市战士体育场举行，来自美国和加拿大的 1 000 位运动员参加了比赛。如今，在世界各地，每天都有 108 000 余项运动和比赛正在上演，吸引了超过 500 万运动员。

特奥的历史广阔而深邃，由数百万个人的故事构筑而成，讲述了我们在 172 个国家的成长历程。这是变革的故事：家庭如何从自卑到自豪，运动员如何从面对不公到通过快乐找到公正。这是被告知“你不行”到向世界展示“我可以”的故事。

我们集体的故事编织在一起，创造出一幅美丽的包容之锦。

特奥中国是我们第一个到达 100 万名运动员的成员组织，并继续成为我们在全球的最大家庭成员。这个国度各地人民的故事，印证了为智障人士打开机会之门，是一件多么惊人的工作。愿这些规则改变者激励新一代——融合一代——在这一基础上再接再厉。

总 序 二

国际特奥会东亚区前总裁　顾抒航

我首次接触特殊奥林匹克运动是在1999年，当时国际特奥会、民政部和上海市民政局一起筹划做一个大型宣传活动，呼吁领导人和社会各界支持特奥运动和智障人士，将中国的特奥运动员人数从5万名发展到50万名。我非常荣幸受到时任上海市民政局局长施德容先生的邀请，作为志愿者帮助策划上海站的筹款活动。转眼之间我与特奥结下渊源已经19年了。从一名志愿者，到参与2007年上海世界夏季特殊奥运会，在组委会里负责开幕式、筹款、火炬跑，再到2011年正式加入国际特奥会组织，担任东亚区总裁，我从各个角度体会到了这项工作的意义与艰辛，同时也从各个维度看到了智障人士在学习、生活和工作中所面临的挑战。

无论是作为社会参与者还是专职工作者，我必须说，中国各级政府和社会中坚力量对特奥运动非常支持，也十分理解智障人士亟需解决的问题是融入社会。

基于这一认知，在过去20年里，中国的特奥运动员从5万发展到了近120万。其中相当一部分参与基层特奥运动，少部分参加全国运动会乃至世界运动会。

在我担任国际特奥会东亚区总裁时，承蒙教育界专家和中国残疾人联合会的支持，特奥的课程进入了全国近2 000所特教学校，让社会通过体育运动看到智障人士的能力，并愿意接纳他们。

鉴于亚洲教育的特殊现象，融合教育难以真正在主流学校发展，我们在整个东亚区推出了融合学校的项目，让普通学校和精英学校的同学们与特教学校的特奥运动员一起开展体育运动，增进友谊，同时也让未来的社会引领者更早了解到特殊人群的需求。

虽然因2007年世界夏季特奥运动会在中国举办，特奥的知晓度得到了前所未有的提高，但是我们与特奥家庭成员或者特教学校老师交流，依然发现他们充满各种无奈，生活中满是困惑。当历史学者廖梅博士提出要做一套特奥口述史来纪念特奥 50 周年时，我特别赞同。智障人士因自身特点，无法表达自己的心声；监护人、家长、老师或者朋友、同事也没有更多渠道去分享大家的感受和经历。关于特奥运动的记录，在本书之前大多来自官方记录和新闻报道。因为口述史和特奥口述史项目，首次有了智障人自己记录下来的历史。50 年前尤尼斯·肯尼迪·施莱佛夫人成立特奥会，便是希望通过这项运动向世界证明，所有像妹妹罗斯玛丽·肯尼迪这样的智障人士都应该得到社会的基本尊重和接纳。50 年后的今天，这套特奥口述史除了记载中国特奥发展中的点滴故事，更向社会发表了一项重要的声明——智障人士同样应该成为历史的一部分。

在本书的筹备过程中，我有幸参加了一些访谈活动，再次遇到了让我灵魂为之震撼的特奥运动员家长，也被一直致力于为智障人士提供平等机遇的普通人感动着。我相信这套口述史不仅仅是对过去的回顾和总结，更是翻开了特奥发展史的新篇章。

祝愿特奥事业蒸蒸日上，也感谢每一位为之付出辛勤劳动的参与者。

总序三

廖梅

一

1941年，23岁的年轻姑娘罗斯玛丽突然从家中消失了。

兄弟姐妹们不知道她的去向。此后二十多年里，她似乎是一个不存在的人。

罗斯玛丽是约瑟夫·肯尼迪和罗斯·肯尼迪的第三个孩子，第35任美国总统约翰·肯尼迪的妹妹，出生时因为缺氧而导致智力障碍。此时，她被送往威斯康星州的一家天主教修道院，由专人照顾。她的父亲再也没有去看望过她。

1960年代，罗斯玛丽的妹妹尤尼斯·施莱佛夫人在自家后院发起“施莱佛训练营”，带领智障孩子们进行各种体育活动。她立志帮助罗斯玛丽回归肯尼迪家庭，帮助无数像罗斯玛丽一样的人们回归美国社会，结束另一种意义上的“种族隔离”。

这是国际特奥会主席蒂姆·施莱佛在《让生命闪耀》（*Fully Alive*）中讲述的家族故事。蒂姆出生时，罗斯玛丽已成为施莱佛家的常客，一起打牌、游泳、散步，“家人们终于见到她了，美国人民也见到她了”。

邀请那些似乎在公共场所不存在的人，那些总是躲在帘幕后面的人，走到前台，和公众分享自己的人生故事与生命体验，让社会听见智障人士的声音，这就是“特奥口述史”的初衷。

二

现代口述史学发轫于1948年的美国。目前，全球范围内的人物口述史在两个领域非常发达，一是精英阶层，一是弱势群体。

口述史的最大特征是主观性，即口述史描述的世界是透过讲述者的眼睛看到的世界。

精英人物往往参与重大历史事件，其口述回忆除了展现个人生平和思想外，还为重大事件和相关知名人物的活动提供细节补充。在研究精英人物个人思想时，其口述史是重要的一手资料。在研究历史事件时，由于记忆误差等主客观原因，精英人物所讲述的史实，必须与现有文字材料或他人口述互证，才值得采信。因此，作为补充性的二手史料，口述史具有天然缺陷。

以往，普通人物很少为官方文档所记载。19 世纪以前的历史，可以说是英雄的历史。二战以后，英美学者受到社会史思潮和平权运动影响，开始研究农民、工人、妇女、少数族裔等普通人物和弱势群体，兴起了普通人物和弱势群体的口述史。这些口述史的主要目的，不是为重大事件补充现有文献记录，即不是作为二手史料存在，而是作为理解弱势群体本身的一手材料而诞生，通过口头讲述，让文档未曾记录的社群进入人类记忆，多角度、多层次构建全民历史。因而，口述史又被称为"人民的史学"，被视为是一场追求社会平等的运动。口述史所具有的主观性，恰恰契合了弱势群体研究的需求——真实反映弱势群体的生命体验及其对外部世界的主体认知。一言以蔽之，将口述史用于弱势群体，能够最大限度发挥口述史的特点。

在国内，近年来，知青、抗战老兵、农民、手艺人、少数民族妇女等普通人物和弱势群体的口述史陆续出版，学界、文化界、新闻界、机构厂矿纷纷开展口述访谈。作为蓬勃发展的新兴学科，或者说工具，口述史正在轰轰烈烈开疆拓土。目前，国内尚无残疾群体口述史问世，国外亦无智障人士口述史问世。"特奥口述史"的出版，填补了这一空白，开山辟路，抛砖引玉，希望引起全社会对残疾群体的关注。特奥口述史，不仅记录了特奥运动的璀璨瞬间，也记录了智障人士漫长的人生跋涉和独特感受，呈现智障人士家庭的生活全景。同时，通过智障人士家庭的反馈，帮助人们更好地审视特奥运动以及公共政策对于社会发展的影响与作用。

三

智障人士的亲朋好友，特奥运动的参与者，从边城到北京的残疾事业从业者，或多或少都比较了解智障人士的生活状态和面临的挑战。各大学各机构从事相关研究的专家学者，对于智障群体的困境和未来，也有着十分深刻的解读与展望。

然而，大多数普通民众，没有机会了解智障群体。这一隔膜可能造成恶性循环：父母害怕智障孩子受到伤害，将孩子关在家中。普通民众少见智障人士，在公共场合偶遇一位，便投以猎奇、害怕或厌恶的眼光。不友好的目光刺伤父母，更不愿带领智障孩子出门。

事实上，很多民众只要大致了解智障人士家庭的状况，都会伸出鼓励之手。家长为了锻炼孩子的协调性，为孩子报名游泳班遭到婉拒，站在一旁的游泳教练主动提出无偿教授孩子学习游泳。不知名的公交司机和售票员，看到母亲常年抱着孩子求医问药，或是细心为母子留座，或是特意不收车费……这样的故事大约每个智障人士家庭都能讲出一二。

无知导致恐惧和歧视，沟通带来理解与融合。

当智障人士的家庭以朴实无华的方式，向社会讲述自己的挣扎与奋斗、悲伤与欢笑，必将让更多民众对智障人士的生活感同身受，推动社会和智障人群的交流与互助。

智障人士家庭能够为社会带来什么？带来坚韧、担当和爱。体育项目有世界纪录，若人类的感情世界亦有世界纪录，这个纪录的保持者就应是智障人士的家人，残疾人士的家人。许多家庭所经历的长期的痛苦和折磨可以说触及人类的极限。他们的故事让普通人领悟，人类有着强大的精神世界，有着无限延伸的忍耐力，有着钢铁一样坚强的意志，有着不求回报、源源不断的爱。他们如同榜样，鼓励人们“勇敢尝试，争取胜利”。他们的情感经历是人类重要的精神财富。

智障人士家庭促使人们发掘自身美德，完善自我建设。孟子认为，人天生携带四种善良美好的种子：恻隐之心、羞恶之心、恭敬之心和是非之心。后世儒家追求的修身和教化，便是将内心深处这四棵小苗培育成参天大树。智障人士、弱势群体，以及所有需要包容、帮助、奉献乃至牺牲的人与事，为人们提供了成长的契机，在不断的拷问、内省和磨砺中，人们发掘并涵养同情心等美德，成为具有人道主义精神的现代公民。

智障人士家庭帮助人们培养平等、宽容的理念。一位中学教师从自己智障孩子身上懂得，并非每个学生智商皆高，她从不歧视能力差的学生，最终把一个乱班带成了地区先进集体。智障人士有智力障碍，普通人也不是十全十美，有人学不好数学，有人害怕交际，有人动作慢……每个人都有某些“障碍”，难以弥补。换一个角度考虑，这些障碍，也许并非弱点，而是另一种存在形式。面对障碍，是隐藏还是接受？是歧视还是宽容？物理学告诉我们，能量是守恒的，不会消失，只会从一个物体转移到另一个物体，或者从一种形式转化为另一种形式。我们对待智障人士的方式，很可能形成某种社会风气，最终成为别人对待我们自身障碍的方式。设身处地，推己及人，由人及己，智障人士家庭让我们学会平等和包容。

智障人士家庭、残疾群体促使社会更加关注个人福祉，引领人类的福祉事业不断前行。与普通人相比，残疾人士在生理和心理上需要更多关怀，残疾人事业的唯一服务对象就是人，积累了大量对人本身的探讨。随着科技进步，简单劳动逐渐被人工智能取代，很多传统岗位销声匿迹。一方面，机器解放了人力，让人类有时间发展自我；另一方面，机器也夺走了人类的工作，迫使人类开发新工作。这些新工作的目的，极大可能在于满足日益多元的个体发展的需求。因而，在未来，福祉事业会成为人类的主流事业，而始终埋首于个人福祉的残疾人事业将成为当之无愧的开拓者和领路人。

在受惠于智障人士家庭的同时，社会又能为智障人士家庭带来什么呢？毫无疑问，带来鼓励、支持与发展。普通民众了解智障人士家庭的人生故事和独特需求后，将学会如何与智障人士交流，如何有的放矢帮助他们。所谓有的放矢指的是，过度的关爱和包办会阻碍智障人士的自我成长，最好的帮助是既能提升智障人士的生存质量又能促进个人能力的发展。比如，智障人士经过训练，可以提高认知和动手能力，志愿者和公益组织可围绕这一目的开展活动；智障人士需要鼓励，需要与社会交往，机构学校举办年会和庆祝活动时，可邀请同社区的智障人士前去表演；智障人士能够从事简单劳动，希望越来越多的企业分割出这部分工作，雇用更多的智障员工，等等。

我们生活在同一个地球，相濡以沫，共建家园。促进人们相互理解，成为彼此成长的养分和前进的动力，这是“特奥口述史”的第二个目的。

四

“特奥口述史”于 2016 年 6 月启动。计划在 3 至 4 年时间内，出版 9 卷口述史作品，包括就业卷、特奥运动卷、特奥运动会运动员卷、特奥运动员领袖卷、特奥家庭领袖卷、特奥体育教练卷、特殊教育学校校长卷、特奥志愿者卷和安养卷。其中特奥运动、特奥运动会运动员、特奥运动员领袖、特奥家庭领袖等 4 卷，主人公都是积极参与特奥活动的家庭。就业卷和安养卷虽然与特奥联系较弱，有些受访者可能从未涉足特奥活动，但是他们代表着智障人士群体的两个极端：前者基本融入普通人的社会生活，属于智障群体中发展最好的人士；后者独自在家，与社会隔绝，是融合程度最低的群体。因而，我们也将这两个群体纳入口述史，希望尽可能广幅地展现智障人士的整体面貌。体育教练和特殊教育学校校长卷，收录的是参加特奥运动的普通专业人士。教练和校长长期与智障孩子们一起学习、活动，熟谙智障学生和特奥运动员的成长经历，他们将帮助读者从相对宏观的基层教育者、管理者角度，来审视特奥运动在中国的发展壮大和国家各项政策的变迁进步。志愿者卷收录的志愿者，既不是智障人士的家属，也不是残疾事业从业者，他们各有本职工作，满怀理想与爱心，利用业余时间参与特奥活动，反映了现实社会的文明进程。

每一个案的口述史由访谈和观察两部分组成，并附有照片。智障人士家庭口述史的访谈，包括对智障人士家长、本人及其老师、同事的访谈，观察为对智障人士一天活动的客观记录。残疾事业从业者的访谈，包括对从业者及其家人、同事、学生的访谈，观察为对从业者某一时间段内活动的客观记录。

口述史文本采用问答体，不采用第一人称叙述，以便最大可能还原访谈现场。

小括号（ ）内的文字记录受访者的表情和举止动作。中括号〔 〕内的文字为记录者添加的内容。

根据受访者和家长意愿，人物或使用真名，或以姓名的拼音代替。

所有主访谈都经过受访者审阅。有些内容在访谈者看来，真实反映了智障群体的现状处境，但由于受访家长不愿公开，我们尊重家长意愿，做了删节处理。

感谢所有参与特奥口述史项目的家庭和访谈员，感谢提供支持的学校、企业和机构，众人拾柴火焰高，是大家的共同努力，促成了口述史的顺利问世。

感谢特奥口述史团队的成员：国际特奥会东亚区前总裁顾抒航女士、曹忆菊女士、刘卫萍女士、沈澄女士，她们为口述史的动员、组织付出了辛勤劳动。特别是曹忆菊女士，全程协调各方关系，随时提供中英文咨询，效率惊人。

感谢哈佛大学法学院残疾人项目中国项目主任崔凤鸣博士给予中英文方面的专业指教。

感谢上海人民出版社总编辑王为松先生，当我们提出出版智障人士口述史的愿望时，他没有询问任何细节，立刻表示接受。他的果决、信任和支持，鼓励我们将特奥口述史做成一套高质量的作品。

我们热切期盼更多机构团体加入弱势群体的口述史事业。当拥有足够多的口述样本时，可以建立中国智障群体生活数据库。如果将口述史推广到其他残障群体，发起视障、肢障、听障、言语障碍和精神障碍家庭口述史，就可以设立分类口述史数据库，最终形成中国残障人士生活数据库，这对政府建设的残疾人数字数据库将是一个很好的感性补充，也必定会加快社会和残障群体的融合。如果其他国家和地区亦建立残疾人生活数据库，未来，人们就可以在全球合作的平台上，切磋琢磨，取长补短，加强人与人之间的相互了解，推动人类的全面发展。这个前景激动人心。

目　录

本卷主编的话

本卷采访了哈尔滨、上海、杭州、北京、武汉、西安和昆明等七座城市的十六位特奥家庭领袖。他们既是智力障碍人士的父母，也是组织、协调各地障碍人士家庭参与特奥运动、社会活动，争取社会资源的领导人物。

虽然对这一特殊人群已有一些了解，但直到亲身采访特奥家庭以及读到各地的访谈时，我才真正在脑海中拼凑起一幅较为清晰的画面。

在杭州炎热的盛夏，我与家庭领袖刘艳约见在智慧树咖啡吧，这是杭州杨绫子特殊教育学校为毕业生就业开设的实验平台。当天，刘艳的女儿王梦婷就在这间咖啡吧工作。初见刘艳，她给人一种刚强的感觉。通过深入访谈，我了解到刘艳为女儿下海经商以及寻找资源搭建平台的经历，渐渐理解"为母则刚"在这样的家庭蕴含着千斤重的意味。在访谈的大部分时间里，她呈现出的是历经生活磨砺而获得的平和与释然，静静讲述为女儿付出一切的故事。王梦婷一直坐在旁边，时常纠正妈妈记忆不准确的地方，访谈间隙还为我做了一杯奶茶并向我介绍了自己正在使用的美容仪，落落大方而有礼貌，用妈妈的话来说是"讨喜"，在我看来是自信和自尊。这时，时间仿佛出现了参差交错，一位母亲在漫长岁月中所进行的不懈努力和这些努力结成的硕果同时展现在我面前。

之后，我又采访了另一位家庭领袖张杭娟。这是一位非常热情的妈妈，在访谈过程中，时不时会有左邻右舍的孩子来找丁妈妈，询问她的意见，聆听她的教诲。这位妈妈不仅在特殊人群中为自己的孩子开辟出一片天地，更让自己的家成为社区的一个交流站点，每天傍晚周围邻居都会聚在他们家的文具店门前，热热闹闹摆一大桌共进晚餐。她的女儿丁伊冉也是孩子王，时常带着邻居弟弟妹妹们出去玩，教他们拼音、识字。在这个小共同体中，没有特殊和正常之分，只有互相的关心、爱护和共同成长。作为家庭领袖，丁妈妈不仅把爱播撒在特殊孩子中间，也让爱的种子在社区生根、发芽。

我看到了王梦婷和丁伊冉面对顾客、面对采访时的从容自信，也看到了妈妈们露出的满意笑容，以及对未来乐观积极的态度。这种变化源于他们自身的努力，也得益于社会对特殊人群有了更多的接纳和尊重。

本卷口述访谈呈现出各不相同但都精彩感人的故事。受访的家庭领袖中有公务员、企业员工、医生、老师、工人、商人，家庭境况、家庭关系千差万别。在养育了障碍孩子后，这些家庭的生活发生了巨大的变化，我们所采访的家庭领袖选择了全部或部分地放弃自己原先的事业，孩子的成长成为生活的重心和新的事业。他们需要付出比普通家长成倍的努力和牺牲来换取孩子微小的进步，争取孩子未来生存的空间；作为家庭领袖，他们把对自己孩子的爱推及更多的孩子和家庭，在互帮互助的平等氛围下建立起命运共同体。访谈过程中，西安的家庭领袖苟会章先生因病去世，苟先生为教育孩子在社会立足所做的努力、孩子曾经面对的严苛的同伴环境，不仅永远烙印在他们的家人心中，也让我们了解到特殊孩子及其家庭在社会中是如何艰辛地争取自己的尊严和权利。

这些智力障碍人士的家庭在对抗差别性和区别心方面做出了很多努力和回应。在他们的故事当中，我们可以看到对抗性的反应，也可以看到由时间所孕育的个体生命的包容性和延展力。例如当社会对特殊群体存在严重偏见时，很多家长以加倍强硬的态度回应偏见；也可以看到妥协性的策略，例如隐藏孩子的特殊性或忍受社会的区别对待；还有一些家长逐渐改变先前的对抗性态度，以更加包容、开放的心态面对社会和他人。

这种变化背后是社会接纳程度的改变，随着这一群体逐渐被政府、媒体、民间组织所认知和理解，越来越多的社会资源流向他们。家庭领袖的网络与各地的智协等机构以多种方式嵌套或合作，有一些家庭领袖兼任智协或残联领导，还有一些家长通过自发建立的组织，与当地政府、学校、企业和民间组织合作，将政府资源和民间力量结合起来，通过不同渠道为特殊人群争取权益。

无论是特奥运动还是政府组织，对特殊人群及其家庭而言，最大的意义在于提供了相互交流、支持的平台，许多家庭通过相互鼓励、介绍经验获得了前进的力量。这些力量不仅推动家庭向前迈进，更凝聚为一个又一个创新的思路，包括智障人士学习就业平台的搭建，企业、志愿者、智障家庭成为伙伴，共同开拓新的常态就业模式等等。

在本书所记录的故事中，我们可以看到，将特殊人群纳入日常的社会体系，不仅需要特殊人群及其家庭的努力，也需要国家保障特殊人群基本的生存权利，更需要一个包容、开放、常态的社会环境。十几年来，中国家庭领袖队伍的扩大和成长见证了这一进步过程。希望本书的人物故事能够让读者看到这一群体、看到一种生存和生活方式。如果读者能够在阅读中体会到更多同理心，尊重和体谅差异性，并有可能反思社会平等问题，那么这样的思考也会成为推动社会向前的力量。

本卷采访了十六位家庭领袖。国际特奥会东亚区直接联络了五位家庭领袖。此外，西安的家长杨琪介绍了来自西安的三位家庭领袖；杭州的家长刘艳联络了杭州地区的其他两位家庭领袖。特教学校的老师分别推荐了上海、昆明和武汉的家庭领袖。

本书按照城市地理位置由东向西的顺序，以哈尔滨、上海、杭州、北京、武汉、西安、昆明的次序排列，各地区家长按照姓名首字母的次序排列。

本书尊重口述者的个人意愿，有些附加了照片，有些未附照片。

铅华洗练，回归平淡

——崔晓光口述

崔晓光，黑龙江省哈尔滨地区家庭领袖，特奥运动员崔静怡之父。
崔静怡，女，1984年出生。独生子女。智力障碍二级。

口述者：崔晓光
访谈者、撰稿者：孔祥楠、孙安琪
访谈时间：2017年7月18日、7月20日、7月31日
访谈地点：黑龙江省哈尔滨市崔家楼下咖啡馆、崔家

不信治不好

问：能否简要介绍一下您的家庭？

崔：我是1954年出生，兄弟姊妹四个，我是老大。我的父母呢，都是医生。组成自己的家庭之后，我和孩子她妈妈当时都是教师。

问：可否讲一下您的受教育经历？

崔：我一开始上学的时候，是“文化大革命”。1969年初中毕业，我们当时那一批都要去边疆兵团下乡。因为家庭原因，我父亲属于被打倒的，所以我政审不合格，就去不了。那时候每人都发红棉袄，我就没有资格穿红棉袄。政审不合格去不了的人就上高中，但是高中基本上都是造反闹革命，不学习，老是“斗私批修”，天天斗也没啥斗的，我就不去了。

毕业以后就做了一段时间的工人。我烧过锅炉，当过力工，当过装卸工，很多。那时候也很苦，因为家里的政治条件不行。后来“文革”结束，我父亲也平反了，就好了一点儿了。

1977年恢复高考，我1976年就开始学医了，学的是中专课程。恢复高考以后，我一看中专好像还不太满足，就参加高考。1978年开始复习，1979年

考上的，学的是化学。毕业以后，分配在学校当老师。

问：您之前在电话里跟我们说您曾在黑龙江省投资总公司任职，直到退休。在当老师和去这家公司之间有没有其他职业经历？

崔：当了十年的教师，之后就调到这个投资公司来。后来就在这个投资公司一直工作了二十多年，将近三十年。这个公司是 1988 年成立的，说是 1988 年，可实际上没有几天就 1989 年了。我是 1990 年末、1991 年初调到这的。

问：当时在这个公司是什么职位？

崔：当时也是干部，但是没有后来大。一开始是小干部，后来做得多一点儿，负的责任大一点儿。

问：您怎么和爱人相识的？

崔：我读的是齐齐哈尔大学的化学专业，毕业后分配到一所中等专业学校当老师。我和我爱人是大学同学。

问：您另一半的职业经历是？

崔：她也是老师。她毕业以后到一所中学去当老师。大概是 1993 年左右，她也到企业了，什么企业记不住了，反正后来她到了电视台。大概是 1995 年到电视台？准确的日子记不太清楚。

问：你们是什么时候结的婚？

崔：1983 年，大学毕业两年以后。孩子是 1984 年 3 月生的。

问：当时有没有设想将来孩子从事什么？对她有哪些期待？

崔：那当然想了很多，那时候我的期望值还是比较高的。四五岁的时候就给她买了钢琴，还想是不是能通过这些多培养一下兴趣啊、爱好啊，将来对她的生活和她的成长能有些帮助。

我再怎么想也没想到她会是现在这种状态。一个是从我们两个家族来看，没有这样的病史。第二个，从遗传学上来讲，就没有这个……根本就没想过，没有思想准备。出生以后，我这个孩子她不是唐氏，就不是我们所说的国际脸谱。她出生以后，大家都说长得还可以，在女孩子里头如果不是有病的话，也算可以，就是长得不算难看吧。

后来慢慢发现不对劲了。一开始发现她说话比较晚；手和脚比较软、没有力气；她走路的时候，给人的感觉就不是太稳当；觉得她可能是缺钙，就没想到这些事情。等到三四岁的时候，感觉有点儿不对劲儿，就是有些行为比较怪异——你说她那么小，好像还不是逆反，但就是挺怪异的。后来我们就领她去看，到外地也去，北京、上海都去看，包括上海市瑞金医院、北京市儿童医院和宣武门医院等等。看完以后，给诊断的就是脑智力发育迟缓，就是智障。

问：当时领孩子去看病，应该也没有想到是这种情况吧？

崔：对啊！打击很大。这种打击，现在说起来很平静，当时是很难受的。确诊以后想了很多，对治愈还是抱了很大期望。尽管大夫当时很明确地告诉我们，治愈的可能性很渺茫，几乎不存在。但我们不死心嘛，就想了很多办法，到处打听有没有什么特效药，但肯定是没什么效果。

问：得知这个消息，家里人什么反应？

崔：他们反应都是很惋惜，很意外，“怎么会这样呢？”亲戚都很关心她。我有一个弟弟，已经定居国外了，出国二十多年了，这些年回来的时候也很少，但是非常关注她。她那个婶儿在加拿大做医务工作，后来也接触到了这一类人群，她就经常让人捎一些国外这类人群用的药物，告诉说咱们国内这边儿给的药物是不合适的等等。

问：检查出来她大约属于几级？是只比正常人稍微差一点还是重度？

崔：当时没给她评级，就只是说智障、脑发育迟缓。后来，我们始终也没太甘心，总是抱着希望。所以，那时候残疾证都没给她办。尽管知道她那样，还给她买了个钢琴，还能学一学练一练呢。后来正式给她办残疾证的时候，必须得到专门医院去做鉴定和评等。像她这一类的，就是哈尔滨第一专科医院。在那儿做，做完后给她定的是二级。

她有自己的潜能

问：孩子有没有上过幼儿园？

崔：上啦，幼儿园正常上的。从幼儿园出来以后就直接上的正常的小学，一直到初中。我们两个都是老师，孩子的姥姥，严格来讲，也是从事教育管理工作，所以有一定的条件吧。当时给她送到幼儿园以后，园里头从老师到领导还是比较关照的。她长的不是那种标准的脸谱，而是正常人的容貌，当时就只觉得这孩子好像行为怪异一点儿。

问：除了走路走不稳，还有什么怪异的地方？

崔：不太愿意和人交往。和别人接触的时候，自我下意识的保护意识特别强。一般小孩儿你把你东西给我、我把我东西给你，这都是正常的。她呢，就是你碰我一下也不行，拿我东西也不行。

问：在幼儿园孩子的表现怎么样？

崔：和正常孩子比，有些行为方式比较怪异。搁那个时候吧，比如说，她的东西不允许别人动。再就是说，照相的时候，老师告诉大家都好好儿地坐着，越告诉她，她越偏偏不好好坐着。老师说："你转回来，脸儿正当地。"她偏偏拧着身子，好像是一种叛逆、抵触。然后，就是不太愿意和小朋友在一起，不太合群。

问：你和老师有没有沟通？

崔：那是经常的。当时幼儿园条件还是比较好的，收的都是正常的孩子。因为认识嘛，有关系。

问：课程也都能跟上，是么？

崔：跟肯定是很吃力。但是她有她的特点，就是记忆力特别好。你教过的，比如说课文什么的，认字啊、看书啊，她看完之后就不会忘。

问：既然记忆力特别好，当时有没有想过专门培养培养她这方面的能力？

崔：应该说那时候想过。但是想了很长时间，没有什么太明确的行业或者是一个技能让她从事。你比如说记忆力好，数学记忆力好可以从事计算方面的工作，但是她数学学得也不是很好。顶多就是让她锻炼，比如说我给她买动物类的百科全书。很小的时候，还经常有畜力车，什么是马，什么是骡子，那时候不太好分辨，长得都差不多。我就告诉她，实际我就告诉她一遍，我说："第一个，咱们东北地区，马个儿要比骡子大。它不是在河北，河北大青骡子比马个儿高。东北地区骡子都是小骡子，没有马个儿大。第二个，就是骡子耳朵比马耳朵短，脖子长。"我就告诉她一遍，到现在她也记着。

比如说在单位门前有石狮子。我问她："哪个是公狮子？哪个是母狮子？都是石头的，怎么区别啊？"然后就告诉她："两个狮子，前爪儿底下都摁着一个东西。公狮子底下摁的是个球儿，母狮子底下摁的是个小狮子。"到现在你一问她，她都马上能回答出来，这都二十年过去了。但是你说究竟选一个什么样靠记忆力来做的工作，好像她还达不到那个程度，相关的知识她不行，所以也没想。

问：幼儿园和小学是在哪里上的？

崔：都是在齐齐哈尔。我那时候毕业分到一个省直单位，那个单位是在齐齐哈尔。

问：小学的作息是怎样的？孩子在课程上面有没有什么偏科啊？

崔：那都正常的。早晨八点上课。她数学不是太好，语文还马马虎虎。

问：她愿意听老师讲，还是很抵触上学？

崔：那时候还挺愿意的，我给她买《安徒生童话》《格林童话》这些，天天晚上给她讲，她很愿意听。

问：她喜欢和小伙伴玩儿么？有很喜欢的小朋友么？

崔：没有，她不愿意和人交流，但也有朋友。她小学时候有两个同学。这两个同学的家长，我们之间关系不错，孩子又和她同班，但人家那孩子是正常的孩子。人家的家长肯定告诉了说“你平常多多照顾她一下”，人家就照顾她一下。那孩子都是能力比较强的，是班里的干部，当班长什么的。人家照顾她，她就跟这两个孩子在一起。跟别的同学就没有来往，也没有交集。

问：上初中之后是怎么发现她有点不适应的？

崔：她上初中的时候，我工作比较忙。负责一个方面的工作以后，我就比较忙了，对她的关注度和投入度就少了一些。后来偶然的机会，知道她上学挨欺负了。

早晨，我们给她换了一身儿衣服，但是放学以后就变得很脏。后来偶然有两次机会，从别的学生和老师那里就听说了。那时候大家都是同行嘛，都认识，都知道她。说是关照她，但老师不可能时时都关照她。下课课间，就有淘气的孩子欺负她。

最严重的一次，好像是 1992、1993 年吧。她下课了，同学们都一起往外走，她就被两个同学从楼梯上推下来了，把锁骨摔骨折了。那时候我已经到哈尔滨来工作了，我就连夜开车回去。再加上她的姑父本身就是咱们省里骨科的专家，我们就一起回去了。那时候她还上小学呢，马上就要毕业了。她学校和同学的家长觉得……后来我也没要求他们什么，说一说就拉倒了，也没要他们一分钱。所以那时候就有想法，觉得她在正常学校不行，她融入不了这个群体。

上了初中后，我一看，更不行。随着孩子大了，我还有一种担心，就是她是女孩子，不像男孩子，男孩子人家顶多挨顿揍，挨点儿欺负，女孩子更担心呐。

问：发现她受欺负，您当时什么想法？

崔：我就感觉不是太好。我整个态度就像我刚才说那个事儿似的，那两个孩子把她从楼梯上推下来摔得锁骨骨折了，我也没要他们家长拿一分钱，整个治疗费都是我们自己家拿的。只是我告诉那家长说：“你得告诉你家孩子，不能欺负她。她要是真摔残废了，或者说摔成植物人了……”那搁楼梯上滚下来是非常危险啊！

问：之前受欺负的时候她不跟家长说，是怕你们担心还是其他原因？因为什么原因不说？

崔：她不太愿意交流。小的时候还挺好。说到这儿，可能谈得杂一点，这些年我参加中残联、特奥东亚区举办的一些活动和交流，现在回过头来系统地想，这样的孩子，越早投入教育越好，非常非常有效，甚至对他们的后半生起着决定性的影响。因为在小时候，他还是在被动接受的时候，你有意识地去引导，去灌输，对他终身是有好处的。

不可否认现在咱们国家对残疾人的扶植政策和力度越来越大，我在参加全国会议的时候也说过。但是呢，真正说能让残疾人达到和正常人一起、和社会同步发展，还得有一段时间。周边的人对这样的残疾人还是有一定偏见的。对残疾人的理解、宽容、帮助、支持等等方面还不是很主动。所以说这样的孩子，特别是智障的孩子，比那些肢残的、聋哑的、盲人还弱，精神类的可能是另外的一种状况了。智障类在整个残疾人群体中都是弱势的，在整个社会上那就更弱势了。他本身没有民事能力，他不知道自己维权，有的时候他表达自己的思想、愿望都表达不清楚。很多人可能还能容忍肢残、盲人、聋哑，但是对智障，用老百姓的话说，就是傻子，宽容度更低。有的人是不理解，歧视你，有的甚至还可能更极端一点儿。其实他们内心世界特别丰富。我接触这么多孩子，这些孩子单纯、淳朴、热情，而且一旦你对他好，他就对你好。这都是我后来感受到的，原来我也没感受这么多。

问：孩子经常挨欺负，有没有想过和老师说一下，看看怎么避免这种情况？

崔：和老师交流过，但是老师也没办法。当时她在这个学校，因为我和学校的老师、领导都比较熟悉，和他们打过招呼，就说："这孩子情况比较特殊，平常多看顾一下吧。"那时候的学生一个班都六七十人，多的时候几乎课桌都排到老师的讲桌前边儿了。人很多，班主任也照顾了，但课间、下学、出了教室、在操场上等等这些时候，老师也管不了。那么多的孩子，好几百个呼噜一下子出去了，看不过来。所以也不能去怪老师，最后我也没让他们学校承担经济、法律责任。首先第一个，咱们孩子本身有毛病，你放到这样正常学校，本身就是一种拜托人家的意思。再说，人家没照顾过来。包括推她那孩子，也都是孩子，也不是说是恶意。就是小孩，都不懂事。

问：当时有没有教育她一定得提防这种事情？

崔：告诉了，现在回想起来也不是太得当的，只是告诉她自己保护。越告诉她自我保护，她越封闭，她越不去和别人交流。

问：这种状况您有什么想法？

崔：就是想她生活能力能稍微强一点儿，那是最大的愿望。

但第一个，那时候还没有特教学校这个概念。唯一有的就是聋哑，还有盲人学校，就这么两类学校。像他们这一类特教学校还没有，所以只能跟着正常学校念。

第二个，那时候还没有特奥运动呢。那时候施莱佛·肯尼迪①还没创造特奥呢，全世界还没有特奥运动这个概念呢！②所以说只能是想吧！那时候，包括我送她上书法班去学习，也学了一年多，她还学得很好。我们也倒没想让她学成怎么样，就是培养吧，看看怎么能找出她感兴趣的，让她去做。钢琴也学了好几年，还找老师教，就一对一教，不是上那种班儿。书法是上的训练班儿。但是她自己主动去表述说我对什么感兴趣，这种情况没有。

到她十几岁以后了，我偶然发现她比较愿意听中央三那个文艺台。另外就给她买一些动画片的碟片，平常就让她放着看。

问：到多大时候走路像正常人了？

崔：十几岁吧，十几岁以后就基本上差不多了。但是她还有一条腿……正常走路不太能看出来，但是我们一起生活就知道，她有一条腿不是太好使。

她有一些能力只是比同龄孩子晚学、晚掌握，不是不能掌握，通过锻炼肯定能掌握这些技能。这是后来这么多年我总结出来的，原来那时候就觉得不行。我一开始也学过一段时间医，确诊她有这个病以后，我当时的头脑中觉得这样的孩子是不可逆的。它不是一种化学反应方程式，不是可逆反应，它是不可逆的。感情上是没问题的，从我们家族情况来看，对我这个孩子都非常溺爱。我在我家里头是老大嘛，我弟弟妹妹的孩子都比她小，她是大姐姐嘛，但是大家都照顾她，因为知道她这样，就都让着她。他们很小的时候，我们就教育他们“你要照顾你的姐姐”。

她日常生活的能力比较弱，手和脚的协调能力差，走路不稳是其中一个方面。她到十一二岁了，吃饭的时候，筷子还用不好呢，一拿筷子就拿掉了，一端碗也掉，所以那时候我们就给她用勺儿。当时我们家里的意见也不一，她爷爷的意思就是加强锻炼。但是我们练了，她也练不出来呀。我现在回过头来看啊，她爷爷还是对的。她爷爷是医生，原来是中国医大毕业的，后来还参加过

① 指特奥创始人尤尼斯·肯尼迪·施莱佛女士。

② 此处讲述有误，第一届特奥运动会于 1968 年在美国举办。

抗美援朝。现在她确实练出来了，用筷子一点儿问题没有。

当时我们的想法是她啥也不行。至于学习吧，我们唯一比较朴素的想法就是让她有一个群体，不能让她一个人在家里，得有一个群体，能尽量让她学习和模仿正常同龄人的行为举止和语言。但是更多的，那种系统的、有计划的训练，没有。只是说给她一个环境，让她自发地去学。这种效果不是很好。需要有外力！后来这些年我发现了，需要有外力去帮助她融入这个环境，融入这个群体，告诉她怎么去和这些群体交往、学习。

我接触了很多，包括你们下面要采访的苑莉华的儿子王征。他是唐氏，但他能力特别强。她孩子的能力要比我的孩子能力强很多很多，可能和家里的培养方式有关。她这个孩子在家啥活儿都干。我这孩子一开始还行，我还让她练过书法，她书法写得相当好了。过两年，不练以后就垮，跟没学过似的。字越写越差，越写越差，最后她就满篇儿划拉了。一开始写书法写得非常好，那时候还是希望她有点儿学习能力，或者有一点儿爱好。

但是后来，我在一个小事上发现她并不像当初大家或者我认为的那么惨。现在的电视机可能智能化了，那时候是什么呢？有录像机、录音机，然后和电视接上，现在还有，但是很少了。你得操纵它先开这个、再开那个，稍微复杂一点儿。我上班，她要看我给她买的动画片的碟片嘛。放到影碟机里头，然后把影碟机〔舱门〕关上。它的自动开关关上以后，把影碟机打开，把电视开到和影碟机相连的那个信道。你说她生活能力弱吧，我就告诉她一遍，自己就会了。哎呀！我相当惊讶，我感觉她不可能会。我不老看这些东西，当我要看的时候我还得想一想先按哪个钮，完了怎么做……

当时她十二岁，是刚上初中的时候。后来我和家里人说，你看，我就告诉她一遍，她就会了。我就想，她肯定有她的潜能。但究竟潜能多大？在哪些方面？当时还不是太明晰。但是她肯定有潜能，不会是我想的什么也不行那样。

“燎原”之火照我前行

问：觉得孩子上正常初中不行，然后把她送去哪里了？

崔：在哈尔滨有一个智力学校叫燎原学校，在咱们全国也是比较好的，当年胡锦涛总书记到这个学校视察过。我就把她送到那儿去了。

问：您通过什么渠道了解到燎原学校的？

崔：别人介绍。我说：“这孩子不能再在这样学校上学了。”当时就有意识地找，一下听到有这样一个学校，我就去看了。

在那之前，我还看了一个学校，但那个学校就……一个是条件很差，另一个是管理和学习环境都非常差。我再一看那些孩子，我说不行，我当时就想“我孩子不能跟这样的孩子在一起！”在一起不就越待越傻了嘛！那可不行！

听到燎原学校这个信息，我就去了，一看，挺好。正好他们新校舍刚建完，条件也挺好的，后来和校长谈了一下，我感觉很好。于是我就把孩子送过去了。

问：把她送到燎原学校，她适应得怎么样？

崔：把她送到那儿去，她还觉得人家那儿的孩子不行呢。因为什么呢？一个是唐氏的孩子吧，长得都差不多，肯定不是太好看。还有呢，就是智障孩子表现的形式都不一样，有的表现在肢体上，有的在语言上。有的肢体就像小儿麻痹似的，一条腿甩着往前走，但是他智力非常好，这也是智障。有的孩子呢，协调性都非常好，但是智力不行。

她后来有一个好朋友，也是到他们冰上速滑队。那个小姑娘比她还小一点儿，是队长。人家啥都照顾她，到外地去或者要出国，教练都给她们俩安排到一个房间。她的衣服、装箱什么的，都是人家给装好了，她就坐那儿等着，等人家都给装好了以后，拎着。

那个女孩也不是唐氏，长得也很好看。我和她爸爸妈妈说“这多好的孩子啊”，他说“搁家啥活儿都干”。那时候我主要还是想让我女儿好好学习，知识多掌握一点儿。包括速滑集训的时候，我都给拿书本，告诉她每天写作业。完了我就告诉那个女孩子：“你看着她，督促她每天写作业。”那孩子只要我一去，就坐在那儿看着她，实际是给我看。我知道，但给我看也行啊。后来有一次，正好赶上她妈妈也去了。那孩子对我孩子说：“给我看，给我念！”她妈妈说：“你念啥？人家念错了你也不知道，你一个字儿都不认识。”说完转身就走了。我才知道，那孩子不认字儿。别的能力特别强，谈话、交流等等，根本看不出来她是智障孩子。但怎么学习也不认识字儿，就是不认识。我这个孩子在他们那里头，是认识字最多的了。

问：我查过燎原学校，新校舍应该是1997年到1998年间建的吧？

崔：对！

问：学生在里面住宿吗？

崔：住宿非常少，据我知道大概十个上下吧。基本上都是走读。

问：这个学校都有什么课程？

崔：有正常的数理化，还有技能课。可以根据自己家孩子的情况去报，报计算机、手工、电脑这些。

问：当时给孩子报的什么？

崔：我给她报了几个，比如说电脑，学了几天不行了。完了报手工，手工更是弱项。她动手能力特别差，编那个东西，人家能编，她搁那儿捣鼓半天也编不上。反正就挨个班儿试，试不行了就换。

问：有合适的么？比如唱歌什么的？

崔：唱歌她愿意唱，她高兴就自己唱，但不是很有乐感的那种。

问：当时在燎原学校里接触的都是和她差不多的吗？

崔：不能说一个人一个样，但是各种各样情况都有。

问：有没有和她情况很像，然后让她觉得想要交朋友的？

崔：我知道的一些男孩子，有几个关系可以，就几个男孩子平常总在一起，好朋友这样的。女孩子不多，也可能是男女性格差异，女孩子和女孩子之间交朋友的不是太多。

问：学校里男女比例是怎么样？

崔：没有明显的差别。在燎原学校里头，男女之间的差别不是很大。

问：学校有没有给家长培训，告诉大家怎么和孩子相处？

崔：有，不多。有时候开家长会议的时候，可能简单说一说。他们原来那个校长很优秀，是咱们哈师大学教育学的。

问：特校里面的这些老师，有专门受过特殊训练吗？

崔：都是后来的，原来没有。就我知道的，原来他们学校二十多个老师里头，真正学特教的好像都不超过四个人，比例非常低。

问：可能没有太多人去学这方面？

崔：对！人才非常缺。

问：他们是什么样的学历？哪里的老师？

崔：什么情况都有。你看他们那个速滑教练，她就是体工队的运动员，转业以后，就到这个学校去当体育老师了。

问：当时把孩子交到这里，有没有考虑学校老师的专业水平？

崔：燎原学校的前身是一个普通学校，但是哈尔滨的普通学校太多了，它也不是什么重点。学校多了，学生少了，学校要合并。当时这个学校校长叫栾丽，非常有头脑，她就想到走特殊教育这条道路，最后把这学校变成了专收智障学生。

在燎原学校之前，我都不知道有这样的学校能招收这样的孩子。很多这样的孩子就在普通学校里跟着，甚至现在，省里伊春、大庆、鸡西，还有一个城市我忘了，它们就没有特教学校，只是在普通学校里办了一个特教班。但是恰恰他们不知道，这些孩子需要什么呢？一个特殊的环境。和普通的孩子在一起，他不行！咱们孩子小的时候谁都知道，咱们国家这种家庭、社会的教育，对残疾人的关爱，做得还不是很好。你把这样的孩子和普通孩子混杂在一起，这些孩子的成长会受到非常大的影响，非常不利于他们成长。但是很多学校只办了一个班，独立一个教室，平常操场活动都在一起。那不行！那差得很！

问：燎原学校什么时候变成特教学校的？

崔：八十年代后期吧，而且一开始条件也不是很好。

问：当时是公立的还是私立的？

崔：公立的，归咱们教育局管的。

问：大约是多少个孩子一个班？老师对每个孩子都会很关注吗？

崔：他们一个班都不会超过二十人。十几个人，二十个人顶多了。

问：一共有几个班？

崔：一共是六个年级。现在我不知道了，当时六个年级，九个或者十个班。

问：电话预访中您说孩子当时上到职高，职高也是在这个学校么？

崔：对，正好我孩子毕业那年，好像是 2007、2008 年左右，教育局批准他们可以设立职高了，就又在那儿念了两年职高。就是职业教育，是学炒菜，就是烹调、烹饪、面案啊，或者学缝纫、裁剪、编织、刺绣啊这些。说实话，我那孩子哪个也没学会。我看了，好像学会的也不多。

运动提升能力

问：她之前走路不稳，是什么样的机会让她接触到体育运动？

崔：也是一次偶然的机会。

那时候孩子能力特别弱。她学习行，但是因为她小时候肢体协调性差，所以动手能力比较弱，也没想到说在运动方面能有什么机会。

后来有一次，我和省残联的同事在一起交流，他们告诉我说："不行就让她去参加体育活动锻炼锻炼。"我说："她根本不行，她走道儿都不稳当儿呢，怎么能参加体育活动呢？"他说："试试呗，不行拉倒呗。"那就试试吧。

都是巧合和机遇！正好燎原学校有一位老师，是从咱们省速滑队转业的，是个特别好的女孩子，比我孩子大几岁。她就组织他们几个训练。我跟他们校长打个招呼，说让我孩子去先跟着训练吧。

那老师挺负责的。我那孩子一开始什么程度呢？刚参加训练的时候已经二十岁了，比较晚了。刚一开始集训，在冰上基地，老师给她安排了一个比较强的孩子，就我刚才说的那个，比她早两年训练，她俩一个屋。那女孩子是她们女队的队长，啥活儿都行。我那孩子啥活儿不干，那不得训练她么？让她天天晚上自己打水泡脚。她们老师和她那个同学告诉我，说她从盥洗室接水，端着这个盆儿，回到房间的时候，这盆水基本就洒没了。这手就抖，端到屋里，这盆水就抖没了，就到这种程度。

后来《哈尔滨日报》采访的时候，还把这个报出来了，说到了这个细节。就说刚参加训练的时候一盆水都端不住。训练的时候，别的孩子，三天、五天、半个月、一个月就会滑了，她在冰上三个月也不会滑冰。

问：她滑冰害不害怕啊？

崔：一开始肯定是害怕的。她就像我们走道儿似的，穿着冰刀在冰上走。后来那个教练没招儿了，怎么办呢？就又找了一个教练，两个人，一个搁前面儿蹲着，摁着她的脚，不让她抬脚走。另一个在后边推她，让她找这种滑行的感觉。摁了十多天，她才会滑了。

问：她这么害怕，有没有想过不练了？

崔：那没有。她对我还是比较信任的，我说让她干什么她都比较听话。

问：当时练滑冰有一个明确的目的么？比如之后要参加运动会？

崔：没有。就一个目的，看看能不能把她自身的协调性、自身的能力提高一点儿。别的也没想，都没敢寻思她能滑冰。那时候寻思：走道儿都不利索，还能滑冰？

问：训练的时候，有没有受过什么伤啊？

崔：一次没有。别的孩子滑冰吧，摔跟头是非常普通和正常的。我那孩子两年没摔过跟头。摔跟头是滑得快了，或者动作不规范了，一拐弯儿就滑倒了。她慢啊，她走，她在冰上走是不带摔的。

能滑了之后呢，她特别奸①，有的孩子滑，东一下子西一下子的，不管里头外头就乱滑。她不，她就贴着边儿滑，你也别碰我，我也别碰你，你们搁里

---

① 方言，机灵，此处无贬义。

头滑，我就搁边上滑。别的孩子滑一会儿就累了，休息，她从来不休息。两个小时，滑得慢，但是从上冰到结束不带停的。就这样练了几年。后来，到日本、到美国、到韩国都参加过比赛，还都得奖牌了。在日本时她滑的是短道50米，还是咱们国家第一次在这个项目上得金牌。

问：我记得是2005年吧？好像是第八届，网上还有这个新闻呢。

崔：对，是第八届，在日本长野。当时我们新华社有个记者采访的时候给她照了一张照片，登出来了。后来在韩国得的是银牌，在美国得的是铜牌。国内的比赛参加得就多了。她奖牌得了很多块，金牌银牌得了不少。

问：当时怎么想到去参加运动会的？是老师让的？

崔：咱们国家组织特奥会是根据各个省的情况。咱们黑龙江省的强项就是冰上运动、冰雪运动。南方冰雪条件不如咱们黑龙江，所以冰雪项目的运动员主要是从黑龙江选拔。当时他们就这样式儿地选拔，然后去参加。

问：她知道自己要参加特奥会是什么反应？她懂这个概念吗？知道自己要代表国家出去吗？

崔：第一次的时候不是太知道这个概念，但有了第一次以后，就不要说出国，出省都老兴奋了！兴奋得了不得！你还得特别稳定她："淡定！别太兴奋了！"还得紧着安慰她。特别兴奋！

问：后来读职高的时候仍在继续速滑训练么？

崔：对。她速滑以后又改成滚球了。滚球的规则和冰壶的规则差不多。但是冰壶是拿个圆壶在冰上滑行，滚球是在地板上滚动，也是打目标球。每队一个颜色，哪个颜色离目标球近，算赢。算几个，一个一分。

问：这个调整是出于什么考虑？

崔：说实话，冰上运动是咱们黑龙江省的强项。随着越来越多的孩子参加以后，就有竞争。你出去参加比赛，无论是出国也好、出省也好，名额是有限的，所以不能总让你的孩子占着这个事儿。

特奥运动和奥运会、残奥会不太一样，它对竞技的要求不是第一位的。像奥运会短跑你要跑个百米第一，那你回来估计奖金百八十万的没问题。打羽毛球你要打个冠军，回来奖金多啊。特奥会就不是。特奥会好像咱们就发过一两次。国家有个文件，钱让你省里出。出国回来以后，省残联给得金牌和银牌的发一定的奖金，但那就少了，就几百块钱。特奥会主要还是锻炼这些孩子的能力。

问：换到滚球运动之后，参加过什么比赛？

崔：从 2007 年以后的这几届全国特奥会，她都是滚球。包括 2007 年夏季在上海举行的，2010 年在福州举办的，然后 2015 年是在四川。

问：她换成滚球之后，速滑还练么？

崔：也练。那实际就是给她锻炼身体协调性。一开始我送她锻炼的时候也不是说为了参加比赛，目的就是想让她锻炼身体机能，确实达到目的了。刚一去的时候，她端一盆水都端不了，手抖得特别厉害，现在一点问题都没有！效果还是非常明显的。参加滚球也好，速滑也好，我的目的就是只要她能锻炼，她的身体机能和协调性能得到发展，这就是最重要的。

我对比赛的认识是什么呢？比赛是对她心智的一种锻炼。她平常训练的时候，包括集训，家长都跟在身边。等出去比赛，国内的行，我陪着。出国的，我就陪不了了。她这样的孩子也需要有压力，在压力下她的潜能可以得到激发。我孩子出了三次国，每次出去，回来后就像变了个人一样。而且不只我的孩子，所有的孩子都这样，都是自身的能力得到一个质的飞跃。家长一看，这出去哪怕十天半个月，孩子回来就不一样了，无论是说话、交流、表现，都不一样了。就是这种压力，出门没人管她，她知道这回没人照顾了，自己不吃饭就饿了。

问：都去了哪几个国家？

崔：就日本、韩国和美国这三个国家。今年要去奥地利，我就没让她去。让别的孩子去，给人家机会嘛，这么多孩子呢！

问：去美国、日本、韩国，感觉怎么样？

崔：实事求是地讲，这三个国家，从他们反馈看，日本最好。日本当时举办这个活动的时候，是在长野，这是一个小城市，它不具备直接接待这么一个大型世界性活动人员的能力。最后他们把各国的运动员、领队、教练员都分摊到住户家去了。每一家住几个人，咱们中国队一共住了十几户。人家非常热情，而且也特别礼貌，给的反馈特别好。为什么说好呢？日本最后对你就像自己的亲孩子一样。特别热情！洗澡、领你游玩、临走照相、送礼物这些。

美国条件比日本要好。美国也是个小城，叫什么我有点记不住了。但是它起码给你分配到一个宾馆，集中食宿，相对来讲就方便一点，你住人家里头儿总是比较分散。

问：有没有参观一下他们当地残障学校什么的？

崔：那我没听说，他们残联有没有都不知道。我估计不能，因为容纳不了。2007 年的时候，黑龙江省举办了一届全国特奥运动会，当时咱们省筹备了大半年。哈商大条件非常好，食宿什么的商大自己就能容纳。正好是利用学生暑假期间，宿舍全部空出来，各地各省的队按照房间男女分开。

就这样，咱们那个燎原学校，当时也可以了，新校舍也建完了，也没组织去参观。接待不了，人太多了！上千人到一个小学校，那交通都得堵塞了，接待不了。何况世界性的，它更没法接待啦。个别代表去看看行。

问：您觉得特奥对您孩子或者这个群体有什么帮助吗？

崔：我家孩子因为偶然的机会参加特奥运动，恰恰这个特奥运动对她的成长作用非常大。所以这些年我们也一直在鼓励、游说，就是希望尽早让这些孩子多参加一些文体活动。文体活动作用很大，我身边很多孩子通过这类活动都有很大的变化。你要是让他去通过劳动、通过正常的渠道学知识，对他们不是太合适，但是特奥运动这类文体活动，效果很好。

孩子表现都不一样，我这孩子她愿意听，你让她自己去跳啊唱啊她不是很愿意，在同类孩子里她不是很突出。但是她喜欢听。

有很多孩子确实非常感兴趣，特别兴奋！老师教他跳舞也好，唱歌也好，尽管不能恭维他们的水平怎么样，但是他们非常感兴趣。通过这一类活动，他们有时候变得自信、开朗一点儿。像我们凡是参加这一类活动回来，总要组织大家在一起欢聚一下。只要是离开哈尔滨，全省的也好、出省地区性的，或者是全国类的，甚至是国际的，回来就办个欢聚活动。在这个庆功宴上，这些孩子绝大多数有一个共同的饮食上的爱好，就是喜欢吃肉。给他们要锅包肉、溜肉段、炖排骨这些，老欢迎了，全都爱吃肉。吃饭和卡拉OK在一起，吃完饭了，孩子们抱着麦克风，都得互相间抢上一下，“你别唱了，我唱一会儿！”“该我的了！”就这样，特别主动，特别活跃！

平常的时候，如果不是这样的场合，比如说像咱们三个坐这儿讲，假如对你们两个不是很熟的话，很多孩子他就一声不吱坐在那儿，给你感觉他就是很难接近，很难交流和沟通。但他们在一起那就行。

家长付出才有进步

问：她2004年开始训练，2005年就拿奖了，进步很快啊。

崔：还行，她非常愿意学，到点儿的时候就去。他们这样的孩子训练，冰场不会把场次时间排得很好。专业队来训练给最好的场次，甚至说少年队、后备队训练场次都挺好。他们是最不好的场次，都排到后半夜，十二点上冰，两点下冰。冬天，到时候我一召唤儿，她扑棱一下子就起来了，穿上衣服，我就带她去训练了。

问：那个时候家人任务很重么？

崔：这十几年就是我陪着她。我感受，第一个，这样的孩子，他们的内心世界绝不是我们原来对他的一种粗浅、固化的认识。他们有自己的喜怒哀乐，他们的内心很丰富、很敏感。有自己的爱好，而且还追星呢。

第二个，家长，一定要付出！这样的孩子和正常的孩子不同在哪儿呢？正常的孩子大一点儿的话，自己就可以去训练。这样的孩子，穿冰刀、系鞋带等等都得家长去。每次要参加比赛之前那一个月要集训，唯一一次比较长的是2004年那次，集训三个月，这是最长的一次。平常的训练，一个是上冰什么的费用得家长自己拿；第二是时间。家长要一直陪着。孩子两个小时上冰，送她去，再接她回来，就得三个半小时到四个小时，这个时间要家长陪着。假如说一周是三次，这三次你都得去陪。家长不陪的也有，是个别的。后来有些家长跟我很好，我就帮他接送。

问：上冰基本都是您陪？

崔：对，这十多年几乎都是我陪着她。有的时候晚上半夜，孩子很难呐！特别是冬天，把她召唤起来了，从热乎被窝儿爬起来，死冷寒天就跑去滑冰，这些孩子都坚持下来了。不光是我的孩子，他们一起集训的那些孩子都是。

但凡是坚持下来的，都是家长起了作用，家长做不到的，都坚持不下来。因为这样的孩子，家长要是不送他，你要他半夜自己打车去滑冰，那是不可能的。我们后来也商量了，家长不在的话，这样的孩子不能让他参加了。为啥呢？安全！责任！家长不在，孩子一旦滑冰出事儿，是孩子的事儿？还是老师教练的事儿？还是谁的事儿？说不清楚！

后来因为冰场紧张了，就在中间安排了少儿队，就是五六岁、六七岁那样的，刚上幼儿园或者刚上小学一年级这样的孩子，我们这些孩子就和这样大小的孩子在同一个冰场。因为他们滑得慢，能混合在一起，不至于出太大的危险。

有一次，一个少年队的家长领孩子滑冰，看到能力比我孩子强的那个女孩。那家长就把这孩子给骂了，骂得呜呜哭，我们这边这孩子的家长那天就没在。之后我们去把那少年队的家长批评了："这样的孩子，你怎么能跟她那啥呢！"结果我们这个孩子的家长非常厉害，第二天去又把那个少年队的家长给骂了，后来被我们拦住了。

还出现过什么样的情况呢？一个男孩子，其实他很小，才十四岁，但长得特别高，将近一米八，特别魁梧！上厕所，他一小孩儿，看门都关了，就想看看哪个没人。咱们正常人就敲门看看有没有人，他不是。门底下都有一块儿缺出来，而且冰场的厕所是男女混用的，他就趴底下看有没有人！结果是一个女的，说他要流氓！她家里还有亲属、老公，这些人来了呜嗷就要揍这孩子，还要送派出所。我们去了就说："他是一个孩子，而且还是一个智障的孩子！他要什么流氓！才十四岁！""不可能，十四岁这么大了！""身份证给你看看呐？"他要什么流氓啊？他还不知道流氓是啥呢！

问：当时怎么处理的？

崔：那时候我们这些家长已经形成一个团体了，就有人能站出来说话。不像原来你管你的孩子，我管我的孩子。不是了！形成一个集体就避免了很多东西。有的时候你孩子家长没来，来的家长带一带，帮照顾一下，完了给你送回去。所以这是我说的第二点，这些孩子的成长或者锻炼，家长首先是要付出的，是必须要付出的！

而且家长的付出不仅仅是时间上的、经济上的、精力上的，更重要的是心态。我这些年见了很多家长，社会上、外人对你的孩子有成见、有偏见，这个可以理解，家长你不可以有！也不能有。打呀、骂呀，什么话都说，这个特别不好！后来我说："家长你自己这个心态，抱怨'我怎么这么倒霉！''我怎么作孽啦！''我怎么有这孩子！'没用啊，你想这些有什么用？因为他也是人，对不对？既然他到这个世界上来了，你就应该给他一个那啥……"之后他问我："那你几个孩子？"我说："我就这一个孩子。"他说："你咋没再要一个呢？"我说："按条件是可以，那时候计划生育，我的条件可以再要一个。但是那时候我也不知道怎么想的，我看这个女儿吧，还挺可爱，我还挺喜欢的。我寻思万一再要一个，对她不好咋整？算了吧，我就可她养活吧！再怎么不好，不会再有一个孩子来和她分享、来夺取，我所有爱都给她。所以就没要。"很多孩子家里都要两个孩子。

问：那些孩子家里小的孩子怎么样？

崔：我接触比较多的这几个都挺好。你像我说比我孩子强那个，她是女孩儿，还有一个妹妹，她那妹妹最后考上浙江大学了，应该要毕业啦。

还有一个是男孩儿，他爸爸是银行的行长，他妈妈是医院的大夫。小的也是男孩儿，两个都是男孩儿。大孩子呢，跟我孩子在一起训练。他那个小孩儿小的时候我看着他长大的，现在也长一米八的大个子了。咱们哈军工的学生，现在叫哈工程，好像是今年毕业要读研究生，非常优秀，他特别愿意参加的就是这样的社会活动。我们搞活动的时候，他老来。他爸他妈忙，他就来。我们去年上温州参加全国性的一个活动，他就领他哥去了。后来我们把他推荐为全国优秀大学生志愿者。黑龙江省俩名额，他是其中一个。回来也特别高兴，还入党了。他对他哥哥一点没有歧视。这是比较好的。

不好的……有一个家里条件不错的，她爸爸是咱们哈尔滨银行的领导，母亲也是一个单位的重要干部。不让那孩子上单位去，不允许别人说这孩子是有病的，你知道也不许说。

还有公安厅的一个处长，找我说："孩子成天在家待着怎么整?"我说："你让他出来呗，上学。""上学不行了，太大了。"我说："让他参加训练，锻炼呗。"一开始我就跟他讲锻炼的好处，孩子锻炼以后有什么变化，他听着挺高兴的，但后来他再一寻思：不行！没人送他，没人管。父母俩都是大忙人。

我知道的还有一个孩子。小学的时候还上学呢，还能说话。像有这样孩子的家庭，压力是非常巨大的，夫妻两个总得有一个人是要牺牲的，他们家就是他爸爸。他爸爸停薪留职了，在家照顾孩子，孩子干脆和别人不接触，慢慢就不说话了，语言功能都没了。这样情况的不是他一个！

问：您当时怎么处理自己的工作和孩子之间关系的?

崔：也经历过一段时间的思想斗争。后来还是想，第一，从感情上来讲，从她小的时候，我就比较疼爱我这个女儿。说一点内心的，小时候女儿长得还挺漂亮，特别可爱！毛嘟嘟，像小洋娃娃似的，我就特别喜欢她。发现她这样的情况以后，还有一种可怜。后来就想了，这孩子这样，我能尽量陪她的时候，我就陪她吧。工作以外百分之九十的业余时间，都给我孩子了。负责一个方面工作以后，社交活动非常多，我百分之九十五以上的活动都不参加，所以我在我们单位都出名了。吃饭我基本上从来不参加，除非有些涉及单位发展了，那也是说客人到了，我到那儿请客人坐下，点菜这工夫儿，我先溜回家，或者要个菜给孩子拿回来，孩子吃完我再去，在那吃完我马上就回来。

问：这种情况一直到什么时候?

崔：就是她训练这十几年吧，一直到我退休。

问：那如果您上班，实在抽不出来时间的话，谁来照顾她?

崔：后来我就雇了保姆了。另外就是中间有十年，她爷爷奶奶在我这儿，起码奶奶能看着她，照顾她吃饭，帮助很大。

问：那家里的妈妈?

崔：哎呀……她妈妈，我们分手快二十年了。孩子训练之前，那时候大概十七八岁。后来她妈妈上南方去了。

问：有没有孩子的原因？

崔：肯定有！要是正常孩子的话，应该就不会有这些情况了。另外，这样的情况，说句实话，也不是我一个，非常多！

问：当时她知不知道妈妈将来不会陪伴她了？

崔：知道！一开始不是太明显，后来就知道了。

问：您当时怎么跟她解释这件事情？

崔：我没太说。她长时间看不着，最长时间一年都看不着一面儿，那她肯定要问了。但是我感觉她表现还不像正常孩子，正常孩子遇到这样情况的话，一般心理反应很激烈，有抵触情绪，她反而很平静地就接受这个状态了。

问：那后来她们有没有接触，之后想要见妈妈？

崔：有！后来她妈妈隔三岔五地从南方回来了，就接她去看看。

问：刚才说到她追星，她都喜欢什么明星？

崔：我那个孩子，认识咱们国内的歌唱演员比我认识都多，我还得问她："这是谁啊？"她就把名说出来了。比如说，刘斌，《当兵的人》就他唱的嘛；阎维文等等。她比较喜欢这种嘹亮的，她不是很喜欢流行的。

问：您平时经常带她出去玩吗？

崔：去看病，完了就溜达，北京故宫、八达岭，上海豫园什么的。单独领她的话，都是这些年的，上上海、上长春、上福州、上四川、上温州这些。

她小时候，我每年都领她上北戴河去，坚持了十多年。我那时候就是想尽一切办法锻炼她，能试试就试试吧。一开始不敢下水，后来抱着游泳圈下海，后来愿意下。等到燎原学校的时候，他们有游泳班，送游泳班去了。后来教练说："算了，不行了，她再去把那游泳池水都喝干了。"我说："那就算了。"下去就喝水那也不行啊，那水也不干净。

问：都是您退休之后？

崔：退休之前，请假陪她去。出国的话，上日本的时候，你得办护照签证，然后得有邀请函，咱们国家是这样的程序。他们的比赛都要结束了，我们这几个要去的家长邀请函没拿到手呢，就去不成了，美国也是。去韩国，人说接待不了，不让家长去。

问：她愿意不愿意听你讲解那些景点？

崔：还行。我有意识锻炼她。每到一个地方，比如说有碑文的，我都让她念一遍，加深印象，就是这个地点是怎么回事，有什么典故。咱们哈尔滨这些公园，就是赵尚志、赵一曼、杨靖宇啦，她现在都能记住这些烈士英雄。

她一个很优秀的地方，也是小时候我们训练她的，世界各个国家的首都她全知道，全国各个省的省会她全知道。所以她出去的时候，有时候和别的省交流搞活动，教练显摆，让她“上去表演一个，给他们背一遍。哪个省？你们提问”。哪个省省会是哪？教练说：“我都不知道，你问她。”

环境让孩子变得敏感

崔：这么多年来，包括我自己的孩子和接触的这些孩子，让我有一个颠覆性的认识：这些孩子绝不是我们一开始想象那样，说他们能力很低，智商很差，没什么生活上的目标，或者中国梦在他那儿可能都没梦了，不是！这些孩子内心实际特别丰富，有他们的爱好和追求；而且也非常敏感，你说的话，甚至有时候特意开玩笑去逗一逗他，他都能听出来你这句是好话还是讽刺他、挖苦他。

这样的孩子由于自身的条件和社会周边的环境，随着年龄增长，或多或少都会产生一定的自闭。他总是处在一种偏见、歧视、不平等的环境中，别人三言两语磕碜你两句，很冷漠地对待你，或者有时候不屑一顾等等，这些孩子非常敏感。原来咱们以为他什么都不懂，我说你两句你也不知道咋回事，不是！这些孩子特别敏感！你对他一好，你本来是无意中的一种示好，他马上就能接收到，而且马上就能反应出来就是“你对我是好”。

比如我们家的情况吧。她爷爷原来工作非常忙的时候，她就跟我说过：“爷爷不喜欢我，他喜欢弟弟。”我弟弟妹妹生的都是男孩儿，我们下一代只有我们家这个是女孩儿，是比较受宠爱的吧。她说：“爷爷不喜欢我。”她爷爷虽然当医生，但也不懂她的病，因为他也不是学精神类的。老说“你们怎么不教育她，怎么不管理她？”可能严厉一点儿。她自己就能感受出来，也不愿意上爷爷家去，这就表达得很清晰了。

问：那实际上呢？

崔：实际上，当时她爷爷确实比较严厉。什么时候改变了呢？她爷爷退休以后，在我这儿住了十年。当时我考虑他们年龄大了，再这么来回跑，既照顾孩子又照顾他们，精力也不行，工作还挺忙，就把他们接过来了。这一起住的十年，他们感情深了以后，她和爷爷奶奶的关系开始缓和。

奶奶一直对她比较好。爷爷也检讨嘛，“我原来不行，现在越来越想，我离开她几天我就要想”。她也说：“我也想爷爷。”有时候吃饭了，自己就去喊爷爷：“吃饭了！快过来吃饭了！”有时候去吃饭了，就给爷爷搬凳子。

问：他们为什么这么敏感？

崔：我感觉，是一种自我保护，就是我不愿意让你歧视我，我不愿意让你看不起我。你对我不好，我知道。环境长期的频繁的刺激，让他自己产生一种本能的自我保护意识，把这种不正常的对待放大化，反抗特别激烈。包括我的孩子也是，我家虽然条件不是特别好，但是物质上肯定不是太差她。在外边儿“谁动我东西也不行！拿我一根铅笔都不行！”但是你看在家她就不在乎。有的时候甚至家里人对她的态度她都有反应，上面讲的爷爷的事不就是嘛。

有一个孩子，他的病是比较重的，也是唐氏，走道儿都不稳当。他口齿不清，你除非和他接触时间长了，能听懂他说啥，要初次接触，你都听不懂他说啥。这样的孩子，给人感觉就是程度比较重的。

他的母亲，也是我们这儿一个很优秀的家庭领袖，去年去世了。非常不幸，他们夫妇两口子，他父亲前年去世了，他母亲去年去世，最后剩一个孩子。他母亲那时候在医院，医院也是说给他安排一个工作吧。一开始那个单位在残联，残联的人都应该对残疾人有一种理解和关爱吧？不的！一看那孩子那样，人家就呵斥他，他就跟工作人员对吵，甚至骂起来，就是这种自我保护。不要说骂，就是你语气不好，都能感觉出来。他内心里头绝不是说一片空白，啥也不懂，没啥好赖。有的孩子虽然不吱声，但心里知道，以后就不搭理你了。

问：这样的例子多么？

崔：太多了！有个孩子，他父亲是一个银行行长，他母亲是哈医大的一个中层干部。那孩子就非常非常有特点，就是学习类似自创的武术。看电视就看武术表演，完了自己就照着模仿。后来我们带他出去参加很多活动，活动办完，开会交流的时候都有一个环节，就是这些孩子上台展示，他就上去表演武术，像模像样的。

2006 年在哈尔滨开全国夏季特奥会的时候，这孩子就要上了，闹得特别凶，而且把他带队的老师给骂了。这孩子平常肯定有自己的毛病，但是我也很奇怪，我说平常也不至于这样啊。恰恰那天，他妈妈爸爸还走了。我就一直看着这孩子到晚上十点。到后来，谁说也不行。我就说他“跟那个老师去赔礼道歉，你骂人是不对的”，到底听我的了。

第二天我才了解到，怎么回事呢？原来有一个安排是让这个孩子做代表去发言，结果临到开会中间给调整了，也没告诉，就没让这孩子上。这孩子就反抗了。确实是情绪变化就这么大。

这些孩子好赖话听得可明白啦！咱们觉得挺隐晦的，稍微含蓄一点儿的，他也能听见，他琢磨你这话是好话还是不好的。你要对他好，这些孩子对你也特别好，他跟你又搂又抱又亲热的。你要稍微说不好的，他不吱声，就这么瞅着你。你要再稍微多说一点，他就开始反抗了。

问：一般都是什么样的话？什么样的人会瞧不起孩子们啊？

崔：这种人非常多！咱们现在的社会环境肯定和前些年比是有很大的改变了，残疾人的地位、政府给予的相关政策、社会的宽容度，都已经提高很多了。但是仍有对残疾人来讲不是太公平的情况。上公共洗手间、上街买菜排队这些事儿，要是这样的孩子去站着排，后边就把你挤出去，自己上去了。

家里条件比较好，孩子病又比较轻的，不是唐氏的，给孩子安排工作也几乎百分之百没有成功的。即使你是个领导，你说：“给我孩子安排一个关系、单位，给我照顾一下，搁这儿待两天，他爱干不干，别出事就行。”那也不行，干不下去，环境不容你干！有的家长说：“唉呀，我孩子这回去的那个单位挺好……”白扯！超不过三个月，半年都挺不到，就得乖乖回来，环境不容忍你。这个环境指什么呢？不仅仅是社会的大环境，就是周围的小环境，周边这几个人都不容忍你。说一句不好听的话，谁也不愿意和这样一个人成天坐在一起工作啊。

现在咱们社会达不到这一点。我到香港，到欧洲，应该说社会的经济发展水平不一样，社会的宽容度也不一样。那些地方对残疾人确实不一样。咱们最好的，我感觉是上海。2007 年还是 2008 年，在上海举办世界特奥会，当然那是特定阶段了，但那也确实不一样，整得很好。后来我到福建、广东、四川，都没有上海那年对残疾人的工作到位。你像在福建，那是全国特奥会的时候，也做了很多工作，但明显感觉到有些工作细节上还不是很完善。平常的时候就更不行了，经济落后地区，像咱东北地区，那更完了，现在还达不到那个程度。

组织家庭搞活动

问：在担任家长领袖之前您是不是就参与了一些家长的组织工作？

崔：对。就我说能力很强的女孩，我和她父母一起，在燎原学校，把这些家长组织起来开会，然后把中残联、特奥东亚区宣传的一些做法、倡导的一些东西，跟大家传达一下、交流一下，逐渐有一些活动。等我孩子离开燎原学校了，那个孩子也不在燎原学校了，我就不管了。

问：当初怎么接触家庭领袖这个工作的？

崔：和家长在一起探讨的时候。2002 年，东亚区搞家庭论坛，一开始北京、西安、广东、上海，然后规模就逐渐地扩大，各个地区慢慢就都有了。

比如说每个省出一个两个的代表，去交流、探讨。从理论上、实际上，像咱们这么谈，孩子的生存条件、锻炼培养、怎么改善、怎么增强提高，逐渐摸索。

问：现在的规章制度已经很完善了么？

崔：我还真不是太清楚。这个模式基本上没有太大的变化，每次开会的方式、模式都差不太多。它本身就不是一个很紧凑的成型的组织，它只是一个研讨论坛。而且这几年随着特奥会的推广，它往往和特奥会衔接，比如一旦举办特奥会，这个活动和特奥会同时举办。因为特奥会的时候，很多家长要去参加，就通知一部分家长来参加这个论坛。

问：您最开始接触这个是在什么时间？都组织什么活动？

崔：2004、2005 年，孩子参加特奥会以后。每一次论坛以后大家有一个交流，交流各地都做了哪些工作，各地方有哪些特点，搞了哪些活动，取得了什么成果，孩子有哪些变化，交流这类内容。

还有就是互相之间小范围地搞，然后再逐渐扩大。各地交流以后，东亚区的老师还有家庭领袖就讲："接下来，各地按照某某模式，回去再做一做试点。"有的说："我们开的幼儿教育，从孩子小的时候，就有意识地带这些孩子走出家门，参加一些活动。"有的组织这些孩子体检，定期检查身体。类似这样的活动，逐渐推广，大家就说"啊，还能这么搞！"

但很多家长有一种自卑心理，他不愿意让外人知道我有这样一个孩子，都是采取一种自我封闭、自我保密的方式，所以你想组织起来也很难。陕西西安一开始都是这样。我有一个感受，也曾经在很多场合讲过："现在，特奥运动和让孩子们走出家门的第一个难题，不是孩子本身，是家长。"家长的思想观念不转变，家长的思想工作做不通的话，他不愿意带孩子出来，不愿意参加这样活动。

所以首先得把家长的工作做通，然后他才能鼓励他孩子，而且家长还得能做出牺牲。有的家长你召唤他，他说："那不行，我有事。"有的说："那我得保证我的生活质量，我也不能为了孩子把我自己都牺牲没了，本来我这就够那啥的了。”把家长先说通了，完了就带出来，让家长看。一次两次，“啊……这孩子有变化，有点儿作用”。然后再组织。

后来我们组织了一个俱乐部，这边叫“特奥家长文体活动”吧。组织一些家长、孩子参加轮滑、冬季雪地项目。冬天上冰训练滑冰，夏天就是轮滑。实际上这些都很辛苦，冬天晚上很冷，夏天轮滑的时候，太阳这么热，都在外面晒着。有时候我们找个地方也很不容易，人家不让你搁那儿滑，家长得拿钱，甚至交钱都不行。再一个，人家允许你滑的时候，别人也滑，还有骑车子的、跳舞的，互相干扰也特别多。有时候这些孩子在这儿滑，汽车噌地一下子过来了，非常操心。

问：还有其他的么？

崔：还有。这些活动多的时候能达到六十多人，少的时候四十多人，加上家长就翻一番儿。哈尔滨市有一个温馨家园①，我们跟他们商量好了，他们把孩子组织起来，唱歌、跳舞、吹葫芦丝，给孩子一人买一个葫芦丝，有的学得真挺好，但有的学得也不行。我的孩子吹，能吹出响来就不错了。有的孩子真能吹出曲子来。然后专门有老师教他们舞蹈。我们参加了很多活动，有的开论坛会的时候，我们知道信息了，沟通以后，孩子就上台表演去，他们特别感动。

但是搞几次以后，我就不太赞成这样搞了。当时人家现场感动就捐款，这个钱处理起来很麻烦。拿了直接给孩子用？不行！人家捐款怎么知道这钱是不是你自己揣腰包了？得交给省残联基金会。交的时候他们非常高兴，我们要的时候一分钱没有！要不出来！

而且平常你要想教会这些孩子跳舞，让他们跳舞的时候协调、统一、美观，你得花点儿功夫。得请老师，还得买服装，这些全是家长自己拿钱。有时候我们拉一点儿赞助，那就是朋友之间说：“咱俩不错，我们这儿有一帮孩子，你能不能大概给拿点儿钱？”一次两次行，多了也不行。

问：省残联基金会说过这个钱的用途是什么吗？

崔：这个和政策有关系。国家有规定，基金会有权力收取捐助。私下的，比如说我一个好朋友当老总，我说：“我那儿有一帮特殊群体的孩子，搞点儿活动，你们赞助点儿钱。”等于管人家要钱。人说：“啥也不要，先给你拿两

① 指哈尔滨市残疾人托养培训指导中心。

万！你们愿意搞啥活动，我啥也不要。”那这事儿全靠面子。

但正常社会捐助，人家是要票据的。简单地说，就是要证明我们钱拿出去，是捐助给残疾人了。这个票据谁能出呢？我们没有开票据这种职能，只有基金会有。你把钱交给基金会，把票据交给人家，然后钱跟你就没关系了，残联统一安排使用了，不给你了。付出这么多，时间一长，家长也有点想法。

甚至就是残联搞的活动，比如说残联要组织一个残疾人纪念日的活动，这些活动的组织、策划、联系、落实，家长们跑吧。但有些是需要费用的。最简单的，电话得打，电话费得发生啊。我行，不在乎了，但那些家长要啊。家长说那别的不要，打车的车费能不能给？上哪儿给去！要给就得我掏腰包。我有时候也掏，但老掏也不行吧。

残联也拿钱，但就是活动本身的钱。前期得准备、策划、联系，这些费用，他们一分钱都不承担。我去年参加全国中残联会议的差旅费到现在还没给我报呢，眼瞅着一年扣头儿了。

问：那要组织活动就要化缘了？

崔：对！咱们哈尔滨有一个伏尔加庄园，是几个民营企业家自己办起来的。现在成规模以后，被黑龙江省委定为哈尔滨三大名片之一。三大名片就是中央大街、太阳岛、伏尔加庄园。这个庄园主要是异域风光，它利用阿斯河流域的自然景观，通过人工改造，全部是仿俄罗斯的建筑。哈尔滨原来被称为“东方小巴黎”，很多建筑是 1949 年前俄罗斯人在哈尔滨建的。比如说尼古拉大教堂，“文化大革命”的时候一把火烧了，那是当时远东地区最大的。现在很多的历史学者和社会学者都在呼吁要复建。就在伏尔加庄园，这几个民企把它按原尺寸一比一的比例复建了。还有咱们哈尔滨那时候有个海员俱乐部，也是俄罗斯式的。阿尼尔餐厅①，在松花江边上，也是“文化大革命”的时候被“破四旧”给砸坏了。他们也把它复建了，从俄罗斯找到原设计师的设计图纸，然后从俄罗斯拉了六十车皮的原木，全部用木制的，建得非常漂亮。你到那儿就感觉像到国外一样，现在它一期、二期都建完了，游人非常多。

我在那儿组织了三次，两次是哈尔滨的，一次是全省的。那儿老板我认识，我跟他说：“打个对折呗？”这些孩子到那儿去以后都特别高兴。有的时候夏季去，有的时候冬季去。它那费用挺高的，门票 100 元。还有西餐厅，还有俄罗斯的歌舞表演。冬天建了个滑梯，我一开始不敢让这些孩子滑。后来有几

---

① 应为米尼阿久尔餐厅。

个家长老跟我说，那我说：“我怕他们有危险。”家长说：“我跟着。”一次一个人是10块钱。我说：“搞活动的经费怎么办?”我就问他们经理要了，要了几十张票。那些孩子玩得特别高兴，滑一次不够，抱着那个大滑车往上跑。滑梯特别高，下来大概100多米的滑道，而且它是18米高。哎呀，厉害，那孩子一点儿没事儿。我就说这就是这些孩子的潜力，让我上我都没敢上。

在某种意义上说，它和太阳岛完全不一样，是一种异域风格，而且有阿斯河流域畔边的芦苇、河流，冬天河冻冰，可以滑雪、滑冰。它从俄罗斯搞了两匹顿河大马，那大马蹄子可大啦！这次去我问他，他说那俩马死了，没养好养死了。

现在那块儿一般接待高档会议，中低档不接待。但是那个老总都是我们政协在一起的同事，挺好的，我就搞了几次活动。最大一次，组织全省的一百六十多人，给我打对折。住宿400多块钱就收我100多块钱。这样好的地方让这些孩子去，有的家长跟我讲说去了以后回来都叨咕多少天，还想着这个地方呢。

最便宜的一次是今年春节前。钱少，没招儿，我就跑松花江上去搞了一次活动，也是一百多人。那花得少，一个孩子就给他买了一套羽绒服穿，别冻坏了。那也把孩子们冻够呛。但是孩子们玩得高兴。

通过这类活动，这些孩子找到乐趣。而且一次活动，有的能兴奋好几个月。但是每个地区都不一样，搞的活动形式不一样。有搞文艺的，电视台给他们录，孩子们上台表演，唱歌、跳舞蹈。我们这儿也有，前两天还搞了一个，他们微信上给我发的。〔指着照片〕这个孩子就是唐氏，他叫小冯。往往这样的家庭，不幸都是一个连着一个的。他父母都是下岗的，父亲搁外边儿做瓦匠，打工养活全家。他母亲原来在外面打零工，五六年前，股骨头坏死，就不能工作了，换了人工股骨头，走道儿一蹶一蹶。结果，前一年，他父亲才五十出头儿，突然得病，不到一个月就去世了。就剩下他母亲带着，他母亲还股骨头坏死。

问：咱们哈尔滨有多少家庭领袖?

崔：参加这个活动的家长大概能有七八十人，但真正成为家庭领袖的不超过十个。所谓家庭领袖，就是你除了个人做以外，你得能组织一定的活动。

问：咱们省的情况是什么样的？基本是以地级市为单位么?

崔：对！再往下，也没那么大精力。相对来讲，咱们省就哈尔滨开展得好一点儿，其他地区就差一点儿。像鸡西、齐齐哈尔、牡丹江、佳木斯，还可以。其他地区就不行啦，大庆、伊春、鹤岗，还有其他一些城市，都不行。大兴安岭还稍微好一点儿，也就是能把几个孩子组织起来。伊春、大庆，你让选一个特奥运动员都选不出来。他们起码得有几百个这样的孩子，选一个人都选不出来。

问：组织的活动，基本是全省范围的，还是哈尔滨？

崔：我们这些年一共就组织了三次全省范围的，2007、2008 年左右一次，然后 2010、2014 年两次。经费问题，没钱！没人给钱，都得自己化缘去。

问：是全国组织，还是商业援助？

崔：我们都自己组织的，全国的更组织不起了。中智协[①]之前跟我谈了好多次，要求在黑龙江搞一次全国性的活动。我上哪儿整那么多钱去？没个百八十万的，根本搞不下来。百八十万，上哪儿要去？要不下来！

问：家庭论坛有做过专门的网站么？

崔：网站我是没做过，他们好像也没做，这种全国性的家庭论坛都是靠东亚区来做。国际特奥委有经费，给东亚区。东亚区拿了经费，每年或隔一年就组织这样的活动。甚至有的时候，搞得比较好的地区，东亚区还给一部分经费。黑龙江还得过呢，曾经给了 3 000 还是 2 000 美金，好像是 2014 年。

问：有一次全省活动是在 2014 年，和这笔经费有没有关系？

崔：那没关系。2014 年那次全省活动，咱们有点幸运。那次是澳门的残疾人协会在 2013 年的时候到黑龙江互访，当时咱们就提出来说想和澳门共同搞一个活动，澳门同意了。商定以后，因为咱们这边儿冬季比较有特点，就确定是冬天了。给咱们拿了 20 万，就是这个活动的经费。有了经费，咱们筹备到一半的时候，他们突然有情况来不了，钱也不要了，这笔钱就算是帮助黑龙江残疾人工作了。但活动已经开始组织、联系了，我们一想，那就干脆借这个机会，开一次全省的工作会议。也不是全部，我们商量有九个地级市，一个地级市派一个代表队，残联、智协的领导、工作人员来限定人数。再加上我找伏尔加庄园的老板给打了一个五折。借澳门那个钱，加上我们又筹集点儿，这就搞起来了。

问：除了这些大规模的活动之外，小规模的活动和各个家长之间的交流，

---

① 全称为中国智力残疾人及亲友协会（China Association of Persons with Intellectual Disability and Their Relatives），是中国残疾人联合会下属的五大残疾人专门协会之一，具有法人资格，代表着全国智力残疾人的共同利益。亲友协会在全国建有各级基层组织，在上海等大城市已建立街道亲友协会。本书访谈对象亦称其为亲友会、智协或协会。

是怎么组织的？

崔：小规模的有，那就是三五家。比如说前些日子哈尔滨搞了一次徒步。通过阳明滩大桥，走到松北，然后从友谊路的防洪纪念塔走回来。咱们大概三十多个家长报名参加。这是社会性的活动，咱们只是中间的一个群体，也参与了。还有挺多三家五家自己搞活动的，这就属于自愿自发的。

如果是系统组织，首先你还是得筹集到经费，这才能搞。没钱搞啥啊？起码午饭你得准备了。另外，我们要搞的话，起码给每个孩子发一顶帽子或者一件T恤衫，这样有整齐的效果。去年我们全国的活动，上岳阳，还到湖南凤凰城，都组织去了。但是全国的活动组织起来非常难，各地都不一样。

担任了智协主席

问：我听说您现在是残联下面的智力残疾人及亲友协会的主席？

崔：对。智协和咱们中国政府的机构设置有关。全世界只有中国有残联，它既属于政府的系列，同时，又有民间的性质。从严格意义上来讲，残联应该代表残疾人。但是残联又代表着政府来落实一些政策、推动一些措施，所以它又代表政府。用现在网上比较流行的话，叫“既是运动员，又是裁判员”。现在中国在政府机构改革的时候一直说残联要弱化。

当年邓朴方任残联主席的时候，就一直在极力推动这方面改革。你说它代表残疾人吧，它又是代表政府来管理残疾人的。它不是代表者，是管理者。为了更好地体现残疾人的权益，就在残联下边儿立了五个协会。国际上根据残疾形式把残疾人分为五类：一种像他们这样叫做智残，智力残疾；一种是肢残，就是胳膊、腿残疾的；还一种是聋哑；第四种是盲人；第五种是精神类的，就是精神病。五个协会，就是根据这五类残疾人来的，比如说肢残人协会、聋哑协会、盲人协会、智协和精协①，我呢，就是咱们省智协的。

问：您什么时候当的主席？

崔：两届半了，十几年了都。

问：当时没退休的时候就已经当选了？

崔：很早就做这个工作了，没退休之前就是。智协是这个群体的代表。因为这五类残疾人协会，其中有三类都是残疾人本人。比如肢协，他们的成员自

① 全称为中国精神残疾人及亲友协会。

己就是残疾人。聋哑、盲人都这样。还有两类，智协和精协，这两类人都是没有自主民事权利、能力的群体。像智力残疾，他无法准确地表述自己的主张、意愿、需求。所以咱们国家，国际上也是这样，由他的亲友、直系监护人之类的来代表他。精协也是这样，精神类的也是没有民事权利和能力的人。这些协会名称，比如肢协，就是中国肢体残疾人协会。智协呢，就是中国智力残疾人及亲友协会，加了亲友两字，由亲友来代表他。

问：现在举办活动基本上都是智协出面么？

崔：对！一般都是，国家这一层面上也是，中国智协这样一条下来，各个省、各个地市、地方，都是这样一个系列。靠这些孩子自己组织不了活动。

问：整个内部的组织架构是什么样的？

崔：比如说黑龙江省，这一届有主席一个，副主席七个。我这届副主席是最多的，上一届副主席才仨人儿。七个副主席中有四个都是各个地市的智协主席来兼省里的副主席。还有三个就是家庭领袖代表，就是在全国有一定影响力的，做出一定工作成绩的代表来做省一级的智协副主席。副主席分工有维权、特奥运动、康复疗养这几类，下面就没有具体工作人员啦。说它不属于官方，因为这些人在里面没有一分钱的薪酬、报酬，也没有编制。说它不属于民间，因为它又在残联的指导下开展工作。这类协会搞活动，基本都是协会自己出去拉赞助，然后根据各地不一样的情况来开展活动。每年我们要根据中残联、中智协的工作中心任务，结合咱们黑龙江省的具体情况，再给各个地市提出一年的工作要求和规定。

问：编制、工资啥也没有？

崔：对。不在残联的编制内，残联也不给钱。我去年参加全国会的时候，差旅费到现在还没给我报销，而且这可不是头一次了。他倒不是不给报，按照政府机关的待遇给我呢，他们不情愿。按照实际发生的，他们又不干。研究来研究去，我说："你要不行，我就回单位报销去。"这些年我开会，很多时候我就不在残联报销了。本来参加残联这方面的工作，国家有规定，应该残联出差旅费。他们太困难，我就回单位报销了。好在在单位还能说了算，签个字就好使，也不用废那么多话。

但是你参加全国残疾人工作会议，然后回单位报销，不太合适。这回他们又研究了，告诉我说："这回应该给你按照政府公务员的标准来执行。"我说："本来就应该这样。"你说，我是参加政府会议，严格来说我本身又是政府官员，也不是说是社会闲散人员。所以说，咱们残联的有些工作，还是有待规范。

我们这些人开会、搞活动的时候，在残联没有一分钱报酬。我在残联开会就讲：“你们的刁难不是刁难我们，而是刁难这一类残疾人的工作。”我说：“他们家长不拿一分钱，不像你们残联工作人员，每天上班。不客气地说，你是每天领工资的。而这些人在跑的时候，一分钱没有，有的甚至是自己倒贴钱。回头你们还说做得不对！那不对你们去做呗！应该你们的工作，他们做了，回头儿，你们还刁难，坐在屋里头儿当官儿老爷！”

问：当时是怎么当选的主席？

崔：我先当了半届的副主席，改选的时候，大伙儿把我选上了。先是开换届代表大会，全省的。然后各类协会的代表分类开小组团体会。之后大伙儿推荐。

但是在这个工作会议之前，残联的组织部门就有意识地在全省各地征求意见。大家各地推荐，然后到省残联这儿再综合。比如说推荐了十个人，经过各方面综合评比，确定三个人作为主席候选人，然后副主席候选人几个人，之后再把这名单发下去。发下去再征求意见，征求意见再回来。差不多了，开会的时候在会上大家一选。基本就这个程序。

问：咱们省下面的各地级市都有这个机构么？

崔：都有。起码地级市都有。但是到县一级，或者再下一级那就不好说了。按照要求来讲，县一级的也能都有，只是具体能不能开展工作、能不能发挥作用就是另外一回事儿了。但是这个名义上和组织架构上肯定是存在的，因为国家有明确规定。实际上残联的腿就是这五个协会，它就靠这五个协会来对五类残疾人开展工作，没有这个协会，这一类残疾人它等于说是放弃了，等于它的工作失职。有肯定有，只是工作开展的程度不一样。

问：残联属于什么性质的国家机构？

崔：它是国家机关。在国务院，就和各个部委一样，残联也是一个部委机关。残联现在的主席鲁勇还是中央委员呢。中央的是部级，各个省就是厅局级。残联的理事长是正厅级干部，由省委组织部来管理和调配。

问：那怎么往下分，这五个协会就不属于机关了？

崔：对！这五个协会呢，不占机关职数。名额也不占，职数也不占。我为什么一开始就先说这个呢，中国的特色就是这样。这五个协会严格来讲是应该属于社会团体，残疾人属于社会群体的一部分嘛！五年前我们去开全国会议的时候，中央非常重视，在家的常委，七个常委六个都出席了，习近平、李克强、俞正声、王岐山、张高丽，就张德江当时在国外访问呢，没去。张高丽代表中央做的讲话。当时我坐在第三排，正好坐在中间，离习近平可近了，就二十来米吧。邓朴方在那次大会上又讲了，说："残联要转变职能，协会要和国际接轨，办成一种社会团体。"然后，中央这一层的这五个协会全部办成社会团体了，已经是社会团体独立法人了。但是各个省，当时中央的意思是说根据各自的情况来，条件成熟的就自己来做。咱们省，原来我们也想做，但是赶上这几年咱们省残联不是太稳定，有些工作不是太到位。而且从政策上，协会注册社会法人的时候，省残联这一级应该从启动资金、办公地点、用工三个方面给一定扶持。咱们现在没有这个扶持。你想成立法人，第一个你自己去拉赞助去，第二个办公地点自己找。我们这么多年搞活动，几乎除了拉赞助，就是家长自己拿钱，很难！所以咱们省就一个协会也没办成。但逐步发展方向应该就是各个协会都办成社会自主的社会团体独立法人。

问：别的省呢？

崔：我知道的，咱们国家有三个省，一个是福建，一个是广东，一个是宁夏，这三个省已经注册了社会法人了，就具备基金会的这种职能了。

问：现在我们省这个协会也是社会团体么？

崔：应该属于，但是不具备这个职能。必须得在民政部门登记、注册，还要批准，才能具备这个职能。社会团体独立法人需要有一定条件的，要是随便都行，咱们不早就办了么。

问：智协现在和特奥会有什么联系么？

崔：智协和特奥会，应该说特奥会面对的群体和对象就是智协的服务对象，属于一个群体。国际上的奥运会就三类：奥运会、残奥会、特奥会。这三类里头，第一个奥运会咱们都知道，残奥会也好理解。特奥会大家不好理解，实际上就只指一类残疾人，就是智力残疾。因为费用和场地的问题，国际惯例就是凡举办一届奥运会，紧接着就利用当地原来的条件、场馆举办残奥会，接着就是特奥会。都用同一个场馆和场地来举办，从费用上就节省了很多。①特奥会一般都是每两年一次，正常应该是四年一次，但是特奥会分冬季和夏季，实际上夏季和夏季每届之间隔四年，冬季和冬季每届也隔四年。但冬季和夏季一串和，中间就是两年。所以就是两年一次夏季，完了两年后是冬季，冬季两年以后又是夏季。这样就让运动员有更多的参与机会。咱们国家和各省举办的

① 此处讲述有误，特奥会另行举办，和奥运会非同地同年。

特奥会的裁判员都是抽调特殊教育的老师、教练员。

特奥会和那两个不太一样，那两个奥运会除了领队、教练跟着以外，就是运动员了。而特奥会就基本上离不开家长，所以这几年我们也在倡导家长要积极参与，也得到中智协、中残联的肯定。因为完全靠教练员和领队管理这些人，管理不了。那年上福州的时候，我带队去的，我们一共去了二十多个运动员。有一个牡丹江的小伙子，长得又高又胖的，他家长就没去。头两天那小伙子还非常好，比较正常。运动员都住标间，两个人一个房间。和他一个房间的那个孩子的爸爸是咱们一个银行的行长，我之前提过。他爸爸那次跟我去了，原来他爸爸从来不参加这些活动，后来我们熟悉以后，交往挺好的，可能也受点儿我的影响吧，就也参加了。那次回来，我在各种场合给他好顿表扬。怎么回事呢？牡丹江那孩子那天正好没项目，在房间里头。接待的地方只能运动员住，家长就在附近找宾馆住下，离得近的过来看看。过去一看，牡丹江那孩子不知道吃什么东西，肚子不舒服，拉了以后弄得满屋全是，除了卫生间盥洗台上，地上、墙上、床上……全是屎！自己那裤子、衣服，就是身上也全是屎。就这俩孩子搁屋呢，这伙计①最后一顿忙活。后来跟我讲，他说："我搁家，我儿子拉屎我从来没动过，都是他妈妈，我这头一次！""哎呀，"我说："你太进步了！儿子没弄过，你能给别的孩子弄。你这变化太大了。"还有好多呢，比如说有的孩子在比赛训练中受伤了，有的家长理解，有的不理解，就说："你们怎么看着的？我这孩子出去受伤了！"所以凡是参加特奥会的，家长都要签一个协议书的，叫《安全协议书》，就是："我同意我这孩子去参加这次活动，如果在活动中出现意外，这个责任由我们自负。"如果你不签这个协议，那你家孩子就不能去了，因为孩子没有自我保护的能力。所以后来我就要求家长尽量都去。

另外一个，家长去了以后能起到很多作用。也是在福州，有一天晚上，活动比赛完了，看演出，完事儿以后十一点了，孩子没吃饭。我出来，看着有两个家长满大街跑，饭店都关门了，找能开门的。最后买的是什么呢？买的是汉堡，买一大包拿回去给孩子们吃。这要是教练员，那他根本忙不过来了，那孩子就得饿着。家长跑去买，买完给孩子们吃，这众人就都有了。所以随着特奥会的发展，随着咱们国家经济条件好转，对孩子们的照顾可能越来越好。

问：对黑龙江省残联和智协的工作有没有什么希望？

---

① 指同住的另一个孩子的父亲，即银行行长。

崔：没啥希望，希望也办不到。这几年，相对来讲，我对咱们省一级的残联工作了解得还比较多。原来我也抱有很大的希望，而且也积极参与了。当时中残联，在2010、2011年的时候就对相当一部分省和地区有一个倾斜政策，提供一部分资金扶持，帮助地方的残联来筹建残疾人的相关项目。当时我也在参与，帮着跑，准备筹建一个黑龙江省残疾人服务中心①。跑了好几年，搭精力、搭时间、搭经济，最后，民政部那钱都拨到黑龙江了，也没办成。

我们后来想根据中残联的要求，把黑龙江的协会办成社会团体，让它具有一定的社会法人地位，具备相当相应的职能，可以筹集一些募捐的慈善费用。但是这个必须得有省一级残联的支持，得不到这个支持，也办不成，所以到现在也没办成。

第三个，黑龙江省其实也有一些企业家找到我了，想办老残托养的阳光工程，也叫托养中心。但是人家也非常明确，就是最好能有一定政策上的倾斜或者扶持。但是这个你也要不来。如果这个能有的话，实际是把社会上的一些资本利用起来了。政府没有钱，你就让社会来办，你给一点政策。当年深圳在刚改革开放的时候是啥？就是一个小渔村。它为啥发展成一个国际化大都市？不就是一个政策嘛！不就是老人家画个圈儿！那有啥呀？你这边政府就画个圈儿！你没钱办，社会又有这种需求，供给又有，那你就画圈呗！这圈你都不画！那你说怎么整？

问：有这样孩子的家庭现在都怎么样？

崔：你们可能现在还不能理解，但是我很敬佩你们假期来做社会公益事业的。多数的家长，他有一种灭亡的感觉，末日的感觉。第一个，是抱怨："咋这么倒霉！"第二个是耻辱："我怎么能有这样的孩子呢？"简直抬不起头。第三个就是长时间的厌烦、厌恶。这些孩子，特别是唐氏，面目本来就不太招人儿喜欢，再加上一些行为，时间长了家长也烦。所以就想，将来没有出头之日。将来怎么办？没有出路。

说句老实话，现在咱们国家各个地区经济发展水平不一样。现在在广东，这样的孩子，不管家里什么情况，一个孩子每个月的补贴将近2 000元钱。咱们这儿，到现在为止，拿我来说，从国家那儿，一分钱也没得过。你们下一个要采访的，夫妇两个人全是下岗职工。为了能让这孩子享受低保，最后不得不夫妻离婚。尽管是说"从法律意义上把这手续办了，但在生活上，咱们还是一

---

① 在本访谈结束之后，2019年4月17日，黑龙江省残疾人服务中心正式挂牌成立。

家”，但对家庭的伤害还是很重的，就为了能让孩子享受一个几百块钱的低保。

问：您见到这么多这样的家庭，您觉得现在他们最大的困难是什么？

崔：一个是生活上，政府应该有补助。这些孩子靠他自身几乎连创造一毛钱价值的能力都没有。现在，像我这样没享受过国家一分钱补助的，不是一个两个，是相当一部分！甚至还有很多生活非常困难的也得不到。每次我们搞活动、开会，这个生存问题都提出来说。首先一个还是基本生存问题。

第二个，他们的生存环境。小的，特教学校，现在有了。但是特教学校有规定，你到十几岁以后，从这个学校毕业了，不会永远留你在这儿。上哪去？社会的工作单位不可能，找不到，就只能在家。这样的孩子，特别是参加特奥的，首先一个条件就是家长必须要有付出，两个家长，有一个得从头到尾、全方位地做出牺牲。那些没参加特奥的孩子，没地方去，就得搁家待着。有的没办法，孩子自己在家里时间一长就自闭了，要不就得有一个家长来专门陪着。但说句老实话，现在社会生存竞争压力非常大，两个人都去工作养活孩子，收入低点的家庭生活质量可能都不会很高。如果再舍出一个人，让一个人去养家，这家的经济条件和孩子的环境肯定就不会好。

很多家长希望，能不能有一个类似特教学校这样的机构，托养这些孩子。哪怕说每天到那儿做一些简单的他们能做的事情，让他们有这样一个环境，然后晚上再接回来。但是那得政府在经济上有一定基础。实际上现在全国都在做这个尝试。做得比较好的，还是上海。上海把这一类的机构建在社区，这种孩子你要让他自己坐车去多远的地方，终究不放心。但是在社区，那就非常方便了，不出院儿里。有这样一个环境和机构，这样的孩子在一起，集中几个老师照顾、教育、带领他们，组织起来，这就非常好。福州也可以，广东也在做。

现在咱们中智协在积极推广放心工程和安心工程。放心工程就是针对“两个担心”，一个是这孩子将来怎么办？第二就是我死了这孩子怎么办？我刚说的这些，假如说政府管不了，家长先管。家长随着年龄增长，自己也需要人照顾的时候，他没有能力和精力来照顾孩子了，怎么办？像秦怡[①]，那是雇的保姆，一直照顾到她那个“小弟”去世，“小弟”六十多岁，秦怡活到八十多岁了。那有多少家长能有秦怡那样的条件？所以现在中智协推广放心工程，就是搞一个保险，成立一个机构，有金融理财的，有法律工作者，有家长或亲属代表，有社会组织代表，组成一个监管机构。然后设立一个保险基金，家长现在

---

① 秦怡，1922 年生，著名女演员。其子为智力障碍人士。

定期往里头存一定数额的保险费，将来到一定时期家长和孩子就有保障，这正在做。

还有一个也在尝试，就是能不能建立这样一种老残共养的机构：家长老了，就和孩子共同住进去，每个月交一定费用。这都在尝试。但是黑龙江省，就我知道的，连哈尔滨也没有这样的机构。

问：您对未来有没有什么打算？

崔：我就希望能多活几年，能多照顾她几年。照顾她，坚持到在黑龙江、在哈尔滨有这种机构的时候就行，坚持到那一天。

问：现在这个老残共养机构已经开始做了么？

崔：已经在研讨、在探索。但是究竟怎么做？这里头还是经济条件、经济基础的问题。我接触到的，哈尔滨也有一些积极的探索，但是这里头的机制、方式、模式还没有最后确定。比如三口之家的话，夫妻年纪大了，带着这样一个孩子，我们得需要多少费用？假如说是一个月一个人 2 000，三个人照顾费是 6 000。那夫妻两个要都是退休职工，按照规定一人开 3 000 块钱左右，6 000 都去了。一旦其中一个人有病的话怎么办？现在的物价情况，2 000 一个人的照顾费用肯定是比较低的。因为你照顾三个人，护理费、生活费、食宿费这些都得算。人家慈善是慈善，但是做这一类机构，要是想有一定经济效益的话，一个人的照顾费肯定不会低于 4 000。三个人一个月就是一万二。如果夫妻挣不了一万二的话，他就住不起这样的机构。你要低于 4 000 的话，这个机构里的条件也不会太好。

还有的就是探讨化地提出把智障的孩子集中在一个区域，然后老人在一起，分开，中间有一个小花园式的缓冲地带，连接起来，平常可以见见面，但各自生活。这些都是理论上的，真正实施起来也很困难。就我知道的，到现在为止，北京最快，说是准备要做，还没做起来。

问：外国有没有现成的经验？

崔：都不用说外国，就咱们香港，只要你这个人确定是残疾，按照残疾等类，政府直接一包到底，不用家庭承担，一直到他去世为止。比如说我那个弟弟在加拿大，加拿大就是这样，只要确定是残疾人，没有劳动能力，肢残、盲、聋、哑，他还有一定劳动能力，智障他们就没有这个能力，那到政府一登记，不用家庭承担一分钱，全部是社会的。咱们中国恰恰相反，就是你再困难，政府也就承担一部分，家里还得承担相当一部分。而咱们这儿，像我这样家庭条件还不错的，政府一分钱不承担，全部是家庭承担。还有什么样的？有一个家庭，他家两个孩子全部是一级，重度智障，大的都四十了，父母都将近七十，还得照顾这两个孩子。

问：这个和国家的经济条件还有福利制度有关。

崔：对，咱们国家还是没太承担起这个责任。其实，我们开很多会也讲过这个。为什么这些家长有时候说“倒霉，有这样孩子”？实际上，不可否认，这样的孩子也是社会的一个组成部分。没有哪一个国家或哪一个社会保证繁衍生息出来的个个都是优秀的，肯定是强弱都有不同比例存在。既然无法避免，那么他们的存在就是一个社会的正常组成部分。社会如果把他们抛弃了的话，那咱们不用说别的，想建立和谐社会，可能么？但这太高层次了。

问：现在智协一有活动您还带着她去参加么？

崔：对！基本上只要有我们的活动总是带她去的。她现在自己都知道，到了每年的这七个纪念日，她提前就问了：“不搞活动啊？啥时候搞活动啊？”

问：听说今年前几天有个去新疆的活动？

崔：今年新疆我没去，苑莉华他们去了，我怕孩子她坚持不下来。因为新疆我去过，当时一开始组织这个活动的筹委会，我也算其中一个。中智协也分了几个地区，比如说华东地区、西北地区、东北地区等等。在中智协，我是东北地区的总召集人。当时这个活动就是跟我商量的，说东北地区由我来组织。但我去过新疆，我一看他们安排的日程，要到喀纳斯，很远，要坐汽车，当天都到不了，要开十多个小时。而且新疆的戈壁，车跑起来，好几小时连个喘气儿的都看不着，全是戈壁滩，什么也没有。我就怕她身体坚持不下来。

后来我就跟他们商量说：“我不去了。”咱们黑龙江就去了三个。选了一下，也不能都去。一个是因为当地的接待能力有限。第二个，就是这类活动搞起来，不像正常人高高兴兴地出去玩。各地出去的层次都参差不齐。上湖南凤凰城的时候，山东去了十一个人，山东的组织者自己又走啦，这十一个人群龙无首，无论是坐车也好，到地方儿住旅店也好，又吵又闹，不守规矩，然后还打架、吵吵，什么东西都往前抢，弄得乱糟糟的。所以后来我们商量再搞这类活动的时候，一定要选一选。这个活动除了活动本身以外，还有一个很重要的是，它要起一个引导、典范、示范的作用。你不可能把全国这样的孩子全组织起来到那儿去。就是通过这类活动，让参加者的身心得到恢复和锻炼。通过这个活动，开阔视野，把原来比较阴暗的、不健康的情绪消化掉一些。主要还是示范、典范作用。你整得乱糟糟的，最后失败了，那就不好了。

以后每年都得搞。这个活动，我是倡议者之一。当时我们是五个省在河南焦作开全国会议，也是考虑指着省残联来开展活动很困难，他们一个是经费紧张，第二，他们不是这一类残疾人本身，理解不了。所以后来我说："怎么整？咱们自己来做吧。黑龙江我们就靠自己来。"有几个省，当时有陕西、广东、内蒙古等，都觉得很好。我们就串联，最后发展得越来越大了，现在已经是半壁江山了，大约有二十来个省、市、自治区参加这个活动。流程就是我们提出倡议，比如说今年计划去新疆，就在我们群里头发"我们筹委会今年准备在新疆搞活动"。然后，费用大约多少钱、报名条件是什么、什么时间等等信息一说，大家报名，我们再选一选，要求各地省市的智协主席把把关。这样搞了好几年了，搞到现在还是成功的多。

问：把关是指哪方面？

崔：就是家长的素质。我们不要求别的，家长得有一定的素质。你到那儿去了，又吵、又闹、又抢、又骂人。你想想，就像湖南凤凰城那次似的。旅店本来过道儿很窄，山东的两个家长就把大行李包往过道儿中间一放，人根本过不去。有的孩子肢体残疾过这个过道很困难，有的还是推轮椅去的呢。大伙儿嚷嚷，他们就是不让，宁可吵吵、打架、骂人，"我就放那儿怎么地？"就是不让。你说这样的人！

再有，当天我们到的时候是晚上十一点半，结果旅店安排得不是太充分。那个旅店有三个大床房。大床房房间小，一般都是给一个人住的。一般要的都是标间。但是大床房收费还和标间一样。谁也不去！导游也有点儿问题，说"这三个大床房没人住，所有人都不能住！"就搁那儿等了四十分钟，将近一个小时了！我们十一点半到，这都十二点多了，谁也不去！我一看，全国各地十几个省的，谁是头儿啊？没办法，我出面说："我跟我们黑龙江省的人说一说。"把这三个房用上了。

所以还是得有一定纪律性，得听从指挥，得有点儿素质。素质太差的组织起来就困难。主要是这方面。

问：怎么把关的？

崔：各省主席把关，把过关的我们就基本上不再去审查。那么老远，不可能再全国跑一圈儿吧？但是我也有办法，我直接就告诉他们说："同志们，如果你们要不负责任的话，那么下次活动你这个省就弃权了，就等于 Pass 了。"这个办法挺好使。山东那次就是因为那个主席不是太负责任，一开始他特别积极，"多给我们点儿名额"，完了回头儿他跑了。后来我问他："你这人咋选的？""唉呀！我也不知道啊！他们说要去，我寻思他们就去呗。"我说："你认不认识?”“不认识。”这很不负责任!

后来说了以后，这一两年再搞，这个情况就少一些了。反正你这把要是闹了，我们认了，但你们哪个省出了问题，下次就把你这个省排除在外了。挺好使的，但不太仁义，那也没办法，这是没办法的办法!

生活顺其自然

问：您是哪年退休的?

崔：我实际真正退休才半年，今年春节才退休。我属于超期服役吧。因为当时我们单位有点儿特殊情况，本来我年龄到了，应该退了，因为没有人来接，就没让我退，暂时又工作了三年，刚退。

问：您和孩子现在两个人住?有保姆么?

崔：没有。我退休以后就把保姆辞退了，我就是保姆了。

问：崔姐她现在生活什么样?

崔：哎呀!每天懒洋洋地起来，吃完饭就是看电视，别的也没啥事。这儿不是离体育学院近嘛，有时候我们到体育学院，或者到那边儿哈工大二校区，领她走动走动转转圈儿。

问：她现在还练不练速滑和滚球?

崔：这一年多就不练了。她突然反感了，说不去了。就厌倦了，说啥也不去了。她说她岁数大了。

问：那有什么新的想法?

崔：现在没有，顺其自然地这样平平安安地生活吧!没想再有啥别的，别的也做不了啊。就这样每天平平淡淡地生活，平平安安的就行，就别出啥事儿了。

问：也没有想给她找什么工作啊?

崔：找不了啊!就那感觉比她程度轻很多的……程度轻是什么呢?首先一个，外貌。外貌起码给人第一眼，看不出来是一个有异常的。第二个，交流。要有主动和正常人自然交流的能力。就是你说啥话我能听，完了我能对你这个问话也好、交流也好，我能回答、应对，而且这种应对是能靠上谱的。第三个，就是具备一定的理解和动手能力。别人告诉你：“你把这给我拿过来。”你到那儿瞅一圈就走了，那你就不行了吧。这最起码的几个条件，都具备的，是程度轻的，那也没有超过三个月的，干不了!环境不容忍你。

问：有没有比如说阳光工场之类的？上海那边好像有。

崔：对。咱们这唯一有一个，就是我说的那个托养中心温馨家园。我们这些年搞活动，我和他们主任也挺好的，他们也给了很多支持。它那块儿一个是收低保的，第二个就是年龄在十六岁到四十岁以下的。然后分日托、周托、整托。日托就早上送去，晚上接回来。周托就周一早上送去，周五中午接回来。整托就是整个月在那儿待着。它组织一些孩子学手工、电脑、编织等等。就在咱们学府三道街上，市残联办的。但是它越办越难，现在因为经费问题已经举步维艰，很难坚持。我们家那个也在那儿待过一段时间，可能那个环境她不太适应，后来就回来了。

问：刚刚说到温馨家园，是因为工作人员开玩笑所以不愿意在那儿待？

崔：说起来得有快七八年了。那时候在燎原毕业了，咱们这儿有一个叫温馨家园的康复托养中心。我这孩子，可能也是我自己的责任，她原来有自闭症，谁碰我一下子都不行。你动我东西也不行，你碰我也不行。就在那块儿她就不行，她就不适应那种环境。最后搁那儿一宿一宿不睡觉，都烦躁得不行了，在精神方面都有点障碍了。我就把她接回来了。搁那儿待了也就不到半年，三个多月、四个月那样儿。

问：有自闭是么？

崔：对，有一定程度的自闭，但原来不是。就是她生长环境，一开始给她一直送到正常学校学习，周边环境对她有这种压力，歧视、嘲笑啊……她越来越敏感，越来越自己封闭了，不和别人交流了。

咱们这有的孩子更严重呢。有的孩子严重，就搁家里待着，最后连语言功能都丧失了。我那时候害怕我这孩子到那种程度，所以就慢慢地诱导、陪伴、训练，还挺好。现在她这一辈儿，人要熟悉的话，交流没问题。自己想有什么诉求啊，或者和你对答、交流，都没问题。

问：她在燎原学校不是适应得还不错？平常训练也很开心。

崔：对！在燎原学校一直挺好，到毕业。毕业以后，搁家又待了一段时间。我看不行，那时候我还上班，就把她送到托养中心。但托养中心和燎原学校不一样。燎原学校是一个正规的特殊教育学校，它的老师都是特教老师，而且即使不是学特教的，在那个环境中，学校也会提出这方面的要求，对老师有一个约束。

康复中心不行。一是康复中心本身是福利性质的；再一个由于经费问题，好多的教员都是从农村找来的，没有受过这方面的教育，而且本身的素质也不是很高，成天家长里短的、婆婆妈妈的，这些事儿都多。所以我孩子，他们天天问她搞对象儿，她就烦了，她急眼了。那边儿还有不少孩子，像我说的那个银行行长家里那个，现在也待得很难受，也不是很遂意。

问：关于崔姐的婚姻有没有什么想法？

崔：婚姻，我的想法就是她肯定不行，因为她不具备承担一个家庭的能力。如果你硬要给她组成家庭的话，那就是你这个家庭去承担她那个家庭的责任。而且这种现实情况搁这儿摆着呢，比如说像他们一起的这些孩子，有结婚的，有两个还把我找去给他们做主婚人呢。我说的都是女孩子，找的都是农村的。

有一个就是我说过那个，她和我的孩子非常好，速滑的队长。她的父母自己有一个企业，她家老二是浙江大学的。找了一个农村的，去年刚结婚，现在什么情况还看不出来。

崔晓光父女合影

还有一个家里条件比较差，父母有一个下岗，一个工作，收入也不是很高的。也找的农村的，完了生个小孩，还过不下去了。农村的男孩子一旦来了，搁城市站住脚了，人家就不干了，人家就走人了。没站上脚儿，是借助你的力量，等站住脚儿，就不干了。而且现在的户口也越来越弱化。结婚时候户口也可以农转非，非完了人家人就飞了，根本不承担任何责任，孩子最后都得你家庭来养活。

男孩子也有，我们有一个男孩子，外表一看长得可帅了，一米八大个儿，长得也漂亮。但是家里非常困难，他父亲也去世了，母亲脑血栓瘫痪。后来他自己找了一个对象，那是特例了，我们残联给了他非常大的帮助，帮助他找工作、落实单位，后来也给辞退了。也有小孩，生活得很难。

所以我一想，我也别找那麻烦了，反正我尽量多活几年照顾，就这样。而且我这孩子自己对这方面也没欲望。像我说这些孩子，他们想组织家庭这个欲望非常强。她在温馨家园待那时候，他们那些老师老逗她，拿她开玩笑，就是说“你怎么不找对象啊？给你介绍对象啊”什么的。他们告诉我，你的孩子说了，好的都没有了，她就不找了。后来就因为他们老逗她，她就不愿意在那儿待了。

这一类的孩子组成家庭，幸福的少，成功的也少。光靠自己肯定是不行，肯定是没戏，还得你家庭来承担她那个家庭的责任。你看我说句自私一点的话，我的孩子，如果就她自己，我就这么带着她，还可以。她再组成家庭，我就不只是带她了，我连她的爱人、她将来有小孩儿我都得带着，那时候我养活一个变成我得养活仨。农村来的，你能指望他嘛！现在大学生毕业找不到工作的满地都是，一个农村的，一没学历二没能力的，干啥去？人都是这样，咱也是平等地来考虑，他要是到这儿之后觉得“我一个正常人找你这样的，我本身也吃亏啊。我原来是弱势，你是城市的，我得靠你家。一旦身份要变了的话，立住脚了，那我凭啥跟你啊？”那你也不能去要求人家怎么地。没有保障。即使你家里再有钱，他随着环境、条件变化，心理也在变化。

问：现在有没有别的爱好？之后想让她再参与什么？

崔：现在再参与什么不是太容易。这么多年我看出来了，多参加活动、多交流，对她成长有好处，生存也有好处。她现在这个状态要是倒退十几年前，那我做梦都不敢想，不敢想她能有这样一个精神状态、生活状态。那时候就是自己生活能力特别差，极低啦！这么多年来虽然付出了很多，但是她确实也变化很大，而且也收到成果了。

崔晓光女儿的教练口述

姚楠，崔晓光女儿的速滑教练。

口述者：姚楠
访谈者、撰稿者：孔祥楠、孙安琪
访谈时间：2017 年 7 月 30 日上午
访谈地点：黑龙江省哈尔滨市飞扬冰上运动中心

问：静怡是什么时候开始训练的？

教练：她从 2004 年开始。她是比较重度的，我不知道你见到她了吗？

问：明天和她见面。

教练：见到她爸爸了，是吧？

问：嗯，是的。

教练：她比较重。唐氏综合征实际上有一个基础的能力水平，基本在中度这个范围。静怡属于重度。这是从我们经验来讲，在特奥运动里面，崔静怡运动能力就比较差。我觉得她重，她爸也认可我的这种说法。我说：“是你把她照顾得太好了。”孩子没有得到太多的锻炼。实际上像这种孩子，家长拿出一点儿时间来锻炼孩子，孩子能达到一定能力。但是多数孩子的家长一是不放心，另一个是训练过程很辛苦。比如家里有车的，那就一天一天接送。崔静怡，我觉得一个方面是她本身就比较重。

问：崔静怡是多大时候开始训练的？

教练：是二十岁。她运动能力特别差。平常我们开玩笑就是说“教崔静怡是一件最没有成就感的事”。她已经滑了十几年了，还是只能在冰上走，只能是很流畅地走，走得很顺溜，她也不会摔。但是从某种程度上讲，能把她教会滑冰，能让她在冰上走，就是一件非常有成就感的事，就是说你要看最后衡量的标准是什么。

她爸她妈开始时候说：“我们家孩子能滑冰，简直就不敢想象，那都是不可能的事。”那时候想这是完全不可能的，因为她不会跑，走路也很奇怪，不是很协调。而且她最开始在冰场上就站着，最后为了她能往前走，是我把着她的脚，告诉她一步一步这样迈。我觉得有半年的时间，一场冰有一个小时，她就能走一圈或两圈。

问：是不是怕摔怕疼？

教练：应该不是。崔静怡属于参加特奥的变化特别大，之前不说话，后来就一直说，特别愿意交流。

问：交流上的能力提高不少，协调性呢？

教练：协调性也好多了，至少她能滑冰，简直是一件大家都没想到的事。

问：现在呢？

教练：她从学校毕业之后，就没什么事了。在家里面，胖了很多很多。她前两年好像突然之间情绪上不是很稳定。家里面，她父母离婚之后，她爸爸上班比较忙，有的时候接她也有点不方便。另外一个，主要还是情绪不是很稳定，就喜欢在家里面，一出来情绪就不太好，她其实是激动了，但是有点过于激动，她所表现出来的这种情绪会让人觉得不太好控制。

问：是不是受到了什么挫折？

教练：这个我也不太知道。其实她的智商并不是很低，她比较喜欢看电视，她每次要去一个国家之前，会了解这个国家有什么比较有名的地方。她比较喜欢旅游，比如“哎！我要去某一个地方比赛”，这个地方有什么特产、特色，她都能知道。她学习能力比较强，但是社会适应能力或者自我照顾能力很差。我觉得主要就是家庭给她照顾得特别好。

问：她是没有锻炼出来么？

教练：我觉得是，能锻炼的话，肯定要比现在好。

问：2005 年去比赛对她的自信心也是一种锻炼吧？

教练：对，影响是一样的。她很激动，看见会跟你拥抱，然后很开心，说：“我得了金牌。”回家之后会跟父母讲我在国外的时候看见什么。

崔晓光女儿观察记录

观察时间：2017 年 7 月 31 日
观察地点：黑龙江省哈尔滨市崔家
观察者、撰稿者：孔祥楠、孙安琪

时间	活　动　内　容
7:30	早饭。
9:45	打水，自己端盆子。
10:20	看电视，看新闻。
11:25	与父亲和访谈者合影。比较怕生，没有直视镜头，而是略微低头抬眼。
12:00	午饭。
下午	与父亲去工大二校区、体院散步，走路姿势略有异常，但并不影响正常行走。走路过程中比较开心，几次露出笑脸，不像刚见面时那么怕生。

你未长大，我不敢老

——苑莉华口述

苑莉华，女，黑龙江省哈尔滨地区家庭领袖，特奥运动员王征之母，联通公司职工。

王征，男，1987年9月出生。独生子女。唐氏综合征。毕业于黑龙江省哈尔滨市燎原学校。哈尔滨市残疾人托养培训指导中心温馨家园学员。

口述者：苑莉华
访谈者、撰稿者：孙安琪、孔祥楠、梁鸿飞、王珏
访谈时间：2017年7月24日、7月28日、10月7日，2018年6月13日
访谈地点：苑家

大龄得子，确诊唐氏

问：苑阿姨，能讲一下您的个人经历吗？

苑：我是1951年2月18号，新中国成立不久的时候出生的。家里有五个兄弟姐妹。

问：现在都还健在吗？

苑：现在我哥去世了，我是老二，下边还有两个弟弟一个妹妹。我们不是刚上新疆回来嘛，他们昨天就都过来了。我八岁上学，小学六年级上完后考到哈尔滨第三中学。我是1964年考的，上到初二的时候就开始“文化大革命”了，然后我就开始去串联①。

我到北京串联以后，我爸爸在家就突发脑出血去世了，我回来以后都没见

① 串联：“文革”时期的特定历史现象，指1966年夏，北京学生去外地“煽风点火”，传播“文革”火种；全国各地学生则离开本地，前往北京或其他地区参观、学习“文革”经验。当时，进京学生免费乘坐火车；各地政府成立接待站，为串联学生提供免费食宿。

到他。因为串联的时候也不知道在什么地方，那时候通讯不方便，找不到我，我也不知情，我到家以后才知道，那时候我爸爸已经走了。我妈妈没有工作，就我爸爸一个劳动力养活全家，我爸爸去世以后我哥又当兵去了。他当兵走了，家里边就剩我是最大的，其实那时候我还不满十六周岁。为了生活吧，我就退学了。正好“文化大革命”开始了，也不正式上课了。

那时候接班也不允许，都在“破四旧”什么的。他们给我办了一个临时工，就让我进到我爸爸这个单位了，现在叫联通公司，过去叫邮电局。我就在邮电局长话科，从 1966 年我十六岁到这个单位以后就一直在这儿工作，一开始就是当话务员。现在咱们都有手机，打各地电话、农村的，什么都可以打到，过去那时候没有，就是长途电话。哈尔滨往全国各地打的电话都得通过我们接，通过话务员、交换台给接，接北京接上海接什么的就是打长途电话。我刚参加工作的时候是学徒工，一个月也就挣 36 块 5，后来涨到 40 块 5，一直到八几年以后，就是改革开放以后，工资才开始逐渐有调整，才多一些。

参加工作两年多以后就到专线台，就是保密台，为首长接电话，在那儿工作了十几年。十二年以后让我出来做班长工作，就在长话科，这是一个四五百人的大科室，分各个班组。在长话科做了几年以后又到办公室做人保干事工作，我们小单位的人事不像大单位管得那么宽，就是单位的人事调动、开证明，还有保卫、安全这方面的事，我们简称人事保卫。最后我是从人保干事退休。2001 年退休到现在都十六年了。我刚退休的时候才开 700 多块钱，现在年年退休职工得涨工资，现在涨到 2 500 多。

问：孩子是哪一年出生的？

苑：1987 年 9 月 26 号。1986 年 1 月经人介绍和我丈夫认识，然后认识九个月，9 月就结婚了。他原来是自行车厂的车间工会主席，现在也退休了。我们 1987 年就有了王征。

问：生孩子之前你们对这个孩子有没有什么特别的期望？

苑：没有。当时就是随便组成个家庭过日子吧，那时候我们都已经很大了，我已经三十多岁了。我结婚比较晚，因为家里情况比较特殊，爸爸去世了，弟弟妹妹又还小，我母亲也没工作，我哥哥还在部队里当兵，我就是家庭的主要劳动力，养全家。

问：您做没做过产检？

苑：做过，但是那个时候不像现在这么发达，不像现在懂得那么多，那时候就简单地检查检查身体情况正不正常，没有像现在的唐氏筛查。

问：医生当时也没说有什么异常？

苑：对，也不懂，也不知道。就做了个B超，看看正不正常，别的也没做过啥。

问：这个病家族有没有先例？

苑：没有，反正我们就近几代没有这样的人，再往前往上几代的咱们也不太了解，就近几代、三代四代都没有。

这个你问医生，医生现在也说不出，直到现在也搞不明白到底是什么原因促成的。他就怀疑，一个原因是高龄产妇，因为我生他的时候已经虚岁三十七了，属于高龄产妇，概率就比较高；再一个原因就是基因突变，比如说怀孕刚开始的时候有什么病毒性感冒，或者就是吃什么药了，或者受点什么刺激了，引起了基因突变，就变成这样了。现在医生也没法确定到底是怎么引起的。

问：孩子是在哪个医院出生的？

苑：在哈尔滨医科大学附属第二医院出生的，这个要说起来也挺波折。我那天早上肚子疼，当时我住在我妈家，觉得不行了就送医院，到医大一院，当天医大一院停水。不过这一天也没到要生的程度，一直等到四五点钟的时候也没生，水也还是没来。医大一院就说让我转院，上别的地方生。

后来没办法，我们就上省医院了。到省医院以后，省医院坚决不收，他说医大一院这么大个医院都给推出来，就是因为高龄产妇有危险。高危病人，他就怕高死亡率。他们也坚决不收，责任要推到别的地方，他们不管。后来我们都找到卫生局去了，找的卫生厅，他爸爸的姨也在卫生系统，就帮着找，又联系的医大一院，最后他们说你上医大二院吧。医大一院和二院是一个系统的。我们只好又打车上医大二院。那天还下着雨，到医大二院后在那儿生的，是剖腹产。半夜十一点多的时候生的，医生都是现从家里找来，挂的电话给找来的。

问：这个过程太辛苦了。

苑：是啊，要不怎么叫王征呢？为了生他南征北战嘛。早上起来是下雨的，9月26号就下雪了。那一年还比较特殊，就雪下得早一点啊。早上因为比较暖和，雪到地下就化了，下到后来就是雨，他爸爸的鞋都湿透了。

问：生出来的时候发现异常没有？

苑：生出来的时候还没发现，因为是剖腹产，生完就给抱到婴儿室去了。我没有奶，他们也不把孩子给送来。是第三天吧，护士抱着孩子在门口的时候——她用一个婴儿车推着那么多孩子，一个手抱一个——她就喊我的名字。

她说，你在怀孕的时候吃药了吗？她就问我一句这么个话。当时我说，好像没有啊，她就再啥也没说了，我也不太懂是啥意思。

这个孩子他就是不哭，一般小孩饿了的时候不就要哇哇叫唤什么的，他也不哭，特别老实。我们就怀疑这孩子是不是哑巴啊，不会哭是怎么回事？有一天我们就说先别给他吃奶，饿饿他、激激他，看怎么回事。后来他哇一声哭出来了。哭出来以后我们就放心了，寻思就知道他不是哑巴了，也就没往智力方面去想。

问：其实当时护士这么问的时候，她已经知道这个问题了？

苑：实际上应该是，我估计医生可能是看出点问题来了，但是医生没跟我说，就是护士这么问我一句。

问：当时护士也以为他是哑巴，还是护士已经看出来了智力方面的问题？

苑：应该是看出智力的问题，因为唐氏有好多特征，他那眼角就是吊眼角，咱们土话说是吊眼梢；通贯掌，手指头都比较短；脚趾的距离都比较宽一些；眼裂也宽，总之就是有一些特征。我估计医生看着了，但是可能无法确定。那个时候不是太发达，可能也只是怀疑，但是医生直到我出院都没跟我提过这个事。

回家以后坐月子在家，这孩子也不哭也不闹，整天就睡。反正你给他吃他就吃点，不给他吃他就睡觉，就这样。等到再过几个月，三个月的时候，一般小孩都像俗话说的“三躺六坐八爬着”，可到他就不会。等到六个月的时候他也不会坐，他头立不直，总是这么歪着，脖子比较软，这种孩子的肌肉都比较软，脖子立不起来老那么样歪歪着。到爬的时候也不会爬，比其他人什么都晚。后来有一次我们同事来看我，我在家休产假，因为她是伺候过孩子的人，能够看出来王征和别的小孩有区别，就有点害怕了。她也怕这个事触痛我的心窝子，也不太敢说。后来又一个同事就侧面挺委婉地跟我说一下子，他说，我上儿童医院给你找个大夫问问，让他给看看吧。好像是九个月大的时候给抱去的，医生把他一提溜，一般孩子提溜起来就脚戳在桌子上站着，他就不会，他特别软，脖子也就这么耷拉着。再一看面部表情的这些特征，大夫就说，这是典型的 21 三体综合征——第 21 对染色体多出一条来。他说现在孩子还太小，等他再大一点给他做一个脑袋的检查还是验血什么的。也没做什么检查，就是大夫一看就知道很典型。反正因此我就知道了这么回事。

问：当时家里是什么反应？

苑：当时就是痛苦哇，怎么就让我摊上了？心里特别不是滋味。我寻思对这孩子也有点对不起，整天哭啊，咋这么不幸呢？多大岁数啊，好不容易结婚生个孩子，还是这样的……后来过了一段时间吧，自己也都想开了。既然生他了，就得面对。那时候儿童医院的大夫跟我们说，这种孩子就算长大了也就只能给你打个酱油——那时候还打酱油，不像现在可以买成瓶成袋的，都一斤一斤打的。他说，也就能给你打个酱油，倒倒垃圾，就不错啦。他还说，以后有些事你就得不厌其烦地教他，人家学两遍会了，你这个学两百遍都不一定会。医生就这样跟我们交代了，我们知道了以后当时心情是不太好受的。

但是做父母的，既然给他带到这个世界上来了，就有责任培养他。从那时候起我们就教他，两岁多了还不会走路，就拽着他、提溜着他，使劲让他学着迈步。后来就会走了。说话也晚。平常就教他穿衣服、倒垃圾、系鞋带啊什么的，大多都教了。一般简单的生活能力，一直在教。

问：家里其他的兄弟姐妹都是什么态度？

苑：他们都没什么态度，反正摊上了，那也没办法啊。

问：有劝劝你们的吗？

苑：没有。我一般不太愿意和他们说，他们毕竟是我的弟弟妹妹，有好多事我总想是我的困难，不愿意跟他们说，就自己承担吧，但是他们也都挺关心的。

问：发现孩子这个情况有没有想过再要一个？

苑：没有。因为我年龄比较大，三十七岁生的他，在单位上班还算比较上进，什么都不想落后，所以感到压力挺大的。再生一个的话我的精力也不行，经济也不行。再一个我考虑到如果再生一个，对第二个孩子也不太公平，你要给他留下很重的负担。反正我就想：就可着我一个人造①吧。

问：当时主要就是由您来带孩子？

苑：对。

问：王征的智力分级是什么？

苑：他是智力一级。

问：这个是什么时候测的？

苑：咱们那个残疾证换了得有五六年了吧，他以前是二级。后来换残疾证的时候得去检查身体嘛，就在那个时候确定成了一级。

问：是因为什么情况从二级变成一级了？

---

① 造：东北方言，即受罪、承担。

苑：他是国际脸谱嘛，典型的唐氏综合征病人，在智力这方面他们是最弱势的。考虑到国家对一级二级这样的重度残疾有一些说法，既然也可以定成一级，就定成一级了。

为儿求学，波折坎坷

问：之后有没有再去确诊过？

苑：他上幼儿园的时候——也可能是上学的时候——需要证明，我就去医大一院给他做了一个染色体的检查，就这样确诊了，拿到了诊断书。实际上王征这样的孩子根本不需要什么诊断，他的面部就是一个诊断书了。

问：幼儿园的时候老师有没有和你沟通呢？

苑：那个时候没有幼儿园愿意收他。可是我得上班，爷爷奶奶岁数都大了，也没有人看着他，就只好跟单位说明情况，单位幼儿园才勉勉强强地收了他。可是他和正常孩子不一样，别的小朋友坐在那里上课，他就可能要搞一些小动作。其实王征还不算太淘气，但是有些家长可能会认为，有个这样的孩子在班级里，把他们的孩子都给带坏了，因为有的时候小孩子愿意互相模仿。就这样，别的家长有一些意见，园长也总是来找我，急得我都直哭。可是我也没办法啊，总不能不上班啊。后来我们的科室领导又去跟幼儿园园长谈，才勉勉强强答应让他待到上学的年龄。那时候通常是七周岁上学，他还要比别人再晚一年。他虚岁八岁那年，幼儿园就毕业了，在家待了一年。幼儿园肯定不会收了，好不容易让你毕业了，给你个毕业证，就赶紧回家吧。

问：他自己喜欢去幼儿园吗？还是有一些抵触？

苑：还可以，他不太抵触，也不像有的小孩子哭啊闹啊什么的。

问：他是不是不太愿意和别人交流？

苑：他不是不太愿意，他只是不会，他们本身交流方面就有问题。王征直到现在说话还有点磕磕巴巴的，更何况小时候，那时候他一天也不怎么吱声。

问：当时在家待一年是出于什么考虑？

苑：心里好像还有一线希望，想看看他还能不能够开发一些智力，接近于正常孩子，毕竟还是想让他上正常学校。他在家待了一年，还是他奶奶帮我照顾了一年。平常日子在奶奶家，周五我就去接回来，休息的日子还是我带。

可是后来一看还是不行，他跟不上，我就下决心给他送到特教学校了，也考察了好几个地方，那时候各个区都有带一个这样特殊班级的正常小学。香坊有一个育人小学；南岗有个学智小学，在花园街；学府三是十六岁毕业后培训托养。学智小学是正常市教育局办的，特殊教育也是教育局管的。我就这三个地方都看了一下，当初南岗这个条件还可以。因为其他几个都在正常的小学里，下课了肯定要和正常孩子在楼梯上或者在院里边一起玩，可能有摩擦或者碰撞，或者有的人看出来他不正常。孩子嘛，天真，不能说他们是有意识地欺负他，就只是怕有的时候别的孩子无意中撩饬①他，我觉得那样对孩子打击挺大的。后来我一想，还是送到南岗吧。我就把他送到学智小学，现在叫燎原学校。燎原学校是专门的特殊教育学校，里边都是特殊的孩子。

问：您当时有这样的想法，是因为幼儿园的时候，孩子和其他小朋友相处受过欺负吗？

苑：幼儿园的时候倒没有怎么受欺负。

问：他是哪年上了燎原学校？

苑：1996 年开始上小学一年级。

问：当时是通过什么途径知道这样一个学校的？

苑：是当时我们单位幼儿园的一位老师说的，意思是既然有这种特殊教育的学校了，就找一找去。因为我们是电话局嘛，我通过 114 查到教育局的电话，问了一下，的确有特殊教育这个处，我就把电话打到这个处，他们跟我说南岗这边有一个叫启智校的——那个时候叫“启智校”，后来改成了“燎原校”。我也是挂电话和学校联系的，学校说让我把孩子领去看看，就这样来到了这里。

问：燎原校内部的结构是什么样的？这些孩子怎么分班的？

苑：也是像正常学校一样，分年级的。不过有的孩子岁数大一点但是来得晚，也可以从一年级开始上，或者有从别的学校转过来的孩子，也可以插班上，总之不像正常学校那么严格。

问：它有什么特色和优势？

苑：还有一家是道里区的。燎原比它条件更好一点。

问：是指硬件设施还是别的什么的？

苑：老师也好，硬件设施也好。这个学校在我们没去之前就动迁了好几年，我也不太知道是哪年开始动迁的。教育局借给他们地方用，一段时间之后有别人需要这块地方了，要撵你走了，教育局就再给他们找别的地方，总之他

① 撩饬：东北方言，指带有玩笑意味的欺负。

们搬了好几次家。王征上学那一年还没回到他们现在这个校舍呢——就是现在新盖的这个校舍——还是在外边借了一个地方，在大成小学校的后面。就这么上了一年学，三年级开始才回到现在花园街的校区。这个学校现在条件挺好，可能是因为各个部门都督促，反正最后是把这个地方盖好了给他们的，大家就都迁回到这个学校了。

问：当时道里区的学校有固定校舍吗？

苑：也有，但我没去过，因为我家到道里太不方便了；再一个，都是分区上学的嘛，王征的户口不在道里区，人家也不收他。

问：孩子上学以后在这个学校适应得怎么样？

苑：挺好的。

问：老师和家长经常交流吗？

苑：老师经常和我们交流，我领他上燎原学校报名的时候。老师问了他一些问题，后来他就开始正常上学了。都是小时候的事了，记不太清了。

问：老师会教你怎么照顾孩子吗？比如如何和这个孩子相处，老师会有一些特殊的技巧吗？

苑：没有，都是我们自己摸索的。

问：也就是说那个时候这些都还不是太完善？

苑：对，不像现在。

问：孩子的日常作息是和正常学校一样吗？

苑：也是八点上课，但是我们通常七点多就到了。

问：课程也是一样的？

苑：课程不一样，学得比较简单，他们有特殊教育的课本。科目数学、语文、体育、图画、唱歌这些都有，至于学得怎么样，就不像正常孩子那么好了。开始的时候他爸爸在那边上班儿，负责接送，后来他送不了了，就一直是我送他上下学，这些年也一直是我带他。

问：什么原因您先生送不了了？

苑：他原来是自行车厂的嘛，但 1993 年他就下岗了。之后他就自己出个床子，卖点自行车零件儿什么的，再后来又到太平那边租了一个小房卖零件，这样就离得比较远，不方便了。我是 1997 年的时候开始接送王征的，后来我也退休了，就基本上都是我管了。

问：平常寒暑假的时候，还有他上小学前那一年，都是谁来照顾？毕竟那时候你们还要上班。

苑：都是奶奶帮我照顾的。

问：王征和学校其他同学都相处得怎么样？有没有关系特别密切的伙伴？

苑：他们之间好像不太懂得什么“我跟你特别密切”这些，那时候也小，反正他不打架也不骂人，跟同学都挺好的。

问：老师对这个孩子怎么样？

苑：挺好，老师都喜欢他。他比较听话，而且他能听懂点话，有的孩子病得比较重，你跟他说话他也听不懂。

问：平时有家长会吗？

苑：平时放假之前开家长会，或者开学之前可能开。

问：您和其他家长在家长会上有没有什么交流？

苑：没有，我不太善于言谈，不太爱说话，也不太会说话，一般到哪儿我都听别人说（笑）。

问：孩子在学校有没有什么特别感兴趣的方面？哪个科目他更喜欢一些？唱歌？跳舞？画画？

苑：他喜欢跳舞。那时候学校也培养他，一般开个联欢会，组织个演出，都会带着他。

问：家里有没有买些什么东西让他学？

苑：我给他买了手绢，他愿意摇手绢，就像赵本山那样转，他对音乐比较敏感，节奏感也比较强，总能踩上点。他小的时候他奶奶也帮我照顾了一段时间，在儿童公园附近住，公园那儿晚上老年人都出来扭秧歌，奶奶就总领他去玩，他看人家扭秧歌就跟着人家后边，倒是都能踩上点，总之很小的时候就着跟人家扭，大家都怕踩着他碰着他，说什么“哎呀，老太太，你快点领着他……”，不让他扭。但后来我发现他挺喜欢的，就给他买了手绢扇子，这样就在家也能跳了。

问：他跟电视学吗？

苑：电视嘛也学，反正只要有音乐，他听着高兴，就扭起来了。

问：当时他的日常生活是怎样的呢？

苑：他当时都挺适应的。回了家他先进屋把鞋换好，然后就写作业，坐在这个地方写作业。他写作业的时候我就去做饭，做一会儿饭回头来瞅一瞅他有没有写错什么，再让他改。看着他改完又得接着忙活去做饭。毕竟到时候得吃饭呀，也不能光看着他，只能隔一会儿回来瞅瞅。他的数学不行，学个语文、学个生字、组个词还可以，但是写作文肯定是写不来，他的语言表达能力也不行，让他自己连贯地给你叙述一个事情，他就说不下来。不过我跟他常接触，都能理解他说的是什么事，也都能明白。他对数学一窍不通，咋教也不行。

问：计算也不行吗？

苑：用计算器行，学算术以后我就让他用计算器。他小的时候有时我让他去给我买袋酱油，都是给他拿正好的钱，或者告诉他应该找回来多少，人家找回来多少钱他就拿回来多少。现在我再让他去，他就有点不好意思了，他也觉得自己都这么大了，却还是什么都不会很丢人。我老说他数学不行，他自己也知道自己数学不行，就渐渐不太爱去了。

问：在学校有没有遇到什么挫折？

苑：我们家王征还可以，因为他不怎么讨人厌，老师都挺喜欢他的。

问：他从燎原毕业之后读的算是职高吗？

苑：对，那个时候燎原学校办理了职教班，就是算职高吧，他就又上了三年职高。

问：他在那里主要学什么？

苑：他学的是园艺。

问：修剪的那种？

苑：虽然叫园艺班，但是具体有关园艺的技巧其实学得并不是太多的，反而是烹饪学得比较多。学校当初招了一个老师教烹饪，还有一个老师教面点，实际上好像这方面学得比较多一些，但是他的证上写的是园艺。

问：他学得怎么样呢？

苑：那时候他也做笔记，学什么都挺认真的，回来也能做，但是这些年他不常在家嘛，有的时候我也担心，怕他切手。其实他倒也喜欢做，有的时候我一去做饭，他就帮着我炒菜，帮我翻一翻菜啦，帮我倒点调料什么的，反正只要你在他身边告诉他，他就都能帮你做。

问：他有没有跟自己关系特别好的小伙伴？特别喜欢的老师同学？

苑：我看他跟谁都挺好的。至于老师嘛，像是对姚老师，印象肯定很好，因为从小一直带他。他这孩子比较有礼貌，对老师都比较尊重，和同学一起也从来不主动打架，顶多就是生气了不理你了，或者仅仅是说两句“我不理你了！”都像开玩笑似的。反正现在有手机有微信，他也会使用手机，想谁了他就微信跟人家聊，说“我又想你啦，我都想死你了”什么的。

问：王征他个头多高？

苑：像我这么高。唐氏的孩子没有太高的，他在里边就算是比较高的了，王征是属于标准型的，其实唐氏也有好几种类型，还有嵌合型的。

问：能简单给我们介绍一下吗？

苑：像王征这样的就是每一细胞里的第21对染色体都多一条，嵌合型就是有的细胞里有，有的细胞里没有，也就是说还有正常的细胞。嵌合型的孩子比王征这样的孩子在各方面都要强一些，比如体能啊什么的。王征他们平衡能力差，肢体都比较软，肌肉也比较软，所以王征他们属于标准型的，个头都不太高。

问：他小时候您是怎么教育他的，他会意识到自己和别人的不同吗？

苑：我没跟他说过他和别人怎么不同。

问：他自己会逐渐意识到吗？

苑：说实话，他们这种孩子不太能注意到自己和其他孩子不同的，他们没有痛苦，不像别的残疾人，比如盲人或者是聋哑人，那些人脑瓜好使，他们知道，会想：怎么偏偏我是残疾人呢？我怎么那么倒霉呢？王征他们不知道痛苦，他们就好像是不懂，每天都快乐、高兴，尤其要是领他出门到哪去参加个什么活动，他就可高兴了。总之我们就是从生活技能方面多教他。

问：这样的孩子从小到大几乎不会有特别沮丧的时候。

苑：很少很少。有的时候我要是说他，他就不高兴，噘个大嘴就不吱声了。他还有一个毛病，比如看电视的时候，电视里边有些反面人物做一些不好的事，他看见就会生气，气不过。正常人就认为那是演戏嘛，可他就会当真，气得呀，鸣了嚎风①的，他会说："找公安局去！"那意思就是要抓人家。就算告诉他那是假的，那是演戏，他都听不进去。一般这个时候我就不刺激他了，不管他了，因为我知道毕竟他不是正常的，是有病的。过一会儿等他自己平静下来，就会自己来找你赔礼道歉，说"妈妈我错了"。可是那一阵他就是控制不住自己，所以我也不太刺激他。还有，要是我不高兴了，比如他有点犯懒啦，或者是惹我生气了，等他过去那个劲儿了之后，就会来跟我赔礼道歉。

孩子尚幼，父母患病

问：刚刚您说您之前得过癌症，这段经历方便细讲吗？

苑：那时是1995年，王征八岁的时候，我得了子宫癌。

---

① 鸣了嚎风：东北方言，形容疯狂了一般。用普通话表述，即抓狂、发神经、发飙，到了不管不顾的地步。

问：是良性的吗？

苑：是恶性的。第一次是3月份做的手术，当初我因为贫血贫得都走不动道了，但是我在单位上班还是挺要强的，所以也不想请假。大家都挺忙的，我也不想给领导添麻烦，就想着坚持坚持，到最后也坚持不下去了。总流血，贫血贫到都走不了路。不光走不动，站都站不住了，下班坐公交车，也就想有个座歇一歇。那时候的人还多，公交车上的人还不都像现在这么好，我有时候都宁可就地坐下，只要有个地方就好，真的是一点力气也没有。坚持到了自己家那站，人家跟我一个院的都蹭蹭蹭地走到家，就我还在后边嘎悠嘎悠的①。

再后来实在不行了，有一天早晨心脏开始拧劲儿地疼，是缺血了。疼完了就是恶心，吐也吐不出来什么。他爸就说，我领你去看病去，就这么去看病了。最开始只当我是神经官能症治的，开了点丹参之类的药，也不见好。

我们单位体检的时候就说我有一个小肌瘤，有一个硬结，医生说，那你就定期检查吧。我就也没当回事儿，就还这么一天天坚持上班，再加上照顾这个孩子。可是后来又不行了，就又给我做了个B超，这回告诉我肿瘤已经长大了，还有浸润，也就是边缘不光滑——一般良性的东西比较光滑，没有浸润到旁边这个器官，所以医生说这种东西一般都不是好东西。他爸爸一听，就领我上医大去了，开始当我是子宫肌瘤做的手术。结果等到病理出来了，才发现是恶性的，是子宫肉瘤，肉瘤就比肌瘤更严重。所以到术后五十多天的时候，在4月底我又做了一次手术。第一次做完以后不到两个月，又打开把那些都清除了。第二次手术做得还比较成功，所以我就一直活下来了。当时那功夫大夫和王征他爸爸交代的是，大概我回去以后也就差不多两个多月，就该去了。

问：当时是怕转移是吗。

苑：对，但是还好五十多天之后又打开清理了，还是在医大，那四个主治医生连带主任做到一点多钟，大夫都做到胃痉挛了。好在清理得还挺好的，所以能活到现在，挺幸运的。

问：在那之后就没什么问题了？

苑：嗯，一直到现在，当时手术完后就是化疗几个疗程，后来我觉得好像还可以，就挺长时间都没去。2009年的时候又生了一场病，特别难受，我就又做了一次化验，好在结果还可以。前几年做化疗，这头发都掉光了，这些都是后来又长的。

---

① 嘎悠嘎悠：慢悠悠的，这里可理解为缓慢蹒跚地走。

问：现在孩子完全是由您来负担吗？

苑：对。

问：孩子的爸爸现在在哪里生活？

苑：他在楼上五楼，一个单元里面，这个房子原来是他奶奶的房子。

问：叔叔身体是什么问题？

苑：他一开始先得的是心脏病，冠心病嘛，重度血管狭窄，血液流不过来，他就疼，老是胸痛，还迷糊。2012 年住院的时候，检查科让他装支架但他没同意，因为那时候支架一个就需要好几万，这要是支几个的话我们也承受不了哇，没有那么多钱，他就说不支不支了，就这么服药坚持控制。2013 年他就得了抑郁症，这两个病加一起，老是住院，一年住好几次。不过现在好多了。

问：现在他的状态怎么样了？

苑：现在好多了，控制住了，但现在他还是得吃药，不吃药就难受，就要犯病，就烦躁。

问：原来爸爸没生病的时候会一起照顾王征吗？

苑：我是只要我自己能承担的就不牵扯别人的那种人。他毕竟是男同志嘛，不像我们这些做母亲的，摊着这种孩子了也没办法，我不带他谁带呀？男同志在外边他还得要个脸是不是。他自己也总说："我在朋友同事之间好像抬不起脸。"他现在和朋友同事，基本上都断了联系，不太愿意和别人接触了，一接触人家都说：孩子上大学了，孩子出国了。他说：那我能说啥？男人嘛，都是有自尊心的。其实咱也有啊，但是我们没办法，做母亲的就得管他呀，是不是？所以一般情况下都是我带孩子，要是我没有时间了，比如今天有事脱离不开，我就让他爸爸帮着去送送，比如说送王征去训练，他也管。

问：王征取得这么多荣誉，爸爸还是心里不太舒服吗？

苑：他挺高兴的，他看到儿子取得的成绩挺高兴的。但是他有病的那段时间里——他那是病态呀，那是他控制不了的。没办法，就得理解他，这种病人你越刺激他，他的病就越要严重，甚至就真的走向绝路了，是不是？所以我就尽量往回拉他吧，哄着或者是怎么样都好。那时一天天把我愁得不行，这个孩子需要照顾，那边大人也需要照顾。

问：王征知道自己爸爸的情况吗？

苑：我跟他说过，但是"我非杀了他不可"这句话我没和他说过，怕刺激到孩子。他毕竟不太懂得怎么正确面对，所以我一直没敢跟他说。

问：现在他和父亲还经常接触吗？

苑：接触，还是楼上楼下地住着。说句实在话吧，我俩的感情不是破裂了、过不下去了那种，之所以这样一个是为了孩子，一个是为了办这个证，一个是为了能够让他思想上减轻点负担。他现在吃药，一个月得 1 000 多块钱。

加入特奥，锻炼成长

问：他在燎原学校是什么时候开始接触的滑冰？

苑：2001 年吧。

问：那时候上几年级？

苑：大概五六年级？好像他是十六岁那年开始接触特奥的。姚老师[1]那时候是这个学校的体育老师，带了几个孩子去美国比赛。那时候咱们黑龙江也是刚接触特奥，比赛回来咱黑龙江就起步了，开始要做这项工作，想成立一个速滑队，姚老师就在他们学校里边选运动员，就把他选上了。然后来找我谈，说先让他练练滑冰。我当时挺犹豫的，因为小时候我领着他，他就总卡跟头，走走道他就摔倒啦，有时候就恨铁不成钢地骂“怎么老卡跟头呢你！”我心里就寻思，他连走道都直卡跟头呢，滑冰这能行吗？

不过有一次，他们学校在王征没学之前开了个家长会，像汇报演出似的——那时候燎原学校有一个轮滑课，用的就是四个轱辘的鞋，一面两个轱辘的那种，比较稳。他们学校也不晓得是怎么地就有一个那样的鞋，于是就培养了几个孩子，之后他们也会滑了——到汇报演出的时候，他们就在会场，穿上轮滑鞋滑，转了一圈给我们滑了看，一身红运动服，一双小白鞋。看了我就觉得，哎呀，咋这么漂亮呢！那些孩子滑得还挺好的，我也就对这个轮滑产生点印象了，也挺羡慕。

但是让王征去滑我还是有点担心，我那时候认为他学不会——毕竟他走道还走不稳呢，穿上那玩意，晃荡晃荡的，不就更不行了嘛，总之我就没什么信心。但后来老师也说，先让他练练看看吧，我一看老师这么热情，就说那就练练试试吧，能练出来就更好，实在练不出来咱们再退出来。就是抱着这个态度，我就同意了。同意以后就给他买鞋买一些护具什么的，就开始训练。一开始是冬季比赛完了，回来就组织这个队伍。夏天就开始在学校练轮滑，冬天就

① 姚楠教练的口述访谈收录在《特奥体育教练卷》。

开始上冰。应该是2001年。等练上了以后发现，真的还可以。

问：这个班在王征加入之前就已经成立了吗？

苑：他那个学校没有，这个是属于特奥的队。我说的有几个孩子汇报演出的活动就是燎原学校的一个课程，只是为了拓展科目，让科目更多一些吧。教孩子学东西嘛，选了个轮滑，有几个孩子参加，能力强一点的孩子就学会了。

问：当时姚老师的队是第一批学生是吧？

苑：对，她就说是成立速滑队，王征就是第一批进的，速滑队刚正式成立，他就进来了。

问：姚老师成立这个队，目的就是为了参加特奥会吗？

苑：应该是吧。上边的事我们反正也不太了解，姚老师接触特奥比较早，她可能早就懂这些；也可能是知道哪年要有第几届什么比赛了，要为这个做准备，培养运动员嘛。可能是这样的情况，具体的我们还不太清楚。

问：姚老师在特奥这边属于什么职务？

苑：她原来是一个教练。

问：老师有没有说出于什么原因选的他？还是对他有什么偏爱？

苑：也没说什么，总之就是各方面考核吧，一个是王征比较听话懂事，再一个从身体各方面看着觉得他能行。老师也是摸着石头过河，谁也不知道他到底行不行，她也要多选一些运动员，筛选一下，能够适应的就学，不能够适应的就淘汰，也有不少孩子学了一段时间之后就不学了。

问：选拔流程是怎么样的，您清楚吗？

苑：这个选拔我们也不太清楚呀，这都是教练的事，我们就在旁边看着。

问：他刚接触的时候是在旱地滑的，那什么时候上的冰呢？

苑：冬天上的冰，刚开始的时候在学校是夏天，穿的是轮滑鞋先滑着。

问：他还学了花样滑冰吗？不光是速滑？

苑：速滑他也能参加，花样他也能参加，他穿花样刀也会滑。

问：也是姚老师教的吗？

苑：嗯，姚老师是总负责人，现在还有一个王教练。因为姚老师现在是在大杨扬成立的俱乐部当经理，所以她又委托王教练来帮忙，基本上就是王教练陪着他们训练、集训。

问：最开始练速滑的时候是怎样一个日程安排？

苑：他们一周练几次，得根据冰场的情况。冰场比较紧张，时段都是排满的，因为正常人也去滑冰，也都有正常孩子去那儿学。就只能插空安排他们一段时间，每天几点都有，有的时候甚至到晚上半夜才能滑，给你排到啥时候都得认。

问：当时都是您亲自带他去？

苑：都是我带他去，风雨不误的。有的时候下着大雪，还有一次给我们浇得浑身上下湿透，暴雨来得快啊，没地方躲雨，浇得透透的。冬天挺晚挺晚的，那时候就连用来训练的冰场也不固定，有的时候去那个冰上基地，有的时候又上别的地方。我家这块儿坐3路车就只能到军工那块儿下车，之后还得往冰上基地那边走，走二十多分钟才能到，冬天迎着那北风往回走真的飒脸①。

问：当时孩子对训练什么态度？

苑：他挺愿意训练的，挺喜欢的。他有的时候也会偷懒，他们这样的孩子心脏都不太好，唐氏的孩子有的都需要做心脏手术的。至于王征，我感觉他的心脏也不是太好，咱们正常人跑急了，是不是心里面也揪揪着呀，老也不跑，冷不丁跑一次，心里面也挺难受的。我估计可能他也是，心里面累的时候，他也上旁边站一会儿、歇一会儿。我有的时候就督促他“你快点的吧，就一个多小时的时间，可别浪费了”，有的时候就说他“要是老偷懒就不滑了”。他还不愿意：“我不，我愿意滑，我参加。”

问：在冰场您是全程陪同？

苑：全程，对。

问：当时有其他家长在吗？

苑：有，有时候我们在一起说话，唠嗑啥的。就交流孩子状态怎么样啊，滑冰在哪方面有提高了，下一步还需要怎么做之类的。

问：滑冰这个项目不是要穿冰刀嘛，总会有点危险，刚开始训练的时候有没有受伤什么的？

苑：考虑过有危险，胳膊腿什么的卡②折了，这都是有可能的，我们也都考虑过。有的时候就是寸劲儿，就是卡个跟头而已，可是也会骨折。但是我感觉冰上运动没有生命危险，不像在水里边，我总觉得要是呛了一下子，他备不住就有生命危险。滑冰这个我是有思想准备的，就像骨折，他的小拇手指头都卡折过，到现在他老说这只胳膊还疼，可能那年是没接好或是压坏了神经什么的，他就老说这个胳膊不太得劲，有的时候拎东西他也说疼，也不知是筋抻着

---

① 飒脸：东北方言，多指冬天的风吹得脸疼痛，像刀割。

② 卡：东北方言，即“摔”。

了还是怎样。

问：小拇手指卡折那次具体是什么情况？

苑：那时候是2009年吧，姚老师带孩子们出去比赛了，那次他没参加，家里面有几个孩子训练呢，就得我看着，我帮着照顾几个孩子。他平时也都带着护手啊护腕什么的，但就那天他没带护手。他们就在宏博那个院里面训练，我们家长们就找一个凉快地方坐下了。结果他就滑到另一边去了，我也没注意瞅着他，他就在那边卡了，回来以后他戴的那个电子表的蒙子啥的都卡坏了、摔掉了，手也肿了。回家以后我以为他只是挫着了一下子，就想还是先观察观察看看吧，结果第二天一看不行，就领他上医院了，照了个片子才知道是骨折了。

问：当时是夏天滑的轮滑吗？

苑：夏天，是6月份，滑的轮滑。有一次在燎原学校操场的时候也摔了，整个手掌都秃噜皮①了，露鲜肉了，操场上的小石子、土什么的都沾这上，黑黢黢的。

问：王征有没有因此而抵触？

苑：没有，他还挺坚强的。

问：当时出这种伤是怎么处理的？燎原学校有校医吗？

苑：没有，我们就自己领着孩子上医院。我回来下车路过一个小医院，把脏东西给洗一洗，完了给敷点药，后来也就没事了。孩子嘛，磕了碰了这都是不可避免的，别说这样的孩子，就算是正常的孩子也得有这种磕了碰了的时候呀。

问：后来孩子练这个有没有什么困难？

苑：那肯定有，不适应啊或者是哪个动作做不好什么的，有的时候你都跟着着急上火。但对我来说这么多年都习以为常了嘛，有什么困难我都能克服。

问：多长时间之后他才滑得非常好了？

苑：一开始上冰他也滑不起来，就磨蹭磨蹭走啊走的，哪怕这样还老卡跟头，里倒歪斜②的。他2002年冬天开始滑冰，2004年他不是就参加日本那个比赛了嘛。

问：所以进步还是很快的。

---

① 秃噜皮：东北方言，指受皮外伤且创面较大，受伤部位整块皮都掉了的情况。

② 里倒歪斜：东倒西歪的意思。

苑：他们这种孩子，要是说像人家正常人滑得那么好，肯定达不到。也只能说在他们这一群人当中还算比较不错的，有些动作，他还是不能像正常人做得那么到位，腰也没办法哈得那么低，反正能滑得下来，但动作也不是那么太规范的。

问：我问一下王征，老师是怎么带你训练的？

儿子：先跑步再做操，完了是正常穿鞋，之后在冰上滑就行了。先热身就是跑步做操，每个环节做到位之后我们可以穿鞋上去滑，不容易受伤。上周我们都是跑步，跑完后做操，穿上鞋就滑上了。

问：有没有技术性的训练？

儿子：老师们就坐在操场的座位那儿，我们就在下面滑圈，五圈十圈地滑。

问：平时训练老师对你们严厉吗？

儿子：严厉，但是我可以克服这个困难。

问：能不能谈谈你学习了轮滑和滑冰后的感受？

儿子：那个时候感觉挺兴奋、高兴，总觉得老师教我不容易。就是说我如今滑出了成绩了，老师和家长的一个愿望实现了。我从小说起，我不会滑冰，我如今也是特奥运动员了，也是形象大使，对老师和我爸我妈说就有这个想法：是我妈的功劳，不是儿子打拼滑出成绩来。对家庭对我妈就是：我能负责任的，我就负责任；不能负责任，我就一五一十我都接受。我就抱着这样的一个想法。

问：一直到现在仍然还在练习滑冰吗？

苑：对啊，昨天他没练，礼拜六还练来着。现在是周三周四周五周六，下午四点半到六点，有时候六点多一点，这就是常规训练。

问：还是在冰场吗？

苑：现在不是，现在是轮滑，在宏博院里边找了个地方训练。

问：现在去训练去加入这个队伍，是有偿的吗？

苑：训练从 7 月份开始收 200 块钱。以前我们上冰吧，因为浇冰——冰场不是需要浇冰嘛，又要雇司机、浇冰车，又要用水用电，这些都得交费的呀，所以那时候滑冰也收费。

问：在燎原学校时，这些费用就包含在学费①里了嘛？

① 此处提问者有误，燎原学校为公立特殊教育学校，学生享受国家九年义务教育，无学费。

苑：也不包括在学费里，滑冰是要单交的。毕竟人家体育学院的冰场是要收费的嘛，是人家租给我们的。

问：也就是说这属于咱们家长自己花钱？

苑：嗯。姚老师有的时候也说，家长们都没少花钱，就只有比赛的时候集训的那一个月——集训不是在那儿住嘛——孩子们的食宿就都不要钱了，服装啦器械什么也都免费了，去比赛的路费也给。但是平时的常规训练，还是要家长付出的。他们比赛也不像正常人一样比，而是教练要考虑你个人的水平，根据你的情况给你报几百米的比赛。毕竟有的人有长劲儿，有的人有爆发力。

他们是怎么比呢？首先要分组，比如说就 300 米这一个项目就要决出好几块金牌来。他们也有预赛嘛，先测一下水平，完了根据成绩分组，有 A 组 B 组 C 组，能力最强的是 A 组，稍微差一点的是 B 组。他们预赛基本没有淘汰，都能参加比赛，特奥有它的特殊性，为的就是让他们勇敢尝试。要是国际比赛也得有百十来个国家参加吧，但不是每个国家都有运动员比 300 米这一项的。有孩子他害怕打枪声，会紧张，就可以提出来，然后改成吹哨或者摆旗，这些都是可以调整的，也是根据他们的情况来的，如果都不害怕就正常放枪——反正老参加比赛的孩子都懂，300 米就是三圈。姚老师对这方面比较专业，因为她接触特奥比较早，甚至连裁判这些个东西她都参与制订。

问：除了滑冰，王征还有什么体育项目？

苑：其实在学滑轮之前，还有一段时间是游泳——特奥不是也有游泳队嘛。那个游泳老师——当时是刘涛老师，也是燎原校的——就选中了他。我那个时候还在上班，送他游泳得请假，在单位总请假也不好意思。再说，我看他有的时候呛着眼睛特别难受，毕竟水不像旱冰，旱地的运动危险系数能小一些，我害怕他一口气在水里呛得过不来，有点担心。所以学了两个月就再没学。

问：当时教游泳的老师是哪位？

苑：刘涛，也是燎原校的。

问：是专门教游泳的老师吗？

苑：他就是燎原学校的老师，但是他会游泳。对，就开了一个游泳班。

问：您说王征还会篮球运动。

苑：噢，篮球就只是当时有那么个全国的比赛，要选拔运动员，老师就推荐他去选拔，在道外区的一个地方选拔，让孩子说几句话啦什么的，就是看一看孩子的状态什么样，总之就把他选了。那时候他参加的是个人技术项目，像他们这种唐氏患者，打的不是和正常人一样对峙的那种篮球，那种他们不行，就是看个人技术。个人技术分几个项目，比如带球跑——就是拍球，一个多少米长的赛道，让你带球跑，别丢球。还有定向投篮，一共三个点，分数不一样，投进去就得分。还有一项是什么记不太清了，反正一共是三项。

问：还尝试过其他的什么体育运动吗？

苑：别的没有，他就喜欢这个。他跑步跑得也慢，他们那个中心有时会开运动会，也给他们报过项目。

问：当时他通过篮球选拔，然后进行了集训，是吗？

苑：对，之前没有接触过。

问：王征第一次参加特奥会是什么时候？

苑：2003 年篮球比赛。他们运动员在运动会之前都得集训一段时间，一个月或者更长时间。当时在中医药大学有一个留学生公寓，他们就在那块儿住，吃住都在那儿。那也是他第一次离开我，之前从小到大一次没离开过我，一直都是我带着他，也没上别人家住过，一直都跟我在一起。那次他去集训去了，离开我时我也挺担心的，就寻思，没离开过妈妈，他自己能照顾好自己吗？结果到那儿以后他不但能把自己的东西管理得特别好，还能帮助屋里其他的同学，帮着打水倒水，帮着系鞋带、系扣、穿鞋啊、穿衣服啊什么的，什么都帮着干。他比较爱热闹，爱劳动爱干活。我一看还行，但不放心，经常去偷着看看。

问：那时候他是多大？

苑：他 1987 年生的，那时候十六岁吧。

问：头一次离开您他没有害怕吗？

苑：没有，那时候是封闭训练，因为我们家长都没离开过孩子，所以我们也晚上偷着去看过，帮着管理管理啥的。

问：第一次比赛成绩怎么样？

苑：第一次拿金牌，可高兴了。那次我没跟着，是残联领导和教练带着他们去的。以前他们学校不是也经常排个节目表演节目啥的嘛，他也学过。在 2003 年篮球赛那次，学校好像给排了一个“开门红”的节目，带队的是残联的闫国超。运动员一般在运动会结束以后要开个联欢会，在一起庆祝庆祝，各个省市都要报节目。闫处就说，大家要演什么啊，王征他自己就自告奋勇地说“我跳个舞”，闫处就说那你跳什么舞呀，他说我没想好呢！领导对这些孩子都是比较照顾的，就寻思既然他这么说就让他去吧。等到晚上他就说他要跳一个

《开门红》，但是那次他没带手绢去，有些动作他就自己随着音乐，连记带编就这么跳下来了，大家都给他鼓掌。可能是一鼓掌就要返场吧，但是也没啥演的，就又让他带着旗——打着个旗目标不是能醒目一点嘛——领他们走，结果他就又给大家表演了一个耍旗。反正那次领导就特别喜欢他，说他节目演得也好。那不是全国的比赛嘛，回来以后领队就跟我说："哎呀这小王征，这回可红遍大江南北了!"这不是全国的人都在这儿嘛（笑），大家对他印象都挺深的，挺好的。

回来以后，领导就觉得挺高兴的，比较认可这孩子吧。2004 年北京有一个教练办的领袖计划，黑龙江选了两个，就把他选了，他们俩就作为运动员领袖参加了北京培训。

问：在培训班里面做了哪些方面的培训呢？

儿子：演讲，是演讲，演讲过程当中，那时候还没有配眼镜，咱们这稿子吧，字是比较小，根本看不清楚，后来就写大的字。像电脑打出来的字，我根本看不出来，葛老师没办法就拿纸拿笔给我写大点，然后朗诵读出来，我背都背下来了。

苑：出来演讲，也是老师给写个稿，他自己不会写。也有一些交流活动吧，培训班里面就互相交流什么的。

儿子：那一次还有照片。我和那个胖小伙，我们出去也不干啥，就是打球。别的活动就没有了，就是语言交流。礼仪什么的没教。

问：后来还参加了什么特奥比赛？

苑：2004 年在日本有一个邀请赛，是在日本召开长野第八届冬季特奥会之前的邀请赛——一般都在特奥会的前一年有一个小型的邀请赛，看看哪个国家能来。这些孩子在一起先比一下，也是创造个条件。2004 年姚老师就选他参加了日本的邀请赛，拿了一块 330 米的金牌回来。2005 年第八届冬季特奥会的正式比赛他也去了，得了一金牌一银牌一铜牌。2006 年是全国第四届特奥会，在咱们黑龙江召开，就把他选为特奥大使，和李双江在太阳岛采集火种，7 月全国特奥会开始时他和大杨扬一起点燃的火炬。这届特奥会他参加的是轮滑比赛，得了一金。

问：这就是特奥会的火炬是吗？

苑：对，这是在太阳岛采集火种，那个时候报纸上有他的报道。

问：报纸您都还留着。

苑：对，报纸我都给留着呢。这个是他去演节目耍大旗时的照片。

问：这是他获奖的记录吗？

苑：对。2007年的9月份在上海参加了世界夏季特奥会，也是轮滑项目，当时他也担任了一个执旗手。八个国家八个孩子，每个国家一个代表，他就作为中国的代表，执旗走过主席台，比赛他得了两金一银。2008年的时候在长春有一个冬季特奥会，是小型的冬季速滑和花样，他参加的也是花样，得的是两银一铜。2010年9月份是第五届全国特奥会，在福州召开的，这次参加的是个人技术篮球项目，得了铜牌，那年12月份又参加全国冬季项目比赛，也是小型的，就在咱哈尔滨本地比的，获得一金两银两铜。再然后就是2013年在韩国参加第十届冬季特奥会速滑比赛，得的是两银一铜。2015年在四川成都参加了第六届全国特奥会，得了三金两银。然后就是2017年了，三月份去了奥地利，比的是花样滑冰，得的是第四，这回就没拿到奖牌了。

问：他出去这么多次都是谁跟着呢？

苑：出国我没跟过，在国内比赛的时候，我记得以前去湖南那次我没跟着他，后来去上海的时候我跟着了，上福州和成都我也跟着了，再后来我退休了，只要有条件我就跟着。

2007年世界第十二届特奥会那次是我第一次跟他出去，以前一直没陪过他。2004年和2005年上日本是都他自己去的，老师带着他，2003年也是老师带他去的。2007年我陪他去了，然后就是2008年长春的一个小型项目，那次我陪他去了，是个夏季运动会，项目很多，田径轮滑啦，也有专门滑冰的项目，还有2010年福州第五届全国特奥会和2015年的。

儿子：成都！

苑：嗯，去了四川成都，我陪他去了，那次是第六届全国特奥会。出国的都没有陪着他。

问：他一共出过几次国？

苑：上日本去过两次嘛，就在2003年和2004年，然后2013年去过一次韩国。

问：也是参加冬季特奥会？

苑：对，也是参加冬季特奥会，然后今年3月份去了奥地利。（指）这是《新晚报》，这是《晨报》，几个报纸都刊登过。这个是2003年他上湖南比赛回来，用手绢跳舞的时候照的。

问：出国是不允许携家属吗？

苑：允许的，其实可以去。

儿子：我们比赛的时候，就说一句，我们比赛的时候啊，有情绪，但是我们比赛有这个裁判的，按照这个裁判的安排来定来着，谁让家长陪同看比赛的时候，那是绝对不可能的。

苑：他说的意思是这样，他们这种孩子不像是正常孩子，有的时候要是这个孩子的家长来了，而那个孩子的家长没来，这个孩子的情绪就可能要受到影响，他可能会想，怎么他的妈妈坐在这儿我的妈妈就没在这儿呢？他要是想妈妈了或者怎么样，这就要影响他情绪。所以有的领导就强调，比赛的时候最好家长不要在现场，但也偶尔鼓励让家长跟着，反正情况不太一样，要视情况定。

说句实在话，出国费用比较高，我们家长去也都是自费，路费宿费的有不少，再说到外边语言也不通，人家说话咱也听不懂呀（笑）。总之考虑了很多事，办护照什么的也麻烦，我也就没跟着。主要是经济方面的考虑比较多。总的来说就上海那次跟着的家长比较多，光哈尔滨的就去了六七个，还有外市的，齐齐哈尔的之类的。2008 年上长春的时候去的人也挺多，能去的都跟着去了，当然也有实在因为工作脱离不开的，有个孩子的妈妈去不了，就跟我说让我帮着照顾一下，还把照相机给我，意思就是让我帮着照张相，对了，那个孩子就是我昨天给你看的和他一起滑花样的小姑娘。就像这些事我都帮着做，包括到那以后给孩子们换鞋，做准备工作什么的，我都会给照顾。

问：王征的爸爸有没有和他一起出去过？

苑：没有陪他去比赛过。

问：当时叔叔是什么情况？

苑：爸爸那时候不是下岗了嘛，就自己开了一个小店，挣点生活费什么的，上班也忙。

问：参加这些活动的时候你紧不紧张？

儿子：不紧张，非常兴奋。

问：能谈谈这些活动给生活带来了什么影响吗？

苑：过去没参加活动的时候，他身体也不行，走路直卡跟头，每年都得打点滴，一年几乎要打两次吧，春天一次冬天一次。一感冒发烧就吃药，吃药也不好使，在家连续吃多少天，到最后没办法还是得去打点滴。自从参加了训练以后，当然也可能是因为现在长大了，生病的时候也少了，不用总那么打点滴了，发烧感冒什么的吃点药也就挺过去了。

出去锻炼了他自理能力，他的自信心什么的都提高了。能参加这些活动，他自己也觉得挺高兴的，挺兴奋的。对他生活能力和交流也有帮助。因为他出去也见识了，领导接见了，或者同学们在一起，运动员在一起，都是各个省的，集训有广东江西，他也在一起互相交流，不像自己在家就是自己一个孩子。家长做饭或者干别的事，他们在一起就互相交流什么的，对他们的智力或者其他一些方面都有提高，有各方面的提高。

问：有没有结交到好朋友？

儿子：有，最要好的都有。我最喜欢的一个孩子，他也是像我一样，挺胖的一个人。和特奥会的运动员都有联系，加了微信，昨天还在一起聊。最好是耿同学。

问：您觉得他参加特奥前后心智上或身体上有哪些特别大的变化呢？

苑：肯定都有变化。除了身体状态好了很多，他个人的生活技能、人情道理这些方面都是有提高的。

问：从王征滑冰到参加特奥会拿金牌，再到他成为大使，您应该感到欣慰吧？

苑：挺激动的，感觉好像有点不可思议。一开始就是不相信，觉得他能滑起来吗，可能会摔坏了，有点不太敢。到他拿金牌，我的想法也是一个飞跃，就是觉得也不是不能滑，而且还能滑得挺好，还能滑出点成绩。反正原来我们就都是忧伤，一天总是愁，这种孩子怎么办？将来怎么办呢？一天都是愁。他出去锻炼了，他自己提高了，他高兴我们也高兴。然后再取得点成绩，别人再夸夸，心里高兴。

问：您认为特奥会还有什么可以改进的地方吗？

苑：没有，我们要求不高，能到这种程度我就很满足了。

问：王征觉得呢？

儿子：我觉得，越办越红火。我就是总觉得像我们这样的孩子出去比赛，搞一些活动，对我们都有好处。就要越办越红火，经常办一些这样的赛事，让大家参与进来，让更多的人加入进来。

家庭领袖，热心助人

问：特奥会为王征这样的孩子提供了交流场所，也为家长提供了互助的平台吧？

苑：特奥吧，有它的特殊性，就是它不光是比赛，特奥会真是锻炼他们的各方面能力。他们不像正常人，正常人比完赛就回家了，有的项目比完了以后直接就可以回国了。他们就是，这个运动会之前之后这当中，还有健康计划，就给他们做一下体检，还有一些像开个联欢会什么的，这都是让他们在一起交流。还有家长论坛，咱们家长还可以在一起交流。

问：除了比赛的奖金或者运动员的一些待遇，还有其他的福利吗？

苑：我们原来那个王主席去年去世了，他在世的时候是我们东亚区的家庭领袖，有的时候就给我们黑龙江拨点款搞一些活动，像9月28号为了纪念发起人施莱佛女士办了一个活动，然后像7月20号全国特奥日，国际的12月20号，我们也要搞一些活动，也挺好。

问：请问您是哪年成为特奥家庭领袖的？

苑：这个好像也没有什么具体的规定，可能他们看我工作做得多一些，就把我报上去了。其实我也不算是家庭领袖吧，我就是一个普通家长。

问：您都做过哪些工作呢？既然报您，肯定是您工作做得比较出色。

苑：也不算太出色吧，我做的一些工作，我总觉得好像都是我应该做的，作为一个普通人，就互相帮助吧。反正谁家有困难，只要是我能做到的事，只要我能帮上的，我就愿意去帮。我这人比较热心肠。孩子们训练当中，有的时候帽子带儿呀卡子坏了，我针线包什么的都天天带在身上。我发现哪个孩子的东西坏了就帮着他们修理上，或者是哪个孩子的家长今天来晚了，有什么特殊情况，我就在这儿陪孩子等，直到家长来了我再走。反正就是些琐碎的事，都是平常生活当中遇到的，不是什么惊天动地的事情，也没有那么多。

再一个就是能够帮助领导们做一些工作，我们这是一个协会嘛，亲友协会，有主席、副主席，在里边我没有职务。但是他们都觉得我年龄比较大，爷爷奶奶那辈不算，在父母这一辈里我应该是年龄最大的。这么大年龄了，还能这么积极地配合领导帮着做一些工作，他们就总夸我。但是我不觉得我做得好呀，我总觉得这是我应该做的。反正我在哪儿都是这样，在单位上班也是这样，优秀党员也是年年评我，就是这种性格的人而已。他们有的家长上班忙，那为孩子们做一点事情都是我应该的呀。

问：昨天看到了您本人获得的一些奖状荣誉，能给我们讲讲吗？

苑：我在职还没退休的时候，就基本上年年评为优秀党员，忘了是2014年还是2015年，还给我评了一个哈尔滨市的十佳老人。我2001年正式退休，现在退休十六七年了。在退休办我也帮着做了很多工作，帮着报医药费之类的；还有过年过节职工搞福利发一些东西或者卡什么的，我们就得挨个打电话通知，每一家都通知到了才行。退休一共将近两千人，退休办就只有几个工作人员，他们忙不过来我就去帮忙，反正在退休办我也是帮着做了不少工作。

我们院里边好多岁数大的人走不了远路，我就帮他们把单位发的东西拿回来，就觉得人家八十多岁的人了，走路不太方便，还得坐车过去，所以我都拿很多带回来，然后挨家给他们送去。我家外面这个平台冬天积雪，我就带着王征去清雪，只要我看到了，我还有时间，我就拿起笤帚去扫，有时候雪下得很厚，就算扫不了那么多，我也至少给扫出一个道来，年龄大的人下楼梯容易脚滑，所以楼梯也给扫一扫。我就比较愿意做这些事，王征也是，他在家经常说，我要干活啦。然后就拿着扫帚帮我一块儿干去了。只要是我告诉他我需要帮助的时候他都会帮。就像昨天，你们走了之后，有一个孩子的奶奶自己拽拉杆箱——就是装轮滑鞋的箱子，拉着那个箱子不是就不用背了嘛，下楼梯的时候他就抢着帮那个奶奶，奶奶说不用不用的，但他就非得要帮。

可能就是从小培养的性格吧，我爸爸生前就是劳模，他五十二岁就去世了。那时候家庭生活比较困难，有病也不治。一开始是高血压，后来就得了脑出血去世了，然后我去接班嘛。我哥哥那时候当兵，因为我妈妈没有工作，我十六岁就去上班养全家了，要不我为啥三十六岁才结婚呢，就是为了照顾家。可能是因为从小就有这份责任感吧，我就觉得得帮着我妈把弟弟妹妹都培养出来，等他们都结婚了都有工作了，问题都解决了，就剩我的时候才能考虑自己。

问：您这种性格肯定多多少少对孩子也产生影响的。

苑：是呀，我有的时候也教他，但总觉得以身作则这一点特别重要。比如我和他的爷爷奶奶，也就是我的公公婆婆，从来没拌过嘴吵过架，我特别尊敬他们，所以说他对爷爷奶奶也特别好，总是说爷爷奶奶好不容易把我带大什么的。只要我要求他做到的，我自己都做到了。

问：咱们省里面关于特奥有没有举办过什么大型的活动？

苑：就像我说的和大学生搞融合的那个就算是啦，还有世界残疾人日，这些日子都要搞一些大型的活动。但是去年 12 月份没搞上，因为有好些事耽搁，买服装的钱来不及批下来，耽误了一段时间，所以后来我们 1 月份在松花江上搞的。

问：每年都会搞这些大型活动吗？

苑：对对对，5 月份的全国残疾人日，7 月份的全国特奥日，9 月份的施莱佛女士纪念日，12 月份的世界残疾人日，就这些个日子我们省里边都要搞一些大型的活动。都是省残联组织的，拨款也是省残联给拨。

问：经费大约能有多少呢？

苑：也就是 2 万块钱，不让你花超了。

问：一般都通过什么方式、渠道向其他没有参加特奥的家庭普及呢？

苑：一般情况下都是靠姚老师吧，她原来是燎原学校的老师，在学校的学生范围内挑一些运动员，我们那个速滑队就是在燎原校发起的。在政府方面没有组建什么队，还是属于咱们民间自发的组织这样一种形式。他们这个队现在成立起来了，常年都是老师根据时间、地点、具体情况组织这些孩子们去训练。

我们现在有一个微信群，在这个群里愿意参加的，就报名参加。但也不是像正常奥运会那样有国家队呀省队呀什么的。如果不是燎原学校的孩子也想报名参加，也可以找老师。但是选拔运动员肯定是有名额限制的。不以成为运动员为目的训练也是可以的。跟姚老师打招呼老师肯定会同意，那里都是他们这样的孩子。

问：是在飞扬俱乐部吗？

苑：应该是不在飞扬。我现在也搞不清楚这个速滑队属不属于飞扬俱乐部，飞扬俱乐部应该是给正常人准备的吧。反正姚老师都负责，正常的也归她管，特奥这边也归她管。

问：怎么吸纳还没有接触特奥的这些人呢，会给没有参加过特奥的这些特殊儿童家庭组织一些宣讲啊讲座什么的吗？

苑：有个领袖培训班，我记得是 2013 年的时候我们带着六个孩子去参加，这其中就有新发展的孩子去参加。

问：当时是什么渠道听说的？

苑：应该也是上面把这个事情给到黑龙江，说有要办班的可能，安排我们几个名额。我们回来以后再通过学习，自己又在中心吸收了几个孩子办班宣讲。

问：这个宣讲现在还存在吗？

苑：这个最近没有。

问：不是这些家长自己找到你们的？

苑：回来以后办班，是我们选一些学员来参加这个班，也有名额限制，你就只能选一些能力稍微好一些的孩子。

问：也就是说，那些还没有参加过特奥或者还没有听说过特奥的家长仍然只能通过偶然的机会接触到特奥①？

苑：其实除了国际性或全国规模的特奥会，像昨天中心搞的黑龙江特奥篮球融合运动会，实际上也是一项特奥的活动，这个就已经比较普及了嘛，学校的孩子都参加了。只不过像王征参加的这种大型的比赛，选上的运动员肯定要少一些。但就像我们平时搞的这几次大运动会，实际上也是特奥的活动，基本上都是篮球、足球运动会之类的活动。还有的时候是像趣味运动会那样，就比如我说的那种接力。一般这些活动都是只有一个单项的运动，偶尔也有几项别的项目，这就要看组织者的想法了。每一次搞活动都写方案，做一些计划，然后上报到省残联，残联才能批经费场地。一般的都得是残联把这个任务交到智协，方案是智协领导层提出的。

问：一般都会有家长参与？

苑：对，我们特奥，尤其是智障孩子，要求家长最好都来参加，因为还涉及安全问题。无论带到哪个场地，都需要家长带着去，你让他自己去肯定是不可能，要是孩子丢了或者是出现别的什么问题就不好了，所以我们都得是让家长跟着。就像昨天的运动会，虽然是在中心搞，但是也让我们参加嘛，除非有个别的几个孩子家长来不了。

问：以您平常跟特奥家庭的接触，您感觉现在普遍还存在一些什么问题？

苑：现在的问题就是特奥还没普及。我觉得王征还是比较幸运的，参加得比较早，现在有很多孩子没有参加到特奥的活动中来，当然也是受国家的财力影响，毕竟都是有名额的，给你黑龙江几个名额，给别的省几个名额，都是预留的。总之这个群体还是属于小范围的活动，所以还是有很多家庭参与不到其中。

你看中心有那么多孩子，有的是想参与的，但找不到门路；有的是家长觉得孩子不行，不敢参加。昨天就有个孩子，他好像刚到中心一个多月，他的家长就只会坐在那儿说“整这个干啥呀，整这个有啥用啊”。我们觉得家长陪着孩子来参加个活动，一块儿互动什么的，挺开心的，但他就觉得没用，也总是吵吵巴火②的。可能也有他家孩子本来就稍微弱一些的原因，也可能他就是无法理解这个活动给他带来的好处。

---

① 提问者有误。目前，特奥课程已进入全国近 2 000 所特殊教育学校的课程体系，即特校在校学生都已接触特奥运动。因各种障碍未能入学的儿童少年，包括享受送教上门的儿童少年，尚缺乏接触特奥运动的制度化途径。

② 东北话，指叫嚷的意思。

问：他们都知道王征的情况吗？

苑：大部分都知道。

问：有没有人找过您，像昨天那样通过您想要加入特奥的？

苑：之前说的那个小韩的妈妈，她也想让孩子到这个速滑队来滑冰，就通过我介绍跟姚老师打了招呼，他现在也参加了。

问：你们特奥家长之间特别熟悉吗？平时会互相帮着照顾这些孩子吗？

苑：会。我们挺熟的，因为我们训练都在一起，有的时候比赛，家长也都一块儿去，有一些比较熟悉。现在有些原本来训练的孩子都退役不参加了，但后来也会来一些新同学，新来的几个家长我们就不是十分熟悉了，但是也都互相认识打招呼什么的。我们这些以前就认识、也老是在一起的家长之间都特别熟悉，像有的孩子要是结婚，我们都去参加了婚礼。

问：您觉得特奥活动对于这些参加了的家庭最大的改变有哪些？

苑：就像王征，首先通过锻炼他身体变好了，也真的对社交能力、对提高他们的自信心都是有很大帮助的。

问：王征给我的感觉是一开始能力就比较强，昨天王老师也在夸他。

苑：其实他也是参加特奥会以后进步比较快，原来没参加活动的时候也不行。小的时候就是上学，接送他，回来写作业什么的。也是接触之后才发现他有这个天赋的。

智协亲友，携手向前

问：刚才您说的智协亲友会的组织架构是什么样的？

苑：就是主席、副主席，下边还有一个特奥家庭委员会，好像叫特奥家庭联络网①。

问：是通过网络联络吗？

苑：对，现在都有微信什么的了。不过以前没有微信的时候也有这个组织。

问：这个组织主要做什么呢？

苑：就是组织特奥家庭搞一些活动，宣传咱们特奥的情况，宣传它的好处，能给孩子们带来什么，组织一些活动让孩子们参加锻炼。

---

① 特奥家庭联络网属于特奥会的项目。特奥会和亲友会同为智力障碍人士服务，亲友会遍布全国各地，架构完整；特奥会提供活动内容。两者各有所长，经常合作，此处当指亲友会中亦有人员负责推广特奥活动。

问：没有参加过特奥会的孩子的家长能不能加入这个组织呢？

苑：能啊，本来就是为了宣传嘛。现在这个情况已经好多了，过去还有很大一部分家长走不出这个阴影，把孩子圈在家里，不让别人知道家里有这么个孩子，所以有什么活动也不想让孩子参加，甚至有的都不让孩子上学。一个是觉得孩子学不会，再一个可能是他们觉得这样的孩子领出去比较丢人吧。这个组织的目的就是让这些家长看到我们家的孩子参加特奥会以后的进步，看到他们的成长，能让他们觉得这确实是非常好的一项运动，向大家宣传。如果左邻右舍发现有这样的孩子，就可以向他介绍一下特奥。你们昨天采访的那个老师，他跟我说有一个孩子想要去参加轮滑训练什么的，我就和姚老师还有王老师联系一下，就算是给他们搭个桥吧。

平时我们家长们在一起互相说话唠嗑的时候，也会宣传一下特奥的好处。反正他们也都看到了，像王征参加了这么多活动以后确实有提高有进步的，孩子也高兴，也给家长带来快乐，要不然整天都是在痛苦当中。如果能看到孩子有点成绩，确实也挺开心的。

问：智协亲友会里面除了主席、副主席还有没有其他什么职务？

苑：好像还有委员什么的，那边都有什么职务，怎么称呼，其实我也不太知道。

问：亲友会还有特奥家庭的组织是有编制和工资的吗？

苑：就是主席啊副主席啊什么的。特奥这方面没有工资，智协的亲友团也没有工资。更多的像社会工作，残联下面五个协会更多的像是一种志愿的服务。

问：主席、副主席都是怎么选拔呢？

苑：这我还真不知道。一般都是根据个人意愿，首先得愿意做这项工作，其次你还得有能力做这项工作。有的人他有能力却不愿意做这项工作，不愿意付出，这样的人肯定不行呀。你一方面得有能力一方面还得自愿做，必须得这些方面都具备。

像我们王主席就是家里有这样的孩子，在家长群体里边也比较出类拔萃，不仅有这个能力，还有这份心意。这些主席都特别热心，对孩子们都特别好，可能领导都看在眼里吧。主席改选的时候一共是七个，好像是一个主席六个副主席，其实我也不清楚他们具体是怎么分工的。因为是全省的嘛，外市像齐牡佳①

① 指齐齐哈尔、牡丹江、佳木斯。

啦，为了好做工作他下边也得有几个人帮忙，就像咱们省委委员、常委，也都得有外市的市长、书记参加省里的工作。一般情况下都在本地搞活动。

有一年是智协这方面搞的，在伏尔加庄园，办了一次冬季的训练营，把下面几个市的运动员都请过来。运动员和家长一起来的，教练也来了，那次活动比较大型。其他的活动一般情况下就是在我们本市搞，好多事都是因为经费的问题，因为让外市县来就得负责人家经费呀。

我们王主席还活着的时候——她去年不是去世了嘛，她活着的时候成立了一个俱乐部。成立的机缘是2010年大家去福州参加第五届特奥会，王主席特别有想法，也挺有能力的，在飞机上有好几个家长，所以在飞机上她就说，想回来办一个班先培养几个孩子试试看。因为没有场地，如果租的话又需要额外的费用，她正巧想起来自己有个房子，就说，都上我家去吧。飞机上也有老师嘛，老师就说他学校里有的旧桌椅不用了，可以提供点桌椅板凳。就这样，回来之后，我们自己连搬带扛把东西都送到她家了，给这里起名叫“阳光家园”，这也是我们通过学习得来的——上海那里不就是叫阳光家园嘛，我们也想尝试仿照人家办一下子，就吸收了六个孩子。

这六个孩子每周活动一次，周日或者周六。她联系一些大学生志愿者来教这些孩子，学一些诗歌、图画、唱歌啦跳舞啦什么的，根据大学生的特长，他们能教什么就教什么来。办了大概有一年多，有好多人还想参加呢，但是没有地方，因为是个人住家，也就像我家这么大的一个房子，地方太小了，就能容纳几个人。我在那儿给孩子做饭，大学生也在那儿跟我们一起吃饭，过年还包饺子，总之搞得很热闹。

我们也一直想着扩大一下，王主席就和中心的一把手方主任谈了，提供给我们一个多功能厅，还有一位老师就是你昨天采访的单老师，我们就成立了一个特奥青年俱乐部。这个俱乐部有三十多个孩子，其实也是流动的，有的走了，也有新的来了，反正基本上就三十个左右的孩子。

问：这些孩子和温馨家园的孩子有重叠吗？

苑：有重叠的。有一部分是温馨家园的，还有一部分是外部的孩子。搞活动的时候，基本上都是这些孩子来参加，是无偿的。每年举行的四次大型运动会的运动员一般就是中心的或者俱乐部的孩子，基本都在这里边选择，首先是中心要一部分孩子，如果名额多一些就在俱乐部选一部分。没有加入中心的或者俱乐部的其他的孩子也有去参加的。

问：这个是属于市范围的还是省范围的？

苑：一般都是以省的名义参加，但是学员通常都是本市的，因为要吸收外县市的人就有经费问题，所以可以说是近水楼台吧。具体还是要根据当时的情况而定，这也都是领导定的。

问：有没有某一次特别难忘的活动经历？

苑：我这人性格总是比较平稳，没有什么特殊的变化，我感觉每次都很好呀。

问：家长之间有组织什么活动吗？

苑：以前每年都有几项大活动，是残联领导组织的。再者就是省里边市里边有几个大一点的节日，像5月有一个残疾人日，还有7月20号是全国特奥日，9月份还有一个纪念施莱佛女士——也就是特奥会发起人而搞的活动，她也是肯尼迪的妹妹，她已经去世了，为了纪念她要搞一个活动。还有一个12月份世界残疾人日。这几个大的日子都要搞活动的。

问：一般的活动都是什么形式的？

苑：一般的都是趣味运动会吧。有的时候是来一个足球比赛，或者是篮球，或者是跑步啦。一般都是和大学生志愿者一起搞一些趣味的活动，比如说和家长互动的活动，像是接力之类的。晚会也有，我们连着办好几年了，元旦前后就要开一个联欢会。

问：孩子们通常都能表演什么节目？

苑：唱歌跳舞，这些智障孩子里面也有会吹口琴的，有会吹葫芦丝的，有会跳舞的，有会唱歌的，甚至还有弹电子琴啦，其实有不少孩子也都多才多艺呢。

问：家长有上去表演过节目吗？

苑：也表演过。前年这些家长就表演了个节目叫《今夜舞起来》，大家跳了一个舞，孩子看见之后也挺高兴的。

问：像您刚才提到的拨款问题，比如服装场地经费之类的，如果经费支持不足，你们就自己垫付吗？

苑：嗯对，有不少都是我们自己垫上的，等钱报回来再给我们，有的时候都已经是好几个月之后了。

问：除了残联拨款之外社会有没有什么帮助的渠道，比如网上众筹之类的？现在有人在做这方面的工作吗？

苑：姚老师倒是也说过，今年夏大的时候本来要找一找赞助什么的，但是没去成。现在应该也有好多做这方面工作的人吧，就像他们中心。但我对这方面也不是太懂，只知道总有给他们中心捐东西的，像昨天他们给发了一套砍袖背心，我估计也是人家捐赠的。好多有爱心的企业、有爱心的老板对他们都有帮助，像老鼎丰之类的逢年过节都要给他们捐东西。

问：您主要是退休之后才开始接触这些事情的，没有和自己本职工作有什么冲突，是吗？

苑：对的。我不是说过嘛，他也学过游泳，那时候我送他去了两个月吧，也不是天天的，是一周几次。我感觉上班老请假也不太好，我这个人面子矮，不愿意老去麻烦人家，有些什么事我都愿意自己克服。况且我有的时候看他呛得满脸通红的，也有点担心嘛，我就跟老师说不学了。后来2001年的时候轮滑老师就选中他了，那时候我已经退休了。2000年左右的时候才开始接触特奥，以前我们也不知道有特奥这个运动。黑龙江还算是起步早一些的省份。

牵着蜗牛，散步天涯

问：我们第一次给您打电话的时候，您说在新疆参加的是个什么样的活动呢？

苑：那个活动就叫“牵着蜗牛去散步”，就是把这种孩子比作蜗牛，因为他们不是慢嘛。是去年开始的，上内蒙呼和浩特去了一次，后来还上岳阳去了一次，连开会带搞这个活动，去年敲定今年上新疆。这个系列活动是这些特奥的领袖、家庭领袖、智协的主席在一起商量出来的。我们一年走一个地方，走到哪个省哪个省就负责接待。

问：之前有没有类似手拉手这种活动？

苑：前年。2015年无锡那次是第一次，就算是参加夏令营，那时候我们就知道有这个活动了，因为发了一个背心，后面印的就是牵着蜗牛去散步的Logo。

去年我们去了内蒙古呼和浩特，和这个是一个形式的。从内蒙回来以后，参加了一个夏令营，是杭州有个叫梦想秀的节目组织的夏令营，在无锡。后来有一个舞蹈老师吴老师又把我们这四个参加梦想秀的哈尔滨的孩子叫去北京参加一个活动。

问：这些活动都是怎么组织的？

苑：呼和浩特和岳阳的那两次基本上和我们今年上新疆的形式一样，就是“牵着蜗牛去散步”这个活动，是中残联组织的。好像是智协张主席给起了这么个名字，搞了这么个活动。各省的主席也都响应嘛，大家都觉得今年上我这个省，明年上你那个省，这样蛮好的。再有就是十二省特奥，一个小型特奥会，它不分省市，也是这些主席们在一起商量的结果，因为我也不是什么领导，所以上边这些事具体是怎么决定的我也不知道，反正有机会能参加的我就报名参加。

问：一般有多少人参加这个活动？

苑：今年这次是五十多人；去年那次比较多；去内蒙古那次也稍微多一些，大概一百人，咱们省大概去了四五六个家庭。

问：这个活动一般都包括什么？也是一些趣味运动吗？

苑：就是看一看祖国的大好河山之类的，也有一些爱国教育的内容。这次我们到新疆以后也是，去了“边防第一哨”，就在国境线上，从那里过去就是哈萨克斯坦了，是在电视上演的一个夫妻哨所，他们两口子常年坚守在这个哨所，所以也算是对孩子进行教育吧！

还去了一个小学，在清河县，跟他们搞了一次互助，互相赠些礼物，我们带点小礼物赠给他们的孩子，演个节目，搞一次活动。

还有一个就是去看望新疆一个收养了三十多个孩子的老妈妈，不知道你们听没听说过，好像是叫阿尼帕老妈妈吧，我们就到她家看一看，王征也去了，去参观，楼上都做成了展览，讲讲以前收养的那些孩子现在都怎么样了。也没什么其他的了，无非就是上哪个地方哪个景点去玩一玩。

问：还能再给我们详细地说一下吗？

苑：嗯，整个活动是八天。我们早去一天，因为火车票不好买，买的是卧铺，我们原计划是5号走7号到，8号开始正常的活动，结果我们没买到5号的票，就只好提前到4号出发。到了以后我们就在市里玩了一天，第二天开始正常的活动。这次活动是乌鲁木齐市的智协丁主席组织的，她和当地的一个旅游公司姓周的老总联系，她考察了好多的公司，最后认为周总的这个公司比较好，周总个人也比较有爱心，各方面都经过考虑之后，就把这个活动交给他安排了。

问：这个活动是有赞助的？

苑：对，肯定是有赞助的，因为这个活动是他公司主办的嘛，肯定有的地方就给你减免了。

问：具体的费用是怎么分的呢？

苑：丁主席把活动交给周总，周总经过核算之后，由他决定团费，就是

3 800元，包括在那儿吃住玩的门票什么的，但不包括往返路费，谁愿意参加在群里报名。带他去一趟大概花1万块钱左右吧，既然是为了孩子，我们平常就是省吃俭用的也情愿，也愿意陪着孩子出去看一看，我们家长也没去过，跟着也长见识。

我们到了边境线上最北边的一个常年夫妻哨所，铁丝网的对面就是哈萨克斯坦，他俩每一天都站岗放哨。还有一个地方和蒙古接壤，那个地方现在有一个比较好的条件就是可以通关，办一个证就一个月都有效，可以随便过关口去到蒙古那边，那边有集市一样的买卖东西的地方，组织者也想让我们过到蒙古去看一看，可那天正好赶上蒙古选举，就闭关了，争取了一下子也没谈妥，就回来了。

回来以后我们到了一个国门小学，我估计可能也有蒙古那边的孩子，当地也有好几个民族，孩子都在一起上学，因为当地也比较贫困，我们这边就都带了些礼物。我们当时就决定要捐赠这个学校一些东西，一开始我们也不太了解情况，所以后来才临时决定，有的人是想捐一些钱，后来有人提议说不如各个省捐一部分钱给他们买一些体育用品，篮球、排球什么的，让孩子们用。我们当初是这么想的，但是因为各地往那边邮寄也不方便，就委托乌鲁木齐市的主席来负责这事儿，买了之后家长们平摊钱，这也是对孩子进行一次教育。

再有其他的就是游览一下祖国的大好河山，新疆的辽阔风光，克拉玛依满地都是“磕头机”的石油开采场景之类的。

问：您从这个活动开始到现在一直在参加吗？

苑：基本上是吧，以后也打算每年都走一走。不过明年要上成都，我好像不一定能去，因为成都我去过，2015年王征不是在成都比赛嘛。去过的就不太想去了，不想重复花那个钱了，有那个钱还想再去别的地方看看。

以前比赛的时候去别的城市，只要他们比赛允许，我们就会带着孩子四处看一看——因为有的时候去参加比赛是不允许把运动员带出队里的，除非领导批准，所以我们要是带孩子出去玩，都得请示领导，就怕他们有危险；再一个就是像全国规模的比赛都是省里带队出去的，省里面领导也有责任，发生事情对谁都不好，所以一般情况下也没法细细游览；当然最主要的原因还是忙比赛，给他们的时间也不宽裕，有的时候空一上午或者一下午，有时只有晚上才让我们带孩子出去走走。

问：有没有打算以后带他去别的地方再走一走？

苑：有打算，我们这次是十二省区市和港澳台地区来参加这项活动，这就等于是十五个省区市吧，各地不都有主席嘛，这些领导们也经常碰头开会，他们都是经过集体讨论商量决定的。就这样决定明年要上成都，等到明年开春成都就开始筹备这项工作了。这些家庭领袖在一起讨论一些事情，希望我们有生之年能每年领孩子们出去走一走，让他们能够了解了解祖国的河山大地，长长见识，让孩子们得到锻炼。每去一个地方，对孩子们来说都是一个提高，见识也广了，这些孩子们也互相能够认识，所以大家都认为每年都起码得搞一次，要是有条件的话可能还会多一些。

不过就单纯地几个家庭合在一起，领孩子们出去走一走的情况也有，那年王主席还活着的时候，我们几个家庭就组织孩子们上尚志帽儿山去玩了，在那儿住一天。

像王主席、新疆的丁主席，他们才叫家庭领袖，我们也非常承认他们是家庭领袖，像我就真的算不上什么领袖啦。

问：主席也都是智障儿童的家长吗？

苑：对，他们也都是这样孩子的家长，因为有这样的孩子的人才有切身体会，他和大家都有同样的境遇，做工作才能做到大家心里面。我们都觉得，要是家里没有这样的孩子，只是出于爱心去做工作，还是不如有这样的孩子的人能有切身的体会。

温馨家园，培训托养

问：您听说过阳光之家这个组织吗？

苑：你说的是咱们本市的托养中心？这就是属于阳光之家，是咱们市办的阳光之家。像我们上南方，2007 年上海第十二届夏季特奥会他也去了，我们到上海以后也参观了，也看一下人家，他们都是社区的阳光之家，每个社区都有。回来以后咱们王征现在待的这个托养中心也是从那边学来的，咱们市里面办的一个。

问：就是温馨家园吗？

苑：对，就是温馨家园。了解了人家那边的情况，我们这些家长们都呼吁这边也办一个，因为孩子要毕业了，毕业以后学校不要他了，就得回家了。这样的孩子，回家一待，跟正常孩子还玩不到一块去，只能跟着老人在家，接触的面少了，他的智力就会越来越退化。

问：需要与人交流。

苑：对，需要与人交流。再一个原因，我们年龄逐渐都大了，温馨家园好歹还能给他们一个集体。我们提议了以后，政府或者残联都帮着办一办，后来就成立了。香坊区先成立了一个托养中心，现在还在办着呢，再后来市级中心也成立了。

问：是什么时候成立的？

苑：大概是2008年吧，王征一开始是在香坊区的那个，因为我们是属于香坊区的。那里是日托，早上去晚上回来，中午管一顿饭，也不用交钱。在那儿一共待了四五年，后来因为他爸爸生病老是住院，是日托又需要接送，星期六、星期天休息，还得给他做饭照顾他，我就只能来回跑，可是跑不过来。市级的是周托，我还能解放一些，就决定把他送到市里的这个了。

问：在这待了多久呢？

苑：开始待在这个市中心的培训中心，大概是2012或者2013年。之前在我们香坊区有一个，但那个学校到一定年龄就让你毕业了，不让你继续在学校里读。他就是到岁数了。正好咱们市里边又成立这个托养中心，在香坊区里边也有一个，他开始在那儿待着。待了几年，2008年到南岗区的，待到2012年。到学府三道街的温馨家园五年。

问：王征现在每天主要的学习或者工作任务是什么呢？

儿子：一开始是手工，就是我们串珠子，编织，然后是各种小动物、座垫、杯垫、苹果。还有模拟邮局、模拟银行。邮局就是哪个老师的快递就交给哪个老师，写上老师的名字，该是谁的我们就发给谁。

苑：就是模拟社会生活，老师们会有一些送到中心的快递，为了锻炼他们，就把这个工作交给他们，就是分发一下子，让他们到收发室去取回来，做一下登记，然后再让他们送给老师，老师再签上字。就是像快递员，也是训练他们有这种意识。模拟超市就是锻炼他们上超市买东西之类的生活技能；模拟银行就是教他们怎么存款，到银行办手续的什么。还有武术课、乒乓球课他都挺喜欢的。

这些课就是学一些技能，培养他们，并不像学校似的学一些文化知识课程。它这个中心收十六到四十岁的孩子，他们毕业以后没地方去了，就给送到这儿来学一些技能。

问：串珠子这些简单的劳动创造，有一些收入吗？

苑：串珠子，最近一年多好像没发钱，前年大前年好像发了两三回吧，这东西就是义卖而已。比如说东西只值100块钱，兴许买家要给200或者给300

的，多给一些，就是为了献爱心。有老师负责定，它值多少钱，它的成本是多少钱，然后减去这些费用，给他们一点提成，得不了多少钱，那年才发了几十块钱，后来又发了个100多，再后来好像又发了300多，一年也就发这些（笑）。其实就是象征性地对他们这些劳动给点报酬，让他们也能尝到一些挣钱的滋味。

问：最近有没有什么活动？

苑：周六吧，有一个哈尔滨市的特殊残疾人的活动。原来他没有脚崴的时候是有他的项目的，入场式肯定有他，团体操项目也会有他。但是他脚崴了，就没法参加了，我给他请了假。他就给我说："妈妈我想去看看，当当啦啦队什么的。"我就给他借了轮椅，准备周六带他过去看看，离我家也不远。他和老师朋友半个月都没见过了，可能想他。他应该想去助威什么的。

最近学府三的温馨家园要修建，昨天老师通知我们家长说是要修建，一个月两个月说不准。他们借了一个地方，在幸福镇茉莉村那块，好像是一个养老院。可能是家长都上班，两个月把孩子放家里面也不放心，或者要牵扯家长请假啊什么的，他们就借了一个地方。先转那儿上课，等修好了再转回来。

问：那王征是不是也要去？

苑：他要是一个月脚好了，我也想把他送过去。看他好的程度，要是没大问题能走的话，我可以给老师说别让他参加集体活动，让他坐那儿串珠子什么的。参加一些文艺活动，别跑的蹦的，不做那些剧烈运动。

问：托养中心的那些朋友有王征喜欢的吗？

苑：各种方面都挺好，这边更有共同语言。他朋友比较多，在中心人缘都挺好的，他比较阳光一点，爱干活爱帮助人，所以他还行吧。

儿子：我在中心几乎呢……实际上就是说干活是干，老师说帮他拿个什么干个什么，就是不用老师说明白我都知道，想干啥我都知道。

苑：有的孩子不是说不爱干，可能是理解不了，老师说你去给我拿东西，可能反应不过来。他一直就很能干，反正就是比较习惯了，老师有什么活就指使他去干；我有时候没事就指使他干，对他是个锻炼，他也勤快。

问：培训中心老师都很好吧？

儿子：老师挺好的。上课以外吹葫芦丝，尤其葫芦丝、美术，我都喜欢，我都愿意上。

问：现在的这个周托收不收费呢？

苑：王征现在有低保了，市政府规定中心的孩子有低保的就不用交费，市残联给补贴，区残联补贴一半市残联补贴一半，但要是没有低保的还是要收费的。

问：收费标准是什么样的？

苑：日托的是早上去，中午管一顿饭，下午三四点放学回家，一个月好像是收二百七十几块钱。周托的是周一早上去，周五中午吃完饭给接回来，就相当于是四天半，周六周日休息，这样的是收607元。现在我就是周一给王征送去，到训练的时候去接他，比如周三有训练，我就领他去训练，训练完了再给他送回去，跟老师请假。

问：一般都是什么时候训呢？

苑：在我们没走之前是周三周五周六这三天，现在加了一天，周四也训练，就是周三周四周五周六连着四天。

问：王征现在生活可以自理吗？

苑：生活自理还可以，就只有做饭的方面我还不太放心，因为水火不留情嘛，我怕我不在家的时候他去动火会出事，万一他犯糊涂了忘记关火什么的。我就怕出现这些问题，所以就一直没太放手。只要我在家，我就可以陪着他告诉他，什么时候该闭火啦，但一般情况下我要是出门了，就给他准备一点可以用微波炉热一热的东西，这些他都能处理，烧水也可以。

问：也就是说生活技能基本上都掌握了吗？

苑：还算是可以吧，像铺被叠被什么的都是他自己弄，甚至还帮我们弄，早上要是我忙不过来，他整理完了就来帮我。晚上睡觉时他脱下来的衣服都叠得很整齐地放在他的小凳上。

问：这就是他的房间吗？

苑：对，这是他的床。这些这都是他自己铺的。

问：王征现在有工作吗？

苑：没有，还是在托养中心。中心就是培训托养，培训嘛就像上学一样，只不过不是学文化课，是学习技术，就是培训技能；托养嘛就是能学就学，学不了的就托养。

收入方面，如果光靠政府扶持，让他们指着串珠子卖钱来养活自己，肯定行不通。他串一个需要很长时间，还不一定能卖出去。

像王征这种孩子就业非常困难，以前也有给他介绍工作的，是燎原校的一个老师给介绍的，去一个个人承包的轴承厂。到那儿以后我们领他串轴承，虽然不是串珠子而是轴承，但是往里面摁珠子还是有点类似的。去了三天，人家就给打发回来了，觉得他还是不行，因为他经常会落下一个。他眼神儿呀注意力呀都不太集中，可轴承那么精密的东西，落一个也不行。程度好的一些孩子还勉强可以，但像王征这种唐氏患儿，要想让他们就业，除非是家长陪着，如果让他们独立来完成还是不行，况且王征在唐氏患儿里已经算是各方面能力都比较强的了。

问：现在会有一些志愿者来帮忙吗？

苑：中心，也就是他现在待的这个地方，总是有志愿者去。2008 年他不是就离开燎原学校了嘛，现在具体的有关志愿者的情况我们也不是十分清楚了。我估计肯定也有，老跟他们搞活动的。温馨家园里好像每天都有志愿者去。

儿子：没有，最近没有。

苑：最近没有啊？我记得前些日子好像有过很多大学生。有一个和志愿者有关的机构组织的，但是叫什么记不太清了。

儿子：志愿者服务基地。

苑：对，志愿者服务基地，有一个负责人，他专门负责大学生和联系志愿者，就像介绍人似的从中间做工作衔接一下子。

问：这些志愿者是受过一些培训的吗？

苑：有培训的，基本是在中心。就像 9 月 20 号施莱佛女士纪念日，有一次是四百人的活动，一百个大学生志愿者，还有一百个孩子，搞得特别好。那些大学生有创意，要比我们好很多，因为都是年轻人嘛，搞活动的想法都比我们要多一些，也热闹一些。就比如说几项活动接力吧，是家长先跑过来，之后拍一下孩子的手，孩子再接着跑。大学生能力比较强，他们就做俯卧撑，十个做完了再接着做下一项，反正活动搞得挺火热的。不过照片现在好像都删了，因为我毕竟不是领导嘛（笑），存了一段时间就删了，那次就是在冰上基地。还有一次是在林业大学搞的，在林大有一片草坪是标准足球场地，所以那一次是足球活动，也是大学生志愿者跟我们一起搞。也不是比赛，不是说两个人对抗而是个人技术那种。还有一次在体育学院的足球场地，也是搞了一次足球活动。还一人给发了一个小兜子和一个背心。

培养兴趣，热爱劳动

问：您和叔叔为王征付出很多，平时有就教育等问题产生一些不同意见吗？

苑：没有什么差异，都是一条心。我管的比较多一些，爸爸毕竟是男同志。反正基本上这些年训练就我陪着他，像参加比赛都是我接送，除非是特殊情况，倒不开点[①]的时候他爸爸送。叔叔也是比较忙的，他自行车厂那几年早下岗了，后来自己卖点零件，维持了几年，后来又打工什么的。

问：一家三口一起参加活动或者旅游过吗？

苑：小的时候每年都带他上动物园，有好多公园领他出去玩，在外边玩一玩。因为我们年龄比较大，生他的时候就三十七了，等到再大一点，我们就四五十岁，年龄比较大一些，就不是那么活泼了。

问：王征平常都喜欢看什么电视节目？或者喜欢打什么游戏？

儿子：开心消消乐、摇摇乐什么我都喜欢。电视看《海棠依旧》，今天上午还在播。还有《家有儿女》《奔跑吧兄弟》《爸爸去哪儿》《还珠格格》《西游记》，那些我都看。

苑：他还看《男生女生向前冲》《交换空间》《爸爸回来了》那些的。没事的时候一天开着电视，这边游戏打着，电视也开着。

问：王征和亲戚家的孩子或是邻居家的孩子相处还好吧？

苑：我们家亲属，我的弟弟妹妹，还有他爸爸家兄弟姐妹都对他挺好的。有时候也一起出去玩，但是不是太多。在一起的时候都不歧视他，都跟他玩。这个院里边邻居什么的也没有歧视他。这孩子有个特点，他小的时候还出去，外边有一个平台玩一玩。大了以后他就不愿意出去了，就在家看电视了，要不就写他的一些什么什么的。

出去以后，我没发现有什么太歧视他的，因为他也算有点小名气，电视的什么的经常播放，有的大人家长见他面以后都夸奖他。他还特别爱劳动，他清扫我们这个大平台，跟我也有关系。我有的时候没啥事，一看外边脏，就要扫一扫那个楼梯了。尤其是冬天下雪，我就要出去扫雪，都给扫到边上去。大雪我就给铲出一条道，楼梯还有雪没有化，总觉得老头老太太走方便一些。他就总是跟着我干，就是我一出去干活，他就一定要跟着我，穿衣服穿上鞋跟我去。有的时候我不干，他甚至都拿着锹去干。这些大人也都看着，就是这个孩子特别爱干活，一看他劳动也都夸他。正常孩子他们都不干，就觉得他爱劳动。感觉大家都挺认可他的。

---

① 方言：时间顾不上的意思。

进步虽大，难题犹存

问：王征能获得政府方面的资助吗？

苑：根据国家的政策，比如说按最低生活保障，你符合政府的这些条件就可以办。

问：对以后的生活譬如工作等有什么期待？

苑：要是有适合他们的工作也可以，但是我感觉让他们去做一项具体的工作有困难，他们的眼神不够用，不像正常人余光就可以看到，智力也是不够的。要是交给他一项具体工作，我感觉还得有人监督看着他干活，一个陪一个。

除非特别简单的工作才可以让他们做，现在我们这些父母活着，有我们吃的他就饿不着冻不着，这就可以了。我们不要求什么太高的，关键我们现在就是特别犯愁，将来怎么办？父母走了以后他们怎么办？就是这一点特别让我们惦记。我们总觉得，将来真有那么一天，我们的眼睛都闭不上。（抽泣）

问：希望社会给他们提供哪种类型的工作？

苑：想要的是像香港那样的庇护工厂。比如说装火柴盒很简单嘛，这种活就让他们干，正常人不给他们这种活。要有这样的工作，也可以让他们做，对他们也是一个锻炼，对他们自身也是有好处，就是觉得自身的价值，能够自个儿养活自己也比较好。但是具体的能不能做得那么好，就是可能给你没装满或者给你差一点儿或者怎么样，都有可能啊。

问：从您的角度看，希望政府在帮助这一弱势群体方面有哪些措施？

苑：现在也有养老院，你可以把他送到养老院去，但是正常人的养老院就不一定能接纳他们。这些年他在培养中心，都是和这些孩子在一起。有的时候他参加比赛，我们家长要跟着去，他们之后还要玩一玩或者干什么，我们就觉得他们在一起是特别快乐的。他们快乐，家长就快乐。他们在一起互相不歧视，平等，还有交流。就是他们说话，有的时候咱们都没听懂，他们之间就聊得可高兴的，就都听明白了。他们有共同语言，他们之间听明白了，要不然他不能乐出来，就说明他懂了是不是？我们觉得〔应该〕成立一个他们这样的人在一起的这么一个托养机构。现在有的地方还要发展〔得快〕，就是有家长和孩子共同在一起托养的，还有这种类型。但现在看〔整体〕发展还是比较慢，在哈尔滨、黑龙江还是没有那么多这样的。

我们觉得这个托养中心就很不错了，比原来进了一步了。像我可以照顾他，我是退休了。但有很多年轻一点的家长要上班嘛，你要挣钱、你要吃饭是不是？家里有这么个孩子，把他放在家里，肯定不放心，带着他上班又不可能。有这么一个机构，而且还可以吃住，把他送到这个地方，有人帮照顾他，这边工作就可以安心，我们就放心去干些事业。

问：昨天您说到有个孩子已经结婚了，是吧？这些孩子的个人生活方面是怎样的情况呢？

苑：他们的智障程度不一样，有轻的有重的，但是像王征这种情况好像是不太乐观的。前几年青春期的时候，他也说过“妈妈我得成家立业”这样的话，尤其是我领他参加别人婚礼的时候，他就觉得“像他们那么大就可以结婚了，那等我到那么大的时候，也应该成家立业，也应该结婚了”。实际上他不是太懂，只是模仿。那个时候总是跟他说，咱小，不说这些事，实际那时候他也已经二十多岁了啊，但是我就只能这么对他说，现在他也不怎么提这些事了。他们这种孩子是不太懂的，就看你怎么引导他吧，王征他还比较听话，也有个别的孩子会张罗着说“我得结婚我得找媳妇儿”。

我说的这几个结了婚的孩子都是女孩，女孩的话如果不是先天智力障碍，不一定会遗传给孩子，是可以结婚生育的。可能家长们也觉得让她们成一个家，父母过世以后她还能有人照顾——生个孩子，孩子长大了可以照顾她嘛，有的家长是秉着这样的想法。

问：有没有想过王征成家的事情？

苑：有时几个家长在一起也议论过这事，尤其是像他们这种遗传病的孩子，我们这些家长都不太主张让他们成家，所以他都三十一岁了还没有结婚。前几年也跟我说过，有的时候领着他参加婚礼啦或者干什么，他看到亲属的孩子结婚了，他们模仿能力强，他就觉得：我长大了，我也应该成家立业，我也成家。他总认为他还小，他就说我长大了，我也要成家立业，跟我叨咕这些事。我就跟他说你还小，等以后再说。

问：像王征的同学婚后有了孩子情况怎么样呢？

苑：要照顾自己的孩子，这些倒是都懂。其实大部分也都是他们父母帮着照顾的，只是我们没太接触过，有的时候顺便关心一下子，“孩子都挺好的吧”，我知道有一个生下的小孩儿都快上学了，孩子是正常的。

问：这些孩子现在有就业吗？哪怕是从事一些比较简单的手工，不是在温馨家园这样内部就业，而是在社会上就业的。

苑：有一个特奥运动员叫小耿，现在在广州发展，他结婚了，刚生一个小孩，他媳妇儿还是个大学生呢。一开始他就自己创业，在大福源炸大果子卖，还到沈阳去学习来着。但他程度很轻，自己能管理生意，生活也基本都能自理。

问：他考过大学吗？

苑：他没考过大学，毕竟还是一个智障孩子，以前也跟王征他们一块儿出去比赛。但是他程度非常轻，后来认识了这个大学生，女孩的父母都不同意，但她自己就特别愿意跟着他，说他对自己好。结婚以后他就把岳父岳母都带到广州去发展了。我那天还听到他妈妈在微信里边说，现在他自己也在做买卖。

还有一个男孩昨天你们看着了吧，是三个教练其中的一个，也穿黑衣服的，比王老师稍微胖一点。他原来也是特奥运动员，现在就在那里当教练呢。他们看起来跟正常人没有什么区别，不是唐氏，只是后天造成的。我听说那个男孩好像是小学三年级的时候发烧把大脑烧坏了，上小学的时候还能一直跟正常孩子一起上学，等到初中以后就慢慢地跟不上了，再后来就到这个学校了，在学校他就是最好的了。

问：这些孩子普遍数学方面不太行，做生意不会有什么影响吗？

苑：他们智力障碍确实是数学方面差的多一些，但是也有个别的，这个在广州发展的孩子他都能自己处理，那时候他妈妈做买卖，也没有太多时间照顾他，给他钱他就能自己买饭。

问：他和女大学生认识的时候，女大学生知道他的情况吗？

苑：应该是知道吧。其实这些细节我也不太知道，那个女孩就觉得他善良，对她好。其实这些智障人群都特别善良，他们没有那些花花心思，没有那些拐弯抹角的心眼儿，比较直率，他们喜欢你就会诚心诚意地对你好。

问：如果这些孩子再大一些，也没有成家立业的，又是独生子女，没有正常弟妹，会有专门的机构来照顾他们吗？

苑：现在还没有，我们现在也觉着这是最大的问题所在。像这个托养中心现在收十六到四十岁的，四十岁以后人家就不收了，他就无处可去了。如果说这个政策没有变化的话，王征到四十岁的时候就要回家来了。我们现在也是想呼吁政府社会能够把这个问题帮我们解决一下，他四十岁的时候我都将近八十岁了是不是啊，那个时候肯定谁也照顾不了谁了。就算是生孩子比较早的妈妈，到孩子四十岁的时候也基本上都老了，这个时候实际上是最需要照顾的时候，结果呢？没有地方收他们了，就都得回家了。回家父母年岁又大了，本身

苑莉华母子合影

都需要别人来照顾了，谁还能照顾他们呢？他们是照顾不了我们的。所以说这一直是非常困扰我们的问题，将来政府能不能成立一个这样的机构，帮着解决这些家庭的养老问题。

问：以前这些家庭是怎么解决这种情况的呢？

苑：现在没有这种机构，只能是依靠亲戚朋友，或者没有独生子女政策的时候，可能会有哥兄弟儿，就哥兄弟来照顾。可现在这一代全都是独生子女了，没有哥哥姐姐来帮着照顾。①这种情况下就只能委托一些比较好的亲属做监护人。有关这个问题现在包括中残联也在征求意见，大家集思广益想解决这个问题。

问：在其他一些发达的地区有没有可借鉴的经验呢？

苑：现在给这些年龄大的智力障碍人群养老的机构暂时还没有。

问：重点还是解决孩子问题？

苑：对，不少省份都有一个机构来托管王征这个年龄段的人。内蒙也都有像上海阳光之家一样的地方，白天孩子们做些手工劳动，串一些珠子，剪剪纸或者别的什么劳动。可是比王征年龄再大的，还有给他们养老的这种机构，在

① 根据计划生育政策，残疾孩子的父母可以依法生育第二胎。

全国范围我直到现在还没听说过。

问：有没有残联或智协或者任何一个组织想过单独给特殊儿童成立俱乐部之类的机构？吸收更多的人参与进来？

苑：有的人是有这种想法，但我恐怕是不行了，我年纪也大了，也不是当领导的材料呀，听别人的吩咐干点活还行。我组织能力比较差，但是如果有人组织了，需要我积极配合工作，我一定可以。黑龙江特奥发展得还算比较早一些呢，有的省到现在还没太发展起来，这和家长接触的渠道有关吧；再一个和残联重不重视这项工作可能也有关。咱们黑龙江还挺重视的。

问：现在政府对他们有补助吗？

苑：以前没有，现在有了。现在残疾人里一二级的属于重度残疾，一个月给 100 块钱的护理补贴；还有低保，是给一个月 80 块钱的生活补贴。

问：除了养老，您觉得国家在保护这些人群方面还有什么需要改进的吗？

苑：我觉得现在已经很好了。王征已经属于比较幸运的了，我的要求也不是特别高，知足者常乐吧。

问：您对王征今后的生活有什么想法和期待吗？

苑：现在也就只能倚靠政府了，看看能不能出台一些好的政策，要是在我有生之年能看到，就是最好的结果了。说句老实话，活一天算一天，也没有什么具体的安排，因为个人能力毕竟是有限的。只是将来这个机构要是办起来了，我能看到，能够享受到，哪怕只是临走之前能够知道，他在这种条件下生活能有人照顾了，也就安心了。期待，我们现在就只能期待着。

苑莉华丈夫口述

王长义，苑莉华丈夫，王征父亲，原哈尔滨自行车厂职工，现已退休。

口述者：王长义
访谈者、撰稿者：孙安琪
时间：2017年7月28日
地点：苑莉华家

王征父：我们是经人介绍认识的，我俩同岁。我之前结过一次婚，她是后跟我的。刚有王征的时候心里面特别高兴，添个孩子嘛，说实话，这老百姓要是添个男孩就更高兴了。可当时得知那个情况之后有点发懵，说不上什么感觉。沉闷了挺长时间，不是一天两天的，本来心里高高兴兴的，由这个极端一下子就到另一个极端，觉得挺憋屈、挺委屈的。

问：家里有没有想过再要一个孩子？

王征父：没有。一个是我们年纪也大了，再一个后来慢慢也想开了，你也不得不想开。面对现实吧，已经是这样了你能怎么办？我们家这孩子他来了，你就得对他负责任嘛。

问：王征第一次参加特奥会拿金牌回来，您心里什么感受？

王征父：心里挺激动的，说实在的，这样的孩子，能拿个金牌银牌回来，我们心里呀，真的特别特别地激动。你想想，一般人的理解中，这样的孩子不用说是参加什么活动了，就算是正常的行动他都跟不上呀，现在他能够取得一些成绩，我们就更高兴了。王征小时候挺弱，他病挺重，你别看他现在恢复得好，这还是多亏了特奥活动，给了他一多半的支持和帮助，他小时候走道直卡跟头，到五六岁了走道还不稳当呢。他参加这个活动得到锻炼，一个是接触的人多了，他说话就要多，接触的事情比较多，对他脑袋开发就有一定的帮助，眼界放宽了；再加上他本身的肢体锻炼，无形中方方面面都有影响。我觉得，跟和他有一样病的孩子比较起来，接触多了就能看出来，要从外表上看王征他已经算是相当不错了。

问：您当时是怎样说服他参加的？

王征父：支持。从他参加活动来讲，我和他妈妈，我们全家来讲都是百分之百地支持，你想想咱这样的孩子能参加一次活动，能有一线希望，哪能不往上奔呐。

问：现在您也应该以王征为傲吧，王征获得这么多荣誉。

王征父：对。最开始照顾王征的时候，那时候都上班，时间也紧，小的时候找人看过他一段时间。因为他特殊嘛，上托儿所、幼儿园，人家都不要他。后来她带到单位幼儿园一段时间，再后来单位幼儿园也不要他了，因为这些孩子和正常孩子容不到一块儿，就让奶奶带着。到了上学的年龄之后就上了特教学校，后来就一步一步发展到现在。照顾王征的时候，我们两个相比我是次的，他妈妈付出的比我多。

问：您对王征接下来有什么希望？

王征父：他就照着这个路子走下去吧，能锻炼成什么样就锻炼成什么样，你对他有过高的要求也不现实。但是我们还挺幸运，从当爸爸的角度来讲不忍心不放弃，只要有一线希望，我还想让他继续参加，我觉得只要他参加活动，或多或少会有些提高。他不可能像成年人锻炼得那么快那么扎实那么好，他自己跟自己比，提高一点是一点，总比一点也不提高要强。

问：我知道您原来身体不太好，现在身体怎么样？

王征父：现在也不行，你别看外表挺好，心脏不行，去年刚装支架。

问：现在家里经济情况怎么样？

王征父：经济情况不乐观，我要是没有病的话，还可以，因为我们俩都是企业退休的，工资不高，没有事正常维持生活还算可以，如果遇着事了，就显得紧张了。具体一点说，没有病的话我开这点劳保工资，正常生活没问题。你这一有病，去了吃饭的钱没有吃药的钱，去了吃药的钱没有吃饭的钱。

苑莉华儿子口述

口述者：王征

访谈者、撰稿者：孙安琪

时间：2017年7月28日

地点：苑莉华家

问：你第一次知道自己要去参加特奥会的时候是什么心情？

儿子：就是非常高兴，说不上来那一种感觉，第一次出〔门〕，挺想爸妈，挺想家。

问：老师最开始说要选的时候有没有想过主动报名？

儿子：没有，那时候我还是学生呢。

问：所以说是一点也不了解咯，当时在你的印象里，特奥会大概是什么样子的？害怕吗？期待或是紧张？

儿子：我不害怕，就是想那时候还是学生，一下子就变特奥运动员了，就觉得光荣，高兴。选中别人的话我也为别人高兴，选中自己了我就为自己高兴。

问：其他的小伙伴们会羡慕你吗？

儿子：我从来不会问他们的。

问：第一次没有妈妈陪在身边，有没有过打退堂鼓？

儿子：我没有打退堂鼓那意思，就是说吧，一是想家，二是想父母，自己出去比赛，有一种出去闯一闯的感觉。

问：第一次离开家里参加特奥会，妈妈没有跟你去集训，会不会不适应？

儿子：我没有，我还是特奥运动员的时候，我总觉着自己能参加比赛，还能帮助别人，帮别人系系鞋带，洗脸没洗脸我都问一问，管管他们帮帮他们，就特别开心，那段时间也是成为了“老大哥”。

问：就是不光能照顾好自己还能帮助别人。那你自己站在赛场上的时候是什么感觉？

儿子：那时候就觉得我这滑冰还直卡跟头呢，结果就没想到能滑出名次来了。

问：拿到金牌之后的情景是怎么样的？

儿子：第一个想法就是告诉我爸我妈，我说你儿子拿了个金牌，想告诉家，光荣。

问：爸爸妈妈听到你得金牌的时候是什么反应？

儿子：那个时候第一我是知道的，他们不知道，那个时候我没带电话。

苑：那个时候还没有手机。

问：有没有在心里设想过比赛会是什么样的？

儿子：没想过，没想过会拿个金牌回来。就是我自己吧，真没想过会得第一回来。

问：这个比赛比自己想象得要简单？

儿子：对，那时候是个人技术，就是定时投篮，还有定时带球跑什么的。那是我第一次出国、出省。

问：跟你一起出去的其他小朋友呢？

儿子：他们我都不认识。

问：他们有得了什么奖吗？

儿子：他们得的奖吧，不比我这个好，他们就得的二三四这样的。

问：学了这么久，从来没有失去过兴趣，是吗？

儿子：当然感兴趣了，一直感兴趣，篮球从开始到现在我一直……这是我最爱。

问：学了滑冰之后呢？也最爱篮球吗？

儿子：这么说，篮球吧是我最爱，那时候是出省打篮球，比赛；第二就是我回来的时候，开始滑速滑轮滑了。我这两个吧，一个是篮球，一个是轮滑速滑，篮球是第一，速滑排第二。

问：这过程中都遇到过什么困难？

儿子：没有。

问：没有遇到过困难吗？

儿子：我觉得坚持就是胜利。

问：听你妈妈说你训练的时候可是把手指都摔骨折了。

儿子：这么说，头一次是大拇哥，我身子往前趴，这个手就捂底下了，这是第一次；第二次是“六一”儿童节的时候，在宏博。一共两次，在宏博那次也是往前趴，还放着宋祖英的歌《好日子》，我滑着正挺高兴的，结果就啪一下，把我表蒙子都卡坏了，腿也卡坏了，同时我这手是轻微骨折。之后我那个同学——那个女生，叫小刘，她跑去告诉我妈说王征卡了。当时我这同学呢她也是好心，就告诉我妈了。但是当时我自己就起来了，这里（指自己的手）都肿了。

问：一定很疼吧。

儿子：不很疼，卡习惯了。

问：第二天的训练也没有耽误吗？

儿子：当天卡了，第二天就不滑了，为什么呢？那天卡了之后就上医院了，打石膏，没法滑了。

苑：他们训练也不是说天天滑，有的时候是一周几次，可能就赶上不是训练时间，后来打完石膏之后再有训练他就请假了。

问：你休养了多久？

儿子：一个多月吧，心里是很想训练，但是我这胳膊不是有病嘛。

问：除了轮滑和篮球，没有尝试过其他的项目看看自己会不会更喜欢吗？

儿子：我就是非常喜欢轮滑和篮球，还有就是……唱歌是不行，跳舞方面还可以，我现在不是毕业了么，就这么说，我不是告诉你了嘛，我在学校就经常跳舞，那时候老师们就总说："来，王征给跳段舞。"完了他们编了舞蹈，我就跳，老师教我们怎么跳。

苑：他们出集体节目的时候，老师编排他们的动作。那个"开门红"里你还演了个老头，是不是？

儿子：妈你记岔了，我一开始是跳舞，后来才演老头的。原来演老头那个同学也不知道咋的了，他就不像我似的，不讲究。演老头不是得笑嘛。

苑：他那意思是那个同学的表情不到位。

儿子：演得不好，他下去了，刷下去了，把我整上来了，从此往后就是我演老头。

苑：他们那个舞蹈就是做了一个道具门，一个老头一个老太太把门开开了，然后这些孩子就都出来跳舞。

问：你在温馨家园的时候都干什么？

儿子：简单给你说说我们的课程吧，一系列，从微机、超市、邮局这三个专项，还有串珠，像手链、纸抽，或做成小动物，再就是花瓶什么的我都能编下来，笔筒、苹果什么的。（随后给我们展示了他的作品）

苑：比这复杂的还有，像大白菜，就是带白菜叶的那种都能编出来。现在那些个珠子要比这些还好看一些，有那种亮珠子什么的。

问：除了串珠还有别的什么课？

儿子：有微机。

问：微机课都学些什么呢？

儿子：就是玩游戏，蜘蛛纸牌、扫雷我也会。

问：也拿电脑上网吗？

儿子：那不。不会。

问：模拟邮局都是做什么的呢？

儿子：邮局就是快递。

苑：他们是这样，学校不少老师都在网上买东西，然后就都送到中心来嘛。到中心以后吧，这些孩子就都上收发室去取去，然后是哪个老师的，他们就再分派到各个老师那儿去。之后他们也会弄一个单子，列出来有什么货啦，让老师们签字什么的，其实就只算是个“内部快递”吧。

儿子：礼拜五没什么件，就是礼拜一货多，有大的抱不上来就推车。

问：你自己填单子邮寄东西、贴邮票写地址有没有试过？

儿子：那还不会。（笑）

问：银行课都学些什么呢？

儿子：银行就是数学之类的。

问：都会算吗？

儿子：这个银行课上了几天就不上了。

问：为什么？因为数学不好？

儿子：我这大脑吧，语文行，数学就不行了，不怎么会。（笑）

问：那别人要是骗你怎么办？

儿子：骗我，那我就说，我不会，你骗别人去吧。

问：既不学习取钱也不学习存钱，那最后学到些什么呢？

儿子：就比如说我们擦擦桌子，老师就给一块钱。

问：那更像是餐厅而不是银行呀。

儿子：对，就像餐厅。

苑：他们这个好像是中心搞的，他们去送包裹好像也是给开工资。

儿子：对，我今年的还没开呢，但是他们那些已经进来半年的都有了。

苑：他们是每半年或一年结算一次。

儿子：我之前不是手工嘛，得了 333 元。

问：像这样一个大概能卖多少钱呢？

儿子：这个能卖得挺贵的。

问：大概是多少呀？

苑：他们没有这个数的概念。（笑）

问：那你怎么知道很贵呀？

儿子：卖的老师说的价格。假如说你这个纸抽要啥样子、要啥款式，我就给你们编。编完之后那就给老师，拴个签儿就卖，上面有我的头像，还有我的二维码。

苑：这个东西编完了，卖出去就是他的劳动所得，有提成给他，所以每个孩子编完都要照一个小照片拴在这个上面。老师手里头都有账，要是他编的，卖出去了就给他提成。哪个孩子编的，卖出去就给哪个孩子提成。

问：这个珠子是谁提供的？

儿子：是学校，统一买的，学校都有仓库。

问：你卖出去的多不多？

儿子：挺多的。

问：在你的小伙伴里，你卖出去的算多的咯？

儿子：还有比我快的呢，就是白菜，人家一天一出活。一天就能编一个，连编带套牌，一天就能出活。

问：你打篮球、滑冰都这么厉害这么快，怎么这个就没有人家快呀？

儿子：我的问题就在这，你不是也说了嘛，我这又去轮滑又去比赛又去集训，这珠子就只能一直搁着，没时间。

苑：有一个孩子什么活动都不参加，就专门编这个珠子。可能是有点认钱吧这孩子，他觉得串这玩意不是能给多开钱么，所以特别爱编，活动什么的也是除了一些大型的活动参加，其他什么的像邮局啦银行啦什么的课都不爱参加。所以他就快，而且人家这孩子手法确实是比他快。（笑）

问：其他的还学习了一些什么呢？

儿子：数学、语文、拼音，虽然我不上网，但是把拼音认下来，整电脑上能打字。

问：拼音学得怎么样呢？

儿子：我从小学就想学拼音，但是到了现在，一事无成，没学好。（笑）比如说 zh-eng 征，我能拼出来，但是到了电脑上就不会了。

问：语文还学什么？

儿子：语文就是背诗，我能倒背如流，课文我也能读。

问：其他的课还有什么？

儿子：就是还有武术。

问：武术？都学些什么？

儿子：就练刀练拳，练下蹲练踢。

苑：说是武术课吧，其实老师就是领着练排球啊或是剑什么的，排一些节目什么的。

儿子：现在会练扇子、刀、旗，就这些课。每天都是一上午，每天八点四十五上课，九点四十下课，然后再十点上课，十一点下课，吃午饭之后下午再继续课程。

假如说今天是礼拜一，上午就是两节武术课，是大课，也就是连着两节的课。下午是美术课，又是大课。

问：中饭吃得怎么样？

儿子：中午饭我们吃得好啊。他们弄的都是四喜丸子、溜肉段、京酱肉丝、宫保鸡丁。

问：会吃腻吗？

儿子：包子我就吃腻了，他们那包子整的不好吃，每周儿就吃包子。

问：吃腻了怎么办，会和老师说吗？

儿子：不说呀，为什么呢？我们不是有超市嘛，买水啦，买小食品啦，买什么什么的，前两天我还去买了个雪碧。所以我就上小卖部买点辣酱，他们包的包子不好吃啊，我就自己整点辣酱吃。5 块钱的雪碧和辣酱。

问：不是说不识数嘛。

儿子：但是钱我认识呀。雪碧是 3 块钱，辣酱 2 块。我算一算是 5 块钱。

苑：他可能是对抽象的数字不行，对具体的东西可以，可能就是记住了。

苑莉华儿子的老师、同学口述

口述者：单老师、大宝同学、国老师

访谈者、撰稿者：梁鸿飞、王珏

访谈时间：2019 年 9 月 5 日

访谈地点：哈尔滨市残疾人托养培训指导中心温馨家园

问：您好，非常感谢您接受我们的访谈。请问老师您贵姓？

单老师：我姓单，单老师。单位的那个单。嗯，单田芳的单。

问：您是什么时候成为王征老师的？

单老师：我是 2009 年 8 月份到中心工作，当时在我教授的课程里面，王征也参与了，成为了我的一名学生。

问：是王征先到这个学校，还是您先到这个学校？

单老师：具体记不清楚了。（笑）

问：平时您都教王征和同学什么？

单老师：我是教音乐的。教王征一些乐器，还有声乐、舞蹈这些。

问：王征对这些很有兴趣吧？

单老师：嗯，他挺喜欢音乐的，特别是比较喜欢民族舞。虽然看起来胖胖的，但是他身体柔韧性非常好。嗯……手绢啊扇子啊都玩得挺好的。

问：在教王征学习过程中，遇到过一些困难吗？

单老师：有。学习新的事物对他们来说是一个非常难的事情，所以在学习的过程中就需要三番五次去反复地练习。王征是一个唐氏综合征的孩子，他记忆力较正常人来说要相对差一些，在学习过程中就是反复练习，反复去教，有可能今天教他的东西，明天他就忘了。就是在这方面挺困难的。现在王征所学习的东西，包括他掌握的技能啊，还有其他东西，都是通过他不断地反复练习，才学会的。

问：王征是否每天都会来学校？

单老师：每天都要来住校，他是住校生。

问：王征刚来到学校的时候，大概是怎样的状态？

单老师：沟通啊、语言方面存在一定的障碍，口齿表达不那么清晰。然后呢，表现力也不很强，很多心里的想法可能他不愿意去表达。老师、同学都不太知道他有怎样的一个心理状况。和同学相处、融入集体这个圈子里，一开始可能还有一些差距。现在是非常适应这个环境了，和同学老师处得非常融洽，也是老师的左膀右臂，是同学们学习的榜样。

问：同学们对王征的评价是怎样的？

单老师：嗯……就是觉得王征是一个特别阳光、特别乐观的大男孩。他特别善于助人、乐于助人，永远都是笑呵呵的。带给别的同学一个非常快乐的感染力，嗯。

问：能谈谈王征和同学们在学校一天的生活是怎样的吗？

单老师：早晨六点半，孩子们就要起床了，准备洗漱，换衣服。七点半的时候到食堂就餐，然后会在外边和老师们一起做一些简单的运动。到八点半的时候，陆陆续续就要回到教室里了，回到自己的班级里，为一天的课程做准备。八点五十开始上第一堂课，在课堂上根据老师的安排学习一些课程吧。

课间的时候会回到班级里面休息，大部分就是喝点水啊去洗手间什么的。王征他是一个比较乐于助人的孩子，回到教室里可能会帮老师打扫一下教室，或者是帮一些自理能力差的同学倒点水、搀扶其他同学去洗手间等。

中午的时候孩子下了课就回宿舍休息。休息一会儿之后，十一点半去餐厅吃饭。吃饭时，王征也是发挥这个乐于助人的优点，帮助其他同学在位置上等候吃饭，或者是同学需要打饭啊什么的，他都会帮助老师去完成这些事情。

吃完饭之后回去就午睡。大概十二点到一点半时间是午睡。下午的课程是在睡醒了之后，跟上午差不多，都是下午两节课上午两节课。到四点，课程全部结束了。王征会回到宿舍里头，练习一下他一天所学的东西。比如说吹一会儿葫芦丝啦，或者是跳一会儿手绢舞。其他孩子大致跟王征差不多，会根据自己所学的东西，回到寝室去练习，或者是跟同学玩一会儿，打打扑克啊、看看电视，这是他们的一个休闲时间。

到五点半，孩子们就去食堂就餐了。吃完饭七点左右开始洗漱，吃一些水果、零食，就属于他们自己的生活时间。

问：除了住校，大概什么时候会回家？

单老师：我们是周一到周五是上课时间。周五下午开始放假，周一再上学。

问：学校平时都安排有哪些课程？除了音乐舞蹈这些。

单老师：咱们的课程安排现在有模拟邮局、模拟超市和模拟银行这三个情景模拟教室，主要通过让孩子们和老师之间进行角色扮演，使孩子接触、融于真实的社会生活。比如说我要存钱取钱啦，或者是在超市要买东西，我怎么跟售货员沟通。还有邮局，我们现在所有老师和教职员工的邮件，邮递员送到收发室，由我们孩子去到我们的模拟邮局领取，然后派发到各个办公室，给各个老师签收。

还有一些手工课程，包括串珠，还有染指画、DIY 手工皂等一系列的手工，主要就是锻炼他们的生活技能吧。通过对他们不断的培训，一是让他们的手眼协调能力更强了，对他们肢体上也进行一定的康复。另一方面就是他们做出的这些手工艺品，也可以作为他们的作品，爱心人士到我们这里来看望孩子时，就可以把手工艺品带走。这些筹集来的爱心善款就作为孩子的报酬，作为对他们的鼓励。这是手工方面的一些课程。

体育以及活动方面呢就有乒乓球、羽毛球、武术、音乐，这几个是活动类的。还有美术。音体美这方面这些课程，大概就是这些。

另外还有一些艺术熏陶类的，有茶艺，还有按摩，这是对他们的职业技能培训。让孩子学一技之长，对以后工作就业方面起到一定的帮助，能融入社会，走向社会，能够自食其力。

还有一些特色课堂，就像国学课堂，主要是让他们学习一些《弟子规》啊《三字经》啊《千字文》啊。让我们孩子在学习过程中锻炼语言能力，他们毕竟沟通还有一些障碍，通过学习国学这种三个字三个字的简单的〔短语〕，对他们起到一定的锻炼；也是让他们了解一下我们的传统文化嘛。课程大概就开设这些。

一些程度弱的同学，我们给他提供生活方面的培训。比如说我们一些自理能力差的同学，咱们会教他们叠被子、穿衣服，还有扫地啊，就这种生活方面技能的培训。现在课程大概就是这些。

问：学校划分年级吗？

单老师：没有，我们分为六个班，另外有一个是社会组织的。我们每个班分班的状况是由程度好、程度中等和程度稍微重一点的孩子组成。就是每个班都有一些程度特别好的，带动一些程度重一点的，让他们能够起到榜样作用，程度重一点的能够效仿一下程度好的，大家相互带动啊。

问：王征是特奥运动员，学校有没有对特奥进行过宣传，或者是有什么活动？

单老师：特奥，这方面活动我们每年都搞。另外，我们是特奥第多少个实践基地，我对这个不是特别了解（笑），我们这儿有专门负责特奥的老师。我只知道我们这儿是一个特奥实践基地，我们每年会举行一些特奥的活动和比赛，比如说特奥融合活动、特奥篮球活动、特奥乒乓球活动。

问：特奥融合活动是什么活动？

单老师：特奥融合活动，就是我们将残健融合在一起。有残疾人，也有健全人，形成一个小组，小组是残疾人和健全人按比例组合的，搞一个活动，健全人和残疾人一起配合着完成这个活动。一般就会有我们的孩子，还有家长，再请一些社会上的志愿者比如说大学生啊，来一起参与，共同搞一个比赛。

问：学校平时在哪些方面会招募一些志愿者？在什么样的情况下招募志愿者？

单老师：志愿者这边可以问办公室的老师，我们有专门负责志愿者工作的。我们有一个非常健全的体系，比如说志愿者到这来注册啊，有长期的志愿者，有短期帮扶志愿者，具体让他给你讲解。

问：老师您对王征，还有对自己带的学生有怎样的期望？

单老师：嗯……我是希望这些同学能够通过在我们中心的学习，得到锻炼，减轻他们家庭的负担。现在这些孩子，年龄都在三十岁左右，父母的年龄也很大，所以说他们面临的问题就是离开中心以后怎么样去回归社会，怎么样去减轻家庭的压力。我是希望这些孩子从我们这走出去以后，能够自食其力，能够自己照顾自己，能够……嗯，怎么说，能够有一个好的发展，社会上有更多的人去帮助和爱护他们，让他们能在这个社会上生活得更加幸福。

问：谢谢单老师！我们现在请王征的同学大宝谈谈王征。大宝同学能方便透露一下您的年龄吗？

大宝同学：三十二了。和秃驴一样大，我一般叫王征叫秃子驴。

问：您是怎么和王征认识的？

大宝同学：我是先入校。我比他早几个月〔入校〕。

问：和王征成为好朋友后，平时在一起有什么活动或者是交流？

大宝同学：我俩打乒乓球啊，喜欢打乒乓球。我俩都一个球队的。打扑克、下象棋，他玩不过我。(笑)

问：晚上休息时间和王征有没有什么交流？除了玩游戏以外。

大宝同学：没有。

问：在课后，比如说周末，周六周日的时候，和王征有什么联系吗？

大宝同学：我老是忘了他的生日，他记得我生日，他经常给我生日祝福。

问：我记得王征说过，同学之间好像是有一个群聊，是吗？

大宝同学：对，他加我了，但是我手机丢了。

问：平时在手机的群聊里面聊些什么呢？

大宝同学：不好意思，我忘了。

问：在学校里面老师都带着你们做一些什么活动？

大宝同学：打乒乓球，还有单老师教音乐，跳舞唱歌。

问：在您心目中王征是个怎么样的人？您觉得他有什么优点？

大宝同学：憨厚，他特别憨厚，特别老实，乐于助人。

问：您周围的同学对王征的评价是怎样的？

大宝同学：都挺好。

问：王征在你们的圈子里面对大家有没有起到鼓励、激励的作用？

大宝同学：我经常告诉他们向秃爷学习，秃爷就是王征。（笑）

问：他在你们的圈子里有没有一种带领你们的感觉？在平时的生活当中。

大宝同学：有，他经常带着我们。在吃饭做活动的时候就帮助我们，带着我们一起做活动。大家也听他的话的，对他挺认同的。

问：您和您的同学们对王征在特奥上取得的成绩有一些了解吗？

大宝同学：知道，他拿过特奥会金牌，是一名非常优秀的运动员。

问：好的，非常感谢。我们还想问一下办公室的国老师。请问我们学校的招收标准是怎样的？

国老师：十六岁到四十岁的低保低收入家庭，有智力问题的孩子，进行评估后可以入校。

问：请问一般会组织出去的活动吗？都有什么活动？

国老师：我们为了保护孩子，保护他们的隐私，不带孩子出去参加活动。校内活动一般是特奥方面的，社会爱心人士组织到学校，节假日组织一些校内活动。

问：学校有没有对特奥进行宣传？

国老师：我们不进行宣传。有关特奥的我不太清楚，负责特奥方面的老师出差了。

问：谢谢国老师，麻烦您了。

苑莉华儿子观察记录

观察时间：2017 年 7 月 28 日 9:00—18:00

观察地点：哈尔滨市残疾人温馨家园

观察者、撰稿者：孔祥楠、孙安琪

时间	活动内容	备　　注
8:55	当天在温馨家园举办了黑龙江省特奥篮球融合运动会。工作人员提前做相关准备工作。	站在一旁观看，与同学打招呼。
9:00—9:05	领导讲话。	参加活动的同学和家长在操场上整齐地站好，由领导率先面对大家讲话。王征和领导们站在一起，等待自己作为学生代表讲话，神态从容自然，没有丝毫紧张或拘谨。
9:05—9:07	代表学生讲话。	王征和其他学生一样，身着蓝色背心、短裤运动服，一手拿着麦克风，一手拿着演讲稿，很认真地读。虽然读得比较缓慢，发音偶尔含混不清，但总体可算清晰明了，对别人理解他的意思不构成障碍。他简要介绍自己，并表示很高兴有机会作为学生代表发言。
9:10—9:14	比赛正式开始。	比赛正式开始。共有两个项目，一是投篮，一是拍球障碍跑。 比赛规则略为复杂，参赛人员较多，虽然只有两个项目，依然进行了整整一个上午。 投篮的规则是每个家长和自己孩子一组，两人各投进一个，计算所用时间。障碍跑的规则是家长和孩子各自拍着篮球跑一来回，最后计算两人所用时间。由于人数较多，参赛者分为两队，一队先投篮，一队先障碍跑。所有人都完成两个项目后，将每组两个项目所用时间加在一起，计算出最短的三个组，为一等奖。
9:14—9:17	观看前面的同学比赛。	王征母子被分配到投篮一队。未轮到比赛时，王征目不转睛地盯着前面比赛的同学，平常经常有的小动作现在也没有了，十分专注。

（续表）

时间	活动内容	备　注
9:17—9:19	王征母子投篮。	轮到王征母子投篮了。妈妈表现出与年龄不符的灵敏，没费多少力气就投进了。王征用了半分多钟也投进了，和别人相比，速度非常快。
9:20—9:45	比赛继续进行。	王征比完后，并没有放松下来，而是继续观看同学比赛，并给他们加油，表现得像一个沉稳的大哥哥。
9:46—9:52	观看别人障碍跑。	障碍跑过程中要一直拍篮球，如果篮球脱手，就要回到起点重新开始，但是时间是累计的。最开始很多同学都有篮球脱手的经历，王征非常心急，看到篮球脱手就跺一下脚。
9:53—9:55	王征母子参加障碍跑。	妈妈非常利落，不到一分钟就跑完一个来回，过程顺畅，篮球没有脱手。王征也用了两分钟左右完成项目，其间篮球同样没有脱手，非常顺利。
10:30—10:50	颁发奖品和奖状。	王征母子获得本队的第一名，不仅领到奖状，还获得一个玩具飞镖作为奖品。三个第一名的学生合影留念，王征很开心，全程面带微笑看着镜头，其他两个学生溜号或者互相说话未看镜头时，王征主动提醒他们要好好照相。随后学生和自己的家长一起合影留念。
10:50—12:30	整理物品，活动结束。回到家附近。	
12:30—13:30	找了一家饭店吃午饭。	王征特别懂事，上菜之前主动给其他人倒水，别人要自己来他也不让；茶水不够了，知道主动去找服务员添水；也会主动帮别人盛饭；给母亲夹菜。可以看出平时就非常孝顺，待客十分热情，告诉我们哪个菜好吃。
13:45—15:23	来到王征家进行第二次采访。	
15:24—15:52	展示自己的手工和绘画作品。	介绍手工作品时非常详细："你看它们这是一体的，从这，我会编板儿，他们就教我从这转一圈。"当妈妈说错时，王征连忙纠正："不是，它这个不好弯，编平板不好整，就让我从开头编到结尾，转圈编完一圈，完后再第二圈第三圈，最后就成板了。"问到在语文课上学习的内容，王征背了一首《望庐山瀑布》。 观察者拿起一幅画，问他画的是什么，他说这是打开的鸡蛋，"红的是蛋黄，白的是蛋清"。问上面两个黑黑的像眼睛的是什么，他就羞涩地笑着说自己也不知道。又介绍其他的画："这是唱戏的脸谱，这个地球是环保，这是火山，周围是火。"

（续表）

时间	活动内容	备　　注
16:00—16:20	出发去训练的场地。	王征在家里换上了训练服。因为是夏天，所以进行和滑冰较为相似的轮滑训练。我们到得很早，老师还没有来，王征见到小伙伴就主动上去打招呼。
16:30—16:50	热身运动。	负责训练的王老师来了之后带领大家一起热身，先是做拉伸运动，接着跑步。
17:00—18:00	训练。	王征滑得并不很快，但很稳，也非常认真，很少停下来休息或偷懒。
18:00以后	训练结束。	大家收拾东西准备回家，王征特别懂事地自己脱旱冰鞋，收起来放好。

我行，你也行

——王先生口述

王先生，男，1945 年出生。上海地区家庭领袖。已退休近二十年。特奥运动员王安之父。

王安，女，1994 年出生。独生子女。唐氏综合征。毕业于上海市长宁区初级职业技术学校。2016 年入职上海海康贝公益基金会。

口述者：王先生、王先生之妻、王先生之女王安

访谈者、撰稿者：何思慧、王纯麒

访谈时间：2017 年 10 月 7 日、10 月 21 日

访谈地点：王家、某饮品店

痛心失去大儿子，母亲高龄生小女

问：安安是哪一年出生的？

王：王安是我们第一个孩子走掉了三年以后才有的，她是 1994 年出生。我们的第一个孩子是 1991 年 1 月 15 号没有的。我们就等了三年以后呢，再有了王安。这时我们年龄都大了，我也将近五十岁了，他母亲四十四岁，生殖年龄都过去了。所以呢，我们也很注意，那时候还没有唐氏综合征筛选，常规的检查都蛮好。直到离预产期三个星期，突然发现胎心没有了，微弱了，马上要进行剖腹产。

问：在生安安之前阿姨有没有去做过产检？

王：产检做过的。现在我们知道了，要做唐氏综合征的筛选。那时还没有唐筛的，就是一般的常规检查。后来才有羊水穿刺、唐筛。现在看来，它的准确率，还没达到我们的要求和整个社会的要求。有些羊水穿刺做出来是阴性，但生出来就是唐宝。在我们群里面已经知道有好多了，不是一两个的问题。所

以，唐筛不一定准确。

问：除了安安以外家族中有没有出现过这种现象？

王：没有。我们直系旁系，凡是认识的亲戚，没有一个是这样的。可能是王安妈妈四十五岁高龄，再讲她的心情又不好。当时我们想，人比较悲伤，马上要第二个孩子质量不一定好。所以过了三年怀上了，也去检查，我还给她做胎教，凡是当时能够做的东西，我们都做了。

问：当时有没有想过，希望她以后受到怎样的教育？

王：我们想，她能够按部就班地去念小学、中学、大学。

问：有没有想过她未来要成为什么样的人？

王：她总归要能够独立生活，对哦？另外呢，在某一种职业当中，做个佼佼者比较好。

问：安安是在哪个医院出生的？

王：是在长宁区妇产科医院出生的。

问：您还记得当时生安安的场景吗？

王：在她妈妈预产期到临之前，我在外面出差，但是我们一直保持联系。当时产检都是很正常的。在她出生的前几天，突然发现胎心不好了。我们本来是准备自然产的，后来呢就是剖腹产。当时王安不哭，加上医生有经验，一看，她那个耳朵啊、手的掌纹啊，这个掌纹是通贯手啦，还有她最后一节小指是两节，这都是很明显的特征，就是唐宝。还有额头、眉宇之际比较宽，这个孩子特征明显是唐宝。所以没有给她喂奶，我们知道，如果这样发生病危的话，医生就不一定抢救的，就没给她吃奶，想不到她的生命力是很强的。

问：您还记得第一次见到安安的场景吗？

王：我看到，她像个蒲扇脸一样的。

妻子：生下来的时候好胖的。第二天早上就抱上去了，等到抱下来的时候，脖子这里面的肉都没有了，脸就像拳头这么大。我去抱她，她看到我了，眼睛就睁开来朝我看一看。

问：安安生了多久之后从医院回家了？

妻子：我在医院里待了十天，十天才回家。

王：不是回自己家，是回外婆家。

问：那当时是外婆带的吗？

妻子：我跟外婆一起带的。

问：您跟安安平时的互动怎么样？您逗她，她会笑吗？

妻子：有，都是可以的。

王：她语言很晚，即使会说也不连贯。

问：安安是出生时就确诊了，还是只是怀疑？您是通过身体特征来判断的吗？

王：肯定确诊了，因为我也看书的嘛。通贯手，这个地方（伸出小指）是两节；还有耳朵，她的耳朵和其他正常孩子不一样的。你看，很小的，对哦？有的是很扁的，有的还有两层。她现在越长越聪明、越长越漂亮了。小的时候，额头很宽。现在手也不是通贯的了。

妻子：我们都是通过身体特征判断的。

问：有没有去医院和机构检查过？

王：我跟你讲，当时我们去医院检查，第六人民医院，就是二十一对半染色体，多了一个尾巴。

妻子：儿童医院。

王：哦，儿童医院。

（两个人上海话讨论中）

王：最早是六院，没有儿童医院，当时儿童医院是在康宁路那里。诊断染色体就是二十一对半了，她母亲问了，能不能治。

问：医生怎么说？

王：那医生肯定讲，也可以弄得好的。他也不好讲不可以，也不好讲可以，培养得好也可以的。（笑）

问：确认孩子有智力障碍之后是怎么面对她的呢？

王：六岁之前一直处于封闭、无助的状态。到念小学以后呢，在长宁区辅读学校，我们逐步逐步就走出阴影了。

问：你们当时有没有采取什么措施？

王：当时也没有感统、口语训练，没有这些康复方案。而且我们又没有经验。但是现在看来，可能不幸之中也有万幸：从她一岁开始，就给她吃奥聪，奥聪是营养大脑神经的，当时很时兴。包括孕妇、孩子、婴儿，都是吃这个。她大概吃到小学之前吧。

妻子：结果吃到两三年级。

王：我们给她吃到十岁，我记得很清楚。延长了四五年，一直吃奥聪，也许可能跟这个有关联。（笑）

问：安安小时候，家里的亲戚知道安安的情况吗？他们对安安态度怎么样？

王：知道安安的情况，比较支持的。我这里给你讲一个事情，我小妹妹的儿子结婚，她就在婚礼上面表演，弹了一个琵琶，跳了一个手绢舞，受到了大家的欢迎，说明她当时已经有这方面的能力了。

问：安安读的幼儿园是你们找的特殊幼儿园，对吧？

王：不是特殊幼儿园，它只是搞了个特殊班。这个特殊班呢，是由几个幼儿园合并了以后办的，虹古路第三幼儿园。

问：你们当时是如何找到那家幼儿园的？

王：听人家说的。

妻子：我去正常幼儿园报名嘛，幼儿园说这种情况他们不收的。那么哪里收呢？她介绍我一个幼儿园去问一下。我们就找到了这个幼儿园——兆丰别墅幼儿园，当年首开了一个特教班，正在招生。

王：在兆丰别墅幼儿园报上了名。后来这个幼儿园呢就把特殊儿童集中到一个地方，它的装备就两样的，教室也跟一般的教室是两样的，有保护性质的，还有锻炼性质的，那里的特殊儿童还包括脑瘫的。

妻子：他们教的东西就是两样的。这种小孩，有的吃饭也不会吃，要喂啊，要大小便啊，什么都要阿姨、老师去弄。

问：您知不知道长宁区有多少这样的幼儿园？

王：我们当时只找到那一家，后来我们就不知道了。

问：这个幼儿园的条件怎么样？

妻子：蛮好的。

问：她作息时间是怎样的？

妻子：跟正常小孩是一样的。

问：安安在幼儿园待得习惯吗？

妻子：习惯。

问：她喜不喜欢上幼儿园？她会不会哭？

妻子：还可以吧，也喜欢。第一个星期里总会有点不习惯。哭倒不会，她就是不和人家说话。老师跟我说的，她一个人只会坐好了，背对着他们。后来，一个星期以后，一点一点就好了。

问：幼儿园其他的一些孩子都是什么情况？

妻子：脑瘫的，还有像他们这样的。

问：安安在幼儿园有没有玩得很好的小朋友？

妻子：幼儿园她们都差不多，也有关系很好的小朋友。

问：放学以后会在一起玩吗？

妻子：放学了都回家了。长宁区就这一个特殊幼儿园班，都住得比较远。

问：幼儿园的老师都受过特殊训练吗？

妻子：他们是特殊老师。

问：他们课程和普通小朋友一样吗？

妻子：要慢一点吧，就是玩啊，搭积木啊。

问：安安和老师相处得怎么样？

妻子：可以啊。

问：幼儿园开家长会吗？老师会不会教你们一些怎么和安安相处的方法？

妻子：有开家长会，这个不会教的。就是谈谈情况啊，没有像现在这样会讲怎么去跟这些小孩沟通、怎么去教他们。现在可会了，那个时候我们也没有。

问：安安是哪一年正式上小学的？

王：八岁。

问：当时为什么选择长宁辅读学校呢？

王：因为它是特殊学校，辅读学校就是特殊学校。当时，在随班就读和特殊学校中间做选择的时候，我没有纠结。她是特殊学生，必须要接受特殊教育。现在当然提倡融合教育，融合教育要看个体的。在她身上可能行，在别人身上可能不行。我说她到特校是肯定行的，因为这是符合她的个性的，所以我们就在特殊学校学习。

问：他们日常作息跟普通小学一样吗？

王：也一样。

问：你们平时也是接送吗？

王：开始都是接送的，后来她自己去了，自己去，自己乘车回到我们现在住的地方。

问：学校上的课一样吗？

王：不，他们自己单独的。

妻子：根据特殊儿童的情况编的教材。

问：安安对学校环境适应得怎么样？

妻子：可以的。

王：和老师关系处理得相当好，她经常去看他们，因为她是舞蹈队的台柱子。

妻子：走的时候老师还哭了。

王：老师送了好多 T 恤给她呢。

问：安安跟其他同学相处得怎么样？

王：都挺好，人家都蛮尊重她的。她也是外向型的。

问：老师对安安的评价怎么样？

王：没有一个说不好的，都说乖孩子，三个班主任都说。邱老师、邵老师、张老师。

妻子：都喜欢她。

问：老师会不会特别关注她？

妻子：这个我也不知道。

王：总有老师特别喜欢她，有的。我们也给学校送了两幅锦旗，一幅送给学校，一幅送给老师。

妻子：就是毕业了嘛，从老师到领导都对他们很关心。

王：老师现在还要叫她去呢，每逢星期二叫她去，因为有个舞蹈工作室，以她名字命名的，“王安舞蹈工作室”。还想叫王安去教其他特殊儿童，还想叫她去学什么东西。

问：安安有过不想上学的时候吗？

王：没有，完全没有。

问：安安有没有觉得自己跟其他人不同，她自己知道吗？

王：她知道，她什么都懂，她都能够正确对待。包括女孩子的事情，她都是自己知道的，她母亲都没教她。她自己搞了一个群，叫大姨妈群，我们也搞不懂到底什么大姨妈群（笑）。还有关于谈恋爱、结婚这个事情她都知道，都能很正确地处理。比如有同学说要谈朋友什么的，（模仿王安）“我要把你的微信撤掉了，怎么搞的你！”

妻子：我们有的时候也会看看，她说，“你要自重一点啊”，她会关照人家的。

问：安安从辅读学校毕业之后做了什么？

王：辅读学校毕业以后呢，就进了上海市长宁区初级职业技术学校。本来是读三年的，但是因为那里有一个她的舞蹈工作室，再说她也有需要，就读了四年。她是 2013 年的时候入团的，她被评为上海市的优秀少先队员。

体育艺术皆欢喜，助力康复进步快

问：安安平时喜欢运动吗？

王：她喜欢。

问：她是什么时候开始参加体育运动的？

妻子：好像一开始是辅读学校叫她参加，那时她已经会轮滑了，就叫她去参加市里面的轮滑比赛，应该是 2006 年。

问：你们最开始是通过什么了解到特奥的？

王：在特殊学校学习期间，2007 年的时候，上海召开夏季的世界特奥会，姚明作为体育大使，而且是特奥大使，到她们学校里去，刚好教她打篮球。教她打篮球的照片就作为当时特奥的宣传，在报纸上都登了。这个对她是有很大的教育意义的。

当时的口号是“你行，我也行”，我看字面上的五个字，其中有两个“行”字。我的感觉是：你行，我也行，你和我，就平等了。又平等，又包容。这就给了我们一个很好的观念，感觉到她们有希望。以前人家说，“给你金钱，是下策；给你能力，是中策；给你观念，是上策”。所以，从特奥会我们得到了上策，就是观念。因为我们的这些孩子啊，究竟怎么样来教育培养他们，是很重要的一个问题。

尽管只有这么五个字，这五个字却让我们家长从阴影当中出来了，走向了阳光。她也从自闭、自卑，变成自信了。她越来越开朗，她的精彩人生就从这个时候开始了。我感觉到，整个社会也都了解了这一批孩子，知道了有这样一些孩子。以前根本就不知道，以前叫戆大、呆子。现在呢，就不叫了，这个也是一个变化。本来是说残废的，现在叫残障。尽管是一字之差，但这是国际公约。2006 年的时候，我们中华人民共和国参加了残疾人的国际公约，就把这个改了。它的叫法不同，人在思维上就两样了，就是把这些孩子作为社会大家庭的一员。所以我说这五个字真好（笑），不知道他们怎么想出来的。我说，特奥能够改变人生、改变家庭，使我们特殊人群感觉到温暖。后来她一路上发展就是很好啊。

你行，我也行。这个“行”，不是嘴巴上讲的，要行动的。这个行动呢，要坚持的。所以我当时就带她参加了特奥会的很多活动。

第一个，特奥会的飞人，就是吊威亚，她是第一人选，当时和她妈妈乘火车到北京鸟巢集训。她在动作优美方面是合格的，因为她已经学舞蹈了；但她有恐高症，就没能参加。

北京走了一下以后，她的知识、她接受的东西更丰富了。从北京回来，又跟好男儿集中在一起做宣传片，好男儿就是当时的蒲巴甲、宋晓波、向鼎，还有好多人，我现在不一定叫得出名字了。在跟他们互动当中，我们就发现了，由于她学了跳舞，在各方面比较符合闭幕式的标准，就跟羽凡兄弟一起表演了闭幕式的唱歌节目。海泉、羽凡还给她送了礼物、签了字，蒲巴甲也给她签了字。那么，再以后呢，她的信心就有了。

问：她平时会有什么样的训练吗？

王：学校里面有的，就是溜冰的训练。

问：安安第一次参加特奥比赛就是轮滑吗？

王：轮滑。

问：当时比赛结果怎么样？

妻子：她参加的是上海市第六届特奥会，两个银牌一个铜牌。

问：安安现在取得这么大的成就，在她小时候，您想过她的未来会有这样的成绩吗？

王：那时候很担心她长大了以后怎么样，不知道她是现在这样一个状态，现在这个状态是想不到的。所以，我感觉到一个是体育康复，一个是艺术康复，对这些孩子是起了很大作用的。

问：您是什么时候开始有体育康复、艺术康复的想法的？

王：就是从她学舞蹈以后，再学了琵琶，就有了这个想法。通过这些康复，的确使她脑子变得聪明、反应变快。我们想，到目前为止，唐氏综合征是没有用医院的方法来把它治愈的，那么只有通过康复。康复呢，谁也讲不出个道道来，我们也一直在摸索当中。

她小时候呢，一听到音乐，会扭动肢体，她妈妈就萌发了让她学跳舞的想法。我说学跳舞好啊，跳舞既是体育又是音乐，都有。但我担心老师是不是能够接受她这样一个学生。她妈妈就忐忑不安地到拉丁舞的学校里去找了老师。老师说，你试一节课看看。后来她就试了一节课，行！就开始跳拉丁舞。现在她少年拉丁舞的金牌、银牌、铜牌，都得了。奖牌是英国国际教师舞蹈协会颁发的，这个协会蛮有名的。

当时我们想，舞蹈主要是为了保持体形。唐氏综合征的孩子都很肥胖，肉很多的。因为肥胖，她膝盖就容易疼痛，因为承受的压力太重嘛。而且他们这些孩子，都喜欢吃鱼、肉，素菜不吃的。你去看好了，他们看到鱼、肉都是拼命地吃（笑）。她想吃，但是我们控制住不让她吃。所以你就看不出她的肥胖，她的体形保持得很好。

在练舞蹈的过程当中，就能体会到社会的关爱度了。她是和正常人一起在学跳舞，不是特殊的。所以正常人的家长，也在看着她，也在了解她，也在关心她。他们就感觉到，诶，这个孩子通过跳舞，蛮行的嘛，她的动作蛮协调的嘛。她劈叉啦、旋转啦，都会。那些家长跟她母亲讲了，跳舞是四肢运动，弹琵琶是手指运动，动脑子的，那么她妈妈就是信心很足的。

我想，学乐器可以，但是学琵琶我就感觉到，嘶（吸气），太难了！为什么？民族乐器当中最难的就是琵琶，它跟钢琴一样，有八十四个音节，所有的音调都可以通过钢琴或者琵琶弹出来。要用手指，要用眼睛、耳朵、身体，全部要动。开始也让她学古筝，古筝也是人家送的，学了一次以后，老师说先把几个名曲掌握好，然后再攻更难的。

学琵琶的时候她妈妈说，试试看吧！（笑）我们就买了一把人家不要的小琵琶，100 块钱，已经是低过标准了，又请了一个小老师。所以，这都是上天安排好的。正好有个小老师就住在附近，让她学了三个月。让这个小老师看一看，也要看看能不能教。诶，老师发现可以，就来教了。教了三个月以后呢，她能弹一个最简单的《铃儿响叮当》。我们记得很清楚，那时候，心里很高兴。像这些孩子能够弹一个《铃儿响叮当》是绝对不错了，没有其他的奢望。也不要教她成为什么家，这些都是空的。只要她开心，我们开心就可以了。学了三个月以后，少年宫正好要招生了。很多事情都很巧的，你需要的，它来了，你不需要的它不会来。正好少年宫也招生了，她妈妈就带她去报名。老师说，诶呀，我们从来没有教过唐氏综合征儿童的，这个要告诉领导、要讲的。那么好呀，她就说你弹弹看。就叫她弹了。

妻子：一般这种小孩，人家外面都不肯收的。

王：不肯收的。

妻子：后来我去说了几次，也托人去讲。她说，那么你把小孩带过来吧。我就带过去了，她就叫安安弹弹看，她就弹了《铃儿响叮当》。弹了之后，老师说，啊？你《铃儿响叮当》也会弹的啊！后来就收下来了，收下来就是跟正常小孩一起上大课。

问：她跟得上吗？

妻子：还可以。

王：关键她母亲懂得一些乐理，回来以后再辅导她一下，这也是一个有利条件。如果光她一个，上课听到了马上就会，这绝对不可能。这个都要十年磨一剑，正常人也要十年磨一剑，她这起码要二十年才磨一剑呢。（笑）对哦？是不是？琵琶通过八级考试，实际上是十级了，我们对外就讲八级。因为毕竟她这个世界，跟普通人的世界，有差距。这个自己心里要有个数。

妻子：这个八级呢，她是在音乐学院考的，那个叫什么？

王：音乐协会，上海市音乐协会考的。

妻子：后来，九级、十级是在民乐里面考的。

王：我们对外就说是八级，也不要把这些孩子神化，太神了，也不行。毕竟她终身要有大人陪伴的。你康复得再好，也要大人陪伴。为什么她要有监护人嘛？有些东西你不可以自己签字，她必须要有一个监护人在场才可以。

葫芦丝也是，学校里是两个星期上一个小时。第一个学期六个学生上下来，老师不肯教了，说“我不是办爱心学校的”，因为这些学生绝对不可能再学会了，乐理乐理不懂，什么什么不懂，基础都不懂怎么行呢！当时为什么没有叫她去呢？因为她有琵琶，有跳舞啊，学校里已经有个工作室了——王安舞蹈工作室，专门开了一个，现在还开着。就不要她去了，太多了，对哦？后来没办法，六个人都学不好嘛，就把她叫去。第一次课，那个老师说，“诶，这个学生我要”。现在，王安上了没多少时间，基本上都自学的，已经能够去表演了。我感觉到她〔在音乐上〕是一通百通的。

她现在一个星期，还要跳街舞、肚皮舞、拉丁舞，这是去上课的。民族舞是她自己看视频学的，有三个舞蹈。哪三个啊？那个，妈妈好啊什么，《世上只有妈妈好》。

妻子：《手绢舞》。

王：不是《手绢舞》，我讲最近的三个。

妻子：最近么，《世上只有妈妈好》《恭喜恭喜》，因为他们海康贝星星艺术团里要嘛，她自己电脑里面打开来，自己看看学学。

王：她 2015 年参加了梦想秀，跟周立波一起活动。2013 年是央视十套讲述栏目。2015 年为什么是梦想秀呢？因为我们参加了无锡的夏令营，在工人文化宫演出。演出以后，编导就说：“诶，这个小孩蛮行的嘛。”就找我谈话了，想叫她去参加梦想秀。我说我同意参加，但是我们现在这个活动是江苏无锡的，你要跟无锡的组织者谈，然后我们再跟你谈。我可以跟你讲我的意愿，但是你要我同意怎么去，我不能够决定的。在什么地方做什么事情，要尊重当地的意见，要尊重人家。后来他们都感觉到，这个做法很好，就要把无锡的人全部带去。正好是黑龙江哈尔滨的几个男孩子也在这里跟我们一起搞活动。都没有编排过，也没有彩排过，就是自由发挥的，配合起来真好得不得了，天衣无缝。我们在那里要住三四天，本来讲好要去排练，后来停电了，就一次都没排练过，但后来配合得很好。

最近，她跟任贤齐互动。其他孩子跟他互动不起来，就她一个人，跟他唱《心太软》，（笑）太奇了！我开心她也开心，大家都开心。后面这些孩子当中还有跟明星互动的，这些都是一个很好的现象，正能量。

我是一个什么想法啊？人家讲，你给她学那么多东西，要钱吗？都要钱。我哪怕经济不宽裕，对她的投入不能少。她的投入跟人家考大学的投入是两回事。她要把所有的本事都学会，而且学的东西对她的大脑、小脑、左脑、右脑，都要有刺激。他们有两个问题，一般到了三十岁以后，到四十岁左右，基本就老化了，容易患上阿尔兹海默症，讲起来就是老年痴呆；在四十岁以后容易死亡。现在医学发达了，我们看到六十岁、七十岁的唐氏综合征患者都有，所以寿限是有突破了。

还有，我觉得在选择艺术康复的内容上，必须要讲究实际，不要选太受制约的。有的人学的东西年轻时候运用得很好，但到一定年龄，他选择的项目就受到很大的制约，不一定能够派上用处。比如说，你要表演的舞台，要乐器，还有金钱。比如指挥，有的人指挥很好，但是，经常有那么多人，尤其一个乐队给你指挥吗？你不可能有那么多机会。专业人士是要演出的，不可能一直让你指挥。人家就是给你做秀，给你几次机会。你没有训练、演出的机会，就容易忘掉。唐氏综合征患者记忆力还是不行，容易忘掉的。再比如说，有的乐器一个需要几万块，表演时把乐器搬到舞台上很难，你就没办法表演。所以，这个很重要，是我这几年的一个经验。

另外，为了提高她的寿限和防止早衰，我想呢，就是多方面康复，有动的、有静的，有文艺的、有体育的。所以，我就要讲到特奥了。体育，也能够帮助康复。她以前主要在搞演出，就没有特别集中精力去参加特奥的活动，虽然也参加过特奥比赛，也得到了很多轮滑的铜奖、银奖。如果现在有机会给她，还是希望她参与体育项目。

为什么呢？今年 1 月份的一件事情给我触动很大。她同学当中自闭症蛮多的，有十一个同学患有自闭症，1 月份他们一起到老师那里去学打乒乓球。他们打乒乓球呢，也不是要打得怎么好，主要是因为自闭症更难康复。我知道唐氏综合征是心智障碍当中康复最成功的一个群体。自闭症就比较难弄，通过体育锻炼他们反应啊各方面都有提高，自闭症人群原本是没有反应的。所以，我也就让她去学打乒乓球。谁知道乒乓球第一次打下来，教练不肯放她了。他说，只有她打得好，她的动作、思维、理解能力啊，都跟其他学生两样的。从今年1月下旬开始，到现在是10月份，就学了八九个月，一个月是八次不到的，就算它六十次好了。现在是打得我都很叫绝了，我都很震惊，“哎哟，打得这么好啊！打得真是像模像样!”教练都说什么时候给她去打比赛。我说这个慢慢来，先把她体质搞好。

归根结底我说，特奥对特殊儿童，是一个很好的康复、融合手段。现在我是这样想的，乒乓球呢，也就叫她打，主要是练体质。如果打得好嘛，也参加比赛。在我看来，他们这些孩子，不是没有能力，是不知道，没有参加。这个是属于特奥的功劳，功德是无量的。

她跟明星，跟打拳击的邹市明一起参加东亚区特奥圣诞晚会，她去演出。演出跟他们拍照，跟美国大使馆的领事也拍照。美国大使馆每一年的特奥的圣诞晚会都参加，因为尤尼斯·肯尼迪·施莱佛，肯尼迪的妹妹，是特奥会的创始人，是美国的，所以美国大使馆一定要参加这个活动。

我讲功德无量的，一个是艺术康复，一个就是体育康复。现在学艺术的、学体育的人，多得不得了，都是看中这方面的作用。所以我把体育康复和艺术康复，全部给她实行。

她还写书法，等会儿我也给你看一些照片。文的武的什么都要给她学，因为我想，谁也不知道是刺激了右脑，还是刺激了左脑，还是刺激了逻辑思维，这谁都不知道，我们不是这方面的专家。但现在看来，她每学一个东西，每个都是顶呱呱的。她是这个圈子里面一学就会的这种人，就是通了。

像他们这些孩子，全国有一个协会叫中国智协，是残联之下的。去年，中智协和岳阳的智协、广州的智协办活动，我们报名参加了。正好是岳阳楼九百七十周年，在岳阳楼，我们也自费去了。后来就是去年年底，在云南开了全国智协的会议，她还被评为中国智协首届蜗牛之星，全国只有四个，她是第一个。为什么评蜗牛呢？台湾有个作家张文亮，把他们比作蜗牛：行动很慢，但是很善良。中智协就以这个蜗牛来代表他们，牵着蜗牛去散步，实际是带着他们走向社会，搞融合活动。

不管她能力提高到什么程度，必须要有监护人陪伴。但是，现在我们看来，她可以摆脱我们的。你看她会自己一个人到银行里申请银行卡，可以开通支付宝，到外面去购物，哪怕300块的东西都买过了，都是用支付宝，她自己绑好银行卡。而且，在外面购物啊、消费啊，不管是我扫你、你扫我，她都能够完成。我扫的，就要按数字，她都会。这是她妈妈教的，她都会。这就使我们很放心。

她能够买东西，我说要感谢支付宝，没有支付宝我就真是要死了，支付宝这么方便。我们开始就是跟着她去看，看看对不对，多几次她就会了。支付宝，把他们最弱的弱处给弥补好了。还有一个刷脸的今后要出来了，但是我感觉到刷脸不行，如果她没有自制能力，你把她带过去照一照，把钱都照光了。可以有个链接，他们照好以后，要有监护人在链接上点一点弄一弄，他们就不会受骗上当了，专门给他们设计的嘛。他们就没关系了，对吧。我感觉我经常想出来难题。

她乘高铁、乘飞机、乘地铁，除了用卡以外，可以自己去买票，坐地铁自己会买票。昨天她们忘了带交通卡，就是她去买地铁票，她妈妈还不知道怎么买票啊（笑）。以前我们到超市里面去要寄包嘛，我们不会，她跑过去，嗒嗒嗒嗒，包放进去，嗒嗒嗒嗒，弄好了。寄包她都会。所以，我们感觉她智力开发了，就学得进来。她智力没有开发就不行。

荣誉背后是坚持，蜗牛也会有春天

问：我有个问题，她小的时候就学舞蹈什么的，是不是比一般的小孩儿要辛苦得多？

妻子（笑）：是的。

（大家笑，王先生给我们展示王安脚上的茧子。）

王：来啊，你看她的茧子，两个脚全是茧子，她坐在那里没事就要用个东西去挑挑它，痒对吧？

问：主要遇到的是什么样的困难呢？

王：她学的好多东西真是很困难的，最难的就是肚皮舞。你跳其他舞都是靠四肢，肚皮舞主要是靠肚子，靠胯。肚子、胯，平时谁有这个动作啊？没有的。她这学期，每逢星期一、星期五，四个小时集训。我想，多元的康复应该是一个系统工程，这个过程要有持续性，断了以后肯定就不行了。

妻子：她跳拉丁舞的音乐跟别的音乐相比啊，听起来比较难懂一点。她刚刚去的时候，等于说音乐一点都不懂。听不懂音乐，她脚步都打不准音乐的节奏。你不要说拉丁舞音乐本身就难，有的时候那个点，我们也不一定马上能够辨别出来。要根据节奏，去走步、去兜圈啊，一个圈两个圈过来，都有讲究的。后来一点一点、慢慢慢慢地，经过了大概有一年多一点的时间，基本上能听懂了。

王：《阿力马娜》对吧。你给同学抖一抖肚皮好吗？（笑）抖一抖肚皮。

问：安安拿过这么多荣誉，现在这么优秀，想知道她都是怎么训练的，或者是遇到了什么困难的，她是怎么慢慢地从小长到现在这么优秀？

王：她跟妈妈有个约定，风雨无阻去学拉丁舞。2008年的上海，在春节之前，连续下了大雪，路上都积了很厚的雪。外面高压线都断掉了，有的地方房子也压塌了。那一天下雪下得很大，妈妈说下雪不要去了。她不要，她说你不是说过风雨无阻吗，我要去。那时还不在现在这里，还在天山那里呢，她要去。不去，这个小嘴噘着就很不开心。她妈妈没有办法，就两个人撑着伞一起乘车子。到那里去学，车子不大有的。

比如这个茧子，我造不出来的呀，她脚上茧子就是明摆着的，就是练出来的。人家练一遍，她要练两遍三遍四遍，她回来还要练。因为开始的时候，光练一个舞蹈嘛，有时间。

妻子：在家里也练的，在家里如果听音乐，也是自己打节拍，根据音乐节奏打打节拍。还有练走步啊，练胯啊，练什么她都要练习很久。有的时候练好几个小时呢。她跳伦巴，慢的还可以。跳恰恰，恰恰比较快，要比伦巴快，起先也跟不上的，后来一点点也跟上了。还有一个牛仔，特别难。因为牛仔还要跳，节奏还快。这没办法，在家里面，她叫我拉住她，我就拉住她，她根据音乐踩呀，后来一点点练出来，蛮苦的。（笑）

她学琵琶是最苦的。

王：有一次弹琵琶，弹之前，她学校里在上烹饪课，是刀工课，有平刀、横刀、斜刀，她把手指割到了、弄破了。我跑到学校里看，“今天王安中刀了”，同学跟我讲。然后要弹琵琶了，你总得要弹啊，要摁的啊。弦就像一根线，像刀口一样，这个人能不痛？痛得不得了，她又不想停下，就从兜里拿护创膏包紧了。包紧了就压迫它了嘛，那里就不痛了。练好了以后过半个小时，她把它拿下来换了一个，又继续了。长期给它不流血不就要坏死的嘛。

王安：可是那个刀比较重，然后就套刀，中了好几次，这里中，那里中。

王：中刀了弹琴就不好弹了，不能摁了，对吧。

妻子：学琵琶是最苦的，学琵琶她哭。为什么哭呀，给我打了哭（笑）。

她弹琵琶的时候，特别是在考级的时候，叫她不要考，她要考。这考试嘛，一个曲子你要把它背出来的，对吧？这不越到上面越难呀，还有好多的指法。她指法是会的，就是背出来对她来说很困难。没办法，她自己憋呀憋呀，一遍一遍弹嘛。有的时候要重复的，这里一段曲子弹到后面，然后要再回去重复，再往后弹。她就是这样搞。她也有思想不集中的时候，有时候我会给她讲呀，这个怎么弹怎么弹，她知道了。但是弹了呢，你不能叫她再重复的，弹得不对我就会跟她说了呀，我说你这个不对，你弹得不对，重来；弹得不对，重来；几次了，她就不耐烦了，那么我要火了呀。

有的时候她爸爸说你不要弹了，但是她不肯放弃，还是要坚持呀。她情愿被我打两下。我跟她说，她好像听不进去，就是思想不集中嘛，跟她说了多少遍了，我开始急了呀，就会打她两下。但她还是不肯放弃，她还是一直坚持，一年一年地考呀，考上去的。有一年她考几级呀，是我给她弄得哭了，说来说去说不好，后来倒也考出来了。反正我们也不要她考得很优秀，考到及格就可以了。

做好自己最重要，他山之石可攻玉

王：她今年毕业以后也没有工作，不读书了。以前在学校，我们就是全部交给学校了，任务就是学习。但是不学习了，回家了，要安排的东西就多了，我们一个星期要给她安排那么多学习。她白天怎么办呢？她学习的都是下午的和晚上的。所以，对她来讲，也是一个角色变换。我就要求她，你除了学这些以外，你要干活，每个月叫她给我们烧一次菜、饭，她都会烧。

上次烧的三菜一汤。她烧的鱼，怎么放进去，怎么翻身，都有录像的。她在学校里学过烹饪，但是那个烹饪和家里的烧菜是两样的。不过原理是一样的，她就不怕。有的人倒油要怕的，她不怕。她知道怎么切黄瓜、黄瓜盘形。她还考了餐厅服务员，在劳动局考的五级证书，包括理论的和实践的，国家全部承认的。就是最起码的在餐厅服务，西餐中餐铺台面啊什么，都可以。等会儿我拿出来给你们看。

妻子：她考证书嘛，从春节开始，5 月份考的嘛。2 月份成绩一过，我就陪她再到学校里面，一个星期练几次。她还要铺台子嘛，台布铺上去。铺上去之后，还要拿转盘放上去。她人矮，台子高，铺台布很吃力，一定要全部铺过去。我陪她一个星期两三次。她放学早，我到学校去陪她练，陪她铺啊。到 5

月底她考出来了。

王：她还可以用餐巾盘花、餐巾做各种帽子。

王安：就是，服务员是有讲究的，该倒几分满的酒。葡萄酒是一点点，得跟杯子一样的。你倒酒得不滴不洒的，洒出来不可以的。倒得盘子上都是水，不行的。瓶子有好大的瓶，好高的瓶子，托在盘上。抹布，放到后面，倒酒的时候，如果要洒了，要转一下。好比一个杯子的旁边有水的嘛，你擦一下，然后再去倒另外一个地方。这样，特别讲究。

王：现在我感觉到，她要读就读大专。她考得进吗？考得进。因为她每一次考试都是在考试前两个星期复习。她记住了她去考，总是 90 分左右，学校里成绩单都是这样的。但是时间一长还是又忘了。她那个时候小数和百分数对他们来讲是最难的，什么零点几咯百分之多少，要兜个圈子过来，她空间概念都没有。他们这些孩子啊，你要是一两个星期强加她脑子里面，行的，她考得出来的。但是过了这段时间就不行了。像他们这些学生，逻辑性的东西都是很差的。

问：安安未来是打算在哪里工作？有没有什么计划安排？

王：最好的就是在公益基金会工作，为什么？我们讲的是，残健要平等，对吧？但是现在人和人之间都不平等了，你怎么会是残健平等呢？对吧？如果她在正常的单位里面，必定会受到人家的歧视。她是不是受得了，我们讲不了。如果受不了，后果很难说。所以我是不愿意她到正常人工作单位去。正常人的工作单位，面试过几次，都录取了，就是我们两个人到实地去看……

王安：就那个老板找到学校，是棒约翰嘛。然后是一个女的过来面试。去棒约翰里面考什么，考官找到学校里来了。然后呢他说，录用你去上班。然后去看了咯，看了两个分店。爸爸妈妈不同意，不给我去。

王：对，看了两家店，里面有外地招进来的，有上海招进去的。上海招进去的呢，都是比较这个……就是说，很老实的一些。外地的呢，招进去的就比较活络，这个很怪的。里面呢有像他们这些人的，但是往往做了一个月以后，就走人了。

问：是餐饮单位吗？

王：棒约翰是美国的品牌。王安在上海外国语学院参加了一个活动，被棒约翰的老板看中了，老板就跟搞活动的领导讲，要她，问她愿意来吗。我没给她丁，棒约翰的总老板，他也是做好事的，就公益事业、慈善事业的。他正好跟上海外国语学院搞这个活动，王安在活动当中也是主要的表演嘉宾，她本身就是学拉丁舞的，她不是强项嘛，然后就看中了。老板就跟搞活动的人说，这个小孩，王安，她就到我单位里来吧。不是到店里啊，是到集团里面做。

问：你们拒绝了，是吗?

王：不是，我们说了，我们还在念书，用了这样的婉言，到以后毕业了再说。

你要知道现在我们国家，哪一个单位没有破产的危险，对吧？没有的呀。现在为什么她还需要国家的补贴？她国家补贴不少啊，1 600、1 700 块左右啊，当然在上海生活是很困难的。她平时还有好多演出活动，接到了什么活动人家还会补贴赞助的。如果她到一个单位去工作，或者上海有这种叫挂钩、挂靠的，她挂靠这个单位，比如说，一家旅游公司要她，工资是 2 400，但是呢，你只能拿到 1 600、1 700。你不要来上班，你就待在家里我给你这些工资。单位每一年可以在她身上减免掉三万五千块的税，何乐不为呢？他就花 2 万多，那还有 1 万多呢！这个名气又好听，对不对？就挂靠。但这个挂靠呢，你是拿到钱了，但人是废掉了，她跟社会脱节了嘛，这是一种。还有一种呢，你硬要到这个单位去做，可以的。你把这个 1 700 块补贴退掉。

妻子：就是挂靠了以后，国家补贴也没有了。

王：你没有了以后再去申请就难了，因为你原本有工作的吧，你怎么不要做呢？这就难了。所以我们现在这个 1 600 块是保大洋①的，就是说不可能有什么破产之忧。没有这个担心的对吧，何乐而不为呢？你在任何一个单位去干活，比如说我们到深圳去，看到全国都要学习“小星星洗车行”，都是一些男孩子，人蛮高大的。不管天冷天热，就是用水冲洗车。一方面，唐氏综合征里面高大的人挺少的，所以他不一定是唐氏，但是智力低能的；另一方面，我认为这个工作环境对这些同学是一个歧视。当然工作没有好坏的啊，扫地也是工作。但我感觉到这个就是歧视，我不忍心看着他们去做。不过社会上有好多人都说好，所以仁者见仁智者见智吧。你认为是好，我也不会讲它不好，现在这个社会很多东西，你讲不清楚的。

我们和残健平等还有很长的距离。有好多学校公开表示，这个戆大怎么到我们学校来读书呢。在我们上海听到这句话，在这个学校你是老师也得开除，你是校长也得开除。外地呢，没人敢讲他一句话，对吧？你在上海敢讲这句话嘛，“你这个傻子”？马上流传出来，你老师不要当了，你校长也不要当了，这

① 保大洋：方言。大洋即银元，指保住钱财，不会输光。

就是差别。没有差别怎么是一个社会呢，肯定有差别的，是吧。

你说这个融合教育，国外可以融合教育。人的思想素质都提高得很快的，比如我可以到咖啡店里去，一杯是自己喝，另一杯是供给人家弱势群体。我们这里一般人听说还有这样的好事，今天你生日不要钱了，喔！赶快去了，是吧？现在有好多家长，他要想把孩子送到普通学校去融合教育，不行的。我到现在没有看到这些特殊孩子在普通学校学得优秀的，没有的，不可能的事情。你说天才是什么啊，比如凡·高，他是画画的天才，但是他其他东西懂吗？不懂。在某一方面你是天才，其他基本的东西要都懂；或者你是全才？不可能的事情。

现在，我只能把自己先搞好，你要想大家一起好，我们这个社会还没有达到那个水准。我学过佛的。像他们这些孩子，你要叫他成佛，就是把自己先搞好，成大家的学习榜样。

也有值得我们去学习的榜样，有个唐氏综合征的小孩，数学方面很好，叫鹏鹏。我去见他了，跟家长讲你在唐氏综合征里面都是很少的，一定要把他培养好，作为我们大家的学习榜样。弹琴的跳舞的现在多了，但是你看弹琴跳舞的，都是很聪明的，都是康复得很好的。北京有个兰兰，她腰是软了，手摁下去，腿好摁到一字马。但是这不是主要的，这只是手段。

我们要自己学会生活的本领、社交的本领。没有这两个东西肯定不行的，她出去就是两眼一抹黑。以前，她还不大懂。她乘车呢，乘到一半下来，到这附近的店里买珍珠奶茶，然后再登下一部车。有一次叫她到什么地方去，跑错了，乘到其他地方了。我打电话问她在什么地方，她说在中山西路，那我到中山西路去找她，从这个地方到她从车上下来的地方，要三站路了。我问她几号，她说“6 号”，中山西路 6 号在桥那里呢，实际上是 600 号。那个时候还不懂呀，现在 600 号跟她一讲，她说“哦，马上到 600 号”。还好当时我开车一路看，哦，站在 600 号那里。

问：现在就好多了。

王：嗯，是啊，现在比以前好多了。

我们国家起步晚，发展快，但是不平衡。到目前为止，还有好多地方都拒收这些孩子入学。尤其是一个中智协特聘的写文章的人，她的女儿，学校幼儿园就不给她进去。这就需要在全中国进行宣传，有好多地方是太落后了，有的地方根本就不知道什么叫唐氏综合征。普通人不知道就算了，连残联的人都不知道（笑）。你们没碰到，我们都碰到了。王安呢，也很幸福的。中央电视台来采访了以后呢，好了，全国各地有好多人跟我们联系。但是我们比较低调，不想去太远的。就是南京、无锡，比较近的地方，我们去参加活动，大家一起把这些好的优良的东西全部传承下去。

问：你们听过阳光工场吗？

王：阳光工场就在阳光之家里面，讲是讲工场，哪里有工场？没有机器，没有什么东西的。就是两个盒子，做做盒子，我们这里照片也有的。就这样的很简陋的手工，还穿珠子，穿什么东西。没有专门的，以前有福利工厂，是给聋哑人办的，现在都没有了。

上海有一个海康贝公益基金会，比较有名。她通过初赛、复赛，就进了海康贝。海康贝刚刚成立了一个海康贝星星艺术团，她是里面的台柱子。

妻子：她和崔永元还加了微信的。

王：崔永元第一次跟她接触，她在舞台上表演琵琶和街舞，他手机从来没有拿出来过，看到她的时候就拿出来给她拍照了，拍了之后还跟她留了微信。第二次崔永元和她碰面了，除了单位的领导以外，就唯独送了她一幅画，崔永元说："最后一幅画我是送给王安的。"这幅画我给她裱好了。这种交流对安安来说是一种鼓舞、鼓励。

妻子：她接触的明星蛮多的，她就是在这个机构里面嘛，也比较活跃，能跟别人交流。

王：我们没有要求过要到机构里面去。他们看中她了，演唱会、跳舞。而且她懂得感恩，人家叫她演出她就会演出，好多地方都是去演出。还送书、笔记本，她获奖的东西挺多的。平时她都不用，到时候全都顺到后面去。她的本子是好多了，笔啊还有背包，每到一处人家都要送。她到一个阶段，比如我要到南京去演出了，带一部分去，送给南京。要到哪里了，带一部分给他们。她用不掉这么多的（笑），她幸福着呢。

我们全国各地了解的人、认识的人很多。有些人钢琴弹得蛮好的，但是一毕业什么地方都没去了，因为他们毕业后到工作年龄有两年的转型期。怎么办呢？就到工疗站，做纸盒子。但这些工作，讲个不三不四的话，就没有品位了。对哦？金钱可以买到服务，但是买不到尊严。即便能挣到钱，但是你不可能持久下去。如果有了持续学习终身康复的理念，我是有品味，我是有幸福感，有成就感。而那个是没有的。所以有好多人，他不学了以后就荒废掉了。我们很为她担心，我们跟南京乐活公益发展中心的领导、创始人讲了以后，这个创始人也是一个爱心很足的人，从南京赶到无锡，跟无锡某一个有交情的单位讲，让她到这里面陪人家练琴。还有呢，做做其他事情。这样就能够使她这个荒废不了了。对哦？

工作呢，必须要有工作，她一辈子要生活下去。我们比较大了啊，像唐氏综合征里面，我们接触下来家长年龄最大的就是我了。他们三十几岁的还比我小嘞。舟舟就两样了，指挥的舟舟，他的父亲比我大两岁，现在成肺癌了。我们都有联系的，我们一起喝过酒。

我们和其他地区的家长，如果有需要也会一起合作。像今天，我加了广州智协主席张林的微信，在 12 月 23 到 28 号要开一个会，就是像我们这些大龄唐宝的家长，要做养老机构。

问：叔叔您觉得我们国家在对残障人士的保障方面，有没有需要改进的地方？

王：怎么讲呢，现在跟以前比呢，总是在进步，与日俱进，一天天好起来。但是，真正的底下干活的人就差劲了。上面政策很好，但底下工作人员主动性很差。所以有好多东西，落实得很慢或者没有落实。

问：您觉得有没有方法可以解决底下工作人员主动性很差的情况？

王：我感觉到他们有抗性。什么叫抗性呢？就是他做这个工作总想不给你们什么好处。你不找他，他永远不会来找你的。有好多优惠的政策，要你申请的，他宣传工作不跟你讲，你就不知道。好多东西呢，几年之前的那个东西，你不去搞就不会有的，你去搞一搞就有了。尤其是残疾人这一块，总的政策是好的。比如说这一次的两项补贴，残疾人的生活补贴和康复补贴，这是全国性的，你必须要做到。我们上海的聊了好长时间了，全国不是统一的，高低肯定要存在的，因为生活指数不同嘛。这是正常的，就是时间上面，有些地方可能底下的人做手脚，这不可能没有的。

但这不是主要问题，主要问题呢是一些工作人员，主动性很差很差。比如说一个安心工程啊，是中国智协和中汇国际为残疾人搞的一项惠民工程，就是一个特殊孩子加上父母，三个人可以买一份保险。这个保险很好，残联认为这不是他们的工作，是中国智协的工作。到现在上海没有好好开展，已经两年了。我已经保险了两年了，我是自己买的保险。安心工程到现在都没有〔普及〕，宣传也宣传的，不知道怎么一个宣传法，反正上海在这个方面是很差的。还有一个叫什么保险的，我们到现在才知道，但是要团体保险，要一个组织带你去保险。这个组织必须要是当地的，你上海的是上海的，你不能到南京去保险。好多保险……当然，能够出来是蛮好的，以前对残疾人没有保险的。但是国外呢，就两样了，他们不要你主动申请保险，就给你保险好了，对吧？这是两样的。

问：国内做的还是跟国外有很大差距。

王：国情不同啊，这是中国式的。所以我们先把自己的事情搞好，然后看到好的东西大家都学，逐步逐步过来。现在好多志愿者就跟外国签约。

未来顺其自然，幸福翘首以盼

问：你们跟其他家长有联系吗？会不会带他们一起出去玩？

妻子：有，现在我们也有，是 9 月份。

王：9 月份，三个家庭嘛，我们也去了。到江西，三清山，还有龙虎山去玩。

妻子：三个小朋友一起去的，她们家长一起陪去。

问：有没有安安这样孩子的家长组织？你们也有参加吗？

王：有。我们也有参加的。

问：你们平时会有什么活动吗？

王：有，搞过夏令营、冬令营，都搞过。还有搞演出，比如说 4 月 2 号，就是自闭症的演出，4 月 2 号是自闭症日；3 月 21 号前后呢就是唐氏综合征的演出，3 月 21 号是唐氏综合征日。这两个节日总归是有活动的。本来他们是一个组织的，后来就分开了，因为把自闭症划为精神类的了，所以就分开来了。活动倒是蛮多的，我们一个月最多的有六次活动，一般就是一到两次。活动啊都要跳啊，要准备的，都是名人要来的。

问：安安平常会出去玩吗，就是跟同学一起，不是去训练？

妻子：出去玩啊，一般不会。作为家长来说，都有点不放心。他们其实有同学关系很好的，但是家长不放心，基本上不给她去。

王：单独的不给她出去，因为社会很复杂的。这个搞不清楚的，我们不要去担这个心，我们干嘛要担心呢。

妻子：那就是几个同学约好了，家长一起去。

王：对，他们玩还是在一起玩呀。不可以说是跟家长在一起玩的，她们〔自己〕在一起玩。

妻子：一起去的时候，就是她们归她们玩。

王：现在这个氛围也好了，总的来讲，〔以前人家〕在马路上看到这些孩子会盯着看，现在就少了，这是一个；另外一个呢，现在社会上的名人啦或者

王先生一家三口

是明星啦，都做这方面的工作了，我们这里面周迅来过，薛之谦也来过，成龙、康康、张信哲对吧，孙楠也来过，拍过照吧。苏世恒、郎朗，她接触得最多了。

问：您对安安以后的婚姻问题，有没有什么考虑？

王：这个是，随机、随缘。

妻子：随缘。

王：按她的意思，她妈妈跟她也讲过。安安的老师也给她教育过这方面的知识，乒乓球教练给她谈论过。她的思想是什么？她要做老姑娘。为什么呢？她妈妈讲过的，你要受人家欺负的。在唐氏当中，女孩子结婚的有吗？有的。有的孩子都有，养出来的孩子还是正常的。男孩子结婚的也有。男孩子生育能力是很弱的，所以基本上没有养孩子。女孩子可以养小孩，而且不大有遗传。大连有一个女孩，她养了一个孩子，她是我们唯一知道的唐氏综合征有孩子的人。其他地方有，但是都是年纪大的，我也搞不清楚，孩子到底是唐氏，还是脑子有一点低能。大连的这个呢是属于唐氏综合征，我们都有交流的嘛。在这个问题上面，我是这样想的，不去追求它，机会来了也要选择。毕竟她也是人，她也需要，对吧？在这个问题上，我们不是迫切要求一定要完成这个任务。现在正常人，不结婚的也有。

王先生女儿的书法老师口述

侯影，女，宝芝地学堂创办者之一。王安在宝芝地的书法老师。

口述者：侯影，宝芝地学堂的书法老师
访谈者、撰稿者：何思慧、王纯麒
访谈时间：2017 年 10 月 21 日
访谈地点：上海浦东新区博山路宝芝地学堂

问：您印象中的王安是什么样子？

老师：我印象中的王安……王安已经二十岁了，她就是一个非常羞涩，有着少女的羞涩，蛮有上进心，心态很温和、很温润的一个小姑娘。在我心目中就是一个非常优秀的小女孩。写得不好她就会觉得，哎呀我怎么写得不是很好！她的这种神态啊、笑容啊，很可爱的。我很喜欢她的。（笑）

问：您认识王安多久了？

老师：其实我们认识也没多久，差不多两个月这样子。她刚刚进入书法班，一开始来写的时候我就觉得，哎呀她跟其他小朋友相比，还是比较优秀的。她能够听懂、能够理解老师说的话，她会认真地按照老师说的去做。

问：您是教王安的书法，是吗？

老师：对的对的，我们宝芝地学堂做唐宝宝，包括其他智障小朋友的书法的教学已经三年了。今年也有两个学生参加上海市书法家协会的考级，考三级。王安如果坚持学的话，会很有前途的。坚持每次来，明年三级，后面四级、五级，应该都没有问题。这个小朋友真的很优秀的。

问：王安在这里学了这么久，进步大吗？

老师：有，她的进步是很明显的。她呢，比其他小朋友有持久性。我也不避讳啊，智障小朋友嘛，有时候写写会不高兴写。像这个小朋友一开始来的时候笔都拿不起来的，慢慢训练，他现在也能写很好看的字了。所以书法对小朋友的智力发展是很有好处的。

问：您认识王安这两个月期间，有没有什么印象特别深刻的事情？

老师：印象深刻的事情就是我们上一次中秋节，写灯笼。我觉得她的表现非常出色，她没有学多长时间，她认认真真地把灯笼写好了，写得真的很赞！而且邀请爸爸妈妈跟我们一起合影啊，我觉得她情商也很高。讲老实话，三年来我对他们感情都是很深的，每个小朋友都是不一样的，不像外界觉得唐宝大都差不多的。在我们眼里，我们接触得多嘛，每个小朋友都不一样的。我觉得，我不是讲假的啊，我真的觉得王安长得很漂亮，她有时候这样低头一笑，很有少女的妩媚啊、羞涩啊。哎呀，很好的一个小姑娘，爸爸妈妈也不容易，很认真地在一点一点让她进步，非常好。

王先生女儿观察记录

观察时间：2017年10月21日
观察地点：书法学堂、王安家
观察者、撰稿者：何思慧、王纯麒

时间	活 动 内 容	备 注
10:42	到达上课地点。	爸妈骑电动车送她。
10:44	开始上课。	班里同学很喜欢她，想跟她说话、挨在一起写字。
10:46	折好宣纸。	其他小朋友的家长帮她一起折纸。
10:47	其他小朋友来上课，跟王安打招呼，称呼她为“王安姐姐”。	
10:52	对面小朋友夸奖王安写字好看。	
10:55	练完了一张字，旁边阿姨拿了一张新纸帮她折好。	
10:57	认真练字，周围同学的交流完全打扰不到她。	
10:58	考勤的家长进来拍照，王安依然很认真地练字。	
10:59	周围姐姐夸奖她，王安羞涩地笑了。	
11:01	对面小朋友和他的爸爸一起夸奖王安认真、坚持，并且表示要向王安学习。	
11:02	旁边的小朋友和王安交流写书法的经验。	
11:04	同班小朋友表示全班同学最喜欢王安。	
11:06	又练完了一张字。	
11:07	对面小朋友的爸爸夸奖王安：“关键是王安特别认真，做什么事都特别认真。”	
11:09	让观察者给她拍一张特别认真练字的照片。	
11:11	有几个小朋友开始吵闹，但是王安一如既往地练字。	

（续表）

时间	活动内容	备注
11:14	同班小朋友放儿歌王安扭头看了看。	
11:16	又练完一张字。	
11:19	教观察者写横和竖。	
11:20	教观察者写横折。	
11:21	跟观察者聊中秋节，在灯笼上写“中秋节快乐”的活动。	
11:23	继续认真练字。	
11:24	完成了写字，去洗毛笔。	
11:28	下课之前，老师夸奖王安写字认真、写得多，并且和她交流写字中出现的小问题。	
11:29	老师带观察者参观学校。	学校的装潢特点是“为了让孩子们一眼看到艺术”。
11:30	逗其他小朋友开心。	
11:32	搂着小朋友一起参观。	
11:38	向观察者介绍她的朋友。	
11:51	老师夸奖王安琵琶弹得特别好，并表示希望有一天王安能教她弹琵琶。	
11:54—11:55	老师跟王安开心地聊天。	
11:59—12:26	回家。	
12:31	洗手开始准备包馄饨。	
12:35—12:43	用水沾在馄饨皮上，把馄饨包好，包了许多馄饨。	
13:05	吃饭。	
13:22	收拾碗筷后和观察者进行聊天，聊自己小时候一些有趣的事情。	
13:57	给观察者泡咖啡和茶。	
14:24—15:32	和观察者一起打扑克。	
15:32	观察者告别王安，结束观察。	

为理想勇敢拼搏

——杨建英口述

杨建英，上海地区家庭领袖，特奥运动员李想之母。

李想，男，2003 年出生。唐氏综合征。有一弟。参加过速滑、体操、旱地冰球等多项特奥会运动项目，多次获世界特奥运动会金银牌。

口述者：杨建英

访谈者、撰稿者：何思慧、王纯麒

访谈时间：2017 年 11 月 29 日、2018 年 4 月 4 日

访谈地点：上海市徐汇区某咖啡馆

寄予厚望盼出生，晴天霹雳受打击

问：请问李想是哪一年在哪里出生的？

杨：李想是 2003 年 12 月 1 日在上海出生的，父母都是上海人，本周五就是十四周岁了！

问：家里就他一个孩子，是吗？

杨：现在有一个比他小九岁半的弟弟。

问：弟弟是正常孩子？

杨：对的，正常孩子。有了李想之后，一直想把所有的爱都给到李想，我们对二胎就不想太早考虑。后来看到李想各方面的发展都蛮好的，同时我们感觉如果有一个伴，跟他一起长大，可能对他未来会更好一点。所以我们就在他将近九岁的时候，做了一个选择，两个孩子差整整九岁半。有的时候会担心，如果爸妈走了，孩子怎么办？我感觉，不是说要把照顾哥哥的责任交给弟弟，而是以后最起码有一个监护人。即使我给他留了足够他生活的物资，也要有一个能够监督执行的人。

问：有个伴的话，对他也是一种爱的激励吧？

杨：对对对，我现在特别能感受到，尤其是因为我们家弟弟是正常孩子，他认为有哥哥有伙伴很骄傲，所以弟弟不排斥自己再有弟弟妹妹。现在很多独生子女，你去问他二胎问题，他可能不要，不要弟弟妹妹，不要小宝宝抢夺父母的爱。可是我们家弟弟的感觉是，虽然我有哥哥，但爸爸妈妈都爱我们，所以他会说“妈妈你再生吧，再生一个弟弟妹妹”，他说我也做哥哥了。

问：心态特别好。您可否大致讲讲您的受教育经历和职业经历？

杨：我全日制教育到中专，踏入工作岗位之后，经过了再教育，目前是本科学历。当时从学校毕业进入了一家大型国有药品企业，在公司奉献了十六年的青春，一步一步从最基层的数据统计开始，后来做到主管市场这一块的办公室主任，属于公司的中层管理人员。因为想要二胎，所以选择了辞职。

问：现在是全职妈妈，是吗？

杨：半职妈妈。有一份很自由的工作，以家庭为主，同时辅助先生创业，有时间的话就参与一些管理。如果两个孩子的学习和生活需要我参与的话，还是以孩子为主。对的，现在生活状态是很好的。

问：对，看您也挺高兴，挺好的。那您的另一半是怎样的情况呢？

杨：我另一半其实跟我一样，我们俩是同学，他也先是中专毕业，然后我们一起深造的本科。他学校毕业以后进了一家民营企业，做印刷行业的销售工作。为了生二胎，同时也想给孩子们相对充沛一点的物质准备，就选择了创业，现在已经有三年多了。

问：您和您的另一半如何相识的？因为同学是吧。

杨：同学，是因为同学。

问：哪一年结婚的呢？

杨：我们是 2001 年结婚，2003 年生下了李想。

问：生孩子之前，您对孩子出生后的生活有没有设想和安排？比如希望孩子接受怎样的教育，未来成为怎样的人？

杨：我是上海本地人，双方的家长都希望我们早点结婚、早点生孩子，所以从结婚到生李想其实年龄都不大。家里老人多少还会有一点重男轻女的思想，他是长子长孙，真的寄予了很多很多的厚望。从他的名字也能体现，不管男女都叫李想；同时也希望他帮助我们实现自己的理想。

整个孕期，我就一直病假休息在家，首先希望他是健健康康的、快快乐乐的，以后能够适应社会发展，甚至能有突出的成就。我和先生当时就读的是全国重点中专，录取分数线不比重点高中低，但是却失去了全日制大学的就学资格，内心多少会有些遗憾，所以希望孩子以后能够好好学习，有一份稳定的工作，有一个快乐的小家庭，其实想得还是比较简单的。

问：您是否做过产前检查？

杨：因为是上海的，所以常规的产检是一步步做下来的，只是当时没有强制要求唐氏筛查，再加上我年纪轻，只有二十六岁，医生也不会在这方面刻意去提醒你，所以一直到生下来……李想是早了三个星期，生下来之后发现孩子各方面的功能比较差，被医生提醒去做一个染色体检查，才查出来是唐氏。

问：您的家族中有过智力障碍的先例吗？

杨：没有，我的另一半家族中也没有。整个孕期的常规检查都是按部就班，也都顺顺利利的。

问：这个情况确实挺特殊的。

杨：对，不过后来我咨询过相关专家，因为唐氏是属于胚胎分裂一刹那之间的突变，跟遗传应该是没有直接的关系。

问：孩子是在哪一年哪个医院出生的呢？

杨：2003 年 12 月份在上海仁济医院。

问：您还记得生孩子时的场景吗，当时是否顺利？

杨：嗯，提前了三周，因为有见红和微微疼痛的感觉，我去医院检查，被告知可能会提前生产，经过入院观察，最后确定提前剖腹产。整个剖腹产过程还是挺惊心动魄的，因为没有空腹，生产过程中直接在手术台上呕吐了，非正常的腹压，把肠子都崩到了腹腔外，主刀医生也笑称第一次碰到这种情况，最后因为多了把肠子归位这个步骤，手术持续的过程也比普通人漫长一点。因为这个插曲，整个人被推出手术室的时候，状态非常虚弱，不过想着和宝宝的见面，还是很期待的。

李想生下来的时候才四斤四两，因为比较小，就进了暖箱，家里人怕我有心理负担，常常是报喜不报忧。

那时候大家还不知道他有先天问题。因为早产再加上新生儿黄疸，他被转院到上海儿童医学中心。儿中心的医生比较有经验，观察了两三天孩子的情况之后，他们就建议我们家属给他去做一个染色体检查。当时做这个检查还比较麻烦，儿中心自己没有这个能力，血液样本要送去新华医院，需要培养、验证，半个月后才能拿到检查报告。

也就是在办满月酒的时候，我们拿到了报告，当时留的电话联系人是李想爸爸，所以他是我们家第一个知道孩子情况的。当时家里人都不知道什么是唐氏综合征，医生的解释也很简单："和舟舟一样的疾病。"

为了不影响我的心情和身体，家里人对我隐瞒了李想的检查结果。可是敏感的我总感觉家里的气氛怪怪的，我先生的睡眠质量突然不好了，父母在逗孩子的时候也会有隐约的忧伤，在我畅想孩子未来时他们会刻意回避。经过再三追问，他们和我开诚布公地谈了李想的问题。当时的我完全不相信，这么可爱的一个孩子，长得也很漂亮，我第一反应是检查结果出问题了。

家里人拗不过我，就决定再次进行染色体检查。这次是直接到新华医院，挂了特需号，一个生育学方面特别有经验的老专家接待了我们，通过面诊，他认为没有重复检查的必要，很明确地告诉我们，就是一个唐宝宝，一定要复查的话，尊重我们的选择。两个月不到的孩子，这类抽血是从大腿的动脉里扎进去的，当时孩子在里面哭，我就在外面哭。大概差不多十天到两个星期的时间，检查报告出来了，还是同样的结论（哭）。从那个时候就开始感觉，可能要重新规划他的未来。

在十四年前，社会不像现在这样能够平等地看待唐宝，还是感觉唐宝是个社会累赘，是一个负担。我清晰地记得帮我确诊的老专家，他是新华医院生育学方面的权威专家，但他当时的话让我特别难过，可能也是让我无法坦然面对的重要原因和最大问题所在。他告诉我："这个孩子长大是没有用的，如果家里人照顾得好的话，他的寿命可以到六十岁，可是他没有用。同时，在他成长过程中，势必体弱多病。所以如果够狠心的话，可以让他自生自灭。"

我感觉这些话真的太不负责任了，现在我碰到认识或不认识的小龄唐宝家长时，我都会告诉他们，生活远比想象中来得阳光。我看到的都是积极的、乐观向上的东西，我告诉他们一切都会变好的。十四年前的我伤心迷惘，大家都不知道唐宝是什么，唐氏综合征是什么问题，更不知道唐氏综合征的成长发展会怎么样。现在我们有这么好的环境、这么多的榜样，大家的信息沟通都很畅通，有什么问题可以及时咨询解答。我十四年来的经验教训，都可以分享给大家，所以我也是要让他们对生活充满信心。

问：当时是谁来带的孩子？

杨：当时双方父母年龄都还不大，所以能够帮着带孩子。

我们那时候很傻，就只会通过搜索引擎来了解这样一个疾病，包括这个疾病的症状、它的"后遗症"，或者说它可能导致的一些情况。我就每天都钻在这个怪圈里出不来，曾经特别外向活泼的我变得自我封闭，拒绝和外界交流，不想吃不能睡，成天思考未来可能被他人称为“傻瓜”的孩子怎么办。爸爸妈妈觉得我这样不行。

在李想满三个月的时候我回到了工作岗位，希望通过工作让自己分散注意力。我上班之后，白天就把孩子托给两边父母轮流带，晚上还是我亲力亲为。

问：他是什么时候学会发声，也就是说话的？

杨：大概两岁开始发声，他三岁的时候能够说简单的词语，可能也就是两个字、三个字这样。如果你要他连词成句，会有点难。在幼儿园阶段，就是三到六岁这个阶段，他慢慢地开始能够简单表达自己的一些喜好和想法了。

不服输进入普校，转特校收获快乐

问：孩子上的是一般的幼儿园吗？

杨：孩子上的是普通幼儿园。这可能是我在李想成长过程中，一个比较倔强的坚持。虽然这个坚持，现在反过来想是不是对原来班级里的普通孩子不太公平，因为我感觉侵占了他们更多的教师资源。我当时坚持，是因为三到六岁是一个模仿学习的重要过程。李想是个唐宝，认知能力比较差，可是他没有暴力行为和情绪问题。他比较天真、好动，反应迟钝，但是不会去伤害同学。在和老师的沟通中，我们也会特别真诚并事先表明态度。如果孩子做错了事情或破坏了物品，都会主动道歉并积极赔偿。

我就是想让他在一个普通环境里，跟着普通孩子开开心心地成长。现在再回首，发现这三年的成长真的很重要。在普通幼儿园里面，老师会要求你自己穿脱衣服，自己穿鞋子绑鞋带，自发去拿水杯倒水喝水，自己吃午饭等。他学到了最基本的生活技能，和同龄小朋友之间最基本的交流，而且是和比他能力好很多的小朋友之间的交流。所以这三年幼儿园的生活，我特别感谢老师，感谢幼儿园园长，感谢同班同学和他们的家长，对李想来说太重要了。

问：李想当时上的是哪所幼儿园？

杨：是张江的高科幼儿园。我儿子 2015 年拿了第一块体操金牌回来，幼儿园知道以后也特别开心，老师们会向自己的学生介绍李想。有一段时间，好几个小朋友专门到我们小区里来找李想合影。幼儿园老师也会骄傲地在社交媒体留言：“我教过的一个孩子，虽然他不聪明，但是，他凭借自己的努力拿了特奥会金牌。”他们都感觉特别骄傲。

问：当时为什么选择这所幼儿园？

杨：主要是对口，另外还是想让他有一个能够融入社会、快速成长、突破自己局限的环境。

问：孩子在上幼儿园的时候有什么特殊的表现吗？

杨：他好动，在活动时间，他还是能够跟同学们一起玩的。不过偶尔在上课时，他会比较不适应，一个人躲到小床上，就是休息室，或者是操场上，这个时候相对来说会比较自由散漫一点。

问：老师对他的印象怎么样？

杨：老师对他的印象，总体来说还是一个能够服从指令的调皮孩子（笑）。好动是事实，但是胆子比较小，也不会太担心闯祸的。

问：孩子喜欢上幼儿园吗？

杨：比较喜欢的，因为有人跟他玩嘛。

问：他平常会用怎样的方式表达自己的厌恶或者是喜爱？

杨：他表达喜欢的时候可能就是先笑，因为他特别爱笑，然后他会很直白地告诉你“我要”。如果是不喜欢的，就会转过身去背对着我，表示不愿意（笑）。他不会像普通孩子那样考虑得太复杂，他很简单，喜欢就是喜欢，不喜欢就是不喜欢。

问：他和同学的关系怎么样？

杨：他跟幼儿园的同学相处得还蛮好，玩玩具也会谦让和遵守规则，不会无理取闹。我原先设想的这三年的过程，应该是我一而再再而三地去跟同学的家长赔礼道歉，可是没有。在幼儿园快要毕业时，唯一一次也是因为不当心把另一个孩子的手指弄疼了，我们第一时间带上李想去对方家里道歉和慰问，对方家长也特别宽容，家长们聊了很多，两个孩子也在一起快乐玩耍。

他也难免碰到过被冤枉或者被排斥，这都在我们的心理承受范围之内。而且经历过摔打才能成长，不只对普通人，对他们也是一样的。

问：孩子是哪一年上学的？

杨：他是 2010 年 9 月份进小学，我延续了我原来的倔强，让他进了一所普通小学。

问：是哪一所小学？

杨：浦东新区第二中心小学张江校区。

问：为什么选择这所小学呢？

杨：其实到那个阶段，已经可以明显看出和其他孩子的差异，我是在跟学校的校长交流沟通之后，再次帮他争取了一个随班就读的名额，开启了普校的小学生涯。说实话，效果不太好，毕竟随着年龄增长，他和同龄孩子之间的差异日益明显，先天缺陷已经令他无法适应这个环境，在一次学校公开日后，我们产生了转校的想法。

后来我在2011年的2月份，把李想转入了浦东新区辅读学校，这是所专门针对智力障碍儿童设置课程的特殊教育学校。

问：这是因为他在普通小学确实差距比较大吗？

杨：毕竟小学跟幼儿园不一样了，再加上孩子慢慢长大，在这个过程中，其他孩子也会看到他的不一样。同时我感觉到了学习压力，除了语文，李想的识字量还可以，小学课程里的数学和英语对他来说就是天书，因为唐宝缺失的是逻辑、抽象思维能力，基本上是处于放弃状态。

他从小比较瘦小，坐在第一排，一个人一个座位，任课老师了解他的情况，只要不影响周围同学和课堂，一般都是忽略他的存在。如果碰到公开课或集体比赛的时候，也会婉转地告诉我李想可以请假。我外表坚强，内心其实很受伤，也会考虑自己的决定是否正确，但又特别珍惜融入社会的机会。

最后学期末的校园开放日给了我认真思考的机会，通过半天相处，我看到了他和这个环境的格格不入，看到了在天书面前的迷茫和失落，虽然同学们对他很热情，老师很有爱，但是那种“不适合”的感觉却越来越强烈。就在那次之后，我想是时候给他做一次重新规划了。

第二天，我就去了浦东新区的两所特殊教育学校，做一个实地探访，经过比较选择了浦东新区辅读学校。从一年级直接转进了二年级，成为班级里最小的孩子。也就是从那天起，李想进入了另一种状态，原来在幼儿园时的那种快乐又回来了，笑容又开始在他脸上绽放，上学成了他每天的期待和习惯。我知道，我做对了：适合他的才是最好的。

问：他对课程和环境适应得怎么样啊？

杨：得心应手。在这所学校里，他一直特别特别开心。这是带给他快乐和自信、开启不一样人生的学校。转学的时候他跳了一级，今年就让他降回一级，就是八年级重新读一遍，让他的年龄更接近同班同学。不管在新老班级，所有的老师和同学都喜欢他。说他是我们里面的小明星，他也特别自豪。

问：老师对他评价比较好吧？

杨：老师对他评价特别好。我有时候也会要求老师对他更严厉一点，要求更高一点，可是老师跟我说过一句话，她说李想在学校的表现太好了，我们都找不到理由去批评他。（笑）

问：平常老师会不会特别关照他？

杨：大家都一样。只是他现在运动占用的时间比较多，我有时候担心在学科方面会有一些落下、脱节。这个时候，老师会安排相应的任课老师给他更多的关注，给他额外补课，所有的出发点都是为了孩子。

问：他在学校有没有受挫的情况？

杨：受挫的时候应该有，尤其是在学习一项新技能的时候。唐宝学习能力比较差。学校里面的孩子情况不完全一样，有的只是单纯的智力障碍，有的只是简单的发育迟缓，那么可能同样学一件事情，其他人就会更快。那时，他就会有受挫情绪，“我为什么没那么好？”他会很难过，有时候也会埋怨自己，我常常鼓励他明天一定能做得更好。他问过我一句话，特别让我有感触：“妈妈，我是不是很笨？”我告诉他，你不笨，你很聪明，每个人都有自己的优点和缺点，只要过程努力，不管结果如何都是好样的。他说：“妈妈，谢谢你，谢谢你认可我。”他会很简单很直接地表达感谢。

问：孩子上学期间的日常作息是怎样的？

杨：李想的作息还是比较有规律的。每天早上七点半之前到校，七点半到八点钟是体操的基本训练。八点二十五分左右，开始第一节课，中间会有晨读或早课。他们的课程相对来说是比较实用的，类似于实用语文、实用数学、生活课，还有道德与法制、社交礼仪等，实用的课程占大多数。对李想来说，他需要有更多的时间去投入到运动中，所以他每天除了早上的训练时间外，每周一、周四的下午会有一个小时的速滑训练。每周四的上午和每周日的上午，会有两个半天的旱地冰球的训练，他的日程还是比较丰富的。

问：您平常去接送他，是吧？

杨：早上送，晚上接，因为我们家离学校比较远，大概开车的话也要半个多小时嘛，如果是坐公交，要倒三辆车，所以我们就不太放心，还是选择接送，基本上这个任务就交给李想爷爷。

问：他是下午几点放学？

杨：星期一到星期四是下午三点，星期五会早一点，一点半放学。如果有活动会晚一点。

问：在小学的时候他和其他孩子一起玩吗？

杨：跟普通孩子玩会比较少，因为普通孩子学习压力比较大，他们也没有太多的时间。好在李想有一个表姐，就是我哥哥的女儿，他们两个相差不到三岁。姐姐很喜欢这个弟弟，只要有时间，她就会跟李想一起玩。现在的李想，有了自己的朋友圈，也有很多朋友，他们大多是同学，有很多相似的地方，更能玩到一起。

问：有没有特别给孩子安排一些锻炼或者训练，刺激他培养他的能力？

杨：我们没有借助康复机构的康复，所有的康复都是我们在家里完成的。我们会针对他的特点，在力量、语言等方面，总结自己的办法去帮助他。我们比较多地跟李想进行一些体能类的游戏，大家一起比赛，通过快乐的游戏，自然而然慢慢地追逐普通人的脚步。比如语言，就像我刚才说的，我会要求他看着我的嘴，触摸我的喉咙，跟着我学，反复再反复。通过这样的方式，我们全家人就是他最好的康复老师，这是我们自己总结的一些经验。

问：您在教育他的时候有没有一些特殊的方法？

杨：我感觉教这类孩子，最好的或者说最基本的一个办法就是，坚持，不厌其烦。绑鞋带，可能对普通孩子来说很简单，三五分钟就能学会的事。可是在李想身上，三个星期都不一定能完成。需要的是什么？需要的是家长一遍又一遍教，也需要孩子能够一遍一遍地配合。我感觉很多东西是互相的，我愿意教一百遍，也要孩子愿意学一百遍。对他要有耐心，要有那种永远不会放弃的精神。通过这么多年来的循环往复，最起码李想做到了，他愿意配合你一百遍，同时也让他养成了在运动方面不会轻易放弃的精神。他不服输，碰到什么困难，会要求自己做一百遍甚至更多，再慢也要完成。

问：您通常和孩子互动情况如何？

杨：我其实很喜欢跟他互动，不管他能不能听懂，从他很小的时候就喜欢跟他聊天。因为我自己也知道唐宝这类孩子发育比较慢，你只有不断地跟他交流，去刺激他，他才会跟你有互动。

问：您在与孩子交流过程中，会注意哪些问题？

杨：在跟李想的交流过程中，不管是他小时候还是现在，我首先把他当一个平等的个体。我感觉这点很重要，在跟他交流的时候我会把语速放得比较慢，可能是平时说话的二分之一。我还会关注他的表情，他是不是能理解，我能够从他反馈给我的表情中看到。如果他不理解，我会尽可能详细地、简单地再把这个问题跟他解释一下。你一遍两遍三遍四遍，慢慢他也能做到一知半解了。在他小的时候，我从不在他面前提及唐宝。他也从来不知道自己与其他孩子不同，他知道自己是一个很开心的孩子，爸爸妈妈外公外婆爷爷奶奶都很喜欢他，他从来没感觉自己跟人家不一样。

问：面对自己跟同龄人的差异，您是怎么跟他解释的？

杨：孩子现在会有一点疑惑，有时候会觉得我是不是跟人家不一样。我就告诉他，其实没有，每个人都不一样，人本来就是个体差异的存在，每个人都会有自己的缺点。别人学习比你好，但是运动你比他好；别人反应比你快，但是不如你坚持。慢慢他又找回自己的感觉了。其实就是尽量不让孩子在自卑的状态下长大，所以虽然知道有不同，可是他也能够慢慢去认识或者认可这个差异。就是一直找他的长处，一直找他的优点，然后把优点放大，并逐渐改善缺陷带来的困扰。

自从他拿了奥运冠军后，这两年多来，面对媒体的机会也很多。在媒体的采访中，都会点到他回答问题，所以他现在有点了解唐宝宝。他有时候会说："因为我是唐宝。"我问他什么叫唐宝，你懂吗？他说"就是唐氏综合征的孩子"。那我就再问他，什么叫唐氏综合征，你懂吗？他说"我不懂，大概就是像糖一样甜甜的吧，反正你们就是喜欢我"。所以我感觉，在这种认知问题上可以模糊一点。在一些生活技能、社交礼仪、行为规则等的原则问题上，就是要让他很清晰、很明白地知道，什么可以做，什么不可以做。

热爱运动不怕苦，特奥培养自信心

问：孩子对哪些方面比较感兴趣，表现相对较好？

杨：首先在运动方面，他特别喜欢。除了运动之外，就是唱歌跳舞，对有节奏的东西很感兴趣。

问：好像唐宝就特别喜欢这些。

杨：对，他们的节奏感比较强，可能五音不全，唱得不一定好，可是那种投入的状态，就特别感染人。

问：您是通过怎样的机会了解到特奥运动？

杨：浦东新区辅读学校的理念是让每个学生都成为特奥运动员。特奥，它不只是单纯的运动，除了运动项目之外，艺术也是特奥项目，或称为非运动项目。到了这所学校之后，老师就会鼓励他们尽可能多地去接触不同的活动，包括运动和艺术，然后老师去发掘每个孩子的优点和特长。

第一次知道或者说了解特奥运动是在老师挑选李想去参加体操训练后，他当时大概四年级吧。班主任和我沟通，说体操教练想让李想接触这项运动，因为大多数唐宝体形都是胖胖的，李想属于例外，很瘦很小，长得也还行，等会儿我可以给你看照片（开心地笑）。想让他尝试去接触一下，问我是不是支持。

在我的印象中，体操是很专业的运动，而且在我原来的思维里，他本身就有先天缺陷，如果再因为运动中很难避免的伤害带给他一些安全隐患，那就更得不偿失了。反正就是诸多考虑，一时没有下定决心，也就抱着试试看的态度，既不支持也不反对，在千叮咛万嘱咐中让李想自己决定是否能作为常规训练项目。

一段时间之后，我和李想进行了推心置腹的聊天，层层递进和他讨论到了体操训练。没想到的是，孩子很认真地和我比画起了教练要求的动作，告诉我每天都有进步，老师都在表扬他，并且很坚定地说，他很喜欢体操训练。除了肯定他的想法，我也告诉他，如果想好了就要坚持下去，不能碰到困难就轻易放弃，而且后面的训练一定会越来越难，希望他能尊重自己的选择。小家伙似懂非懂，但还是一脸郑重地点头表示他的态度。

大概又过了两个星期，和教练沟通，知道他的训练正在逐步增加难度，李想有时也会出现畏难表现和情绪的反复，但整体还是处于进步和感兴趣中。这样就正式开始了他的体操训练，我问教练要来了训练的要求和视频，辅助他在家里加强，然后和教练对他的能力进行详细分析，对许多动作要领进行了分解和各个击破，还为他专门绘制了代表胜利的目标图和小红旗，也让教练很感动。我们一起制定了李想各个阶段的训练目标，循序渐进，逐步加强难度。从那一刻开始，我真正了解到特奥运动。

问：挺好的，这种坚持的想法，我觉得真的特别好。

杨：是的，今年暑假李想开始学习尤克里里，一开始可能是兴之所至，到十几节课程的时候，似乎碰到了瓶颈期。我发现了，调整了课程进度，陪他共同迈过了波动期。现在每天睡觉前自弹自唱一段成了他的习惯。虽然不一定专业，但却乐在其中。有时候，坚持真的是最无价的宝贵品质。

问：他对体育的态度怎么样？他应该挺喜欢体操的。

杨：对，很喜欢、很主动。

问：就是特别喜欢体操是吗？

杨：嗯，体操、速滑、旱地冰球，我感觉只要是动态的项目都比较受他欢迎。体操给了他第一个世界冠军，他感觉很开心。速滑是在他经历失败之后，通过加倍努力重新拿到金牌，这个过程让他很满足。

原来我没想到他对速滑有那么强的竞技意识。我们是 2017 年 3 月去奥地利参加世界冬季特奥会，在比赛过程中意外摔跤，没有拿到金牌，他特别沮丧，眼睛里含着泪花，那种对金牌的渴望，震撼了我。以前在美国拿到体操金牌，才十一岁，就是那种很简单的快乐。这次下了赛道他就抱着我哭，虽然我想尽办法安慰他开导他，但是我知道他内心深深的遗憾，回国时爸爸来接机，他还不能释怀，发誓要更加努力。从 3 月份到 10 月份，李想又争取到了去韩国参加速滑特奥邀请赛的机会，怀着必胜的信念和自己的努力，带回来一金一铜。

现在开展的第三个运动项目是旱地冰球，不同于原来的单打独斗，这是一个团队项目，需要团队合作。从最开始时胆小缩在后场，到现在喜欢冲锋陷阵，享受射门进球时的刺激，活脱脱一个专业运动员（笑）。参加的几次国内外比赛也都表现不俗，收获了团队金奖和个人最佳球员、最佳射手。他告诉我，在集体项目中他也找到了自己的存在感和价值，“妈妈，运动项目我都喜欢”。

问：加入特奥运动会，要通过怎样的报名程序？

杨：平时是以训练为目的，所以学校会有常规训练和校内成果展示。像体操是每天训练，速滑需要借助比较专业的场地，所以他每周训练两次。

特奥比赛常年开展，如果有国内、国际大赛的时候会进行层层选拔，从队内到市级，再入选国家级别，然后集训，适应比赛场地和环境。另外，也需要队员能情绪稳定，能适应集体生活和具备基本的生活自理能力。

问：就是集合到一起，然后一起去？

杨：平常的训练都分散在各个校队省队，赛前会有两个月时间集中，进行集训和对队员状态的考察。

问：嗯，就是国家帮忙，一起报名去参加？

杨：对，以团队名义报名。

问：他们平常接受怎样的训练？

杨：在我看来都是蛮专业的，比如我们的体操教练是全国唯一一个特奥体操教练，体操这个项目是在上海起源和发展的，相对来说优势也比较明显。速滑优势省份在东北，但是依托冬奥会首枚金牌得主杨扬在上海创办的飞扬冰上运动中心，我们组队参与了冰上项目的角逐，并和来自黑龙江、辽宁、四川三省的队员共同组成了速滑特奥国家队。

问：这些训练，有专门的机构组织吗，还是就在学校里？

杨：我们现在的训练都是学校统一组织的，像滑冰类的需要借助校外机构和场所，也会由学校进行协调。

问：嗯，能介绍一下上海飞扬冰上运动中心吗？

杨：北冰南展，希望南方的城市也能够感受冰上项目，并喜欢上这个运动。首先从普通孩子开始，我们学校天时地利人和，离冰场距离不远，而且公益的意识也逐渐深入人心，机构主动联系到学校，尝试在上海开展特奥速滑项目。

问：他第一次参加特奥比赛是什么时候？

杨：2015 年 7 月，美国洛杉矶夏季特奥会。

问：当时的情形是怎样的？

杨：那时候他才十一岁，似懂非懂又是特别好动的年龄段，生活自理能力也在逐步训练之中，那一次我主动申请了特奥会的家庭计划，一个很 Nice 的项目，作为参赛队员家庭成员，自费前往比赛地近距离为孩子加油助威，有凭证出入各比赛场馆和开闭幕式现场。我和教练一起照顾队员的生活训练，并在旅途中告诉他们世界各地的风俗习惯、文化差异。

美国是一个很开放的国家，在街头随处可见残疾人，他在那边也感受到了。其实判别城市文明程度的标准之一，就是残疾人不应该关在家里，而是应该在街头自由可见，在美国街头就有很多，尤其是在特奥会期间，所以他会特别自在。在赛场里面会看到残疾程度更严重的，可是父母也推着过来感受赛场气氛。那时李想年龄小，力量和体能都不好，所以技术表现一般，但是场上的专注和投入，让小小的他得到了最多的掌声，他就愈加自信。

问：他比赛结果是金牌对吧？

杨：总共六个单项，一个全能，都参加了，最后得到了一金二银二铜。

我当时也是特别骄傲，特别激动。人家的孩子可能用各种奖状装饰家里的墙面，我们家有一个高低床，上铺是弟弟睡觉的，下铺是哥哥睡觉的，我把他的奖牌挂在上下层之间的栏杆上，非常夺眼球。

问：除了比赛他还参加过哪些特奥组织的活动？

杨：特奥运动员领袖的培训、每年的特奥慈善晚宴、特奥的圣诞派对都会参加，还有社会机构的融合跑、慈善健康跑，其实参加更多的是融合运动。

问：融合运动是指什么？

杨：融合运动是特殊孩子跟普通人群融合在一起，共同合作参与的活动。真的很好，就是无区别对待，在这个过程中他有机会跟普通人接触，也能够学习一些社交，也能够知道不同人群的生活状态。

问：对的，我觉得这个也挺好的。

杨：对，现在这一块发展很蓬勃的。

问：孩子和其他特奥运动员的关系怎么样？

杨：处得很好。他们之间会互帮互助，也会互相设定目标达成进步，就是那种很简单的友谊。

问：他有没有关系比较要好的同伴？

杨：有啊，他们有几个孩子既是同学又是队友，经常在一起训练，长时间的接触也培养了他们深刻的革命友情，大家都很善良很单纯，所以感觉李想的好朋友还是蛮多的。

问：他参加特奥活动后，有没有一些变化？

杨：进步很大，现在不管在什么场合，只要他知道下一秒钟他即将进到正式场合，他马上就会调整好状态，展示满满活力。他也会给小伙伴们分享一些参加特奥会的体会，会尝试做小助教，我们现在参加旱地冰球，如果有一些刚刚接触冰球的普通孩子，他也会去教他们。把教练教自己的方法分享给其他人，我感觉对他来说就是一种进步。这种对于思维的不断刺激，一直推动着他持续进步。原来语言表达是他们很大的问题，现在他也能积极参加各种演讲比赛，能够从容面对记者采访，并想要成为一名励志演说家，用自己的故事感染更多人。

问：您觉得特奥运动对孩子有哪些方面的帮助？

杨：特奥运动首先让他增强了身体素质；其次提升了他的精神状态；第三让他很自信，他能感觉到运动的快乐和带给他的荣誉；第四就是对整个家庭的影响，因为他接触了特奥运动之后，会把他在外面吸收到的东西反馈给家庭，带给家庭更多的快乐和对未来的期盼。

我的朋友圈里面的李想是一个明星（笑），我们接受过央视采访，拍摄过公益宣传片，参加过综艺节目录制，每个接触过他的人也都关注着他的成长。我想李想的快乐、阳光感染了他周围所有的人，也在影响他们的生活，所以大家都会特别喜欢他。李想现在也画画，不过是很简单的铅笔画，你告诉他一个主题，他沉浸其中，感觉像一个幼儿园孩子（笑）。

问：现在李想应该挺好的吧。

杨：嗯，上次接受一个采访时，我就告诉采访者："每当我看到李想现在发展得这么好，我就会觉得自己十四年前掉的眼泪好傻哦。"

问：一切事情都是双面的。

杨：我有时候又庆幸，因为李想是一个简单的孩子，他不需要在这个复杂的社会里去拼学习，去拼那么多的尔虞我诈勾心斗角。像我在国企里面做过、民企里面做过，其实不管在哪里，工作上的你争我夺都是存在的。所以我有时候想，是有多大的福气才能修到这样的命运！

问：您知道他有智力障碍，在您走出来以后，对他的未来有什么别的想法吗？

杨：原来想得会比较多吧，知道他是一个这样的孩子，走出来之后我就想，首先要让他健健康康的。唐宝体质比较差，我们就跟他多互动、玩游戏，让他在运动中体质慢慢变好。另外一个就是要让他快快乐乐的，我从来不会在外人面前随意地去说他的问题，连我的很多朋友都不觉得他有什么问题。我也从来不避讳带他去任何一个公开场合，很小的时候就带他到全国各地，甚至是去国外旅游。会跟我的朋友同事们一起，即使他们发现异样，也不会询问求证，但是在过程中对李想表现得比较宽容，会对他更友善，没有社交压力。所以我更喜欢带他到各地去玩，用这样的阅历让他知道世界多么美好。

问：在这个过程中，您和您的家人经历了怎样的心理变化？家里其他亲戚对于孩子的智力障碍问题态度是怎样的？

杨：心理变化？从拒绝到默认到坦然面对到主动发声，是漫长的，也是刹那之间的。

有一些知内情的亲戚朋友劝我尽快生二胎，大多数人还是认为这类孩子不会有太大的出息。所以一方面是可以照顾哥哥；另一方面，也可以让这个孩子实现我作为一个普通家长的心愿。可是他们也不会刻意地去歧视这个孩子。

家庭领袖重分享，融合应是新潮流

问：您和其他特奥运动员家长熟悉吗？

杨：熟悉，跟好多特奥运动员的家长都是朋友，我们有很多很多的群。

问：你们有没有建立什么专门的组织？

杨：筹备中。

问：筹备中？准备建立一个正规的组织？

杨：对，民非组织现在申请流程比较复杂，所以我们想先从它的雏形开始，类似于家长互助会。就是我们类似情况的家长聚在一起，有什么困难，大家提出来互相帮忙，自己的问题自己解决，最好还能够帮助群体之外的那些人。

问：平常会组织一些活动吗？

杨：会定期出去郊游啊，或者说在一起唱唱歌，或者是画画呀，或者是让孩子们在大草坪上跑一跑、奔一奔。家长之间也可以有一个交流分享，也是一种情绪的排解。

问：您是哪一年成为家庭领袖的？

杨：今年，2017年。

问：您是怎么成为家庭领袖的？

杨：今年5月份，我作为特奥家长代表，第一次参加了特奥东亚区家庭论坛。在11月份，通过李想所在的学校和上海残联的推荐，正式成为特奥东亚区域的家庭领袖。虽然说自己感觉还有很多地方需要学习，压力很大，但也特别愿意和大家分享我的经验，更希望大家在互相学习中一起来推动特奥家长工作的发展。

问：咱们这个城市有多少家庭领袖？

杨：好像东亚区这个层面的，就只有两个家长。一开始心里很没有底，在经过各个层面的培训和前任领袖的带领后，目标逐渐清晰，也在继续发展上海的家庭领袖队伍。

问：您的家人对您做家庭领袖的态度是怎样的？

杨：支持。因为我们在孩子身上看到了他的变化，我们也希望让更多的人能够感受到他的变化，让更多类似的家庭能够看到希望。虽然这个事情不为名不为利，但也是为特奥的推动作一些小小的贡献。

问：家庭领袖具体需要做哪些工作？

杨：家庭领袖的工作，一个是区域里面的一些特奥活动的组织。我当时也设想过很多，一个是我们上海这一块，大多数人是进了特殊学校之后才接触特奥活动的，所以我希望我们能够在更小的年龄段做一个幼儿发展计划，让小年龄段的孩子早接触、早干预、早治疗。对大年龄段的孩子，我们会关注支持性就业，其实有不少孩子是适合开放型的工作环境的，只是缺少一个能够陪伴他、指导他的就业辅导员。如果可以，我首先自己愿意加入志愿者队伍，在有合适的工作岗位给到这个孩子的时候，我能够陪伴他职业生涯的最初期，让他知道最基本的职业规则是什么，也让他知道如何好好完成本职工作。我相信这对整个上海，或者说对整个东亚区来说，应该是以后会着重关注的，因为越来越多的家庭不满足于孩子待在家里，或者是享受政府保障，而是想要真正融入社会。

另外，也可以通过各种各样的活动来宣传我们的特奥，让更多的人打破原来的心理误区。原来都认为特奥的孩子很傻、很简单，或者很闹，可是当你真正把他带到舞台中央的时候，你会发现他们有很多我们常人也做不到的优点，所以要改变人们的误区。

还有一个方面就是能够更多地为他们服务，因为我有这样的孩子，我会知道他需要什么，他们的家庭需要什么，不是单纯的经济上面的保障，可能更多的是精神上的支持。所以我愿意为特奥做服务，让所有人都能够感受到特奥的魅力。

问：这些工作有没有跟您本职工作产生冲突的情况？

杨：嗯，其实说实话，为了特奥这份事业，我逐步把自己的工作比重压缩到更小更小。我认为这不是冲突，可能我找到了内心更向往的东西。原来的工作更多的是被动的。现在做特奥家庭领袖，是我发自内心主动去想他们需要什么，我应该怎么做。化被动为主动，而且很忙碌，但是感觉充实并乐在其中。

问：您曾经组织特奥运动员及家长进行过哪些活动？这些活动对他们有什么影响或改变？

杨：最近的这次，我们和迪士尼有一个健康融合跑，我们学校有一个五十个孩子组成的方阵。就在上周六，整个过程还历历在目。那天我既是特奥孩子的家长，又是志愿者。活动开始前，我为接送孩子的家长安排了休息的专门区域，同时也组织一部分家长作为后勤保障团队，帮助所有的孩子看管随身物品等，并在沿途随时观察孩子的情况，提供补给和加油呐喊，保证每一个孩子既挑战了自己，又能够安全完赛。

终点附近还有很多公益嘉年华活动，我们组织孩子们参与不同的体验项目，同时还帮忙进行义卖推广，也实现我们的一份爱心。整个活动持续半天时间，感觉每个家长都是主人翁，都主动参与其中。

作为组织者，看到这样一个活动顺利圆满，为孩子感到骄傲，也为家长们点赞，虽然很累，但看到一张张灿烂的笑脸，再辛苦都值得了。

问：您在做领袖工作中有没有遇到什么困难？活动的经费、场地、人员通常由哪方支持？政府及社会各界有没有相应的捐助渠道？

杨：现在更多的是借助学校的力量，或者说借助对公益理解比较早的一些外资企业。在上海，我是希望更多地借助政府的力量，既能有政策保障还能提供资源倾斜，解决了持续发展的最重要环节。

问：我觉得这个想法很棒。

杨：我其实一直有这个设想，帮助特殊群体自食其力，但是人工和租金是最大的障碍，所以我梦想中的画面是一个虽然小小的但是特别温馨的店面，里面的工作人员都是不同程度的智力障碍人士，家长作为志愿者或就业辅导员提供必要的帮助，店里面的商品都是我们自己劳动的成果，比如手工艺作品、咖啡点心，比如简单地重复劳动……

这件事情应该有一个持续的发展，经过三年五年、三十年五十年，也可以把这一家店复制成很多家店，但是过程中的成本真的很难估计，如果有政府的政策支持，会有比较大的底气。

问：以您的观察和经验，特奥运动员家庭目前普遍状况如何？

杨：普遍状况其实还是比较困难的，有因残致使家庭解体的，有因残致贫的，也有一部分类似留守儿童，从小感受不到太多父母的关爱，内心更贫瘠，所以我感觉大多数的家庭还是比较困难的。

问：对，尤其是像这样的孩子，他们需要学的东西更多。

杨：是的，除了学习，他们首先要学会生活，学会战胜自己的缺陷，学会与世界的交流，学会做一个讲道理有礼貌的孩子。

问：特奥运动主要改变了他们哪方面的状况？

杨：主要还是精神面貌的改变，还有一个就是竞赛意识和集体荣誉感的培养。

问：通常以怎样的形式来组织和凝聚特奥家庭？

杨：我感觉凝聚特奥家庭，还是要在平等开放的环境下，有社会的支持，有一个交流、沟通的平台。我们知道自己不是最差的，当然也要看到比我们好的，看到我们成长的空间在哪里。

问：除了组织大型活动外，家庭平常有没有一些小范围的活动？

杨：会，也比较多的。我一直说我不排斥把李想带到公众场合，我不会简单粗暴地告诉他人孩子的问题，但会创造机会让他展示自己的光芒，让大家因为他的优点而喜欢他，然后发自内心为他高兴。

问：您的孩子现在还在上学？

杨：对，孩子还在上学。关于未来他工作的打算，我考虑得也比较多，更多的是我刚才提到的想象中的画面，有一份属于他的简单的、稳定的工作，可以胜任适合他能力的岗位，有规律的生活作息，有一份实现他尊严的微薄收入。

问：通过采访，我觉得这些特殊智力的孩子不应该完全跟社会接轨，应该有一个自己的世界，这样会让他们的个人发展更好。

杨：对，这还是要看孩子客观能力的。像我们看到的徐同学，是原来的全球特奥信使。他现在在一家外企工作，环境和岗位都比较适合他，但我感觉他也会有力不从心的时候，也会有迷茫失措的时候，毕竟和普通人群存在差异，如何克服这种差异真的是一个很大的难题，不只是对特奥运动员，对普通人群来说也一样。

问：您听说过阳光之家这个组织吗？

杨：知道。阳光之家是政府实事工程，是政府对这类孩子在走出校门之后的一个相对来说比较闲适的安置。

问：我经过几个采访下来，发现阳光之家是家长不愿意选择的一个地方。

杨：可能家长会进行多方面考虑，而不单是物质保障！

问：他们觉得这种机构可能只会满足生活的基本需求。

杨：应该算比较基础，对丰富的生活和精神需求还达不到理想的状态。

问：现在的这些孩子更阳光更向上，可以有更好的发展。

杨：对，我认为阳光之家这项工程设计初衷是特别好的，可是执行到现在，它会有一点高不成低不就，或者说与社会的发展和特殊群体的实际需求出现了一点脱节。能力特别差的阳光之家无法接收；能力好一点的，不满足于阳光之家的简单重复或生活托管。如何更好地发挥阳光之家的作用，是一个值得探讨的问题。

问：您听说过阳光工场吗？

杨：你所说的阳光工场是指阳光基地吗？我了解中的阳光基地可能更类似于智力障碍群体职业教育跟社会之间的一个桥梁，是智障人士进入职场前的最后一公里。

问：是为智障人士设立的帮助就业的机构吗？

杨：差不多吧，当他结束职业教育，应该是踏入社会了。可是对他们来说还有些难度，就有机会去阳光基地，继续职业教育的技能培训和就业培训，会有专门配对的老师，也会有推荐就业途径，配对老师会在一定时间内持续关注这个孩子的职业动态。

问：如果您的孩子去工作，通常可以做什么样的工作？

杨：简单的服务类。

问：那您对孩子未来的婚姻问题是怎样考虑的？

杨：我感觉，现在考虑可能为时尚早。关键还是看他各方面发展。就像我十四年前不知道现在的李想是这样的发展，所以我也不敢贸然决定十四年后的

杨建英一家四口

李想的生活状态。

问：您对孩子未来的人生有什么期望？

杨：我还是希望他健健康康、开开心心的，有最基本的生活保障，有能够接纳他、包容他的社会环境，有实现生命尊严的工作，就是一个和我们一样的平等的个体。

问：您觉得国家在保障智力障碍人士方面还可以做哪些改进？

杨：我希望能够实现双养老模式。当孩子逐渐长大，当我们逐渐老去，我们都能够有相对独立但又有机交叉的双养社区。

杨建英儿子的班主任口述

李亚楠，女，李想班主任，浦东新区辅读学校教师。

口述者：李亚楠
访谈者、撰稿者：何思慧、王纯麒
访谈时间：2018 年 4 月 4 日
访谈地点：上海市浦东新区成山路 349 号浦东新区辅读学校

问：您跟李想是什么时候认识的？

老师：刚进学校的时候，我就已经听说过他了，见过面，打过招呼。但是真正地了解他，大概是去年 9 月份，我开始接这个班才慢慢了解、熟知的，大概有大半年了。

问：在您印象中，李想是个怎样的人？

老师：如果说特点，他是特别能吃苦，做事情比较坚持，这点是我最佩服的。还有，他蛮有自信的，在任何场合都是很坦然的样子。

问：您有没有对他印象比较深刻的一些事情？

老师：深刻的事情其实蛮多的，比如说最近他的手，刚才我也看到了，他在训练体操，主要是力量训练，他的手上每天都是水泡。先是磨，磨完之后施老师帮他挑破，挑破之后就掉皮。他只是在我面前说“哎呀，老师，我手起泡了”。但是他从来没说过我好疼啊，我不要训练了。他从来没说过，这个我印象特别深刻。

问：您教他什么课程吗？

老师：没有，我只是班主任，我没有代课这个班。

问：你了解他在班里的成绩，或者其他方面吗？

老师：班里面他的背诵能力很好，语文背诵方面。数学可能是有点弱，因为唐宝宝对数学不太能理解，所以上数学课的时候，比起其他课，精神状态不是特别好。其他的课都很棒，特别是体育运动方面特别感兴趣。

问：您了解他最近参加了哪些活动吗？

老师：最近4月2号自闭症日他参加了海康贝的音乐会，在很多人面前，在很大的舞台上唱歌跳舞，表现得特别自信。前面还有一次是和他妈妈，他们去参选上海市十佳少年，获得自立自强奖，也特别厉害。

杨建英儿子观察记录

观察时间：2018 年 4 月 4 日

观察地点：上海市浦东新区成山路 349 号浦东新区辅读学校

观察者、撰稿者：何思慧、王纯麒

时间	活动内容	备　注
12:56—13:25	上语文课。	本节课教授生字。课中李想多次举手回答老师问题，站起来朗诵、读生字、念生字笔画等，老师下来检查并夸奖李想，李想站起来朗诵课文片段。
13:29	主动承担做安全宣传海报的任务。	李想给观察者看自己手上的老茧。
13:30—14:07	参加旱地冰球训练。	前往旱地冰球教室的路上，李想跟遇到的老师同学打招呼。课前站队报数，跑步热身，包括热身操和往返跑。在热身抢球游戏中，李想三次抢到小球。之后练习旱地冰球，老师指导李想。
14:07—14:09	休息，李想与妈妈交谈动作技巧。	
14:09—14:46	继续训练。	李想与同学拉球比赛，之后有步伐练习、比赛练习，李想共进两球。
14:50	玩竖梯。	
14:54	返回教室。	

我把她宠上天

——刘艳口述

刘艳，浙江省杭州地区家庭领袖，特奥运动员王梦婷之母。

王梦婷，女，1992年生。独生子女。唐氏综合征。现在智慧树咖啡吧工作。

口述者：刘艳

访谈者、撰稿者：田乐

访谈时间：2017年7月26日、2019年1月14日

访谈地点：浙江省杭州市上城区智慧树咖啡吧

年少时一帆风顺

问：您是哪里人？

刘：我1968年出生在杭州，我父亲是北京人，母亲是杭州人，他们在北京上电力技校[①]时相识。我母亲是独生子女，就分配回原籍，在浙江电力局。我父亲刚开始分配到武汉电力局，去宜昌建葛洲坝，到七几年调回杭州。我出生后跟着奶妈在杭州待了一年，后来奶妈回了北京，我跟着一起回去，和奶奶一起生活，我有一个哥哥、一个姐姐都留在杭州。等我真正再回到杭州是1976年，回来就上小学了，在北京的时候爷爷奶奶很宠我，回到杭州，父母可能觉得这些年没有带我，有一些亏欠，也很宠我，所以养成了我很自负的性格。

我们家之前住在众安桥，后来电力系统分房子，分到了环城东路的工人新村，我就在东园小学上学，考到前进中学。接着家里又从工人新村搬到了洁莲新村。1984年我初中毕业，那时候还没想好要不要考高中。我们几个同学在一起聊天，都在为自己的前途做打算，就在这个时候在报纸上看到服装工业公

① 现华北电力学校。

司在招杭州第一支时装队，有的同学就想去考，我陪她一起去考。当时考试从几百个人中挑选十二个女生，有三场复赛，每场复赛结果会邮寄到单位宿舍统一的邮箱，我每天都去看。大家都知道我们大院另一个女生在考，我是闷头不响地考，也是去玩玩，本来没想把它当职业，是准备读书的。结果她没考进，我倒考进了，当时在大院里也是比较轰动。

我是时装队最小的一个，在那里干了两年多。平时很早要去训练，我之前在学校里打排球，但和这个要求很不同，我的身体很硬，要很辛苦地练习，老师也严格，有时候会用尺子打的，即便是休息时坐着也有很严格的姿势要求。

当时模特是新兴行业，真的是风光一时，参加过很多大活动，很张扬。本来我不是一个很外向的人，后来是为了女儿才张扬起来。因为不习惯那种张扬，时装表演又是空的，而且自己喜欢穿、想学习做衣服，我后来就进了服装厂，一开始做车工。

问：后来您也一直在服装厂？

刘：我是初中毕业，后面又去读书，在工人大学读财会专业，就在浙二医院对面，离家也很近，一周读五天。服装厂的工作非常辛苦，我总想再学点东西，觉得手上的东西不够用，就趁着没有生孩子、自己也年轻，去学一学。读书也很辛苦，我初中毕业，基础比较差，学起来也花了很多功夫。花了三年时间才考下来，那时候王梦婷已经出生了。

问：您和您先生是什么时候认识的？

刘：我们一直是邻居，他们家 1981 年搬到双菱小区，我们家是 1984 年搬过去。我和他弟弟是同学。

我丈夫是江苏高邮人，搞建筑的，之前去援藏两年，立了二等功，回来之后单位就要给分房子。我们俩当时谈恋爱，互相家庭也认可，就去结婚登记了。结婚那年我二十岁，我丈夫二十四岁，所以王梦婷总是说我们“早恋早婚”。

突如其来的打击

问：王梦婷是哪一年出生的？

刘：她是 1992 年出生的。她很幸运，当时我娘家婆家都没有女孩子，她是第一个女孩，大家都把她当成宝。她出生那天，我的产房嗡满①了人，大家

① 方言，意挤满。

都很激动。她出生后我休产假，大部分时间住在我父母家，我不太会烧饭，就在娘家婆家这里吃吃、那里吃吃，两家住在一条路上，相隔很近。但王梦婷我都是自己带，白天我自己带，下班之后我就没有机会带，因为家里人下班回来之后都争着抢着要带她，她从小就是在许多人交流的热闹环境中长大的，这对她也是一种很好的影响。第一个孩子我也格外珍惜憧憬，认为未来一切都是美好的。

问：什么时候发现王梦婷患有唐氏综合征的？

刘：唐氏综合征是基因突变引起的，我们那时候根本不知道这种病，当时没有产前的筛唐检查，我和她爸爸一南一北，家里也没有得这种病的亲戚。王梦婷刚出生时，医生都说像，嘴巴像、手也像，我问他们像什么，他们也不和我说，让我自己去查，那我自己根本不懂，怎么查？她虽然语言表达能力不好，但还是有感官能力的，和她说什么东西，她语言表达不出来就会朝那个东西看。所以我们一直也没有很认真地带她去做检查，后来是在儿保医院查血，通过化验遗传基因确定下来，所以实际上到她一岁的时候我们才知道，当时对我和她爸爸的冲击很大。

我记得很清楚，是 8 月 4 号这天拿到检验结果，在王梦婷一周岁生日的前一天。拿到结果我就把自己关起来了，因为我需要一个接受的过程。到生日当天，家里的亲戚都拿了各种各样的东西来要给她过生日，后来生日也没有过。我这个人主见比较大，后来想清楚了，就按照自己的想法教育她，她成长到今天的样子，有这样的变化，我也很知足了。

有时候我就觉得王梦婷是来磨我性子的，以前别人都说我的眼睛是长在头顶上的、是很自负的一个人。王梦婷本来也是很敏感、性子比较急躁的一个人，我原来也是个急性子，所以她发脾气我能够理解她。每次她要表达却表达不清的时候，如果我们大人应付她，她就会感觉很不好，越来越不对劲，就会发脾气、摔东西，而爷爷奶奶辈又宠顺着她，就会出现问题。后来我们总结经验，我们不是每次都能够猜对她的意思，就会导致她发脾气，这对她来说也很不好。

后来一个很偶然的机会，我和一个生意上的朋友说到女儿表达不好，他就说可以让女儿画画，一方面调节她的性格让她静下来，另一方面也可以让她通过绘画表达自己的意思，让心理医生帮忙解读她的绘画，这样可能会好转。之后我就让她在家里画画，为此也花了不少功夫。她喜欢看电视，家里只要有人看电视她就要来抢着看，让她画画的过程比较艰难，但我和她死顶着。那时我惩罚她的办法是站角落，她就哭，她一哭她的救兵就会来救她，爷爷奶奶外公外婆都是她的救兵。后来我就和他们说好了，谁都不能救她，她要哭就到角落去哭，给她一包餐巾纸让她抱着哭。我的女儿从小哭得少，大家对她太宠溺，所以我觉得她哭一哭没有坏处，就哭吧！我爹我妈在门外骂我也不管，我就挡在门口不让他们进去。

在她两三岁的时候，要给她树立一些规矩，也要帮助她寻找表达的途径，都是硬来的。但我不打我女儿，就是让她站在角落里，让她在那里哭。当时家里很多人反对我这么做，我的姐姐、她的叔叔伯伯都觉得我在逼她，但我坚持这么做，现在他们可以理解我当时的做法了。后来王梦婷在我这里就乖了，一就是一，二就是二。当然我对她也很宠爱，应该满足的东西我肯定都会满足她。你达到我的要求，我也会满足你的要求，是相互的。

她画好画之后，我就拿着她的画去找精神科医生，医生说“你家姑娘很阳光，画的色彩很鲜艳。但她也很自私。表达方面要强制她表达，和她对着眼神沟通，让她表达，不要去猜她的意思”。这对我来说也是新的一课，因为我不懂，就要这样耐心地和她一字一字地沟通。她简单的“爸妈”会叫的，其他的表达口齿不清楚。但只要有声音就是好的，能够发出声音就可以练习，慢慢变好。

后来她又想上电视，因为她很喜欢动画片《樱桃小丸子》，想要成为樱桃小丸子，我们就给她剪了小丸子的发型；她又觉得里面的小男孩花轮很酷，因为她不喜欢穿裙子，喜欢短袖短裤。她想上电视，我就鼓励她开口说话，上电视要表达、要唱歌，我老公喜欢听音乐，他唱流行歌曲王梦婷就跟着哼，慢慢开口多起来。她满足了我的要求，我也就满足她的要求，那时候刚当上万元户就买了一台摄像机，让她对着摄像机唱歌，口语慢慢好起来。但是她的口语不是很清楚，等到真正清楚是十几岁，大家可以听懂她的口语表达。

问：去幼儿园之前是谁带她?

刘：上幼儿园之前爷爷奶奶、外公外婆都带，我们在上班，下班回来以后就我们自己带，还是要教她东西。我那时教她背唐诗，她能背不少，只是唐宝宝口齿不清楚。我们不断给她灌输一些知识，无论她听不听得懂，总比不灌输要好一些。我觉得要把她当正常孩子教，一切按照正常的套路走。

王梦婷不喜欢穿裙子，奶奶跑着追着给她穿都不要，而且她要带口袋的短裤，每天去翻她的口袋，里面都是擦过的餐巾纸，因为唐宝宝常患有鼻膜炎，经常要擦鼻涕。大概因为刚开始我会表扬她把纸带回来扔到家里，后来为了得到我的认可，她就养成了这个习惯，书包里也经常是擦过的餐巾纸，有时候一天会用掉一包方纸巾。

宝贝上学全家陪伴

问：她是什么时候上幼儿园的？

刘：我一直把王梦婷按照正常孩子在教育，但是为了让她不在学校吃亏，就让她晚一年上学，再加上她是 8 月份生日，所以是五岁上的正常幼儿园——双菱幼儿园。她在幼儿园还是有所收获的，去幼儿园之前她从来不喝白开水，一直都喝牛奶，上了幼儿园之后她开始喝水，也开始学习自己穿衣服了。

但后来我们没有让她读大班，这中间有一个小插曲：我父母送她去上幼儿园，回来和我说老师给她一个角落让她待着。一开始我没有当回事，认为幼儿园园长、老师都挺好的，我去送的时候她们都很客气，这些是小孩子之间的小事。后来有一次我送她去幼儿园，那时候去上幼儿园都要给孩子胸前别个手帕，她忘记带手帕就很紧张，我说“你不用紧张，妈妈马上给你去买”，她就进去了。等我买好手帕送过去的时候，就看到她一个人坐在角落里。我当时心里很生气，因为我女儿我们从小把她宠大，到了学校把她一个人放在角落，作为家长心里都会不舒服。现在想想这些都很正常，可能是因为她无法融入其他孩子，她要慢半拍。当时园长、老师都道了歉，但我心里一直觉得不爽。后来读到中班我们就不让她去了，暑假就带她到各个特殊学校去看。所以王梦婷没有读大班，直接从中班去上特殊学校的学前班。

一开始，我们的户口在拱墅区，应该进拱墅区的特殊学校，但她去了之后不喜欢。拱墅区特教学校很小，健康路稍微大一点，杨绫子更大。我带着她三家学校都跑过，让她自己选择。前两家近，但她要去杨绫子，因为杨绫子学校门口有她最喜欢的滑滑梯。既然女儿开口了，我就一定要做到。当时进这个学校也是比较费劲的，学校的教导主任说交钱没用，因为每所学校每年只收一个班，班级名额满了交钱也进不去。刚好运气好，我姐夫他妈妈房子在望江门，就把她的户口迁过去。所有这一切都在报名前一个月全部弄好，这样王梦婷才有幸在杨绫子读了十三年，对我来说这个选择是很正确的。杨绫子是一所老的特教学校，我们进学校的时候已经成立十年了，是杭州成立比较早的学校。

她到了上城区上学，我们还住在拱墅区，每天就是自行车接送，我父母帮了很多忙，那时我爹、我姐接得多，我送得多。我爹为了接她脚都摔坏了，他年纪大没站稳，和自行车一起摔在马路牙上，骨头摔坏了。

问：您和杨绫子老师的交流多吗？

刘：我有时间就会去学校向老师讨教。一般三点钟后没有事情我就会去学校，观察老师和他们的交流、观察比她大的孩子，这对我也是一种学习。她的班主任有过语文老师、体育老师、数学老师。学校的老教师有很多方法，教王梦婷知识，包括口语、数学、生活上扣扣子、系鞋带等等，我教她这么多年系鞋带没有教会，杨绫子三节课就教会了。

她上小学一、二年级的时候，我找了一个退休的特教老师，每天接王梦婷去她家里，一个月 800 块钱，那时候一个月工资都没有 800 块。主要我想让她学些东西，学些数学，我对她的期望比较高，就是按照普通孩子的方式培养她，学得她很痛苦。后来才知道这个老师每天就直接帮她做作业。我知道后就把她接回来自己教育，每天陪她做作业、吃晚饭。

杨绫子学校在家校互动这方面做得很好，经常有家长培训，我和她爸爸有时间就经常去，学到很多。比如她之前发脾气、口齿不清楚，我们头都很大，我们不理解她、东猜西猜都不明白她的意思。她的爷爷奶奶为了安抚她就给她吃的，但实际上并不明白她的意思；我呢，就会对她发脾气，实行镇压，这样她就会发更大的脾气，恶性循环。学校的培训帮到我们很多，她爸爸以前听不懂她的表达，就去学校很认真地上课，笔记本记得满满的，回来再自己研究一下。后来我们学到一些交流的方式，她的脾气也逐步改善。

问：现在对这些孩子有“随班就读”的政策，您怎么看？

刘：随班就读对孩子的能力以及班级老师对其他学生的教育要求比较高，如果其他学生没有正确的认识和态度，这个随班就读的孩子可能就被毁了，自信心没有了。我们王梦婷有今天的成绩，很大一部分归功于她是被宠大的，家长重视，学校里也会重视一些，多方面推着她进步。这一类孩子如果打击他们的自信、向后退了一步，就很难拉回来，要费很大的力气。因为他们一旦心里结起了疙瘩，就很难沟通、很难疏导，而越不疏导会堆积得越来越多，就会发脾气、摔东西。

问：您和父母住得很近还是和父母住在一起？

刘：杨绫子学校搬迁的时候我们就考虑重新买房子的事情。原来学校在浙一、浙二医院中间，我们还住在双菱小区。2002 年学校决定搬，地址变了几次，先是南山路，后来又说是余杭超山，最后确定现在的校址，我们为了她上学方便就把房子买在学校附近了，方便接送，我姐姐为了她上学还买了汽车。

因为我父母、我姐姐都帮我管她，我们的房子就买得大，大家住在一起。现在我们是三家住在同一个单元，我姐姐、我父母、我们家，每家在不同层，互相来往、照应都方便。

问：您在教育王梦婷的理念上和家里人有过分歧吗？

刘：在教育王梦婷的方式上，我和她爷爷奶奶、外公外婆有分歧，他们宠爱她，甚至是溺爱，我是相反，对她很严厉。以前我下班回去，还在幼儿园的时候，就看到王梦婷骑在爷爷背上，把他当马骑，奶奶在旁边“驾！驾！”因为她爸爸家里面都是儿子，好不容易有一个女儿，宠爱得不得了，平时发红包她都要比同辈拿得多。她的伯伯也对她很好，比她小的孩子都会把好东西让给她。这种和谐的氛围是相互的，他们对我的女儿好，我心里有数的，对他们是不会亏待的。

在教育王梦婷这件事上，我是有规矩的，对她有要求的，甚至说是严厉的。我希望大家对她好，但我不希望溺爱她，这也是我选择搬出来、三口之家自己住的原因，为此还要做她爷爷奶奶外公外婆的工作。后来我的教育方式见到成效，现在王梦婷很有礼貌，对他们也很亲近，他们也认可了我的教育。

那时候我带王梦婷出去谈生意，礼貌、仪表都要教育好，她坐在桌上，我看她一眼，她就不敢动筷子。我认为她要懂礼貌、有规矩，要讨喜，这样别人对她都会客气的。

在集训中学会独立

问：王梦婷什么时候开始参加特奥运动？

刘：王梦婷进了杨绫子、参加特奥之后人生轨迹就改变了。她今天的成绩一方面可能是我误打误撞，另外杨绫子的影响很大。杨绫子和特奥合作比较早，之前参加新加坡的羽毛球公开赛等等。

王梦婷九岁开始特奥训练，本来是没有名额的，他们学校原本是陈芳去，但是陈芳晚上一定要家里人陪伴睡觉，否则睡不好，但老师没有精力每天管大家训练还要管一个人睡觉，后来老师来征求我的意见要不要让王梦婷参加。送她去训练我当然很高兴了，我自己本来身体体质也不好，我和王梦婷出门都是打车，因为她不愿意走路，我也抱不动她，平时很缺乏锻炼。而且她的平衡力很差，走路也不稳当，送她去训练也是希望改善她这方面的能力。她刚加入的时候都是参加低能力项目，包括垒球、立定跳远、50 米跑等等。每年寒暑假都要参加训练，非常辛苦，在太阳底下晒着。

以前杨绫子没有搬校区的时候在上城区杨绫子巷，校区很老，地砖都破的，自己学校没有办法练习体育项目，校长就去杭六中、杭州体育馆还有别的地方借场地。因为借用别人的场地，时间就要随着别人，比如杭六中早上七点半到校，我们就要在七点十五分之前训练，一般都是六点半开始训练，老师、学生都辛苦，家长也很辛苦。那时候住在爷爷奶奶家，老人家早上起得早，她奶奶念佛，三点半就有早课，所以我们起来的时候他们已经把饭烧好了。王梦婷吃过早饭我们送她去，那时候没有车，我们从江干区骑车送她，家里人轮流接送，谁有时间谁去送。早上训练完撤回学校上课。下午就沿着自己学校的教学楼练习。

如果有东亚区的比赛或者全国性的比赛，就会有一两个月的集训，一开始在萧山聋哑学校，后来在工业大学，都是住在里面的，老师在，大哥哥大姐姐也会照顾王梦婷，我们就不用送她了，但我们会去看她。

她第一次去参加封闭训练在萧山，我每天都去给她送饭。每天一早在市区买菜，回家烧菜，然后坐公交车到萧山给她送过去，等她中午吃好饭、午睡的时候，我再回来。她在里面年纪小，老师、哥哥姐姐都对她很照顾，所以除了训练之外，她在里面没吃什么苦头，没有哭没有闹，慢慢就习惯和适应在外面和特奥团队在一起，这对她的适应能力也是很好的锻炼。她很想我，那时候她在家里还没有独立睡觉，但我每天都去，她就自己在那边睡一觉，第二天我又去了。

2006 年从哈尔滨参加特奥运动会回来之后，她说太辛苦了想要改行，不要晒太阳，就开始加入游泳项目。她加入游泳项目后在湖南益阳参加集训，前后三个月，这次集训对她是很大的锻炼，之后她成熟了很多。在外地集训，我们没有办法陪她，带队的老师是健康路小学的体育老师，对她也不熟，所以我就请了一位大学生陪伴她，陪她玩玩，担心她空闲下来会想家。去益阳的前四十天，她每天都打电话哭，每天晚上，我们一家坐在桌前吃晚饭的时候，她的电话就来了，一通诉苦，说吃不好，因为湖南菜很辣。那三个月我们都轮流去看她，我、她爸爸都去益阳看她。那时候没有直达的火车，要坐车到诸暨，转动车到长沙，然后再叫车到益阳。那时候觉得很可怜，但现在回想这个经历，我觉得对她是好事。她开始学会独立生活，自己洗头、自己洗短裤和简单的衣服。平时在家没有机会让她做这些，家里的大人都会帮她做好，爷爷奶奶、外公外婆对她很宠爱，所有条件都为她提供好了。这三个月也让我看到她是有能力学习生活技能的，应该给她自信，给她学习独立生活的机会，所以后来我们就搬出来，不再和长辈住在一起了。

王梦婷学游泳我们下了一些功夫，从哈尔滨回来我在外面给她报了游泳培训班，和普通孩子一起，那时候没有一对一，她上了两期也没有学会，因为她接受得比较慢。还好她喜欢水，从小她爸爸就带她去游泳池，后来慢慢地才学会，有几位教练对她印象也很好。益阳回来之后她才真正学会游泳，接受了正规的训练，会自由泳和仰泳。后来我们早上带她去定安路游泳池，早上人少。

问：参加特奥运动都是学校组织的？

刘：对，以前杨绫子参与特奥不多的，因为特奥在中国刚刚起步，之前断掉了。2002 年之后学校每年举办运动会都叫“特奥运动会”，由学校开始推广特奥，全国特奥会是四年举办一次。杨绫子学校的学生大部分都是特奥运动员，因为每年杨绫子学校主办、参与的特奥运动很多，学校创办早，办了三十几年，所以这一块做得比较早。

上周①中智协②举办十省市特奥联谊活动，就是运动会，针对社区中的智力障碍人士。每个省市有名额限制，这次是每省去四男四女。因为这类活动费用不多、名额有限，一般倾向于让学校组织报名，这次我们是特殊学校毕业生去参加的。省智协委托我来带队组织队员，因为我是中智协特奥委员会的成员，希望能够让更多喜欢运动的特殊孩子参加特奥运动。这次杭州去了三个家长，中智协也希望家长带着孩子一起出发，让家长也能体会特奥精神——勇敢尝试、争取胜利。当然，家长的费用都要自己出，但大家普遍都想去，但不是人人都能去，现在这样的名额越来越少，所以这次王梦婷把机会让给别的孩子去。

心怀大爱服务孩子

问：杨绫子学校的家委会是怎样一个组织？

刘：家委会是学校牵头的组织，我是 2003 年开始接任家委会主任，做了将近 10 年。我和孩子们在一起很开心，平时工作在生意场上都是竞争，孩子们的阳光减轻我的很多疲乏。王梦婷前面的孩子都很拼的，现在的孩子相对要弱一些。那时候的家长和现在不太一样，很多父母情况也不好，是遗传的，所

① 指 2017 年 7 月。

② 即中国智力残疾人及亲友协会。

以孩子就是放养。孩子放出去有生存的压力，就有动力学习，能力普遍要好一些。他们在外面受挫，回到学校就感到很温暖，愿意为学校、为老师做些事情。现在的孩子普遍家里溺爱，能力就弱一些。

作为家长，我认为主要的责任是帮孩子疏通道路，推他们一把，但不是溺爱，要相信他们的能力。

问：您担任家委会主任做了哪些工作？

刘：主要是沟通家长和学校。比如家长对学校有什么意见就需要向学校提，如果学校和家长有分歧要进行沟通。以前这种分歧少，因为家长自己的情况就不好，后来的家长学历越来越高，对学校的意见也就多起来。比如说，孩子对文化课不感兴趣，家长要求增加体育课，希望增强孩子的体质；另一方面，高中生男孩子力气多得用不完，让他们在学校把力气花掉，回家就不会扔东西、发脾气了。所以他们写联名信要求少上文化课、多上体育课，我作为家委会主任就去和校长沟通。校长就说："王梦婷妈妈，这个学校也是没办法的，教育局对学校课程的安排是有规定的。"和校长沟通过我心里就有底了，回来我就要和家长解释，做他们的工作：文化课是必要的，孩子连字都不认识、"男""女"都不分，出去上厕所怎么办？和家长讨论、沟通，得到大家认可就好处理了。

另外，家委会也组织"杨绫超市"、"杨绫茶吧"。2003 年例会的时候有家长提出来，孩子不会用钱。后来就每学期组织一次"杨绫超市"，我们家长自己出钱，去超市和市场买吃的、用的作为商品，让孩子们自己在学校买卖这些东西，价格比我们买的要便宜。搬到新学校就在学校围一块空地开超市，赚的钱我们给学校买了饮水机。

每年暑假我们都自己组织夏令营，全校报名，家长和孩子一起去，一般都是在周边两日游，他们出去就是逛街逛吃，同学之间关系都很要好的。我走的那一年还搞了一次募捐，这些钱在节日的时候给孩子买点礼物。

我做家委会主任和三任校长都合作过，都合作得不错，一方面我尊重校长，另一方面我也体谅家长的需求，了解两方面的情况就好做沟通。

问：您做家庭领袖有什么体会？

刘：我认为做家庭领袖首先心里要有大爱，走进这个圈子，不光要管自己的孩子，也要眼睛看到别的孩子，这样才有一个好的氛围。

我参与特奥运动比较早，是从王梦婷参加特奥运动会开始的。2002 年王梦婷第一次去西安参加特奥会，在此之前他们在萧山参加集训，那个时候我只是简单地认为特奥就是孩子的运动会。真正深入了解特奥是2005年特奥东亚区组织的家庭支持网第一次来杭州培训，我去旁听，第一次接触这个组织。这个组织就希望家庭领袖先出来，以前很多家长不愿意把孩子带出来，特奥就希望这些孩子都出来，社会才会重视。那个时候我开始在特奥家长自治联络网兼职。不过因为上班忙、王梦婷也在上学，做得不多。我当时是杨绫子学校家委会主任，学校校长也很支持，所以还可以有一些组织力量。近两年随着王梦婷毕业出来，我开始参与省智协活动的组织工作。许多家长都面临经济的问题。因为我有钱，我很少谈钱的问题，我不愿意让我的孩子去社会上乞求帮助。

现在我们的爱馨互助会是一种自治组织的延续。2012年，机缘巧合，碰到一个爱心人士，创办了爱馨互助会，属于社会团体，由家长、志愿者、企业家三方共同参与，给孩子们创造精神文化生活，包括做手工等等，现在每周都有手工课、绘画课、非洲鼓课。经常参与的有二十多个孩子，因为在上城区，基本上都是杨绫子毕业的。

前几年家庭领袖会都是讲钱，现在条件好了，开始在讲文化生活。我们也在给他们找展示的机会，比如一些单位办年会，我们就去积极争取机会让他们展示，这也是给予他们自信的一种方式。我现在没有和企业谈什么经济上的合作，主要是希望他们给予孩子展现的机会，给予关爱和支持，你愿意给孩子们吃餐饭就吃一吃，不愿意我们自己出钱去外面吃。这样我们孩子挺胸抬头地走上台去，很自信，不需要别人什么东西。

2016年袁家军省长来了之后，弄了个爱心驿站，去年11月开，两个孩子在那边，也有陪同老师，卖孩子们的手工制品以及企业代售的货品，卖得的款额作为爱馨互助会的经费。

爱馨互助会还有一个工疗站，里面都是社区一些情况不好的孩子，我们每周都进工疗站，教工疗站的孩子做做手工，那里也有好几个特奥运动员。

种下希望的“智慧树”

问：智慧树是杨绫子学校为学生办的吗？

刘：智慧树在杭州一共有三家，是杨绫子学校为学生办的自行经营的店铺，这一家建于2014年12月25日。智慧树的创办是杨绫子学校的校长有远见。智慧树的前身是学校的茶吧。我们家委会为了孩子会用钱，支持校长开这个茶吧，为孩子们提供用钱的地方，锻炼孩子数学、生活的能力。所以校长就在学校里打掉了一块教室，开辟出这个茶吧和超市。一开始规模比较小，没有对外经营，只是家长和学生在那里买东西，孩子可以在那里学习怎么样用钱买东西。我们孩子的一个弊病是不会算数，不会用钱，就通过这样的方式慢慢教他们。像王梦婷现在就懂得算钱了。

看到了这样的效果，校长就决定开这家分店，去四处跑、筹集经费，最后教育局给了这家店面，装修是学校出钱，设备是残联出经费，为此事校长也很辛苦，也得到了各方面的支持。现在教育局、公安局、区政府都很支持，房租、水电费都免掉，支出是员工包括老师和学生的工资和商品的材料费，所以这里的东西也比较便宜。

智慧树门店生意一般，主要靠政府、企业的生日蛋糕订单。这里所有的产品都是学校老师带着学生一起做的，学校里面有面点专业，老师在重点环节把关。现在基本能够自己养活自己。王梦婷是 2010 年毕业，2014 年这家店创立她就过来工作了，在这里工作会交三金，也发工资。这家店是三个孩子轮流，两天换一班，周日休息。我希望智慧树一直开下去，王梦婷也能一直在这里工作下去，给她一个规律的生活，让她明白责任感。

问：她在这边工作的情况怎么样？

刘：这里每天的客流量不高，十个以内，店里不忙，她就没有压力，这对她的交流是好事。客人慢吞吞的，有耐心让她慢慢算钱。她数学差，很怕数字，她心里很敏感的，那我们就要鼓励他们做。她平时在店里上班，我都希望顾客付给她现金，让她一张一张地数，对她是很好的锻炼，而且顾客支持他们这样做，让他们在这样正常的社会氛围下工作，对他们很有好处。

问：这个工作是签合同的还是？

刘：可以签合同，但我们没签。智慧树还没有发展到很好的地步，现在都是学校支持，签了合同就要拿杭州的标准工资，这样增加它的负担。我们这几个条件还可以的孩子就没有签，智慧树给她们发点报酬，给她们这个机会，让她们尝到甜头，这就够了。

问：阳光工场和智慧树的主要区别是什么？

刘：智慧树比阳光工场和庇护所更好的地方在于，孩子在这里是对外接触客人的，参与到整个服务的流程中，包括进货、盘货、做咖啡饮料、收钱、迎送客人等等，而阳光工场是比较死板的机械生产。杭州每个街道都有一个大的阳光工场，里面不光是像她们这样的智力障碍人群，也有精神障碍，所以那里的同伴关系也不是理想的同伴关系。在智慧树这样熟悉的环境下，孩子更会建立自信，有了自信他们就有冲劲，这样也就能学到更多东西。

去阳光工场的人是很多的，因为家长平时要上班，孩子没有人照顾，就会把孩子送去阳光工场。像我这样工作比较自由的，下午可以回来把她带出去；如果家长朝九晚五上班没有办法，就只能把孩子送去阳光工场了。杭州的庇护所，也就是阳光工场，现在也做得不错，开设各种课程，包括手工课等。

和女儿一起成长

问：您后来一直还在服装厂上班吗？

刘：服装厂合同满了之后我没有再续，去了省公安厅下面的第三产业——一个印刷厂做财务。那里的工作比较舒服，工资也高，后来因为王梦婷总生病，我要照顾她，就辞职自己做了。

问：您从企业出来之后做什么工作？

刘：我先开理发店，因为成本小，也有时间照顾她、管她，而且她经常生病，各方面都要照顾得很精细，所以我就直接管。

后来我小学同学来杭州，他们想在杭州成立公司，我们就一起做电力设备。刚好我哥哥嫂嫂房子拆迁，我就把理发店给哥哥嫂嫂了。都是为了跟着王梦婷的步调。

那个时候对电力设备一窍不通，很辛苦地学习，她又刚上学，几件事情同时压过来。我每天三点去接她，回来给她弄好，等她睡觉，大概九点，我开始学习，学做标书、跑业务等等。后来还要应酬，我就告诉别人我女儿情况不好，我晚饭一定要回家吃，在家吃好饭我再骑车去饭店把单埋了，有时候还要去唱卡拉 OK，那我就骑回家先把她睡觉安顿好，然后再骑去应酬。那时候真的很辛苦。但是一想到她，就有盼头，只有我的经济能力好，我才能为她撑起一片天，既然我给了她生命，我就不能委屈她。

记得我赚的第一桶金，5 000 块钱，我就带她去望湖宾馆住了两天，带她去享受、去消费。我认为她要有眼界，有见识，比如我有时候会带她去香格里拉吃自助餐，她可以和服务员交流，让她去表达、去接触这样的文化和规矩。

总的来说，我做生意也很顺的，虽然一开始有很多要学，比较辛苦，中间也遇到过一次变压器爆炸，没有人员伤害，赔了几十万，但总体这条路还是顺的。现在我已经退出，不做法人了，只把股份留着，为了更好地陪女儿。

问：您觉得做生意成功有什么经验吗？

刘：我是误打误撞，我没有经济头脑。如果我有经济头脑，早就发了。我能一直比较顺，最重要的是人际关系。因为我是本地人，有亲戚帮忙，我走的弯路比较少；对专业我不懂，但要学，学了才有信心，我跨出这一步就好了。而且我有底气，就算我所有东西没了，也没关系，我三顿饭总是有的，我的温饱问题是有后盾的，她爸爸、我父母都在，就没有后顾之忧了。再一个，以前的竞争没有这么激烈。

我赚钱，但我不贪钱，不像别人说有了一块想要两块，给我一块就够了。有时候我吃亏点也没关系，今天我可能没有一块钱，但你们诚心帮我，我也接受。这就是交朋友的方式，大家就觉得“刘艳这个人很爽”，大家就愿意帮我，他们知道我有这样一个女儿就更愿意帮了。比如（女儿这边）开会人家叫我去签三百万的合同，这三百万我可能可以赚五十万，但女儿要紧，我不去。

我赚来的钱不会用光，和全家人一起分享，家里每个人都可以分享这笔钱。你们对我女儿好，我也不小气，之前我的房子卖掉，给我们家付了四套房子的首付。我很珍视亲情，家里有这样的孩子更需要亲情。所以有钱不要自负，没钱不要自卑，不要小气，但也不能全部给。

问：您和您先生在照顾王梦婷方面是怎么分工的？

刘：我丈夫在单位上班。我的观点是，家里一定要有一个人的工作是稳定的，我做生意不稳定，今天不知道明天，所以她父亲一定不能离开单位。国企虽然待遇不见得多高，但这样最起码饿不死，旱涝保收。我主要陪王梦婷。

我丈夫是一个很内向的人，在王梦婷的事情上，我们的共识就是无论怎样都要好好教育她。王梦婷刚出生的时候，他对这个女儿的期望值很高。我坐月子时，她晚上不吃奶，一觉睡到天亮，其他小朋友没有这样的，她爸爸就每天半夜给她冲奶粉，第二天再去上班。发现女儿的病之后对他的打击也很大，但他很少表达。后来女儿的表现也很争气，对我们来说都是安慰吧。

问：有没有想过再生一胎？

刘：王梦婷查出这个病的时候，医生就说给我们二胎指标，我没有要，因为我没想好要不要生。后来看到书上说唐宝宝体质很弱、寿命不长，坚定了我不生的决心，我要给她一个快乐的人生。前几年她奶奶家还在说生第二胎的事情，她父亲也同意再生一胎，但我个性很强，我不同意。我的精力有限，我要把女儿管好，我在外面做生意，自己也很累，不想再生。而且王梦婷能达到今天这个水准，我是很知足了。

她的同学家里面生二胎的多，政策放开之后更多起来。我的想法是，以王梦婷的情况，如果再生二胎，对两个孩子都不负责。因为第二胎天生就会担负着一种使命，我们生的时候肯定会想让第二个孩子照顾姐姐，这对她是不公平的；再加上人都喜欢好东西，肯定会有无意识的偏心，天平可能就会倾斜，大家说“聪明的孩子越养越喜欢”不是没有道理的。到今后择偶的时候，我将心比心想想对方家长，如果这家姐姐是这种情况，基因突变，那会不会影响我们家的下一代？这是普通家长可能都会有的想法，这很正常。再者，假如第二胎学习很好，出国上学或者考到外面省市的大学，那我们生二胎让她照顾姐姐的目的也没有达到。而且家长照顾两个孩子肯定不如照顾一个孩子能集中精力和体力，我把一个照顾好就好了，不像很多人会顾及面子，我无所谓。后来就坚决没有生第二胎，一个苹果让她一个吃就可以了。

问：您在压力很大的时候是怎样疏通自己的压力的？

刘：最早的时候，大概三十来岁，我的头发全白了，现在的头发是染的。这种压抑是有的，不理解是有的，但所有这些痛苦在我看到女儿时，就减轻了。以前无论我多忙，我都会去学校，学校的孩子熟悉我，看到我都过来抱我一下，叫我“梦婷妈妈，梦婷妈妈”，我心里也觉得值了。

我在王梦婷这件事情上从来不自卑，我照样以自己的角度衡量王梦婷。在这一点上，家长不能自卑。有的家长痛苦啊。要把痛苦变成力量，自己抬头挺胸，把女儿举得高高的，还怕谁？有些家长自己很弱，生了这么一个孩子，担心所有人看不起。对我来说，看不起就看不起了，当面没有人说我的，背后当然有人说，你说就说好了，背后每个人都会说的，没关系的，我又听不见，当面又不会有人说我。所以脸皮要厚一点，不要自己把自己圈死了，自己有自信，别人把你也不能怎样。我刚开始自己也想不通的，在家关了三天，好，自己就想通了。首先我要对得起我的女儿，既然老天安排给我了，我要对得起她。当然很辛苦，为了孩子不可能不吃苦。那么对别人也要好。所以我的情商算高的，我教育我女儿也要她情商高，当然这是有分寸的，不能让她自卑。

问：有了王梦婷之后，您有什么变化？

刘：变化不要太大！随着王梦婷的成长，我越来越随和了。以前我很自负，年轻时候别人说我眼睛生在脑门上，因为我的外表、工作、家庭条件都不错，而且我又是家里最小的。但生了她之后，不可能跟她发脾气了，只能深呼吸、耐心教了。我是个女权主义者，在教育王梦婷这件事上她爸爸也要顺着我，他们都是宠的，但我一定要严格要求。

生活丰富多彩

问：王梦婷平日作息怎么样？

刘：她平时生活很有规律，她自己创造生活规律。晚上回去，无论有什么活动，无论再晚，她一定要完成自己的“个人演唱会”，播音、放歌、唱歌都是她自己，不要别人参与的。我们进去她马上把电脑关掉，说好就让我们出去了。她把白天发生的事情都要编进这台晚会里，今天碰到的人她会说：“请某某某唱一首歌。”一台晚会要三四个小时，睡觉就要两三点了。像这种个性的唐宝宝我知道有好几个，这样宣泄一下我觉得还是有好处的。

这个习惯大概是2009年毕业之后养成的，白天睡觉，晚上就这样。她上学的时候很好，晚上九点睡觉，早上很早起来上学，我们叫她起床很快就起来。毕业之后待在家里，早上我们去上班她就睡觉，一开始我也觉得这样比较安全，她在睡梦中比起来更安全，晚上唱歌我觉得至少是安全的，结果三年就养成了这样的习惯，睡眠不足。很多家长、家里亲戚都说我。平时看到王梦婷在朋友圈点赞就问她“王梦婷，你昨天几点钟睡觉？”她身体弱，晚上又不睡觉，这一点不好。

我平时给她安排活动比较多，周二下午上钢琴课、晚上上图画课；去年周三是跑步健身，今年没有安排；周四图画课；周五本来要在智慧树上班，但她待不住，要出去，否则嘴巴翘得老高，心情不愉快，所以周五是逛街日，晚上打鼓；周六还好；周日手工课。每周有两天在智慧树上班。

她是享受型，平日不肯吃亏的。比如空调，她一年几乎都要开，夏天盖着小毛毯也要把空调打得很低，夏天空调没停几天，稍微觉得有点冷了就把热空调打开。

王梦婷毕业后在家里三年，怠懈了很多，本来她是可以更好的，所以我现在要花更多时间陪她。现在我和智协联系更多，希望通过这条路帮到王梦婷。

问：我看她去过不少地方。

刘：她出生之后我们不知道唐氏综合征怎么回事，就四处求医，到上海，都说治不好的，也不知道是基因突变。后来我爷爷来杭州，看过之后就把她带回北京，我父母跟着去了，带回去约医生看病。那个老医生很好，他说花十万百万给她看病、吃药还不如带她去旅游。这句话对我影响很大，我当时生了这样一个孩子，心里还是自卑的，听了这个话我就觉得应该让她见识见识、开开眼界。这对我来说也是容易办到的事情。

那时候她还小，后面我们就带着她去玩，从北京到西安、武汉、上海，这一圈下来对她的感官见识很有利。后来我们有时间就带她出去玩，跑过很多地方。平时周六周日我们肯定出门，店里再忙，我都要带我女儿出门。近一点就在西湖逛逛，有时候周末她就去西湖银泰去消费，去吃东西，每个礼拜都要去享受生活，八头牛都拉不回来。

出去旅游都是自由行，她去过不少地方，北京、舟山去得多，起码出门见识见识。

问：对王梦婷未来的婚姻问题有什么考虑？

刘：她当然对这样的生活有向往，她在学校的时候，学校是严格禁止谈恋爱的。现在我也和她讲，你可以结婚。但从我内心来说，我不希望她这样生活。为什么呢？因为这个是未知数，她生孩子有50%的概率是这样的情况。现在我就希望她的生活里有伴，所以她和她的小姐妹经常一起活动，这样她们不一定要走婚姻这条路。

问：有没有想过让她去外面的企业工作？

刘：想过。以前学校联系她爸爸，问要不要去永和大王做服务员，她爸爸马上就推掉了。这就是女孩子和男孩子的区别，她们的自我保护能力很差，别人对她好一点，她马上对别人很亲热，这就很容易被别人占便宜，而她自己又不知道什么是占便宜。假如王梦婷是个男孩子，我整个培养她的方式会完全改变，现在把她高高在上地养，带她去高档餐厅，是要富养，把她保护起来。不然她若疯掉，我肯定也疯掉了。

问：您对自己和她未来的生活是怎么设想的？

刘：只要我能动，她能动，我们就这样，两天在智慧树上班，一天手工课、一天钢琴课、一天非洲鼓课，周五白天是消费购物日。这样等到我有一天真的走不动了，就留在家里回忆，看照片。那天她哥哥也在说，我的妹妹以后不要去养老院，在家里待着都会照顾她。她哥哥的这种表达对我也是一种安慰。但我尽量不会增加别人的负担。现在国家对他们的最低保障还是有的，今后可能会更好。

说白了，我们当初没有想到她是这种情况，决定好好养她的时候，也没有考虑我们自己养老的事情，而且那时候自己年纪轻，父母也年纪轻，我们的父母和祖辈也没有让我们有过什么痛苦的经历。现在我们就感觉累了，我父亲坐轮椅了，母亲身体也不好；之前还有她爷爷在床上睡了好几年，2017年走了，

刘艳母女合影

所以比较辛苦。这一点我很感激我的哥哥姐姐还有她的叔叔伯伯们，因为我有这样一个孩子，他们就说让我好好把王梦婷照顾好，父母主要都是他们在管。这一点我是很感恩的，父母是大家的，凭什么我不管？但他们都很体谅我。所以，我和王梦婷都很有福气。

王梦婷平时嘴很甜的，她外公外婆见到她都很开心，没事就要找她聊天。她一见到我妈就说“外婆你很漂亮，你是老佛爷”，然后我妈“哈哈哈哈”就会笑。其他的外孙不会这么说的，王梦婷就很惹他们喜欢，三四天不见到她，就会问去哪里了。

问：您觉得现在这样的家庭和以前比有什么不一样？

刘：现在条件更好了，杭州的家庭条件都好的，而且国家的政策也越来越好，养老保险、医保等等都有保障，国家都给他们兜底。

问：您觉得这么多年来社会上对于这个群体的认识有没有变化？

刘：变化很大。原来大家都是用奇怪的眼神看，现在最起码不会这么斜着看，大家的文化素质高了，知道有的东西该说，有的东西不该说。以前的老太太见到了都会说“木头”“呆子”。

她没有遇到过这种情况，因为我跟得很紧，无论在家还是在外面。王梦婷一般不会注意到这些，但我很注意周边的情况，这样才能保护她。如果有人用异样眼光看过来，我马上会很凶地盯牢他，盯到他产生恐惧感，不敢看我女儿为止。替她扫平一切，她就不会有什么感受。现在好多了。以前的确是承受了很多东西，心里是真的很压抑的。但无论在外面怎么样，回来看到她，一切就都坦然了：女儿好，我辛苦点就辛苦点。自己能做的是有限的。王梦婷现在能被人认可，说明我走的路是对的：只有我把她宠上天，别人才会宠她。

刘艳女儿口述

口述者：王梦婷

访谈者、撰稿者：田乐

访谈时间：2017 年 7 月 26 日

访谈地点：杭州市上城区智慧树咖啡吧

问：你平时喜欢做什么？

王梦婷：我以前喜欢画画，最近一年开始喜欢看书。

问：我看你手上戴了一个戒指。

女儿：我是女孩子，要打扮精致一点。以前我没有想过打扮自己，但我喜欢化妆品、香水这些化妆的东西，原来我妈学美容，我没有自己学，现在有时间了，想给自己弄得女人味一点，开始打扮自己。

我妈妈二十岁结婚，但我现在还没有这个想法，我也不懂真正的爱情是什么，不过我早晚是要结婚嫁人的。最近一段时间我都在学习，做女人是要矜持一点。以前在学校周围有同学暗恋男生，但我没有。我的性格是外向型的，学校里也没有人追求我。我以前的同桌小陈，她后来在必胜客上班，她领导给她找了一个对象，他们就结婚了。我之前都不知道。

问：你喜欢参加特奥运动吗？

王梦婷：我是从 2002 年开始接触特奥，慢慢地参与多一点，辛苦是辛苦的，但让自己健康起来。我不想我妈每天抱我去医院看病，我小时候经常看病。我想平衡一下能力，不用再拖着他们。突破自己，挺好的。

训练的时候太阳一直晒，我的大腿就是那时候开始粗起来。辛苦是辛苦的，开始我妈是陪我的，后来就一个人，学会独立。有一段时间太阳直晒，我要在那里跑步，很累，我也会偷懒，跑到洗手间躲着。我的教练都知道，会去洗手间找。

2007 年我参加游泳比赛，那时候应该最瘦，封闭培训三个月，早上训练，下午训练，晚上练手练脚，这些比较累一点，一共 2 000 米。我妈妈姐姐对我不错，我比赛回来，她看到我瘦挺多的，就请我吃饭，想让我胖回来。后来胖了十斤。

前一段时间她们让我减肥，喝荷叶茶和西瓜汁，两个是冲突的，我就总是跑厕所，难过死了。

问：不参加特奥会，你还运动吗？

王梦婷：去年还游泳，今年就不知道了。我们有一个爱馨互助会团支部，我的闺蜜小杨是创始人、书记，我是委员，我们每年搞一次活动，去年是游泳，今年我也不知道。这个就是以前在学校我们的团支部，我以前不了解这些方面，后来有一年让我去代表少先队宣誓，我还不知道，后来才慢慢了解到这是团支部的事情。高一我开始上一些共青团的课，到高二才写入团申请书，5月6号进入学校的团支部。我们团支部的书记后来进入爱馨互助会，后来我慢慢也加入进来。

问：没有顾客的时候你和妈妈在店里做什么？

王梦婷：我一般玩手机、看书。

问：看的是什么书？

王梦婷：《我们都是自己人生的引路人》，讲的是感情这一方面，爱情，是小说。

问：手机一般玩什么？

王梦婷：看看视频。

问：你喜欢看什么？

王梦婷：吴青峰，我在看《我是歌手》。

问：你平时在店里卖一样东西出去要不要记录？

王梦婷：不用记，有电脑记。

问：晚上用不用算总账？

王梦婷：要的，每天晚上总数要算的。

问：算的数字报给谁？

王梦婷：要报给学校，每天都报，卖得多少、有多少、这里的产品多少样、看这里的库存有多少，每天晚上下班之前都要数的，数完以后报上去，报给学校。

问：是通过电话报吗？

王梦婷：微信。

问：你几点下班？

王梦婷：我是七点下班，之前开始算总账。

刘艳女儿的老师口述

郭留仙，杨绫子学校体育教练，王梦婷的老师，与刘艳相熟悉。

口述者：郭留仙、刘艳
访谈者、撰稿者：田乐
访谈时间：2019 年 1 月 14 日
访谈地点：杭州市上城区智慧树咖啡吧

问：家庭领袖培训班平时怎样组织活动？

郭老师：前几年是办一期家庭领袖班，同期做一个幼儿计划的展示，告诉家长回去可以给孩子做什么活动，也可以在幼儿园开展什么活动，像一个模板一样。但是特奥会在融合方面并没有做太多活动。

问：梦婷妈妈之前应该参加过很多家庭领袖培训班？

刘艳：我是第一届，浙江省第一届，就是前面所说的家长支持联络网。以前都是讲怎样让家长出来，带着孩子出门，那时候愿意出门的很少；现在不一样，大家都愿意出来参加特奥。

郭老师：梦婷妈妈还承办过东亚区的家庭领袖班，就是这个班，放在杭州办，由杭州的家庭领袖负责一切事务，借用了我们杨绫子学校的场地。

刘艳：第一次办的时候刚好王梦婷快毕业，我想这也是个完满的结局。之前王梦婷参加特奥收获很大，也是一种感恩。

郭老师：通常领袖班第一天会介绍特奥是什么，一个大概的简介，然后会介绍一些全球的发展趋势、中国的发展趋势，有时候中国官员会介绍新一年的计划。接下来就是有很多家长分享，比如讲孩子怎么参加特奥比赛。

那年梦婷妈妈讲的故事就很感动我。梦婷从小在大家庭长大，从来没有离开过大人，2007 年送去湖南集训，开头真的是很难，但结果很好。孩子在那一趟学会游泳、洗小件衣服，独立性成长很多。以前在家王梦婷不会想这些事，她不想有姨妈帮她想，姨妈不想有爸爸帮她想，爸爸不想还有爷爷奶奶，家里不想外头还有舅舅。但到湖南没有人帮她想，实际情况逼着她自己想。现在她出去分享可能更多是怎么就业、不要和社会脱节等等，她把自己的经验分享给别的家长，别的家长也会分享他们的经验。

有些家长碰到的困难可能是青春期孩子要谈朋友，女孩子一定要拉着别人亲一下，家长就感到很困惑。家庭领袖班就给她机会把这个问题提出来，别的家长可能有经验，互相分享一下。这是领袖班很重要的一块内容。

问：家庭领袖班对家长有选拔吗？

郭老师：是地区选派，有不同级别的领袖班。比如杨绫子也有，我们就是校级的家庭联络支持网，全员家长参与，有代表性的家长送到市里、省里、全国、东亚区的会。

刘艳：中国智协各个层级的主席大部分都是家庭支持网上来的，包括委员。因为家长是了解这方面最早的。

郭老师：特奥在智障人群中的影响力比较大，运动也确实对孩子们帮助大，一方面让他们的身体好起来，另一方面也扩大了他们的交往圈。

问：特奥在中国的推广不完全是靠政府？

郭老师：中国有特殊性，应该说是官方和民间共同在推动。因为体制的问题，包括其他组织，比如篮球协会在国外都是民间的，但中国都是半官方的。特奥在中国也一样，官方和民间一起推广。以前是官方往民间推，现在是民间自己也搞，比如《联合商报》和我们学校发起了民间足球赛，资金都是企业出的。再比如他们打鼓，坚持了十年，也是民间出来的。

我们幼儿计划一开始也是运动的，但现在不全是运动的，一个小时的活动，孩子们有四十分钟在运动，有二十分钟在画画，有不同的形式，每个幼儿园根据自己的优势设计活动。

特奥本身的目标是希望他们在一个开放包容的环境中生活，到现在我们用特奥推进社会的包容，也让他们走向社会。

刘艳：就是了解才会爱，爱才会支持，要一步步来。

郭老师：对，了解这个群体。特奥只是一个平台、一个载体，比较显性，大家比较容易接受的一个载体，它的希望是创造一个良好的氛围，不仅仅是运动和比赛。

刘艳：我们这一批孩子都大了，现在的领袖班就给我们讲一些专业课程、营销课程，这都是好事，我们做社会团体需要很好的营销，这就很适合我们的需要。我们最早参加领袖班的时候老师的补贴都很少的，现在这种问题就不太有了。

郭老师：以前开支持网的会，哭的家长多，比如说“我们家有个这样的小孩怎么办啊，他不会……政府也不给我钱，我养这个孩子又不能工作，现在吃饭都困难”，就是哭的声音很多；现在开会，就很少谈钱，更多的是讲最近又做了什么活动对孩子很好，比如杭州的智慧树，“孩子在这里进步很大，可以有社会生活，有工资拿，虽然我们辛苦一点，但有盼头了”，像这样高兴的声音更多了。

刘艳：以前的人总觉得我们的孩子出去流着鼻涕、脏兮兮的，都是这种印象。所以我一直把我女儿打扮得清爽、漂亮，这样就得到别人尊重了。以前王梦婷一感冒，就要流半个月到一个月的鼻涕，唐宝宝容易得鼻炎，这就要看家长怎么关心、怎么爱了。

郭老师：现在杭州的公交车都会有人主动给他们让座，以前就会说“这种孩子带出来干嘛?”

刘艳：我现在是让他们让座给别人，因为他们大了，站一会儿没有关系。我现在就让她回馈社会，因为我们家孩子得到的爱太多了。腊八节那天，我让她一大早起来，去分粥。有时候我真想把她扔到农村里感觉几天，体会一下农村的味道，对她也是一种锻炼。

刘艳女儿观察记录

观察时间：2019年3月15日18:30—20:40

观察地点：杭州市上城区鼓楼活动室

观察者、撰稿者：王拓涵

时间	活动内容
18:30—18:38	前来活动的鼓队队员和家长搬来长凳围坐一圈，搭好鼓架，放好鼓，一边随意试敲，一边说笑打闹。
18:38—18:45	指挥的男生吆喝几声“准备”，鼓队队员一起打出整齐的鼓点。大部分队员使用单鼓，下窄上宽，放在面前的地上，坐时用双腿扶住，用手掌敲击鼓面。王梦婷使用一对沙鼓，双手持鼓柄摇动。另外有队员把鼓放在X形木架上，敲击右侧的鼓面。又有三个鼓并列竖立，用两个鼓槌敲击。
18:45—18:50	新来队员坐进圈中，一位队员向左边窜座，坐得更加紧凑，为新来队员让出空间。
18:50—18:55	指导老师提着鼓坐进圈中，队员们从齐打变为有各自鼓点的配合和呼应。王梦婷站起来走进圈子的中央，摇动沙鼓带起一段节奏。
18:55—19:03	鼓乐以一声整齐的重击结束，领鼓的男生和其他队员配合开启下一段。
19:03—19:10	老师开始指导，喊“1 2 3——走!”指挥队员们练习。击鼓时伴有手势动作，一只手掌击鼓的同时，另一只手掌掌心朝内向斜上方举起。
19:10—19:20	王梦婷的家长给她送来一只单鼓。队员们反复练习节奏。
19:20—19:23	稍事休息。老师指挥打起新的节奏，队员们反复模仿。
19:23—19:25	队员们练习“ludaludaluluda”的节奏，打击三遍为一组，分组练习。
19:25—19:32	王梦婷反馈不会打的地方，师生交流。
19:32—19:36	王梦婷、另一个女孩和男孩背上鼓带，双腿夹住鼓的下端，鼓面齐腰，略向前倾，走进圈子中央，一边打鼓，一边挥动手势呐喊。
19:36—19:44	老师示范高音和低音，提醒学生以高音为主。
19:44—19:46	五个队员走到圈子中央，站成一排演奏，王梦婷和另一位队员轮流站在排前领奏。
19:46—19:49	演奏到高潮处，王梦婷摇动沙鼓，伴随着脚步左右点地的动作。

（续表）

时间	活　动　内　容
19:49—19:52	老师指导站姿和演奏姿势，要求步子小一些，丁同学幽默地模仿了一下错误动作，王梦婷害羞地笑着。
19:52—19:58	指导完毕，老师也系起鼓走进圈子中央，共同演奏。
19:58—20:02	学习新节奏，王梦婷坐回长凳，老师指导敲击鼓面中部发 long 音，敲击边缘发 da 音。
20:02—20:10	老师宣布说 21 号将参加全国性的比赛，会选择部分队员参加。随后解散休息，队员们欢呼解散。
20:10—20:23	王梦婷的妈妈组织队员列成一排，朗诵《祖国颂》，齐唱《歌唱祖国》，练习了四遍。站立不便的队员由两边的队员搀扶。
20:23—20:38	继续打鼓。队员们击鼓同时唱起非洲的歌谣，意为“感谢大地”。
20:38—20:40	活动结束，队员和家长收拾好鼓，将板凳归回原位。

这辈子虽苦，也要热爱生活

——于彩华口述

于彩华，浙江医院退休护士，杭州地区家庭领袖，特奥运动员周扬之母。

周扬，男，1994 年出生。独生子女。特奥运动员，曾在 2007 年上海世界夏季特殊奥林匹克运动会中获得网球比赛的金牌。

口述者：于彩华、于彩华丈夫周理明、儿子周扬

访谈者、撰稿者：张婷

访谈时间：2018 年 5 月 19 日、8 月 16 日，2019 年 1 月 19 日

访谈地点：周家

生活平静迎宝宝

问：于阿姨，您是哪一年退休的？

于：我去年 12 月刚好满五十五周岁，就退休了。

问：您家里有几个兄弟姐妹？您在电话里提到的住院的长辈是您的？

于：姐妹弟兄三个。我是老二，上面一个姐姐，下面一个弟弟，我们三姐弟都是前后相差四岁。现在身体不好有病的是我妈妈，八十九岁了。我父亲身体也不太好，他今年年初得了小中风，现在在康复中。我妈妈呢，原来有心脏病、老年痴呆，前段时间因为我爸爸生病了，她的生活规律打乱了，心脏病加重了，是心衰，送医院急救。心衰后又得了吸入性肺炎，结果病得更严重了。现在刚刚好起来，病情相对稳定点。

问：您是杭州本地人吗？

于：对，本地人，老家在拱墅区拱宸桥那边，父母是杭丝联厂的工人，杭丝联以前是国企，亚洲最大的丝织印染厂，后来倒灶了，工人全部下岗。

问：我了解到您的职业是护士，可以讲讲您的成长求学经历吗？

于：我读的是中专，1978年，刚好国家有政策，初中毕业生可以直接考中专，我就去考了，读护理专业。那个时候下乡政策还没有正式废除，我姐姐比我大四岁，她已经留城工作了，我害怕下乡，刚好有机会可以考中专，我想有书读就先读书，读出来以后再说要不要下乡。

问：您是1962年出生，也就是说您的成长经历跟“文革”几乎是重合的。您的学习和生活受到“文革”影响吗？

于：没有，我是生活在市区的，当时我的学习还是很连贯的，小学六年、初中三年，中间没有断过。只是我们这段年龄的人当时实在是太多了，学校数量不够，我初中学校一个年级有十六个班，我们教室不够用，就分上、下午班上课。上午班的从早晨开始一直上到中午，四节课上完下午就放假了；下午班是上午放假，下午到校学习。但学习肯定是没有断过的，毕竟在城里嘛，受到影响不大。至于质量，当时都是这样的，觉得学习好坏无所谓的。上学的时候，我的学习成绩是蛮好的，因为我记性好，老师一教我都会了，复习也不用复习，直接去考试就行了。我们一个年级十六个班，每个班起码五六十个人。初二的时候有一次考试，还排名，我考了年级第三名。以前我们读书跟现在的读书不一样，现在的读书很辛苦的，以前我们读书简单多了。

问：中专毕业后，您是继续念书，还是直接工作了？

于：中专毕业后，我就直接被分到浙江医院。刚工作的时候，我第一年是在外科轮转，后来基本都在内科的综合病房，曾在急诊室待了两三年。年纪大了，医院照顾就到门诊去了，我一直在浙江医院工作，直到退休，只是在不同的科室换来换去。

浙江医院在洪春桥，离我住的地方不太远，就六七公里左右，唯一不方便的是没有直达车。以前年轻的时候去医院都是骑自行车的，后来骑电动车，年纪大了，就坐公交去上班。

问：您先生的职业是什么？

于：他是工程师，负责医疗仪器维修，我们是一个医院的。他现在还没有退休，差不多还要做四五年吧。

问：你们的工作都是分配的吗？

于：我1981年中专毕业后，分配到医院。他是因为父母工作调动的关系从河南调来杭州的。他父母都是医生，当年政策规定，可以带一个子女过来，所以他也跟着一起调过来了。他家里是三个兄弟，他排行老二。

问：您公公婆婆还健在吗？

于：我公公没有了，婆婆还在，不过不跟我们一起住，她一个人住在采荷小区，也是我们医院的房子。她八十三岁了，但身体都还好的。我们不住在一起，不过平时会经常相互走动。

问：您和您先生是怎么认识的？

于：我们就是在医院里认识的。我开始工作的时候，他还没有调来这边工作。那是哪一年来着？

丈夫：我1982年开始工作，调到医院要1989年了。

于：对，他1989年调到医院。后来我们就认识了，结婚了。认识的过程中也没有发生什么有趣的故事，比较平淡。

问：您生周扬的情况还有印象吗？

于：我们结婚两年后，也就是1994年，周扬出生了。怀周扬的时候反应很大，孕吐反应太大了，吐了四个多月才好点，只能请病假休息。孕期反应大可能跟身体比较虚弱有关系。孕吐结束后就一直工作到临产。临产前，也没有什么想法啊，期待啊，那时候就觉得，生孩子是很平常的事，瓜熟蒂落。我们那个时候不像现在这么重视孩子的胎教，都觉得生孩子是很自然而然的事情，该怎么样就怎么样，不像现在这么金贵地养小孩。

临产的过程并不顺利，周扬出生的时候难产了。生产过程中用了产钳，一般来说拉产钳影响不大，损伤大脑细胞的概率很低的，只有1.2%的概率，结果没想到我中大奖了。那时候我也是知道可能有这个隐患的，但是人已经在产床上了，没有其他办法了，只能这条路走到底了。

还有一个原因就是，我的第二产程时间太久了，我从十点多生到两点钟，就我一个人躺在那边，没人理我，也没吸氧。又碰上那天产房里人手不够，后来听说是医院开职工大会。很多事情都交杂在一起，我就吃大亏了。

生产之前各项产检结果都好的，孩子出生后，各项检查结果也都是正常的，新生儿评分也是高的。体重6斤7两，跟产前估计挺接近的，一切都好的呀，所以我们根本想不到会出现大脑损伤的情况。除了这一点，其他方面的身体素质也是好的，你看他现在壮得不得了，跟头牛一样。

问：您生产的时候，身边有人陪吗？

于：没有啊。以前医院是不给你陪护的。进产房就一个人，家属不能陪着，我老公就在外面干等着。我一个人进去也没什么可害怕的，因为我在产房里实习过，知道生产的流程。生产后，我身体调整得也还可以。我们住了八天就出院了，一般七天就出院，我因为拉产钳，侧切伤口切得很大，多住了一天。我是难产，所以我的产假休九个半月，然后就上班去了。我儿子就放在单位的托儿所里。那时候跟现在也不一样，两边父母都不管的呀，爷爷奶奶不管，外公外婆也不管，孩子都是靠我们两个人自己带大的。

丈夫：现在情况也不同，现在基本上都有人管的。不管怎么样，双方父母肯定都会帮忙。

于：我们那个时候就是因为父母不管，只能自己管。医院的托儿所也是照顾我们的工作时间，上班的时候把孩子放托儿所，下班了一起接回家，时间刚刚好。我休完产假去上班的时候在辅助科室，每天八点上班，五点下班。后来儿子要上幼儿园了，没有人帮忙接送，想想如果别人家的孩子两三点钟就接走了，我的儿子每天傍晚六点钟才能接回家，他要哭死了。所以就申请调回到病房去做护士，这样可以倒夜班，时间就会自由一点，儿子可以早一点接回家。

心存希望不言弃

于：1997 年周扬三岁，这年 9 月份上幼儿园，我是 4 月份调到病房的。幼儿园就在小区里，是小区配套的幼儿园。大概是 1998 年，他当时是小班，我们发现他有一些异常的情况。上课时自由散漫，在教室里跑进跑出的。老师让他坐好，他也坐不住，一会儿跑进跑出，一会儿到一个角落里去玩。有个家长就建议我说："你带儿子去医院看看吧，检查检查嘛，会不会是多动症。"我想检查一下也没有坏处吧。我当时也没想到会是这种结果，觉得应该没什么的。我们有的时候觉得，他有些事情做得蛮好的。

丈夫：只能说他有些特长掩盖了他的缺陷。

于：对，他有些事情做得蛮好的，所以想想不可能的呀。尽管他在幼儿园跑进跑出，自己玩自己的，但是，儿歌、诗歌也都能说，上课的内容一般也知道的。他在托儿所的时候，教室门的插销装得比较高嘛，其他小朋友不晓得去拿个凳子站上去帮人开门，就他晓得拿张小凳子站在凳子上帮着开门。还有一次，他拿了两块长方形的积木板，说要搭三角形。我提议他说："再拿一块吧，三角形要三块板的。"但他就用两块这么一搭，地上一放，真的就变成三角形了。幼儿园里夏天有空调柜机，他经常站在柜机前观察："唉，空调里为什么会有冷气出来呀？"还有一次我带他到我同学家玩，同学的孩子比他要大，已经会从凳子上爬上去再跳下来，那天他还不会，但回家后一个礼拜他自己就学会了。我们这样想想，倒觉得他挺聪明的，所以做梦都没想到会遇上这事儿。

唯一的不足是他说话时间比较晚，大概快到三岁了，讲话不太清楚，有点含糊。不过他11个月大的时候就会走路了，虽然有点跌跌撞撞不稳，也不会摔倒。

丈夫：实际上还是神经系统受损了。

于：对，是唉。后来已经蛮大了，还在流口水，直到二十岁左右口水才不流出来了。当时我们去杭州第七医院的儿童康复中心做检查。给你好几张表格，上面有一些日常行为、现象之类的细节，让家长勾选；周扬也要做一些测试项目的，比如平衡之类的、智力的等等。最后用计算机分析，大概一个礼拜检查结果就出来了。

结果出来后，医生就告诉你，这是严重的“感觉统合失调”，智力发育迟缓。就他来说，他某些能力比较缺乏，但某些能力又特别突出，比如记忆力、观察力都很敏锐。比如，他很喜欢吃零食，所以我们家的零食都藏着，怕他找来吃，吃太多对身体也不好。可他总能很快就知道你把东西藏在哪里了，他自己拿不到，就告诉我们东西藏在哪里，然后一定要我们帮他拿。我们每次藏零食都是悄悄的，可他也不知道有什么特异功能，大概是看出哪个地方移动过了，每次都能很快地找出来。不只是我们自己家，连我们同事家的东西，原来是怎么摆的，过几个月再去他都记得，都知道哪些东西移动过了。他表达不出来，但会指给我们看。他记人的能力也很好。有一次见到我们同事小周，过了一个礼拜在超市门口再次见到他，他还记得这是小周叔叔。所以说，为什么他辨识外国硬币的能力这么强？就是因为他会无限放大微小细节。我们普通人一般很难分清楚这些小细节，仔细去看都觉得是差不多的，但他一眼就能看出差别，尤其是他感兴趣的东西，一下子就能记牢。

小学和中专的时候，他学过画画。美术老师夸他细节抓得很好，画得很大气。有时候他同学觉得奇怪，就问老师：“为什么周扬画得比我差，你给他高分！”老师就说：“他的画比较大气。”但是他缺乏耐心，一张画，三下五下就画好了。小学的时候，老师教了他好几年，周扬实在是太调皮，根本管不住，没有耐心画画，后来就不教了。我想如果他能多点耐心，能静下心来学画，现在应该可以画得很好了。

儿子：中专的时候我也是三下五下就画完的，一般是十五分钟一张纸。

于：他在紫荆花学校的时候，老师还教他练过书法，不过他也没耐心学习。如果周扬对某个东西很感兴趣，那么专注力就很强。如果没兴趣，那么真是一点耐心也没有，就跟多动症似的，比较活跃。所以说，他只要有耐心，画画、书法应该都是蛮好的。喏，现在又开始搞摄影了。

儿子：摄影的话，你只需要抓住一个点就行了，不用想那么多的。

于：哦，抓住一个点就行，你还挺专业的。

儿子：这也说不上是专业吧。

于：他的观察力确实还挺好的。其实呢，只要他能静下心来，什么事情应该都是能够做得好的。我们也是希望他能静下心来，认认真真做点事情。

问：七院的检查报告出来后，你们就直接开始康复训练了吗？

于：没有。七院的报告出来后，我们不认同也不死心。后面我们又去了儿童医院、省人民医院、同德医院和北京六院做同样的测试。唉，结果都一样。结果摆在那里，再不相信也只能相信了。确诊后，我们立即开始了康复训练，一直坚持了十几年。

问：检查结果出来后，您当时的状态怎么样？后来又是如何调适自己的情绪和状态，并且一步步规划以后的生活？

于：检查结果知道后，人都要崩溃了，确实很难受，因为从来没有想过这种事情会轮到我自己。那段时间真是暗无天日（有点哽咽），当时想想真是连活的勇气都没了，怎么死都计划了。（停顿30秒左右）我先生还是比较好的，一直支持和鼓励我，我们立马就带我儿子走上了康复训练之路，希望通过康复，激发潜在的脑细胞发挥作用，提升周扬的智力和能力，走上阳光之道。

记得周扬刚刚开始康复训练的时候，小手都是握拳状的，叫他伸手的时候他才会伸开，肌张力比较高。我们到七院训练后，他的小手才慢慢地伸直展开了。从这件事情上，我们看见了希望，看他有进步会进步，就觉得蛮好了。慢慢地自己也看开了，上帝关了一扇门，必定会为他打开一扇窗，只要坚持努力，周扬肯定会越来越好。

问：您先生当时的状态如何？他又是怎么帮助您慢慢调整过来的？

于：他是一个比较沉稳、比较坚强的人。他觉得反正事在人为，既然来了嘛，那就去面对。总之，我们两个人就是相互支持，相互鼓励。对方心里有过不去的坎的时候，就帮忙疏导。就这样，二十几年过去了。周扬通过康复训练，通过特奥运动，现在比以前不知道要好多少倍呢。

问：知道周扬这种情况后，您有没有想过再要一个孩子？

于：当我得到这个结果时，有两家医院的医生建议我，再生一个孩子，意思是这个孩子是没用的，放弃吧。那时我想，我要是再生一个孩子，财力物力不够，精力不够，两边父母也不会帮我的，再生一个我也养不起；如果再生一个，意味着他被放弃了？只能自生自灭了？这样对他不公，我们怕有两个孩子我们做父母的会偏心，一个是正常人，而另一个是傻孩子，我们就算心里没这想法，行动上可能也会有倾向的。毕竟我跟我先生的两个原生家庭都是很偏心的，所以我俩也特别介意这一点；也怕再生一个孩子呢，他一出生就背负责任使命，也很辛苦。我儿子真是太可怜了，现在的状况，又不是他自己愿意生成这样的。所以我就想："帮他吧，不生了。"（抽泣声）等我老了的时候，我得给他留一点钱，让他有饭吃吧。通过这些年不懈的努力，周扬进步很大，现在生活基本能自理了。

问：您刚才提到财力状况，周扬长期的康复训练会给你们造成经济负担吗？

于：经济负担倒是没有的，那个时候已经进医保了，大部分都是有医保可以报销的，只有偶尔一部分需要自费，但也不多。在山东做康复训练那次是自费，连着训练、吃住，以及我因为事假扣掉的工资和年终奖，估计有两三万了。但是为了他好，也没有办法，该花的钱还是得花。

问：检查结果出来后，考虑换幼儿园吗？

于：没换，还在古荡幼儿园。在普通幼儿园里，跟老师和其他小朋友相处的时候肯定会碰到一些不顺利的情况，但是我们能到哪里去呢？没地方去的呀！有个家长还打过他呢。可能是他先去弄人家的小孩，那个家长就打他了。我们也没话说，首先是他去弄人家小孩，家长没有怜悯心、同情心，我儿子只能吃亏了。

儿子：我现在也去外面的，因为要拍照嘛。

于：他现在都是自己一个人去拍照，我们不跟去的，也不让我们跟。以前无论去哪儿都是我们一起的，很多地方不是我陪着就是他爸爸陪着，基本没少去，像是西湖边的植物园、花圃，会经常去逛逛。我们医院每年都会牵头组织旅游，我们也会带他出去。出去旅游，我们两个都得去，虽然他挺听话，但一个人带肯定是吃不消的。

问：七院训练结束后，你们就一直在家里自己进行康复训练吗？

于：不是。2001 年上半年，我请了三个月事假带他去山东训练。当时我们在七院的训练遇到了瓶颈，每天训练却不见进步，又想想他马上就要读书了，一个字也不会写，不知道怎么办才好。刚好有个家长告诉我们那边蛮好的，所以我们在 2000 年 8 月份先去山东看训练基地。当年去山东可不方便了，最起码要一天一夜。杭州到山东临沂没有直达车，所以还要转车。我们先从杭州坐火车到徐州，再转小中巴到山东临沂。那时候都是普通火车，没有高铁，得睡一晚上。有时候买不到卧铺，只能买坐票，坐一个晚上，然后白天跟售票员补一张卧铺，让周扬躺床上睡觉。对他来说，睡觉是很要紧的，小时候他很难入睡，因为思想比较活跃嘛，心静不下来，所以睡觉很困难。

山东临沂这个训练机构是私人办的，叫“刘氏儿童发展研究中心”，是台湾的刘弘白博士创立的机构，名气很大，排队的人非常多，所以排到我们就要到第二年 2 月份了。

丈夫：这个刘弘白博士创建了一套感觉统合理论，包括检测系统和针对视觉、听觉、动作协调这三方面的训练方法。现在回过头来看，他那套训练还是不错的。

于：他那套理论更系统、更全面，在那里的训练确实要比七院更给力。我们去了以后呢，可以说进步也是非常迅速的。我们在七院练了两三年，到后来每天坚持训练也没什么进步，可是到那里训练了三个月，回来后感觉明显进步了好多。所以说，我们换个环境，换一种方法，新出现的问题又解决了。

这次康复训练，我是全程参与的。我陪他在那边住了三个月，周扬爸爸还在杭州上班。这个训练机构大概租了一整栋房子，二楼是训练场地，三楼用来住宿。我们不仅要付训练费，还要付房子的租金，等于说是一个“套餐”。当时我和周扬两人就住在训练机构的楼上。每天送他去训练后，我就赶紧去买菜，把饭烧好，等他回来就能吃。晚上家长还要上课，教你怎么训练，比如练习对视、在床上来回滚，还有跳绳，通过这些练习锻炼协调性，这样你在家里可以自己练习，就像家庭作业一样。一个学习周期是三个月，当然时间长的话效果会更好，但是我有工作啊，时间不能再长了，所以只能回来自己在家里继续练。

特奥教儿知上进

问：周扬小学、初中和高中都是在哪些学校念的？

于：就在紫荆花学校，前身是杭州黄龙洞学校，在古荡附近。他是小学、初中九年制的，不过因为校长留了他一年，所以他前后一共读了十年。当时他还问我“这算不算留级”，听到我说“不算留级”才答应留下来。“留级”这件事呢，他们校长当时是考虑到两点：第一，他们那届学生太多，周扬年纪又偏小，所以就被“留”了下来。第二，留他代表学校继续参加比赛。他那个时候已经很想要当学生领导了，那么校长就给他做班长。

刚上一年级的时候，他大概是学校里做得最差的一个人，是闯祸的高手，学校老师就盯牢他一个人，真是累啊，老师们看到他都要发慌的。他那时候太调皮了，才学了一两个礼拜，我们就收到学校通知说要他退学，我们当时吓都吓死了。我们想，如果退学要退到哪里去啊，于是好说歹说，还要做他的工作，这样学校才勉强同意他留下来继续念。后来他中午又嚷着要回家，我们也没办法，只能把他拎回古荡，然后等到一点半再送去学校，这样也让老师有两个小时的缓冲时间。

问：什么时候周扬开始改变呢？

于：那就是特奥会让他“翻篇”了。大概是三年级的时候，学校的李勇老师问我：“周扬妈妈，让周扬去参加特奥会好不好？”我说：“好的呀。”马上就答应了。李勇老师人很好，很有爱心，他大概是看周扬壮实，也调皮，想借这个机会训练一下他。周扬这时候在学校的表现虽然还是比较差的，但是已经能够跟部分老师磨合，会听他们话了，李勇老师就是其中一个。他要是喜欢哪位老师，就会比较听话，有时候也会抱抱他们或者怎么样。如果他不喜欢，那么你硬来也没办法。所以李勇老师提出让他参加运动比赛，他很高兴地就答应了。

我们也觉得这是一次很好的机会，再说运动总是对他有好处的呀。他这个人呢，就是精力太强，总是要让他消耗掉的。另外在他们这个学校，像他这样能动能跑的人并不多，说老实话啊，有些学生的状况比他还要差。唉，所以在学校里，他也算是比较活跃的。老师们既然提出让他参加运动会，肯定也是做过评估的。我们当时也不知道什么是特奥运动会，就想着跟参加学校的运动会一样，对他来说，多一个活动总比少一个活动好。现在看来，当时这个决定还真是做对了，他本来是最不好的学生，最差的学生，谁想到现在却成了最好的学生。

我记得，周扬最早参加的特奥运动会好像是2004年在杭州举办的。（翻出奖牌）喏，杭州市首届特殊奥林匹克运动会，2004年。他就是从这次比赛后开始“翻篇”的。刚开始训练的时候，那是真的很害怕，因为你不晓得他是往前跑还是往后跑，这种孩子都是脑子里一想，就“啪——”一下跑过去了，毫无预兆的。不过李勇老师这个人真的很好，会跟在他们后面，一直喊着“往前跑”、“往前跑”，就这样跟着他们一起跑，慢慢地也就知道跑步要往前跑了。

问：他参加运动训练的积极性高吗？

于：他可能也不懂，老师叫他去参加么就参加咯。说老实话，那个时候我们也不懂。2004 年第一次参加特奥会，好像是跑 100 米的项目吧，我们就想着他去参加参加，体验一下比赛，压根没抱什么希望的呀。他们老师想都没想到他能拿金牌的，我们也想不到啊，怎么就破天荒地拿了一个金牌呢！在此之前，他们学校估计没人拿过金牌吧。这次比赛，他其实是很运气的，本来他跑了个第二名，没想到第一名因为犯规，成绩废掉了，他就从第二名变成了第一名。

拿了金牌，从此他自己也改变了。以前反正好的坏的他都不管嘛，无论拿几名都可以。人家说要拿第一名，他就说："那我第三名好了。"有了这个金牌以后，他就改变了，特奥运动从此在他心里扎根、开花、结果了，自信心爆棚。原来他只知道自己是不好的，参加特奥运动会后，他得了金牌，他知道金牌的意义了，晓得要名次了，自己参加比赛是要拿冠军的，这样他就觉得自己能抬得起头来了。也就是说，他能够理解什么是"好"的，什么是"差"的了。我们儿子蛮可爱的。

总之从这开始，不管做什么事情，他各个方面的表现都好起来了，调皮、捣乱的事情相对来说也开始减少了。而且，他知道自己好好表现、当个好学生以后会得到好的奖励。现在想想，杭州比赛后的那段时间，他的改变真的是非常明显，而且是他自己主动寻求改变。像是我们在家里做康复训练，他也开始主动去做了。

2007 年我们到泰山去旅游，他都是自己爬上去的。换作以前，肯定哭着喊着要我们背了。当时我们一共有两个旅行袋，他还跟我说："妈妈，这个轻的你拎，这个重的我拎！"听到他这么说，我真是感动啊！所以我们儿子的良心还是很好的！

所以说，特奥运动确实能够改变一个人的成长路程，尤其是对这种精力比较充沛但是目标可能有点不集中的人，特奥运动真的很适合他。（对儿子）你参加特奥运动之前，可是连李老师的话也不太会听的哦。

儿子：也还好吧。

于：哪里还好，你那时候很坏的。记得有一次大概是太调皮了，上课跑出教室玩，被李老师追回教室。他跑回家跟我说李老师打他，我说："老师不会打你的，他怎么可能打你呢？肯定是你有错在先，不可能是李老师平白无故地打你。"因为我们知道的嘛，我不是经常待在他们学校的嘛，知道李老师对学生都是很好的。听我这么说，他居然气冲冲地把我拉到校长办公室，一定让我去告状。哼，他那时候真是可坏了。

问：正式比赛之前，您了解他们是怎么训练的吗？

于：日常训练，就是跑跑步。他不只在学校跑步，在家里也要跑步的。以前我们一家人每天很早就起来，沿着古荡河边的跑步道来回跑。学校也会安排集中训练，就是平时上课时间，每天大概要训练八九个小时。所以集中训练的时候，文化课应该基本上就不上了。

他们的训练也是挺辛苦的，但是看他还蛮喜欢的。他们这种孩子就比较刻板、比较简单，每天这么训练，慢慢地就会觉得是他应该要做的事情。刚开始还没什么竞争意识，第一次拿金牌后才知道自己要拿金牌，要拿第一名。2006年在哈尔滨参加全国特奥运动会比赛，拿了滚球比赛男双金牌。后来还到上海崇明岛参加了自行车邀请赛，获得一枚金牌。再往后就是2007年在上海举办的世界特奥运动会了，那次他参加了网球比赛，如愿拿到一枚金牌。这几次比赛下来，他基本上可以算是学校的主力了。

2007年周扬得到机会参加世界特奥会，这也是很运气的事。这年8月我们在泰山旅游的时候，接到电话叫他去参加世界特奥会。

丈夫：太原那边有个浙江省的运动员，因为身体吃不消就给退回来了。这个世界比赛就是全国抽人的嘛，组好队。比如说太原，可能是组网球的。那么浙江有个人退回来需要补一个，所以省残联特奥部的领导就问我们去不去嘛，那我们说去的，所以就去太原了。这时候人家已经训半个月了，我们是后面跟上去的，所以说他运气真的很好。

于：反正他什么事情都很运气。我说他都能碰到好的人，不管是老师，还是朋友，都对他很好。当时我马上就答应下来了，很快就从山东回到杭州，然后那边有个老师过来接我们，把我们带过去，我呢就陪他一道去太原。不过他们到外地去集训，我们当父母的也很担心的，孩子离得实在太远了，我们什么都看不见、管不到。这次训练从8月份开始，一直到10月份结束，训练完直接由他们带队到上海参加比赛。这一个多月时间里，没人帮他打理啊，所以生活上要求自理。

我们从泰山回到杭州，就赶紧教他洗衣服。但时间太紧了，他没学会，衣服还是洗不干净。我们实在是不放心，在他们训练期间，我去太原看了他两次，每次大概隔半个月。我一去，果然衣服全部是臭的，还没洗干净就被晒在一边了。如果是秋冬倒也还好，可他们训练的时候是大夏天呀，你想想会有多臭呢！我去过好几趟太原，但每次都没能玩，都是下车后直接到他训练的学校给他收拾收拾。

儿子：你还是有稍微逛逛太原的吧。

于：那肯定是你自己逛了，我是没逛过的。

儿子：说实在的，我当时也没怎么玩吧，每天都在训练。

于：2007 年上海特奥会回来后，我们开始教他洗衣服，这样以后他自己一个人住的时候基本能自理。他现在短裤、袜子都是自己洗掉的，外面的衣服放洗衣机里洗掉。这样也就够了呀，退一步说，万一哪天我们不在了，他自己也能活下去。

当时他还主动说他要从十八岁开始学烧饭，我们就说“好的”。等他到了十八岁，我们就提醒他已经承诺过的，那么他也就愿意去学了。现在他自己会去超市买菜，好不好暂且不管，能买到菜就行了。现在饭菜也会烧，烧好烧坏也没关系，能吃就行了。我们本来也考虑过让他学厨艺、学点面点之类的，这样一来他自己做做饭菜也能活下来，但他坚持不要学厨师，嚷着要学计算机，我们也拿他没办法。现在他又说要去学摄影了，那也没办法，不可能不让他去学。

2007 年特奥会那一年，他得冠军了，回学校后就找他们校长说：“我要做班长！”那个时候他年纪还小，也不太懂事，所以他们老师就给他一个“委员”当当，我不晓得是体育委员还是劳动委员，忘记了。再到后来，他慢慢又进步了，校长就提出让他留一级，当班长，甚至还当上了大队委员。回头来想想，他进步真的很大哦，本来是他们学校最最差的一个学生，现在好像是翻身了，成了最最好的一个学生。

后来他成为学校运动队举旗手，这次活动是由西湖区主办的，他作为紫荆花学校的代表在开幕式上作了发言。学校训练队列式的时候，他不太认真，有点骄傲散漫，我听到他们书记跟校长说：“哎呀，他这样老是习惯性驼背是不行的，不适合做举旗手。”可校长很相信他，说：“他肯定会做得很好的。”就这样在葛瑛校长的鼓励下，他觉得应该努力训练，为校长争光，不能辜负她的信任，走路也挺起来了，不像平时那样老是驼着背、吊儿郎当的样子。这次之后，他也晓得要听校长的话了。实际上，紫荆花学校的老师真的可以说个个都很好，我们周扬在的时候，真的是很好。这种老师，很有爱心，又很细心。

于：他现在不太参加特奥运动会了。因为浙江的特奥很有特点，像他们学校，是学校通知他，然后老师让他开始训练。唉，没有很系统的。现在他脱离学校已经好多年了嘛，所以很少参加学校的活动了。

问：周扬参加特奥运动之后，他的变化给您带来了哪些影响？

于：那肯定有影响的。他好了，我们全家都好了。他智力上有提高，身体上少生病，对我们来说都是好事儿。从刚开始接受七院的康复训练，到山东的训练，再到参加特奥运动会直至取得一次又一次的成绩，这个过程中他的情况越来越好，我们也放心多了。本来我们俩是一刻不停地帮他收拾，老是生病，你跟他说他还听不懂，无法理解，通过训练以后，他慢慢就知道了。参加特奥运动以后呢，他知道"第一名"是好的，有好处，估计是老师会对他更好。以前不知道的时候都会说"你第一名，那我第三名好了"，但现在是争着想当第一名。这样么，他上课也不捣乱了，一下子懂事多了。

不过他偶尔也会因为比赛没能拿到冠军很难过。他每次参加比赛都有冠军拿的，就只有一次是亚军，他很难过。我就跟他说："你能够去参加已经很好了，还有人没得参加呢。"那么他难过一下就过去了。他性格是很好的，跟我差不多，我也是难过几天就过去了，心态是还不错的，也不会钻牛角尖。要钻牛角尖的话，老早不知道死了几回了。我们有时候就相互鼓励，要健康地活着，凡事看开点。

家庭领袖重协调

问：您是哪一年开始当家庭领袖的？

于：那应该很早了，十几年前了吧。大概是他刚参加运动会，学校就叫我去了。他拿到第一枚金牌，我就上了特奥委员会的家庭领袖名单了，当时他们就是到杭州来办家庭领袖培训的，很早了。负责老师叫安娜，是中国残联请来的特奥东亚区的负责人。我本来还有照片的，但现在放哪里搞不拎清了。我跟另一位家庭领袖一起去参加了培训班。这可能是我参加的第一届家庭领袖培训会吧。

2006 年他去哈尔滨参加全国特奥会的时候，我也一起跟去参加了同期举办的家庭领袖培训会。所以当时我们是一道过去的。在那里，运动员的家长们有一个学习活动，参观完后就可以去看他们比赛。那个时候比较好，家长想跟着去都能跟着去的，到后来可能就不太行了。因为参加特奥运动的人越来越多，经费受到了限制。

周扬：家长去的话好像是要报备的。2007 年上海那一届，你不是没有报备吗？所以最后是自己去的。

于：上海那次是因为他去得晚嘛，我们临时收到通知的时候太原的训练已经开始了呀。所以后来我们只能自己去，买票直接从杭州到上海，到了后也是自己去订宾馆。反正他住什么地方，我们就在附近去订一个宾馆。他的每场比赛，我们基本上都跟着去的。福建福州的特奥会我也跟着去了。活动主办方不让我去么，我就自己订个宾馆住他附近，比赛也是自己去看看，这样总能稍微照顾一下、关注一下，自己也心安。

家庭领袖就是参加家庭领袖培训会。内容方面，就是怎么组织特奥运动，怎么组织学生运动。我参加过两届吧，后来又参加过一次，去年吧，我刚刚参加过一次啊。去年在杨绫子学校举办过一次家庭领袖培训，我也参加过的。家庭领袖可能就是起到一个协调和沟通特奥运动会的家长参与特奥活动的作用吧。比如说跟学校协调、跟家长协调之类的事情。

问：跟你们对接具体工作的是省残联吗？

于：那倒也不是，反正我呢做的工作也不多，就是去听了几堂课。省残联下面有个特奥部，搞活动基本上都他们在弄。他们跟东亚区的或者跟国内的全国残联都有联系的，由他们组织这堂课，我们就是负责沟通。因为每个活动都有个融合，还有正常的孩子跟他们这种孩子一起搞活动。每个特奥运动都有个融合运动，或者说是融合活动，就是正常孩子跟他们一起做活动。周扬也参加过融合活动的，他每次参加的特奥运动会，同时都会设置一些融合的环节。

问：当家庭领袖期间，您有没有印象特别深的一些活动？

于：每一次参加家庭领袖培训，都觉得有很多的感动。对，就是觉得挺感动的。想想，哎呀，这个世界真的还是好人多。这种孩子，有那么多人关注他们，关心他们，带领他们，创造条件改变他们，提升他们的能力，心里面还是比较激动和感动的，很感恩。

家庭领袖的职责应该是有的，但是我做得也不多。主要是配合学校、配合老师参与特奥活动的开展，与同学的家长沟通协调。如果培训跟医院的工作发生时间冲突，那么申请调休就可以了。我在病房工作，是容易调休的。你前几天多做一点，后面几天就休息一下。休息一个礼拜嘛，肯定是没问题的。所以无论是对我的家庭还是工作，影响都不大。总体来说对工作是不影响的，就是自己调整一下。

问：学校召开家长会时，您有没有因为是特奥家庭领袖作为家长代表发过言，或者组织开展过某些活动？

于：印象中好像也没有。因为他们学校的老师，他们校长，侧重点还是孩子们应该读书学习，还有就是安全第一。这些孩子们本身就缺乏安全意识，所以学校方面也怕出事。这个可能是因为不同的学校，出发点不一样吧。

问：我曾看过几篇报道，接受采访的家长说对您最深的印象就是您是一个很活泼、性格很好的人。

于：还好还好，我这人不太悲观，凡事都觉得还是朝前看吧。一起活动的时候，如果碰到想法比较悲观的家长，能劝就劝劝。因为有时候大家心里面确实都很难过，家里有这样的孩子，能不难过吗？既然我们算是过来了，至少现在的情况有了很大的改善，总觉得还是比较欣慰的，所以碰到了就劝导劝导，鼓励他们一切都往好的方面看。

活动结束后，我们几个家长私底下基本上不会约出来聚聚，就是偶尔打个电话，现在发微信比较方便。以前可能还会约一下，现在是真的没有了。因为现在，一个是他大了，他基本上能踏上一个比较适合他的道路去学习；第二是我们自己年纪也大起来，精力不如以前了，所以沟通就少了。总的来说，我们周扬现在的进步应该说是蛮大的，人家的进步可能没有我们大，正是因为大家都比较敏感，所以平时大家相处也都是很小心翼翼的，基本上就是这种相处状态。

问：有没有退任家庭领袖的说法？

于：好像有。有时候通知你去开开会，那么你过去听听课，见见朋友，聊聊近况。现在大家都长大了，也不再参加特奥运动会，那么也就不通知了。

父亲辅导念大专

问：他在紫荆花学校的时候也是住宿的吗？

于：没有，都是每天来回接送的，后来大了么就叫他自己去了。上中专、大专的时候是第一次住校，而且一住就是六年。其中中专三年，专科也是三年。他大专念的是浙江特殊教育职业学院①，然后专升本，挂靠浙江科技学院念本科，现在科院马上也要毕业了。

丈夫：专升本也是学校出面办的，和科院合办的，可能是因为他们学校自己做不了本科。

---

① 浙江特殊教育职业学院是以浙江省华强中等职业学校为办学基础建立的，始建于 1993 年，是面向残疾人的公办普通高等职业学校。2014 年 4 月经省政府批准，正式建立浙江特殊教育职业学院。

于：本科的班是人家科技学院做的本科班，在他们学校里办，大概是照顾他们，就是让他们有书读，最后给他们一张文凭。

丈夫：他们学校的校长真的很好，千方百计为他们争取学习机会，提高自身能力，提升自身价值，给他们增加学习的内容。多项技能，多条出路嘛。

于：是的，也是照顾他们，因为你考试肯定考不过人家的，层次差多了呀。就等于是让每个学生都能在社会上稍微立足。上回有个孩子跟我说，他们如果读了本科，一般来说工资会比人家只读中专的高个两三百块啊。这个浙江特殊教育学院的校长真是蛮好的，我们儿子呢也是蛮幸运的。怎么说呢，正因为紫荆花学校葛瑛校长留了他一年，又刚好紫荆花学校毕业那年，浙江特殊教育职业学院第一次全省招生，他有幸考试被录取，才实现了他读大学的梦想，现在他都快本科毕业了，听说学校好像又不办本科了。是不是啊周扬？

儿子：是的，因为很多人卡在电脑印刷设计上面，考不出来，考了好几次都没有过，所以下回不办了。

于：他们要参加一个全国性的电脑印刷设计考试。需要他记牢，然后背出来，对他们这种孩子来说真是太难了。他爸爸自习，找方法，找捷径，然后一个个地教周扬，所以最后考得还可以。有时我跟周扬爸爸说，只要是学习不好，或者学习有困难的孩子都可以找他当家教，效果真的不要太好啊，你看差生都给他培养出来了。

丈夫：我呢只能针对他的特点来教，因为比较了解，我知道怎么样能够让他学会。再加上他记忆力比较好，我讲了还能记得住。所以说他这个特点就掩盖了好多缺陷，只能这么讲。

于：是是是。我们儿子小的时候能干的。他看儿歌的碟片，好多字他就这样都认识了，他不会写，但是他认识。

丈夫：他原来拼音学也学不会，好几个老师单独教他，他怎么都学不会。

于：我在家里教也教不会啊，后来三四年级的时候，他为了学电脑，玩电脑，因为要打字么，硬着头皮学。我们家本来有两张拼音图表的，我们就跟他说："你自己拼好嘞。"就教他对着这两张拼音图表一个一个地学习拼音。没有几个月，他就学会拼音了。（指着墙上的拼音图）对对对，就是墙上这一张，另外还有一张丢了。

丈夫：我跟他说："你不懂，我教你一次，告诉你，下次不要来问我了哦。"没办法，他也只好学起来。

于：学校里都教不会的。老师从一年级教到四年级，都没有教会他们，我也配合老师多次教过他，结果都一样，教不会哦。但是一学电脑，为了玩电脑，他立马就学会了。他叫我们："爸妈，给我打字呀!"他不会拼音，没法玩，我们也稍微地难难他："等等啊，我事情做好了就来帮你打字哦，等等就来了!"然后就告诉他："你如果自己会打字，就要学会拼音，学会了拼音后，自己用起来就很方便了。"然后他就开始学了，一下子就学会了。他自己为了玩电脑，连拼音都学会了，就是根据这张表学会了！学了那么多年，老师都换了四五个了，怎么教都学不会啊，太伤老师心了。然后家里有电脑了，他一下就学会啦。他们班里面，就他会拼音。哈！他的自信心不要太好了。人家都不会，就他会，他就帮同学拼音打字，玩得不亦乐乎。

大概是因为以前他对学拼音没有兴趣，所以一直学不会。等到学电脑玩电脑的时候，他想学了，我们教了，他一下子就记会了。现在拼音拼得很好嘞，打字也打得蛮快的。

儿子：没有，打字是在中专里面练的，因为它涉及很多知识嘛，要走文秘这条线路的。它实际上是偏向客服这一块的。淘宝客服的话，它最低要求是九十个字。我大概一分钟打六十几个字吧。

丈夫：哈哈哈，你自己打慢的原因始终没找到。打词组一定要准，第一个字必须定位，一定要打全拼，不能打一个让人家猜的字。一串么，就弄不好了。但是键盘上的字母在哪里他都记得住，而且记得不要太溜哦，这个对他已经是小意思了。所以说他有他的特点，就是有时候不会抓住问题的重点，如果会抓重点呢就更快。他就是比较坚持自己的感觉，很不听劝。

于：对，比较刻板，不听劝。

丈夫：他读中专的三年，包括后面的大专，基本上都是我每个礼拜去给他辅导，要是不辅导肯定要不及格的。

于：考零分嘛。他读书全靠他爸爸在辅导，背都要叫他断词、断句去背，天天盯牢他去背。他爸爸找方法找捷径，然后再交给他。

丈夫：我要帮他找方法，不帮他找方法的话……方法他掌握了就好了，就可以了。所以后面考试基本上就是前几名嘛。不过他们这个学校是浙江省照顾残疾人的，总的来说学得比较简单。但对他来讲呢，还是比较难的。

于：对他来说比较难，然后他全部要靠记，硬记，强记，给他记牢。他爸爸去辅导他，就给他强记。全靠他爸爸帮他读书，不然的话怎么可能读得出来，读不出来，太难太难了。

丈夫：你就帮他找个方法，你不能简单化，这个 123 一定要有，怎么样怎么样。那后来弄习惯了，他也就坚持了。就是记忆力帮了他自己，帮了他大忙。如果记忆力再不好就完了，再教也教不好。我们记忆力真的是“超群”。

问：周扬本科念的是哪个专业？

儿子：平面设计，我一般搞搞摄影这一块。

于：他现在每天都在搞摄影，今天这里拍照，明天那里拍照，他喜欢嘛。（跟周扬说）照片拿出来啊。他从去年开始迷上摄影了，所以经常在外面拍。这么热的天，他也天天跑出去。

儿子：我未来么，想转摄影师，先为这个先期打一点基础，未来再去转那个专业的摄影师。

安排生活有主见

于：大多时候他还是很听我的话的，不过现在年纪大了什么都不听了。现在他很有思想、很有主见的，他想好的事情你没办法的呀，你只能认同他。就像这次，他本来是打的短工，老板对他很好，也没什么要求，就是收收快递、接接电话，有事情的话告诉老板就行。就这很简单的事情，他说他不做了，要学摄影去了。我也只能随便他，没办法的呀。你一定要他坚持干下去，那他只好天天跟你吵，天天跟你对着干，这样受不了的呀。他老爸对他也没办法的。

问：周扬现在便利店的工作，是你们帮忙找的吗？

于：工作一直都是他自己找的，他不让我们插手，就自己去人才市场问，一个一个地问。他自己看看，觉得有什么工作好的，就去做了。

丈夫：他跟我们说：“稳定的工作，我暂时不考虑。”哈哈哈，你说我们能怎么办？

于：现在稳定的工作也难找，就这样做做也蛮好的。能做得长么最好，做不长么也不要紧，因为确实有难度。他记忆力很好，像是软包中华、硬盒中华之类的，他都知道的。这份工作呢，他跟人打交道是没有问题的，就是算钱有困难，加减不熟悉。

有一次他收过一张假钞，100块钱的，后来赔了一部分，所以我们给他买了一支验钞的笔，就是这种。（把笔和假钞拿过来）你看，这么一照就看出来了啊。你看头发这里，真钞是一根一根很分明的，但假钞是一团的。他爸爸就教他识别钞票。他们店长人也是很好的，四个人上班嘛，也不知道这钱是谁收过来的，那么店长就让他们每人赔25块。我们一看么，就觉得肯定是他收的，因为他不会识别假钞嘛。还有一个就是，这张钞票太明显了，一般看一下都能看出来。

丈夫：你看，真的100块这里的头发是一根一根很分明的，假钞就是一团一团的，照一下就很简单啦。你看，真钞是有好多水印的，这个（指假钞）就没有。实际上所有的纸币都是有水印的，不去分辨的话就是分辨不出的。所以，没有验钞灯的话，就这么看看，是看不出的，再加上他又这么毛糙，是吧。实际上最标准的验钞办法就是看头发丝，他们培训是讲了一些验钞技巧，但估计是没讲头发丝这个特点，又或者是他听了但是忘了。

于：反正也还好，至少已经做了两个月了吧，比我们想象的要好得多了。缺点、错误是有的，给他们店长叫去倒垃圾，把垃圾桶弄干净，但总算都还好。我跟他说："你既然犯错误了么，那么就要让店长教育一下、指导一下的。"那也好的，人家店长也是为他好，成长过程总是这样的嘛。总是一开始很毛糙，然后慢慢地可以变得仔细一点。

丈夫：他呢，只要是自己喜欢的，就会做得好一点，不喜欢的呢，就会更乱、更敷衍。现在这样，相对来说还可以的，所以要做他自己喜欢的工作。原来他超市也是不要去的。

于：我跟他说："你要去超市么，那家附近的物美超市做做好嘞，还跑这么远。"他说一定要他自己定，我们安排的不行。再说，物美的小时工只有收钱的，但是让他整理钱、算算账是不行的，他钱都理不清。让他理理货倒是可以，大不了就是慢一点嘛。人家半小时一小时能完成的工作，他要两三个小时，有时候甚至要四个小时，所以经常半夜才回来。收钱不行，超乎他的能力了，再加上物美这边刷条形码的量也大。现在这个十足便利店呢在小区里，就相当于一个小卖部。住这个小区的人也就是偶尔去买一点东西，而且人稍微少一点，买点东西么，那他刷刷也容易，不需要很集中地一直在刷。

上一次他们本部来检查，也说过他刷条形码、算账太慢，本来是要淘汰他的，不过后来好像还好，因为他们店估计实在没人，店长估计就跟总部美言了几句，就留下他了。他动作实在太慢了，现在可能好起来。是这样的，慢慢熟练就好一点。我们想想么，如果他真的做不了了也没办法。人家不要他，他一定要做，那这味道也很差，做不下去的。如果他有缺点，人家给他指出后，他改正，再继续做，那么这样也就得到成长了。所以说长大了真是个麻烦事情，工作也很难找。不过话又说回来，周扬现在这样已经很好了。

（周扬进屋，于对周扬说："你睡六个多小时够吗？等一下再睡一下好吧，不然你睡眠量不够的。你下午的事情不急的吧？吃点东西再去睡个回笼觉，中午过后再出去也来得及。”①）

问：他周末有什么活动吗？

于：周末他要去教会的。周六是青年聚会，有时候是讲课。周日是礼拜日，主日学聚会。他这两天都要去教会。估计晚上又要吃到很晚才回来吧。他们聚会上年轻人多嘛，就借着机会吃喝，到处玩玩，有时候吃了一顿还不够，又要到其他地方吃下顿。一天不知道要吃几顿饭，所以才吃出来现在这个样子。另外周三也是青年聚会。有时候多起来甚至一周去五次，我们让他多休息，不要总是往外跑，他还跟我们生气，有几次还吵得天翻地覆的。所以他现在的工作时间就是周一、二、四、五，一周四天，其余三天都是去教会。这还是他自己跟店长要求的呢，要不然他也不会做这份工作了。

他不知道累的，休息的日子就到处跑，上班的时候半夜骑车回来都要一个半小时不止吧。我们问他是不是绕远路了，他说没有。我们想肯定是的呀，估计他下班后并不是直接回来的，肯定在到处绕。这些路他都知道的呀，记得很清楚的，肯定也不是迷路。我们每次问他都问不出什么东西来。

于彩华一家三口

① 周扬前一天上夜班，凌晨两三点才回到家。采访上午九点开始，大概九点半周扬睡醒，来到客厅。于彩华让周扬吃个早餐，再去睡个回笼觉。

问：周扬现在工作的收入是存放在您那里吗？

于：没有哦。一开始还会给我们一些钱帮他交社保，后来大概是听了他那几个朋友的话，“你赚这点钱还交社保干啥”之类的，就不肯交了。那我们有什么办法呢，只能帮他交。像他这样缺少判断力的孩子，别人说一句，顶我们俩说一百句，怎么都听不进去。现在他每个月赚的 2 000 多块就是他自己花花，跟他那些朋友到处吃吃喝喝，很快就用完了，有时候还得跟我们要钱，这也是没有办法。我们跟他说，让他把钱留着，以后要买好的相机，自己至少要拿出一部分吧。答应是答应了，但是钱也没存起来。我看看他现在每天都要花二十几块钱买吃的，所以你看他这个样子，真是一天天在变胖啊，哈哈哈哈哈。这种人的嘴巴是管不住的，因为他没有高层次的需求，只需要这些啊。我想他在便利店里工作，零食买买吃吃不要太让他高兴了，所以说，社保的钱都不给了，工资怎么可能给你呢？他还说得好听，说“钱要交给老婆管的”，可爱是蛮可爱的。

问：您对周扬今后的生活和工作有什么期待吗？

于：期待嘛，更好一点，比如说成个家，立个业。但是这种事情不敢想，听天由命吧，再说现在就算是正常的人也很多不成家的。人跟人是不能去比的，否则“人比人，比死人”，只能自己跟自己比。拿他现在跟小时候比，跟他的成长过程比，我们也满足了，想想已经蛮可以了。

于彩华丈夫口述

口述者：于彩华丈夫周理明、于彩华
访谈者、撰稿者：张婷
访谈时间：2019 年 1 月 19 日
访谈地点：周家

最年轻的护士长

问：您可以讲一下您跟阿姨从认识到结婚的经过吗？您对她的第一印象是什么？

丈夫：已经是很早的事情了，可能是 1989 年。她那个时候是护士长，在我们医院，相当于是最年轻的护士长了，能力是很强的。在当时，你一个年轻人能够被迅速地提拔上来，说明你的业务能力是很强的。我们那时候就已经讲业务了，只有业务好了才有这可能，要不然没这个可能。我们医院对政治的要求也很高，她被提拔为护士长的时候肯定已经是中共党员了，要不然也做不了。不像现在，对政治要求没有那么高。她又是年轻的党员，又是护士长，能力肯定很强，综合素质比人家高，这是肯定的。反正做什么事情，尤其是一线的任务，基本上都会派给他们这样的人。

虽然没有跟她接触很多，但是从能力强这一点可以看出，她对病人肯定是很热情的。我们单位的基本要求就是热心，这是工作特点和单位性质决定的。本来做这份工作，你的热心也是装不出来的，对吧？要想往那里靠，也很难靠的。

她的性格脾气，也是比较适合这份工作的。以前做护理跟现在不一样，现在好多事情都交给护工去做了，护士就是做基本的身体检查和常规护理。病人的起居饮食都得护工做、护工管，尤其是比较严重、比较特殊的病人，护士更不可能给你做了。但以前不一样，病人的生活护理基本上全是护士做的。病人如果躺着不能动了，大部分事情实际上都是护士在管理。不仅工作量大，而且还要肯做，愿意去做，这就说明护理人员自身的责任心肯定是比较强的。

比如说，以前我跟她在一起，她经常跟我说“我今天下不了班的，你先回去”，要么是“你今天不用等我了，也不用出去玩了”之类的。那我一听，基本上就知道她很忙，有事走不开了。我呢，因为是机械医疗仪器工程师，工作时间方面基本上是比较稳定的，很少有临时性的加班，很少有说哪个仪器一定要今天修理完，我的工作相对来说是可控制的，但她就不行。首先，她本身就有“三班倒”的工作要求，我们俩的上下班时间经常凑不到一块儿去；还有一个不可控的就是，比如今天临时有事情，或者你的病人有突发状况，那你肯定走不了的。有时候你手下的人员临时有事，你作为护士长就要顶替上去。实际上她很多工作都是替别人顶上去的。甚至有时候有一些特殊情况，马上就需要你去安排，那么你也走不了。所以说，在医院里工作，很多时间自己都是控制不了的，从这点也可以看出她们做护理人员责任心都是比较强的。

分娩发生意外

问：上次听阿姨说，她第一次怀孕的时候，孕吐反应太厉害了，所以孩子就拿掉了。您能说说当时具体是什么情况吗？

丈夫：当时呢，第一个原因是我们俩都还没准备要孩子，这点比较重要。第二个呢，也是因为她反应实在是太厉害了，她的身体状况也不是太好，不是太理想，然后就决定拿掉。我们俩本身也是在医院做事的，这件事基本上很快就决定了，很快就做了，没有犹豫很久。总之，那次最主要的原因就是，我们俩觉得还没准备好要孩子。

问：关于周扬这一次意外，我上次跟阿姨了解到，当时她的情绪一直是很压抑的，之所以能够比较快地走出来，主要是因为您的鼓励。当时的具体情况，您能说一说吗？

丈夫：周扬这件事情呢，实际上很多事情也怪我们自己。为啥啊？我说，有时候也是天命，没办法。当时她觉得自己的腹压很小，就是腹部的压力，原则上说，她这种情况自然生产比较困难，有腹压才有自然往下生的动力嘛。

当时为啥不剖腹产呢？一个是对剖腹产的理解还不是很好，大家都是能自己生尽量自己生，如果到最后还是生不出，再要求医生给你剖腹产。另外一个呢，是我们也没提前跟人家打招呼，一切准备都没做好，我们都觉得生孩子就是顺其自然的事情嘛。所以说，回过来想想当时剖腹产的话可能情况还会好一点。当时对“产钳引产”这个概念呢也是理解不透，就出现了这么个状况。一切都是发生到了自己身上才知道。

我们现在劝人家，是吧，要么提前找剖腹产，要么生产过程中当机立断。我们当时就是因为没提前打过招呼。妇产科是有个指标的，如果剖腹产做得多了，那是不行的。这是当时的规定，现在对这方面的要求没这么严格了。当时她这种情况么，医院也是坚持不给她剖腹产。其实她在这个医院也是有同学的啊，就是因为没有提前跟他们打过招呼，我们么也是想顺其自然地生产么就好了，结果没有想到会出现这么个情况。当然了，这些都是后话，当时谁也不知道呀。

我们认识一个书法家，他说他们三个女儿全是剖腹产，就是提前讲好了要剖的。为什么呢？他说："剖腹产的孩子聪明。"因为脑袋没有受过挤压，确实是如此。现在好多说起来，一定要受过挤压，一定要怎么样啊，只有经过这个过程孩子才会健康啊。现在情况不一样了啊。怎么说呢？以前的人身体素质肯定普遍比现在要好，因为他们的工作多是纯体力劳动，现在的人体力劳动相对少了，尤其是城里人，基本上不是站着就是坐着，对吧。所以以前的人生起孩子来并没有这么困难。你想以前的人生孩子的条件并不好，但都是自己生，也没去什么医院啊，对不对？实际上这就是体力问题，关系到生产时候的动力问题，这个才是主要原因。现在的人呢，一般能不自己生，就不要自己生，这样可能对孩子来说会更好。不过不到三十岁又经常做体力运动的，那自然分娩基本上也是没问题的。

于：对啊，就是缺少提前找我同学说一句话，不好生的话就给我剖腹产。我忘了跟同学说，我同学么也忘了跟主任说，所以一错就千错万错了呀。本来我想想么，自己应该是好生的呀，因为我的孩子不大，顺其自然应该是可以的。总之就是估计不足，所以犯错误了。当时我年纪也挺大了嘛。还有，我们那时候多严格啊，医生临时给剖腹产的话，万一出问题，谁给负责呀。所以有些事情一定要提前说，不要自己忍着熬着。像是跟我一起生产的孕妇，她就是一直"哇哇哇"地叫，那么家属一要求，医生就答应给剖了。我呢，就想着能熬就熬，不能乱叫。所以有时候遵守规则反而自己会吃亏，因为你不叫的话别人不会重视你嘛，不知道你情况有这么严重。我们就因为这事吃亏了，这辈子真是苦死了。

丈夫：人们讲剖腹产出来的孩子不健康，这是以前的说法，现在情况不同了。主要就是产妇体力跟不上的话，生产过程太长，孩子最后生出来么，意味着脑袋被挤压时间过长。你想想看，脑细胞的生存是不可逆的呀，损失了就是损失了，我们就属于这种情况。现在剖腹产的要求也放宽了，所以临时要求医生剖腹产还是可以的。不过最好不要，能提早说就提早说，不然脑袋一旦受到过长时间的挤压就不可逆了嘛。

找到训练方法

丈夫：真正发现有问题，要到三岁以后。读小班的时候，一次有个家长跟我们说周扬太好动，叫不住。我们想着去检查一下也好，看看是不是有多动症之类的。

本来我们也是想不到的，从他日常表现来看，其实觉得他还是挺聪明的。像是拼三角形啊，记忆力啊，都挺好的。走路也是挺早的，十一个月大我们就带他去玉泉植物园走小山坡，他也不会摔跤，就是走得有点不稳。实际上，他的这些特点掩盖了他的问题。比如说，才六个月大的时候，他就已经能用两只手抓牢杆子，只是一些精细动作做得不太好。但是这么点大的小孩子嘛，你要他做得很好也是不可能的。所以那个时候，就算有些小问题小细节跟其他孩子不一样，也是看不大出来的，更不会想到会出这种情况。

上小班的时候，他一般在教室的角落里玩，老师上课讲的东西他也知道，让他唱歌也会唱，让他背东西他也会，甚至还可能背得比其他小孩子要好，因为他记忆力、观察力好嘛。所以当时根本是想不到的。

后来慢慢长大了，他跟其他孩子之间的差距也就越来越明显。老师让他们坐到位子上安静下来，他反而往外跑，拉都拉不住，直接往外面冲，追都追不上。实际上就是因为他这种孩子的注意力不集中，思维太活跃，控制不了自己，也就是严重的感觉统合失调。你让他坐那边安安静静的，他听是听懂了，但就是坐不住，位觉很迟钝，控制不住自己到处乱跑乱跳。刚开始这种情况还是很普遍的，小孩子多动症也挺多的，但后来随着大脑的发育，他跟同龄人之间的差距就越来越大。其他小孩子已经安安静静地坐着了，可他就是控制不住。

到后来，既然已经检查出来有问题了么，我们也只能认了。当时我们的想法也很坚定，等我们老了还要照顾他，倒不如趁年轻的时候帮他康复，能好一点是一点，说不定还会厚积薄发。我当时也看了很多这方面的资料，的确有人通过康复最后好起来的。实际上，脑细胞的增长是一个过程，正常人也只开发了5%的脑细胞，剩下的95%都处于沉睡状态。那我们通过后天的康复运动，说不定能开发出潜在的2%的脑细胞，尽量来弥补先天的不足。简单来讲，就是通过运动来激发他潜在的能力。我们的想法还是比较坚定的。检查结果出来后，没多久我们就开始参加康复训练了。

于：那几年我们真是暗无天日，不是上班就是康复训练，每天两个医院来回跑，在家里也是做训练，就是“三点一线”，总之就是不死心。当时在七院给我们做检查的医生跟我说的话，真是叫人难过！他说：“你们再康复也没用，他就是个白痴。”当然我们也知道，他也是一片好心，他是怕我们辛苦努力了大半天，最后还是失望，是在劝我们早点再要一个孩子。但是我就是不死心，即使你这样判断我的孩子，我还是相信以后肯定会变好的。

丈夫：后来我们到同德医院，帮我们检查的医生也是这么说，让我们再生一个。这两个医院都是熟人介绍的，他们其实呢也都是好心，就是想用狠话让我们再生一个，别抱幻想了。

于：对，好意都是好意，就是那时候我心里真是有点不甘心。后来我们就在七院训练，一年365天一天也没停地训练，在医院练，回家了还继续练，刚开始几年进步还是挺大的。练到第三年，感觉遇到了瓶颈期，一直进步不大。后来在一位家长的介绍下，我们就去了山东，用刘弘白博士的方法训练，那段时间确实进步很大。

丈夫：我去浙江图书馆找过他的书来看过的，他根据在台湾的临床试验得出的一套训练方法，就是针对感觉统合严重失调的孩子来制定的。我们去训练后呢，确实效果非常好，对他有明显的帮助。这些训练方法看起来很简单，就是让小孩子画画连线，比如给你三个点、四个点，让你按照要求连起来。这种孩子呢，如果你不训练，他其实就是会乱画的，不会主动去找规律。因为他的视、听、动这些感觉的协调能力不行。比如你画这两个点的时候，眼睛却是看其他点，那么就乱了。他实际上就是在训练这些孩子的手、眼协调能力，然后才是综合的统合能力。他这套办法对周扬来说，非常有效，后来他都能自己写字、画画了，跳绳跳得也很好。以他之前的能力，这些是根本学不会的。说明经过刘氏的这套训练，他的协调能力在慢慢变好。

训练也有分解动作，大概是左手先甩多少圈，再右手甩多少圈，反复练反复练，可能练了一个多月吧。左手甩顺了，换右手甩，最后才是双手一起甩。后来学会跳一个，大概一个礼拜后就会跳十个了，然后慢慢变多。

从山东回来后我们继续在家跳。刚开始规定每周跳五天，目标500个。后来每周跳六天，目标6 000个。就这样，一坚持就是十几年。不过现在又不跳了，又壮又懒。训练完以后，他的进步非常明显。后来呢，因为年龄也大了，进步的空间有限，所以基本上就是保持住。现在又不要练了，基本上就是睡觉、电脑，长大了就要偷懒了。相对其他孩子来说，他的进步是比较大的。

我们也知道，随着时间的增加，他跟同龄孩子的距离会越来越大，我们希望呢这差距不要拉得太大。我们都是医务人员，心里其实很清楚的，你年轻的时候不帮他，小的时候不帮他，老了就得帮更多了。还有一个也是因为他的优点掩盖了很多问题，想着情况可能没医生说得那么严重，所以就横着心一定要试试。虽然越到后面，差距只会越来越大，但我们努力过，有些事情也没有办法，只能认命，对不对？

孩子进步父母知足

于：我们的要求也不高，首先得保证他能有基本的自理能力，万一哪天我们不在他身边，他能自己照顾自己。后来读中专的时候我们让他去学面点，他说："我一定要学计算机。"还放狠话说："你要叫我学面点，我就不读了。"我一个同事说："既然他喜欢就让他读好了。"我们想想也是，反正他喜欢，如果读不出来，再让他去学做面点也行。

丈夫：最后还真就给他读出来了，不过估计也是因为他们学的内容比较浅，还有我在帮他，打字、操作要教，理论课也要教。尤其是理论基础，对他来说是全新的内容，相比于他同学，理解起来难度要更高。但也没办法，如果我不去给他辅导，肯定是要科科挂红灯的。

刚开始他考得不好，因为他能力摆在那里嘛。他也很难过。我们就跟他说："你开始考得不好不要紧，最后那个考试才是最重要的。"他们最后考试的题目其实都是平时考过、练过的，因为学生整体水平差嘛。我就根据他们的考试内容给他辅导梳理，要么排顺序，要么找规律，然后让他背下来。好就好在他记忆力好，而且他也愿意学。如果他自己都不愿意学，那我再讲、讲得再好也没用。那么按这个模式做得多了，他自然就会考了。虽然他平时小考、期中考的成绩都不怎么样，但最后的期末考成绩都是班里靠前的，基本可以在前三或者前四名，所以总能拿到奖学金。另外也是因为他们班里的同学很多都是从农村来的，知识基础和阅历不够，再加上没人提供辅导，自己可能又不想好好学习，因为残疾孩子在学校里是不受待见的，可能会自我放弃。这样一来，我儿子虽然智力不如人家，但按照我这个模式好好学习，好好记忆，最后也能考得很不错。

于：在他的教育上，我们两个真是花了很多功夫的。像是后来他长大要去上学，全寄宿制的，我们担心他生活没法自理，就买了辆小汽车，几乎每天都会过去看他，顺便帮他洗洗衣服，整理一下房间。他在专科读书刚半个月不到，我们就去了十几趟。有一次还闯了祸，说是帮同学出头去打架了，差点被开除，我们又是去请求老师宽容处理，又是去跟学生道歉的，好不容易才勉强答应留下他。

丈夫：他们这种孩子呢，其实对什么“出头”啊“处分”啊是不了解的，等于是说没有是非判断能力的。像是打架这种事情，如果你不及时帮他纠正，他有可能会觉得这种做法好像也蛮好的。他缺少这种判断力，你什么都要教他，一旦犯错误，就得马上给他纠正过来。不过现在长大了又不一样了，他都不怎么听我们的话了。很多外面的事情，可能说者无心，但听者他有心啊，对不对？可能人家一句玩笑话，他就当真的。有时候我们问他今天工作上有没有遇到什么事情，他马上就警告我们，说：“你们不准去超市，这是我的工作，是我做的，你们不能做。”他一定坚持要自己弄，所以两三个月以来，我们都不敢去他工作的超市找他，就刚开始那一次，还是站在超市外面的马路边远远地看一下就走了。

总体来说，现在这样我们已经很满意了。我们好几个朋友的孩子都还是要大人陪着的，孩子去哪儿他们都得贴身跟着。我们至少能放手，像他现在这样满世界跑，要多远有多远，到处拍照，我们也不用跟着。有些孩子是随着年龄的增长在大步大步地后退，我们则是不断进步，像蜗牛一样一点一点地往前挪，这样已经很知足了。

于彩华儿子观察记录

观察时间：2019 年 1 月 19 日 15:30—20:30

观察地点：杭州市西湖区某大厦 A 幢某便利店

观察者、撰稿者：张婷

时间	活动内容	备　　注
02:30	下班到家，洗漱后再睡觉。	据于彩华讲述。
13:00	到店开始上班。	据周扬讲述。
15:30	收银。	一位顾客买了一瓶酸奶，周扬扫码后告知价格并收账。顾客正要离开，马上说“欢迎下次光临”。
16:05	准备商品并结账。	顾客一进门，周扬就说“欢迎光临，周五关东煮三件八折”。顾客要了一份关东煮后离开，仍是马上说“欢迎下次光临”。
16:10	准备商品并结账。	顾客一进门，周扬就说“欢迎光临，今天关东煮三件八折”。顾客要求软壳中华香烟，并询问最近有没有新货上架。周扬熟练介绍起其他品类的香烟，顾客最后仍选择软壳中华。周扬以较快的速度结账，对顾客说“欢迎下次光临”。
18:00—18:30	吃饭、换班。	同事下班，店内只留周扬一人继续工作。
18:50	结账并提供便当加热服务。	便当结账后，根据顾客需求帮忙加热便当。首先拆开包装纸，将调料包倒入饭盒中，重新合上包装盖。打开微波炉，放入盒饭，定时 3 分钟加热。听到“叮”地一声，周扬马上转身打开微波炉，交给顾客并提醒注意烫嘴。
19:00	开始点货。	清点到货商品和货架上商品的数量，查对账目和营业额。点货速度比较慢，清点货物的时候基本要数两遍。
19:08	收银。	听到有顾客进来，随时反应“欢迎光临，今天关东煮三件八折”。顾客拿了两串关东煮，周扬询问“要不要再拿一串，今天三件八折”。应顾客要求帮忙拿了一串豆干后，结账。顾客离开后，继续点货。但因为中途被打断，于是重新清点。

（续表）

时间	活动内容	备　　注
19:15	收银。	这时又有顾客进来，周扬忙于点货，没注意到。顾客拿了几包零食走到收银台前，周扬没有马上反应过来。顾客说“帮我结一下账”后，周扬才放下手里的点货机给她结账。顾客走后，继续点货。
19:45	观察者与周扬就工作时间进行交流，包括上班时间、工作内容等。	周扬停下手里的工作，说：“今天一点多就到店里了，因为店长有事情，让我早点来。有时候三点来也是可以的。晚上回家要比较迟了，有时候十二点多，有时候一两点。”说完后继续点货，似乎觉得哪里不对，于是返回又点了一遍。十来分钟内，又来了两位客人。为避免打扰到周扬的工作，八点左右观察者结束观察，离店。

为女儿开了家文具店

——张杭娟口述

张杭娟，1961 年生，原浙江省杭州汽车发动机厂工人，现经营文具店。特奥运动员丁伊冉之母，浙江省杭州地区家庭领袖。

丁伊冉，女，1987 年生。独生子女。重度智力障碍。获得钢琴六级证书。现与父母共同经营文具店。

口述者：张杭娟、张杭娟女儿丁伊冉

访谈者、撰稿者：田乐

访谈时间：2017 年 7 月 20 日、2019 年 1 月 16 日

访谈地点：杭州市和源文化用品商店

时代裹挟下的童年

问：丁妈妈，能否请您简单做个自我介绍?

张：我是张杭娟，是丁伊冉的妈妈。我女儿 1987 年出生。

问：能否请您先介绍一下自己小时候的成长经历?

张：我是 1961 年阴历 11 月在陕西咸阳泾阳县出生，我的爷爷奶奶、外公外婆都在咸阳。我爸爸 1957 年分配到杭州汽车发动机厂，任技术科科长，我 1966 年才随我妈正式到杭州。我妈妈没调过来的时候，我爸爸每年回去探亲一次；他们两人都调过来之后，一开始都没有探父母的假期，直到八几年才有四年一次的探亲假。我以前还经常回去，外婆去世以后就回去得少了。我生了我女儿之后，有一年的假，我回老家去过一次。

1967 年 7 月我弟弟出生，我妈妈是回咸阳生的我弟弟，因为在杭州我们没有亲戚，我爸爸又是厂里的领导，工作很忙，所以我也跟着回去了很久，我是在咸阳上的一年级。那时候有春季班有秋季班，我从咸阳回到杭州刚好赶上

春季班，等于我上了半年一年级，回来之后就上二年级了。

回到杭州有一段时间需要适应。杭州那时候很少有外地人，讲话都讲杭州话，连上课老师都说杭州话。我之前在咸阳都是讲陕西话，即便后来讲普通话也会被别人看不起，觉得你是外地人，所以我小时候也是很难融进同龄人里去。我在院子里面被小孩子起外号“华侨佬”，那时候说华侨佬是贬义的，我小的时候长得漂亮，但我不愿意被别人这样叫。

我们以前住在断桥对面的宝石山半山腰，现在已经是民宿了，院子里面住了三十多户人家，房子是错落开的。我们家分了两间房子，后来把两间打通了，都是木结构的房子，厕所是大家公用的。我爸我妈对邻居也很好，所以虽然我们家是院子里为数不多的外地人，但大家关系很融洽。比如说，因为住得高，所以院子里吃水要每天晚上半夜，等下面的人都不用的时候，起来去山上挑，一个水龙头所有人家一起用。那时我爸经常出差，我妈身体很弱，有时候我们半夜起来去看，邻居已经把我们的水缸放满水了。

我回杭州在断桥小学上学，就在现在的少年宫那里。我小时候比较乖，很文静，而且长得也漂亮，所以学校老师很喜欢我。当时少年宫门口照壁上画了毛主席和两个小姑娘，我就是其中一个小姑娘的模板。我们小学有一个毛泽东思想文艺宣传队，我参加了，主要的一个节目就是京剧，当时弘扬京剧，经常要出去演出，包括下去慰问等等；平时就由一位音乐老师带着练习，包括唱歌、劈叉等等。

那时候上学不重视读书，平时没有什么作业，放学了就是玩。我在学校很开心。教室里面都是条凳，而且我记得好像是一个教室一半一年级、一半二年级，老师在两个班轮流上课。

我要管我弟弟，因为我爸爸工作一直忙，经常出差，他后来担任技术厂长；而我妈妈身体不好，一开始在居委会帮忙，后来到满觉陇那边的工厂做会计，骑车上班，比较远的。所以我平时要洗衣做饭，也要照顾弟弟，我去哪儿都带着他，他也很黏我，直到我上中学和同学出去玩，他都要一起去。我弟弟上幼儿园我也要送他，他是全托，一周回来一次。我放假的时候就自行车推着去接他，再送他。那时候很多小孩子都是这样的，要回家做饭，很自觉的，不觉得是难事。我们这一代，除非和爷爷奶奶住在一起，大家都是要自己做饭的。

问：您是什么时候上的中学？

张：我小学上了五年半，之后就去向阳中学学习，就在现在保俶塔小学旁边，现在应该和小学合并为保俶塔学校。我们那时候有“带帽中学”，就是在小学里面过渡，然后再去上中学。因为我的小学很小，所以当时是在保俶塔小学上的“带帽中学”，过渡了一年，再去向阳中学读了两年。

那时候很多初中毕业就下乡，还有写倡议书要求下乡。最早的一批去得远，要去黑龙江，到我们的时候地方就近了。当时如果单位大的话有定点下乡的地方，我父亲的厂当时是定点在临安。但父母坚决不同意我下乡，对女孩子不放心。当时的政策是如果我是老大没有去，后面老二就要去。因为政策一直在变，所以就先把我留下，毕竟我弟弟和我相差很多，而且他是个男孩子。我们和最早的那一批比，去得就少了。

高中是两年制，但我们这一届读书的时候，整个社会的风气是不重视读书的，所以我们那一届考进大学的也少。像老三届，是大我们几届的学生，他们正儿八经读书的时候还没有开始“文化大革命”，还没有“读书无用论”，所以他们初高中基础更扎实，后来虽然到了农村，但恢复高考就考得不错。

问：读书无用论盛行的时候，你们在学校是什么样的状态呢？

张：在我印象里小学经常到外面演出。到初高中的时候慢慢抓起来，但我读书不是很好，高中毕业没有考上大学。

按部就班组建家庭

问：高中毕业后您做了什么？

张：我在家里待了一段时间，那时候找工作也不好找。待了不到一年，政府就有了规定：子女可以在父母单位做临时工。我就去我爸爸工厂做临时工，在总装车间里做齿轮，8 毛钱一天。那时候我的领导说你爸爸做齿轮，你就在车间里做齿轮。机器都是半自动的。那时候工人都是很钻研的，学习氛围很好。我好几次看到车间的老师傅看齿轮的书，书前都是我爸爸的名字，是从我爸爸那里借的书。

做了不到一年，到 1979 年，杭州市第一次有大规模的统一招工考试，很多待业青年或者应届毕业生都参加了这个考试，这种考试也是定点的。通过考试我就进了我爸的厂，一直在那个厂工作，一开始是做技术工人，当时做技术工人是要考分高的才能去，我在一线做工人一直做到结婚怀孕。

我因为没考上大学，业余时间就在外面读函授学校，一边读书一边工作。

问：当时上下班路途远吗？

张：我工作的时候厂子一直在半道红这里，现在搬到萧山了。我们厂是个蛮大的厂，可以给自己的员工建房，但我们家分到房子并不早，我爸爸在厂里做领导，那个时候干部的觉悟很高、很无私，房子都先给单位最困难的老职工。等我们分到房子，是80年代初、国家开始重视知识分子的时候，才搬到朝晖小区那边。之前我们家一直住在北山路，房子小，而且离单位远。等搬到这边，因为文晖桥还没有修、要绕路过桥的缘故，去上班也不算近，走路要半个小时。

到1985年，厂里专门给干部、工程师、技术员工盖了一批房子，在大塘新村，分过去之后，我爸爸因为是县团级干部，分到的房子比较大，住在12栋，我结婚以后房子分在10栋。

问：您是什么时候结婚的？

张：我1986年结婚。我的老公也是住在一个院子里的，他爸爸是离休干部，根据他们家原来私房的面积给他补了一套一室一厅的房子，我们结婚后就住在那里。我们当时都是年轻的职工，还没有资格分房子，住的就是他爸爸分到的房子，和我父母家就隔了一栋。平时吃饭都还是在父母家，就回自己家睡觉。

问：您和丁爸爸是从小就认识吗？

张：我们不是从小认识，但他爸妈和我爸爸在一个单位。他爸爸本来是部队的教员，后来政治运动受了牵连，就把他分配到我们厂做工人，等他退休才平反，给了他离休干部。他父亲因为工作上比较郁闷，经常到我们家来玩，我父母对他们很好，从来不会另眼相看，可能也让他们感觉比较温暖，但我们子女没有什么走动往来，后来有人提了一下说两家的儿子女儿年龄相当。他那时候也在厂里当工人，大人觉得他人也上进，就同意了我们交往。

他比我大三岁，工作以后读了三年电大。以前我们是一个厂里的，他是搞工装工艺，属于技术部门。

我们交往过程倒没有轰轰烈烈，就觉得互相性格脾气都还相投。大概交往了一两年，很自然地就结婚了，结婚后不久就怀孕了。

问：您怀孕期间还在工作吗？

张：因为我怀孕了，领导考虑可以把我放到一个轻松一些的岗位上，这之前我从来没有提过要调动。所以1987年我调动到了油品化验室，那是我师父成立的，他带着一个工程师在那里，很希望我过去，我没有很积极，但也不好说不去。机械厂的车间工作其实不算很辛苦，但油啊什么的比较脏一点，后来我爸爸也同意我调过去了。

过去之后我师父也很照顾我，生我女儿之前，有什么就让我在课本上学。

其实我怀孕期间反应很大，经常请假在家，感觉很难受。我们厂的老师傅有时候就来看我，她们看到我就劝我："小张，这个孩子你别要了。"我那时候吃什么都吐，喝白开水都吐，直到怀孕四个月才回去工作。回去工作的时候好一些，但还是一直吐，所以为了怀这个孩子我真的是遭罪了，反应真的很大。

问：这种情况去医院看过吗？

张：那时候我们厂有卫生院，规模很大，科室很全。我在我们厂卫生院看过，我吃不了东西，他们就来家里给我推营养液，后来转到大医院看也没有什么办法，通常营养不够就补充营养。那时候孕期检查没有现在这么细，主要是看孩子发育好不好，我当时做B超显示也是好的。

问：丁伊冉的名字是谁起的？有什么寓意吗？

张：是我起的。丁伊冉是我家和她爸爸家第一个孩子，大家都比较重视。那时候没有手机，我、她爸爸、爷爷奶奶外公外婆，就一人手上抱一本《辞海》，选名字。选了很多字都不合适，这个选的那个推掉。这个名字的寓意是"毅然决然"的意思，因为我觉得我们一家人都太拖拖拉拉了，起名字起了好几天，做事太不干脆了，我就想我们孩子以后不能这样，就给她取了这个名字。

她的小名叫小贝妮，那时候有一个阿尔巴尼亚电影里面的主人翁叫"小贝妮"。我们觉得她的大名有一点硬，就起了这样一个嗲一点的小名。她上幼儿园的时候，比她小的孩子都叫她"小贝妮"。

问：那时候平时有人照顾您吗？

张：我坐月子是在我妈家，我当时可以享受一年的产假，白天都在我妈家里，后来孩子大一点我也是睡觉才回自己家。

我爸爸妈妈对丁伊冉很宝贝，她很大了我妈妈都要抱着她上楼，不让自己走。他们对她很宠爱，我连单独教育她的机会都没有。我一年的产假结束后，从老家请我一个表妹到家里来帮忙管孩子，因为那时候我爸妈、她爷爷奶奶都没有退休，幼儿园要三岁才能去，白天必须要有人在家管她。

兜兜转转得知真相

问：丁伊冉的情况是怎么发现的？

张：一开始我们都没有看出她有什么不好，问她电灯在哪里她都知道；有时候电视里放一点悲伤的曲子，像《红楼梦》片头曲，她听到嘴一撇就哭了，所以觉得她都懂。

就是讲话比人家晚，但我们那时候不懂，有的人说讲话晚福气好，小孩子什么都知道，长大很聪明的。所以就没在意她讲话晚。一直到两三岁都不会讲，跟她说什么她都知道，但是不会叫妈妈。这时候开始有点急了，带她到处检查，但检查也没什么问题，只知道她哪里是有障碍，但查不出是什么。医生也问她小时候有没有发烧抽过筋，这些都没有。那时候她稍微有点不好我都带着往医院跑的。有医生说是我“中奖”了。我怀孕的时候营养如果跟不上，很有可能会影响到孩子，但反应大的人很多，大部分过去就过去了，不会有什么后果，比如我妈怀我的时候反应也很大，但并没有什么影响。所以他们只能给我这个解释，因为做各种检查什么都查不出来。

后来医生建议试试针灸。我去看了，有一些小孩比如脑瘫的孩子，满头扎的都是针，小孩子哭得气都上不来。后来我们到上海儿科去看，挂了挺有名的一个专家，她也查不出来什么毛病，因为所有检查做出来都是好的。我就问她能不能针灸，她说这个孩子千万不能针灸，针灸反而对她智力发育不好，所以我们就没有给她针灸。等她大一些，我们去听一个专家讲座，专家就说她不是针灸的毛病。幸亏没有针灸，否则让她很紧张，会适得其反，应该寓教于乐。

问：知道她这个情况您和家人当时是怎么想的？

张：我爸妈对她是很宝贝的，而且她情况不好也是慢慢知道的，没有一下子突然的打击，所以大家就逐渐接受了。

有一次她奶奶去卫生院给我要了一个生二胎的指标，这之前她旁敲侧击地和我说过，但我没搭腔。其实老人的心情是可以理解的，本来我应该去向她们解释一下，但那时候年轻，说不生就不生。卫生院的所长来找我说二胎指标全部帮我弄好，来找我说过好几次，但我态度很坚决，就是不生，想都没想。我父母也是支持我的，先不说我们两个体检能不能通过，生第二胎肯定对丁伊冉是有影响的，不说偏不偏心的问题，我的精力首先就分散了，对她和第二个孩子都是有影响，第二个孩子一出生就背着包袱，压力是很大的。后来她奶奶也没有再提起过。

问：您的弟弟呢？

张：丁伊冉出生的时候我弟弟还在上学。我弟弟对这个外甥女是很宝贝的，后来我弟媳妇还说她老公对外甥女比对他们自己的儿子还要好。现在有时候我弟弟从深圳回来，丁伊冉坐在那里，我弟弟就偏着头笑眯眯地看着她，她还会说你干吗这样看我啊。我弟弟一直对她是很宝贝的。

其实我们家所有人对她都很宝贝，我弟媳妇还开玩笑说，没有见过这样的人家，喜欢女儿胜过喜欢儿子的。有时候她的袜子放在那里说一会儿去洗，过一会儿一看都洗好晾起来了。有什么事情家里人都会帮着她做，但我是希望她能够学习自己做，我带的时候就让她自己做。

家校配合重视教育

问：丁伊冉是什么时候开始说话的？

张：到四岁，她慢慢开始叫人了，但口齿很不清楚，去看了一下，医生说要么住院剪舌系带，不剪的话就自己练习讲话。我们也不懂，后来没剪，就让她反复练唐诗。刚一开始教唐诗她从来都不跟着我读，但我就在她耳边念。那时候家里一个大床一个小床，她在小床上玩她的，我就在她耳边念唐诗。这样一首诗念十天二十天、念一个月她就会了，所有这些诗都是这样日积月累听会的。再大一点就给她读报，她听多了就会了，我一开始还以为是她认识字，很吃惊，但换一篇她就不会了，都是听熟、记住的。

那时候在我妈家里，我们家有个习惯，每天晚上看新闻联播，新闻联播之后的天气预报播报的城市顺序，丁伊冉都能够背出来，大一些了她能够第二天在学校和老师讲的新闻对起来。看完之后关掉电视，大家都坐在那里看书看报。大人坐在那里看自己的，她也就学着大人的样子拿一本书，结果拿颠倒了。我们也不管她，就是想让她养成习惯。因为我喜欢看书，觉得女孩子就算智力不好也要看书，一方面养成安静的性格，另一方面也能从书本里学到东西。她那时候跑来跑去、坐不下来，就希望她能够安静下来、专注一些。

上小学后读拼音读本，慢慢地口齿就清楚了。学校里广播站有念学生作品，她还去广播站了。

问：她上过幼儿园吗？

张：她上过幼儿园，她在我们厂里的幼儿园上。老师都很宠她，她从小自己也爱干净，白白胖胖的。老师喜欢她，经常把她领着。她对音乐很有感觉，喜欢待在钢琴室，不管哪个班在上音乐课她都过去，很乖地坐在那儿听。因为我们自己厂的幼儿园，老师对她没有那么多约束，也知道她情况。厂里幼儿园的老师也是招工考试考进去的，不是专业师范毕业。平时幼儿园讲故事，她也不喜欢听，我估计她也不怎么上这些课。

问：她在幼儿园，您会经常去了解情况吗？

张：我那时候没有到幼儿园和她上过课，但因为幼儿园老师也是厂里的职工，我们有时候会在医务室这些地方碰到。那些老师到厂里来都领着她，也是因为她坐不住，而且带着她好办事。所以幼儿园是这样上过来的，无组织无纪律，没有去约束她的，她想什么时候站起来就什么时候站起来，老师很头痛，我也花了很长时间约束她。

问：那段时间应该挺难的？

张：那时候我想在家教她认字，但我怎么都教不会，她坐不住，就想出去玩，这一点我总觉得很失败，自己从没教会她。

我教不会她学习，但我觉得见识也蛮要紧，所以我一有空就带她出去，整个礼拜天都在外面跑，骑个自行车带她。有时候下午她困了，就打个车，把自行车放在车后面。

问：她上幼儿园的时候，有很好的小伙伴吗？

张：那时候没有，所以现在我都不太能放手。

问：幼儿园毕业之后直接上了小学吗？

张：开始我们都不知道有这种特殊学校，我爸办公室有一个同事的家人是《钱江晚报》的记者，认识下城区健康路小学的校长。那个学校离我们近，我们找过去之后他说可以过去读，就按规定交赞助费，然后他问我们户口在哪里，我说在上城区，就是她奶奶那里。他说上城区为什么不去杨绫子读，那个学校好嘞。我说杨绫子有点远，他说你先去看看杨绫子。

我就骑车带着孩子找到了杨绫子，那时候还在旧校区，过去看看还不错，而且是我们的学区。后来学校说要去测智商，带她去儿保测智商，测出来很低，46，算重度了。当时学校收的多是轻度和中度的孩子，重度的还不一定收。那个时候，就不知道前途在哪里。老师问她会什么，我们说什么都不会，字都不会认；老师问会不会唱歌，她也不会，但会背唐诗，就给老师背了唐诗，老师让回去等通知。那时候真的很忐忑，好在通知来了，说可以去上学了。

问：您是通过健康路小学的老师了解到杨绫子的？

张：诶。知道这所学校后，我们在报纸上看到过一些关于这所学校的报道，其中有一篇报道写到有孩子在杨绫子学了一两年之后可以去普通学校读书了。这一点是很吸引我的，我就想着进了这个学校努力两三年，可以让她去普通学校。那时候对她这样的孩子都不了解，而且我们去医院也没查出来特别的毛病，除了智力低一点。当时就是抱着这个希望进去的。

她去的时候杨绫子刚好十周年。她 9 月入学，10 月就有周年庆典，当时谢晋导演是学校的名誉校长，学校来了很多媒体，有报纸有电视，我就替她请假领走了，那时候我不想让大家知道我女儿是这个状态，怕对她影响不好。

一开始还是想去普通学校嘞，后来去了学校就知道她的情况是比较重的，尤其是智商测出来对我的打击比较大。那时候学校高年级的学生很能干的，自己去上学，什么都自己干，长也长得很漂亮，我们去了就主动和我们交流，比我们女儿现在状态都要好。我一看情况这么好的都在这个学校，我们就安安心心地待着吧。现在学校里的孩子情况更加不好了，因为很多都到普通小学随班就读了。

问：她一开始在杨绫子适应得怎么样？

张：刚到学校，她想什么时候站起来就什么时候站起来，因为幼儿园养成习惯了。学校老师不行的，说你上课怎么这样啊。每天去接她，老师就向我告状，说管不了你孩子，无组织无纪律，这样不行的，影响大家，只能退回来。我们当时上班，把她退回来她就学不到东西，而且又过了上幼儿园的年龄。

那时，我们每天都叮嘱她，到学校不要闯祸。其实她也不打人，就是坐不住，想站起来就站起来。后来过了一年多吧，终于安静坐下来上一节课。但是还学不到东西，我们回来教也不行，我就跟学校老师强烈要求去听课，那之前没有家长要求过去听课。我就说，要求跟老师同步对接，每天跟老师交流，这样我回来知道怎么教我女儿，她的进步会更快。因为我在家的教法和老师的教法不一样、起了冲突，她不知道该听谁的，而且我的教法效果又不好。

问：那时候你去学校听课，不就不能上班了？

张：不是，那听课跟现在不一样，不是每天都能听，是公开课去听。我那时候每天坚持去学校接她，她爸爸经常出差，有时候我单位会忙，但我坚持去接她。这个时候可以跟老师交流，了解她当天在学校的表现。后来就发现她学得快得多。

问：那老师是有什么特别的方法？

张：老师是特殊教育专业的嘛，按他的方法应该还可以。她拼音学得很好，其实对他们来说学拼音是很难的，他们的语文老师很执著，一定要让他们把拼音学好。连校长都说，你们这个班幸福的，语文老师是语文教研组组长。到现在一点都不忘，很扎实。我们现在都用电脑了，有些字不会写，就来问她，把她叫作“字库”。有一些偏一些的字或者繁体字，她也认识。附近小孩都是她教的，因为他们父母外地的，普通话不标准，都是跟她学。

其实学得慢点、基础点都没关系，我比较在意基础这个东西。像是数学，她原来口算学得好，现在她算得也很好、很快，店里忙的时候，她负责收款，不会弄错的。

后来她的进步也很快。再后来，校长都拿她举例子，就说我们有个学生之前如何，后来很好，给家长一点信心，那么不听话的学生，都能教那么好。原来开大会的时候，就让一个老师站她旁边，她怕那个老师的，不然想什么时候爆发就什么时候爆发，无缘无故就发脾气。

问：那老师是怎么震慑住她的？

张：就跟家长教育一样，一种是讲道理，一种就比较严厉，他是比较严厉。她就比较怕，不敢，也懂了，知道不该发脾气。要不她就会大喊大叫，自己出去，老师找都找不见，而且力气又比较大。

问：那像这样的情况持续了多久？

张：到三四年级吧，十二岁。

问：那是怎么样变过来的？

张：我是喜欢讲道理的，反复讲。讲不通的时候，我也会骂她，不过雷声大雨点小的，她也习惯了，不讲通她不会接受。那时候可能年龄也增长了，也走上坡路了，就接受你的道理了。我觉得我这个方法还是对的，就是慢一点。

老师也说在外面人多的地方，要提醒她，否则她自己可能就会爆发出来，老师可能就在看她脾气要上来的关键时候给她摇摇头，她接收到这个信号，就知道这时候不能发脾气，会控制一下。

她有一点好的是无论再怎么样她都不会打人，哪怕气得发抖也不会。她小时候本来就比别人长得个头大，如果和别人打架又控制不了轻重是比较麻烦的，但她这一点比较好，无论怎样气愤都不会抬手打人，只是会发脾气。

问：她放学回家您也要辅导她学习？

张：对，她的接受能力比较弱，而且最一开始学校没有职高，是九年制的，她在学校学的东西其实有限，也没有太多机会巩固。那我想本来就学得少，如果不扎实的话就要废掉了。我比较重视她学习的基础，包括后来她学葫芦丝这些。如果基础不打好，后面学起来比较累。所以回家之后我对她文化课的巩固抓得比较紧。毕竟我们不像普通孩子还要参加课外的学习，那个很难，把学校课内的东西吃透是应该的。所以她就养成了自律的习惯，有什么事情一定要做好。

问：在杨绫子有很好的同伴吗？

张：她不会主动的，到现在都是，她不太会主动跟人聊天的，基本上都是老师带的。像他们这种孩子上下学都是父母接的，自己出去比较难。回家就和我们，我在给她找同龄人，但是很难。比如我侄子大她七八岁，小时候能玩，她实际年龄比较小，是可以照顾下她，但是毕业了就没有共同话题了。像是你们年轻人喜欢的东西，她肯定跟不上。后来我给她找的同龄人，都是大学生。这么多年，我给她找过很多，但是，人家一工作就走了。

我们现在主要就有一个组织，都是这里的孩子，家长会带着孩子参加些活动。她跟王梦婷待一起可以，但是一个下午聊天不会超过一个小时，就没有话题，她还是跟我聊得最多。比如，看电视她都跟我交流，跟同龄人很难说得深入，只会表面的“你喜欢谁”这种，深入的交流很少，但我会给她讲得更多一点。以前我们这儿有个美院的志愿者，经常到这里玩。但是过几年，人家毕业了结婚了就少联系了。不过这儿的小孩儿都很尊重丁伊冉，经常不会的都问她，叫姐姐，说姐姐可了不起了。但是，他们再大一点，共同话题就少了。有时候，他们小孩作业做好了，在这里打牌，我说让我女儿看他们在玩什么，听他们在聊什么，你也可以慢慢参与进去。像这些孩子，家里独生子女多，人家不能完全迎合你。

问：在杨绫子的时候，她的同学情况都怎么样？

张：她们班上有几个孩子状况是挺好的，比她现在状况还要好，现在都在外面工作了。有几个在星巴克搞卫生，他们只能做这种基础性的工作。还有手很巧的，在职高里学面点。她那时候学，都有证书的，劳动局来考，初级面点师什么的。不过考完回来不行，很少有人会从事，毕竟学得比较浅，和外面人家普通的要求相差远一点。

问：她会把自己去和别人比较吗？

张：这个也许会有，但我女儿一直是很自信的，这个可能是家庭的缘故。有一次我们和另一个家长带孩子一起出去，回来之后丁伊冉就跟我说：“他怎么老说小妹妹这不好那不好，老批评她，好孩子都是夸出来的。”这其实是我平时常和她说的话，我一直信奉“好孩子是夸出来的”，所以她犯错误了我会很严厉，但平时都是鼓励型的，不会打击她。所以她一直也很自信，认为自己是很好的。

她也很热心，很愿意帮助别人。他们班以前有一个自闭症孩子，每天都蹲在地上看蚂蚁，不说话也不学习。后来老师说那个孩子开口讲话是丁伊冉的功劳，那时候她很听老师的话，老师让她负责教会那个孩子每天认字，丁伊冉做事情比较认真，老师布置的任务，她就盯牢那个孩子，一定要她学会念出来。所以她在学校的时候就觉得“我跟小老师一样”，要去教人家。

那时候班里有些孩子可能家里也比较溺爱，在学校不是那么听话，行为没有那么好，老师当然喜欢更懂规矩、守纪律的，就会和家长说让孩子多和丁伊冉玩，她爱学，而且行为比较好，所以老师也经常表扬她。

问：学校对她的鼓励能够帮助建立她的自信，在这个过程中您觉得最困难的地方是什么？

张：她上五六年级的时候，有一次一个报社的记者组织开座谈会，问我们困惑在哪里。我当时说，遇到这样的孩子，最无助的时候是我不知道怎么去教她，那时候没有人交流，很封闭。当时我甚至都不知道有杨绫子学校，本来想着放在家里，自己拼命教，希望她以后能去正常的学校学习。直到她七八岁，我们才知道有这个学校，在踏入这所学校之前我根本不知道以前的家长是怎么教的、有什么办法。相当于丁伊冉八岁以前就是空白。

那时候只知道去医院，但医院只会检查，看有没有病，有病了才给你治疗。如果放到现在，我知道用最先进的方法介入，她的情况可能比现在更好。比如现在唐宝宝、自闭症的培训班，请专业的老师，三四岁的孩子就过去参加，有几十个孩子在那边，他们就有途径接受专业的培训，早期介入对他们的发展肯定是更有好处的。

问：在丁伊冉成长的过程中，你们有没有特别给她解释过她的情况？

张：我们没有特别给她解释过她的情况，都是潜移默化的，她也知道自己学校的特殊性。以前她是比较自信，觉得别人可以我也可以，像她以前在职高的时候，文化课成绩在班里比较好，每次考试不到 100 分她就哭了。所以那时候她就会说也要考大学，要考什么什么大学，我们就会慢慢和她解释她是考不了的，现在她就不再提这类问题。

问：对丁伊冉的培养，您觉得自己有什么特别的秘诀吗？

张：那倒没有，就是陪着她。有时候她学累了在那里玩，我就拿着她的课文给她读，她学什么东西我就会在旁边给她反复地读，这样她反复地记，慢慢地就记住了。然后我会让她用学过的成语造句，或者我们出去看到花，就让她用学过的成语形容一下。这个效果对她不错。我们没有捷径可以走，就是不断重复。

问：我觉得丁伊冉能有今天这么好的表现，很多要归功于您的付出。

张：诶，在家里的确是我管她比较多，毕竟她爸爸还有这么大一个店要管。

特奥运动提升信心

问：她是哪一年开始参加特奥会？

张：2006 年在哈尔滨，她正儿八经参加了比赛，个人赛，定向投篮。

问：是怎么了解到特奥会的？

张：他们学校每年参加的，学校会组织。

问：她参加哈尔滨特奥会之前接受过什么训练？

张：集训是比赛前一个礼拜到十天的集中训练，之前没有。之前他们都是在杨绫子旧校区，操场很小，就借了一个小学的操场。在太阳下面，老师要求她们投篮几个小时，等我去接她的时候，看到她头发、衣服都湿了，短裤都在滴汗。别的孩子会到树荫下面躲一躲，她没有达到老师要求都不会去树荫下面休息，一定要练习。我有时骑着电动车买点饮料、买点水给她们送过去，因为学校经费有限，我也想去看下她，就看到她每天都是这样刻苦。

问：后来集训是要离开你们单独去？

张：对，集训是她第一次离开我，在浙江工业大学训练，住在那边。我每天下班之后，晚饭吃过，她们睡觉之前，会去看她。她还蛮好的，自己洗衣服，很适应。我每天去看她，弄得别的孩子哭，“为什么丁伊冉妈妈来看她，我妈妈为什么不来看我”。

问：比赛成绩怎么样？

张：篮球当时得了银牌，她就因为没得金牌在那全国性的领奖台上哭，我们都不好意思了。她对自己要求很高，达不到她预期的，她会难过很长时间。我跟她说重在参与，不要太在乎结果，这对我们来讲可能就一句话的事，对她来讲不行，是一个漫长的过程。

问：她参加比赛之前，除了篮球还有什么特别喜欢的运动吗？

张：她其实运动能力差一些，小时候平衡不好。但她兴趣比较广泛，什么都愿意参加。比如说跑步，她不会跑，而且从小胖，但跑步从来不会说跑一会儿停下来。她是很有毅力的，比如让她跳绳跳到 100 个，她就会跳下来，虽然断断续续的，或者动作不标准，她都会坚持。现在她的平衡能力也得到很大的提高。

问：她还参加过别的比赛吗？

张：她 2007 年去上海也参加过跑步。我们都支持她参加锻炼，但比赛名额很少。现在天太热，我怕她突然训练受伤，就没让她去。这次 2018 年杭州就 4 个名额，是弯湾托管中心他们那边去了，那里的孩子重度一点。

问：您觉得参加特奥对她的影响明显吗？

张：明显。一个体育运动本身就会提升人的自信，人变开朗，她要主动和别人交流；还有就是自己照顾自己的能力，平时她没有机会自己照顾自己，这样出去几次她都得到锻炼。

家庭领袖互帮互助

问：您是什么时候开始做特奥的家庭领袖的？

张：最早是 2006 年丁伊冉去哈尔滨参加全国特奥会的时候，我开始参加家长论坛。她后来也参加过几次，每次我都跟去的，因为老师也很少，我们去也能帮一下；我那时候单位请假好请，其他家长可能上班都不好请假，我也愿意跟，所以我都自费跟去的。别的孩子也会一并照应一下。等她毕业了就不太参加了。

问：您觉得做家庭领袖对您有什么影响？

张：眼界开阔很多。以前我都不知道有这种家长自发的组织，有些省市家长自发组织帮着政府做一些事，我们就是从这里知道原来家长可以帮政府的。包括爱馨互助会也是受他们的启发，以前爱馨互助会都是很小范围的，现在这种组织多了，家长和家长的交流也多了。

再一个就是关于国家政策上面的交流，哪些政策对我们是有利的。有些政策可能没有传达到这么基层，或者没有传达这么具体，那么在家庭领袖会议上大家就能知道很多。有些城市做得很好，比如家长本来就是政协委员或者人大代表，可以直接呼吁这些东西，那我们也就知道了。

问：您作为家庭领袖，组织过什么活动吗？

张：比如我们现在这个爱馨互助会，以互帮互助的形式把大家团结在一起。有这个先例，就是有孩子每天关在家里，讲话都有困难。最初是社会上爱心人士发起的，后来注册了民非，现在法人代表是河坊街那儿的一个老板娘，有志愿者和老师。互助会里的志愿者很多二十八九岁，比我女儿要小，但都会照顾她，经常会过来和她一起玩。包括我们邻居，很多是外地人，有一个小伙子上大学找了一个女朋友，他们过来也会带着丁伊冉一起玩。她和同龄人一起出去肯定不一样，但也可以玩得很好。

很多都是这样自发到一起，一起活动，一起玩，这样比较长久。现在很多大一些的组织，一开始的形式都是几个家长经常聚在一起，分享信息，交流心得，这样慢慢发展起来的。

你刚才看到的小姑娘六七岁，上头还有个哥哥，他们家在隔壁开店，从满月开始就在我们家里玩，从小在我们家长大。他们小的时候，丁伊冉经常带他们出去玩、看电影什么的。现在他们有点大了，去年我找了机会和他们好好谈了一次，说明了丁伊冉的情况。其实他们已经有点知道了，他们父母很放心丁伊冉带着一起出去，现在一直一起玩，每天都来我们家，晚饭在我们这里，几家人一起吃。

问：我看爱馨互助会平时的活动很多？

张：对，那边每周都组织活动。王梦婷妈妈是我们家长里面的一个负责人，她了解得比较全面。我们现在每周五晚上都在鼓楼打鼓，每年过年之前的一段时间，各个单位开年会，都会邀请我们去打鼓表演。单位和单位之间也会去介绍推荐，有很多演出机会就是这样来的。

问：我看她还有画画、钢琴课，这些是自己找的吗？

张：没有，这是自闭症的一个组织找的，我们等于是去蹭课的。现在自闭症这一块的组织很多，老师都是专业的，每周在一些地方上课。像丁伊冉参加的画画课就是每周四下午由 WABC① 这个组织办的。钢琴、葫芦丝都是我们自己在学，她会了就自己练习。

还有朗诵，我给她找了一些诗歌，每天她在这里朗诵，朗诵好了她自己安排休息一会。然后吹葫芦丝，吹好差不多要吃饭了。中间穿插着做生意，去收一下钱。以前她钱都不会用，在学校统一教过，但是她还是不会，她们普遍对数字不敏感；后来在这里教了她很久很久，和小朋友一起，反复演练，不知道演练了多久，现在她就知道了。现在订外卖这些，她都可以自己操作。

问：杨绫子学校有一个智慧树甜品店，丁伊冉去过吗？

张：智慧树一开始就是因为学生毕业没有工作而开设的，我们有这个店，也是经营场所，她就没有去智慧树，她在旁边我们也可以教；智慧树那边家长

① 无障碍艺途 WABC（World of Art Brut Culture），是一家在上海注册的民办非营利性公益机构，主要为智障以及精障人士提供免费的艺术潜能开发课程。

要陪着去，我们也没时间。

问：您觉得现在社会对这个群体的认识和几十年前相比有什么改变？

张：现在好很多了，也是因为媒体的宣传多了，大家都开始了解这一块了。以前杨绫子学校有一个孩子，他说在社区老被别人欺负；还有一个住在求是新村，那边主要住的是浙大的老师，就说那里邻居都对他很好。这两例可能是文化上差异导致的，素质高的地方人肯定好一点。现在整个社会素质都高了，而且知道这种小孩的也多了，不会再用很诧异的眼光去看他们，宣传多了肯定都知道这个小孩哪里不太好，所以整个社会的包容性好了很多。这个真的是靠宣传，现在小社团、民间组织很多很多，来帮助我们。但以前大家都不知道或者不了解，就会产生一种“怕”的感觉，觉得你行为和别人不一样，就会怕你。现在了解了，大家就知道这些小孩很单纯，没有什么恶意，整个社会都接受了。

问：丁伊冉以前有没有碰到过什么情况，您觉得她所处的环境怎么样？

张：我们丁伊冉应该算保护得比较好。她脸上没有〔特别的〕表情、没有什么问题，她出去别人不知道，我也不让她讲话。从小带她坐公交车，我都不跟她聊天，告诉她在公交车上有问题不能问，要下车以后再问，她也能做到。因为一讲话人家就知道了，而我很怕那种目光，这对小孩是伤害，对我也是一种伤害。以前有一段时间她自己放学回家，和一群孩子一起，她永远都是站在最后的一个，不和同学一起叽叽喳喳。第二天会有孩子跟我说：“丁妈妈，昨天丁伊冉不理我。”那我会和他们解释她为什么这么做，也要求他们这样做，当然别的孩子我不能管，我要求丁伊冉必须这样做。

现在也是这样，她和小伙伴出去，都让他们不在外面聊天，一方面聊天聊久了别人能看出来，另一方面也有安全问题，小姑娘大了，如果别人知道她们是这种情况，我也担心不安全。正因为这样，她在外面很少碰到对她不公平的事情。

培养爱好充实生活

女儿：这是我练钢琴的时间。

问：你是自己练还是学的啊？

女儿：学的，就附近的琴行。

问：老师教你一个还是一个班？

女儿：教我一个，我喜欢弹钢琴。

问：除了钢琴课你还上什么？上了多久啊？

女儿：葫芦丝学了一年，钢琴五六年了。

问：这么久啊，那肯定弹得很好了。

女儿：六级。

问：我看她对音乐还是很有感觉的，给我吹一首葫芦丝的曲子，行吗？

张：她从小就蛮喜欢音乐的，以前没地方学，只是学校有兴趣班。后来毕业后，学了两年架子鼓，两年考了 4 级。她自己蛮感兴趣，老师也还蛮喜欢她，我们也跟老师说了她的情况，可能学得有点慢，能学多少学多少。结果很出乎老师意料，说她很有节奏感。

我女儿钢琴也要学，架子鼓也要学，可家里练不了。老师就说了，乐器不要一下子学两样，它有冲突。后来架子鼓就停了，只学钢琴。教钢琴那老师，我也跟人家说了，别人一节课的内容可以分三四节课来讲，基础要打扎实，慢点没关系。后来学蛮好，就说考级试试看，因为一开始没想考级。钢琴考级不能看谱的，架子鼓可以看谱的，她觉得自己记不住，没信心。老师说她应该可以的。我说你认为她可以，那就一级一级考吧。后来就每年一级，主要是她很刻苦，她每天练最少两个小时，多了还四个小时。

她昨天刚刚拿到钢琴六级证书，而且是中间两年没考，如果中间没有断现在应该八级了。中间两年她自己和老师说不想去考，因为她害怕背谱。我不知道，她自己和老师说的，结果就把时间错过了。我倒不是要求她一定要考几级，证书对她也没什么用，不过是对她学习的一个鉴定，她自己也很高兴。

她也在学画画，每天画一张。有时候我们到外面旅游区去玩一天，她回来还会补上。她做事情很执著、有毅力，所以只要她有兴趣，她就能够学进去。

她学葫芦丝也是这样，在爱馨互助会跟着一个志愿者在学，当时大家都买了去学。我就说我女儿可能学不了，她手抖，葫芦丝的管孔她手可能盖不住。但大家都买了，我肯定不委屈我女儿，肯定要她尝试一下，不过没指望什么，回来也没有让她练，她好像也不感兴趣。就是跟着那个老师练，练一练，有一天她自己音发出来了。我一看可以啊，那女儿试试看，每周去那边就练习。她打非洲鼓打得好，老师喜欢她，所以就尽力地教她，她学会了回来就每天练习。到后来那个老师有时候下班就来这里教她吹曲子，有一次来要教她的时候，她自己就把曲子吹下来了，老师说“你不用我教了咯”。她做事情非常认真，自己不断地琢磨、练习。现在她也是，每天练习两个小时。

问：她真的是对音乐很有感觉。

张：是很有感觉。你看唐宝宝舟舟，他爸爸是交响乐团的，就能够把他挖掘出来。丁伊冉肯定对音乐有点天分的，但我们都不会啊，所以也没有给她更多帮助，没有给她挖掘出来。

比如她打非洲鼓，志愿者老师在上面教，下面有她和她的同学、还有其他志愿者老师都在学，但最后第一个打出来鼓点的肯定是她，比志愿者老师还学得快。有时候我听她打都听不出来对不对，老师就说“对的咯”！所以通常是志愿者老师在上面教一遍，然后让丁伊冉打一遍，再由她教给别的同学。当然这个过程也是比较辛苦的，他们不会用巧力，都很实诚，一开始手全部打肿的。老师都被他们感动了。

我现在有些后悔当初让她学钢琴，如果学手风琴多好，现在很多演出的机会，钢琴没法表演，如果是手风琴就可以。但我让她学琴的目的并不是为了表演，最重要的是她获得快乐，如果能够给她机会表演、展示，这当然也是好的。我平时对她也说：如果你今天不开心你可以不练琴，如果你觉得这是一件开心的事，你就回家去练。有时候她感冒，我说你累了就不练，她说练琴我不累的。对表演这件事，我觉得女孩子不应该太张扬。她本来性格就比较内向。

问：除了音乐她还有什么爱好？

张：她喜欢看书，我们从小就培养她看书的习惯。现在每周我们都去西西弗书店看书，家里买了很多励志的、心灵鸡汤类的书（笑），她很爱看这类书。还有世界名著，我都是给她买小学版、缩减版的。

我一直鼓励她读书，她的朋友圈常常摘录一些书上的话发出去，以前她还会问我发这句合不合适，这几年已经不问了。我的一些朋友有时候看到她发的话，问我是不是我教她发的，我说不是，她们就说她现在这么好你还说她不好，那我说她就是不好啊，她好我会说她不好啊。她们说她发出来的话很好啊，对我们都有用诶。我说那就是人家有水平咯。这方面我是蛮骄傲的，她看得很多。她的朋友圈下面我的同学、朋友，其他家长，志愿者，老师，都会给她点赞，这样她也有积极性。

一点一滴搭建未来

问：您后来一直在厂里面工作到什么时候？

张：我一直在这个厂待到退休的前两年，2008 年，就是我们厂搬到萧山区的时候。我们厂搬过去，很多人都不去了，厂里把养老金交到五十岁，剩下的给你一笔钱，你和厂里的关系就结清了。她爸爸也是那时候离开厂子的。

问：您离开工厂和丁伊冉没有关系？

张：有关系。我后来在化验室一直待着没有离开，就是因为她。之前开座谈，就有人说我为了孩子放弃了很多，我说我是放弃了全部，不是放弃了很多。那个化验室在工厂很角落的地方，而且化验室很大，只有两个人，平时我把女儿带到那里让她做作业什么的，很安静。

这个岗位相对空闲一些。领导和下面的工人知道我的情况，都愿意照顾我一下，给我行个方便。我们化验室是进口设备润滑油的化验室，我下面要对接工人加油、换油，因为我这个情况，下面的工人也很好，我有一些时候不需要到场；而且我中间要去学校接她或者有事出去，领导也会给我行个方便。这样我工作一直比较轻松，可以有时间去管丁伊冉。

厂子搬到萧山就不一样了，每天有定点的班车接送，如果不坐班车我也没法回来。那个时候丁伊冉已经毕业了，就在这个文具店里，当时店里招了几个工，都比她小。但我不放心，我受不了她每天无所事事，所以每天要给她安排、布置事情，和她交流。我很重视和她的交流，现在我们每天都保证至少一个小时的交流时间，一起聊天。那时如果我去萧山，每天早上很早去，晚上很晚回来，我接受不了。我当时提的就是，只要不让我给厂里交钱，什么状态我都走。也没想到最后走的时候我们还拿了一笔钱。

问：离开厂里之后就一直在这个店？

张：对，我们在这儿快二十年了。这个店 1999 年搬到这里。以前我们住武林门，她爷爷奶奶要搬过来住楼上，原来他们是住吴山广场那里的，后来拆迁拆掉了。我们开的这个小店，以前也是开在她爷爷奶奶吴山广场的家那边，是老人在照料，那个店也是办公用品这些。

我跟她爸以前都做技术工作的，对做生意有点抵触。你这个年龄可能不理解，是现在做生意的人多了。我们那个年代，觉得做生意蛮低层的，面子上有点下不来。所以一开始做的时候，都不跟单位人说，他们就都不知道的，那时候我也不参与。那时候也不会赚钱，只是把店开起来，到拆迁的时候，可以有点补贴。我们单位在武林门那里，离得有点远，我就不大过来，都她爸每天过来看一下。

搬到这里之后，她爷爷奶奶一起也搬过来，之前住在这里楼上。本来这家店面我们是准备租出去的，那时候她读小学，担心她未来不好找工作，就一直开着这个小店，也是给她未来做一个准备。以前还雇着两个小姑娘，基本上就是放在这里，没有好好地经营，而且刚搬过来的时候这里前面一片都是荒的，没有人，也就没有太好的生意。

问：所以她毕业之后就在这个店里？

张：她是2006年毕业，毕业后还在另一位家长的理发店管了一段时间的账，她很仔细，那个店的规模也比较大，员工比较多。她做事很认真，在那边待了几年。

后来我跟她爸退休了，我们就把雇着的小姑娘辞掉了，因为小姑娘干起活来动作快，而丁伊冉动作慢，顾客也不愿意等，如果她们都在店里，丁伊冉就没有机会。真正下决心要锻炼她，就辞掉雇工，我们跟她一起，三个人，每个人分工好，她该做什么就做什么，慢一点就慢一点。那时候，这周围房子也盖起来了，人也多了。我们就一直卖文具，慢慢做大，也正规了。就这样弄了好多年，陪着她一起。

当时打算如果以后她在外面参加不了工作，可以在店里管。最差她管不了，也可以租出去，生活有个保障。其实，现在他们也有低保和残保，杭州市这点做得很好。她毕业那年，开始给她交养老金。如今一个月低保有八百，养老金社保也有半年返一次，百分之百返还，医疗保险直接免掉。像他们这种大多数身体不好，家庭负担太重。所以，她就很幸福，很无忧无虑。

现在这个店的发展和我们当时的初衷不一样了。现在这个店太复杂了，她自己弄不了。我们这里经营的种类很多，五千多个品种，楼上一百多平的房子都是仓库，我都搞不清楚。丁伊冉现在就是收个钱这些可以，让她去弄货就不行。现在已经算是她爸爸的事业了，这里主要是单位的订单。我们做生意还是有这种知识分子的特点，就是我们不愿意低头去推销、求人，所有的订单都是人家来找到我们的，逐渐发展成常客。

我们这个店是自己的房子，压力比较小，而且我们可以陪着她，随时可以给她提出一些需要注意、修改的建议，有机会、有时间去调整，这个比较好。她的进步也很明显，在这个年龄其实进步已经比较难了，但现在随时提醒她，我们每天早上一聊就聊一个小时，效果还是比较好的。

她平时在店里蛮能吃苦，我们给她发工资，她还知道维权，问她爸要年终奖，说《劳动法》怎么说，说起来一套一套的。有次跟她爸说，杭州平均年终奖多少，要低于这个，我可以告你的。她爸听了都很惊讶，其实她很敏感，听到这些新闻之类的，就会用过来。

问：您对未来是怎么打算的？

张：有些事情不是打算就能怎么样的，现在就是走一步算一步，碰到一些事情也不是我们想怎么样就一定能怎样。我还是希望她各方面能力可以提高，自身能力好一点对她总归有好处。我们现在呼吁他们的养老问题、我们的养老问题。现在有这个店好一点，但主要还是要靠他们自己的能力。精神上面，她学各种各样的东西，都成为模式了，每天都安排得很紧凑，不会空虚，那么以后她自己也可以把生活安排得充实起来，不会只站在旁边看别人玩，这一点是我能够给她做到的。当然如果能够有家庭的模式是最好的，最不好的情况就是去养老院，这是我最不希望的结果，但至少她在那里不会很无趣、很无聊，至少是安全的。

能力方面，我们也是尽力培养，也不是着急一下要培养她什么。这么多年我们都是慢慢培养，学好一样，巩固下来，再学下一样。不是学一样，学过以后扔掉了。

耐心引导适应社会

问：我觉得现在她的脾气蛮好的。

张：对，她现在控制得好一些，其实我一直在提醒她要克制、控制自己的脾性。我比较担心的是，她表面上控制住了，但心理上没有接受。因为她会动脑子的，她不是那种不动脑子每天乐呵呵的，我很怕她的一些情绪放在心里，放在心里不好，我心里也不好受。几年以前，她在外面对一些事情看不惯，那些事情我们也看不惯，但我们看过就算了，她就会往心里去。比如说乱扔垃圾，她看到就会很生气，嘀嘀咕咕地说他们怎么能这样，以前我会要求她去捡，现在也不要求了，因为太多了，而且我觉得女孩子总去捡垃圾也不好。

她很在意别人的看法，她有时候坐在那儿就很难过，这也是我很难过的一点，这么多年都纠正不过来。我经常跟她讲，你改变不了别人，就改变自己。以前她不喜欢听我们聊天，就看书，现在如果她听不进去，就让她看手机，不让她发呆。她自己说是无所事事，成语学起来一套一套的。

我们出去农家乐，人家觉得小黄花好看摘了，她会很正统地去教人家，搞得人家很尴尬，还一次次去说人家。我们就跟她说不要强求，适可而止。

问：因为和她学到的东西冲突了。

张：对，她很板的，觉得人家不对的地方要去纠正。我说你纠正不过来的，这种人太多了，你不能要求每个人都是一样的。能改变的东西你去改变，改变不了的你就只能改变你自己。比如说有一些人口头禅很多，她不喜欢、不愿意和他们接触。我就和她说，这种人社会上很多的，你不可能不和他们接触，也不可能改变他们，那就只能改变你自己。你看到了不喜欢，但你不必去说，这个社会太复杂了，不是一切都光明的。

这两年我开始告诉她一些负面的东西，以前不愿意让她知道，现在希望她能够了解、接触一些，这个没有办法，总是要接触到的。比如说我告诉她，如果在路上看到老人摔倒了，你不要去扶，首先扶他不一定对他的病有帮助，你也看不懂，但你可以去叫人。前段时间我们同单元有一个老大爷下来扔垃圾，突然犯病瘫到地上了，我问他住在几楼，他说 603，我就赶紧让我女儿去按 603，他儿子下来处理。我后来就和丁伊冉说，以后遇到这种情况，老爷爷瘫倒了，你不要过去，如果有人问出来了，你可以帮忙去按门铃，如果是你一个人你就赶紧跑到保安那里去和保安说，叫他们来帮助。你没有能力帮助，没有能力的事情你千万不要去做，但你可以做力所能及的事情，比如叫人来帮助他。

还好她现在调整得还不错，整个情绪状态好很多，在向我希望的方向走。现在她要是遇到什么事情，自己会想，然后过来说：妈妈我已经想通了。所以她有一点小情绪，现在都会学着自己想明白。

问：她的状态现在看起来挺好的。

张：有很多人就说你女儿看起来蛮好的，没有什么问题。我说看起来是蛮好，但她没有问题我为什么要给她领残疾证。这也说明她现在确实成长、变化得很好，比我担心、想象的都要好得多。因为她各方面都可以，现在比较担心的就是前面所说的性格问题。

今年[1]夏天我身体不好，去住了几次院，对她触动蛮大的，她知道高血压病人不能总生气，所以现在和她沟通很好沟通。我有时候问她，你是害怕妈妈生气还是真的想通了？她就说真的想通了。现在不用反复和她讲道理，她自己能够想通了。

她反应也比较快的。那天我们一起吃饭，说到买演出服的事情，她们老师让把身高体重报过去，按照尺寸给大家做衣服，这样精细一点。然后她说，我把身高报过去还可以，体重报过去，那就不是精细，是惊吓了！我当时饭都要

---

[1] 指 2018 年。

张杭娟母女合影

喷出来了。她平时经常会有这样的金句蹦出来，她的反应是很快的。

问：她现在日常作息怎么样？

张：她很简单，而且作息很准。早上七点起来，基本一年四季，很少有几天变化；起来之后洗漱，最近她在帮助统计爱馨互助会的学生每天朗诵打卡的情况，爱馨互助会的老师给他们选了一些诗歌朗诵，他们每天要打卡的；吃好早饭，大概八点半就到店里，家里走过来就五六分钟；来了之后，把这里卫生搞一下，九点开始朗诵，都是这些正面的东西（翻出打印的诗歌集），她一般有时间会从头朗诵一遍，最近她可能在朗诵毛泽东的诗。有时候她对哪些诗比较有兴趣，我就让她去百度上查，打印下来。她前段时间喜欢这首歌，她唱歌我都要求她先把字念熟，她就打印下来放在这里朗诵。九点半之后她开始吹葫芦丝。到十一点多，我们就准备中午饭。有时候来不及烧，就让她出去买点，有时候就去菜场买点青菜、面，我烧好、吃好，然后休息一下，她开始看电视。一点回去弹琴，弹到两点，休息半小时，再弹一个小时。之后就到店里来，画画，差不多半个小时，下来之后看看手机、电视，就该吃晚饭。吃好饭七点多回家，天热的时候去江边走一走，现在天冷就不走了，她回去看看书，弹一会琴，一般十点半睡觉。

问：你是喜欢文学吗？喜欢诗歌、散文还是小说？

女儿：还行吧，喜欢诗歌。

问：那你喜欢哪些诗人呢？古诗还是现代诗？

女儿：就这个上面的，看那么多。

张：你朗诵几句吧！

女儿："让我怎样感谢你，当我走向你的时候，我原想收获一缕春风，你却给了我整个春天。让我怎样感谢你，当我走向你的时候，我原想捧起一簇浪花，你却给了我整个海洋。"我先读半段吧！

问：好，读得很有气势。

张：这段时间都没有练呢，因为邻居小孩放假了，我们这里空调开的，他们就过来做作业。我就让她停掉了，她也在读书练字。这里坐一个，那里坐两个。这个小孩都算是在我们店里长大的。

女儿：属于赖皮型的。

问：您觉得生了丁伊冉之后您有什么变化？

张：我性格的改变就是因为她呀。我本来不是一个很主动的人，我性格比较被动，不爱和陌生人讲话，比如我和你聊得来，但我不会主动和你做朋友，通常都是别人来和我交朋友。但有了她之后，我就变得很主动，比如她不行，但如果对她有好处我就会主动。

一方面胆子大很多，因为我是妈妈，我要保护她，比如如果对我女儿不好，一些霸气的事情，我也会做。以前我胆子很小，也比较低调，不会在路上和别人起冲突。

我以前脾气比较急，她小的时候凶她、打她都有过，但也不是控制不住发脾气，都是雷声大雨点小，那时候还没有摸索出好的办法去教她。但慢慢地也开始耐心下来，逐渐找到了比较合适的方法。

张杭娟朋友口述

何海珍，张杭娟好朋友，丁伊冉一家的邻居。

口述者：何海珍
访谈者、撰稿者：田乐
访谈时间：2019 年 1 月 17 日
访谈地点：杭州市某文具店

问：能请您简单介绍一下自己的基本情况吗？

朋友：我叫何海珍，是 70 后，现在是丁妈妈他们的邻居。

问：您是杭州本地人吗？

朋友：我出生在外地，后来搬到杭州，现在算是新杭州人。

问：您是哪一年到杭州的？

朋友：我大概 1989 年过来，十几岁就过来了。现在我很喜欢杭州，比起老家我更熟悉杭州，不会再离开杭州了，儿子、房子、户口都在这儿。以前都是为了生计奔波，每天下班回来很晚了，和邻居基本上都没有打过照面。现在不一样了，搬了新房子，和邻居还是经常打打招呼的。

问：您和丁妈妈一家是哪一年认识的？

朋友：我们认识 15 年了，2004 年就认识了。我住在商店对面的小区，经常到他们店里来玩来住。当时我是大肚子，经常过来玩，2005 年我儿子出生，他们很喜欢孩子，就做了我孩子的干妈。她对我的孩子教育最得力了，现在三个孩子，都像她养大一样的，每天过来吃饭，带他们买衣服，他们都很听她的话。我们就是通过孩子，有了共同的话题，慢慢就越来越熟，后来就经常把孩子留在她这里。

问：那时候也认识丁伊冉了？

朋友：对，我们叫她“丁丁”。

问：一开始您对她的印象怎么样？

朋友：丁丁一开始没有现在这么活泼，不像现在这么爱讲话，对陌生人比较抵触。她会自己弹琴、写字。后来慢慢熟悉之后，她会和我们聊天，以前讲话比较多重复，现在也不太重复，我们现在有时候说不过她，她口才进步很多。我们在一起相处几年后，她见到我们都很开心，会叫我们，变化特别大。现在我们的交流非常好。我们有个群，她也经常在里面发言。

问：您对丁妈妈教育丁丁有没有印象深刻的事情？

朋友：我印象里面，丁妈妈经常会和丁丁说："女儿，你这个话说过了，你不用重复了。"这个话她是说得最多的。她很有耐心，非常耐心地教她，还有王梦婷、我的儿子，还有我们一个小姐妹的两个孩子。那两个孩子基本上是丁妈妈从小带大的，生出来就抱着在这里睡觉。

丁伊冉对弟弟妹妹也是很好，教他们。丁妈妈就更不用说了。

丁丁现在还画画、弹琴，那天我去他们家听她弹琴，听过后我就觉得超越很多正常的孩子。在我印象里，她就是一个正常的小朋友，现在和我们交流一点问题都没有，一起吃饭，一起过生日，都挺好的。

问：您的孩子和丁丁相处得很好吧？

朋友：很好。我儿子会在丁丁姐姐面前撒娇，"我要什么"这样子，他现在一米八的个子，还会在她面前撒娇。他从来没有觉得姐姐怎么不好了，也没有问过我这类问题。

问：你们生活中有没有遇到过其他这样的孩子？

朋友：有。那天我去看他们打非洲鼓，遇到过几个这样的孩子，他们都打得很好，自由自在地发挥，在我看来就是很正常的，而且这种活动对他们也是很有好处。

问：你们现在都一起做饭、吃晚饭，这是从什么时候开始的？

朋友：我们之前一直都有聚在一起，以前是每周礼拜天都会聚餐，如果有孩子或家长过生日也在这里吃饭。后来我们越来越近，丁妈妈经常打电话过来叫吃饭，我们现在就每天来吃饭，自由自在的，就像自己的亲人一样，亲戚都没有这么好，是吧？

她帮我们挺多的，帮我们照看孩子，我们吃他们东西，对待我们就像大姐姐一样。平时她爸爸妈妈住在这里，我看他们也挺孝顺的，为人都是很不错的。所以我们的孩子也能听他们的话。

问：我感觉丁妈妈在你们这附近挺有号召力的。

朋友：是的，我们有一个微信群，叫"家庭红包群"，有五户人家，她在群里发一下"今天吃饭了"或者有什么事情，我们就过来了。人多的时候吃饭要十几个人，在门口支一张大桌子。有时候吃好晚饭没事情，几个小姐妹也会过来聚一聚，聊聊天；小孩子自己做作业，另外两个小朋友就在这店里楼上做作业，我们儿子回家做作业。聊一聊，到八点半就各自回家了。这个店就像我们一个据点一样。

问：我听说以前丁丁还经常带小孩子出去玩？

朋友：对，更小一些是丁妈妈带着丁丁和小孩子一起去；后来大一些了就是丁丁带着去，到银泰看电影、唱歌、吃自助餐，小孩子听她的话，也有手机，都比较放心的。

问：您愿意把孩子送来给丁妈妈教，您觉得她在教育孩子方面有什么特别之处？

朋友：奖罚分明。她会和孩子说，什么该做什么不该做，说得很有道理。她会和孩子好好地说，像我们会吼孩子、打孩子，她不会的。特别是我们这里一个小男孩，不听他妈妈的话，丁妈妈就会到楼上去和他谈，讲道理，慢慢就讲通了，所以小孩子都服她的管教。该奖励的时候，就给小孩子吃，带他们玩，给他们买衣服，小孩子也喜欢，都愿意来这里吃饭，都不愿意回家去吃饭。

问：您和丁丁一家接触时间这么长，有没有什么给你印象最深的特点？

朋友：我觉得就像一个大家庭一样，给了我们很多温暖、很多亲情。我们在这啥都不用说，一个眼神就知道要干什么，很温馨。吃得也特别好，她给我们吃得很好，大家都很开心，大家也都互相帮忙。

张杭娟女儿观察记录

观察时间：2017 年 7 月 20 日

观察地点：杭州市某文化用品商店

观察者、撰稿者：田乐

时间	活动内容	备　　注
8:30—9:00	到店，打扫卫生，扫地、拖地、整理本子。	见到观察员，很热情地打招呼，并且询问是否需要喝水。
9:00—9:30	丁伊冉在文具店的小书桌前朗诵诗歌。	一个蓝色的文件夹中装着整理好的诗词、歌词等，其中有很多毛泽东的诗词。丁伊冉站在桌前，从头到尾朗诵一遍，速度比较慢，但抑扬顿挫，声情并茂，口齿清楚，没有什么错误，可以听得出来对这些诗歌非常熟悉。
9:30—10:00	休息。	喝水，并询问观察员是否需要给手机充电。在丁妈妈的建议下，丁伊冉去附近咖啡店买回两杯咖啡，一杯自己喝，一杯给观察员。丁妈妈介绍，平时给丁伊冉喝荷叶茶，对她的身体有好处。
10:00—11:20	练习葫芦丝曲目。	曲目包括：《小夜曲》《草原圆舞曲》《阿里郎》《友谊地久天长》《康定情歌》《沧海一声笑》《学习雷锋好榜样》《蜗牛与黄鹂鸟》《大长今的主题歌》《人间西湖》《军港之夜》《婚誓》《望春风》《龙的传人》《桔梗谣》《我和你》《金孔雀轻轻跳》《生日歌》《荷塘月色》，这些曲目丁伊冉很熟悉，吹的时候不需要看谱子。另外三首曲子《女儿情》《枉凝眉》《梨花颂》是新歌，是看谱子吹的。
11:20—12:30	丁妈妈准备午饭，丁伊冉和爸爸妈妈一起在店里吃午饭。	

搬到杭州上特校

——张林艳口述

张林艳，浙江省杭州地区家庭领袖，特奥运动员王锦之母。

王锦，男，唐氏综合征。有一妹。毕业于杭州杨绫子学校。现就职于杭州某永和大王餐厅。

口述者：张林艳

访谈者、撰稿者：潘立川

访谈时间：2017年10月29日、2019年2月2日

访谈地点：浙江省温州市龙湾万达广场

不可能放弃孩子

问：张女士您好，首先请您介绍自己的基本情况。

张：我是1972年5月8日出生，老家在温州龙湾区，我出生的地方属于永中镇。我家里有一个哥哥、一个弟弟。爸爸妈妈以前是经商，现在都已经退休在家。

问：能否讲一讲您的受教育经历和工作经历？

张：我小学是在永中二小毕业。初中我只读了半年，因为家庭和经济方面的原因，我就辍学了。在当时环境里，早点出来工作也是为了减轻家里的负担。离开学校，我就出去打工，所以算是初中文化程度。我是十四岁就开始去上班，最早是在龙湾的一个仪表厂里打工，后来也一直在龙湾一带上班，其间也换到其他厂里工作。我嫁给王锦的爸爸后，我们决定自己出来创业单干。我们两个人有了一点积蓄，就一起开始搞小厂，从事印刷行业，直到现在。

问：您和您先生是如何认识的？

张：我们那时候是经别人介绍认识，介绍人是我们的亲戚。我先生是龙湾

永昌堡人，他们家离我老家也不算远。别人介绍后，我们俩相处一段时间，都觉得对方挺合适，就在 1994 年结婚。

问：您先生的家庭情况怎么样？他有没有兄弟姐妹？

张：我先生家里有四口人，除了爸爸妈妈，他有一个哥哥，他哥哥也是在做生意。

问：您现在有几个子女？

张：除了王锦，我们还有一个女儿。王锦是我们的大儿子，1994 年出生。王锦出生的时候早产，本来预产期是 10 月份，结果他提前出生。王锦还有一个妹妹，妹妹是 1998 年出生，现在在浙江师范大学读书。在生王锦之前，我对孩子出生以后的生活也没有什么具体规划，就希望孩子能健健康康、平平安安地成长，做一个有益于社会的人。

问：王锦的名字有什么寓意？

张：王锦的名字曾经取过好几个，取了又改。最后这个是谁给他起的，我也不知道了。叫他王锦，是说他命里缺金，也希望他前程似锦，大概就是这个意思吧。

问：您怀孕的时候，有没有做过产检？

张：做过产检，产检都是按照医生的要求做的，与其他孕妇没什么两样。当时产检显示的结果都是正常，在医院里查不出来什么问题。我在怀孕的时候很注意，没有出现意外状况。

问：孩子出生的时候，都是正常的吗？

张：王锦出生的时候是 1994 年，我们这里都还是农村，没有去大医院生孩子，都是在小医院或者私人诊所。在私人诊所，我生了两天才把王锦生下来，没有去大医院。

问：是早产了？

张：早产了，王锦生出来的时候，长得很小很小。虽然早产，但是孩子生下来除了有点咳嗽，其他没什么问题。我是第一次生孩子，也是第一次带孩子，对其他方面也不是很了解，就只知道孩子很乖很老实。其实王锦也不是很乖，在白天就一直躺在那里睡，很安静；到了晚上他就不睡觉，经常醒来、经常吵闹，必须要大人抱着他、哄他才会入睡。等于说二十四小时都要有人抱着王锦，他才会休息、吃饭。放下来就不行了，他一放下来就吵。反正王锦小的时候很难带。

生下王锦八个月之后，我们才发现他和其他小孩子不一样。有一次他生病咳嗽得很厉害，同时还带有发烧。我感到孩子病情有点严重，就带他去找医生看病。永昌堡属于农村，我不放心在诊所看病，就带他到永中镇上来看病。

镇医院的医生对我说："你有没有带这个孩子去大医院检查过？"听到这句话，我当时心里就惊了一下，感到不对劲。本来是正常的小毛病，小孩子发烧也很正常，医生怎么突然会问这句话？我就问他："你是什么意思？为什么要带孩子去大医院检查？"医生当时有点不敢说，他已经看出这个孩子有点不正常，但怕我们接受不了，就没有明说。我就对医生说："没关系，你直接说。"医生说："你先带这个孩子去大医院做一个检查，等确诊的结果，咳嗽是没关系的。"

我当时心里很慌、很着急，就逼着医生说实话。医生说这个孩子是先天性愚型。当时我也没听懂，我们虽然也没什么文化，但是听到先天性这几个字，就感觉不对劲。而且医生也是支支吾吾，不肯说得太明白。我们放不下心，就直接带着孩子去温州市区的大医院做检查。

我们去的是温州最好的医院——温州医学院的附属医院。在医院，化验检查要抽大动脉的血，王锦整个人就非常害怕。但是为了求一个明白，我们千方百计哄着他抽了血。验血是一个月以后才有结果，这一个月对我们来说是一种煎熬。很想早点知道结果，但又害怕是不好的结果。化验报告出来以后，说他是 XY 染色体，好像是四十七条，比正常情况多了一条，正常人都是四十六条。看到这个结果，我们整个人都崩溃掉了。我们无法相信，后来就再次去温州市区别的大医院查了一次。再查一次，医生写错了，盖章盖了"正常"这两个字。我们当时很高兴，以为是之前的医院误诊。后来他们告知我们弄错了，确实是唐氏综合征。反正查了两次，就确诊了孩子是这样的情况。

问：医生和专家在确认了病情以后，有没有提出具体的治疗建议或方案？

张：没有，他们都说没有好的治疗方法，确实这种病很难治愈。

问：冒昧地问一句，您和您先生的家族中有过唐氏的病例吗？

张：我的家庭里没有，我先生家里也都没有，整个家族里的情况都很正常。

问：从第一次在温州医院发现孩子有问题，到最后确认，在这中间，您经历了怎样的心理过程？

张：我整个就把自己封闭起来了，全部封闭了，除了带他去上海那段时间，其他时间我都很少出门。

问：对于"唐宝宝"这个概念，您是什么时候听说的？

张：那时候我们只知道王锦是先天性愚型，还不知道什么是“唐宝宝”。我听说“唐宝宝”还是前几年在杭州的时候，比起脑瘫、弱智这些称呼，“唐宝宝”好听一些。反复查了几次，确诊王锦的病情以后，我们就经常带孩子去上海。

问：你们什么时候开始去上海的？

张：好像是王锦刚开始学会走路，才两岁多。他的发育和行为比平常的孩子都要晚一些的。正常的孩子比如“七坐八爬”，王锦是十几个月才会爬；别人一周岁都会走了，他两周岁了还不会走。

在上海，医生说王锦这样的情况，跑步是不会跑，治疗以后能正常走路已经是最好的结果，而且必须要做康复才能达到。上海医生开了补钙的药，因为王锦整个人骨头都是软绵绵的，人都站不住，整天只能坐着和躺着。还有婴儿肥，他整个人很肥很胖。

那时候上海有个测智力的机构，好像温州这边还没有，所以我们也去上海做智力测试，测出来的结果也不是很理想。测智力时，有个环节是让孩子搭积木，王锦都不会搭。黑白两色让他区分，他也不会分。测过智力后，医生建议我们去做康复治疗。我只是小学毕业，康复知识也不懂，就到处去查资料，专门去学。

问：从上海回来后，您怎么考虑孩子与他的未来生活？

张：我就是积极面对这一切。很多人劝我放弃，我都没办法接受。我就是接受不了，反而把孩子抱得更紧了，让我放弃他是绝对不可能的。

回到温州以后，我把自己家里的客厅搞成幼儿园一样，里面放置了各类积木、各种各样的玩具。我就在那个房间里教他唱歌、跑步，陪他搭积木、区分颜色，总之就是让孩子在一个愉悦的环境中成长。虽然孩子之间的相互交流、玩耍对成长有帮助，但是家附近的孩子对王锦都不好，所以我就尽量让他少出门，专心在家里做康复。就是这样子慢慢熬过来。我不想我的孩子一直是这样的情况。我会隔一段时间就带王锦去上海做治疗，就这样，孩子的情况慢慢好起来了。

问：医生有没有交代在与孩子的交流过程中，需要注意些什么？

张：注意的方面，我都不太记得了。总之就是要特别呵护他、不能有暴力，要加倍关爱他、加倍加倍地呵护。

问：在确认孩子是先天愚型之后，您的工作和生活发生了哪些变化？

张：我把所有的精力都放在孩子身上，全部时间都用来带孩子，直到他去了杭州，我才重新把精力投入到工作中。我的念头就是，哪里有好的治疗手段和教育方式，我就带孩子往哪里走。

王锦去杭州做治疗，起因就是听一个朋友说，看到和王锦同类的孩子，在杭州那边做针灸治疗，比你的孩子灵光多了。为了王锦更好地康复，我们就去杭州。在杭州经过针灸，王锦的情况确实有好一点。王锦一边针灸，一边吃中药，就这样慢慢好起来。我感觉得到，他聪明得很快。

那些中药很难喝，很苦，王锦自己明白，会说："我要喝这个中药。"我说："中药那么苦，你别喝了。"他说："妈妈，中药，喝聪明的。"在他潜意识当中，很强烈地要让自己变聪明。针灸治疗很痛，把他头上扎得都是血。我偶尔会到杭州去看他，看着他的样子非常心疼。但他看到我伤心的样子，就握着我的手，说："妈妈不用怕怕，不用怕怕。"我还没安慰他，他还先来安慰我，非常乖。他确实很善良，脾气很好。他有时候也会生气，但是一般情况下，从来不会跟我生气，也不会去招惹、麻烦其他人。

全家接力育唐宝

问：您怀孕的时候，有没有想过孩子出生以后谁来带？毕竟您工作比较忙。

张：没有，我就想自己带。那时候已经没工作，专心在家休养。结了婚以后，我就暂时把工作停了下来，孩子都是我自己一手带大，包括后来女儿出生。我先生当时就专心在厂里工作赚钱，我一个人在家里专职带孩子。虽然孩子一个人带着很累，但是也放不了手。孩子就是给别人抱一下，我都感觉会给别人抱坏了一样。

问：家里的两个孩子都是您同时带？

张：嗯，对。

问：之前这么多年都是待在家里带孩子？

张：对，我全部带孩子的时间差不多有六年多，从1994年到2000年。当时我不去工作也不行了，因为这么多年都没有去工作，家里光靠老公一个人也是不行的，我也要去帮他承担一些压力。

问：同时带两个孩子，会不会觉得很辛苦？

张：也不会，那时候也不觉得辛苦，辛苦都忘记了。我抚养两个孩子的时候，得了很严重的神经衰弱。因为小女儿年纪小，晚上我要经常起夜；而白天又要照顾王锦，根本没有时间去好好休息。那时候我经常晕倒，每天都是没日没夜照顾他们两个，就是这样熬过来。实在受不了就去医院看医生，经过慢慢调节，后来病情也好多了。

问：王锦是什么时候开始学会走路和说话的？

张：王锦好像是两周岁才学会走路，学会说话就更迟了。以前他说话，别人都听不懂。比如王锦和你说话，虽然讲的也是温州话，但是你听不懂。我们讲的温州话，别人都能听得懂，但他讲的温州话，别人听不懂，就我一个人能听得懂。总之，王锦的口齿不是很清，他好像是舌头特别短一点。

问：您在王锦小时候和他有没有特殊的交流方式？

张：王锦小的时候，我们两人都很喜欢唱歌。拍拍手，唱唱歌。

问：王锦和妹妹关系怎么样？

张：王锦对妹妹很好。他们从小就是一起上幼儿园，后来王锦去杭州读书，也会经常和妹妹打电话。前段时间我还问他，你工作赚来的钱准备怎么用？他说："赚过来的钱给妹妹读书。"

问：爷爷奶奶带过孩子吗？

张：王锦小的时候，爷爷奶奶还没有带他。爷爷奶奶是在王锦去杭州的时候带着他的。一开始到杭州，我要找医生、找住的地方，奶奶就专门照看王锦。

问：爷爷奶奶对他怎么样？家里的亲戚呢？

张：爷爷奶奶对王锦很好的，去杭州上学都是由爷爷奶奶带着，他们很疼王锦。当时我确实是走不开，家里的事和厂里的事都很多，同时还要抚养女儿，很难专门去杭州陪王锦上学。王锦去杭州应该是十几岁了。

家里其他亲戚对王锦也是很好的。背后我不知道，反正见面的时候对他是很好的。因为我是不允许别人欺负他的，要是有什么不好的言行，我肯定不会让他接触王锦。

问：王锦在杭州的针灸，一直持续到什么时候？

张：关于针灸，医生是这么说的，最好一直针灸到十八岁。我们是持续到十九岁。现在那位做针灸的医生，都已经退休了。

问：当时周边邻居是怎样看王锦的？

张：周围的人肯定有一些歧视，所以我们都封闭起来，很少与外界接触。特别像在我们农村地方，我要是带他出门，"回头率"很高的，大家都盯着他看。所以我也尽量不让王锦和其他小朋友一起玩，怕他受别人欺侮。

问：王锦小时候没有和周围的小朋友们一起玩吗？

张：没有。我们都在家里，没有出去，所以也很少和别的孩子接触。有时候我们也会带他出去旅游，他在外面表现得非常棒。我记得王锦去杭州之前，有一次带他去福建，几个家庭一起去。他在吃饭的时候也会去敬酒。那时他也挺大方的，不自卑。我从小就重视培养孩子自信、乐观，像他这样的情况，我们自己不能自卑，要积极面对。

幼儿园遇好老师

问：王锦小时候上过幼儿园吗？

张：他五岁开始上幼儿园。幼儿园的名字好像是叫艺海，就是一个普通的幼儿园。幼儿园里有一位阿邱老师，后来她自己成立了一个幼儿园，王锦就跟着到她那里上学。在这两个幼儿园，老师对王锦很好。有时候我来不及去接他放学，老师都会送王锦回家。尤其是阿邱老师，她对王锦特别好。以前王锦的状况没有这么好的时候，邱老师每年都会带他出去玩。现在王锦每年回来，也会去看望老师。王锦现在交流起来方便了，老师都会经常带他出去看电影、买衣服。这位老师真的非常好，我也很感激她这么多年来对王锦的照顾与疼爱。

问：王锦喜欢去幼儿园吗，适应幼儿园生活吗？

张：还可以，只不过我每天都要往幼儿园跑几趟，比如有时候他会尿裤子，我要带换洗的衣服给他。他在幼儿园玩得还好的，没有被别人欺负。他很善良，对别的孩子都非常好。

问：王锦在上幼儿园的时候，作息是怎么样的？

张：王锦早上起得很早。要出门去幼儿园了，他也开开心心地把书包整理好。早上在家吃过早饭以后，他就去幼儿园。幼儿园中午提供午饭，所以中午不回家；晚上回家吃晚餐。晚上他睡得早，很早就去休息了。

问：您每天都去接孩子放学？

张：我自己去接。后来他就和他妹妹一起上幼儿园，他妹妹是一周岁多几个月就去幼儿园了。

问：王锦在上幼儿园的时候，如何表达自己的情绪？

张：高兴了，他就高兴了；生气了，他也会生气。但他有时候表达不出来，就一声不响。我就是怕孩子他一声不响，憋在心里，就会变成自卑，会产生毛病。但他在外面一般都不怎么吵闹。他很乖，性格也很好。基本上我们都是顺着他来，当然也很注意培养他的独立意识。

问：在王锦上幼儿园的时候，您和幼儿园的老师有没有刻意培养他的一些能力，比如自理能力、生活能力等？

张：有的，这些我都会交代老师，尽量让他自己一个人弄。后来他跟着爷爷奶奶生活也是如此，我和他爷爷奶奶说，能让王锦自己一个人干的，你们就看着他干。所以王锦现在能一个人独立生活。比如，王锦认路能力很厉害，要去什么地方，坐什么公交车，哪里左转，哪里右转，他都一清二楚。坐在出租车里，他会和司机说左转、右转，他都会的，方向感很强。现在王锦能自己坐公交车一个人上下班，以前也是一个人坐公交车上学。

问：他从幼儿园回家以后和谁一起玩？

张：他几乎没有自己的小伙伴，就是有一个姐姐一起玩，是我老公哥哥的孩子。姐姐小时候也对王锦很好，王锦也很喜欢和他姐姐在一块儿玩。

为教育搬到杭州

问：王锦是什么时候开始在温州上小学的？

张：王锦在这边上学大概是十岁。他在幼儿园上了好几年。小学读了一年不到，天天被学校里的同学欺负，躲到厕所里哭。其他孩子都欺负他，有时候书包被人扔到哪里去了都不知道。其实王锦人很乖巧，从来不惹事，在学校里都是很安静地一个人在那里玩耍，但是其他小朋友还是会捉弄他。

以前幼儿园是私立的，我和幼儿园的园长、老师也打过招呼，可以特别照顾。但是读小学一年级的时候，情况根本不行了。小学班主任要考虑所有孩子的正常学习，班级里学生也多，不可能单独照顾王锦一个人。老师也说："班级里这么多孩子，我也看不住王锦，也不可能只看着你家的这一个孩子。"我看到这种情况，就觉得不行了，必须要换学校。那时候我们又听说杭州的针灸治疗很有效，所以王锦在小学读了一年不到，第二年的下半年就去杭州了。

问：当时是否考虑过让王锦去温州的特殊教育学校上学？

张：我们也去考察过温州这边的学校，去了好几次，我就觉得，王锦应该不喜欢去那里。温州的特校都是寄宿制，让孩子住在学校里，我始终是放不下心。杭州的学校不是寄宿制，孩子都是回家走读。这些孩子就是不能住宿，必须要回家，本来他们个人卫生情况就不好，洗澡都洗不干净，没人监督，他们可能几天都不会洗澡。就算有生活老师监督，也不可能每个人都照顾到。

问：现在温州也有特殊教育学校，在瓯北那边。

张：后来我和王锦去过这所学校，好像也是去年夏天去那边参加演出。那天王锦他们打鼓打得非常震撼。那学校现在条件很好了，很大。

问：当时想到去杭州，就是为了针灸？

张：杭州有针灸，我们也是抱着试一试的态度，也不是说马上就想着留在杭州上学。当时也是在冬天，离过年就剩一个多月了。我们几个人在杭州一边针灸，一边吃中药。刚巧有一位老师听说王锦在杭州做治疗，就来找我们。她原来是王锦在幼儿园时的老师，对王锦也是疼爱有加，后来和我成为好朋友。

我问她："您能不能在针灸诊所的附近帮我找一所学校？"她说："王锦在杭州很好，刚好这边有一个紫荆花学校，你们可以带他去这所学校看看。"听了老师的这番话，我就去看这所学校，发现紫荆花学校原来这么好、这么干净，和温州那个怎么比！我当时就看中这个学校。同时，在针灸了一个月以后，王锦的情况明显有好转。

问：为什么到杭州以后选择紫荆花？是因为条件设施、环境很好？

张：现在杭州最好的特殊小学就是紫荆花嘛，当时杭州的特殊教育小学好像就是这一所。校园环境非常好，师资力量也很强大，还有就是他们是小班化教学，一个班级里五六个学生配有四五个老师。你说，在这样的学校里上学，孩子该有多好？

在紫荆花学校里，老师教会他打篮球、打羽毛球，还有很多技能都是在这里学会的。王锦在这里参加过垒球、短跑比赛，都拿过金牌的。学校还有老师带王锦参加在福建举办的特奥会。当时是王锦的奶奶带着他去参赛，她是出名了哈。王锦的奶奶姓陈，网上全部是陈奶奶的新闻。王锦在那次比赛里得了两个金牌一个铜牌。

问：王锦刚去杭州学校的时候，对学校的课程、环境适应吗？

张：他还是比较适应的，也没哭没闹。送他到杭州以后，待了几天我就回温州了，没有留下来陪他。回来以后，我过了两天又去杭州看他，心里毕竟还是放不下嘛。刚开始的时候，我去杭州走得很勤，没过几天就要去看他。后来慢慢地就变成半年、一年去一趟。王锦一个人在外生活，虽然有奶奶照顾，但毕竟是远离父母，我们有时候也感到心疼，但想到这是培养他，对他未来有好处，我们就觉得这都是值得的。他在学校的时候，每隔半年就会放假回来的。现在不行了，现在上了班，今年都还没有回过温州，从过年到现在都没有回来过。慢慢地，他就走得越来越远了。

王锦能够正常与人交流，应该是在杭州读书的时候培养起来的。虽然他跟我一直都是有正常的交流，但与周围人的交流，是从到了杭州开始的。王锦一边接受针灸治疗，一边吃药，身体、大脑都得到刺激，整个人的状况就开始好起来了。

问：王锦在紫荆花学校读了几年？

张：在紫荆花学校，王锦读了六年小学，一直到小学毕业。因为他是第二学期入学，相当于一年级读了两次，一共在紫荆花读了七年。毕业以后，王锦在杨绫子学校读了三年。

问：王锦从紫荆花学校毕业以后，您考虑让他继续读书？

张：对。王锦从紫荆花毕业以前，我们听说杨绫子学校很好，它就像黄埔军校一样的嘛，是国内最好的特殊教育学校，而且很难进，一般人都进不去。入学是有面试，很严格的。你看王锦一过去，表现很好，他就成功进去了。

问：王锦是几岁开始在杨绫子学校读书？

张：十八岁，二十一岁读完。他现在工作已经两年。

问：这两所学校各有哪些优势，例如课程设置，老师配置等？

张：这两所学校的优点太多了。当年我去紫荆花学校看了以后，发现小朋友做的作业，字写得非常好。很多小孩子都能自己独立坐公交车回家。我当时听到以后，人都傻掉了。我的孩子，那时候什么都不是啊，在家里都需要有人看着。我觉得他们能够一个人出门坐公交车，太不可思议了。当时哪想到我的孩子现在也可以这样，一个人坐公交车上下班。那时候真的被惊到了。学校里教他们数学、语文，还有朗读等，和普通学校一样的课程。杨绫子学校教孩子们打扫卫生。这两所学校教给我的孩子太多东西。正是有这两所学校的老师的辛勤付出，才有王锦的今天。所以说，王锦毕业以后就有工作了，都是与学校打下的基础密不可分，学校教会了孩子基本的生活能力和工作技巧。

问：在这两所学校，您有哪些印象深刻的老师？

张：其实这两所学校的老师我接触得不是很多，很多时候都是通过电话联系。因为我在温州工作，杭州那边都是王锦的奶奶去交流。具体的几位老师，可能要去问我妈妈。因为王锦的奶奶是一直陪着他，这些老师她几乎每天都要打交道。

问：王锦在上学以后，他自己有没有感觉到自己和其他孩子是有点差别的？

张：那他应该没这个感觉的，他到哪里都是很自信的，都不会自卑。

问：您有没有和他提起过？

张：没有，这个说了会伤他自尊。王锦的奶奶有时候和别人聊天，王锦也坐在旁边。别人提到什么什么的，他都听得懂的；如果讲起这个事情，他也会生气。谁说他傻什么的，他都生气。他眼睛就会瞥你一眼，让你别说他。

问：我们应该把智力障碍的孩子当作正常的孩子来对待。

张：嗯，我就是把他当正常的孩子抚养。所以我就和我妈妈讲，把王锦当正常的孩子来对待，你就让他干家务活，让他自己来，不要为他代劳。

王锦的自理能力还是挺强的。从小我就有意识地培养他，扫地、擦桌子，这些都是让他自己来。王锦很爱干净，看到地上有一根头发，都会捡起来扔到垃圾桶里。有时候客人到家里来，他都会去招呼客人。他虽说不出来话，但动作会做，比如拍拍沙发让客人坐，倒水给客人喝。

问：自立自强，他们才会融入我们社会当中，做一个普通的人。

张：王锦就和普通人一模一样。他现在在永和大王上班，就是和正常人一起工作、一起生活。他做一些简单的事情，虽然有时候也会犯错误。比如擦玻璃，擦着擦着就分神了，人也不知道跑到哪里去了。但他慢慢、慢慢地也会把工作弄好，同事和工作一点点地把他矫正回来。

问：王锦上学的时候，他的一天是怎么度过？

张：早上起来，吃过早饭去上学，到了晚上家人再把他接回来。有时候晚上他是自己坐车回来的。在杭州的学校没有住宿，我们自己在学校附近租了一个房子。奶奶必须陪他住，因为王锦一个人生活我们也不放心。从他十一岁去了杭州开始，爷爷奶奶就一直陪他在杭州生活。

问：爷爷奶奶每天接送他？

张：是的，都是由爷爷奶奶陪伴在王锦身边。刚开始的几年爷爷奶奶非常辛苦，因为王锦的情况不像现在这么好，要时时刻刻盯着他。情况慢慢好起来以后，就自己一个人坐公交车，自己去上学校了，都不用爷爷奶奶接送，这时候奶奶他们就轻松多了。

现在王锦自己都能做早饭和晚饭给爷爷奶奶吃。像奶奶如果有事情不在家，都是他自己做饭。我有时候打电话过去，问：“奶奶去哪里了？”他说：“奶奶拜菩萨去了。”“那你的早餐呢？”“我自己做起来吃了。”然后他就自己去上学。奶奶可以不用管他，能有自己的生活，这样就会轻松很多。现在我们唯一不放心的是，完全让他一个人在杭州独自工作、生活，所以必须要有一个人监护他。

问：王锦所在学校的课程设置，您清楚吗？

张：课程设置不是很清楚。反正是有语文、数学、课外、体育。孩子们写字的写字、朗读的朗读。王锦他写字写得不错，他现在每天都在练字。王锦有一个不好，就是阅读能力不强，认的字还不够多。奶奶陪着读书和我们陪相比，在文化学习的帮助上，还是有差距。奶奶自己也是这么说的，她没有文化，不能教文化给王锦。奶奶有时候说话，王锦也不听。有时候两人也会吵起来的，然后就打电话给我。我听了都很想笑，都是因为一些生活琐事闹别扭。

问：在杨绫子，除了语文、数学这些，是不是多了一些像劳技课之类的自己动手的课程？

张：对。像到了高三的时候，几乎都是劳动课，都是去实践干活。学校很注重培养他们的劳动能力，也是为了今后步入社会打基础。

问：王锦是什么时候能写自己的名字的？

张：他去了紫荆花学校就学会了。虽然他现在认识的字不多，但是也过得去。正常交流都是没有问题的。

问：杨绫子和紫荆花学校除了智力障碍的孩子，是不是还有聋哑的孩子？

张：好像没有招收聋哑的孩子，生源主要是自闭症、脑瘫的孩子，还有唐宝宝，应该是以智残的孩子为主。有些人看到王锦现在情况很好，都找我打听杭州的学校情况。他们一听说杭州的学校是没住宿的，就打消了送孩子去上学的念头。他们是想自己落个轻松，把孩子扔给学校照看，花钱就可以了。我就是不喜欢住宿的学校。那时候在温州看了那些住宿孩子的情况，我就放不下心来。尽管奶奶年纪大了，文化也不高，毕竟是家里人，有家里人照顾王锦，总是好一点的。王锦奶奶有一点很好，她识字，还能多多少少教一下王锦。有些孩子的爷爷奶奶不认识字，不过也没关系，毕竟饮食起居和安全能照顾好就行。把孩子扔在学校寄宿，我始终觉得不好。扔在学校里，就像老年人老了没子女照顾一样，而且孩子的成长更需要家长来关爱。

问：王锦在杭州的学校里与同学们相处得融洽吗？

张：很融洽，大家都对他很好。他在班级里都当这个（竖起大拇指），呵呵，大家都听他的话。

王锦现在的工作是每周六休息。我其实都知道他的情况，就电话故意问他："你今天是怎么安排的？""你猜。"我说："我猜不到，你今天是准备去爬山吗？"他说："不对，你继续猜。"很可爱的。我说："那你请了什么人啊？"他又让我猜。我说，谁谁谁。他说："猜对啦。"他都是自己把几个同学约起来，有时候是去看电影，有时候是去爬山，节目很丰富。他们都是王锦杭州学校里的同学，都是住在附近的，没有其他的小孩。王锦在杭州有很多同学，在温州这边没有。在这边，你说哪个正常的孩子愿意和他玩？

问：王锦有没有玩得比较好的小伙伴？

张：小伙伴有的，小袁、小唐，还有一个女孩子，他们玩得很好。他们平时会在周末约出来吃饭、看电影。有这些同学的陪伴和他们家长的照顾，就算王锦在杭州生活，我也很放心。

问：王锦在学校里的时候，老师们对他的评价怎么样？

张：都非常好。王锦特别乖。

问：学校里的老师，有没有特殊照顾王锦呢？

张：应该也会有的。因为王锦蛮可爱的嘛，他就是可爱型的，人见人爱。他自己也很善良，对人家也很真诚。所以说，那些老师对他也都特别好，什么项目都会让他参加，对他应该是有照顾。

问：王锦在学校里培养了哪些兴趣爱好？

张：王锦最擅长的爱好就是打鼓，所以他一直到现在还经常外出表演。

平时的话，他也蛮喜欢唱歌，最主要的兴趣爱好就是唱歌。六一儿童节的时候，他上台唱歌，唱的是《世上只有妈妈好》。他表现欲望很强，很喜欢表演。比如家里来客人了，吃完饭，我们说王锦要给客人唱歌啦，他就上去唱歌。现在也一样，我们经常说王锦要吹葫芦丝啦。他不会觉得不好意思，他只管表演，他很喜欢上台的感觉。

他偶尔也会去打篮球。以前在学校里的时候，他放学以后天天去打篮球。

问：王锦是在紫荆花的时候学会打篮球的吗？

张：对，后来他高中时期在杨绫子学校也有打篮球。

问：王锦在学校里学习生活，主要的困难是什么？

张：他好像也没遇到大的困难。他的学习、生活还是比较顺利的。而且老师们对他爱护有加，对他也没有歧视。同学们对他也非常好，也没有遇到让他生气跑回家的情况，不像以前在温州这边被人欺负。

问：他是怎么找到应对困难的方法的？

张：他都是自己解决。我都是让他自己弄，很少遇到必须要打电话求助我的情况。

问：王锦在紫荆花学校和杨绫子学校的时候，您会经常联系他吗？

张：有的，我们几乎每天都通电话。现在更不用说了，每天都会视频聊天。以前的话，我们就是每天打电话，聊聊每天做了什么，比如今天有没有什么开心的和烦恼的事。现在的话，我们就是聊聊工作上的事。我们每天都有聊天，有时候我是一天两个电话，早上一个，下午一个。

问：您对杭州的这两所学校都很满意？

张：很满意。真的非常满意，老师也特别好。我也很感恩，谢谢学校和学校里的老师。

问：您现在和学校的老师还有联系吗？

张：有事情会联系。

问：王锦毕业以后和学校还有联系吗？

张：有。比如说教师节，他会说："今天教师节，我要去学校看望老师。"

参加特奥获自信

问：您是什么时候，通过什么途径了解或知道特奥运动的？

张：我第一次听说特奥就是王锦去福建参加特奥会的时候，其实那次我还知道得不是很清楚。本来奶奶是让我陪王锦过去，但确实厂里的事情放不下来，我就没有过去。我对奶奶说："有你带王锦去就好，也没有必要两个人都去。"哪知道那次场面那么大，全国级别的特奥会，那时候奶奶都风光死了！我对奶奶说："这么多年都是你带孩子，这么辛苦，让你风光、开心，也是应该的。"

问：王锦在生活中是不是很喜欢体育运动？

张：他比较喜欢体育运动，他好动嘛。他在学校里参加垒球、100米短跑和跳远三个项目。

问：他有没有比较擅长的运动项目？

张：擅长？拿过奖的应该算是擅长吧，羽毛球，他羽毛球得过银牌。以前王锦去石家庄参加过比赛得过银牌。那次去石家庄，家里人谁都没有陪着去，只有老师带他去参赛，这是他第一次没有家里人跟着外出比赛。那时候老师大大表扬他了。老师说，这么多孩子过去，都非常闹，就是王锦特别地懂事。被子叠得方方正正，毛巾挂得笔直，还四个角扯一扯，搞得整整齐齐。老师现在遇到我们还有提起这事。

问：其他比赛都是奶奶，或者您陪着一起去？

张：对。像杭州、上海这些近的地方，我都会陪着去。基本上王锦出去参加活动，我只要有时间，都会陪着他去。

问：王锦参加特奥会，就是去福建那一次？

张：特奥会应该就是福建那一次。其他的比赛王锦还是参加得蛮多的，比如去过海南、石家庄，还有上海。这些比赛的奖状我都有存着，金牌、银牌，很多很多。

问：对于孩子参加体育运动或特奥运动，您是怎样的态度？

张：肯定支持。能够出去参加比赛，王锦很是喜欢，很高兴，特别兴奋。首先，参加体育比赛能让孩子去见识一下世面，开阔视野。其次这也让孩子有锻炼身体的机会，培养孩子的毅力。通过比赛让孩子知道输赢，让他有这个概念，胜不骄败不馁。

问：参加特奥会，您知道有哪些程序吗？

张：程序我也不是很清楚。参加比赛都是由学校组织，一直都是由老师带着去，老师负责。

问：您知道王锦在学校里准备参加特奥会，都接受了哪些方面的训练吗？

张：经常有训练，比赛之前每天都有训练。训练也很辛苦，他自己都说："妈妈，我累死了。"训练期间，王锦每天打电话的时候都有说这话。有时我想多和他说几句话，他都说："妈妈，我累了，不聊了。"我说："你累了，那你就先休息吧。"王锦累了就不喜欢说话了，说不动了。

问：训练都是由学校里的老师负责？

张：对，这些老师都是特别好，非常负责。我太佩服这些老师了，很有耐心。面对这么多智力有障碍的孩子，跟他们说一遍是不行的，得说一百遍、一千遍才行。对孩子们这么有耐心，而且每天都这么乐观，这些老师太伟大了。

问：您还记得王锦第一次参加特奥运动会是什么时候吗？

张：就是参加在福建的那次，应该是2010年的时候。王锦那时候还很小，到紫荆花学校才没几年，才十来岁吧。他参加了垒球、短跑和跳远，这三个都是个人项目。他得了两枚金牌、一枚铜牌，开心得不得了。听说王锦那次还跟着老师去参加福建一个市长的邀请晚宴。老师只带了他一个人去，他是作为代表去的。参加比赛很开心，得奖更开心。从那一刻之后，王锦就变得更加自信。

问：王锦在那一次比赛之后，还有参加特奥运动会吗？

张：有参加过，但是规模都没有那么大。在此之前，老师也经常带他去参加比赛。在紫荆花学校的时候，出去参加比赛得奖的多。到了杨绫子学校以后，出去得奖的都是团体比赛。团体比赛的项目，我记得好像都是篮球。

问：除了特奥运动会，王锦还参加了哪些特奥组织的非体育运动类活动？

张：是关于特奥的活动吗？不知道有没有，我也忘了。其他组织的志愿者活动，王锦经常有参加。有时候一个月都有好几次活动。他们加入的爱馨互助会经常到各地表演，比如年会、开幕式上的开场鼓。2016 年光中央电视台王锦就去了两次，参加《开门大吉》和《向幸福出发》两个电视节目的演出。这两次演出我都陪着他去。参加了这么多活动，王锦现在越来越自信，越来越好。从一个唐宝宝到上了中央电视台的舞台，我是做梦都没有想过。

问：您觉得孩子参加特奥运动以后，有什么积极变化吗？

张：有，他拿了金牌到处炫耀，有时候亲戚朋友来了，他就去炫耀，总之就是变得自信、开朗和乐观。团队合作的意识和精神也有了，王锦和其他特奥运动员之间的关系是很好的，别人也对他很好。

问：您认为特奥运动给王锦带来了哪些方面的帮助？

张：王锦参加特奥以后，觉得自己很有存在感和成就感。虽然我是智力有障碍的孩子，但我也可以参加比赛，可以拿奖，就很有成就感。

家庭领袖献爱心

问：您和其他特奥运动员的家长有联系吗？

张：我和杭州那边联系不是很多，因为多在温州生活工作。联系比较多的就是一个叫梦婷妈妈的人，王锦也是经常跟梦婷一起，在梦婷妈妈的带领下去参加演出。

问：你们这些家长有没有建立一个组织？

张：有啊，就是爱馨互助会。会里的孩子都是存在智力障碍的。这个组织不是杨绫子学校的，而是杭州的一群智力障碍人士家长发起的爱心组织，也叫爱心志愿者艺术团。他们这些人都很好的，尤其是一位叫吴妈妈的人。吴妈非常热心，经常组织各类活动。他们每个星期天都会搞活动，组织孩子们去做手工、画画。星期五晚上则有那位云峰老师组织孩子们打非洲鼓。

问：这些活动目前也仍在进行？

张：都还在举办，大家一直在坚持。在今年的端午节，吴妈妈就组织大家一起包粽子。

问：除了这些组织，您还有没有参加类似的互助组织？

张：没有，我参加的就是这一个。

问：这个组织的成员和活动都是以杭州地区为主？

张：对，基本上参加的组织和活动都是在杭州，温州这边没有类似的组织。活动数量还是蛮多的，有时候忙起来的话，一天有好几场活动。

问：作为家庭领袖，您是什么时候开始与智力障碍孩子的家长们有接触？

张：我也算不上家庭领袖，都是他们奉献得多。我也是在王锦去了杭州读书的时候开始参与他们的活动，原先在温州没有。在温州，我连一个唐宝宝的家长都没有认识，更别说相关的组织了。我在温州路上看到一个唐宝宝，都很想上去和他的家长沟通一下。很可惜，我很少见到，他们都把自己的孩子掩藏封闭起来。温州的唐宝宝和杭州的唐宝宝就完全不一样。温州的唐宝宝一个个看上去都脏兮兮，杭州的孩子个个都干干净净。这和家长的观念行为关系很大。

问：与这些家长认识了以后，您都参加了哪些活动？

张：王锦他们以出去演出的活动为主，我参加的不是很多。一般在杭州和周边城市的活动，都是奶奶陪着王锦去，像他们前段时间刚去上海参加过一个慈善周年的活动。如果是国内比较远的地方，都是由我陪着去，毕竟奶奶年纪大了。反正活动挺多的，各式各样的都有，非常丰富。

问：这些活动的类型主要是演出？

张：基本以演出活动为主，比如说各类活动开场鼓，有时候是结束鼓。他们打鼓打得很好，很有感染力，虽然很多人都是智力障碍的孩子。他们主要是去演出，一般都是有单位邀请。云峰老师前两天在微信群里发了一个活动预告，过几天他们要去某个地方表演，当地的市长也会参加。这群老师和孩子很了不起。

问：您知道作为家庭领袖具体要做哪些工作吗？

张：不是很了解，因为我在温州，杭州的活动肯定都是由其他家长来牵头组织。可能这些领袖参与的事情我都没有参加。有时候要开会了，我会过去一下。如果有通知到我的话，再忙我都会过去。所以很多事情基本上都还是杭州的家长在操心，他们付出最多。

问：家长们组织的活动有没有遇到一些困难？

张：如果有困难，都是那几位家庭领袖解决了。他们是比较辛苦的，亲力亲为，尽心尽力。既要去租场地，又要去开会，还要准备各种东西，都是他们在弄，那几位家庭领袖很辛苦。

问：像经费、场地、人员的问题，有哪些组织机构支持赞助？

张：经费等方面的情况，我不是很了解。有时候可能演出会有点收入，政府和社会各界也有支持和捐助。

问：像特奥会等组织的活动，您认为还存在哪些方面的不足呢？

张：我都没觉得有什么遗憾。目前这样的活动已经很多很不错，比以前好多了，毕竟现在各方面的支持越来越完善了嘛。比如有了补助费用，社会的关注度也越来越高，能理解我们的孩子，这在以前都是没有的。

问：您认为社会各界还需要在哪些方面提供支持和帮助？

张：比如像王锦，对我们来说，希望在未来的工作上能有所帮助。虽然说王锦所在餐厅也很好，但是长期在餐厅工作也不是很好。他们每天下班回来都有一股油烟味，每天我都要提醒他洗澡，换洗衣服。他毕竟是男孩子，有时也会粗心、偷懒。在和他视频的时候，我就故意说："哎，怎么有股臭臭的味道？是不是还没洗澡？"他就笑起来了，说被我猜中了。如果王锦能有一份干净一点、轻松一点的工作，那也是很好的，所以我希望政府和社会能在就业上多帮助智力障碍人士。

问：以您的经历和观察，特奥运动员的家庭情况如何？

张：像我嘛，温州这几年经济也不景气，所以王锦这几年在杭州生活得也比较艰苦。他是租房子住，条件也比较简陋。

问：王锦的收入能够支持他在杭州的开销吗？

张：肯定不行。有时候他一个月的收入只有 1 000 多块钱，房租一年就要 3 万，都是我这边帮他交。靠他自己的收入是远远不够的。

问：其他孩子的家庭状况呢？

张：其他孩子的家庭条件应该比我要好。具体我也不是很了解，但相对来说都不算很好。因为给孩子治病已经开销很大，同时孩子的收入又不算高，也不能补贴家用，而且家里要有人放弃工作专门来照顾孩子。

问：您接触到这些孩子的家庭主要是通过演出活动，而不是特奥运动？

张：嗯，王锦参加特奥都是很早以前了，就参加一次特奥嘛，之后都是以演出为主。我和其他家长都是通过演出认识的。以前都是学校安排演出活动，哪里有演出，需要我们家长陪同，那么我们就过去。

问：你们这些家庭之间有没有组织一些小的活动？

张：他们有，王锦也有。像小唐的家庭，和王锦来往得很密切。

勤恳工作求自立

问：王锦是什么时候从杨绫子学校毕业的？

张：王锦是2016年毕业，跟我女儿是同一年开始进入新的阶段。我女儿今年是大学二年级。

问：王锦毕业以后，您是怎么考虑他的未来？

张：毕业以后，我没有去想一定要他怎么样，我也就是顺其自然。王锦也是顺着顺着，就出去了。因为在杨绫子学校里，老师会培养孩子们的各种技能，比如烹饪、手工，让孩子们往正常人工作、生活的方向发展。孩子们毕业以后，学校会推荐他们到各种用人单位去应聘。那时候王锦在杭州找工作，我也去了杭州三四次，陪他一起找工作。哪里有招聘，我就带着王锦去面试。我对王锦说："如果人家单位喜欢我们，我们就过去；不喜欢，你在那里干活也干得不开心。"我的想法是，先让王锦在杭州待个几年，锻炼几年，以后的事慢慢再说。如果能参加工作，就尽量参加工作；实在不行，没有单位要，我们就再想其他办法。

问：王锦目前是在哪个地方工作？

张：他在杭州市的永和大王餐厅里工作，地址是在市区里。

问：王锦当时是怎么找到这份工作的？

张：这份工作是学校老师推荐的。杨绫子学校的毕业生，学校有专门的推荐渠道。杭州的一些公司有专门接收智力障碍孩子的工作名额，可能是招聘这方面的员工，公司会享受一些优惠政策吧。那会儿刚好有位老师介绍王锦去永和大王应聘。我认为我们的孩子不用去挑工作，以他们的自身条件，在目前的社会环境中难度太大了。我觉得这份工作可以，毕竟对方愿意招收像王锦这类的孩子。如果当时王锦没有找到工作，我还是想让他待在杭州，找一个适合他的岗位。刚好遇到永和大王，我觉得也挺好的，就让他去。他也干得不错，你看他现在工作得也很好。不是说工资高低的问题，现在有些大学生毕业以后，天天在家里玩电脑、玩手机。王锦已经能做到自食其力了。

问：王锦一毕业，就直接参加工作了吗？

张：王锦是6月份毕业，7月就参加工作了。他很幸运，一毕业，马上就找到工作了。不过，我不想让他马上就去工作，毕竟刚刚毕业，身份还没有从学生转变成社会人，我就让他先回温州来休息一段时间。王锦离开家十年了，很少能长时间在家里，我们作为家人也想多陪伴他。他在家中休息到 7 月 1 日，然后才回到杭州正式上班。我们的孩子虽然智力反应慢，但他兢兢业业，每天都按时上下班。前几个月他去上海有个演出，演出好以后回来已经是半夜。早上六点钟起床出门，到夜里两点多才回家，第二天他还要去上班。我怕他没有休息好，想让他请假，他还不愿意请假休息，坚持去上班。

问：非常敬业，请问这个表演是谁组织的？

张：是爱馨互助会组织的，王锦是组织里面的成员。组织里有一个老师，他会带着孩子们训练、表演。老师是免费教孩子们，每个星期一节课，教他们打非洲鼓。

问：王锦工作的主要内容是什么？

张：就是收拾碗筷、擦玻璃、扫地，主要是打扫餐厅的卫生，他本人搞得还是比较干净的。待遇方面，他的工资扣了五险以后，如果全勤，可能 2 000 块多一点。如果旷工一两天，可能只有 1 000 多。虽然工资相对比较低，但也是一份正经的工作。像王锦这样的孩子能够自食其力，我已经非常知足。

问：王锦赚来的钱都是给他自己花吗？

张：他现在赚来的钱全部都存在工资卡里，一分钱都没有动。零花钱都是我这边单独给他，吃的用的钱都是我这边出。他赚来的钱都先存在他那里。有一次我开玩笑问他："你工作是为了什么呀？赚来的钱准备拿来干吗呀？"他说："我要努力工作赚钱，拿来给妹妹上大学。"

问：王锦平时花钱的地方多吗？

张：他不怎么爱花钱，花钱的地方也很少。他也没什么地方要花钱，店里包吃，回家也有吃的。有时候我们担心给他钱太多，会被人家骗。给他 100 块，回来可能就只剩几十块。但都不让他花钱也不行，也要让他出去多接触社会。后来我们就给他 10 块钱，就是这 10 块钱，他也花了好几天。

问：他上班的时间是早上到晚上吗？

张：王锦早上九点开始上班，晚上五点下班。这个工作时间也是单位为他特殊安排的。我们爱馨互助会经常在星期六有演出活动，所以王锦就选择星期六休息，星期天接着上班，一个星期休息一次。

问：当时您考虑的是让王锦留在杭州，不要回温州。为什么呢？

张：我们还是想让他留在杭州。首先，杭州是大城市嘛，毕竟和温州不一样。其次王锦这么多年都在杭州读书，老师、同学都在杭州，他对杭州比对温州要熟悉。他在杭州有兴趣，也能留得住。他如果回到温州，就是待到原来的环境中去，就是一个人待在那里，没人陪他玩。我们陪他的时间也有限，不可能一直在他身边。王锦和孩子们玩得很开心，我们和他玩不起来的。等于说，王锦的生活、工作已经在杭州了，很难离开。目前看来王锦在杭州已经有了稳定的工作，证明了我们当初的选择是正确的。

问：对于王锦的未来，您是怎么打算？

张：将来的事，现在我还不知道。反正王锦也会想找女朋友，他和我讲了将来要找女朋友。我对他说："你先别急，你现在还不够成熟。男孩子要学会担当，等你学会担当了，你就会遇到一个你喜欢的人。到了那时候，我们再去考虑。"他说："知道了，首先要把工作做好。"

问：他真的很懂事呢。

张：非常懂事，非常善解人意。你跟他说话，不能遮遮掩掩，讲直白了，会好一点。前几天，他们的经理和我讲，王锦这几天工作不是很卖力。我问他的情况，经理说王锦下午两三点的时候，跑到隔壁的店里买水喝，然后待在那个店里玩手机。我说："经理你要和我说情况，我会和他讲，他会听我的。"

下班以后，我打电话去问王锦："你这几天工作怎么样?"他说："挺好啊。"我问："你累不累?"他说："不累。""那你上班的时候口渴吗?""口渴。""那你口渴了怎么办?"他说："我去隔壁买水喝。"一般我问他事情，他都会如实讲。我说："工作时间到外面买水喝，这怎么可以呢？其他同事有出去吗?"他说："没有。"我说："那你怎么可以出去呢？你要专心工作，不能在工作时间做其他事情。"他就明白了，意识到自己的错误了。我说："那我们能不能把这个问题解决呢？你经理和我讲，你这几天每天都出去买水，口渴了可以自己带水喝。你是不是肚子饿了?"因为他们中午是十点钟吃饭，直到下午五点。这个时间有点长，他肚子饿了也是情有可原。后来我就和他讲："水要从自己家里带过去；如果是肚子饿，家里带点饼干去吃。不要随便跑到外面去，你会被扣工资。"这么一说，他就听话了。这两天我打电话过去，我问他："有没有出去买水?"他说："我带水啦。"他很乖的，一听就明白了。

满意现状顺自然

问：您对王锦将来的婚姻问题有什么打算呢?

张：这个是大问题，但我现在不着急考虑。像找工作一样，随遇而安，顺其自然吧。当然，我们还是想找个好一点的嘛，不过也要看人家姑娘愿不愿意。

问：您对王锦未来的人生有什么期望吗？

张：我也不敢期望太多，对于王锦目前的状态，我已经很知足，很开心。我希望王锦能健健康康、开开心心地生活就好，没有其他的期望，也不奢望他有更大的成就。

问：其实王锦现在成就已经很大，参加过特奥会，又经常出去演出。很多和他同龄的孩子都没有接触过这些，没有得到这些荣誉。

张：对。王锦去演出、参加活动的时候，都是排在中间的。

问：王锦可能在某些方面比正常的孩子更优秀。

张：所以我也比较知足了。想起刚刚去杭州的时候，看到人家孩子能自己坐公交车回家，我都傻掉了，我想我的孩子哪天也能这样就好了。在当时，这也仅仅只是一个愿望。结果不到两年，王锦也能自己一个人坐公交车。那时候王锦自己一个人去针灸的地方要转两趟车，都是自己认路，一个人过去。有一次，那条公交车线路封道了，结果他自己走另外一条路回去。换作是我，我可能还糊涂呢。那时候我就被他惊讶到了，确实挺厉害的。

问：您的孩子和您的家庭，是否受到过政府部门或社会组织的帮助？像龙湾区这边有没有资助或者补贴给你们？

张：补贴就是这几年才有的，因为王锦办了残疾证，每个月有补贴 500 块，现在不知道涨到多少了。另外还有一个补助是一年一次性给 1 000。去年还办了一个证，又多发了几百块钱。

问：您觉得政府和社会各界在保障和支持智力障碍人士方面有没有要继续提高的地方？

张：政府对残疾人在经济方面的帮助还需要跟上，同时更重要的是社会观念的改变。这不是政府部门出台一个政策就能改变的。其实很多人永远都不知道什么是唐宝宝，也不知道他们的实际状况。他们没有接触过这些孩子，不够了解，也很少去了解、关注。社会上对唐宝宝都存在一定的偏见。你们接触过唐宝宝，就会知道如何去看待、接纳这些孩子。一些没有接触过的人，比如我们农村里的人，看到这些孩子都会烦死。

问：您上次在电话里也提到，带王锦去杭州的原因就是温州这边对待智力障碍人士的观念远不及杭州。

张：对的。就算有些人自己的孩子是智力障碍人士，他们也不会悟到这些东西。他们有的人遇到像我这样的处境，很多时候都放弃了。像我们龙湾这边

张林艳母子合影

的一些智力障碍孩子，我了解到的情况是，几乎都被家长放弃。没有人会花钱去培养这些孩子。所以他们当时听说我要送孩子去杭州，都说我疯了。

他们说你这么多年的辛劳就是为了这两个孩子，付出太多，太辛苦。我说我忙忙碌碌到现在连个房子都没有，就是为了这两个孩子的成长。我自己目前在温州也是租房子。要是房东不给租了，我们要到处搬。像王锦也是一样，在杭州租房子。我说王锦很幸运，去了杨绫子学校的时候，我第一天把他送过去，当天就把房子租下来了。我觉得我自己太幸运了。而且这个房东人也很好。刚开始，他不是很愿意租给我们。我说反正你也用不到，就先租给我们一年吧。结果到现在，我们已经租了四五年。

问：您培养王锦花了很多心血，现在他如此优秀，也是对您这么多年付出的一个回报。

张：王锦也不算多优秀，只要他开开心心、健健康康地成长，我也就实现了我的初衷。我也没想他赚多少钱、出多大名。

问：现在王锦的成就证明了您当年的选择是对的，付出是值得的。

张：对。别人都说温州这么大，还容不下你？说实在的，我也很感谢家里人的支持。如果王锦奶奶不愿意陪着王锦去杭州，那我也无能为力。对爷爷奶奶去杭州照顾王锦，家里的人都非常支持。爷爷奶奶两人十几年如一日照顾王锦，确实也不容易。尤其是两位老人在外地生活刚开始很不适应，孩子苦，老人也苦。孩子苦是一下子离开了妈妈，老人是生活各方面不适应。让老人离开生活了几十年的地方到一个完全陌生的城市去，中间要经历太多波折。不过现在老人家也适应了。现在王锦在杭州过得很好，也没有想过要回来，周末也有地方出去玩，也有人陪着。爷爷奶奶看到王锦变得越来越好，也很欣慰。不过家人们两地相隔始终会思念对方。王锦有时会问我：“妈妈，你很忙吗？什么时候来杭州看我？”我说：“工作忙，暂时过不去。”他也能体谅我。我有时问他：“你为什么要打电话来？”他说：“我想你了嘛。”他也知道家里人的付出，也会体贴家人。

问：非常感谢您分享了您和您家庭的宝贵经历，谢谢您！

张：谢谢。

张林艳儿子口述

口述者：张林艳儿子王锦、张林艳
访谈者、撰稿者：潘立川
访谈时间：2019 年 2 月 2 日
访谈地点：温州市龙湾万达广场

问：王锦，你好，很高兴你能接受访谈。请你介绍下自己。

儿子：你好，我是王锦，我现在在杭州永和大王工作。我出生在 1994 年 9 月 15 日，今年 24 岁，老家在温州龙湾。

问：你的爸爸妈妈叫什么名字？他们现在从事什么工作？

儿子：妈妈叫张林艳，爸爸叫王旭辉，他们现在在做鞋子。

问：爷爷奶奶还在吗，现在住在哪里？

儿子：爷爷奶奶都还在，外婆也还在。他们现在住在哪里我不知道。

问：你有几个兄弟姐妹呀？

儿子：我有一个妹妹。

问：你知道你妹妹的生日吗？

儿子：我不知道。

张：你想一想，不要这么匆忙回答。妹妹的生日跟妈一起，妈是哪一天生日，农历是多少？

儿子：(迟疑了一会）5 月 6 日，农历三月二十五。

问：你妹妹现在在哪里读书？

儿子：金华的大学，浙江师范大学。

问：你们平时会经常聊天吗？

儿子：有，平时用微信聊天。我们天天聊。不过妹妹要排练舞蹈，很辛苦，我不打扰她，所以就说一两句话。

问：过年过节的时候，你有去亲戚家里玩吗？

儿子：有，我去我叔叔家、哥哥姐姐家里玩，还有大伯家。我到他们家里玩游戏，打枪的游戏，在电脑上玩。哥哥姐姐家离万达很近，我经常有和他们一起玩。

问：你记得小时候家里人带你去医院的事吗？

儿子：小时候，我得病，很喘。妈妈说我以前十一岁的时候不会说话，嘴巴里好像有东西。我以前是说不出来话的。所以我去杭州打针、吃中药，还有去上学。

问：那你对去医院还有印象吗？

儿子：没印象了，我去医院就是打针。

问：你害怕打针吗？

儿子：不害怕。我十一岁的时候会哭，害怕，后来就不怕了。因为打针是为了治疗，对我有好处。

问：你是什么时候知道自己与其他小朋友不一样？

儿子：不一样……我在杭州，都是我的同学，我和他们有交流。

问：王锦，你是什么时候上学的？

儿子：我是十一岁去紫荆花学校上学。我之前是上幼儿园，两岁的时候在温州这里上幼儿园。

问：你还记得是在哪个幼儿园吗？

儿子：不记得了，我在幼儿园里待了四年不到。

问：你在幼儿园的时候与其他小朋友玩得怎么样？

儿子：很开心，那时候我很喜欢去幼儿园。因为那个老师对我很好，让我认真读书。

问：那位老师的名字你还记得吗？

儿子：邱老师。邱老师教我语文和数学。她经常带我出来玩，到万达来逛街，还有去看电影，买吃的喝的。

问：这次春节假期回来以后，你准备去看望邱老师吗？

儿子：还没时间去看她，我过几天马上要去杭州。

问：王锦，你的第一所小学是在哪里上的？

儿子：小学一年级我是在龙湾这边上学，万象城旁边的学校。我在这边读书读了一年不到就去杭州了。

问：你在这边读书感觉怎么样？

儿子：读书，我还是开心的。

问：后来你为什么到杭州去读书呢？

儿子：因为我的病，我要到杭州去看病。我到杭州以后是在紫荆花学校上学。那里有金老师，她以前是教我语文和数学。

问：当时要离开爸爸妈妈，到杭州上学，你感觉怎么样？

儿子：有一点难过。我要加把油，读书要认真。后来还有一个学校是杨绫子学校。

问：你第一次去杭州是妈妈带你去的吗？

儿子：不是，是奶奶带我去的。

张：第一次爷爷奶奶和我带你去杭州，是我们四个人一起去的。

问：第一次到杭州，你感觉怎么样？

儿子：环境不错，玩耍的地方很多。和原来学校比，操场变了，还有吃饭也变了。我们是在教室里吃饭。老师和我们一起在教室吃饭。

问：你喜欢杭州的学校吗，为什么？

儿子：喜欢，因为那里有爱馨互助会，在那里我们一起打鼓、唱歌和演出。之前我们还去了北京表演。这些都是在杭州才有的。

问：在杭州的时候，是谁照顾你？妈妈有去杭州吗？

儿子：是爷爷奶奶照顾我，妈妈偶尔来一趟。去年，我爸爸妈妈和我妹妹一起来杭州看我，带我出去玩。

问：你在杭州的时候，上学都是爷爷奶奶接送吗？

儿子：我是一个人上学，一个人回家。学校离家很近，我都是走路回家，五分钟一定能到。

问：你在紫荆花学校上学的时候，学了哪些课程？

儿子：课程是唱歌、运动，还有很多很多，我还参加拔河比赛。这里面我最喜欢非洲鼓，因为我喜欢打乐器。

问：你是什么时候开始喜欢打乐器呢？

儿子：我第一次打乐器是在杨绫子学校。我打了一次鼓，老师就邀请我，说："王锦，你来打非洲鼓吧。"我就从那时候开始打非洲鼓。

问：在杭州读书的时候，你有哪些印象深刻的老师和同学？

儿子：老师和同学对我很好。我先说同学，同学有小袁、小周，他们都是我最好的朋友。他们都是和我一个班级的同学。

问：你们现在还有联系吗？

儿子：我们会打电话，在微信上聊天，聊聊什么时候一起吃饭，和同学们聚聚。

问：聚聚的时候，你们都是去哪里玩？

儿子：有时候在家里，有时候在外面。

问：他们现在在哪里工作生活呢？

儿子：忘了，好像是在公交车站。他们都有工作了，都是在杭州下沙那边。

问：在杭州读书的时候，你放假都是回温州吗？

儿子：我放假的时候都回温州。还有过年了，我要回温州看爸爸妈妈和妹妹。

问：平时在读书的时候，你会想爸爸妈妈吗？

儿子：不想，我要努力读书。

问：平时在学校里的时候，你有打电话吗？

儿子：没有。我要手机关掉，不接电话，就是要努力学习。妈妈会打电话给我，她说："儿子，你最近怎么样啊？要吃好睡好，平时要帮奶奶做事情。"

问：你初中是在杨绫子学校读书吗？

儿子：对，杨绫子学校很好，老师好，读书好，同学好，全都是最好的。

问：到了杨绫子学校，你也是一个人上下学吗？

儿子：对，中学的时候奶奶已经没有来接我。学校离家也很近，五分钟以内能走到。

问：你在杨绫子学校读书的时候，成绩怎么样？

儿子：成绩一般好。在那里有烧菜的烹饪课、洗衣服的课，还有洗车、花卉。这里面我最喜欢洗车和洗衣服，因为我喜欢玩水。

问：你还记得哪些杨绫子学校的老师？

儿子：初中老师我记得有刘老师、郑老师，他们是教我语文和数学，另外还有教我打鼓的陈老师。

问：那你在初中有哪些好朋友？

儿子：小伊，我们上课都是坐一块儿的。我们一起唱歌、跳舞和吃饭。

问：他们现在都参加工作了吗？

儿子：还没有，他们都没工作，现在在家里。

问：你在杭州工作的时候，有和他们出来玩吗？

儿子：有的，一起玩的还有一个女生小王。有一次在大鼓楼路上碰到她，她喊我："王锦，你上班啦？"我一听，傻掉了，还以为是谁呢。我们是在打鼓的时候认识起来的。

问：你在学校里，喜欢玩哪些运动项目？

儿子：我喜欢篮球、足球和羽毛球，还有跑步、跳远。我羽毛球打得最好。

问：你有没有出去参加比赛？

儿子：有的。在学校里的时候，老师找到我，说："王锦，你要不要去参加奥运会？"我说："去吧。"我参加了很多特奥比赛的项目，有垒球、跑步和跳远。

问：这些项目中，你认为自己哪个项目最厉害？

儿子：我觉得是跑步，100 米，冲刺。我的羽毛球也很厉害。

问：你还知道哪些特奥的事情？

儿子：我知道奥运会里有姚明，打乒乓球的是王楠，但是我没见过他们。

问：你平时在学校里参加体育训练吗？

儿子：有，我是 8 月 19 日参加训练，训练了一个多月。学校里的老师带着我们一起训练，教我们打垒球和跑步。训练的时候，我觉得不辛苦，因为我要减肥。训练以后，我肚子瘦了，屁股瘦了，整个人都瘦了。

问：训练的时候，家里人有来看过你吗？

儿子：有，我爸爸妈妈还有妹妹来看我训练。

问：你还记得你去哪些地方参加过比赛吗？

儿子：四川、福建和石家庄，海南我也去过。2018 年底我和爱馨互助会一起还去了长春参加冬奥会的活动。在东北，我待了十天。我们参加冰上足球、拔河的比赛。裁判喊："王锦。"我说："到！"然后我就过去射门。最后我拿了一个金牌。

问：你出去比赛的时候，有家里人陪着吗？

儿子：没有家里人，都是老师带着去。比赛的时候我都是一个人去，我和同学们住在一起。

问：比赛回来以后，你有和家里人说比赛的情况吗？

儿子：在杨绫子学校举办的东亚区比赛，我拿了金牌。回家以后和家里人说，我拿冠军了。

问：参加特奥运动会以后，你发现自己有哪些变化？

儿子：有一次比赛的时候，我的脚扭了，我的膝盖破了，全都是血。还有在四川，我感冒发烧，整个人像火一样，因为吃的东西都太辣了。

问：心情方面呢？

儿子：开心、温柔和甜蜜。

问：为什么会有甜蜜？

儿子：比赛得名次以后，老师很开心，我也很开心。

问：参加特奥以后，你认为自己哪些方面得到了提高？

儿子：我的身体更强壮了。我现在要在家里练肌肉，要有八块腹肌，哈哈。

问：王锦，你是什么时候参加工作？

儿子：我是2017年的时候开始工作。学校老师介绍我去永和大王工作。我工作的地方在杭州鼓楼那边。

问：你在永和大王具体承担哪些工作？

儿子：客人来的时候，我去送餐；客人吃完饭以后，我就过去收餐具，擦桌子，清理干净。每天下午一两点的时候，我还要打扫卫生。一楼搞好以后，去二楼打扫。

问：你一天工作几个小时？一周休息几天？

儿子：每天工作八个小时，周六休息一天。休息的时候我就和同学们一起出来聚会。

问：你觉得工作累吗？

儿子：不累，因为工作有钱赚。我要多赚钱，以后买车、买房子、找老婆、给妹妹读书。

问：你现在在杭州，也都是奶奶和你一起生活？

儿子：是的，十年，奶奶和我在杭州生活了十年。

问：过完年以后，奶奶和你一起去杭州吗？

儿子：正月初六我爸爸妈妈和我、妹妹一起去杭州，奶奶迟几天再来杭州。

问：你在家里的时候，喜欢和谁在一起？

儿子：我妈，我喜欢和我妈在一起。

问：工作以后，你多久和家里通一次话？

儿子：基本上不打电话了，我很累，工作很辛苦。不过每个礼拜六的早上休息的时候，我会和妈妈视频聊天。

问：和妈妈聊天的时候，你们都聊些什么呢？

儿子：聊聊工作忙不忙，吃得好不好，穿得暖不暖。今天早上回温州前，我和妈妈打了个电话。

问：这么多年过来，你觉得妈妈辛苦吗？

儿子：她很辛苦。我的出生的时候，妈妈很辛苦；妹妹出生的时候，妈妈也很辛苦。

问：你准备将来怎么回报妈妈的关爱与养育呢？

儿子：我会买个花送给她，还会买吃的、喝的送给她。上次母亲节的时候，我就打了个电话给妈妈。今天早上我还给妈妈吹了头发。

问：谢谢王锦，谢谢你的讲述。

儿子：好的。

张林艳儿子观察记录

观察时间：2019 年 3 月 10 日中午 11:00—12:10

观察地点：杭州市上城区某永和大王店

观察者、撰稿者：徐阳

时间	工　作　内　容	备　注
11:00	与同店的工作人员共进午餐。	午餐为卤肉饭 + 豆浆。
11:10	餐盘收回餐具车，前去二楼。	没上二楼，看了一眼。
11:12	将送餐区放置的顾客领用并回收过一轮的餐牌带回到收银前台。	放置餐盘。
11:13	根据桌牌号将两份套餐成功送到顾客桌前。	
11:14	顾客离开，收回顾客的餐盘并对桌面进行清理。	
11:15	试图根据桌牌号将两份套餐送到顾客桌前，徘徊很久，也没找到目标。	
11:17	领班经理让他做清理工作，由经理送餐。	
11:18	整理餐具车，将汤匙、筷子、碗、水杯、餐盘分门别类放置。	
11:20	后厨要求送餐。送餐成功，收回餐牌。	
11:22	推餐具车清理桌面，并绕场一周。依次叠放用过的餐具，分类投入整理箱，最后擦拭桌面。	注意力不是特别集中，时而四周张望。
11:27	回到后厨，将餐具车内的纸巾投入垃圾桶，其他餐具放回洗碗区。	
11:28	将空餐车推出前厅，餐盘放到取餐区域； 将随意摆放的儿童座椅排列整齐，靠墙摆放。	等待就位，随时候命。
11:32	空手前往前厅收餐盘，将使用过的餐具端回后厅，并分类放入餐具车内。	
11:34	第一次送餐，绕场近一周，找到对应的顾客，成功送餐，收回餐牌； 第二次送餐，客人与前桌是一起的，迅速定位并送餐； 第三次送餐，探看桌上的餐牌号，送餐成功。	送餐人员不足，成功送餐三次。

（续表）

时间	工　作　内　容	备　注
11:36	顾客刚走，迅速收餐盘并整理。	
11:38	与顾客对话："让一下，我把桌子收一下。" 顾客询问"可否扫码点餐"，答"对"。 依次叠放用过的餐具，分类投入整理箱，最后擦拭桌面。邻桌不断有顾客离开，重复相同动作，绕场一周。	剩余餐具较多，推餐具车收取餐盘。
11:46	将餐具车送回后厨。	
11:49	发现有顾客落下杯子，问"谁的杯子"，未果。将杯子放到前台。回来后，继续收取餐盘。	继续绕场收取餐盘。
11:54	将餐盘送回后厨。	
11:55	推推车出去收餐盘。	
11:58	绕场回到后厨，将干净的餐盘放到取餐区。	
11:59	绕场一周。	
12:00	较快速推餐具车前去收取餐具，在顾客的等待中有条不紊地进行操作，不慌乱。完毕后继续在场内收拾。	顾客要求收餐盘。
12:05	将收取的餐具送回后厨。	
12:10	取餐区的餐盘不够，需要送餐盘，员工小 A 大喊送餐盘。将回收的餐盘擦拭后送去。	

心存大爱办基地

——韩蓉芳口述

韩蓉芳，北京地区家庭领袖，特奥运动员王冀豫之母。

王冀豫，小名小玉，男，1981年出生，有一妹。智力障碍一级。从北京西城培智学校毕业以后，一直在由母亲开办的密云康复基地生活。

口述者：韩蓉芳

访谈者、撰稿者：李伟利

访谈时间：2017年10月20日、11月24日

访谈地点：北京市区韩女士家中、密云康复基地

命运安排“天使”到来

韩：我老家是河南的。父亲是一位很老的军人，参加过抗美援朝和抗美援越战争，所以我出生在部队大院里。我是我们家最小的孩子，家里条件一直比较优越。二十世纪七十年代的时候我来到北京，当时我们铁道兵部队大院在密云，我在密云上了一年多高中就毕业了，之后被分配在北京市公路局密云分局工作，我的家庭状况一直很好。真正改变我人生的，应该是结婚之后生了第一个宝宝，是唐氏综合征。

怀宝宝的时候我还比较年轻，我就记得怀他的时候发过一次高烧，当时我所在单位是管计划生育的，所以我就去医院跟大夫说发烧的事情。大夫就说，应该没大事，还说让我别吃药，给我打了一针柴胡，后来就退烧了，打柴胡这件事情我记得非常非常清楚。因为我平常从来不生病，身体非常好，我父亲身体也好，家庭遗传基因非常好。我今年六十岁了，医保卡都没有怎么用过，几乎没有病，身体非常好。

我觉得这是命运的安排，我身边好多人都说，可能是老天爷看我的身体非

常好，要让我来接受这么一个天使宝宝。

小玉出生的时候持续时间很长，从凌晨就感觉好像要生，一直折腾到下午两点才出生。刚出生的时候，他也没有什么特别的反应，哭的第一声也很正常，白白胖胖的，当时感觉还是蛮开心的，挺好。因为我们家先生在他们家就他一个儿子，小玉是他们家第一个孙子，奶奶爷爷都很高兴。

一开始生下来，小玉老是咳嗽发烧，一年多时间几乎都在医院里耗着了，三天两头往医院跑。其实小玉当时就出现了胸膈膜脐疝，他比别的孩子要弱一点，不像别的孩子那么活跃，老喜欢睡觉。我当时就问我妈，我妈说，没事，你小时候就这样，爱睡，不要紧，好带。所以也就没刻意地去想这个事儿。

等到他六个月的时候，他还是经常生病，发烧，老是发出呼噜呼噜的声音。我就找了一个儿科专家，专家说，你先别看其他的病了，你可能生了一个傻孩子。还说孩子将来生活不能自理，长大可能不认得父母，当时对我的打击非常大，我根本就接受不了。我们家是部队的，我父亲在部队也是高干，家里条件一直都非常好，怎么老天会让我有这么一个孩子，我就觉得特别不能接受。当时这位专家是在我们家坐诊的，我把孩子送到我妈怀里头，然后把自己关在屋子里整整一天，就在屋里头哭。但是哭不是解决办法，总得面对。我母亲就劝我说，孩子没有像大夫说得那么严重，其实他还认得人，明显的表现就是追我，别人他不跟，不像大夫说的什么都不知道，他既然来到这个家庭了，就得面对就得接受。

艰难求学路

问：小玉从什么时候开始上学的？

韩：一晃小玉慢慢就长大了，他三岁才会走路。我们机关有幼儿园，他会走路以后我就把他送到我们单位的幼儿园，一直没有让他离开过群体。从三岁到九岁多差不多快十岁，他一直在幼儿园。正常的孩子七岁就上学了，但是小玉上不了，他那个时候说话不清楚，走路还有点晃，这种智力有障碍的孩子平衡能力不太好。但是，他一直老在幼儿园晃着也不是回事，我就送他去上学。

一开始我带孩子去密云培智学校。但是我觉得条件不行，那是一个混校，聋哑、残障的都在一起，我怕他受到伤害，不放心，而且那里的基础条件也不行。1991 年，我托了朋友找到西城培智学校，那时候小玉十岁，其实学校也不太想接收小玉，他是重度一级智障。那个时候学校也是刚刚成立，比较愿意接收稍微轻度的孩子，因为重度智障孩子带起来会比较困难。我就跟他们强调了一下，我说他很老实，要不然你们试试看，能不能接收？后来他们就跟我说那行吧，那就送来吧。

为了他上学，我就借调到北京公路局前门旅馆上班，当值班经理，只上夜班不上白班，就为了方便送他上学，大概送了半年多。那时候我也就三十多岁，我想着老这么上学也不是事儿啊。因为孩子下午两点就放学了，必须家人去接，哪个单位两点就下班。很多智障孩子的家长因为接孩子需要请假，请来请去就提前下岗了，要么就自己干企业。我是个挺要强的人，我不能就这么下岗了，但是我也清楚自己虽然是个值班经理，但是我也无法保证旅馆会一直存在。

我儿子也挺逗的，他说我自己去学校，我说你自己去行么，他说行。我住在大栅栏，从大栅栏走到前门地铁站，差不多也三站地。我说你就自己走吧，但其实我是跟在他后头的，我悄悄骑自行车跟在他后头。我事先没跟他说，我就跟着，到地铁以后他上车倒是没什么大问题，可是下车不行，他在前门上的地铁，我在他隔着的一个门上的地铁，西城培智学校在地铁车公庄站，到车公庄站后，他还往那儿坐着，我就三步两步把人扒拉开，把他给提溜出来了。他就一愣，他说你不是没来吗，我说我不来你就下不了车了，我说你记住，以后报站的时候，你必须要先来到这个门口，这样才能下得去。那时候车上还不像现在，没那么多人。我跟了他差不多两个月，每次到他犹豫的时候，我就出现了，如果不犹豫，我就让他走。他在西城培智学校上了十多年学，一直到二十四五岁。其实这所学校一开始也是九年义务教育，但是因为小玉很乖，学校就把他留下了。

他在学校也会学点文化，数学根本学不进去，十位数之内的加减法都加不出来。语言文字，他们接触很快，我儿子能看报，会拼音，智障孩子模仿能力也非常强，他们还有劳动能力课，也会开设烹饪、缝纫、画画之类的技能课。

严格教育助成长

韩：其实后来我想想，我还真得感谢我这个儿子。按我们原来的家庭状况，我没有受过挫折，我可能不会这么坚强，也不会这么勇敢地去面对一切。所以他也改变了我，让我能够去很勇敢地面对，所以总体来说我还是要感谢他，当然肯定开始的时候是挺难的。

问：因为孩子的特殊情况，大家有没有对他很不一样？

韩：带孩子出去的时候，经常会遭到别人的白眼。上个世纪80年代，我带他出去，很多的家长和孩子都会躲着我们的孩子，他们会觉得“他傻”。其实他傻能怎么样，又不是传染病，但是外界都是用别样的眼光看这样的孩子的。

问：孩子从什么时候意识到自己跟其他人不一样，有这个阶段吗？

韩：其实一开始，他还不能很正确地表述他是有问题的孩子。那个时候在我们单位的机关幼儿园，工作人员都是我们单位的在职职工。大家都是同年龄阶段的，作为幼儿园的老师来说，都护着他，其他孩子也不敢欺负他。但是有时候带他出去，可能别人会用一种很歧视的眼光看他。还有的家长会跟自己的孩子说，别跟他玩，这孩子傻。这样的情况还是会有的，心里头多少会有感觉的，不舒服。但他自己不会很敏感，如果别人给他投来快乐的笑脸，他会以笑脸回馈，如果别人是歧视眼光，他可能也会躲着，所以这也造就了我要强一点的心态。因为我在机关公路局上班，做管理工作，个人能力也不错，我有一种不服输的感觉，外界如果这样对待我们，我就要把我的孩子养得更好，我要让他更阳光、更出色。

我自己认为部队大院的孩子是比较特别的，虽然我是原生家庭六个兄弟姐妹中最小的一个，但我的自理能力非常强。因为部队招兵，我的哥哥姐姐们在十三岁左右有三个都去当兵了。我当时差不多十二岁，也差点就去当兵了，后来说我没有文化不能去，就这样没去成。我母亲偶尔去部队探亲，所以很长时间都是我自己一个人在家。而且我在学校一直是班干部，从幼儿园到高中毕业，都属于班里的小头头。

我对自己要求严格的同时，从小对孩子教育也比较严格，他从上学慢慢有点文化后，我就开始锻炼他在家里力所能及地干活。虽然他智力有障碍，但我从小给他灌输必须懂礼貌，我不允许他因为智力不好而素质也差。平常在家里，他如果碰到或者踩到我，我必须让他给我说对不起，虽然事情很小，是不经意的事，但我要让他意识到，你做得不对，你就必须得说对不起。我给他端水给他拿吃的，必须要他说谢谢，就是在生活的细节当中按正常的孩子给他灌输，让他知道怎么做才是对的。所以后来他坐地铁，看到年岁大的或者比他小的，他知道让座，见到熟人，他也会打招呼。

后来他发展到什么程度？坐地铁的时候，他可以不用出示票。那时候地铁票很难搞，他丢过一次后，我给他补了一张。之后我给地铁经理写了一封信，说明情况，问能不能给他带复印件。经理同意了，后来复印件都不用出示，他一打招呼，“嗨，我来了”，别人就让他通行了。他从十岁到二十五岁，坐了十多年的地铁，后来有的工作人员更换了，不认识他的会拦他，他会说别人，你是不是新来的？老员工看到会赶紧说：“王小玉，他是这里面常来的学生，让他走。”后来他都可以做到这样。工作人员都说小玉非常好，很有礼貌，他们也都很喜欢他。后来离开以后，偶尔再去前门，有的人还认识他，还会互相打招呼。

我经常锻炼他待人接物方面的能力。他自己能够独自去上学的时候，我的工作已经很忙了，我当时是多种经营科的负责人，在北京市公路局管十个郊区县的生产。我们公路局主业是修马路，九几年的时候，要求很多单位必须开展另外的企业，比如说开饭店、加油站等其他和公路不太相符的机构，这些都归我们部门管，一共九十多个企业，所以我经常出去开会不在家。我开始慢慢锻炼他，一开始让他去门口的小商店买东西，给他块儿八毛钱，只让他买一样，比如说买棵葱，或者买一根黄瓜。都是胡同里的人，别人也不会坑他，多了少了无所谓，这样一来二去，他会自己买东西了，从刚开始的买一样，到后来可以买两样三样，锻炼他花钱，让他学会去交流。

大多数的人还是很正直的，不会去欺骗这个孩子，多一点少一点也就是那块儿八毛钱的事。但有一次他买回来的黄瓜特别老，不好，我让他去退了，我说你跟卖东西的说，我妈妈说的不能吃。他如果给我们换了正常的，我不说什么，如果不给换，或者换得不好，我要再出面，那小卖铺就不好做了。我是想给小卖铺一个机会，让孩子把东西给退了，因为你已经在欺负这个孩子了，如果不给换，我出面过去，黄瓜必须得换，我还得不给说好听的，所以这种情况下，小卖铺他就给换。一来二去，大家都知道小玉的情况，后来他再去花钱、交流就都没有问题了。我出去开会不在家的时候，就让他到外头小饭馆吃，自己点餐。他很标准的，每次都是米饭、京酱肉丝、尖椒土豆丝和一听可乐，吃完以后，写个条，我妈晚上交钱，这对他来说都没问题。

问：除了您前面提到的，您在抚养孩子的过程中还有哪些比较细节的故事？

韩：在生活当中，比如说穿衣、吃饭、刷碗、擦地这些事情，即使我在家，也必须是他做，不会因为他智障残疾，就不让他做。其实很多时候，我倒不是指望他干什么，而且我也知道他洗得不干净，我用的时候可能要再洗一遍。但是，他洗的时候我不会说他，就只告诉他怎么洗，让他去做。所以他就知道了，吃完饭，要擦桌子收碗，到厨房洗碗，周末回家要擦地，他自己房间的地一定是他自己擦。他现在在康复基地，阿姨们说那些孩子中就属他擦地擦得最干净，所以我不是想指望他干什么，就是锻炼他的能力。

再比如我上面谈到的他碰到了我，要说对不起，这样他出去如果碰到了别人，他就会很自然地说对不起，还问你伤着了没有。但在家里不教他，踩了就踩了吧，那他出去以后就会觉得，我踩你，踩了就踩了，没有什么大不了的，这个事情是绝对不可以。其实动作很细小，事情很细小，但是要给他灌输，让他形成这种概念，当他伤到别人的时候，必须讲对不起。包括吃东西也是，不管什么东西，先让我吃，给妈妈吃一口，这个意思就是让他学会礼让，尊老爱幼，我是你的长辈，你必须让。在他坐车的时候，我也会说，比你小的比你岁数大的，你必须让座位。

好多东西，在生活当中就是很不经意的细小的事，你觉得很小，但是对他来说，让他形成习惯了，就是一种很正确的培养途径，这样他就不会说什么东西都不知道。有的时候带他出去吃饭，同学之间的聚会，别人给他倒饮料什么的，他肯定会反应一句，谢谢阿姨。这就是一旦灌输正确的理念以后，他就改不掉了，就不会忘记。如果他不经意地骂人了，你不去纠正他，他就觉得好像我就应该骂，我不高兴的时候我就要去那样，那是不行的。你不高兴的时候，你必须得知道什么样的场合说什么样的话。我到培智学校给基地“招生”的时候，跟家长就说，我不是让他们到我这挣钱的，我们心里头必须明白，我们的孩子是怎么个情况，他不可能立足于社会，不可能给家长带去创收，不可能养活自己。但是，我们可以锻炼他们学会待人接物，做到生活自理。

我们康复基地里面，有的孩子家长就想着不要孩子了，但是我要求他们周末必须把孩子带回去，孩子需要跟家长相处。孩子们从周一到周五在基地生活，周五中午吃完饭，家长要把孩子接走，周一中午吃饭之前，再把孩子送到基地。轻度智障的孩子，家长给送到车站，他自己就能坐车过来，稍微重一点的，尤其像女孩子，父母亲不放心，就给直接送到基地。在基地主要就是让他们学会生活自理。这种孩子，一旦父母亲走在他们前头，放到哪个地方，他能够生存，能表述，知道自己渴了，饿了，凉了，就可以了。像小玉来基地，我从来没有给他换季拿过衣服，都是让他自己拿，冷了冻一回，他下回就记得了，哦，天冷了得拿衣服。我儿子女儿小时候上学，我从来不给他们准备东西，有的家庭母亲还会帮忙削铅笔，整理书包，我觉得瘪挤一会儿，他下回自己就记得了。我的两个孩子都是自己整，自己弄，落了东西，下回就记住了，如果你给他整理好了，落一回，他会说是妈妈的责任，没给我准备齐，你让他自己弄了以后，他才会记住。必须得有自己管理自己的能力，父母亲不可能永远跟你一辈子，也许他们有的年龄到了，再或者生病了身体不好，管不了了，孩子再没有自理能力，那就遭罪了。好多说起来是一个很不经意的东西，别人觉得好伟大，伟大不是说出来有多伟大，其实都是在点滴当中培养和灌输的。

智障孩子的模仿能力很强，让他们用逻辑思维去创造东西，可能差一点。用你的言行举止影响他，给他灌输，让他自然而然形成正确的理念，之后就不用担心和着急了。2002 年中央电视台白岩松有个采访，专门有我们娘俩的镜头，问我孩子以后怎么办，我当时还没有办康复基地，我给他说的话是，作为残疾孩子的亲人，我们有一种死不瞑目的感觉，我们怕死，当我们，也就是他的亲人离开以后，这种孩子在社会上没法生存，他不知道花钱，不知道待人接物，不知道洗洗漱漱涮涮。但我现在可以非常自信地说，如果我哪天走到他前头，我儿子放到哪儿都没问题，他可以自己生存。

特奥改变了小玉

问：小玉最早是什么时候开始参加的特奥会，通过什么机会接触到特奥会?

韩：孩子当时是在西城培智学校上学，西城培智学校是中国特奥的第一所学校，也是那时候北京唯一一所开展特奥活动的学校，所以我也算是进对了这个学校。进了学校以后，他很快就融入学校，就觉得不错。大概在学校上了五六年，他十六七岁的时候，看到学校组织残疾孩子打篮球，他就很想参加，他很喜欢打篮球。为什么呢？这就要谈到我爱人了，我爱人非常喜欢运动，特别喜欢看 NBA，对孩子也是一种潜移默化的影响。

他看到学校其他孩子打篮球，就跟老师说，他也想玩，想参加篮球队。但当时老师不要他，他走路都不太稳。他就老跟我说，妈，我想去篮球队。那时候倒不知道是特奥，他就说想去篮球队。我说那我去跟你们老师说说。那老师姓何，现在还在西城学校，老师也不错，他一看我也挺认真的，孩子又老眼巴巴站在操场旁边看，何老师就说，要不试试吧。就这样他开始接触篮球，他现在打篮球姿势特别标准，很漂亮，何老师也付出了很多。当时教的时候很困难，但是学完了他就会永远记住，这就算是进入到了篮球队。

小玉参加特奥比赛，参加的项目有篮球和足球，不过他属于定点投篮，他不能参加整场的，他不能长时间跑，因为他是重度的。特奥是分级别的，好多级别好多项目。小玉去过五六个省市参加比赛。这个特奥活动改变了小玉，他行动更加自如了，下楼梯他可以单脚下，语言交流也很流畅。

2000年的时候，长城火炬跑，小玉是北京市特奥形象大使，他作为代表发言，我还留有一张照片。发言大概也就20多句，当时他已经会了拼音，不认识的字，他就用拼音标上，可以很流畅地说下来。他是形象大使，去过好几次人民大会堂，还跟邓朴方先生吃过国宴。国际特奥主席来北京，他去机场接机。所以我们小玉后来也算是知名人士了，有机会接触外界，连他妹妹都羡慕他。就是通过这样的活动，改变了他。

2007年去上海特奥会的时候，杨澜有个专访，杨澜说小玉缝纫机蹬得很好，让小玉给做个国旗，他当时就说“好，没问题”，就做出来了，他缝纫机蹬得真的很棒。西城培智学校也是九年义务教育学校，为什么小玉可以一直留在学校，老师没有嫌弃他，让他留校？一个原因是因为他的形象比较特殊，另一个原因是他表达能力也可以，他用缝纫机做什么手套活，加减针，他还会用计算器。智障孩子没有数的概念，但小玉他会用计算器，知道加减法，大的数字要减的话，他知道用计算器，这些都是特奥给他带来的改变。

因为特奥活动，他与外界有了很多接触，他现在固定有自己的同辈交往群体。而且他会玩微信，会用微信发朋友圈，和朋友聊天。他现在也很自信，我认为智障孩子一定要增加他的自信，增加自信，提高能力，这两点如果做到了，其他都好说。小玉的语言表达没有一点问题，他出去待人接物，完全正常，一点都不会说框外的话，而且接话茬接得非常好，他不会对不上你的话，不会你说一句，他回答的是其他的，他就是完全很正常的表述。有的时候他知道心疼我，说你累了什么的，我要发脾气，他会赶紧主动示好，这都没问题，他都能做到。我有的时候带他出去吃饭，他能瞄准方向，谁今天做东，他准拿着酒杯去敬酒，这个眼力他都有，他就是接触多了，所以这东西都不叫事儿，这真的让我很欣慰。

他现在可以清楚地打电话，我每周五从北京回密云，这次因为我们访谈的事，晚上还有一个其他活动，我周六早上回去。他就打电话说，妈，那我今天回去吗？[①]要回他自己就走了，我告诉他让他周六回去，我说周六你听我电话，我一说你可以走了，你再往回走。他说，哦，那行，我知道了。我们俩就很正

① 小玉平时周一到周五都在康复基地，周五下午回到密云家中。

常地交流。好多人都难以想象，说哎哟，你儿子真棒、真好。有时候我们同学聚会照集体相，都是他来照，我说全都给框在内啊，脚别离太远，告诉他离得近一点啊再近一点，好多照片都是他照的。他们说小玉都成摄影师了，拍完照还会给发群里。可以说我原来对小玉最初始的期盼他都已经达到了，可能还比预期的好很多，所以我现在就觉得很踏实。

问：您在养育孩子的过程中，除了家人还受到过哪些方面的支持？

韩：一个是学校，学校还是比较正规，有一些程序性的东西；还有就是特奥运动项目；包括现在我们在弄的家庭支持网络——给他们搭的这个平台和创建的机会，我觉得也是一个渠道。当然最大的付出还是家人。

问：您对他未来有怎样的期待？

韩：其实他就是这样了，能生存这个期待，实际上他已经做到了，我就心安了，没有再高的要求了。他作为一级重残，能够做到这样，我已经很欣慰了。

创办康复基地

问：您是在怎样的契机下想到要建立康复基地的呢？

韩：我那是第一家挂牌的康复基地，现在完全是我自己办的。白岩松做报道时，我说有种死不瞑目的感觉。后来我就在想这个问题，我要怎么做？就想到办基地办厂的事了。而且时间一晃，小玉已经 25 岁了，学校倒是没有轰他走，可是也不能让孩子永远在学校，总得离开学校。我也有很多朋友，我说能不能让他们接纳我的儿子，谁也不要，小玉是国际脸谱，一看肯定是智障，很多厂子不要这样的孩子。还有的厂说，我要你这个名额，挂在我厂上，给你钱，你回家待着。我说我不需要你的钱，不是钱这个事情，我的钱养他是没问题的，我要的是给他有一个氛围，一个锻炼的机会，必须走出家庭、学校，要去接触外面。

我后来下定决心做这件事，源于我见到一个跟我儿子一个学校的孩子。当初他们都是唐宝宝，状态基本差不多，但是他家有一个外地的小保姆。男孩家是北京的，家中的独子，父母亲跟这个小保姆家承诺，等他们故去了，这个家全都给这个女方，但有一个条件，必须养他儿子，跟他结婚。农村山沟里的条件很困难，就这样答应结婚了。可能女孩想着结婚了就得管他，所以就全部包办代替，等我们再见到他的时候，这孩子表达能力都退化了，穿衣服手一伸撑着，鞋带都是女方给系。我说这孩子就完蛋了，这不是养了个废物吗，全部靠别人哪成。所以我就下决心说，必须要弄一个康复基地。

刚开始也正好是碰到一个家长，我最初的想法是办一个厂子，这个厂所生产的东西，我们的孩子能操作。就弄了一个空气净化器，小的壁挂式的空气净化器里面有一个纱窗，纱面有一个插板可以插上，孩子们插一个，我给他们三分钱。最初我们也卖出去了一批，但是之后我们看到，孩子赶不上进度，做还是得正常的员工做，他们做不了。后来只干了一段时间，我也没有那么多的精力，像这种小企业，要在市场经济中生存太难了。我在天津马路边上租了一个院，招收了大概十来个职工，智障孩子当时收了二十个，孩子一分钱都没有收。我当时就想多了不能养，养二十个没问题，用一个企业去养他们。前前后后投入了差不多小一百万，做了差不多有五套模具，但是都不尽如人意，厂子效益不好，还要养这么多孩子，可以说很困难。

后来我跟北京市残联申请办基地，被告知必须回北京属地，在天津不能享受补贴。就这样把天津那院子什么的全白扔了，又到北京。北京城里肯定不行，城里太贵了，我需要大院子，因为我原来是密云分局的，亲戚朋友同学多，所以在密云选了一个基地，租了一个院子，残联给一定补贴。我最多的时候收了三十个孩子，但是基本运转也不够，那时候钱很少，一个月补贴七八万，不到十万块钱，但是要管三十个孩子连吃带住，还包括租院子出员工工资，所以我就开始陆陆续续往里面贴钱了。当时我就想，看着这些家庭，这些孩子也都不容易，后来我就一狠心把厂子给停了。但是没狠心放弃孩子，没让他们离开，怎么办呢？我就想锻炼他们的动手能力，通过朋友认识了一个肢残的，他是专门在北京前门大栅栏那做纪念品的，他给我发一些半成品，毛主席像、车挂件儿等等，孩子们把这些东西用小绳给组合到一块儿，做一个五分钱，但我从北京拉一趟还要搭油钱，这我都不算。但主要的活，还是辅导老师干，不过孩子们起码有一点钱。后来我就跟老师们商量，我油钱不算，只要孩子们做的钱都给孩子们，那时候我们的孩子一个月最多能挣到七八十块钱，傻的、动作慢的挣一二十块钱也没问题。

我是 2007 年回的密云，干了五六年以后，从 2014 年左右开始，北京市各个区的温馨家园成立了，要求归属，我们基地有些孩子就陆陆续续地回北京了，所以我们现在也就剩下十几个孩子。但是就是这样，我也没放弃。到了 2015 年、2016 年左右，前门的手工活也没了，说是不好销，他开始做自拍杆了，这样我们孩子做不了，就这样彻底没活了。

另外一个，这边的孩子离开的多了，残联要求是十二到十五个孩子，才能正式申请作为康复基地，而且他们的检查还很复杂，弄得我筋疲力尽，所以后来我把市残联那个也停了，我就开始完全自费了，跟任何组织都没有关系了。

2010 年开始，一个孩子交 300 块钱，到现在都没变过。好多人老想着说你养得起么，现在东西这么贵。我说一看到他们家庭困难，有的是单亲，有的是下岗，我心里就不落忍，300 块钱就 300 块钱吧，是那意思就行。我的想法就是一直养他们，只要我干得动，我就一直这么养他们。如果我干不动，找到合适的接班人，能够来接这一摊也行。其他人就说太难了，像我这样从 2002 年开始做，一直坚持到现在不容易。

孩子们现在在康复基地也做不了什么活，北京那边手工活没有以后，我还弄过一个数字油画，就是一种数字代表一个颜色，填充那个空框，在空框里头，写着一二三四五，分的颜色。比如说小猪，猪的嘴巴是红色的，它可能是数字五，白色的可能表示的是数字一，反正就是一二三四五，整个一幅画不超过五种颜色，然后一二三四五就告诉你，一是上什么颜色，二是什么颜色，三是什么颜色，涂料上也标示着一二三四，这样对应地往上描就行。但是孩子们描完以后，他们描得不规范，会描出来，一个油画成本得六七块钱，老师们又舍不得，说别让他们画了，如果有人要，在我们监督下，或者我们画卖掉，没有人要就别让他们画了，老师们也是怕浪费，怕我搭钱。

像基地的女孩子们，她们也没法做手工活，干不了，好多孩子的眼神都不行，眼睛都有问题，先天的，看不清，而且那个要求还很精细，她们就更做不了。

我最早的时候也做手工编织，在崇文那儿办了一个厂子，接点小活，小的那种钩的书包，编的小活什么的，然后拿到市场上卖，都卖不出去，解不了渴。像现在很多社区的温馨之家，组织残疾人做手工编织，做两个小时，那都不叫事，要是真想弄，就得像我这样才行，周一到周五全托，这样真能给他们家庭解决困难，家长们可以踏踏实实上班。但如果周末家里再不管孩子，那就不行了，我一般周末都要求孩子们必须回家，一方面家长给孩子改善改善伙食，总归他们在基地这里肯定没有在家里吃得好，然后家长给洗洗涮涮；另一方面就是必须得有感情交流，作为家长，生他养他，做父母的一甩手，不管不要了，那肯定不行。但是真有这种家长，说我的孩子还行，我们春节不接了。我说有你们这样当爹当妈的吗，那我这里不接收，哪有这样的，等于你不要这孩子了，都给我了，然后还什么都不想管，哪有这么好的事，我说那不行，周末必须接回去，哪有这么不尽心的父母！

其实这种孩子倒不是想让他们做什么，就是能做东西也顶不上什么事，主要是让他们一方面有一个群体能够语言交流，另一方面就是锻炼生活认知，吃喝拉撒，穿衣服叠被子。有的孩子刚到我基地来，不会穿鞋不会洗衣服，现在都会了。其实生活自理和待人接物对他们是首要的事。我们有时候会让基地老师带着孩子们去超市，带他们去公园和别人交流。每年我们到培智学校招生，我就跟家长说作为残障孩子家长，得认清楚自己孩子的情况，不要想着让孩子给你们挣钱，如果要想挣钱，别让孩子到我这儿来。我们基地是想给家长解决后顾之忧，我们帮助培养他，不让他失去群体不让他孤独，减轻家人的负担。但是有些家长不明白，我说甭说残疾孩子，就是正常人，要出去面对社会，也得先站镜子面前审视自己是怎样的一个料，能干什么。照镜子，不是说照有多美，是要照清楚自己是怎么样一个人，这样才能更好地去面对社会，走向社会。

我们基地挂靠在残联的时候，他们定期会给基地老师培训，要有一个合格证。我们基地后面有个操场，有健身器材，院子里头有很多蔬菜，老师会让他们认识蔬菜，当然肯定不能让他们干活，他们会把菜当草拔了的。

我也会经常组织家长培训，有的父母对孩子特别溺爱，觉得自己犯了大错，造孽了，生了这么个孩子，一切全包办代替，这不成。还有的是，哎，生这么一个孩子，反正也好不了了，放弃了，自生自灭，这也不成。家长必须静下心来，设身处地为孩子着想，带他出来，这才是正道，溺爱包办或者不管不顾都不是正道。其实很多家庭，有了老二以后，根本不带智障孩子出来，自己出去玩，把他放在一个地方，就经常有这样的。我每年积极带孩子们出去，就是想让他们跟外界接触一下，我带他们到正规饭店，点餐吃饭，改善改善伙食。进去饭店以后，别人是会另眼看的，我每次都去，别人也就不再看了。其实有很多孩子，他享受不到这种待遇，他们的父母都不带他们去餐厅吃饭，所以他们都好羡慕我儿子。我跟我儿子说了，每年带他出国，只要他好好活着。现在已经这样做三年了，一年去一个地，国内去一趟，国外去一趟，这不算平常朋友们带他出去玩，所以他们好多孩子都特别羡慕我儿子，说小玉命真好。

问：之前孩子们做过各种手工和活计，现在他们在基地这边主要做些什么？

韩：现在冬天天冷了，数字油画也画不了了，在这儿就大家一起聊聊天，然后看看电视，其实也就是让他们知道一点生活常识。这种孩子他必须要有一个环境，要有沟通能力，其实这些孩子如果到他们自己家里，他们的父母都有工作，虽然也有兄弟姐妹的，但是不会跟他们交流，他们很孤独。要是在家里一直待着，会越来越倒退。他只有在这种环境下，有老师跟他们相处，一起吃饭，一起聊天看电视，沟通能力才不会退化。

问：您一边工作一边照顾这个康复基地。您是从什么时候正式辞去工作的？

韩：为了办这个基地，我后来是提前退休了。最早的时候生产壁挂式的空气净化器，我们的企业叫北京日峥天天科贸责任有限公司，但是企业销路不好，干了几年，实在不行，干不下去了。我就投模具，差不多投了有小八十万，五套模具，实在是坚持不下去了，就把企业关了，自己养着孩子们。

后来回到密云办了一个基地，我的基地原来不在现在这个院子，在另外一个院，中间好多事情因为孩子父亲生病都给打乱了。那时候我租另外那个院子有 200 亩地，我跟房东说，我给他 240 万，准备种玫瑰花，搞玫瑰糕点，玫瑰精油，养这么一批孩子没问题。但那房东最后不配合，180 万卖给别人了，我也没做成。那时候也正好因为孩子爸爸生病，我没有那么多精力。原来那个院挺好的，200 亩地，要是真弄起来，这些孩子养起来都没问题，他们也能干点活，做点玫瑰糕点挺好的，但是后来没弄成。

问：现在等于您自己在支撑着这个康复基地，有没有想过链接一下社会上的资源，比如说社会组织什么的？

韩：有的时候别人可能会不相信，怕你个人不靠谱什么的。有一些朋友看到觉得不错，我就跟他们说不要给我钱，我们基地因为周一到周五孩子都在这儿吃住，你们给我们孩子买点吃的，买米、油、粮食、肉，这个孩子们都能吃。我也不需要钱，拿了钱他们心里倒还不干净，觉得是不是给我自己了。我不要，即使你不给我，我也养这些孩子，你要有这份心，给我们孩子买点吃的，也等于减轻了我的负担，所以现在这个基地就是这样办的。

我原来认识证券的一帮朋友，他们来，说给你们点什么。我说也不用给什么，给我们孩子买吃的，他们常用的卫生纸什么的。我们这儿有一个旧的电视，他们给我们换了个新电视。上回他们打电话来，我问他们有没有淘汰下来的旧电脑，让孩子们玩玩。其实电脑他们也不能玩太多，对他们眼睛不好，因为他们本身眼睛就不好。我说就是弄点儿吃的，然后来陪他们玩玩儿，开心开心就可以了，没有什么过高的要求。其实我很希望能够找到这些孩子能够做的活这方面的资源，特别需要这个。后来我想想，多少年呼吁这事，我自己也知道不太好弄，因为要想批量，孩子们跟不上，少量的做着玩，没有人要，这些都不符合现实。

将家庭支持网进行到底

韩：2002 年，首届国际特奥会在西安做了一个家庭支持网培训。那时候我儿子已经是北京市的形象大使，他做得也比较突出；我本身做管理工作，性格又比较爱说，所以在那个会上说得比较多一点。当时国际特奥会负责东亚区的安娜一眼就相中我了，大概开了三五天的会，我一回到北京，她就给我打电话，特意从美国给我打了一个长途电话，原来说就聊十几分钟，结果一聊一个多小时。她说你能不能把北京的家庭支持网做起来，我这人性格也比较直爽，我说行啊，然后就在说如何做这个网络。我也在想，作为一个家庭、一个亲友，很希望和渴望有人来给予支持，既然别人有这么一个热心的团队，愿意扶持支持我们，那是一件好事，所以我欣然答应了。

问：最早创建家庭支持网，是怎么招募人员的？

韩：2002 年，最开始我和崇文区的李秀云，就我们俩刚开始做，当时有一个调查表，关于家庭支持网的介绍和家长们意愿的收集。我们就骑个自行车去培智学校宣传这个事儿，学校是智障孩子的集中点，每天的下午两点，都有家长去接孩子。所以我们就在下午的时间，跟学校老师沟通，说我们组织了一个家庭座谈会，然后介绍一下特奥怎么回事。2002 年的时候，中国包括政府官员都不知道什么是特奥，没有一个知道的。一开始因为我的孩子是西城培智学校的，这个学校接待我们，她的孩子是崇文培智学校的，那个学校也没问题，但是到别的学校不让我们进门。那段时间“法轮功”闹得比较厉害，人家就问你们干吗的，我们跟别人说清楚了以后，好多人一听都觉得很好。

就这样我们从最初的两个人发展到十几个人、几十个人。几十个人的时候，我就发展了五个城区的骨干家长，最早就是在家里开会，做计划做方案，讨论下一步怎么做，因为一直没有办公地点。后来到茶馆，点一壶茶，就说事儿，不过当时也挺好的。我们现在都更新了一批家庭支持网络家长，老的现在都不干了，他们有的孩子都工作了，都结婚了。现在这一批是我去智协以后，各个区的智协主席跟着我，现在还在跟着我做这个。原来那一批都是各个区的家长，现在这一批都是各区的智协主席，层次高了，基础也比较牢靠，等于我一直在吸纳人来跟着我做这件事情。

2003年，国际特奥会出资让我去爱尔兰感受一下什么是特奥。那次我感触特别深，我们这些孩子家长跟特奥会的主席住在一块儿，等于直接享受贵宾待遇，全程免费，特别好，还给补贴，所以我就感觉特别温暖，这是一个温暖的大家庭。特奥项目它不是一种竞技的项目，它是一种融合的项目，强调参与，每个残疾孩子都有展示的机会。比赛的时候会先按能力分组，智商70分以下都属于智障；70分的接近正常孩子，他行为能力各方面都很强；重度的智商可能就30多分，跟70的没法比。所以按照智商分组，30的和30的一组，40和40的一组，50和50、70和70一组，每个组的比赛设置优胜奖，六个孩子一个组，前三名冠亚军，金牌银牌铜牌，另外三个孩子也发奖状，能够体现他努力的价值。我觉得这种模式非常好，感触很深，然后就铆足了劲，要把这个事干好。

2003年从爱尔兰回来以后，“唰”一下子，我们家庭支持网络就有了百十多个家长。我做过机关管理工作，于是就开始做章程，写调查表，写全年计划，全部都弄好了，然后到各个学校去发调查表。我非常清楚做什么事情都得符合国情，不能说单挑独干，你要一弄别人说你“法轮功”，那肯定做不成。所以当我前期准备工作都做好，群体也开始慢慢有活动的时候，我就拿这些东西和材料去北京市残联了，到智协我就敲门进去，因为我想本身做公益的，我也什么都不怕。去了以后，我就给他们看我所做的东西，他们看到后都觉得非常好，但他们对我个人有点疑惑。他们就给中国特奥会的人打电话，那时候中国特奥会知道我的存在，中国特奥会专门做体育项目的负责人叫张天伦，原来是西城培智学校的校长，他跟小玉又很熟悉，小玉的成长他都知道，所以对我也很熟悉。一打电话，中国特奥会的人就跟智协的人说，放心吧，她是一个孩子家长，而且是东亚区推荐的北京家庭领袖，在做家庭支持网工作，做得非常出色、非常好。

听到这些，人家也想了，人求证了没问题，又看我做的这些事情非常好，就这样相信了我。北京市智协当时是七个城区，每个城区都有一个智协主席，每半年会开一次会议，但是缺少实质性的工作。正好第二年北京市残联智协换届，北京市残联的智协委员都是各个城区推荐的，唯独我当时是特邀代表，我是通过特奥家庭支持网进去的。我进了智协以后，发现工作比较表面化、不深入群众，也不做一些具体的事。我进去后做的这些事情等于是给他们做工作，他们当时就说，韩蓉芳做这一块，是我们智协的闪光点。确确实实，因为我们这些东西都是非常扎实的，没有一点虚假，每年组织好几次的家长培训，还带他们做一些郊游之类的活动，非常好，做得风生水起。这些家长也都非常踊跃，从来不提报酬。

到北京市智协以后，我做的特奥家庭支持网是挂靠在北京市智协的，但北京市智协是没有法人资质的一个机构，它本身就是挂靠北京市残联的，它都不是正式的，我这就更不正式了。所以我现在下一步，就在准备申请一个公益性的法人资质的社会团体。因为我只能作为一家组织的法人，我企业停了，正在把这个事情转出去，把我自己腾出来，腾出来以后，能够拉一些社会资金或者再做什么事情就更加名正言顺了。其实专门真心去为孩子们做事倒没什么，但是要去筹措、协调一些事情非常累，所以我甘愿自己出资，也不跟他们费口舌。

问：您培养的这些区的负责人，他们也都是各有工作，你们做这个支持网络的话，一般都是怎么商量事宜的？

韩：都是利用业余时间，所以有的时候确实会很累。说句实在话，很多事情应该是社会团体或者说专门机构来做，但是因为我们有这些孩子，我们不愿意放弃，所以我们在付出。我们组建论坛什么的活动，就是让做得好的家长去感染另外一些家长。有的家长就会觉得，怎么就我这一片天这么黑，其实走出来，有好多家庭，比你好的，比你差的都有，大家都在面对。

我现在家庭支持网络培养的几个人都不错，他们看到我这么多年的努力，都愿意跟我做这件事情。我一招呼就可以搞活动，我都给他们说，你们不要感谢我，我有这个热心，也有一定的影响力，我在号召，但是还得大家参与，你们不参与，我一个人在那里，怎么吆喝也没有什么意思。就是说得有一些像我一样的热心人，再去感染你身边的人，然后像一个火炬传递似的，互相去感染，互相带动，把那些家庭那些孩子带出来，带向社会。因为他们有这方面的需求，他们需要走入群体，需要走向社会，需要社会来关注他们，就必须得有爱心的人去付出，才能给他们创造机会，要没有这样的人，这个事情就没戏。我现在不仅在做北京的家庭支持网络，还在运作全国的，全国有十五个省市在积极地参与这事。我们明年准备去成都，现在方案、章程、计划的初稿都已经出来了，而且我跟国际东亚区也沟通过这个事了，我们就想着把这个事情做起来，不仅让它在北京市内，还有机会带出去，让它跨省市运作。

只要孩子们快乐

问：怎样的契机让您接触到交大？

韩：接触交大，好像也是很巧了，应该是有一次活动，有一个交大的学生他参与了。我成立康复基地后，交大说想跟我们基地联手，作为一个试点，我说可以，我也会到他们学校搞活动，就这样一直就连着了，没断过。我们原来还跟一个部队手拉手，但是因为部队比较敏感特殊，所以就没再联系。交大的大学生，每年大概有二到三次到我基地跟孩子们做一些互动，我跟他们说了，孩子们很需要他们过来做一些互动。然后每年一个固定的时间段，我们到他们学校做活动，他们给免费提供场地，带我们智障孩子们去玩儿，还给孩子们准备小食品。我跟他们说，你们别把我们的孩子当大人。确实，有的孩子都三十多岁快四十岁了，但是他们管你们都叫姐姐，因为在他们心中，你们比他大，他们的智商就在七岁，从这种心理年龄来说，他们就是小的。我跟他们说，他们叫你们哥哥姐姐，别害羞，你们就答应，因为你们的智商超过他们，在他们心里面，你们就是哥哥姐姐，你们要接受这个事情。

其实挺好的，我就在一次学校活动开幕式中说，学校书记也很支持我们的工作，我们希望有下个十年，更多个十年，就是这样。这对大学生也是很好的一堂课，因为也是学校的一种荣誉，是学校奉献爱心的机会，对双方来说都是益事。

问：当时在交大活动现场，操场上有个孩子在跳舞，看起来他应该还属于情况挺严重的，但是跳得非常好。他跳舞时，他父亲就在旁边，还拿着优盘，就是为了放他会跳的那几首歌。

韩：这个孩子会跳舞，确实跳得很好的，是我们基地那儿的孩子。其实智障孩子特别逗，他们对于音乐接受能力特别强，我们那儿有个女孩会唱好多歌，她一到周末没事儿，你知道她去哪？去饭店或者商店，别人放音乐，她就老站那儿，听着听着她就听会了。就像跳舞这个孩子的父亲，每次都准备着优盘为孩子放歌，让他跳舞，就是家人的付出，你家人不付出，放弃孩子就完了。

我现在也没那么大精力，有些活动，因为参与人都是各个区里的，我就说你每个区去找区里的牵头人，要报名活动去找那牵头人。有的活动名额受限制，没有那么多。像组织“特奥进校园”交大的活动，我当时对交大组织活动的主席挺生气的，那大学生特别逗，质疑我身份。我说你不要质疑我，你质疑我干吗，我说你只要面对这个群体，为这个群体做事，就是一件很好的事，你质疑我干吗。至于那些零小的事，都好解决，那都不叫事儿，是不是？他如果事前跟我好好沟通，我就会给他们培训，告诉他们，轻度的孩子一个大学生陪就可以了，不要两个，这样是在浪费资源。他们要是跟我沟通，我会报，什么样的是轻的。我一般参加活动配的有轻有中有重，重的需要俩，二陪一，中度的都不要二陪一，都可以一陪一，这样就有更多的孩子可以融入活动中来。所以我就说，好多东西组织者都不懂，他就觉得智障孩子都一个样。不是都一个样，轻的跟正常的一样，而且我们每次搞活动，都是来过的有一批，没来过的有一批，我会让熟悉的带不熟悉的，他们得互相感染，得互相带动。所以这个事看似简单其实有时候也不简单，有时候你看着很复杂，其实也没那么复杂。

问：关于家庭支持网络，您有没有印象比较深刻的活动？

我们有两次非常突出的活动，一次是 2005 年，在北京音乐学院。我们那时候兜里也没有钱，家庭支持网 2003 年启动时，国际特奥会就给了 2 000 美金，我们做这么多事情，2 000 美金根本都不够，反正当时我们兜里也没多少钱，好像除了筹措的资金，我们兜里可能就 2 000 块钱。去的时候我们几个家长找学院体育部的谈，说我们要搞一个活动，大概有五十个孩子，我们有体育老师自己培训，住在你们学校宿舍，吃桌饭。跟他们使劲砍价，算是基本上砍下来了。砍下来以后，钱肯定还是不太够的，但是我们就开展做了。

大夏天的，他们说我们这儿没有空调，就有电扇。我说电扇也行。就这样家长成为志愿者，体育老师负责培训，在学校免费提供的操场培训，住了好像是四晚上五天，活动非常好，家长都开心得不得了。整个活动都做完以后，我邀请了当时中国特奥会的主席和国际特奥会的副主席，东亚区的负责人，北京市残联副理事长，北京市智协主席、副主席都到了，就这个活动，残联他们一看这么好的场面，他就过来讲话，他就说，你们需要钱么？我说我太需要了，他说那行，我给你拨 1 万。1 万现金到了，这个活动就开展下去了，这是一次比较突出的活动。

接着第二次，我们又要搞活动，就左申请右申请。我那个时候是北京市特奥会委员，又是北京市智协委员。我想的是，我就是这个组织里的，我做点事应该没问题。做计划报一次不行，连续报了五次没批，后来我就直接找中国特奥委，中国特奥委还不错，一看我做的这个也是为孩子们做事，当时就给我批了好像是 12 万，不是 12 万就是 20 万，反正就是有个 2，可能是 12 万。但是只能打到北京特奥会。我说打到哪都行，我自己不要钱，只要把这个钱给我拨了，我就搞活动。我大概组织了有六七十个孩子，而且还请了七个省市的家长带孩子过来，全部给他们报销，所有孩子的运动服，每天的吃住，也是大概三晚上吧，二十多道自助餐，每天不重复。我也是够可以的，那十几万一次差不多就给造了，但是效果非常非常好。后来活动结束，最后的告别宴，我请了领导来，那些家长端着酒杯没有去领导桌的，到我这桌，说韩主席，以后你说吧，什么事儿你只要招呼一声，我们准到。其实是为什么？其实是受感染了，因为这种孩子从来没出去过。我当时在北京新闻媒体基地怀柔，在那里办的活动。大会场，很大的体育场馆，我做了一个整体的体育广场的背景布，我都弄完了，请领导来讲话，不用他们操心，我全搞定了，所以他们就觉得确实很好，可是后来，北京市残联还是把北京市智协给批评了一顿，说这个事儿以后还是要先报，因为他觉得很被动，但是我说我可打了五次报告都没给批。所以虽然活动做得很不错，但是我也给别人留下了有点刺头的印象。

还有两次印象比较深刻的事情，就是谈到我的影响力这个事。2007 年我搞完活动以后，有一个培训，就是要参加比赛了，让老师在中日友好医院那个院子里面陪着进行两个月集训。都是暑假，两个月，老师忙不过来。市残联体育部给我打电话，下午打电话，说你能不能给我们找十到十五个家长，没有任何报酬，到这里来陪孩子们，明天来报到。我说你真行，下午给我打电话，要十到十五个家长，还没报酬，还得自己带简单的东西过去。我说行吧，我给你联系。我就给各个区的负责人——我每个区都有负责人——打电话。第二天准时十五个家长到那儿报到，差不多二十多天，在那儿陪孩子们，一分钱报酬没有，这是我们家长做的，这是一件事儿。

接着，也是没多长时间，奥运会有一个火炬跑试跑，也是头天下午打电话，说要二十个家长带孩子，六点半天坛集合。我说嘿，你真行。然后我又打电话，那天我自己也带着孩子去了，六点半，我们二十个家长带着孩子全到。

这两件事儿吧，反正给市残联他们触动也挺深的，年底给我发了一个特殊贡献奖。我说这种东西我不要，我要的是你们给予支持。

我曾经在北京市残联开会的时候说，北京市残联，国家有专项资金在，而且后来每年企业向他们缴残保金，我说我不要多了，你们起码给我们拨付一点，我们用在孩子身上。我说你们不要拿了钱不给残疾人办事，这是我原话。话有点冲。后来有一天我们开会的时候，智协的副主席，在会上把我叫到后面，说韩蓉芳我听说了。我说我说话稍微冲了点儿。他说没事儿，7 月 20 号特奥活动日，我们可以给你拨付专项基金，因为你们是一个民间社会团体，这个钱要放在大兴，大兴有一个残疾人活动中心，放在那儿，你们联合搞活动。前三年别人还把我们当回事儿，找我们商量商量，这事怎么弄，三年以后别人不理我了。这点儿钱每年拨到大兴那，跟我们没关系了，其实这笔钱最初是我们申请下来的，但现在跟我们没有任何关系，这件事情我们都不说。我现在就说只要我有能力，我有一定的社会资源，我该怎么办怎么办。这不是说我在张扬我个人什么的，我是说好多东西通过他们好费劲。但是任何时候我都没有倒下，只要我有能力，只要我有机会，我还是在做。就说交大这事，我已经连续做了十年了，就在为这些群体为这些孩子们做事。当我能筹措到资金，我就给孩子们做事；当我拿不到社会的其他支持，我就自己给孩子们买奖品。这点钱对我来说，不是事儿，也花不了很多，这种残疾孩子，你组织他们过来，手上不拿点东西走，他们受不了，所以这个事情，我说只要孩子们快乐，我愿意付出。

家庭支持网的活动形式有联谊、家庭论坛、义卖或者夏令营，这些是每年都做的，开始的时候弄得多一点，后来因为孩子他父亲生病，我有一点累了，所以组织得就不够多了，但是每年的这个进大学活动，一直坚持下来了。

感恩我的爱人

问：您跟您爱人是怎么认识的？什么时候结的婚？

韩：我们俩 1980 年结的婚，当时我们是一个单位的。他从十八岁就开始追我，我就没再谈过其他对象，一下子就被人家盯住了。我爱人长得很帅，还不错，不过说句实在话，我们家当时真没相中他，因为我们家条件比他们家条件好，他爸爸也是军人老革命，最早的时候是密云第一任武装部部长。

问：孩子是唐宝宝，以前家族有先例吗？

韩：没有，我就怀他的时候发过一次高烧，要说起来应该没事，但是他就有事了。发高烧的时候，我怀孕一个多月，那时候我问大夫说，要不要紧？要紧我就给做了。其实真要是做了，也不算什么，再不然像现在做个唐筛，筛查一下也行，那时候都没有想这些事。不过也不能这么说，其实我觉得有这个儿子也改变了我。

问：当知道孩子是唐氏宝宝的时候，孩子父亲是怎样的一个表现？

韩：其实说起来，我们家先生真的不能接受这个事实，因为他方方面面都很强，长得也很帅气，平常家里也是很娇惯，所以突然有这么个儿子，实话实说是有点不能接受的。就觉得我这么一个方方面面都出色的人，怎么会有这么一个孩子？所以他有的时候会起急，偶尔还想动手打他，但我一般都会拦着，我是不允许的。

我先生虽然会说我，老干赔本赚吆喝的事儿，但是他也会默默支持我。我先生是他们单位财务计划部的负责人，像我们基地的好多办公家具，都是他从他们单位给拉过来的，基地这边如果需要什么东西，不管是经济上的还是其他方面的，该出钱出钱，该出力出力。虽然有抱怨，从表面上看起来不接受，但从内心还是给予了很多的帮助和支持。

后来我先生得癌症，我觉得和这个孩子给他的心理压力是有很大关系的，男人和女人不一样，男人的承载力没有女人的承载力这么强。他是在 2010 年发现的癌症，2014 年离世，到现在已经走三年了。总体来说，因为老天爷给了我一个很好的身体，所以对这一切，我还都是能够坦然面对的。

其实说起来我先生，他不仅没有照顾小玉，也没怎么照顾过女儿。他就是不怎么喜欢孩子，属于自己玩儿的主，自己一天到晚就忙活他自己的事儿。那时候我住前门，一到周末，我就带两个孩子去中山公园、文化宫玩，我先生都自己去玩自己的。他病重的时候，我问过他，如果让你重新活一回，你愿意好好对这两个孩子吗？他就说是自己年轻，不懂事。因为女儿在他病重的时候，给他照顾得很好很细致，跪在地下给他全身按摩。他想要去亲近孩子，想拉女儿的时候，女儿就会觉得很生疏。女儿说，我爸拉我的时候，我觉得生疏。因为他从来没有带孩子们出去玩过，从来没有，他不是说只针对小玉，他对这两个孩子都没有过。他不像别的很多父亲对女儿特别疼，如果他那样的话，倒好像会衬托出他对儿子的忽视，但是他是两个都不管都不带，所以我们的家里面几乎都是我在打理，可能我身体比他好，能干的都尽可能地干。不过外头他肯定没问题，给家里积攒的这些东西，我还是很感恩的。

问：对于父亲的离世，小玉他知道吗？

韩：知道。那时候给他说的时候，他“嗙叽”就在他爸的灵前跪下了，然后过来跟我说，妈，你不要太伤心。我先生刚走的时候，我姐姐一直在我家陪着我，等我大姐从我家走了以后，他问我，妈，大姨呢？我说大姨走了。他说，妈妈我陪着你。

相亲相爱一家人

韩：我的儿子改变了我，我觉得很好，要不是有这个儿子，我也不会有后来的闺女，我闺女十分出色。她非常非常支持我的工作，对她这个哥哥非常好，她现在在做国际金融。她说妈，我争取在多少年之内，给你创立一个残疾人扶持基金，你就在这踏踏实实做，所以女儿很好。其实我老说这话，父母亲是孩子的第一任老师，而且是永远的老师，你的一言一行都在感染她，她现在很多方面都很像我。因为她看到了，我做这一切她看到了，所以她也在很努力地做。我女儿从参加工作，就在资助一个贫困孩子，每个月 500 块钱。

问：作为母亲，在儿子和女儿之间，您如何给予您的关爱？

韩：我是两边跑。女儿没嫁人，没结婚，一般情况下，我是周五周六周日周一都在密云，等于周五和周一我在基地，我都露面，要是没有特殊情况的话，我二三四就不过去。我那基地的老师跟我长期在一起了，都是朋友。我们的老师很付出，他们看我不容易，我自己在掏钱，他们家里在农村，种的菜和粮食，能省的就给我省，就往里贴。我做的大家都看在眼里，老师们都很好，跟我同类才相聚嘛。

前段时间，我过生日，办了一场生日聚会，邀请了朋友和家人。我女儿上去给我献花，说讲两句：我爸爸不在了，但是我作为女儿，我会让我妈妈幸福，我尽我所能让妈妈幸福。说这话的时候，我儿子“啊”一下趴我怀里就哭了，哭完以后在场很多人都掉眼泪。下来我就发言了，我有一帮同学，高中同学，跟我走得很近，他爸爸走了以后，他们经常过来陪我，其实我们在一起上学也就一年多，我到密云上学也就高中那一年多。我跟他们说，作为同学，咱们学年不长，但作为朋友，我们这点友谊是非常非常深厚的。我说在我很痛苦的时候，是你们在陪伴我。等我都说完这些以后，小玉他下去，给我在场的那些同学，我们同学十个人一桌，给他们鞠躬，所有在场的同学全都哭了。因为小玉听出来我说的这些意思，就是我在最悲伤最难过的时候，是他们在陪伴我，让我度过很艰难很痛苦的时间，所以他过去给他们鞠躬。

其实我没有跟他们交代什么，我也没跟女儿交代什么，也没跟小玉他交代什么，但是他做了，虽然话不多，但是他的举动感染了全场，那天弄得他们都说，韩蓉芳你弄的这个，让我们一直掉眼泪。哈哈哈。所以我当时就说，我感谢上苍，感谢我的爱人，让我拥有这两个孩子。我说我的儿子，虽然他智力有点缺陷，但是他很真诚，他爱我，他就那一句话，说妈妈我陪你，就胜过千言万语，我什么都不需要，有这些话我就够了，我就很欣慰了；也是因为有了儿子，让我非常坚强，也让我非常地包容、大度、大气，我说就是因为有了他，我才去做这些有爱心的事情。当时我找了一个团队来组织我这个生日聚会，他们还有来这儿拍照的，我做了一个很大的背景布，整个有这么一面墙的背景布，然后放上我的照片、孩子们基地的照片，弄得很好。

我生日，我同学非得说要给我随份子，说凑点钱，我说我不要。后来我说这么着吧，如果你们真的要有心，把钱拿过来给孩子买东西。那天给我累够呛，两袋米两袋面，把整个超市的五花肉全给包圆了，然后带鱼、油。我说只要是我们食堂需要的，不都是用到孩子们身上嘛，你给他们买过来，这些都是孩子们可以得到的。

问：小玉的特殊情况，有没有对女儿产生什么特别的影响？

韩：因为小玉要到西城培智学校上学，我和小玉就先来到了北京，女儿和她父亲还留在密云。他们晚去了一年。当初我去公路局前门旅馆，不允许给职工宿舍。后来因为我情况比较特殊，等于破例给了我两间房，房子有了以后，就把他们接过来了。女儿就送到前门小学上学了，我就在前门住，女儿也不用接，就走着上下学，很近。但是女儿，因为晚去的这一年，给我哭过好多回，说妈妈偏心。她父亲，我不是说嘛，本来他就不喜欢小孩子，而且是我那小姑子住我们家，也不着调，也不给她弄吃的。我女儿哭，说吃面条都吐。我女儿一跟我说到那一段那一年，就掉眼泪。后来我就说，女儿，你不能老纠结这个事，那时候妈妈也没办法。你说你哥哥这么个状况，我又刚调北京，住在我亲戚家，晚上给七个人做饭。我骑车每天晚上去上班，一晚上倒是也是可以睡，但是前门半夜一般都不允许睡觉。就因为带小玉，我休息不好，坐地铁，我晕倒在地铁。那时候人也挺冷漠的，居然没有人管，我是从前门坐到和平门那一站，稍微有点远，到和平门的时候，我醒了，我就倒在地铁的口那。我说这要是现在人多，踩也得给我踩死了。当时没人管，等我醒了，一个女的说，我的一个小手包，装的药啊什么东西的，掉地上了，我赶紧捡起来，然后站起来，让别人出去。你说多危险呀，我晕在地铁里，就因为去接孩子，晚上睡不好觉，又来回地跑给累的。

我在前门旅馆两年多后，就调到机关去接生产了，那个部门很忙，真没有时间。那时候，我女儿和儿子睡上下铺，我当时两间房，我住一间房，女儿和儿子在另一间房，儿子睡上铺，女儿睡下铺，儿子打呼噜，女儿拿脚揣他的床。那时候经常是女儿带着他了，有时候我一出去开会走一个星期，就是妹妹带着他，照顾他，吃完饭，他就自己走了，女儿也就自己上学了。他爸爸是又过了两年，比我晚过来两年到三年，女儿先过来的，他爸爸还来回跑，大概是九四年、九五年，他爸爸才过来，才调到八达岭高速清河收费站。

确实，为了家庭，为了这两个孩子，工作也是来回调动，可以说几乎都是我把孩子们从小带到大。后来女儿慢慢大了，就理解了，一开始有点不理解，也会抱怨，为什么偏向哥哥那么多。他们兄妹俩差四岁半，不到五岁。女儿可以说一直还是接受哥哥的，因为我很小就开始教育她。她开始的时候老哭着说，为什么老向着哥哥？我就把她当大人一样地聊天，聊到半夜两点，为什么，为什么要对哥哥这样；也给她灌输，你必须接受哥哥，哥哥本身他没得选择，但是你作为他的亲人，你有这个选择，你给他传递的是爱，那他是开心的，你要传递的是歧视，或者是不那什么，那他就会痛苦。所以女儿就很接受他。女儿后来上小学、上高中的时候，带同学过来，就介绍这是我哥，带她哥哥去看电影，看大片，她对她哥哥非常好。她哥哥也是，我们一出去玩，有时候我就逗他，不要你妹妹了，他妹妹不是在后头嘛，不要你妹妹了，咱们走。不行，我要等我妹。所以他们兄妹俩的关系非常好。我女儿后来出国，在国外学习，就给她哥哥带东西，给她哥哥买东西。到现在她老嘱托我，要让哥哥多出去活动，带他多出去玩。我们每年带他出国，今年刚从法国回来，而且我们出去都是自由行，费用挺高的，一个人 3 万多到 4 万，我们出去一趟十几万块钱。

惠及更多的孩子

问：是在怎样的契机下您出了《遐》这本书，您最想表达的是什么？

韩：写这本书，正好是我稍微闲暇了一点，加上也做了这么多事，当时国际特奥会也有这个意愿，说你看能不能把你的东西总结一下，就这么着我就写了这本书。是在 2007 年特奥会的时候，这本书是国际特奥会给出的经费，印了两千本，发到国际上。在书中，我不仅谈到了孩子的出生，从不接受到接受，自己培养，还谈到了怎么搞家庭支持网，又怎么样一步步地往前走，我这个历程就是比较多一点。

在接受你这次访谈的前两天，山东的一个家长，他孩子出生两岁的时候，他在网上看到我的电话，他老打，因为是外地号码，我怕骚扰电话，就没接过。那天，我不知道怎么了，没什么事，我一看电话，也没太在意，就接了。他说，哟，韩老师，你总算接我电话了！我说怎么了。他说我等你三年了，然后他就介绍他的情况，我想这么远跨度，我也不好帮着什么。我说我查一下，看看山东有没有家长，有没有牵头人，我给你提供一下，你跟他联系，让他给你一些指导；我还说明年去成都，如果方便，你可以带孩子过来。他还说了一些苦恼，比如学校不接纳孩子，他就很苦闷，他的孩子也是个唐宝宝，怎么办等等，就这样聊了很久。

问：采访您之前，我事先也有查阅相关资料，关于您的报道有好几个网页。

韩：是，都有，现在也能查到吗？2010年，2011年，《北京青年报》有一篇整幅的报道，就讲我这个基地的事。我那时候就想，到这个年龄段，我对那些荣誉都看淡了。但我还是希望能够让更多的人知道这件事情，让更多的人走出家庭，去感染他们，起到这个作用就可以了。

问：从总的大环境来说，对于这些智障孩子，您觉得还有哪些方面需要改进？

韩：现在好多了，起码那个眼神来说不奇怪了，这点我觉得挺欣慰的。如果寻求帮助，在条件允许的情况下，别人也会提供帮助，这些我觉得都还是不错的。而且，随着社会生活水平的不断提高，随着国家经济的不断发展，这方面会越来越好，还是有希望的。

虽然在资金方面和其他方面有点困难，但是每个家庭的经济状况都不错了，所以我就说，在自己有能力的情况下出点资金，不要觉得为这些孩子出点儿有什么不可以的，国家达不到的时候，咱们别耽误，别等着呀，孩子等不到那一天。我在这方面，也让他们家庭多多理解，当然更好是有一些经济帮助，像社会上就有些爱心人士。在特奥进交大那次活动开幕式时，我跟大学生志愿者说，我知道你们以后要走向社会，我希望你们把这爱的种子播出去，让更多的人了解，因为你们感受到了，你们经历过，你们去传播，你们去讲述，就更能让别人接受，是不是？如果你没有这一刻，你只是听别人说，可能还不一样。我每次给大学生进行活动前的培训，两个小时，根本就不要准备什么，就跟他们说，说得孩子们都掉眼泪，因为这些都是很真实的东西，是他们真正需要的。

我觉得还是需要社会把孩子的问题解决了，让我们的孩子可以做点事。还有一种需要是什么？就是正常人定期地也可以不定期地，过来一趟，能够跟孩子们交流，其实孩子很需要正常的人来跟他们交流，给他们带来快乐，让他内心感觉到，社会没有忘掉他，这东西也不是特别的事儿，就在其他人时间允许的情况下过来，跟孩子们做做互动。我们也跟高校有联系，但是大学学习也忙，主要是天暖和的时候他们过来，一年他们过来也就三五回吧。所以有的时候我的朋友们一说来找我，我说别找我待着，来跟我们的孩子们待着，只要来了外人，他们就好开心，就这么简单。其实别的还需要什么呀，不要什么。如果说给他们找个活让他们干，不可能，他们也干不了，也没这个途径，没有销售渠道，这些东西都不行。如果这都不行，过来给我们带点快乐，这还是可以的。

说实在的，好像从来没有人，像我这样从2002年一直干到现在，在这里头真没有，有的是说干一次两次，一年两年顶到头了，没有像我这样一直坚持的。我一直面对这个群体，我放不下，我不图什么，正因为我不图什么，所以我才能够坚持去做，如果图什么、有目的的，他肯定不这么做了。因为我任何都不图，所以只要这个群体在，那我肯定做。有的家长因为自己的孩子好了就退出了，但正因为你孩子有变化，你就要拉动更多的家庭，让他们都有变化。我的心愿就是，我能够让更多的孩子去发生改变，让他感受到家庭的温暖，这是我现在最大的心愿。我本身就很少有负面的东西，一般都是正面的，我每天就是觉得很开心。你只有走到很特殊很困难的群体中去，你才会受到感染，你就会觉得很多东西都能面对。

我有一个积极的心态，我相信事情应该是往好的方面发展的，这点我还挺有信心的。我觉得我办康复基地最大的收获，就是不仅我的孩子培养出来了，我带的其他这些孩子都培养起来了，我最多的时候收了三十个孩子。很多孩子，现在在北京有的去跑外卖的，有去超市的，也有结婚的，因为他们能力增强了。他在这个环境当中，老师是正常的老师，经常还有像交大的学生、我的朋友，过来跟他们交流，一起互动，所以他们能够接触到一些东西，他很正常；而且我周末要求他们必须也得跟家里人沟通交流。

问：是怎样的信念，让您一直坚持做下去，一直支撑着康复基地？

韩：我自己搭钱处理，我觉得这没事儿，这种事情，就是需要有人来组织，有人规划，要是没有人组织，没人规划，大家都等着，就做不起来。所以说还是得有一个牵头人，得有那么几个去付出的人，但是这个付出的人，首先，他必须具备爱心，这个肯定大家都有，因为我们有这样的孩子；然后，得有一定的管理能力，能链接到资源；还有一个，你必须具备一定的经济实力，如果你的经济状况不行，也不允许，也达不到，做不到。我在做这个的时候，我往里面一年得投多少钱。但我就觉得我认定的事儿，我只要为这个群体好，我就做，因为我也不需要什么，我电视也上过，书也出过，报纸上也报道过。我还要什么？我什么都不要。我也想着我也都六十岁了，家里的经济状况要说也还行，要是跟那些特别富有的比，咱达不到，但是就我的年龄段，我觉得我也花不完，我为什么就不能为孩子去做点事儿，让他们高兴呢？

韩蓉芳儿子口述

口述者：韩蓉芳儿子王冀豫
访谈者、撰稿者：李伟利
访谈时间：2017 年 11 月 24 日
访谈地点：北京市密云区河南寨提辖庄村康复基地

韩：来，问小玉，小玉没问题。

问：小玉，来坐这边吧。

韩：他基本上都可以说。

问：来，你坐这儿吧。你还记得我不记得？上次那个活动你还记得我不记得？

儿子：记得。

问：对，我上次跟你说，我们还会再见面的。好，你现在在这边主要都做什么呀？

儿子：就看电视。

问：哦，看电视。这里面的朋友你最喜欢哪个呀？

儿子：都喜欢。

问：哦，都喜欢，太好了。你还记得你在培智学校时候的事吗？

儿子：记得。

问：你在那儿主要都上什么课，你还知道不知道？

儿子：哦，语文数学。

问：语文和数学，这两门课你觉得你哪一门好一点？

儿子：语文还行。

问：哦，语文还行，我也喜欢语文，我也不喜欢数学。今年妈妈带你去哪玩儿了？

儿子：去西班牙。

问：哪里？

韩：带他去西班牙。

问：那你最喜欢去哪儿呀，就妈妈带你去的这些地方里？

儿子：多尔多①。

问：哦，多尔多。

韩：去美国不是也去了？

儿子：美国。

韩：夏威夷。

儿子：夏威夷。

问：最喜欢去哪呀，哪个地方都很开心？

儿子：都高兴。

问：都高兴，都挺好玩的。你跟妹妹多长时间见一次呀，也挺经常的吧？

儿子：去北京，去北京就看我妹妹。

问：平时在这儿会不会想你妹妹？

儿子：想。

问：想的时候你自己会给你妹妹打电话，是吧，是不是经常给你妹妹打电话？

儿子：给她打电话，聊微信。

问：聊微信，哇，太好了，太棒了。都聊什么呀？问问她工作什么的？

儿子：对，好多。

韩：拍的照片，给别人发。他过年过节的问候都没有问题。

问：哦，挺好挺好，那你上课，在学校的时候最喜欢哪个老师呀？

儿子：教体育的体育老师。

问：哦，就上次您说的那个。

韩：何老师。

问：你参加的特奥活动是什么项目呀？

儿子：我参加的是足球和篮球、保龄球。

问：保龄球？哇，太棒了。真厉害，那这三个你最喜欢哪个？

儿子：打篮球。

问：哦，打篮球，对，我那天看你打篮球的动作姿势太标准了。

儿子：嘿嘿。

韩：他三分投球很标准。

---

① 应为多伦多。

问：我们有机会还来看你好不好？你觉得想谈了的时候，可能会比较轻松。今天这样，好像很严肃。

韩：对对，学什么不好，他妹妹非得说让他去学游泳。我给他报了个游泳班，本来上午十点到十一点，我跟教练说改到下午一点。如果你要愿意，待会儿他下午一点学，弄个浮漂可以蹬腿游。

问：是么，到时候可以观察他游泳。

韩：我给他改到下午一点了。

问：游泳好玩不好玩？

儿子：好玩。

问：对什么都感兴趣特别好。那你还想干什么呀？还喜欢干什么？

儿子：玩球啥的。

韩：不想工作挣钱，啊？

问：那你玩手机都干什么呀？

儿子：玩游戏呗，手机有歌就听歌。

问：你玩什么游戏？

儿子：不玩游戏。

韩：他主要是喜欢听歌。

儿子：就爱听歌。

问：你喜欢听谁的歌呀？

儿子：好多歌。

问：那天我也是看到他，随手带着一个耳机。

韩：他唱歌比我唱的都靠谱。我有时候五音不全，他老分比我打得还高。哈哈哈。

问：都喜欢听的什么中文歌？

儿子：我手机有歌。

问：都是谁帮你下，你自己弄的？

儿子：不是，我拿着电脑，下载的歌。

问：用电脑下载的？

儿子：嗯。

韩：他那时候下载的凤凰传奇。

儿子：不是手机。

韩：手机里的？自己下的？

儿子：我这有网。

韩：有网下载的？够牛的，哈哈哈。

问：对，他自己能，确实挺好。

阿姨：老韩。

儿子：妈，叫你呢。

阿姨：谈得怎么样？

韩：行了？怎么着，吃饭了，可以了么？

问：可以可以，好，吃饭啦。

韩蓉芳儿子的同学口述

口述者：王冀豫的同学们
访谈者、撰稿者：李伟利
访谈时间：2017 年 11 月 24 日
访谈地点：北京市密云区河南寨提辖庄村康复基地

女同学 1：姐姐，你要采访我吗？

问：嗯。

（访谈者主动挪了一个位置，女同学 1 坐到访谈者旁边的椅子上）

女同学 1：就是经常我上去给他们搭毛巾去。上我杨姨家，他们那，一直帮助他们一下。这是最关键的。我爸我妈也退休了。我家还有一妹妹。还有一妹妹。

问：一会儿你自己回去吗？①

女同学 1：一会儿坐车回去。一会儿坐车，一会儿坐车回去。一会儿坐车回去。

问：你自己回去么？

女同学 1：自己。自己估计好像能不能回去，反正也能自己回去，坐 745 回去，呵呵呵。

问：呵呵，挺好。

女同学 1：平时杨姨会给我们带队，坐密三路，一会儿回去，一会儿回去该睡觉了。一会儿回去该睡觉了，明天下午还得搬货呢。

女同学 2：她在这睡觉睡不好。

女同学 1：在这睡觉睡不好。

女同学 2：王小玉老是打呼噜。

女同学 1：小玉老是打呼噜，我在这睡不好。

问：就是因为他打呼噜是不是？

---

① 访谈那天正好是周五，吃完午饭，基地的孩子都要回自己家过周末。

女同学1：对，小玉老打呼噜。

女同学2：大着呢，声响都听见了。

女同学1：大着呢，都听见了。我都能听得见，我都，晚上小玉打呼噜响着呢。平常黑夜睡不着，就小玉那边打，哎哟打得响着呢。

问：那就中午多睡会儿，中午。

女同学1：中午多睡会儿，这点蛮好。

问：中午多睡会儿，万一晚上睡不着觉。

女同学1：万一，我平常早上起来就上这买煎饼去，上这儿买煎饼，公园，那大门口呢，平常给他们搬货呀，搭毛巾呀，这是我的常活。

女同学2：她还带她吃药，吃安定的药。

女同学1：我早上闹，我还吃安定的药，我大舅给拿的药。我家有两个二的，张竞元①这也是个二的。

女同学2：阿姨，她需要吃安定的药。

女同学1：安定的药，我有点二，也疼姐姐，平常也疼我，我妈也疼我，我爸也疼我。我说话的时候有点紧张啦。有时候紧张，有时候不紧张。

问：你参加特奥活动吗？

女同学1：参加活动呀，平常上北京。平常上北京有时候去，有时候不去。也是这，有时候去有时候不去。哎，你看这个小哥哥还送姐姐东西呢。

（这时，一个男孩子走过来，送给访谈者一个可爱的手工编织串珠。）

男同学：姐姐，送给你。

问：啊，送给我的么，谢谢，是不是你自己做的？

男同学：对，我自己做的。

问：啊，好漂亮，啊，给你的。

（还给陪伴访谈者一起访谈的男生一个。）

问：好可爱呀，我都不会做，真好看。

女同学1：平时，俺平时那个吴大爷还有王伟他们俩就能烧炉，烧那个屋热。

女同学2：马大爷烧的。

女同学1：马大爷烧的。都烧的，给我们烧得暖乎乎的。让我们睡觉，也是正常点我们。

---

① 谐音。

女同学 2：她黑了，她白天睡不着觉，黑了也不出去。

女同学 1：黑了不出去。我就在这看电视，我就在这看电视，我从来不出去。平时在家也是这。平时有时候，冯叔杨姨早就六点半就下班了，下完班。

女同学 2：下午走。

女同学 1：下午吃完饭就走了，就成就下班儿了，就。也是很辛苦，嘿嘿嘿。平时韩老师给我们举行个什么活动呀，什么画画那个之类的，手工画之类的呀，什么做手工之类的呀，也是这样。

女同学 2：她妈也烦她。

女同学 1：我妈也烦我，我妈也烦我，也不让我在家，平时我妈也烦我。

儿子：回去她到家乱跑。

女同学 2：她老出去，天黑都不知道回家去。

儿子：有时候天黑也不回家。

女同学 1：平时我也出去玩儿去。

问：出去玩，那你得回家。

女同学 1：我知道。

问：得及时回家，不能太晚。

女同学 1：对，不能太晚。

女同学 2：她不听。

女同学 1：听话，我听我妈的话。我听我妈的话。

问：对，得听爸妈的话。

女同学 1：我听我妈的话。

问：听话好。

女同学 2：她妈净给人打电话了，她老出去跑去。他爸他妈出去找去，我也不回来，还骂人，啥都骂。

女同学 1：不能骂人，是不是？

问：对，不能骂人。

女同学 1：对，妈妈……

女同学 2：韩老师讲过了，要有礼貌。

女同学 1：韩老师说要有礼貌。

女同学 2：讲礼仪，得自己懂。

女同学 1：对，我懂。

问：对，你如果，你对我有礼貌，我就很开心呀。

女同学1：嘿嘿嘿嘿，是是是。

问：但是如果你要是说不好的话，就骂人的话。

女同学1：说得好，我说得好。

问：对，我知道你说得好。但是你得听话，如果说不好的话，我可能就不愿意跟你说了，我跟他说我就不跟你说了，是吧？所以说你要说好话，就是要有礼貌。

女同学1：我妈也退休了，我妈退休了。

女同学2：她妈退休，专门退休看她的。

女同学1：看着我，怕我出去不是。

问：对，怕你有危险。

女同学1：怕我有危险不是。

问：对，所以说。

女同学2：十一点五十九了。

女同学1：十一点五十九了。

问：所以说你去哪儿都要跟妈妈说。

女同学1：去哪我都跟妈妈说。

问：对。

女同学1：去哪我都跟妈妈说。

（她从书包里拿出一包手帕纸，抽出一张擤鼻涕。）

女同学1：平时爱流鼻涕。呵呵呵。

问：穿厚一点。

女同学2：费纸。

（大家都笑了，她起身的时候，书包差点掉到地上，访谈者立马扶住。）

女同学1：谢谢姐姐。

问：没事。

女同学1：平时杨姨冯姨对我们挺好的，有时候不礼貌的时候。

阿姨：到时候我们这儿有跳舞的，你给我们照张相。

问：可以可以，你要去跳舞吗？

女同学1：跳啊。

问：走啊。

大家说：跳舞。

韩蓉芳儿子观察记录

观察时间：2017 年 11 月 24 日 12:50—13:35

观察地点：北京市密云区某游泳馆

观察者、撰稿者：李伟利

时间	活动内容	备　　注
12:50	到达游泳馆，进更衣室换泳衣。	进入游泳馆，母亲去前台沟通，小玉很自觉去换泳衣。母亲对他独自行动很放心。
12:58	穿着泳裤从更衣室走出来，寻求母亲帮助，没有找到卫生间，着急想上厕所。	母亲先根据女士更衣室内部构造，向他描述卫生间的位置，并向工作人员确定男士更衣室中是否有卫生间。确定有后，继续告知小玉，都得到了小玉的否定。看起来小玉也比较着急了，母亲让陪伴观察者一起来的男同学进去帮助小玉。
13:02	做热身运动。	小玉的动作看起来比较熟练。
13:08	准备下水，走向泳池。	看到泳池中同样在游泳的人，主动跟他们摆手打招呼。
13:09	开始下水，教练员讲解交流。	小玉听得很认真，会点头。
13:10	开始练习蹬腿，手扶泳池边缘。	刚开始下水，小玉表现得小心翼翼的。母亲目不转睛地在一旁观察小玉，并一直为我们分析小玉的心情动态，比如他现在还不敢、他慢慢放开了等等。
13:11	起身，与教练员反馈交流。	与教练员沟通的间隙还与其他游泳的人员交流。
13:13	第二次练习蹬腿，抓住教练手中长杆练习蹬腿。	从扶泳池边沿练习蹬腿到抓长杆，小玉逐渐适应训练，但依然小心谨慎。
13:17	起身，教练教授动作，继续抓杆练习蹬腿。	
13:18	教练手拉着小玉，让其练习，感受，掌握节奏，试图将身体漂起来。	

（续表）

时间	活动内容	备　　注
13:20	教练试图放一只手，让他在水里划，然后两只手继续抓，一直这样循环练习。	
13:25	身体方向转变，找漂浮的感觉。	身体由平行于池沿，慢慢转向垂直于池沿，这也就意味着小玉离教练员的距离也在变远，不过看着他并没有很害怕。
13:27	继续转变身体方向，再次平行于池沿做游泳练习。	
13:28	教练放手，让小玉自由漂浮游泳。	这是第三次上游泳课，小玉身上带有浮力装备，帮助身体漂浮于水面，不至于下沉。
13:29	手伸直，用腿部的力量，向前行。	母亲一直专心观看，并介绍小玉所练动作的用意，是在锻炼身体的何种机能。
13:30	扶着泳池边沿继续练习蹬腿。	因对体力消耗比较大，漂浮了一会儿，教练又让小玉继续扶着泳池边沿练习蹬腿。
13:32	漂浮于水面，蹬腿，缓慢前行。	
13:35	重复练习。	看得出来，小玉练习很用心，母亲在一旁看得也很开心，不时调侃儿子。母亲沉浸在自己的笑声当中，有自豪感。

在不易的人生里活出精彩

——李秀云口述

李秀云，北京地区家庭领袖，特奥运动员王晓萌之母。

王晓萌，女，1984年出生，北京市人，独生子女。轻度智力障碍。毕业于北京市东城区培智中心学校，现在南磨房温馨家园工作。

口述者：李秀云

访谈者、撰稿者：张晓莉

访谈时间：2017年11月28日、2018年9月1日

访谈地点：王晓萌家

遭遇抄家回农村

问：您是哪年出生的，之前做什么工作？

李：我是1954年出生的。从小家庭相对来说比较优越，想着长大了当律师、当大法官。但是1966年我十二岁上五年级的时候，我们家受到“文化大革命”的冲击，被抄家送回农村了。当时的初中，也不学文化，就是喊口号，拿着一个红本儿《毛主席语录》每天早请示晚汇报。那时候也没高中，我们老家就是北京市的近郊区，我在那待了十二年半，之后落实政策回城，回来我都二十五岁了。在农村，我干了八年农活。

回来后因为我父亲给人照相的缘故，我就在前门大街搞照相器材批发。当时都是国营的单位，我们是崇文区照相馆的一个支部，照相馆有九个门市部，一个照相器材批发。

不认孩子有问题

问：孩子出生时，有没有发现孩子有缺陷？

李：没有，她出生的时候没有发现，也看不出什么来，婴儿的状态也很正常的。上大班之前，我有发现她动作不协调，还比较容易摔跤。正常的孩子爬也能爬，跑也能跑，而她呢，会平白无故地摔倒，左右拐弯儿跑的时候也很容易摔。她摔跤时，还一直往一边儿摔。当时我作为家长就不承认她有这方面的问题，老觉得她比别人慢点。后来带她去崇文区儿童医院看了，大夫说她有点儿小儿轻度右侧偏瘫，人家检查时也说她可能要迟钝一点。

她说话倒不晚，也是一岁两三个月就开始说话。但是呢，她说第一个字特别费力。她的语言障碍，当时来说还是比较厉害的。她最小的时候，语言障碍最厉害的时候，她要叫妈，就这呜呜半天。我得引一下“妈”，她口里的“妈妈”才能出来了。要是见着什么人，那就更说不出来了。憋憋憋，憋半天憋得脸红脖子粗，就一个字儿也蹦不出来。就第一个字特别费劲，其实这些都是一个现象，但是我就一直不承认这个事实。

上幼儿园大班的时候不是要写田字格嘛！那个田字格里2和3，正常孩子能拐弯儿拐过来。老师要求不出那田字格的范围，要很圆的那种，她2和3拐不过弯儿来，老是写不好。人家老师应该是这种情况见得比较多，就找我说：“这孩子应该是那个……有一点点问题，因为到了这个年龄写2和3是没问题的。”那个时候她五岁，老师就认定这个孩子有问题，但咱们还是不承认，还说：“有什么问题？”

后来我就挺狠的，从老师反映的那会儿开始，我每天下了班先给她从幼儿园接回来，就开始写田字格，练习2和3。每天都写，也面临着要上小学嘛！当时是很强迫的，就是不许她出去玩，也不许做别的，什么都不许。当时我两个哥哥和我也在一个院儿住着，他们有两个小孩跟她上下差不了两三岁的。我们家那个院子大，每天他们两个孩子就在院子里跑啊，玩啊，都挺高兴的。她就从窗户那儿把头伸出去看，一直看，特别渴望出去玩。她也哭，也不愿意，但是我很严厉，坚决不让她出去玩，就必须得学这个，她到现在也怕我。

吃完饭我们就开始坐下来练习。一晚上一晚上地整，写到很晚。她写着写着就甩她的手，我就问她怎么了，她就说这边儿酸。那会儿我们毅力可大了，写半个小时左右我就给她捏捏胳膊，一直就这样。其实呢，她有点轻度右侧偏瘫所以胳膊酸。不管怎么样，她把一年级的知识都学下来了，也都很快的，会加减法，很多字她也认识了。因为她要是不会我还打她手啊（笑）。反正现在想起来还挺后悔的，那会儿其实挺傻的。我很要强的一个人，怎么能承认这孩子智力有问题呢？

接受现实进特校

李：等到一年级的知识全教会了以后，到了上小学，我就信心十足了。报名时，招生的主任还是我小学的老师，她还认识我。招生的时候得问问题，人家一问完问题，一看她说话，人就说："你这个呀，先做智商检查去吧，就去北医三院做吧，那是指定的。"我一听完了，就带着她去做了。

问：那是第一次去做嘛？

李：那是第一次去做。人家正常智商测的不是 70 分以上吗，她测的是 67，属于轻度的智力障碍。当时我想不就差这两三分嘛，又去找那老师，就想让她跟着正常孩子一起上了，反正我们这一年级的知识都会了。那个老师也跟我说："她最主要的问题是语言障碍，再一个呢，她智力确实差了一点儿。一年级的知识你教完了，二年级你还能教她吗？三年级你怎么办？"反正老师就这么说的，这是我的小学老师，我信她。她说孩子这种情况，在这个学校也会相对地受欺负，比如孩子之间有了矛盾，有了争执，我孩子不能明确地叙述事情，那所有的坏事肯定都是她干的，她会在这当中受很多委屈。诸如此类的事情那个老师就跟我讲，还说"现在咱们北京市智力残疾人啊，有专门学校……"当时我都不了解这个，我都不知道学校在哪儿。她又给我讲"北京市每个区都有培智学校，你呢，我建议你不如让她去上那种学校，孩子去那儿也相对比较有优势，她这种情况如果在正常的学校上学，她长期下来会有压力，精神上、方方面面都发展不好"。她给我讲这个，掰开了、揉碎了讲了很长时间。我也认可了，孩子确实是……我也在想，这好几年了，她一直比别人差。我的姐姐也是教师，她从小就看出来这孩子有点不一样，但是她也一直不敢跟我说。谁都知道这孩子有毛病，谁也不敢跟我说。

我自己看，她一点毛病都没有。自己亲闺女，不想承认啊。后来也就接受这个现实了，就认这个事实吧。孩子说话确实很费劲，现在她说话也有一点儿那个，但是要比之前强一万倍了。当时去的是崇文区培智学校，现在学校改名为东城区培智学校了，孩子一直就在那儿上学。

培智学校进步多

李：去这个培智学校，对我来说是有一个诱惑在的。当时北京有很多福利工厂，所有培智学校出来的学生都可以去福利工厂工作，那里给解决就业。等于说孩子就业直接对接福利工厂，所以我很开心地认可了这个学校。

这孩子到了培智学校以后就没有问题了。她智商是67，在学校里她就算最好的了。一个班的孩子有很多类型的，有脑瘫、小儿麻痹，还有唐氏综合征的孩子。有的孩子站起来还不会走路，很多孩子都不如她。一开始我觉得她在培智学校里会退步，因为她接触这一个班的同学不是同一个水平的。学校也没有办法分得那么细致，只是按一个年龄段划分。班级里什么样我都无所谓，孩子最起码每天都是快乐的。学不学东西都是其次的，因为她不能像正常人那样上普通的小学，咱只能接受这个。

我这人好就好在这儿，我不会去后悔。有些家长可能就觉得孩子每天在这儿不好，我不纠结，觉得适合她就可以了。她在这个班里时间待长了，慢慢地老师发现她听得明白老师在说什么，只要说得慢一点就没问题。老师有点什么事儿就让她去做，比如找哪个老师要什么东西，这些她都没有问题。这些事情就锻炼了她，对她来说也是一种进步。

问：您对不如她的同学有什么看法吗?

李：对她的同学我也没什么。她那会儿还小，我每天都要接送她，在学校门口，每天都看这些孩子的情况。要是她的同学走不稳，我都会帮着扶一扶领着走。这方面我还是比较有爱心的，我不会说“瞧你那样”，然后就领着我们家孩子走了。因为大家都是那样的，也没有什么好优越的。

问：您和学校老师的关系怎么样?

李：很好的。接送孩子的时候会和老师聊天。老师就说：“这孩子坐不住，上着课就满教室溜达了。”我就说：“那溜达就溜达吧，就当锻炼了。孩子得的就是多动症啊……她在家从来都没有看过电视动画片儿，看也超不过三分钟，她就喜欢满大街溜达。”我觉得她都已经上这个学校了，也没有必要高要求，她要是没毛病，能上这学校吗！但是我不会跟老师这么说，我也不能跟老师急。这种场面我还是能应付的，所以这些年跟这些班的所有老师的关系也特别好。她现在胳膊上还有一个疤痕，就是那会儿上课的时候，她拿剪刀正好戳在这儿，流好多血，我都没有去学校找老师，这应该是老师很严重的失职。我当时如果要闹、要找老师的麻烦，老师都得赔我钱。但我就想孩子我自己看着也会磕着、碰着，这些都是保不齐的事情。在这方面我从来不会跟老师没完没了地干仗。

她们学校也有观摩课，比如体育课，咱也去看，新年联欢会，咱也去参加。我刚开始去培智学校比去幼儿园还勤呢。孩子上幼儿园时，我接送就完了。这个学校，我刚开始接触就比较频繁，后来慢慢发展到参与特奥，就跟学校接触更频繁了，对这个学校的情况很了解。

问：孩子在学校上了几年？

李：应该也是九年吧，不过九年以后，她还继续在学校。像她们这样的，毕了业以后没有地儿去，哪有工作呀。学校那有职业培训班，也就是职劳班，它就不叫几年级了。那个班会从外面请一些会烹饪的，会画画的，会写字的等等的老师，对她们进行一些基本的、简单的职业培训。

锻炼孩子买东西

李：我跟晓萌爸爸一样大。她爸四十五岁的时候，得了脑血栓，就不能出去上班了，而且也不能出去买东西。他走路的平衡性有点问题，他走不了，只能在外面爬爬楼梯当作锻炼。那时候我还上班呢，在前门上班，很远。晚上回到家都六七点了。晓萌那时十三岁，又小，家里一切的事情都压在我身上。

那两年我很郁闷，也学会了抽烟。我一直在想这个家我怎么扛，孩子那么小，而且她说话结结巴巴比现在严重很多。家里有病人、有孩子，我撑不下去的时候甚至有了离婚的念头，还因此咨询过律师。但是想来想去，还是决定扛这个家吧。那会儿工作单位领导看我做事认真负责，思想也是很超前，就想让我当经理，但我全都给推了，因为我要支撑这个家。我不是那么封闭的头脑。那年做会计，我现学，自己考了会计证做兼职，一干就是十二年，干到五十五岁。干熟了，其实一点儿都不忙。支撑这个家的大方向定了，就往这个方向走了。

开始我想练练晓萌，比如下班回来我想要两根黄瓜，我就会跟她说“去买两根黄瓜”之类的。她也不是每次都情愿去。你让她去小铺买瓶饮料喝，她就特高兴走了。你要让她买那些蔬菜，比如葱啊黄瓜啊，她就特别不情愿也不高兴。自己孩子嘛，我就很仔细地研究这个问题。我想她买菜的时候，在叙述的过程中有障碍，别人可能会有不耐烦或者异样的眼光。她肯定会遇到这些事儿。这个过程让她很不舒服，她才不愿意去的。但是去小卖部买好吃的就不一样，比如说买薯片，她一指人家就知道了，她就能很高兴地把东西拿回来。

但我也还是在一直锻炼她。像咱们去菜场买菜会挑拣，她不会。我们家一般都是晚上去买，那个时候本来就是人家买剩下的。她这种情况，人家一看，最不好的菜有可能就被她给拿回来了。那肯定不是她自己挑的，因为她才十三岁，她怎么会去买这个菜？但是我还是坚持让她去买，买的不好我就扔了。这些事儿她也不情愿做，我也命令式。就这样一点一点地练，后来发展到可以去超市买东西了。

问：您会不会不太放心她，某一天偷偷跟着她？

李：没有跟过。因为她会叙述，她会说这个过程，只是叙述得慢。我是她妈，她从小就跟我叙述，她叙述的大概意思我能听明白，但这要有一个时间，你要从她断断续续的话语中有一个联想。就是现在，她也不可能一字不落地把意思完全说出来，但是我会想，我会分析啊！有这种孩子没办法，你不可能每天都去跟着她，也没法每天跟着她。当时比较忙，再就是她买东西你要是跟着，她会看到你，她的头脑没问题，她不是直愣愣地什么都看不见的那种。

担心交友轧坏道

问：孩子从小到大，有没有让您特别忧心的时候？

李：有啊，她们这些孩子青春期也有逆反，只是比正常的孩子晚三到五年。晓萌十七岁那会儿，最让我操心。你批评她的时候，一扭头不看她，她就会嘟囔，实际上她就是在不满。可是尽管她不满，我还是得说她。像她们轻度智力障碍的孩子，青春期问题很严重的。很多家庭有重度智力障碍的孩子，家长只要在家待着，给孩子吃、给孩子喝就好了。但她们这样的孩子，有头脑，而且正值年轻力壮，会有很多想法。有的时候她判断不出对和错，我们家长就会付出更多，很辛苦的！很多地方也采访过我，我也一直在说这个问题。她们做事不知道轻重的啊，出去玩的时候也不告诉我。

培智学校上了九年毕业了，她就待在学校的职业班，就上午两三个小时课程，下午没事儿就放学了。放学之后，她会跟班里情况跟她一样的同学出去逛。逛超市，逛这儿，逛那儿。她们要买什么东西之前，不会像正常的同龄孩子那样去想自己有没有钱买。比如没钱，我就先别买这个，或者我怎么样省下其他的钱再去买我最喜欢的东西。但是她们不会想这些，她们可能会想其他办法得到这个东西。我搞家庭支持网这方面的工作，经常在北京搞一些论坛、夏令营的活动。我组织活动的时候，家长说的都是这些问题，比如孩子拿家里钱啊，借钱不还啊，等等。他们就是无止境地借钱，而且还说瞎话，比如“我妈把脚崴了，瞧病没钱”。她会编这些瞎话，这说明她已经在学坏了。她要上超市，我就想万一她想要什么东西怎么办，我不能随便给她很多钱啊！她越花就越想花，我只能从零花钱上对她有一个限制。因为她们这些轻度的孩子，花钱没数，最多的是刷卡，有刷家里两三万、三四万的，她们没有钱的概念。

我都把道理跟她讲了，她听得明白。我就说："你说瞎话，你们在一起是为什么？好朋友要互相帮助、互相促进，要有提高。你现在没有任何提高，开始说瞎话了，那么这就是没学好，没学好就不要在一起了。"就这么一个逻辑，每天在讲，反复地讲。天天讲，那她也还是说瞎话，跟其他的孩子一样回家里头拿钱或者跟别人借钱。借钱，她就不知道怎么样还给人家钱，这会产生很多问题。所以在这个阶段，我就特别费心，每天都累得要死。真的，没睡过好觉。

比如三点半放学，她应该四点到家，她没事儿五点多才回来。你一问她，她就说汽车上抓到小偷了、汽车翻沟里出不来了。你说她们学校在天坛东门，哪有沟啊？她编这些话让你一听就是编的，编之前她也不思考一下编得能不能让别人听不出来。她有这种迹象，我就更着急了，这说明她出去发生了什么，我都不知道了。那把我给急的啊！因为说瞎话这事儿，我还打过她嘴巴。我跟她说："不要说瞎话！不管对错，你回到家来一定要说实话。我帮你分析，你看你还是在跟我说瞎话，这个不行。"

每天都活在这种事情里头，我也要有一个发泄的地方，但是我没人说啊。她二十多岁那会儿，他爸有病还在医院，这整个儿家就是我承担的，尤其我比较注重孩子。哎呀！那会儿我紧张死了，我真的害怕她去拿别人东西，我就那么想了，也怕她在家里拿什么东西出去。

我每天就想着不能让她跟这些孩子再接触。可能那会儿也有点儿焦虑，因为也没有跟别人去说，也没有人问我说这孩子的情况。我们家附近的这个学校，还没招生，正在建设，学校操场可以随便进，有篮球筐、双杠什么的。晓萌那些同学经常来这儿玩。她们有时候聚在一起，五六个人、七八个人都有。后来我就发现她们在一块儿会瞎出主意，今儿你出这个主意，明儿你出那个主意。有的同学家在卢沟桥住，都跑过来。后来我就不允许她跟这些同学接触。满大街跑，学坏了怎么办啊？我如果不限制她，她有可能不会准时回家。说是晚上五点多回来，也没准九点十点，这当中出现任何问题，你找人都没地儿找去，所以我很严格。虽然她同学都来这找她，但我绝对不允许去别的地儿。因为我觉得她们在一块儿不学好。她们想学好，跟谁学去啊，都是同样的脑筋。站在操场上，有抽烟的，还有吊在双杠上的，我经常在那看。有一个女孩俩脚勾着双杠，脑袋冲下面吊着。要是一翻腿，这脑袋咣当一下就掉地上了。这是不是危险？很危险的。她们这种现象出现得特别多，所以我就限制晓萌跟她们玩。但我要一限制吧，她们就消失了，就不在我眼前上别的地方了，那我更害怕、更揪心了。

问：哦，她们也知道躲着您？

李：对啊，她们的头脑就是这样，她不会想你会不会担心。我就说："孩子，你家那么远，一直玩到六七八点，到家几点啊？家长会不会着急啊？这途中万一有个什么事儿，你们找谁去啊？"有那么两年的时间吧，我很痛苦。我都不知道怎么办，我甚至都打过她。没有办法，你跟她说道理，她不会记住的，她都不会去理解你。她扭脸又去跟她们玩儿，根本就不会想"我妈跟我说怎么样怎么样"。

后来在我的限制之下，又开始编瞎话："妈，我去打会儿篮球啊。"这打篮球是好事啊，你不能不让她去啊！啷啷啷……拍着篮球走了。那会儿学校开学了，不让进。她就去公园的篮球筐那里玩。玩着玩着，你就发现她不见了，最后发展到隔十来分钟我就得出去找她一趟，整个小区我就转着找啊。找不着她，我别提有多担心了。我老想这又是干嘛去了，脑子里全是恐怖的景象。

就上次她自己拍篮球就走了。过了十分钟，我就觉得不对劲，这么小个公园，我就跟了过去。老远一看，就是她一同学，穿的衣服还特别洋气。这出来还跟学校的时候穿得不一样。然后我一想，这是不是她同学某某啊？于是我就走近点去看，我从这边看吧，她把脸转过去了；我再绕过去从那边看，万一认错了呢，她又特别自然地转过来了。真的，咱们正常人都做不到这一点。最后我还是没看出来。我也不好意思再往前走过去看她，这样就对别人太不礼貌了，万一不是呢。晓萌也特别镇定自若，继续打球、投篮，跟没事人儿一样。她们都能演电影，都能当侦察员，就是她用的地方不对。我经常说："晓萌，你的脑子要是用在学习上，用在一些正能量的东西上，你要比现在强一百倍。"但是她不用在这些地方，她觉得那种挺好。她背着你的时候真的很聪明（笑），跟你要一些小聪明，耍得好着呢！

后来那姑娘要往外走的时候，我就过去喊："王晓萌，那是不是某某？"晓萌没办法了，说是。我说："你去把她给我叫回来。"晓萌颠颠地出去把她叫回来了。我说："某某，你看，为什么不要你们接触，你们就是这样骗我，我才决定不让你们接触。如果你们是正常的接触，我为什么不允许你们呢？我在你旁边看半天，你连招呼都不打。给我叫回来的时候，'阿姨，你好！'这下可会说了。”我说：“我还是不允许你再过来了，你家太远了，你父母会不会着急?”我就王晓萌一个孩子，后来我真的有两年不允许她离开我的视线，万一学了坏，怎么办?

还有很多让人不省心的事儿。比如打电话，她会不停地打电话，每个月能打二三百块钱的电话费。我在屋的时候她不打，我不能老看着她啊，等我出去买菜或者做什么的时候，我门一关，她就开始打电话。不知道是给谁打的，你也不知道她们聊什么。这是没有办法的，她知道你在的时候她不会打电话的。

问：孩子现在有特别好的朋友吗?

李：基本上没有。家里的亲戚很多，她有六个姑姑、两个舅舅、两个姨妈。下边的跟她同辈的也有不少孩子，但是因为她这种情况，就很少有人跟她接触。她十几岁的时候刚来这个小区，跟小区里那些同龄的孩子也在一起玩。玩了也就十分钟，人就发现她说话不行，玩什么的时候，动作也相对不协调，人家就会悄悄地离开。有可能也能跟她玩一会儿，但不是永远地玩。所以她那会儿就跟同学一直接触，因为她们没有别的朋友。像我小时候，永远的小伙伴儿，永远的同学都在一起，但她只能找她的同学。她们同学之间互相没有埋怨，没有抱怨，没有你歧视我，我歧视你。这就让我很矛盾，我也在想，我限制孩子跟她同学玩，对孩子来说也挺委屈的，真的。但是我想来想去，还是没办法，还是得要管。我害怕她跟那些孩子学坏啊!

我们有时候开家庭论坛，参会的都是家长，一些心里话都在会上说。所有的形形色色的孩子有很多的模式，方方面我都了解，我还是选择了必须管。你想啊，她正是那个岁数，她也想看看这个美好的世界，但是她又不知道怎么样去接触这个世界，怎么样才能正常交往、正常购物，她就欠缺这个，所以我得管啊!

问：即使她没有了朋友，您也要限制，是吗?

李：那没有办法，放任她去会朋友们了，有时候出了问题，后果很严重的。出了问题，怎么办?被人拐走丢失，这都有可能，所以我就一直限制。她也比较怕我。有一段时间，差不多每天她都在说瞎话，因为她想出去，我每天的任务都是拆穿她的谎言、反驳她。

为博尊重喜花钱

李：孩子花钱的问题也很严重。很多重度智力障碍的孩子，他不会花钱，你就是给他100块钱，让他上楼底小卖部买东西，他也不会，他也不认识这钱是多少。很多家长也不愿意让他去买东西，因为他买东西找多少钱，他都不知道。但是晓萌她们会花钱啊，她们知道想要什么，她们就会花钱去买。

后来我就研究这个事。我觉得她们花钱的时候，是这个社会上的人给她们脸色最好的时候。就是花钱的时候，卖东西的人对她最好。那肯定是啊，比如说，她会喝咖啡，往那一坐，别人就伺候着。完了就刷卡，这样在同学之间就会体现出一种骄傲、优越的感觉，就是些虚荣的东西。

问：您的意思是卖东西的人找她们钱或者怎样，她们会很开心，是吗？

李：不是。她们为什么要去看、要去转、要去花钱，不单单是她想要这个东西，而是因为她拿着钱买东西的时候，别人给她的脸色是最好的，不管她是怎样的人。其他地方可能就会差很多，像她这种情况，还没说清楚话，旁人就走了，人家谁会站在那儿听她说半天，都不知道她说什么、要干吗，人家搞不好还害怕她呢。但她们花钱的时候，尽管说话结结巴巴，人家做生意的人还是会特别热情地、耐心地对待她们。所以不光是晓萌一个人，所有轻度智力障碍的人都爱花钱。

问：您是看到过，或者经历过这种脸色不太好的情景吗？

李：不用经历。我肯定看到过，也肯定会有，不是所有人都有爱心，而且有时家长带着孩子路人的反应会是一个样，家长不带着孩子，让他自己走路，路人的反应肯定又是另外一个样，这个是没有任何异议的。你像晓萌她去别的地方坐车什么的，她都会有一种压抑。有的人可能耐心点，知道这孩子语言有点障碍，耐心地听她讲。有的人根本就不屑于这些，有的人还可能会说："你这人有病吧，你这个……"就会有这种异样的、歧视的眼光。但晓萌又不是重度，我不可能只让她待在家里。

特奥带来新世界

问：您是怎么了解和接触到特奥的？

李：好像2000年的时候，特奥会的创始人尤尼斯·肯尼迪·施莱佛，美国前总统肯尼迪的妹妹，来中国想看看特奥会在中国的前景，于是中国的一些官员就陪着她去晓萌的学校。晓萌的老师知道我是搞照相的，就说："您来给照张相吧！"我当时也是参与，照完相了，学校的领导都非常满意。之后学校有什么活动，我都去给照相。

后来学校因为特奥会也举办了一些新的项目，比如轮滑课。当时晓萌身体特别不协调，我都没敢想过她能去轮滑，因为一旦摔了脑袋，本来这孩子就不利索，再给摔坏了……我就有顾虑。单位离学校也比较近，没事我就去看看。虽然不能全过程去看，但她学会了，这件事情我就特别震惊，也相信晓萌会越来越好。

学校的老师、校长，我都熟悉，我给他们照相、洗相片，这些我都不要钱，都是我自己花钱。我觉得这些活动咱们得支持，因为咱们孩子在学校，希望学校能对咱孩子好点。当时是这样的一个心理，还没那么高的思想境界。后来特奥会需要运动员参与，他们就来北京各区的培智学校找人，我们就有幸参加特奥会了。

特奥会有体育项目和非体育项目。每次特奥会举办的时候，除了体育项目，同时举办的还有家庭支持论坛和特奥高峰会议论坛，都是非体育项目。特奥高峰会议论坛属于融合项目，已经立项了，就是说在全国或者全世界的特奥会上，一个大学生或者中学生和一个智力残疾的孩子两个人配对，主要是大学生带着智力残疾人去现场做一些采访，像个小记者似的，他们把特奥会的故事搜集完以后，大学生再帮着整理一下，然后在特奥高峰会议现场分享，谈感受。一般找的大学生或者高中生都是比较优秀的，这个事情他还要本人同意。因为这不是一两天的事情，大学生要带着智力残疾人全程参与特奥会。在比赛期间，两个人要住在一个屋，要全过程陪同，要去比赛的现场采访。但是这个机会不是每个人都有，它也得招募选拔，有这种招募的通道。

晓萌没有参与过这个高峰论坛，她都是以运动员的身份出现在赛场上。晓萌在学校从小就喜欢球类，而且我和她爸爸两个人年轻的时候都是比较喜欢玩的，游泳啊、滑冰啊我们都会。晓萌小时候，每个周末上午我们就在家洗啊涮啊，收拾家务，下午基本上就带她出去玩。在公园也没有车，摔了也不怕，让她跑跑，那会儿发现她身体不太协调，但她喜欢去公园玩球。晓萌参加的比赛也大都是球类，从2002年到从学校出来，差不多每年都去参加，晓萌第一次参加的时候是十八岁。

我参与特奥会，基本上都是参与特奥会的家庭支持论坛，跟晓萌她们也是分开的。2002年中国第三届特奥会在西安举行，那是我第一次参加和接触特奥会的家庭支持论坛，那是咱们中国举办的首届智力残疾人的家庭支持论坛。当时参与论坛的家长包括港澳台的一共是三十人，其他城市都是一个家长参与，北京市选了两个家长，一个是西城区的家长韩蓉芳，一个就是我。我们俩就是那个时候认识的。当时我还属于崇文区，真的是什么也不知道，家庭支持论坛是怎么回事我也不清楚。家庭支持网总监安娜就台上台下给我们讲什么是特奥会，什么是家庭支持网，讲了好几天。但是因为初次接触，也不太明白，只知道要我们把孩子带出来，多去联合家庭，多参与社会。当时这个理念可能也听不太清楚，怎样把孩子带出来；谁也不认识，怎么找这些家庭；怎么联合；联合之后干嘛……也没人告诉我们要开个论坛，搞个夏令营。听完之后，每个人都发言了，还给一个证书，美国管这个叫“家庭支持领袖”。但我们还是有点一知半解。当时就是有个概念说要组织活动，要分享自己的痛苦和喜悦。参加完活动我们就回去了。

问：您第一次参与特奥会最难忘的是什么？

李：最难忘的当然是晓萌第一次参加就拿到了金牌。当时场景也很激动诶！我们这边儿论坛刚散了，我就蹬蹬蹬跑去赛场，因为赛场和论坛之间距离挺远的。跑过去之后她那儿正打着乒乓球呢，双打！哎哟！真的，看得我挺揪心的。一个球来回地跑来跑去，那教练还急得跟什么似的，急了之后就胡说八道，王晓萌也是第一次参加啊，她水平也有限。教练就老叫暂停，对着王晓萌说：“你要是拿不到金牌，你就把别人给耽误了。”因为她们不是专业的国家运动员，你觉得这球能接，她就接不到。当时心情很激动，都恨不得替她使劲，激动得我都不敢看了。后来她们还真赢了。

看到她们赢了之后，我着急赶火车，撒欢就往驻地跑。因为驻地很偏，打车也不好打。当时负责家庭支持网的安娜看见我就说：“哎哟，女儿得金牌了，你跑什么啊？”我说：“火车赶不上了。”安娜真是特别好的一个人，特别照顾我们，我们这些人一辈子都忘不了她。后来她给我找了一个车，送到火车站。

回来路上，我就在想这次参加还真是觉得不一样，特奥会究竟是什么，怎么有那么大魔力。在现场的感受都不是能说上来的，赛场很有规模的，跟电视上看的一样。到了赛场，感受到赛场氛围，感受到赛场上那些孩子的情绪，真的，对我启发很大。我觉得在那会上也是受益匪浅，知道应该多参与一些社会活动，多带孩子出去走一走。我那时就觉得特奥会给了咱们这些孩子一个真正的平台，一个没有歧视、没有嘲笑、没有任何眼光的人人平等的好地方，孩子们最起码在心理上没有压抑。

问：孩子参与特奥的费用都是怎样的？

李：这些啊，参与特奥会所有的费用，包括服装、鞋都是特奥会提供的。特奥会成立了一个部门，你到特奥会会场一报到，把车票给他，过两天车票钱就给你了。报到的时候，还发衣服、安排住宿。特奥会的宗旨就是不让大家花一分钱，不管家长还是孩子，只要一出门，所有的费用都由特奥会的举办方承担。我们参与的家庭支持论坛也是，只要我一出家门，所有费用都是他们出。从家里到机场的打车费都会给报销的，到那提供食宿，都很贴心的，不用担心。

星星之火终燎原

问：第一次参与特奥会的家庭支持论坛之后，您说您组织了家庭支持网活动，能具体说下吗？

李：特奥会家庭支持论坛结束后，我跟2002年参与特奥会家庭支持论坛的西城区代表韩蓉芳就商量着干点什么。我们两个性格还挺像，都敢干。她是军人家庭出身，也敢闯。她做事不用思路，我就给她思路，我说这个不行那个行，然后她“哐”一下就上。我们俩配合还挺好。

我就说我们联合家庭还得从学校入手，你去满大街找人不可能。晓萌学校的校长我认识，我们当时住一个楼，2002年特奥会，她也去参与了高峰会议论坛，也了解特奥会。我就跟她商量，我说您给我发一份通知，让家长一起来开个会，我们就讲一讲特奥会的精神。校长人挺好的，就给我发了通知。因为担心家长们在一起会说一些不好的言论，我们怕给学校添麻烦。我就说：“您看下，这个会议，学校要不要参与？”她说：“这个会属于家庭的，学校不参与。”我跟学校接触那么多年，她也相信我不会在会议上瞎说八道。

后来我就写了一个稿子，是站在家长的心理角度去写的，我觉得如果把特奥会上学的那些一模一样地讲出来，自己都不太明白，家长不一定能听懂。我说哪怕几个家长约出来一起去公园玩一玩，也算是参与特奥会了，不然怎么参与特奥会？咱又不是教练。我就这样用非常通俗易懂的话讲出了大家的心声，家长就很容易接受。也有一脸懵的，看脸，你就能看出来，有些家长明白的，一听这是好事，说带着孩子出来，大家有一个环境。当时也只是这样想。这是第一次搞活动，来了三十多个家长，开了个会，非常成功。

然后我就跟韩蓉芳说，你去找你孩子培智学校的校长。不是所有的校长都支持我们的活动，那个校长就有点高傲，也可能因为韩蓉芳说话直来直去，有点像领导，校长就没同意。后来我们去另一个区的培智学校，那儿的校长非常小心翼翼，他都不知道特奥会是什么，所以也不支持我们在那里开会。

培智学校不接受我们的请求，我们俩就想怎么办。当时也是挺有闯劲儿的，韩蓉芳有车，就开车带着我去北京体育大学。北京体育大学了解特奥会，也参与过特奥会。但是北京体育大学对我们来说有点高高在上，我们就想在体育大学搞个夏令营活动，让几个家长带着孩子在学校住几天。实际上我们什么都没有，没钱怎么搞夏令营，所以就想大学生放暑假能不能在人家宿舍住几天。但北京体育大学的人就说不行，因为吃喝住行都得要花钱，住宿舍出了事儿谁来负责？当时我们俩胆子大，也没想那么多，现在想想其实挺后怕的，要是参加夏令营的孩子跑了，磕着、碰着了，你说谁负责？当时我们还想搞大一点，要招募五十个孩子和五十个家长一起参加，一共是一百人。我们不去教具体的特奥会比赛项目，我们就想大家聚在一起唱唱歌、跳跳舞，然后在一起锻炼一些小项目。比如教孩子拍拍球什么的。如果是这样，就得请教练，教练这块我觉得我没问题，因为经常去晓萌的学校，他们那儿教练都接受过培训，对特奥会各方面流程也都了解。我认识的一个教练都变成了讲师，培训那些教练，我跟他关系挺好的，所以我挺有把握的。我们就这样想的，就去北京体育大学了。但是北京体育大学不接受啊，我们就拐了个弯儿去了中央民族大学。

当时找到了中央民族大学一个负责体育的老师，那老师人挺好的，居然也参与过特奥会。他觉得我们俩的想法挺好的，就跟我们说饭钱 20 块一天，在学校食堂吃，在当时还算是很便宜的，住宿也便宜。但是我们一想五十个孩子，还要请十多个教练。不可能二十个孩子一个教练，得三五个孩子一个教练，得看着他啊，万一孩子跑了呢；睡觉住在那儿还得让人看着。我说："咱们三个人就行了。"因为又进来一个家长姓肖，这肖家长的孩子也在崇文区培智学校上学。韩蓉芳不知道怎么跟她去说的，她也是比较愿意做这些事情的。第一次我们三个谈差不多了，想定个日子举办夏令营，但是钱不知道从哪儿来，也没有人知道家庭支持网。韩蓉芳就去了北京市残联。残联当时根本不知道特奥会是什么，人家也不会给我们钱。

后来我跟韩蓉芳一人出了 1 万块钱，中央民族大学给提供了场地。当时做得特别隆重，还弄了开幕式。都是参加过 2002 年的特奥会的嘛，我们就比着那届特奥会来。虽然规模小点，但有音乐，还举着会旗。会旗是我们去王府井特奥会办事处那儿拿的，还拿了家庭支持网的旗子。主席台上大红绒布，都是我找来的。我去退休之后做兼职的单位，介绍我孩子怎么着，我参加特奥会怎么着，领导一听还挺好。我说您借我一条大红丝绒布，他就给了我一匹，往主席台上一铺，主席台上的桌子都特别长，可有规模了。然后我们又跟学校说，拿投影仪，用大屏幕。我们就放一些在特奥会、在残联参与联欢会的照片。因为2002年之后，残联在春节的时候总要有个残疾人的联欢会。我们就参与了两届，也认识不少家长。有些有职位的家长给找了记者，《中青报》，还有好几家记者都来了。当时五十个孩子和五十个家长我们也给找来了。我说我们一分钱没有，他们老师在假期也来了。

我们还把领导给请来了，这领导来了一看，真的太震惊了。说你们做成这样真不容易。开幕式完了给领导请到屋子里，弄点水果，喝点茶。当时北京市残联理事长姓沙，还有一个处长。领导上来就说："你们弄得太好了！这些事都应该是我们做的，以后你们还有什么困难，跟我们说一说。"我们就不拐弯，直接说现在一分钱没有。后来他们给了差不多两万块钱，一些零碎的小钱就我们自己出了，活动真的挺成功的。

当时有一个自闭症儿童小胡，他在那儿不吃饭，有三四顿都饿着。好多人围着一圈劝他吃饭，可能因为他没见过那么多人，就一直不吃。一个教练说不用管他，饿了自己就吃了。后来饿的不行就自己拿个馒头吃上了，也适应这么多人了。晚上睡觉的时候，那天我值班，我跟韩蓉芳、肖家长三个人一人值一天班，就在大学宿舍楼道里坐一宿。不知道小胡这孩子怎么着就出去了。当时肖中林还在楼底下等着换班，就问我小胡去哪了。我说在屋子里了，她说没有啊！我这一看真没有啊，哎哟，这一下就炸了锅了。我们那群孩子里有一家人是保姆来陪孩子，晚上家长过来看看，路上就碰见小胡了，就给带回来了。"哎哟，怎么在你车上了？""我一看就是我们这儿孩子，都走到大门口了，我就给带过来了。"当时我们这些家长谁也不认识啊。就比如说，我认识几个人就找来几个人，你认识几个人就也找来，但我们之间是不认识的。可在一起久了，就会有那种特殊的感情。没有咱们家长之间的这些感情，他不会做这些事情的。

夏令营那几天，白天不用管，交给教练。晚上教练休息，我们就在操场组织活动。吃完饭，弄些孩子上操场围圈唱歌，还送小礼品，什么丢手绢。玩得孩子都不愿意回去，因为平时没有这种环境。吃饭、上厕所都有家长，一个家长领着一个孩子，一百个人的活动就这样弄成了。也有孩子活动中尿裤子了，反正什么都有。甭管怎样，那几天就没有出任何大问题，活动圆满成功，非常好。有些家长都拉着我们的手，真是热泪盈眶地跟我们说："弄得真好，太感谢你们了。太感谢你们的付出了。"当时是没有官员的，我们也不是什么残联组织的，就我们俩仨人在那儿"瞎忽悠"。（笑）

这件事情之后我们就跟残联的智力残疾人协会进行沟通，他们也非常欢迎我们。智协平时没有任何活动，只是每年春节有一个联欢会，不知道搞什么，他们每年也要往上写一些东西作报告。后来他们就跟我们说，你们搞什么，咱们这儿有很少的资金，有场地。这样呢，智协帮我们招募家长，我们就在他们那会议室进行家庭支持论坛，也宣传特奥会，也和家长进一步地沟通。到了春节，我们就搞了正式的家庭支持网的联欢会，让大人孩子唱歌。我们有一个孩子小肖，就是肖家长的儿子，他会吹小号。还有一个孩子吹笛子，都过了专业9级，还有弹钢琴的，还有会跳舞的，还有什么都不会的，那我们就让他们说故事，他们也特别高兴。我们给这些孩子一个展示的平台，他们在展示的过程中，特别兴奋。因为平时在家，他没有机会展示，一说要干什么都积极踊跃地参与。

在这个过程中，韩蓉芳因为家住在北京交通大学那块，就跟北京交通大学联络，说我们有这些孩子，希望学校的大学生跟着一起参与活动，带着孩子一起玩。他们大学的学生会特别高兴，因为平时学生会的志愿者要搞这些活动都没有地方去，也不知道找谁，我们找来了，他们就觉得太好了。这样我们跟北京交通大学有了接触，到现在也是每年都有一个活动，他们给我们提供一些小球啊什么的，慢慢就发展到不用我们亲力亲为了，他们就主动联系我们买一些礼品。再后来我们还搞了很多活动，社区也支持我们。这些事情跟社区温馨家园的负责人一说，他们也愿意参与我们的活动。后来发展到想来还没那么多名额呢。

有一次北京体育大学组织的一个活动，我们参与了，好像是在一个会场。会场休息的时候我放音乐，在前边带着孩子跳兔子舞。全方位女子形体健身操，我跳了十几年呢，动作都比较规范。好多孩子就跟着我跳。因为人多，大家就都搭在上一个人的肩膀上接着跳，越来越多的孩子加入。后来就跳成了一个蜗牛状，有孩子跳着跳着，队伍就断了，家长就给自动接上了。那种场面，让家长们都很激动。这些游戏都是我设计的，孩子们就喜欢这种游戏，但那次真把我累够呛。

我们还在芦城体校[①]举办过一次夏令营，那是咱们北京市残联的一个训练基地，北京市委托我们举办的。也挺好的，也是民族大学夏令营的那种模式。我们还跟基地负责人说，晚上我们要唱卡拉 OK。因为基地有设施，都是免费

① 全名是北京市芦城体育运动技术学校。

的，平时都被锁上，也没开过。我们把篮球馆开开，唱啊跳啊，可高兴了。韩蓉芳的儿子是唐氏综合征，他居然在地上跳上街舞了，自编自演。孩子当时就激动到那种情形，你没有一定的高涨心情，不会有这种动作出来。所以我们的家庭支持网在全国还是领先的，做了很多实事。而且大家也带着孩子出来，每次出来参加一次活动，下次再来，这个孩子会不一样，眼神都不一样。我那会儿因为这些事写了很多东西，不知道放哪儿了。在日本的国际家庭支持论坛上，我都翻译成中英文两份发给大家。这些外国人看了都特别感动，因为他们没有这么实际地做过事情，只是三五家凑在一起也叫家庭支持网。像我们这种规模的全中国都没有，所以在中国推动特奥会的这件事情上，我们是有不可磨灭的贡献的。

我们俩做得太好了。什么都敢干，没钱都敢干。全中国都知道北京家庭支持网做得最好。我们就跟着东亚区特奥会的组织方去全国各地给人家开论坛，讲特奥会和家庭支持网。从我的角度，我也愿意介绍我做家庭支持网的经验，还有带孩子、教育孩子的经验。我觉得这些家庭太不容易了。晓萌还好，起码买东西她能给我买回来。有的孩子一出来，家长必须全程照顾，喝口水都非常不容易。所以我愿意把我的经验说出来。比如说买东西，孩子不愿意出去也得去，这是锻炼他啊！有些家长就不愿意，他不想让孩子出去受委屈。我说："那你将来呢？你身后怎么办？""我给他安排好了，我再死。"有些家长是这种心理，他觉得让孩子出去闯，被别人欺负，他是不能接受的。我不惯晓萌，她从小自己能干的事情，我都让她去。你看她现在这样，我觉得对她并没有坏处。

问：去外地开家庭支持论坛需要几天，您能具体说下吗？

李：一般得五天左右。特奥会的组织方不一样，规模也不一样。2015 年在平谷举行的家庭支持论坛是东亚区组织的，就很正式。我们自己组织的家庭支持论坛很简单，就一天，中午管一顿饭。其实呢，2002 年以后特奥会东亚区驻京办事处每年都在各地开一些论坛，要遍地开花。杭州、上海、四川啊，我们都去过。那次去太原也是五天。每次开论坛，都会有新的家庭进入，还要给新的成员介绍家庭支持网的理念。后来我们还参观当地的一些为智力残疾人成立的组织，咱们北京叫"温馨家园"，上海的叫"阳光之家"，各地有各地的叫法。当地的家庭支持网也做一些事情，慢慢地也发展成规模了。都有经验，越做越好就要有规范。各地的家长都在讲他们的家庭支持网是怎样做的，大家相互交流。一开始就我跟韩蓉芳在讲，我们也一直开玩笑说我们就俩大忽悠。

再后来，人就慢慢多了，一批一批的家庭支持领袖冒出来。有一个哈尔滨的家长非常优秀，非常能说。但是遗憾的是她前几年也去世了。她讲的时候我们都不带眨眼睛的，听她讲得就很精彩。她的孩子唐氏综合征，被她教育得特别好，很阳光，心里没有任何障碍。但是这个家庭非常不幸，她爱人脑癌先去世一年，接着一年她去世了。现在孩子扔给他舅舅了，我们当时就自发地每人给这个孩子一点钱，因为他父母都没了。

我跟他们讲不能放弃孩子，要及时发现他们身上的优点。很多人因为家里有这么一个孩子都不愿意让外人知道，在我们家庭支持网的论坛上，有的家长把孩子关在家里几年的或者十几年的都有，从来不让见人的也有，就因为她觉得这孩子太丢人了，心理上就接受不了，家长有心理障碍。当时是 2008 年左右，一些偏远地区还很落后，不像现在这么发达呢。有很多人把孩子整个儿就寄养在别人家，逢年过节也不去看，也无所谓。像成都有个家长，她就把孩子寄养在一个退休的人家，对退休的人来说，几百块钱就是个钱，他也愿意帮人养着。一开始那些家长就在那儿说："我优秀，我爱人也优秀，我为什么会有这样的孩子?"还有的就问我："你参加特奥会能让孩子智商提高吗?"她们不相信，其实参加特奥会不是要让这孩子智商提高，也不可能提高，只是提供一个氛围，孩子会有一个变化。成都的那次论坛，我都给那些家长讲哭了，就是在那种氛围中，作为家长我觉得特别贴心。因为大家都是家长，谁也不笑话谁。像我周边的朋友都知道王晓萌，我不隐瞒他们，本来她也没毛病。

每年我们在一起开这些会的时候，都没有说过散会。一说开始直到睡觉，都是一起聊天儿。不睡觉，一起玩。大家都是精英，故事都很精彩，在一起聊家庭，聊孩子，聊搞活动的困难和经验。还有晓萌的苏老师，退休之后被聘去东亚区特奥会驻京办事处了。她很优秀，她孩子是正常的，她为我们这些家庭和孩子做了很多很多。苏老师还给我们演小品，演宋丹丹，逗得我们哈哈大笑。她会给家庭带来无比的快乐。参加论坛的家长都给发证书，刚开始全国就我们三十个家庭领袖，后来慢慢发展到每个地区都有三十个了。现在再开家庭支持网论坛很多人我都不认识了，都是一些新的面孔。像我们这些元老有的病了，有的去世了，都不能参与了。但是这团火生生不息，就像运动会一样点起来了。

问：特奥会上让您记忆深刻的还有什么事情?

李：印象深刻的还有去日本长野参与日本特奥会上的家庭支持论坛。特奥会分冬季和夏季，是四年一冬季，四年一夏季，就等于两年一次。那次我们跟特奥创始人一起去的长野，日本首相来接见我们，他们给的待遇最高，给我们准备的晚宴，还有开幕式、闭幕式都弄得特别棒。他们认为家长培养孩子付出了很多，所以在日本那会儿，每走一步都能感受到大家的关心、关爱和关注。长野一带有高山，特奥会上就有滑雪、滚雪球等项目。这些孩子，智力残疾程度不一样，日本特奥会会制定适合他们的项目。比如孩子会穿上一种特制的鞋，这种鞋能抓地，不会让他们摔倒。这是非常合理的设置，不会有任何危险。只是在那儿走，从这边走到那边，也是参加比赛了。特奥会强调重在参与，孩子在雪地里能抓住地面行走也很费劲的。有些体质弱的孩子就参加这种比较简单的项目。如果没有这个机会，他可能连路都不走，就让家长拉着走。但是在这种情况下，他看到别人都在做，他拼搏的精神也会被激发出来。

我们都叫创始人老太太，我那次去日本，跟她零距离接触，还跟她有照片。宣传报道那照片上还有我呢！就是一放那片子，“嗖”一下我就过去了，不好找（笑）。我还跟特奥会主席照过相。2005 年，中国政府在世纪坛正式接见特奥会主席，承诺五年以内要发展五十万特奥会运动员。国外演电影的施瓦辛格曾经是创始人的姑爷，她女儿我们都见过，她们第一次来中国，跟中国政府签约，咱北京派了两个家长代表，其中一个是我，我很荣幸跟着他们一起上主席台。那次他们在佳丽酒店举办特奥活动，因为我父亲搞摄像起家的，我从小耳濡目染，那会儿我就给施瓦辛格照相，别人都抢着跟他握手。我正照相呢，哪有工夫抢着跟他握手啊，然后他就过来跟我握手，难得的体验啊！

特奥让我成长了很多。后来去成都，我都不用发言稿了。一开始我是一个不怎么爱说话的人，就是通过这些年的特奥会家庭支持论坛的参与，把我练成现在这样子，原来没有这么能说，现在话特别多。

问：您现在还参与特奥会吗？

李：我现在不怎么参与了，年纪也大了，精力也顾不上了。2007 年还是 2008 年，我忘了，我们俩又干了一次大活动。因为特奥会进入中国了，北京市残联专门成立了特奥部门，当时我们俩是北京市特奥委的委员，还得到他们颁发的特殊贡献的证书，不知道给扔哪儿了。2006 年，中国第四届特奥会在哈尔滨举行，韩蓉芳参加了当时的家庭支持论坛，我被北京市邀请进入了当时的特殊贡献观摩团，参加完开幕式，我们就去玩了。韩蓉芳在家庭支持论坛上认识了中国特奥部的樊部长。这人是东北人，特别爽快，没有官员习气。我们就跟樊部长说家庭支持网怎么怎么的，我们还想搞一个更大规模的夏令营，但是没有钱。樊部长说没问题，要给我们 22 万让我们干。其实这个就有点违规了，钱是不能直接给我们的，只能打给北京市残联，残联批准了我们才能做。当时我们直接找了樊部长就不合适，那时候也不知道。得到樊部长的话以后，我们就开始策划这个事儿。在雁栖湖弄了五天，还请了外地的孩子和家长，因为钱多嘛，我们就跟特奥会的模式一样，规模也很大。一开始我就添了四五万块钱，因为买这弄那的得用钱，而且人家外地的家长来了，你就得给人报销。这个钱还在樊部长那儿没有往下批，长达五个月才给报回来。开幕式也是把领导请来，开幕式之后领导把我们弄一屋，沙理这次也不夸我们了，也不表扬了，说我们这个行为严重违规。

当时我们请了二十个教练、一百个孩子和一百个家长。另外呢，韩蓉芳还接触了一个公司，在那投资了 10 万块钱。我们当时就跟“祥林嫂”似的，遇到谁都说一下我们的家庭支持网。韩蓉芳跟这个公司的负责人说了我们的情况，那负责人就说：“我们有一个表彰会。你们弄十个孩子来参与表彰会，我们现场募捐。让这些被表彰的人，给这些孩子现场募捐。”那我们当然愿意啦！那会儿没有资金，你想搞个会议、买点糖，也得要钱。说实在的，我经常往里添钱，打电话跟人说一个事情，说半天了，他不一定明白，电话费也变多了，包括搞一些活动都要买礼品。发一个小杯子、锅，人都特别高兴，也愿意来。还有办活动这些东西用完了，还要再拉去残联，不打车不行，这些都是我的事儿。所以也就同意他们帮我们募捐。开幕式那天，他们还帮我们募捐了 7 万块钱，这笔钱就放在残联的账户上，供我们办活动使用。当时也有记者来。反正那次我们就挨了一顿批，但这事成了，他也没办法。但在报销的过程中就有困难了，一步一步，樊部长也顶了不少压力。从这次事情之后，再没人同意给我们资金了，因为弄太大了。当时就是这么巧，电视台又报道了韩蓉芳接触的那个公司是骗人的，我们那时也才知道。可当时他实实在在地给我们募捐了钱。

后来我们就只搞一些小的项目，这一切都是义务的，我们不挣一分钱还老往里添钱。再后来北京市残联也都知道特奥会了，一些活动一经过政府官员同意审批，就没那么简单了，就复杂了，各个部门参与其中，要一步步地往上报批。国家拨下来很多钱，其实是花不了的，可是我们没有实际的权力，跟人家要钱，人家还以为我们在忽悠。慢慢人家也不用我们搞了，人家自己搞，不用我们这些方式，我们就想撤出了。再之后晓萌上班了，我就慢慢地不怎么参与了。我们那时候，22 万一分钱都没花在自己身上。请来的那些教练都是我的个人关系。后来智协用那些资金就是搞个郊游、开个联欢会，像那样大规模的夏令营就没了。因为举办这些活动没有那么便宜，大家都是经济的脑袋在想这个事。你看残联智协的工作计划，实际上也没有人参与。可是我们做的这些论坛都特别热烈，家长反响都很好。因为没有拘谨，大家自由自在，孩子们都特别听话，让排队就排队。

问：你们有没有想过，把这个家庭支持网注册成一个组织？

李：韩蓉芳和我探讨过，之前办的很多活动都是挂在“北京市智力残疾人协会”的名下。韩蓉芳想着把这个组织提高一层。我从始至终不想这些，不费那些劲，我觉得没那么简单。后来有个家长小王，爱人在美国大使馆，所以她在美国待了几年。她把美国的一些理念带过来，想着将来孩子的就业问题，注册个组织进行一对一服务，培养孩子上班的能力。她说美国的智力障碍孩子就有一个志愿者全天陪同，培养孩子的生活技能。我觉得实施不了，还是踏踏实实地做一些实事比较好，不能想入非非。美国是特奥会的发源地，但在中国就会有很多限制条件。如果干了心里特别憋屈，那还不如不干。人跟人在一起时间长了，性格不一样，有可能又产生这样那样的问题，这里面还会有一些名利在。我就不想弄那么麻烦，简简单单就好。

我们家晓萌轻度的，能听懂人说话，即使是这样，我们这个家庭也承受了很多痛苦。还有很多孩子是重度的，我觉得他们承受的痛苦要比我们更多，所以我要做一些让他们开心的事就好。我们可能什么都解决不了，只能让他们高兴高兴。那会儿花费的一些钱、精力和时间都是我自愿的，不要求大家回报我。后来晓萌她爸爸的病情也加重了，我渐渐不再参与这些事了。我在家请了阿姨，有阿姨管着家，没事的时候，我就健身啊、出去旅游啊。晓萌工作的温馨家园还请我去做老师，我也没答应。我想家里有突发情况我能照顾照顾，平稳的情况下我们去玩玩，得学会生活。

参加比赛知拼搏

李：晓萌现在就挺好的。她从小说话那个费劲哎，还爱摔跤。第一次她参加特奥运动会集训，连在哪儿打饭，在哪儿喝水，她都不知道。我每天都得去集训的地方看她，因为她害怕，她没有出去过，也没有见过那么多人，还跟我说：“拿着饭盒打饭，人家万一不让打，怎么办啊？”她当时可紧张啊，但是现在通过特奥会这么多年的锻炼，她很棒了！

教练带着很多孩子出去也不容易。因为他们都住在一起，每个人都有不同的事情，经常就会有意想不到的问题产生。晓萌经常出去参加特奥啊，她都发展成教练助理了。大兴集训的时候，教练也不能成天成宿地看着他们，比如教练要出去开会，去的时候就跟她说："王晓萌，看着他们，都别跑了。"王晓萌就当回事儿了。那一层楼的孩子，都是王晓萌看着，王晓萌看着就说："都睡觉，都不许出来了啊。"她倒成了事儿了（笑）。反正她在这里面还是挺快乐的，有自我的价值感。在别的地方，她是没有办法体验到这种感觉的，但在特奥会里，她展现了她自己的能力。那会儿训练的时候她因为动作不协调，稍不注意就崴一下，有好几年习惯性崴脚。一崴脚就肿了，残疾人奥运会那会儿的田径赛，肿着脚，她还跑，这体现了顽强的精神啊，她也知道努力。所以特奥会对他们来说是非常有意义的，她可以实现她自己的价值，也知道去拼搏，这是很好的一个氛围。

她每次参加特奥会都能得好几块奖牌。她会参加好几个比赛，最少的也能得两三块。比如一个田径就 400 米、200 米、4×100 米接力，虽然就一个田径项目，但这个项目里有好几个不同形式的比赛。再比如篮球项目，定点投篮是一个比赛，对抗赛也是一个，乒乓球单打、双打也是，这一下就三四个奖牌产生了。2007 年的特奥会，她参加的是高尔夫球。集训之前，去球场练了练，高尔夫球场是要收费的。我们参加特奥论坛的家长之间也有联系，有一个家长从国外回来，人心眼挺好的，她有海淀的一个高尔夫球场的卡，就带着自己的孩子，叫上晓萌一块儿去练啊。我还跟着一起去过，最起码咱要接触、了解、练习一下高尔夫啊！叭叭叭地打了几次，之后在大连集训了一两个月。比赛的时候得了第四名，没拿到奖牌。晓萌那会儿活也不做了，饭也不吃了，还哭了，这孩子上进心其实挺强的。

能干善良爱助人

李：有时候她也挺贼乎的，比如她下班回来进家门转一圈就会问："妈，谁来了?"她就这一件事，她一看就知道有新的东西不是我们家的，她会马上问的。她不是大家想象的那种特别迟钝的。从小她这点数还是有的，就是表达能力差点，别人也不怎么问她，因为她叙述时间太长。但是她心里知道好和坏，别人的脸色好点、坏点，她都能看出来的，这是没有问题的。

我大哥家就在对面那个楼，我嫂子的身体不怎么好，现在她们家的东西基本上都是晓萌买。我嫂子一打电话："王晓萌，给我带点儿面条儿、菜……"晓萌就大包小包地去买，连油、饮料全都给提溜过去。这种事我不会管的，我觉得对她是有好处的。原来那街坊都让她买东西，我都不管，我觉得对她是锻炼，她会提高的。现在我们家的钱，上银行存钱、取钱，都让她去，我也是信任她。因为将来总有一天，她要独自面对这个社会。

前两天我带她坐游轮去日本，那些人都一屋住着，都说这孩子心肠多好呀！总体来说，晓萌心眼儿比较善良，她可以不顾自己而去帮助别人。这孩子不像咱们，咱们做事就先考虑自己能不能帮，她不计后果，先帮了再说。比如那天她自己拎了好多包，还跟人阿姨说："这个给我，我来帮你拿！"她就会这样做。我也是通过特奥会练得思维开阔了，为人也豁达了。之前她小时候我带她坐公交，她在车上结结巴巴地说话，我有时候会哄她，不让她说话。我就是感觉到别人看我们的眼光，心里特别别扭；也担心有人说："这人怎么说半天了还没说出来。"当然也有这种举动。这其实对孩子来说都是不公平的，她内心会受到一种阴影。后来这些年，我所有的朋友们，包括跟我一起跳了十几年健身操的朋友们都知道她。有可能的话，我都带着她。

一开始去哪儿就会想别带她了，怕人家笑话或者什么的，现在慢慢地我也无所谓了。我觉得她本身就这样，你掩盖也是这样，还不如带着她呢，对她来说没准儿也是一个发展呢，她会从别人身上学到一些东西，挺好的！带她出去两次了。我准备在我老了不能动之前，再带她出去玩玩，周游一下世界，就怕老了……

问：听您这么说，觉得再过些年，晓萌可以带着您出去呢！

李：她带我还欠缺点儿，她的能力还是有限的。一些细致的东西，还是要我照顾她的。那天坐船刮风，在轮船上她晕船。我开玩笑说："带你来让你照顾我来着，结果变成我照顾你了，我又成保姆了！"（笑）

问：您有考虑过孩子的婚姻问题吗？

李：这个问题我也有考虑过。晓萌在这方面比较稳，她知道什么是男朋友，但还没有说非要找个男朋友。有些孩子智商比较低，到了青春期就像猫和狗一样有生理需求，他就会去找。他们班有的同学十五岁的时候，男同学、女同学两个人可能上着课就抱在一起亲嘴了，或者两个人就一起睡觉去了。这个问题我跟老师探讨过，老师说智商越低，生理需求就越明显。有些孩子在公交车上看到一个男的长得挺好，可能就会跟着人家走，就有可能会走失。

晓萌呢，她心目中也想找一个靓丽的、好看的、个子高高的人。但是我就跟她说，咱们有这个问题，咱就找那种越寒碜越好的。我不想她再找智力残疾人，找一个智力残疾的大老爷们儿，咱得养着他。找个正常人，长得差点儿没事儿，他不会嫌弃你。找好看的、外地的、山里穷的，你就得让他去上班。在北京上班的过程中他会有变化，可能会看上别人。所以就跟她说找一个寒碜的，越寒碜越好。之前也见过两三次，外地的、农村的孩子也接触过。但是都不成功，有这样那样的问题。她要是找一个不能照顾自己，或者过日子天天生气的，还不如不找。她现在也不大愿意找了，就觉得跟我在这住着也挺好，单身自由。

工作六年自豪多

问：孩子不在学校，也就不参加特奥了，是吧？离开学校之后，都做了什么？

李：对，他们学校原来不是有个职劳班嘛，她上完九年学，还在学校的职劳班，一直待到了二十几岁。现在北京市各区都建设温馨家园，每个社区都有，就是给他们这些智力残疾人的。他们学校的职劳班后来也变成了温馨家园，这些大龄的、没有地儿去的学生都可以去那儿。温馨家园就是给他们一个环境，让他们在那儿搞一些编织啊、舞蹈啊，也有老师指导的。这是近几年才有的。刚开始学校的职劳班变成温馨家园，她可以无止境地在那儿待，那里有几个学生。那里需要什么费用，都是北京市残联给拨的。她不愿意回社区，她在学校待惯了，我就只能让她在那儿待着，老师也都熟悉。老师教一些软陶啊、剪纸啊、编编手串啊，反正就是这些工艺品的制作，那也没办法，因为她不可能毕业了就找工作。

2010 年左右，南磨房社区残联有一次说有个单位要招工，它是半福利企业，人员比较多，我就带着晓萌去应聘了。人家就看了一下，就是面试，当时也没说晓萌可以。他们那儿有一个书记负责招工，后来我就一直给这个书记打电话。我说晓萌虽然语言有点障碍，但是让她搞一些卫生是没问题的。那是半福利企业，比如说保洁班十个人，就会有一个正常的师傅带着他们搞卫生。我觉得这样晓萌是没问题的。我就跟书记一直说，后来他说：“要不然这样，您就来单位看看吧。”我就带着晓萌去了，大概是 12 月份左右。人说过了阳历年就让晓萌上班。这下挺好的，也证明了她可以上班。

问：这个时候晓萌多大，在那里工作怎么样？

李：她在那上了六年班，现在三十三岁，那时候她二十五六的样子吧。刚工作的时候，单位主任、书记、班长我都时不时打个电话问问，大家反映都不错，都挺认可她。大家都说晓萌这孩子干得真好，真懂事。晓萌这孩子实心眼啊，人家岁数大的师傅的活儿，她也帮着干。她这点，我们还是应该认可的。那时候大家都表扬她嘛，她回家的时候也特别开心。开心也算作正能量吧，她自己也觉得小腰挺直了的感觉。

问：她有工资吗？

李：有工资。反正感觉挺好的，单位还发一些东西。比如说春节发一些高档的菜。每次拿东西回来都说："妈，你看！"我能看出来她特别自豪的感觉，好像是说她也能给家作贡献，也有各种生活体验了。

问：您当时是不是也特别高兴？

李：我也高兴啊，她最起码不用我揪心了，不用每天盯着她，每天研究她。她要是学了坏，真的啪啪啪刷家里的卡，或者说拿别人的东西，或者拿家里的钱了怎么办啊？她上班之后，我就很放心她了。他们那儿所有的职工，包括像晓萌这样的，签的是无固定期合同。她那保洁班十个人中有两个残疾人，因为是半福利单位，他们对职工有关爱残疾人的相关教育，所以大家都知道她们是残疾人，都对她们俩特别好，都挺照顾的。不会的都教她们，真的挺好的。而且他们那儿有休息室，男休息室和女休息室都挨着，里外屋。没事的时候，他们之间就相互聊天，孩子听着也是一个长进。这几年通过上班，晓萌真的有了一个质的飞跃，她聊天啊，为人处事啊，一些行为举动啊，都不再是没上班之前那种情况。没上班之前非常不懂事，一上班就显得真的是长大了。

我当时特别高兴，想着孩子这一辈子，在这样的工作氛围里，多好。但是你说这个班上得好好的，2015 年那就给拆迁了。以前他们那是储运服务中心，经营和出租装集装箱的大仓库。晓萌这些人只是物业，他们装集装箱的大仓库面积是很大的，人家不可能只出租一个仓库。他们那儿好多仓库，所以晓萌他们的工作范围也很大。要是再找到这样的地儿，对晓萌来说就很难。单位在渡村，领导拿点拆迁款，随后这单位就解体了。

问：单位解体之后，晓萌就去温馨家园了？

李：嗯，我们小区前面就有一个。温馨家园跟学校的模式差不多，编点东西，有的老师教着唱歌、跳舞。她在唱歌跳舞方面都不是很有优势，但是她喜欢啊。因为她有语言障碍，老师也让她试过唱歌，效果不是很好。但是她认为自己什么都行，应该比谁都棒。上次练手语要上台表演，她表情动作都差一点，这样的情况下老师就没让她参加。但她就觉得她行，还挺挫败的。我觉得这倒不是问题，我会跟她说："你这方面不行，那你还有别的方面行啊！"你比如说电脑，老师的手机，哪儿不灵了，她都特别灵通。她之前单位师父家的儿子现在都上大学了，那电脑有毛病还找她呢！她现在唯一接触的就是原来她单位的师父，还老跟她微信，基本上一个礼拜要去师父家一趟，我觉得人家师父有她也行没她也行。但是经常走走，我觉得对她有好处，昨天还去了，还在师父家吃了顿饭，就是这么一个氛围。再然后就是去她舅妈家，其他人她接触得就很少了。

温馨家园且适应

问：温馨家园里的老师，晓萌有没有跟您提过一些啊？

李：也提，反正在那儿也还行。现在就是串珠子，编手链，编项链，编纸巾盒、卡套什么的。在培智学校的时候，他们也是这氛围，老师也让编织。但是她从小也算是多动症，坐不住，在学校没怎么编过，也没编出一个作品。因为她坐不住，老师就会让她跑跑腿儿。比如“上四楼找王老师，把这个给她送去，帮我拿点什么回来，然后关门，搬搬桌子”。这行，这些活儿她也爱干。

她现在在这儿呢，我就跟她说：“你学编织，不见得是坏事啊！”她的脾气比较躁，有时候还爱急，说不出来还急。我说：“你编编这个养养心、静静心，这是好事儿。人家一天编一个，你能不能六天编一个？你在做就行了！”

她小时候身体有点右侧偏瘫，现在也还是有点不协调。温馨家园教编织的老师就说她编得不紧，她下班回来也跟我学，我想也不是老师一点没说，不然她不可能就凭空地说出来。老师就说：“你这个老勒不紧啊。”编织的那绳，反复勒、来回勒就不能要了。老师就跟她说：“你老这样儿，太废材料了！”她也挺难受的。反正那几天我们俩遛弯儿，她也跟我说，老师说她编不好。我说：“没关系，老师说你废材料，你就让她说，你该练你的还练你的。”温馨家园就是给他们这样的人群建设的，不牵扯材料的事儿，用的材料是国家给的。这不是说按成本计算，用坏了得赔，它不牵扯这个问题。我鼓励她说：“你现在能坐到那里编了，那就是一个进步，你就挺好的！”得鼓励她，不能人家说她不成，我就认为她不成，不能这么说。我有时管她很严厉，那是一种方式，也是没有办法的办法。现在这种情况就应该给予鼓励。那天我去，她正在编呢。我说：“这不是编得挺好的嘛！”后来我走了，老师又跟她说：“你妈还说你编得好，你编的这叫什么玩意儿啊，松了吧唧的。”（笑）

这些老师啊，其实都是社区里头的退休人员，没有受过太多专业的培训，我也能理解。温馨家园其实叫了我很多次，都知道我在搞家庭支持网，我们有很多次活动也让温馨家园参与。所以他们也想让我过去做老师，给这些老师指导一下。但是家里她父亲有病，我要去了，每天要到点上下班。我不可能说有一个固定时间在那儿，也不可能说一有事儿我就走，老走也不合适。当时她爸的病啊，还没找阿姨呢，我也得随时照看着。毕竟我岁数也在长，不像四十多岁的时候，现在六十多岁了，所以我就一直没去。对王晓萌这块，我也比较上心，所以王晓萌跟我说的情况，我也都了解。

问：虽然您现在是笑谈哈，当时您是觉得老师不够专业吧？

李：对，我就跟王晓萌聊天说："这个啊，你不用太计较老师说什么，你只管做你的就好了。"这些老师也是退休的，我搞家庭支持网这些年和家长们有很多接触，我方方面面要比她们这些老师高出很多。我说："你不用介意老师说什么，她什么时候跟你说'哎，王晓萌你别练了，材料你不许使了'，那个时候你再告诉我，我会有办法的。"我只能跟孩子这么说。

后来正好碰见老师了，我跟老师说了一番。我说："这个是编得不够紧，但是对王晓萌来说，有很大的提高。在学校的时候，她从来没有坐下过，现在最起码天天坐着，而且编的那卡套，那小珠子特别小，小米粒似的，她能一个一个捡起来编上就很不错了，还计较什么松啊紧啊。"然后我再说那材料的问题，我说："材料的问题没关系，如果真的太浪费，我可以出钱买这个材料让王晓萌练！"我不能说残联给的资金支持能随便用。那老师也都是社区请的退休人员，她们也不容易。因为管三十多个孩子呢，缺乏一些耐心也正常。她们会说："王晓萌你玩电脑那么溜，我就不信你编不好这个！"但其实这是两码事儿，这说明她太不了解这些孩子，她们各有不同。那舟舟什么都不行还能指挥呢，是不是？咱不能一概而论。那要说打乒乓球，晓萌还能拿一个金牌回来。不能说打好乒乓球就能编好这个，这些老师的知识水平还是不够的。反正我就这么着跟她们聊过一次，现在倒不怎么说晓萌了。有时又会说："让你编紧，这一回不松了，编得又太紧了！"这也没有办法。

呼吁社会多支持

李：刚开始她从原单位不干了去这个温馨家园，她还不认可，她觉得她行。后来我就跟她一起找临时工，干了很多地方，都还是有点不适合她。原来那个单位，人家知道她是残疾人给关照，她有些方面不够细致也说得过去。但是现在就没照顾了。在一个幼儿园干了一两个月，然后又在公寓、写字楼做保洁，都是做很短的时间。人家就直接说："您不适合我们这个工作节奏，相对慢一点！"她其实就是没有那么麻利，还是糙一点吧。到最后她也认可了，就跟我说："妈，我要不然就去温馨家园吧，也没有别的地儿去了！"她也算是做了一个妥协，也没办法。

他们轻度智力障碍人士出现的问题是很多的，找工作也挺麻烦的。2000 年国际特奥会进入中国就在宣传。2007 年开幕式，一些媒体报道、电视新闻，大家都在聊，大家渐渐也知道他们，但还是需要继续关注智力残疾人。像残联也组织用工单位招收残疾人，招收残疾人可以免交就业保障金什么的，也有一些单位每年都来残联招收残疾人，所有残疾人都去，但是被招到的智力残疾人是很少的。人家不愿意招智力残疾人。单位第一个招肢体有残疾的，再一个就招盲人、聋哑人，因为头脑都清楚啊。我带晓萌参与这种招聘不下七八次，晓萌之前有语言障碍，单位招人要问她问题，人家一听一看我们说话，就认定我们很严重，肯定就不会考虑我们晓萌了。

实际上，在人们印象中智力残疾人就是傻子。但是他们清楚着呢，她不是傻子。有的时候就是缺少一个氛围，缺少别人引导。晓萌在原来的单位为什么会有提高？就是因为她接触了这个社会，也有人引导她。虽然我在家里也一直引导她，三十多年了。可是家里的环境和工作单位的环境还是不一样的。她有可能老听我絮叨这些事儿"别学坏，别满大街跑"。她听多了也烦躁，会说："你怎么又说这个。"

其实我倒希望中国政府能再做一些事儿，像她这种完全有能力去做一些工作的，现在企业单位还做不到像正常人一样接收他们。我好不容易和她原来单位的书记左说右说，人家被我感动了，决定要她了。结果一试，她还挺好还真能干，这就是一个事实。在现代人的观念里，认为智力残疾人就根本不能胜任工作，有一部分确实是不能胜任的，但是她是轻度的，能胜任这些事情的。我在残联也说过，建议各区县属于残联的机构专门设置一个致力于安置智力残疾人工作的部门，希望可以直接把轻度智力障碍的孩子派到单位去。要是广泛地举办残疾人就业会，招工的肯定不要智力残疾人。王晓萌这一说话，人家就认为她很严重，人家面试的时候就是看一下，不会给我们很多时间，也不会说你先干一段时间试一试，不会的。她啊，面试时第一印象不好就 pass 了。如果没有专门针对智力残疾人就业的机构，像晓萌这样的孩子可能永远就是这种状态。现在还好有了一个温馨家园，如果没有温馨家园，她去哪儿？她只能在家待着，她现在正值年轻力壮，你天天让她在屋里待着，可能吗？她也需要这个氛围，她也是人啊，她也要去接触社会。目前对我们来说，这些问题是一个很大的解决不了的困扰。她现在才三十多岁，到五十多岁还有二十年呢！你想这二十年就在温馨家园，其实还是不够的。中国政府应该有能力去解决这一块的问题，晓萌他们是五种残疾人里边最弱势的、最困难的一个群体，我期待中国政府能出台更好的政策来帮助他们。

豁达乐观愿分享

问：孩子的爸爸对待孩子的态度是什么样子的？

李：他爸对这孩子也是接受的，那会儿我们带着晓萌去医院检查，CT 也照过，全身也都检查了一遍，她身体也都是没有问题的，就说她有多动症。我们也就接受了，包括晓萌的奶奶、姑姑也都没有人嘲笑她。

问：爸爸病了那么多年，您一个人还挺不容易的。

李：是啊，这个家基本都是我一个人扛。等于他病了二十多年，家里所有的事我都要考虑。但我既然选择了，就不后悔。我觉得方方面面该做的我都做了，我把这家弄成这样儿，我周围跳健身操的朋友、踢毽的朋友，很多人都很佩服我。而且我也没有每天都愁眉苦脸的，一看一个病人躺在那儿、一个孩子这样儿，估计很多人都受不了。可是我不，我每天都特高兴，我认为即便每天都愁眉苦脸，这家还是这样儿，你还不如阳光地、快乐地去生活，去享受生活的精彩。

晓萌她爸有病没办法，最后变成痴呆，大小便他也不知道了。那会儿晓萌爸坐在床上，我说："你去趟厕所吧。"他有点儿糊涂了，还说："我没事儿，我上厕所干吗去呀？"我说："行，那不去就不去吧。"咱也不能强迫人家，结果我一扭脸，他就拉了。那种情况下，我弄了一个多月，我就发现这事儿我不能再弄了。有两次上厕所，他还用手捞出来，正常人根本接受不了长期的这个情况，尤其我这脾气，有时候气得我都想打他了，我宁可花钱也要找个阿姨。我要每天在这个环境里，我可能现在已经倒下了。就照顾了他一个月，我还得了个耳石症。人年纪大了，耳道儿都松弛了，包不住这耳石，你要情绪再一激动，症状就更严重了。

晓萌姑姑过来了还说："这还用找阿姨呀？"意思是我完全可以胜任，那我不去理会。晓萌爸爸从四十五岁有病，就不能上班了。我们俩都是普通的单位，他工厂，我服务单位。他们看我又找保姆又到处出去玩儿，担心我们没钱了，会找他们借，慢慢地这些亲戚就几乎电话也不来了。这次晓萌爸爸突发心梗，在ICU住了将近二十多天，就四姑来了一趟，其他姑姑都没来。等晓萌爸爸走了之后，都来说后悔没来看看。我说："停！全停！别说了，事情已经过去了，后悔的是你们，我没有任何遗憾。"

我能是那么不靠谱的人吗？我要扛这个家，第一必须要有钱。我去别的单位做会计，通过私人关系搞照相器材，不都为这个家吗？我是那种借钱出去玩的人吗？我就觉得那些亲戚真是看错我了。这一年都没有人来个电话问问。我说我也老了，都没有人来问我怎么样了。但是这么多年春节啊、家庭聚会啊我都特别高兴，没有说哭丧个脸，说这说那的。自己决定的事情就自己承担好了，这么多年都是这样，也都过来了。

我自己也安排得特别好，没事儿跟朋友聚聚，都没事了，还玩会儿麻将牌。我对我们家阿姨也很好，现在也还跟我联系。我不像有些人找一阿姨，吃一馒头都不放心。只要我们家有，随便吃。我们这阿姨昨天还打电话说，准备过来再来这儿当阿姨，说给我带她们家的月饼。我说："行，你不就带一箱吗，带一箱过来我给你钱。"我跟她处得特别好。她在这儿的时候，我也不要求她像家人那样仔细，差不多就行了。我就觉得谁面对这么一病人也不容易，每天心情都不会很好。她也知道我爱干净，差不多能过去就行。后来没办法，就把晓萌爸送到养老院待了九个月。后来他突发心梗，在医院照顾他，我又瘦了十多斤。现在我就想照顾好自己，我保重身体，健康了，晓萌会跟着享福很多年，托付给谁都不行。

不一定所有这样的家庭都愿意分享，因为他们认为这是自己的隐私，但是我想也许会有类似的家长看到，我把我的一些经验、我的痛苦、我的快乐都说出来，对有些人来说，也许是不同形式的帮助。

李秀云女儿口述

口述者：李秀云女儿王晓萌、李秀云
访谈者、撰稿者：张晓莉
访谈时间：2017 年 11 月 28 日
访谈地点：王晓萌家

问：第一次参与特奥会是什么项目？

李：最初的是 2002 年，在西安举办的全国第三届特奥会。参加的是乒乓球比赛，得了块金牌。刚开始金牌在学校展柜里面放了很久，后来我们就跟她老师要回来了。

女儿：我比较喜欢球，第一次参加得了一个金牌，学校选中去参加的。那次去了，饭都不知道在哪儿打。后来慢慢学会，觉得收获挺大的，最让人兴奋的是拿到金牌了，当时特别想感谢我妈和教练。

问：那你都参与过哪些项目？印象最深刻的一次是哪次比赛？

女儿：乒乓球、篮球、保龄球、羽毛球、高尔夫球、垒球……印象深刻的一次就是有一年是全国的还是全世界的，就跟正常人一起比赛。

李：哦，她参加过第五届残疾人运动会，就是所有类别的残疾人都参加。那个是咱们中国首次，也是唯一的一次把智力残疾人搁在残疾人运动会里了。像残奥会、残运会都没有智力残疾人的。1998 年是首届智力残疾人参会，她参与的是田径项目。当时举办方就发现智力残疾人在整场运动会中不合拍，第六届残运会的时候就取消了，不让智力残疾人参赛了。它跟特奥会还是不一样的。特奥会里，同一个项目分 ABCDE 组，有预赛，根据你的能力进行分组，每个组有一个金牌，他们水平差不多，一样的项目，每个组都要产生一个金牌。残运会就不是，一个项目，比如田径 100 米冲刺，就一个金牌，所有人就一个金牌，这就有点不一样。特奥会的特殊性在这儿，重在参与，勇敢尝试。

女儿（拿出自己的金牌）：这个是 2012 年的金牌，7 月 22 日全国特奥日，羽毛球的冠军，这属于朝阳区的；这是 2007 年西安乒乓球混合双打冠军的金牌……

李：她每次参与特奥会都是不一样的项目，拿到的是不同项目的奖牌。很多年前还拿过一两次奖金，咱北京市好像给了 2 000 多还是是 3 000 多来着？后来就没有奖励了。

问：你好像很喜欢球？

女儿：我什么球都会玩一点，最喜欢篮球，因为我老看些体育比赛。篮球很多人一起，这些规则我都懂的。我打篮球可贼呼了，灵活，爱抢球。滚球也还行，就是中间放一个白球是母球，分给两个队，一个组五个人，一起滚球，谁的球最先靠近母球谁就赢。我之前也没有接触过这种球，也是特奥集训的时候接触的。

问：集训的时候苦吗？

女儿：还行吧，强度不是很大。一天训练两个半天，上午两三个小时，下午两三个小时。大概四到六个小时，所以也不是很痛苦。

问：特奥会上，你认识了很多名人？

女儿：我跟姚明、成龙、杨澜都照过相，还有……

李：吕丽萍、跳水世界冠军高敏，都是他们的形象大使。

女儿：昆凌、张继科、张怡宁、丁宁、科比……都见过。

李：还有科比签字的篮球呢，在鸟巢一人拿一篮球找那 NBA 球员签字。那会儿老有活动。现在自从她上班以后，就很少接触了。

问：从 1998 年到 2013 年，你一直都在接触特奥会呀？

女儿：基本上是的。我妈很少跟着我一起去参加。我自己完全有能力自己吃饭，自己穿衣服，我还会做饭，就是生活能力方面完全没有问题。

问：你觉得特奥会带给你了什么？

女儿：我在特奥会上比较快乐，没有人欺负我。没有侮辱，没有歧视，那里的人都很和善。

问：是不是说生活中你遇到过这样的事情？

女儿：给您讲个笑话吧，从前有一个人向我问路，他说话跟我一样不利索。我冲他摆手，是因为我要一说话，我怕他以为我学他说话，太不礼貌了，然后他没吱声就走了。

问：有没有人让你觉得不舒服的？

女儿：有的，比如不小心在路上碰到了别人一下。那人就会说些不好的话啊。遇到这样的事情虽然不多，但是当时会觉得不太舒服了。

问：关于特奥会，你还有哪些故事想和我分享吗？

女儿：特奥方面我有很多的故事，就是表达不出来。比如第一年我刚刚进特奥会，不知道在哪儿打饭，不知道在哪儿打水什么的。别人比我能力强，我会受到欺负。我们的程度全是一样的，同样是轻度的，但是他们的能力好像比我更强。

问：怎么欺负你了？

女儿：就是每次发水果，他没跟我说，就把我那份拿走了，我就吃不到了。那个时候比较胆小，就没告诉老师。现在慢慢地也就比原来强了很多。

问：特奥会上有没有让你觉得特别感动的事情？

女儿：有一次自己得了奖牌，自己把奖牌戴在教练身上了。教练说这是我的，我说："这是您教我的，应该把这块奖牌给您。"记不清是哪年特奥会了。只记得张玉才老师是我的教练，然后就没有联系过了。教练是培训学校的老师，对我相当不错。除了技术上的训练，生活上有时候有烦恼也会跟教练说的。

问：你是不是还在特奥会上接触了很多的朋友？

女儿：有的。有的还在联系，有的就不联系了。

李：他们一般都有外地学生，一起集训完就散了，偶尔微信，很少再联系了。她不能像咱们正常的朋友几十年后还是朋友，他们有时候就淡忘了。

问：你现在还有一些好朋友吗？

女儿：有，大部分都是一些智力很正常的朋友，我手机玩得可好了，我可以加微信聊聊天啊，也有一起玩之类的。都是正常的朋友，也没有那种很贴心、很亲近的，很多自己的心事，自己就消化了。

问：除了参加特奥会，你还有什么别的兴趣爱好吗？

女儿：反正体育运动我都比较喜欢，周末会出去打打球。旁边的小学现在不可以进去了，我就去公园的篮球架打。有时候会听听音乐，比如摇滚音乐或者励志的歌曲，最喜欢的乐队是零点乐队，有一点嘻哈，摇滚可以让人动起来。励志的歌儿，听郑智化的《水手》，也喜欢《窗外》，最近突然想听这种老歌儿了。

我体育、电脑基本会比别人好很多。电脑是我自己琢磨出来的，我妈妈也没有教我，我就会了，有的我妈都不会。我也打游戏的，喜欢玩王者荣耀，也玩街舞类的游戏。电脑给了我很多的帮助，让我觉得日子还是很欢乐的。

问：你是什么时候感觉自己和别人不太一样的？

女儿：就是感觉在说话的问题上，发现别人好像说得更快一点。原来说话是大舌头。然后做了个手术，舌头底下这根筋比别人短，然后说话就这样了。现在说话不大舌头了，但是变结巴了。跟别人说话也算流利的，跟你第一次说话嘛，比较紧张，就结巴了。

问：现在温馨家园每天大概有多少人？

李：三十多个了吧。不光是双龙小区的，整个儿南磨房地区的，包括平乐园，他们都要坐公交过来。

问：温馨家园有工资吗？

女儿：有。温馨家园给发工资，最多能拿到700多。

李：每天有一个饭补，编织一个作品也有补助，多少钱不知道，王晓萌也没拿过。有个大型的汽车模型挺好的，但是王晓萌都没编出来，编得越多，拿的钱会越多一点。

问：现在在温馨家园做到春节就快一年了，一直在编织吗？

女儿：嗯嗯，是的，就是编编东西。编好的作品摆在那里，会有人买。

问：每天穿珠大约两三个小时？

女儿：嗯，比较枯燥。其实我很喜欢动，让我安静地坐在那里好几个小时，太难受了。

问：已经很成长了，不是吗，以前受不了但是现在能做到了？

女儿：嗯，凑合在那儿待着呗，其实还是更喜欢做一些运动。但要懂得宽容。

问：这个是谁告诉你的？

女儿：自己，就慢慢悟出来的。有一首歌，叫《海阔天空》，就是这样子的。还有薛之谦最近出了个歌叫《其实》，这首歌比较好听。在温馨家园待着，我觉得我自己越来越往下走了，没有多少进步。

问：会觉得自己有点退步了，这是为什么呢？

女儿：感觉跟那里的人、那里的学员说话都聊不到一块儿。比如我在这块水平，他们就在这块水平。我的思想和想法都比他们高一个层次，有代沟。

问：他们都是一些年龄大的阿姨？

女儿：是，也有跟我同岁的，相差得比较远。我们之间找不到共同的话题。比如拿体育说吧，他们都不知道，跟他们说一些球啊、比赛啊，他们都不懂。说白了就是对牛弹琴。

问：这个对牛弹琴的词语是妈妈教你的吗？

女儿：自己看电视，也能懂。

问：你对自己以后有什么打算吗？

女儿：以后准备自己找个别的工作也成。

问：还是对温馨家园不太满意是吗？

女儿：对。

问：你会倾向于找什么工作呢？

女儿：比如电脑打字，我比温馨家园里的人都要快。给我一段材料，我也是可以整理的，建立一个 Word 文档，然后开始打字，这些都是我自己学的，没人教我，我就是爱琢磨这些东西。这手机我新买的，我三四十分钟就把它琢磨透了。

问：这款手机是自己买的吗？

女儿：对，自己的工资。

问：你现在平时花钱也都是花自己的了？

女儿：对。

问：妈妈会给你一些额外的补贴吗？

女儿：不会，不会。

问：如果换工作的话，你会在找工作的时候遇到一些困难吗？

女儿：知道。我也去过很多地方应聘。比如麦当劳、肯德基，这几家店看我说话这样就给拒绝了。之前在一个餐厅上过班，就是给我们这些智力残疾人提供的岗位。我也记不清自己当时多大了。在那工作比较好吧，我接待的人都是正常人。

问：那你会遇到一些困难吗？有没有印象深刻的一件事情？

女儿：也有的。比如说，大夏天大家都爱喝扎啤，我给人打扎啤，忘了跟服务员说，服务员没有发火。我并没有受到过分的指责，我觉得还挺好的。

问：在培智学校学到了很多知识吗，还是说放学回来的时候，妈妈会教给你一些？

女儿：多一半是我妈教的。包括一些识字呀、阅读呀，很多的知识，都是我妈教我的。培训学校的老师在知识方面教的不是很多，更多的都是一些手工和活动。

问：妈妈说你毕业的时候跟一个女孩玩得特别好，她经常来找你玩，被你妈妈制止了。这个事情你怎么看？

女儿：怎么说呢，反正感觉她说的也有一定道理。当时虽然也有一点点伤心，但是我能懂，知道妈妈是为了我好。

问：你妈妈说她很要强？

女儿：对对。女强人嘛！

问：那你有见过你妈妈脆弱的时候吗，比如说哭了的时候？

女儿：有过一次，我小时候有一次背着她，给她过生日，我拿我自己的零钱给她买了个很大的生日蛋糕，我妈当时比较激动，也掉眼泪了。

问：刚才阿姨说你们家有很多亲戚，你会跟他们经常来往吗？

女儿：不会，感觉他们就是瞧不起我们。

问：你会觉得有对你特别好的亲戚吗？

女儿（拿出手机翻看照片）：怎么说呢，说不明白。你看这张照片，这是庙会。2016 年新年的时候，跟我姐一起去的，是我阿姨家的孩子，比我妈妈小五岁，照片上是我和我姐的孩子。这张照片是过年的时候和二姑一家人去吃饭合影留念，当时穿了一个运动服。

问：妈妈给你讲一些人情世故吗？

女儿：也讲过。他们以为我什么都不知道，反正我自己心里都明白，就是表达不出来。我会包容很多事情，慢慢的这些不好的感受，我就给淡忘了。

问：小时候的事情你都还记得吗？

女儿：有些记得，有些不记得了。

问：印象深刻的一件事情是什么？

女儿：就是 1998 年的时候，我十六岁，我爸爸病了。我自己在家过得比较糟糕，我妈妈要去医院还要上班，我天天自己上下学。我妈买了微波炉，我还把微波炉专用碗给转化了，打得太热了，之后我就老吃凉的了。

问：爸爸住了大概多久的医院？

女儿：记不清了。有一次我妈出去办事，我在家看着我爸，我就慢慢地变成一个小助手了。那次我爸拉了一地，也是我给归置的。

问：你没有嫌弃吗？

女儿：没有，不会嫌弃的。我爸爸最近被送到养老院去了，有几个月了吧。因为他不认识我了，最近几年他都不认识人了，连我跟我妈都不认识了。

问：你现在会经常去看爸爸吗？

女儿：一个星期两三次左右吧。离得挺近的，就在王四营。虽然他已经不认识我了，但我也会去看一看，身体状况还行，半身不遂嘛，偶尔会坐个轮椅。所以我妈是挺坚强的一个人。

问：上培智学校之前你已经会很多字、很多算法了，是吗？

女儿：小时候会，培智学校后来也学。

问：那考试的时候你是不是每次班里的第一？

女儿：基本不是。

问：你还记得培智学校的全名吗？

女儿：老的名字是北京市崇文区培智中心学校，新的名字是北京市东城区培智中心学校。

问：这学校离得远吗？

女儿：有点远。

问：在特奥会上得了奖牌，学校会给你一些鼓励吗？

女儿：会表扬，开会的时候，每次升旗都会当着全校人的面儿表扬我，那个时候心里比较自豪和骄傲。

问：其他跟你一样的人也会受到表扬吗？

女儿：是的，他们也获得了一些比较好的成绩。他们有些跟我参与的项目一样，有的不一样。

问：学校里的好朋友现在还联系吗？

女儿：基本不联系了，有时候会想她们。总是感觉认识了一些人，又离开了一些人。

问：嗯，毕业了还会回去学校看吗？

女儿：不会了，毕业了就没再去过了。我去到哪儿心里也不太好受，以前的那些回忆又都出来了。在学校待了二十多年，离开学校的时候想哭，那是我第一次在学校掉眼泪。我很少掉眼泪，单位拆迁的时候，我也哭了。单位的师父对我相当不错，但还是要走。其实我们跟正常人一样，有自己的喜怒哀乐，有些人有那样的眼光，确实是不够了解我们的。

李秀云女儿观察记录

观察时间：2018 年 9 月 1 日 9:00—17:00

观察地点：家里和室外

观察者、撰稿者：张晓莉

时间	活　动　内　容	备　注
9:00—11:00	在自己房间玩手机，偶尔在房间走走，听到妈妈与观察者谈话，感兴趣的话题会插两句。提到自己的婚恋，说单身自由。	
11:00—11:30	在妈妈房间里和家里的猫咪玩了一会儿。	
11:30—12:20	接到舅妈的电话，出去帮舅妈把从超市买回的东西送回家。	妈妈在家与观察者聊天并做午饭。
12:20—12:45	吃午饭之前帮着妈妈端饭，然后开始吃饭，吃得很香。妈妈说她胃口很好。与观察者聊下午可以一起去看电影，并一起确定时间、地点和影片名字。	
12:45—13:00	吃完饭帮着在厨房刷锅。	
13:00—13:20	一路带着观察者去坐公交车，顺利到达附近的电影院。	
13:20—13:35	时间还早，想起妈妈的提醒，于是带着观察者逛了一圈迪卡侬，看到有人在打乒乓球，有点兴奋。	
13:35—13:45	自己去取电影票，领取爆米花进场。	
13:45—14:10	看了一会儿电影《碟中谍 6》，有点犯困。	
14:10—14:45	睡得很香。	
14:45—16:13	从睡梦中醒来，调整了一下自己的 3D 眼镜，说看得不是很清楚。与观察者换了一下眼镜开始投入看电影。	
16:13—16:30	电影结束，说比《战狼 2》好看，并和观察者就生活琐事闲聊几句，觉得自己在工作单位没有朋友，因为大家的发展不在一个水平，没法聊。跟舅妈家来往比较多，打算坐公交车回去，晚饭约定好和妈妈一起在舅妈家吃火锅。	
17:00	给观察者发语音微信，说自己已安全到家，并嘱咐观察者路上注意安全。	

融合之路的探索者

——张大欣口述

张大欣，北京地区家庭领袖，特奥运动员阎上之母，幼儿园老师。

阎上，男，1983年出生，独生子。双目视力低下、先天智力低下，肢体功能障碍。特奥运动员，擅长足球、长跑、篮球、曲棍球、乒乓球、雪鞋走等。

口述者：张大欣、张大欣儿子阎上
访谈者、撰稿者：曲赞竹
访谈时间：2017年9月20日、10月14日
访谈地点：北京某咖啡店内

只能看见高大物体

问：您和孩子父亲是怎么认识的？

张：是我同学介绍的。我和我同学住得比较近，来往比较多，我经常到她家去玩儿。那时候我同学有男朋友了，我还没有。她就跟她姐姐说看看她们单位有没有合适的人选，因为和她家里人都特别熟，她姐姐就说，还真有一个人挺老实的，就这么着，介绍认识了他。

问：什么时候发现孩子可能有点问题？

张：孩子出生以后，没有满月的时候，眼睛总是流眼泪。每天早上起来，眼屎特别多，会把眼睛粘住，每天我们都要用棉棍蘸湿水给他擦一擦。等孩子满月以后，就带他去附近的医院看眼睛，是我母亲陪我去的，我母亲在诊室外面等着。医生简单给孩子做了检查后问我，谁陪你来的？我说是我母亲陪我来的。医生就让我出来，让我母亲到诊室里，医生跟我母亲说，这个孩子可能不单纯是眼科的问题……后来我就问医生孩子有没有视力，能不能看到东西，医

生没有直接回答我，只是左右摇了摇头。

问：你当时的反应是怎样的？

张：原本我母乳喂孩子的，但那天从医院走回家，也就十几分钟的路程，我从医院抱着孩子走回家后就没有奶了，这个事情给我的打击太大了，我一下子受到这么大的刺激，回去就没有奶了。

问：从第一次发现有点问题到最后确认智力障碍，中间经历了怎样的过程？

张：当时我觉得只是眼睛的问题，怎么能不光是视力的问题呢？我弟弟在日本，帮我咨询了日本的医生。医生说有可能是先天的，需要系统地查一下，如果是智力的问题，就没有什么办法，如果非要治疗就是二次伤害。

问：去哪些医院和机构检查过？

张：后来我们就开始带孩子到处做检查，去了北京市各大医院，能看的都带他去看，该查的都查遍了，包括查染色体等等，颅脑正侧位拍片的检查都没有问题，就是视力的问题。那么小，他也不会表达。但我觉得他能看见，医生就说你举例，我就说我们只有一间屋子，我们结婚时单位分了一间屋子，一间屋子半间炕。我坐月子双人床占了半间屋子，屋门正对着楼道公用厨房，因为怕受风就在屋子中间的大床边挂了一个布帘，屋里的一盏灯管刚好在帘子右侧，布帘左侧是窗户。每天早上天一亮的时候，他总是望着窗户这边，晚上的时候这一边有灯光的，他就看着这一边，所以我说他是有光感的。但是医生她不认可我的说法，

我问医生，他现在这么小，能不能给我一个明确的诊断，就是说他到底有没有视力？他太小无法用视力表，医生告诉我，目前她知道只有北大医院的眼科有一种仪器，叫“视诱发电位”。“视诱发电位”我认为就是一个台式电脑，屏幕上面就像围棋的棋盘一样，黑白方格。医生让我抱着孩子一直看着这个屏幕，图像有可能会动，但我感觉不明显。检查的结果说他还是有视力的，但只能看到高大明显的物体。医生解释了一下，比如说可以看到大高楼等等，但细小的，比如橡皮、笔，他有可能就看不到。

暂停工作陪伴孩子

问：后来送孩子去幼儿园了吗？

张：我是剖腹产，剖腹产的产假是九十天。等我该上班的时候，因为我是

在机关幼儿园做老师，以往我们休完产假自己的子女直接入幼儿园。当时园长跟我说孩子这么小，又有问题，再加上觉得他可能伴有先天发育迟滞的问题，就不敢收。园里领导们研究后，让我在家带孩子，机关那时候是不扣工资的，即使是请事假也是不扣工资的，所以我就一直在家带孩子。

问：这期间采取过哪些治疗措施吗？

张：我们楼里邻居家的一个小伙子在医学院上大学，他的父母都在燕郊上班，因为交通不便，他们平时很少回城里，每次坐单位班车往返回来一次也是很辛苦的，所以他上大学期间，周末或假期回来就在我家吃饭，我们都处得特别好。有一次他去东直门中医院针灸科实习，回来就跟我说，他跟针灸科的老大夫说了阎上这个情况后，大夫认为针灸可以刺激神经改善，你看看愿不愿意带他去扎扎针灸，刺激一下神经，或许对他有帮助。

在他的热心帮助下，我带孩子去扎针灸。那个时候还是单休日，所以我就周一、三、五带孩子去扎针灸，周二、四、六带他去公园。乘坐公交往返途中，有汽车呀大高楼呀都让他看一看，不知道他用不用心，不管他看见什么，我都跟他念叨着。上动物园猩猩、老虎、大象的都指给他看。随着年龄增长，发现他对动物不感兴趣，就对车感兴趣，也许是男孩子的特点吧。他很小的时候，虽然也不太会说话，但是他爸爸一下班回来就抱他去路边看汽车，跟他念叨过往的各种汽车名称及不同鸣笛声，然后问他，救护车怎么叫？他就会跟着叫出来，摩托车怎么叫？记忆力还特别好，他都会模仿出不同车辆的鸣笛声，而且他也特别开心。

问：阎上一直是您亲自带的吗？

张：后来大概在孩子两三岁的时候，单位让我去上班了。当时给我的条件是提前分给我一个两居室，那个年代机关单位都是福利分房，园长提出将我当时住的一间筒子楼房提前给我调换成两居室，请个保姆带孩子。我想，改善住房远没有孩子早日康复重要，保姆也远不如我自己带孩子尽心尽责。我跟园长说，孩子能上幼儿园我就上班，否则孩子最佳康复期就错过了。园长与相应年龄班的老师们协商认为，无论同龄抑或是降低年龄班的老师都不敢带，因为他确实什么都比别的正常的孩子要慢许多。你看正常的孩子三翻六坐八爬，阎上就比正常的孩子要慢。老师们说不敢带，怕有意外。就这样我就又自己在家带着。

问：您是怎样面对孩子的？您经历了怎样的心理变化过程？

张：很多家庭都觉得有这样的孩子好像是一件不光彩的事，比较丢人，不会带孩子去公园等公共场所，或者干脆不带他参加任何活动。我是只要路过公园就会带他进去。谁要是问到我的孩子，我都会如实说。阎上有一个同学也属于智力障碍，但是他从外观上一点都看不出来，长得非常漂亮的一个大小伙子。他妈妈的自尊心特别强，她跟我说她在单位工作了一辈子，只有一个特别特别要好的同事知道她的孩子是这样的情况，其他的同事都不知道。当同事一起聊到孩子上高中、上大学什么的，她马上就离开。我不是这样的，我很坦然地面对现实。我想在我有能力的时候，一定要努力地去做，一定要正视这个事实。他生长发育的缺陷是生命的多样性，他本没有错，如果我自己不能走出误区，对他进行早期的开发引导，错过最佳改善时机，那么将来他不能自理是更大的负担。

问：阎上这种情况，除了导致您无法工作，还对您产生了哪些影响？

张：会影响我那时候的社会交往，因为他体弱多病，从小老生病，从有他以后我家的亲戚，包括同学都很难见到了。我全身心地投入到照顾他中，他体质特别特别弱，比如说我们约好了下星期什么时候聚会，突然一阵风吹来，他就病倒了，根本就没办法参加了，一直就是我带。

问：您为了阎上放弃了自己的工作，后悔过吗？

张：我特别庆幸我做了一个非常正确的决定，让他能够在小时候打好基础，我放弃了晋升晋职，放弃了提前调换大房子等等。他三岁时非常幸运上了幼儿园，可以说是接受了早期教育，也算是早期主动融入吧，很多残障孩子没上过幼儿园。我放弃了个人可发展空间，就因为希望孩子尽可能有所改善，他能够独立地立足社会才是家庭的幸福，我全身心地投入到对他的培养中。我能给的都给他，他当时比班里其他同学状况好很多。

问：您带他的时候，对他的要求是怎样的？

张：从小穿衣服喝水吃饭，都是按照同龄同阶段幼儿成长的要求，好在我是从事幼教工作的，在家可以有的放矢循序渐进训练他，按照同龄的要求放低标准，就是说这个阶段要相对长一些，一直在持续有效地训练他。

问：在视力这方面，您有特意去锻炼他吗？

张：我也是在观察他到底有没有视力。他自己会在地上站着的时候，我就给他放在地上。他站在地上身高刚好高于床面，我在床面上放了一个特别特别花的床单，在上面放了些木珠，各种颜色都有，颜色事先他都认识。然后给他好几个盒子，木珠相对大一点，因为他的小肌肉发展还没有那么完善，让他将木珠捡到对应颜色的盒子里，红珠就放红盒子里面，绿珠就放绿盒。慢慢地过渡到捡绿豆、黄豆、红豆。这样一个是让他巩固认识颜色，又让他锻炼小手肌肉精细能力、协调能力。那时候也没有仪器来明确诊断视力是多少多少，我就用这样方法锻炼他。

从普校到特校

问：后来阎上上的是普通小学吗？

张：是的。我在他学前期一直按着普小课程提前教给他，他顺利地考入了小学。小学入学要考试，包括整五整十整百、单数、双数，以及 20 以内的加减法。考试的时候，我没敢带他去，我心里没有底儿，我也怕当时人家问我，我不敢说瞎话，我也怕我受打击。我就叫我同班的一个同事替我去，我同事那姑娘长得可漂亮了，跟我同班工作好几年，她就带我儿子一块儿去入学考试。我同事她特别睿智，当时入学考试的老师可能也有一点怀疑，但是我儿子入学考试确实对答如流。一大摞纸条中间翻出一个，比如说 3 + 5 啊这样的，他都顺利答对了。入学考试通过之后，他一年级学习都没问题，他第一批就入了少先队，还很快当上了小队长。由于在幼儿园基础打得比较好，所以阎上上学就挺轻松的。一年级的考试都挺优秀的，否则他也不会又是少先队员，又是小队长。

他十多岁以后了吧，我从外观上也能看出他的眼睛是有问题。后来带他到北大医院去，就说他有弱视、斜视，还是挺重的。医生建议可以通过戴眼镜矫正，我们就给他配了眼镜。有时候也生怕他打碎了，又怕他戴上之后打碎了没得戴了，再配一个时间又长，所以给他同时配了两个。挺贵的，那时候就配了两个。初戴眼镜肯定会有不适，加之身体协调能力不足，走路时总是没有安全感，他不愿意戴，我们也担心在学校课间活动时不方便，出问题，所以他始终没戴。

问：您坚持让他上普通小学的原因是什么呢？

张：当时没听说过有特殊学校。再有一个，就是我也觉得他的能力是可以的，我觉得他将来不是家庭的负担；如果他什么都不会，他是社会的负担，一旦我们无能为力的时候，或者不在的时候，他不能自立于社会，这是我放不下的，我不能瞑目的。还有一个原因，就是我们单位幼儿园那时候入学特别难，因为软硬件都特别好，跟人家学校用交换生作为一个招生条件。那时候入幼儿园难入学也难，他们学校教师的孩子可以到我们幼儿园来，给他们多少名额，然后我们老师的孩子交换到他们学校去。那时候单位住房宿舍比较分散，我们上着班可以带着孩子来，放学就可以到单位来，跟着家长一起走。

问：小学阶段的学习顺利吗？

张：刚开始在学校挺好的，一年级、二年级、三年级每一年的学习成绩在递减，随着课程内容难度加深，他的数学呀这个逻辑思维不行，语文倒是没问题，最主要他赶上一个不是特别好的老师。这个老师年纪比较大，脾气特别暴躁，我猜想学生的成绩和老师的工资是不是挂钩的。那个时候市民生活基本供应是非常匮乏的，计划经济时代，生活物资供应紧缺，什么都是按人口凭票。我们家里就是用侨汇券去买大米呀油呀，我们机关福利也特别好，我真的是整袋的大米、白面就给班主任老师送。这些生活用品，我都是大批量给她送。我去学校的时候，班主任就态度特别好，但是一旦到阎上那儿了，就不一样。

问：为什么会这样呢？

张：因为她有一个陈旧的教学观念，就是多多练习、熟能生巧。他班和其他班的比，作业量比较大。我对孩子的要求就是打好学习基础，汉字书写必须横平竖直，在田字格里必须是有模有样的。但他受斜视、弱视限制，写字很慢。学校虽然有课后班，我不让他上，就接他回来。我们单位那时候也特别照顾我，包括领导同事都特别照顾我，我的班上完了就到学校去接他回家。这样的作业对他来讲很辛苦，经常写到十点、十一点。那个时候我们住得离苏联大使馆比较近，为保证使馆用电，我们住的地方经常停电，一停电就没办法写作业，但是等来了电之后再写作业，就经常写到夜里一两点，有的时候他就会少写一点。

我跟老师也有沟通，我说老师能不能这样，我们家经常停电，新学的汉字，其他同学如果一个汉字写两行，让他写一行，人家写一行，他写半行，但是我保证他第二天默写的时候是都会。老师说行行行，没问题。但是他一交作业，老师就会在他作业本上面写“落写多少行补上”，我们当天再补昨天的作业，孩子写作业压力很大，也从没有放松娱乐的空隙。这个老师还一直带到他四年级。

他们学校有课后班，校长也轮着值班，我也找过校长，校长也知道这个情况。我和校长说过，他的作业能不能少写一点，我保管他会。校长说我觉得你这个孩子挺好，我觉得没问题。可是到老师那里，老师就是没有一点点包容的心，这样一直持续到四年级。

我们单位副园长刚好和他的班主任是幼师的同学，所以我们园长跟她之前也都有过沟通和拜托，我们去了都没有问题，但是她一看见孩子，就不一样。我觉得从现在来讲，她可能还是一些传统的，比如歧视啊这些观念。

问：阎上和同学相处得怎么样？和其他同学相处融洽吗？

张：随着年龄大一点了，同龄的孩子也在长大，就发现了他的特殊性。孩子们都淘气，再加上咱们的教育可能在这方面是比较欠缺的，所以同学就经常欺负他，他也会受一些皮肉上的伤害。一次是课间去厕所，同学当然也是开玩笑，说咱把门关上，不让他出来。我儿子就害怕了，人家在外面推，他在里面推，刚好手就卡在门缝里了，险些骨折。虽然没骨折吧，但四个手指都被门缝挤压成青紫的，唉呦这一宿就疼得睡不着，哇哇地哭，这是一次。还有一次也是课间，同学就是开玩笑，一下就把他腿的肌腱踢断了。还有一次是眉毛这儿，磕到了学校楼道里的踢脚线，这次是同学故意不让他从那里经过，反正就推他挤他，眉毛磕到踢脚线上了，然后就得缝针。

问：发生了这样的事情，阎上有没有抵触学校？

张：原本我坚持让他上学，但后来发生了一些比较严重的事情。当时我就想，皮肉之伤这个痛苦都可以愈合，但是他智力上有问题，如果长期在高度紧张的氛围里，他心理上的压力会比较大。虽然学的文化知识都会，但是将来在精神上出现问题，那就很难疗愈了。

有一次我上早班，我先出发的，后面是爸爸骑车送他去上学。他学校和我单位很近，可是到学校的时候，爸爸才发现书包忘了带，他就让阎上先进去，然后赶快骑车回家拿书包。路程不是很远，当爸爸回来送书包的时候，就看到老师正把阎上从教室里往外推，一边推一边说，你上学不带书包那你就出去。刚好爸爸看到这一幕，爸爸脾气还是很好的，哎呀当时又愤怒又无奈，他爸爸哭着走了。就是从这个角度来讲，孩子不愿意上学，他就是恐惧，还有老师都这样的话，心里肯定更难受。等到再大一点，我给他买的文具都是比较好的。在这些方面我考虑得比较细，就是尽量能做到的，不要给老师添麻烦，不要因为自己的原因让老师找出一些问题。比如橡皮，我都是给他买好的，好的橡皮擦得干净一点。那个时候有些家里还有好几个孩子的，可能条件也不是特别好，所以他的铅笔橡皮总是弄丢，一到他用的时候就没有，老师就会批评他，那个时候给他心理造成紧张。

我当时就想，他能学得越深，对他将来立足于社会是最好的。我们每一个寒暑假都会提前把下一个学期的课程至少先教会一个月的进度内容，这样他可以轻松一点。上到四年级的时候，我就开始考虑这个问题，我真的很担心他将来精神出现问题。

问：后来您是怎么做的？

张：后来我们就开始寻找有没有特殊学校，我们住在东城区，东城区只有一个学校，是在一个普通小学里，只有一个班，是从一年级上到九年级，就是九年招生一次。我们问的时候他们好像上到五年级还是四年级，大概是上到中间，如果我们想到那个学校，可能得几年以后，等不了。

后来我就又到处打听，有一个邻居给我们提供信息，西城区有一个专门的学校，在官园。我们的邻居就专门到那附近去找那个学校，找完以后一看，学校关着门不让进，怎么敲门也不让进。后来有一次敲完门就问，这里几点送孩子？几点接孩子放学？之后就约着孩子爸爸一起在放学的时候到门口去看，看看孩子的程度都是什么样的，找机会跟家长沟通一下，问一下学校的教育教学条件，以及孩子在里边学习的状况和招生的要求之类的。就这样打听到了。

那个学校是每年招一个班，一个班是十五个孩子，有一个前提是必须是西城区的户口。那时候我们在东城区，刚好赶上我们单位又分房，他也大了，八岁，符合调房条件，于是我们选了西城区的房子。那年正好是1990年亚运会。西城培智学校每年只招收十五名新生，想进学校也是很难的，于是我们就去找关系。我们住的小区里有家委会，处得关系都特别好，家委会主任翻阅了住户登记信息，告诉我同楼隔壁单元有一个在西城区教育局工作的老师，就给我引荐了，后来我就去找了教育局那个老师。他是西城区教奥数的老师，挺有名的一个老师，但他不是教育局的，他跟教育局的人特别熟。我也跟他说这个情况，问他能不能帮忙联系一下那个学校。这个老师特别好，第二天骑车就去找西城培智的校长了，这样我就带孩子去面试。因为赶上亚运会，有很多交通管制，9月份开学，学校说先要等到亚运会结束了再来。

我们在原来的普通学校是上了三年级半吧，反正第一个学期还在普小，后来就去了特殊学校。当时入学也有考试，在他去之前我先跟老师做了沟通，把他的情况跟老师说了一下。当时学校教学没有特殊教材，是普通小学的教材，放慢速度，就是一学年学一册书，虽然是这么学，但是程度上也没有那么深。我儿子到培智学校时已经上完普小三年级了，在普小三年级的时候能考80分，所以当时我向培智学校入学考试提出了一个要求，就是按照他的文化程度，希望在培智这个学校跳一年级。

问：被迫换学校这件事您当时心里怎么想？

张：当时也是挺无奈的。是大环境的问题，从现在的观念来讲，障碍不是来自本身，是来自环境。就像轮椅朋友，还有肢体残疾的朋友，如果没有电梯没有坡道，他是寸步难行的。但是环境改变了，能提供合理的便利，轮椅朋友没有障碍了，可以共享社会资源，出行就方便了，消除了隔离状态。智力障碍也一样，如果我们的教育教学能按照他的特点制定个性化教学，效果是会不同的。我知道美国是倡导融合教育的，每个特殊学生都是不同个案教学。现在我国也在倡导融合教育。

我们当时也是经历了非常痛苦的纠结，无奈选择转走。其实到那儿以后，对他自己来讲，是一种负担减轻。但是在我看来，是一种退化，他所有的功能都在退化，因为环境改变了，他没有再积极地去思考，没有再往上走的适合他的个案教学，他自然而然地对自己的要求就降低了，这种情形是不利于他〔发展〕的。他有很多优越感，他很多方面都优于其他同学。他到了这个学校以后，很快就当了大队长；学期评选学生干部、优秀学员什么的，他都能拿到。我又跟老师说，我有很多担心，希望老师能够拽着他点，就是稍微少给他一些这样的荣誉。因为他一旦脱离了我，或者脱离了这样的环境，走到社会上去竞争的时候，他又一落千丈，是吧？我不希望他有这样一个落差。不知道他能不能理解我的心，能不能理解社会环境。以前不知道，希望他能有一个平稳发展，当时在学校也入了团。学校的教导主任刚好也是我们副园长的同学，对我们帮助也有很多，当然他从能力上讲也是比较强，再有主任的关照，他在各方面比较优越。后来学校老师让他写入党申请书，他虽然写了入党申请书，但我跟老师说，我觉得有点高，因为他毕竟理解不了这么深，入党虽然是好事，但是一旦他在不理解的情况下做了一些错事，这是很麻烦的。

问：阎上从学校毕业之后是怎样的情况？

张：从培智学校毕业后就没有去处了。当时学校的教导主任还在职，那个主任出生于高知家庭，家里很多人在国外，所以她有残障平权的理念，可以想象她当时一定是经过了很多努力，在学校给他安排一个工作，打扫操场厕所卫生，他也领到过一个月的工资。毕竟当时环境里支持的理念还不足，再加上可能主任为此也承受很多非议，这样他就工作了一个多月，就不干了，这是他第一次工作。他毕业了以后，咱们社会系统的衔接是空白的，所以只能回家无所事事。

问：除了学校，在其他地方阎上有没有遭遇过不好的对待？

张：随着年龄增长，他对遇到的诧异的目光、追逐的目光是非常敏感的。他有一个习惯，就是始终爱戴着帽子，他害怕别人发现他，他走路的时候总是把帽檐压低，当然会有人用眼睛盯着他，他会很生气，也很敏感。走过去时，别人会回头看，我心里就是挺生气的。后来他大一点，我就跟他说，没关系的，谁要看着你，你就使劲看着他，你给他看走，因为这不是你的错。

在他成长过程中，因为咱们社会的环境中缺少了平等参与教育的机会，别人基本上没有在路上见过残障人，以前我也觉得好像身边这样的人少。我到外省市去听过一些课，怎么走到了一个地区，发现不了这个地区有残障的朋友？后来才明白，其实还是这地区理念比较落后，一般都是把有残障的朋友藏在家里，完全处于被封闭状态，他们没有机会走出家门，所以你看不到。当偶尔看到他们出现在街头时，就会觉得特别奇怪，那就让走出家门的残障者感到相对的歧视，有些不友好的感觉。比如他的同龄的伙伴，没有人愿意跟他一起。

特奥打开新天地

问：您是怎样发现阎上在体育方面有特长的？

张：他遗传他爸爸的基因，就是体育特别好。他在我们小区里面没有人跟他玩，怎么办？我们就老给他买特别好的篮球足球什么的。那个时候家里收入都比较低，能买得起正规的球的还比较少。那些孩子也都知道他买了一个比较好的球，就会叫上他说，阎上，咱们一起玩吧，踢足球。实际上人家拿着他的球，人家互相踢，他在圈外来来回回追着足球滚动的方向跑，但是毕竟有人叫他一起玩，所以他也很高兴，当然他不太懂，但他还是很高兴的。我们就想，我们是作为旁观者，别人没有过激的行为，他跑也是一种释放，也是身体的一种释放，也挺好的。所以我们也不怪那些孩子，当时的教育肯定就是没到那一步。

他毕业没有去处，我们又要上班，每天给他锁在家里。这个时候学校就有了特奥，应该是 2000 年。学校比较早地有了特奥训练项目，他也挺幸运的，还是在学校里面能够展示他的体育方面的强项，就是从 2000 年开始一直参与了训练，后来就参加了特奥运动的比赛。

问：他最开始就参加的足球吗？

张：最开始，是一位稍年长的大孙老师给他们训练踢足球的简单技能。

儿子：不知道。

张：想一想，最早是大孙老师给你训练的。你再想一想。

儿子：田径跑步。

张：那时候是跑步，孙老师训练的，孙老师调走之后就是何老师了。田径也是一个基础，足球也得跑。

问：田径那时候有比赛吗？

儿子：没有。

张：最开始有比赛就是从足球开始的。阎上，你都参加过什么项目的比赛呀？你说一说，你慢慢说，你要说清楚。

儿子：冬季雪鞋走、足球、乒乓球、室内地板曲棍球。

张：还有篮球，对吧？

儿子：篮球。

张：还有吧好像，再想想。

儿子：没有了。

张：那个几百米跑啊，那是？

儿子：那是跑步。

张：都是几百米啊？

儿子：我参加过 1 500 米、400 米跟 200 米，还有 100 米。

张：你还参加过什么跑？最长的？

儿子：我还参加过马拉松。

张：你哪年参加的？

儿子：2013 年。

张：什么马拉松？

儿子：北京马拉松。

张：北京什么马拉松？

儿子：北京国际马拉松。

张：2013 年，他自己跟一位公益圈的朋友要了一个迷你马拉松的名额，这是他第一次尝试参与跑马拉松，只跑了 5 公里，他感觉很轻松。2014 年在一位公益朋友的陪伴下，他跑了 21.975 公里的半程马拉松。之前没有参加过长距离跑的训练，也不太懂得技术要领，完全是凭着意志力坚持跑下来的，很不易，完赛后走路一瘸一瘸的，我当晚就带他去泡温泉来解乏、放松。领到证书和奖牌的那一刻他很自豪，也从此喜欢上了跑马拉松这项运动。

他经常利用晚餐后和双休日到北师大校园操场上，到奥森公园里去跑步，慢慢结识了很多跑友，也加入了他们的训练队伍，在他们的影响下懂得了一些日常训练和参赛的专业知识。比如，参赛过程中如何分配体能、间隔多长时间补给、训练和比赛装备等等。经过一年时间的训练准备后，2016 年他再次参加了北京国际马拉松比赛，与健全人站在了同一赛道上。

儿子：2016 年我跑了北京国际马拉松赛全程。

张：那你跑的全程是多少？你的成绩是多少？

儿子：马拉松全程是 42.195 公里，我的成绩是五个半小时。

张：你已跑的半程有多少个？

儿子：我已经跑了 20 多个半程马拉松及山地马拉松半程。

张：他遗传了父亲的体育天赋，原来他爸爸就爱长跑。

问：你爸爸也经常带你去锻炼吗？

儿子：不用带，我自个去。

张：你跟谁去跑？

儿子：和跑友。

张：你跑友都是哪的？

儿子：都是徒步行走玄奘之路和平时跑步训练时认识的。

张：他们都是什么人，健全人还是什么人？

儿子：他们都是健全人，商界的老板、大学老师等。

张：那你那个跑团叫什么团？

儿子：毛线团、跑嘉……

张：毛线团是毛大庆创立的。他以前是万科副总裁，现在成立了优客工场，他还属于万科的一部分，在北京也开了好几家优客工场。现在社会的融合度特别好，健全的人而且都是成功的人士，给他那么大的支持，还是与社会的大环境有关。

问：参加特奥运动给他带来了哪些改变？

张：带来了非常大的改变。他出去集训，对他的生活自理能力、与同伴协作能力、与人协调交往能力都有非常大的提高。他经常训练，最初的训练就是在学校，后来参加全国比赛，这个那个比赛都是封闭训练，尽管是在北京，我们都不跟着去。他在北京集训也不能每天回家。最短的差不多半年，最长的有两年多。

张：最开始训练的时候是在哪来着？就是你受伤那次？

儿子：北京体育大学。

张：那年夏季在北京体育大学训练，天特别热，因为 9、10 月份在西安有一个全国运动会。他们住的条件不是特别好，我当时就想，哎呀，带的衣服他会不会洗？训练的时候伙食营养跟得上还是跟不上？我虽然给他带了足够换洗的衣服，但是我每个星期都会偷偷去看一次，我就带着七套衣服、七双袜子、七条内裤、七件外衣，还带些吃的去看他，我当然会多带一些，还有他的同伴。

第一次看他是午休的时候，因为白天我要上班，中午跑回来的。在圆明园那头，大热天我就背着去了，他们在休息，我一看院子里晾的衣服怎么特别像阁上的衣服，还有窗台上的足球鞋在那儿晒着，我觉得这特别像他的。后来一问真的是他的，我就没说话，把衣服背回来了。我就特别窃喜。我也特别感谢老师，在这儿有一些强化训练，让他自己能够知道洗，别的同学都没洗，就他一个人洗了。我就觉得，哎呀，这个特奥运动，在集体生活中，他的自理能力有提高，他知道自己换衣服，能照顾自己。我心里可高兴了。我把吃的放下跟他说，吃的时候，如果你同学也要吃，可以分给大家，没有了告诉我，我再给你拿。

下个星期再去的时候，哎呀我一看，院子里还是他的衣服，我心里真的特别特别高兴，也特别特别感激老师，我觉得这些都是特奥给他带来的，这是夏天。

后来冬天有一次集训，在刘家窑那边，好像是叫第一师范学校。在一个小院里面，他住的那个房间虽然有热水，但是老师怕他们热水掌握不好温度，平时是不让他们用热水的，他们就只能用凉水。冬天的衣服比较厚，我想着他肯定不会洗。我就跟夏天的做法一样，也是偷偷跑过去，一看厕所里面晾的都是他的衣服。我觉得真的挺好的，他已经养成习惯了，这些都确实是特奥给他带来的。

问：参加特奥期间还有哪些深刻的记忆？

张：后来他到外地去比赛，我记得有一次是在昆明比赛，在红塔基地集训。我好像是从报纸上知道的，昆明市的出租司机有志愿者，如果遇到他们带胸牌，可以一招手就上车，免费拉他们，接送他们到任意的地方。还有，比赛期间，大学生志愿者陪伴他们。

他打电话跟我说想去石林，我就问他，你去了吗？他说，我想去。我问他，组委会不组织去吗？他说各个省市队自己决定去还是不去。我说你想去就找教练说呀，我是促使他学会主动跟别人沟通，表达自己的愿望。他就真的去找教练了，以前他是不敢的。教练说他自己以前去过了，他让我儿子去问问北京代表队里有谁愿意去或者谁没去过，他一问有一半队友之前都跟家人去过了，他们队可能就不组织了，加上教练也去过了。他就挺失望地打电话问我怎么办，我说那你看看自己怎么想办法，你直接找组委会去问问。他也挺敢说的，那次就给了他主动清晰表达意愿的机会。组委会让他去找省队商量，于是他先找到辽宁队教练一问，辽宁队的人都没去过石林，且教练答应可以一起去游览石林。阎上很高兴地回来跟自己队的教练汇报，说辽宁队要组织去石林，我能跟他们队一起去么？教练与辽宁队沟通后跟阎上说，你问问咱们都有谁没去过的，谁愿意去，这件事由你来负责统计人数，由你负责招呼他们，到景区游览时你负责大家不要走散了，还有走路不方便的队友要互相关照一下。最终他如愿去了石林，在景区还花钱租了少数民族的服装，跟“石林”二字照了相。我觉得这对他的成长真的起了很大促进作用。

问：这些特奥经历让阎上自己感到有哪些收获？

张：2007 年，国际特奥运动会第一次走进亚洲，举办地在上海，来了好多国际的大学生志愿者，他们跟志愿者结下了深厚的友谊。他回来告诉我，他们走的时候那志愿者都哭了，我们也都哭了。他说志愿者们在比赛闲暇时常跟他们打电话，对他们特别好，志愿者们都没有歧视，没有说那些话。他们相互间都留了 QQ 号。有了志愿者陪伴——那时候融合活动刚刚开始——他结交朋友的范围就大了，而且都是健全的人，这样对他的自信帮助较大。

问：除了个人能力方面，特奥运动还带给阎上哪些帮助？

张：原来他没有伙伴，他又热爱运动，正好这是一个契机。他自从参加了比赛以后，获得很多证书和奖牌。当然他奖牌的含金量和真正的奥运冠军的含金量是不一样的，但也很不容易。比如封闭集训期间，无论冬夏，每日消耗大量体能，几个月不能回家，肯定会有想家的时候。但是对于他来讲，这样的经历让他学会了自己照顾自己，有了集体的责任感和荣誉感，增强了自信，实现了自我的价值，在与同伴交往时有了自豪感。

通过集训和比赛，他认识了更多的来自其他省市或者国外的运动员，这是扩大学习和交流的机会，对他的改变是不容置疑的；也提高了与不同年龄、不同兴趣爱好朋友交流的能力，渐渐学会主动去融入社会；有了更多的朋友，更促使他对社会发展进行观察认知，他总能在第一时间观察到周边环境的变化。这些都是特奥运动带给他的。

问：阎上你做了这么多运动，最喜欢哪一项？

儿子：都挺喜欢的。

张：随着年龄增长，他关注的运动项目有些转移。原来他对大球类参与得较多，年龄增长，身体灵活度就不够了，很容易受伤。后来改学小球，比如乒乓球。我觉得他意志力挺强的，他知道坚持，不怕苦。参加这些活动，尤其是长距离跑很枯燥，需要有意志力，否则不会坚持跑下来。

问：您还记得当初他跑马拉松的场景吗?

张：他跑马拉松的时候，第一年我没有去。他就说我们公益组织曾经的一个工作人员给他找了个迷你马拉松名额，跑 5 公里，他跟着那个人一起去的。

那天他早上五点多出发了，当时我觉得跑步离我们日常生活习惯太远了。第二年他去跑半程马拉松，我才觉得以前挺对不起孩子的，孩子早上五点就出发了，连个影像都没留。后来我跟孩子说：“我陪你一起去吧。”他说：“不用，我自己去，我才不和你去呢。”但我坚持跟他去了。

送到天安门广场，给他拍张照后他去存包。我告诉他，我会在长安街电报大楼北侧路边等着给他拍照，希望他能留意点。我们公益组织里也有一个孩子，他也报名了，也中签了。但是那天雾霾可重了，300 多，好多人都放弃了，那个孩子也没有来参赛。他在家看直播时看到上上的镜头了，给我打电话。这时我刚好在花灯的灯基上看到阎上跑过来了，正托着镜头要照呢，那个孩子在电话里特别激动地说我在电视上看见阎上了……这时我一手托着相机，赶紧摁了跑马途中几张，给孩子留下了跑马的记录。

陪跑的志愿者特别好，半程马拉松一直陪他跑到终点，至今我都不知道陪跑者姓什么叫什么，在哪工作我也不知道，就知道是公益组织给他配的，一直陪着他跑到终点。

后来跑全马的时候，我也是给他送到天安门拍张照，然后我就赶快走到长安街那个老地方，等着他经过时给他照相，赶快再乘车跑到航天桥半程终点去抓拍，结果我到那里的时候队伍已经过去了，跑得很快。我又赶紧乘公交车赶到终点附近，先到天虹商厦下面超市买了几个小瓶的纯果汁，之前听说赛事补给站 30 公里后会有供给不足情况，这时运动员体能消耗非常大，需要补充水和盐。35 公里处公路限行戒严，很多人都焦急地等待着，我站在那里等了近三个小时，看到他跑过来了，大声喊他靠近路边让他喝点果汁，趁他喝果汁的分分秒秒，我用手机给他拍了张照片，然后让赶快继续征程。

他走后我又到距终点 2 公里的地方去等他。在这里我看到有一个穿着摄影马甲、架着一个长炮筒的摄影老先生，他的镜头始终追着不同表情、不同冲刺姿态的运动员连拍。我趁他稍作间歇的空隙凑过去问:您是自己来采风还是志愿者呢？他说我是官方的，来给运动员拍照。我马上说，老师，我的孩子是一个智力残障的孩子，他今天第一次参加全马，一会儿他跑过来时您能给他拍一张相吗？虽然我也带相机了，但我肯定没有您照得好。他说好，一会儿他跑过来时，你告诉我他的号码。我翘首以盼等着他的身影出现，我想快到终点了，他体力消耗很大，也没有参赛经验，肯定体能透支了，途中看到他时，总觉得他状态漫不经心地不够紧张，担心他的速度不能完赛，被关在门外。这时我突然看到对面一个转弯处他一下子冒了出来，开始加速奋勇冲刺了。我马上指着儿子焦急地跟摄影老师说，就是那个穿什么衣服、戴什么帽子的。摄影老师迅速对准他，咔咔咔连拍了几张，照完之后，放大镜头让我看了看，每一张都是精品，照的都是特写镜头。我抑制不住内心的感动和感激，一边向老师道谢一边问，老师我上哪找您去拷贝啊？老师告诉我二十四小时后到官网就可以自己下载。

我再次向老师道谢后，转到鸟巢广场围栏外去寻找他的身影，这个地方距离终点 200 米，但人潮如海。看到运动员提着完赛包陆续走出来，我不知他是否拿到了奖牌，不知他是否换了放松鞋，我打了很多个电话都没有接。

他领回行李后，第一时间给我打了电话，告诉我他完赛了。我当时不敢相信自己的耳朵，追问他：你拿到奖牌了吗？他很平静地告诉我：我拿到奖牌了，奖牌上还刻有我的名字呢。我悬着的心终于放下了，让他戴上奖牌，请身边的朋友帮忙，以鸟巢为背景拍张照留作纪念，并马上传给我，我要发到朋友圈去告诉关心他的、在看赛事直播的亲人和朋友。

这次他能顺利跑完马拉松全程，要感谢的人很多：首先要感谢 2013 年在北京带他一起参加迷你马拉松的志愿者朋友，通过那次活动，让他对马拉松有了最初直观的感知；其次要感谢“戈友”朋友们对他的影响，凡参加过玄奘之路戈壁挑战赛的戈友，基本都是马拉松运动爱好者，在他们的影响下开始尝试参与马拉松运动；感谢跑友平时训练时给予他真诚的鼓励，感谢志愿者默默的陪伴支持，感谢教练对他个案的指导帮助。2016 年北京国际马拉松赛前领装备时，他特别领了一张配速表，参赛时按照配速表控制速度分配体能，按照教练和跑友的经验要求进行补给，最终是在多方的鼓励支持下，如愿以偿顺利完成了人生第一个全程马拉松，可喜可贺！

问：您对特奥运动有哪些希冀？

张：他从培智学校毕业后离开学校了，这样的机会就越来越少。我和儿子在多次会议场合都倡导过，希望特奥运动能走进社区，让更多的智力残疾人有机会参与其中。特奥运动本身的意义已经超出了当初走出封闭、强身健体的目标，只有家长先改变认知，只有自己走出来，才能带着孩子走出来，才能够改变一切。如果总是在封闭的家庭里或者小的范围里，又要求社会接纳或者包容，社会大众根本看不到这个弱势群体的存在，就不知道这个弱势群体需要什么样的支持。特奥运动首先就是让家长敢于正确面对现实，走出封闭的家庭。同时特奥运动不仅强身健体，还通过运动给孩子带来快乐，增强自信，实现了他的价值。通过这种途径要让社会看到有这样一个弱势群体，通过接触知道他们需要什么，需要全社会的关注、包容、接纳和支持。

另一个就是希望弱势群体的爸爸的参与度更多一点。记得以前每次特奥家庭分享活动时，一位东亚区负责人常说："我在寻找新面孔，我希望每一次滚动都能有新的家庭参与进来，我也希望看到更多的爸爸来参与。"目前我们公益组织自发成立了一个爸爸团，一个群都是爸爸，由爸爸们共同商议带着孩子去参与户外徒步爬山等活动，这个改变挺好的。虽然这是一个参与者性别的改变，其实质是观念的改变，这样的改变要经历很长时间。而且爸爸带孩子确实有很多地方是妈妈做不到的，比如说科学方面、数学方面、体育运动方面爸爸优势多一些。我个人认为咱们最缺少的就是人权教育，如果你把弱势群体看作是能够平等对待的人，完全不是控制他，那他很多事情都能够做。你总觉得他什么都不行，什么都做不好，结果一定是不好的，所以说还是理念的问题吧。

探求融合之路

问：您是什么时候开始接触家长组织的？

张：多年前，我在活动时认识了一位自闭症孩子妈妈，她随丈夫到美国生活了五年。她的孩子在美国普通学校融合式班级随班就读，学校为这样的学生制定个案教学方案，学校的融合度非常好，高中毕业时也穿上了类似博士服的毕业服，戴上了类似博士帽的毕业帽，邀请家长去参加他的毕业典礼，让孩子很有荣誉感。在学校里他有很多志愿者朋友，结对固定的志愿者朋友每个周末开着豪车到他家楼下来接他一起去做体育游戏、逛公园、看电影、逛商店、玩滑雪等。像滑雪这样高风险的活动他们也都带他一起去，我们听了都觉得不可思议。志愿者带他去参加任何活动都会给他买一份保险，做好活动前各种保护措施。

这位妈妈觉得那里的理念很先进，社会融合度很高。她特别希望把这种融合的理念，把美国校园志愿者搞的融合活动模式移植到国内，让全社会都来关注弱势群体。这位妈妈找了市残联、中残联有关部门，找到十五位志同道合的家长一起商讨，在国内创建了第一个心智障碍者家长组织，她找来残障领域法律专家给大家宣讲培训了“联合国残疾人公约”。

在家长自筹自助下，2011 年 9 月 11 日，开展了首次由在校大、中学生志愿者二对一陪伴下进行的户外运动活动，影响力非常大。目前这个家长组织已扩展为全国性的家长组织，融合式的户外体育也在国内很多城市展开了。这样的民办机构越来越多，融合活动内容也越来越丰富了。记得家长组织创办时遇到的困难很多，没有活动经费，没有活动场地，没有活动器械，很少有家庭愿意来参与，没有志愿者资源。我们几位家长每天出去找场地，挖空心思找能来参加活动的家庭。比如说阎上的同学都毕业好多年了，我就翻开通讯录小本找他同学家的电话，跟每一个同学家长说我们现在有什么什么活动，你带孩子来参加吧，当初很多家长都不愿意来。现在我们最初建立的家长组织活动群早已超过 500 人上限，已经成立二群了。心智障碍者家长组织的创立，倡导融合的理念，推动了社会和谐发展。

问：是什么时候开始组织徒步活动的呢？

张：有一个民办大龄心智障碍者服务机构经常组织各种活动，总是鼓励学员分别提出活动的内容，最终以少数服从多数确定方案。长此以往，小组学员越来越自信、越来越主动表达自己的意愿，对社工老师也越来越信任，交流越来越通畅。

冬天寒冷，孩子们外出活动机会很少。有一天儿子在 QQ 群里看到有家长提议想约几个家庭一起带孩子到公园里去走走，儿子认为这是一个很好的事情，想请社工老师帮助，一起组织一次冬季到奥森健步走活动。社工老师问他需要协助做什么，他说想请你帮我发个活动通知，担心我发通知没有人响应。社工马上鼓励他说没关系，你先发，然后我来帮你组织人。社工老师让他想想还需要什么，他就说没有什么需要的了。当时社工想鼓励他，说买点小礼物作为活动纪念品，机构方可以做预算提供一点点活动经费支持。阎上回来后跟我商量，他去美国开国际融合会议时准备的小礼品还没有发完，视报名情况，如果够就把这些小礼物分给大家，就是做工挺精致的京剧脸谱的瓶启，我非常支持他的想法。就这样由他发起开启冬季户外行走活动。一些家长积极响应带着孩子一起来参加，社工老师也来参加了。

当时我们对奥林匹克森林公园里的情况还不太熟悉，看着路标绕着南园走了一圈是 5 公里，因为大家都是第一次结伴行走，感觉还是挺开心的。回到原点，他给每个同伴都发了一个京剧脸谱瓶启作为纪念，活动非常成功。从那以后就觉得冬天也可以活动，户外徒步活动是锻炼意志品质的过程，同时呼吸新鲜空气，效果挺好，从此我们开始了每周到奥森徒步的活动。

问：家长组织之后还做了哪些活动？

张：基于奥森徒步活动，有更多的家庭慢慢参与进来，在一次理事会议上，理事长让一位新入选的理事跟北京大学商学院的戈壁挑战赛组委会商量一下，带我们的孩子们一起去挑战一下……尝试走一走玄奘之路。新来的理事听了，觉得非常不可思议，戈壁滩路况、气候条件相当复杂，认为这是根本不可能的。理事长把自己的孩子在美国学习生活五年的经历向大家介绍后，与会者都认为我们的理念还差得很远。

这个创始人是央视经济频道的著名主持人曲向东，他想走这条路。他在采访一个人的时候，那个人只要一说起玄奘就两眼冒光。他采访完之后，就想知道为什么玄奘给他这么大的吸引力，曲向东老师就去查资料研究，也想亲身体验一下玄奘之路的魅力所在。曲老师找了特别好的朋友去探探路，玄奘经过九死一生，他们就看看这条路能不能走。第一次走的时候是地产大鳄王石还有央视著名主持人王小丫等十来个人一起走的，走完次年，曲老师就在商学院发起了倡议，看看有多少人愿意走。现在人心都浮躁，走玄奘之路，你无论有多少钱，你有多大的官，你必须是要用脚步去丈量这条路，你要走完全程。就这样他们组织商学院学员每年自愿报名去走，他们走四天是 112 公里，都是自己背着行李，自己背着干粮去走四天。后来慢慢地全国的商学院陆续都知道这个活动信息了，参与的人就越来越多了，他就以一种商业的形式，曲老师把央视的工作辞了就专门做。

问：后来因为什么样的契机参加了玄奘之路？

张：前面提到过，我们公益组织的一位理事也是残障青年家长，他有参加玄奘之路戈壁挑战赛的经历和经验。我们理事长她在美国五年，提出能不能让我们的孩子们也去参加玄奘之路徒步行走活动。这位理事当时觉得理事长这样的想法太过冒险，怎么可能？理事长说没有什么不可以的，人家在美国一直这么做都没有出问题，怎么到咱们这儿就有事了，你去问问。理事说走玄奘之路的人经历过汶川地震，参与过玉树地震救援和赈灾捐款支教，这些事情他们都干过。理事长又说那能不能把我们的这个想法当作一个项目提出来呢？

不久，我们的理事在一次光华商学院筹备会的时候把这个问题提出来了，说我们那有一个家长提出能不能带着我们弱势群体孩子一起走。当时会上人员都觉得这件事做起来太难了，不可思议，而且大家对这个群体一点了解都没有，只是以前参与过聋儿的支持项目。

刚好1月初，我们有一个年会，就像联欢会一样，都是我们这样的朋友家庭参加。理事长们就与商学院玄奘之路组委会沟通，借此请他们来参与我们的年会活动，他们也先看看这些孩子什么状态。那次我负责签到，发现来了好多陌生人，告诉我让他们单签一个表，我也不知道他们都是干什么的，从穿着看这些人爱好运动也很慈善，对我们来参加活动的孩子都很友善。留给我印象深的是有一位来参加活动的人找不到会场，当时阎上刚好站在接电话的朋友身旁，阎上脱口说出会场方位和地名，于是他们就带阎上去接应，很快就把来人领回来了。就在这时我们演出用的什么东西不够了，组织活动的老师就派阎上到外面去买，很快他就按要求买回来了。这两件事让他们对阎上印象特别深，虽然阎上没有登台参加演出，但他们都记住了他，同时认为这些孩子们是可塑的。

他们回去后决定先找几个孩子试一下，在他们陪伴的半年里，我们每周末都到奥森先试着徒步走3公里，然后5公里、10公里递增。选拔就是在规定时间之内走20公里，如果你能非常轻松地走下来，同时陪伴的家长也必须在规定时间内完成，才具备去参与玄奘之路的资格；另外入选后须体检合格才能去参与。这些要求是挺高的，活动经费也挺高的，报名费就1万多，加上装备费用挺高的，都是北大商学院的人提供的，他们为此专做了一个慈善资助项目。

2014年的5月，我们公益组织有八个孩子参与了第九届玄奘之路戈壁挑战赛，全程是四天112公里，我们去就是走一天体验式的，一天的直线距离是28.6公里，但实际上戈壁滩路况多种多样，还有走错路的时候，实际上是行走了30多公里。那一天我跟阎上一起去了，他是六个多小时完成的。每一个孩子有四个商学院的志愿陪伴者一起走，他们都是社会上各行各业的成功人士，自愿报名。我们那一年走的时候还有原来国家女排队长冯坤，她也是一名志愿者，她那个组陪伴的孩子是八个孩子里年龄最小的，当时只有十六岁。去戈壁前每周六在奥森训练时，志愿者会来陪他们一块走。还有一次到郊区模拟路况拉练，因为戈壁滩路况复杂，高低不平，各种地貌都有，而且气候多变。志愿者们真是为孩子们能参加这次戈壁徒步活动投入了很大的精力和财力。

问：走完之后大家是什么反应？

张：走完全程的时候，在戈壁滩上很多人都哭了，谁也没想到这样的孩子能够坚持走完全程。有个孩子用了十个小时走完全程。当天我们很早就从宾馆出发，从起点开始都能走下来，而且没有情绪，那真的让他们为之动容，都哭得稀里哗啦的。就是说如果能给他们足够的支持，他们是可以做到的。

问：后来去参加过全程的玄奘之路吗？

张：玄奘之路我们走过四年，阎上是连续参加了两年，第一年是在北京大学商学院志愿者陪伴下，参与一日体验徒步穿越；第二年是在两位肢障老师发起的“和我一起奔跑”中参与的。其中一位肢障老师是在美国的华裔教育家，他坐着轮椅在志愿者陪伴下完成了全程。途中那些上坡下坡沟沟坎坎的地方，钻铁丝网，必须要有人帮助他，他是连续用了几年的时间完成的。另外一位肢障老师是残奥跳高冠军，他一条腿高位截肢，他架着双拐杖连续用四年时间完成112公里全程。

2015年，这两位肢障老师发起“和我一起奔跑”玄奘之路的倡议，由志愿者自愿结成六人小组，其中一位是有过至少半程马拉松成绩的且参与过玄奘之路一日体验徒步活动的智障者——就在我们2014年第一次参加玄奘之路一日体验徒步的八个孩子当中选了三个人，这三个孩子都完成过半程马拉松——用接力跑的形式在一日内完成112公里全程，即徒步四天行走的路程。这一次参加“和我一起奔跑”活动，三个孩子在不同的融合小组中都被安排跑第一棒，距离是30公里，相当于一日体验徒步的全程。伴着肆虐的风沙烈日，他们跑得异常艰辛，陪伴的志愿者也付出了更多的精力和辛劳，孩子们留下了刻骨铭心的记忆，懂得了感恩。

2014年八个心智障碍孩子参加玄奘之路徒步活动产生的意义非常大，首先改变了社会大众对这个弱势群体的认知和关注，同时资助方的付出引领了社会的进步，推动了社会和谐共融的发展。2015年起，玄奘之路组委会又扩大了支持残障人士参与体验玄奘之路徒步行走的范围，如聋障、视障、肢障，以影响更多的人关注弱势群体。

问：阎上，跑步或者徒步，有没有觉得特别累的时候，想放弃的时候？那个时候是怎么办？

儿子：那个时候有人在帮助我。

问：他们是怎么帮助你的？

儿子：他们就跟我说要往前走，不要往后走，前边的路还很长，现在没有车接的。

张：我们第一年走的那天是阴天，还好，就是水不够，补给站在18公里处，还是挺远的。第二年遇到的是高温40多度的天气，很容易中暑；另一个是风沙，跑的那天风沙特别大，随身背的水不足，真的是很艰苦。他的陪伴者就跟他说，加油，这儿没有救援车。救援车会在戈壁上来回巡视。

儿子：有一个参赛队员因为高温中暑了，给他送医院去了，那天他差点出危险。

张：啊对，他就说第二年的时候，有一个戈友参赛过程中送去医院抢救了，就是因为中暑了，就在死亡线上。他带水带少了。徒步的时候，第一天晚上和第二天晚上都要搭帐篷，自己要背着穿的衣服，还有路餐、体能补充的东西，还有水，中途在18公里处有补给站。那天气温实在是太高了，戈壁上没有任何遮挡，所以他的水不够了。

比赛还有一条规定，如果咱们是一个队的可以互相借水，如果我是A队的，你是B队的，这样是不能互相帮助，是有纪律的。如果被发现了要扣分，不算成绩，还会影响团队的成绩。另外还有一个团队荣誉的成绩。比如中途退赛上了救援车，这样有的奖项是拿不到的。玄奘之路戈壁挑战赛现在越来越专业了，当然也有很多不同的意见，就是用生命的方式来做户外赛事，有点得不偿失，不赞成。很多事情就是有人赞成，有人不赞成，但是不赞成也是为了大家的安全考虑。

在这十几年中我跟孩子总说，参加各种赛事时，成绩不重要，生命是第一的，如果自己觉得不舒服了那就随时下来，明年还有机会；如果你硬撑的话，机会就全没了。要学会保护自己，就是爱护生命。

问：后来还和戈友们有联系吗?

张：有，他第一年走完了之后，9月份就跑了一个半程马拉松。因为参加走戈壁，他跟很多戈友都成了微信好友，看到他们平时发的朋友圈，他们都爱跑马拉松，平时也都去训练。他也开始跟着积极参与，到9月份就跑了一个半程马拉松，跑下来了。那是第一次参加就跑下来了。后来第二年，北京马拉松比较热门，不容易中签，我们就没中签。

2016年他就坚持训练，就是受他们的影响。他知道他们在哪训练，他就跟着去，人家也没有歧视就带着他，还和他们徒步的那些队友一起。后来在奥森，他就是每天晚饭后自己去，也不用我跟着去。慢慢地很多人发现总有这样的一个孩子每天都来跟着跑，他也很热情，每天跑完和人家聊聊，然后他就知道还有这样一个跑团那样一个跑团，他就跟着这个团训练或跟那个团训练。2016年的时候，自己在网上报名的，他就中签了，中了一个全程马拉松，他特别兴奋，而且他队友们都给他足够的指导，在装备上、速度上等等。当然我们在跑马服装上都给他配齐了，他就在志愿者陪伴下顺利跑完了全程。

运动真的是对他有积极的帮助和改变。他就爱跑，反正他经常去跑一跑；有时候还做一些越野赛的志愿者，这样他结交了很多健全人朋友，圈子也广泛了很多。现在他出行不用我跟着他，一个是他自己选择，愿意参加什么活动，报名都是网上报，都是他自己。他自己再选择一个出行的方式，还有线路都是他自己定，比如上哪去，他就用手机定位，一查坐什么车，走什么路程都可以。这一方面他也锻炼出来了。未来的发展趋势都是这样，慢慢学会手机结账支付什么的，都是锻炼，他这一点都与时俱进。

问：您所在的家长组织平时都有哪些活动？

张：我们最初成立的一个组织，现在分化成两个了，因为理事们可能在开展工作的方式和思路上存在着差异。我们最初的组织主要是做户外活动；还有支持性的户外活动，就相当于特奥，不过是经常性的，不像特奥咱们国内每年就一次，而且是少数的家庭参加，或者说是固定的那些家庭去参加，因为经费或者其他的原因。

我们公益组织把活动做成了常态化的，每周都进行，所有人都能参与，不限人数。一个是户外活动，比如定期徒步爬山；还有一个是经验分享，比如说一些保险呀，这样的家庭应该上什么样的保险，都有分享。同时每个孩子都有社会的或者大学生志愿者来陪伴。这样一个是自己从以前封闭的环境中走出去，主动地融入社会，大学生做志愿陪伴者，能改变大学生对这个群体的认知，再通过大学生推动社会融合的理念。还有一个社会工作志愿者，利用业余时间来做活动，可能在场地和资金方面也给了我们很大的支持。这样就带动了整个社会，让整个社会都能够行动起来。比如有一个家长，他家社区有游泳馆，他在那儿游泳好几年了，这位家长跟游泳馆协商，每周六我们这个群体的孩子都去游泳，希望能够提供便利，现在反馈还不错，已经连续去了两周了。

问：家长组织是不是还造福了很多其他的家长，包括教育观念呀、方法呀，对其他的家长是不是有很大的帮助？

张：各种活动都在不断地开发，同时还在不断地做支持性就业。另一个家长机构创办了一个社区家庭，就是家里实在没人带了，可以送到这里，有专业的特教老师，像幼儿园一样，日间照料，夜间寄宿，解放一些年轻的家长去就业，不至于失业。

还办了一个工作坊，做消防器材配件加工。还有做一些小手工艺品，这样一个就是让孩子和家长一起做一些小工艺品，拿到一些慈善的地方去卖，增加一部分收入，也对家庭稳固发展起促进作用。还有一个是艺术团，每周定期有专门的志愿者老师来教，比如说打鼓、广场舞、合唱、独唱、朗诵等等，经常受邀出去表演。目前很多外省市还没有这样的条件和资源，很多外地家庭为了孩子能参加活动，背井离乡举家到北京来，大约有近百个家庭。

问：这些年家长们做了哪些让你觉得印象深刻的有意义的行动？

张：有一次春节，我们机构里一部分家长自己组团去厦门旅游。厦门到鼓浪屿是有三个码头，其中有一个码头比较远，常用的是两个，一个是在市区中山路那儿，原来是对所有人开放的，最近两年改成本地人走中山码头，本地外的人都走另外一个码头，相距很远。但是他们还有一个政策，就是残障人士可以免费走市区的码头，但是家长不行，健全人不行。我们家长那次就去做了一个倡导，问我们能不能跟孩子一起从中山码头到鼓浪屿，他们说不行。家长们从北京出发之前就了解了这样一个情况，在网上把各种当地的政策全都下载在手机里面，当时跟他们协商不行。家长们说不行也可以，我们把孩子放在你们这儿，你们要负责安全地把孩子运送到鼓浪屿那边，我们从另一码头到鼓浪屿后，找你们接孩子。中山码头的工作人员一听，这不太可能呀，于是马上请示领导，最终码头领导经协商认为家长们的要求是合情合理的，同意这批十几个家庭一起从中山码头乘船顺利到鼓浪屿。在鼓浪屿游览后，返程是在另外一个码头乘船，他们决定继续去倡导。首先他们按照规定依次排队，第一个排到窗口的家长向工作人员说明孩子情况，希望能提供便利和孩子一起在同一码头乘船，工作人员望望窗外的孩子说：孩子可以从这里乘船，家长不行。家长继续争取提供便利，工作人员说：你先站旁边让后面乘客先买票。工作人员没想到依次三个人都是同类情况，于是从窗口向外张望问道：你们一共有多少人啊？后来我们家长就说我们来的时候就这么一起来的。工作人员仍说那也不行，家长们要求见码头负责人，工作人员说领导正在开会。家长们说我们等太久，现在就要回中山路去，建议给领导打电话尽快联系协商，经过沟通最终同意了，但要求家长写一个情况说明：有多少人，什么情况，在这个码头乘船的经过等。

当我们倡导为残障人士出行提供便利成功时，理事长在情况说明后面写了很长一段感谢的内容。第一，感谢当地政府给特殊群体提供了合理便利，再有一个希望通过这件事，促使他们对所谓的规定做出适时的调整，更希望将来残障人士出行不再有这样的障碍。这批家长回来后给大家做了分享，当我们再去其他地方遇到类似问题时，无论什么样的结果都回来及时分享。同时我们也把这个事例写成提案，将来在适当的机会希望各地政府能够顺理成章地提供合理便利等。

问：家长组织还在哪些方面做了一些积极推动？

张：比如说残障儿童到康复训练机构进行康复训练可以获得补贴，就是由家长推动出台的政策。这是非常好的进步，希望以后被诊断残障的孩子都能够享受这个福利。康复费用是很贵很贵的，几乎每个我们这样的家庭都有一个家长为了照看孩子而无法继续工作，爸爸必须负责全家三个人的开销，他的压力是非常非常大的，他也无法面对这样沉重的负担和压力，导致很多家庭出现无法逾越的困境。北师大有教授专门在我们这个群体里做了社会调研。

我们现在如果有机会，比如像每年两会前，我们会让家长提出自己的诉求，每个孩子都有受教育的权利，希望社会能接受融合教育。记得有一年我们去参与了《教育法条例》修改讨论，还在网上参与了《民法总则》修改建议。

靠一个家庭去做是不可能的，靠一个孩子的融合就业来改变社会现实也是不可能的，只有所有家长都站出来，都能够直面这个事情，家长积极地带着孩子去参与社会，走出封闭的家庭，让社会看到整个群体，了解这个群体的需求，才会改变现状。社会的改变还是需要大家推动的。

相比我儿子小时候，现在改变了很多，那时候他上学真的是费了好大好大的劲，现在基本上到了入学的年龄就可以上，而且现在有的学校有职业班，就是九年义务制完了以后有职业班，再学职业的一些东西。有的学校到二十岁，有的学校到二十二岁，但是到二十二岁之后，离开学校之后就又与社会脱节了，就又没有去处了。现在有公办的职业康复院，不是所有的都是营利的，所以大部分的孩子都在家里面。

问：有哪些经历或者经验可以分享给其他家长？

张：第一个是来自中国台湾的教授讲的故事。他在重庆山区里办了一个机构，他们夫妇两个人没有孩子，都是健全的人，他办的这个机构非常有知名度。他给我们讲了一件事。原来都是机构统一安排餐食，有一天他跟机构里的孩子们说，今天你们每个人说一道菜，你们说吃什么，咱们就保证让你吃上。孩子觉得不可思议，不知道老师今天是什么意思。孩子们就说是真的吗，教授说是真的，你们就说吧。有一个孩子说我想吃红烧肉，其他的孩子就说我也吃红烧肉。教授带着这些孩子去了市场，跟他们说买什么部位的肉做红烧肉是最好的，有的肉适合做什么，另一些肉适合做什么。回来就开始教他们洗肉切肉炒肉炖肉，一直到吃上红烧肉，孩子们都特别高兴，今天吃到红烧肉了。但是吃到半截就发现，哎，老师，为什么今天只吃红烧肉呀，没有别的菜呀？老师说刚才问你们了，你们没说吃别的菜呀。我不是跟你们说嘛，想吃什么你们就说什么，你们没说呀。这样就提示孩子，吃饭的时候要有菜有肉，给你自主权了，但是你没想好。由此孩子们有了生活经验了，互相搭配，一人说一样菜，这是给孩子的一个启示。

给我们家长的一个启示是，他说今天从想吃到吃到红烧肉的过程，可能花费的时间是两个小时或者三个小时，但是下一次当他们自己能够完全自立，这个过程可能就是一个小时或者是不到一个小时。未来当父母都不在的时候，孩子生活已完全自立了。反之你现在觉得省事了，把前面的过程省略了，将来你再想补偿，这个时间就不知道要用多长时间了。所以你要想解放孩子，你想让孩子过得幸福，你就要让孩子尽早掌握这个技能。哎呀，这一下，让我们所有的家长恍然大悟，一下就清醒了。我们现在就培养孩子，所有的事情都培养孩子，能让孩子做的就都让孩子做，也是解放家长，有更多的喘息时间，你也有出差或者旅游、生病的时间，那你就不用担心孩子吃什么、喝什么。

第二个我们是听了一个中国的家庭讲的。他家到美国去了，拿到了居住证。孩子有一次路过北京转机，有人请他分享一下他在美国的情况。他妈妈是癌症病人，爸爸虽然在工作，但是身体也有问题，这个孩子是一个重度肢体障碍者。他就问了当地的政策，当地政府说有很多的社区家庭，所谓的社区家庭，就是在这一个小区里，这一栋楼里面有一个单元或者两个单元，都是这样的孩子，一般是两居室。如果这个孩子喜欢体育，这个房间布置就得听他的，比如放一个篮球、一个足球，都按照他的需求来装饰；如果这个孩子喜欢音乐，可能墙上装饰的就是五线谱或者小提琴，完全按照孩子的喜好来。但是每个孩子的能力是有差异的，比如这个孩子不会做饭，做晚饭时社工就来家里帮着他做饭或者指导他做饭，社工的工资是由政府埋单的；那个孩子可能不会买东西，需要购物的时候社工就来了，可能每个月是有固定的时间，比如多少小时，你就按照自己需要的去安排。那个孩子说有一次他身体有什么问题，大概是每三个月做一次体检，体检完了之后，会给家长一个评估表，身体上各方面的改变在评估表上都有体现，他的饮食会根据体检评估做调整，非常个性化。

还有一个孩子有情绪问题，他有一个刻板行为就是撕被罩，家长去看望的时候孩子把被罩撕坏了。家长车的后备厢原先老放着便携式的小缝纫机，家长到车上取缝纫机时，发现没有带。她就跟社区老师说，我把被罩带回家，轧完了我再送回来。送来之后套好，就已经是晚上了，她刚到楼下发动车时，看见孩子在上面窗户看她，她就跟他摆摆手，继续发动汽车。她的车还没有发动时，她看见社工老师带着她家孩子从单元门里出来了。她以为找她有事，因为孩子看了她一眼，她就马上把车停好，问孩子怎么出来了，有什么事吗？社工告诉家长，今天下午大家活动的时候她的孩子在休息，就没有打扰他，他今天的活动量不够，现在就要带他出来走一走。

你看看美国对成年智障人士就是这样的，那里有很多这样的社区家庭，可以去考察，然后自己来选，这位家长就都去考察了，之后选的这一家。

听了来自美国家庭的分享后，我们有位家长就问，如果我们想把孩子送到那儿去，需要什么条件，需要一定年龄，还需要什么？那位家长回答说：不可能，一定要有绿卡，要有美国的居住证才可以。残障人士生活等等的支出全部由国家负担的，每年旅游呀等各项孩子的费用都是由国家来承担的。

我们的孩子不可能去美国那里，那我们就联想到重庆老师说的，必须要走自立这一条路，所以现在我们很多孩子都在家里头做饭。有的家里条件比较好，就在家里的小区里面专门给他租一套房子，让他尝试独立生活。有的孩子从学校毕业以后，就让他锻炼着如何自己坐车，或者自己坐车到父母的单位来找。当然这一过程中会出现很多插曲，比如说坐错车了、睡着了坐过站了。每一次遇到各种情况都就地解决，比如说带他们去鼓浪屿，一出了码头就找不到了，孩子会不会求助家长，遇到各种状况我们都会在群里分享。好在现在有定位手表可以跟踪，比如说他离开我了，我在手机上就能看到他在什么位置，他是不是按照既定的路线在走，这就放心多了。

问：家长组织又面临着怎样的困难呢？

张：社区家庭房租的资金、经费支出太多了，房租是最大的困难。好多家庭都有送孩子到托管机构的需求，因为房租的问题难以解决就不能扩大招生。还有我们平时的活动肯定要产生一些经费，比如说买点水、买点器械什么的，球呀什么的。一开始都是我们个人还有一些知名人士、爱心人士捐的，因为是民办机构，每年都要筹款，在公共平台上筹款。

问：机构的资金来源没有往企业方面考虑吗？

张：没有企业来资助，因为你没有造血能力。人家一谈就是先看你自己有没有造血能力，你没有造血能力，人家说只投入没有产出，看不到收益。第一他希望依赖你来成名，这是毫无疑问的；另外一个他也希望你能够产出。所以这方面我觉得只有依靠政府，因为政府是有这个钱的，比如企事业单位都缴纳的残疾人保障金等等，还是得国家支持。现在就是只能你先合法注册，注册之后申请政府的项目。

这两年确实是好多了。原来我们第一个家长组织，也是民非注册不下来，只能先工商注册，工商是要上税的。当时承接了一个残障领域国际会议，就注册了一个工商。我知道有一个民办智障者服务机构，在全国很多省市都有连锁机构，做了近二十年了，一直民非注册不下来，每年都申请注册，人家一看申请单位名称就放到一边。为什么？就是它每年有国外教会一部分资助，每年交的税和房租，真是让它背着沉重的负担。那个机构做的服务很好，孩子和家长都特别喜欢，因为房租每年上浮导致机构不得不频繁搬家。

怀抱希望，相信未来

问：阎上现在有工作吗？您对他未来的工作有什么计划或打算吗？

张：现在就业也是一个大问题。我们公益组织到国外考察，正好就是 2014 年的时候，国际劳工组织有个项目就是让成年智障人士在专业人士的支持下去工作，工作的环境是融合的而不是封闭的。美国是这样做的。

咱们残联办的温馨家园或职康站的管理人员都不是专业的工作人员，我们一直呼吁让专业的社工来做专业的指导。因为管理人员不具备专业性，管理方式都是命令或者限制的方式。我们公益组织从 2016 年开始到现在，先后有十几个孩子经过职前培训，分别到不同的单位就业了。从目前的经验看，企业管理者是外国人，接纳残障者就业提供的支持会好一些，因为国外平等参与的理念比较普遍。阎上在我们公益组织里应该算是高功能的了，他能力算是比较强的，他自己特别愿意去工作的，是我没让他去。

他们这个弱势群体现在找一个工作很难，即使是做支持性就业，也是尝试性的，不是永久的，就是说能在一个单位工作多长时间是不确定的。一旦去实习了就必须要上三险，目前享受的无业残疾人的社会保障福利都将被取消。如果工作一年不能续约，社会保障衔接跟不上。另外一个原因是我的身体不是很好，假如我倒下了，他又失业了，他自己去申办各种社会福利很难。有好的政策，但落地执行难。有的新政策出台了，但到社区去咨询，却得到还没看到文件的回复。再比如他已经丢过几次残疾证了，每次补办都需要提交个人信息及监护人信息，从申办到领证一般最少需要三个月的时间。但现在是信息时代，所有信息都联网了，效率应该比以前高。我个人认为支持性就业是好事，但基于土壤环境还不具备，我必须面对现实，忧虑长远。

问：您现在也在各方面锻炼他吧？

张：他能做的、他喜欢做的都让他做。现在除了做饭不太行，那是我的原因，我一直没让他做，其他的他应该都比我强。像我们经常出去买机票，这些东西都是他来支付。他用手机订机票、火车票、约车、导航、哪里的价格最低他都能查到。我们今天出来之前，他还好好查了一下我们需要坐什么车。

问：您对孩子未来的婚姻问题是怎样考虑的？

张：在一个会议上，讲课的老师我们之前都认识，谈到了关于孩子未来结婚成家的话题，虽然他们神经系统发展是有差别的，但是生理的要求是一样的。公益组织曾专门给他们上过性教育的课。会议上残障法律老师问他：你有没有女朋友？你想不想结婚？你希望你未来的生活伴侣是什么样的？他站起来就按照自己的想法说：我有个女朋友，我想和她结婚，但是我妈妈不同意。随后我发言了，我说孩子的想法都是真实的，我都知道，但是我跟他深入交流过，我始终是不赞成的。

为什么不赞成？原因就是我曾听过一个事例，那是在 2005 年，在特奥家庭分享会上有位来自河南的家长，他的孩子大一点，我们孩子还小，还没到那个年龄。家长也希望给他组建一个家庭，于是从内蒙找了一个健全的人。当时他们想儿子的后半生全都寄托在儿媳妇身上，如果他们对儿媳妇好，儿媳妇就会对儿子好，家长是真心对这个儿媳妇好。儿媳妇刚一开始来的时候也特别好，后来很快就有了小孙子。儿媳来自内蒙的一个较偏僻的农村，他们还想办法把她的户口弄到河南的城镇来。她在城市待得时间长了以后，思想就改变了，后来不辞而别。

因为这个男孩子有了生活经历，所以当他的需求满足不了的时候，他自己就去社区附近的婚姻介绍所，找了一个就领回家来，跟他爸爸妈妈说，你看看她行不行。他的父母就跟他说，有了这样的伤害，你再找还不是这样吗？就担心还是这样的问题，但是他似懂非懂，是不能完全明白的。过几天又领回来一个姑娘让爸妈看看这个行不行。后来家长意识到他有了这样的经历不再重组家庭也不行。

我们当时听了以后，反正我是这样想的，不能让孩子再受这种伤害了。现在操心的是一个人，如果他真是组成一个家庭，我想我跟儿媳说你们不能要孩子，我做不了这个主了呀，我没有这个权利呀。如果像这样的事情重演了，那我要负责两个，至少要负责两个，那我更是死不瞑目了。而且他同学里面也是有结婚的，无论另一半是同样类型的，或者是健全的，很多都没有过长。这个河南家长的分享给我印象特别特别深，所以我担心，我直言不讳地跟儿子说，你们可以做朋友，但是不能做生活伴侣。

问：除了婚姻问题，当前家长们面临的最大问题和困难是什么？

张：目前很多还不是全纳的，比如幼儿园拒收，普小没有融合班或特教班，特教学校招生有限，孩子从学校毕业后社会衔接缺位，这样必须有一位家长放弃工作来照看孩子。现在上班肯定不能像我们原来那样，以前我不去上班还有工资，现在绝对不可以了，这样造成至少每个家庭有一个家长是下岗状态。还有一个就是在我们这个群体，很多家庭被称为丧偶式家庭，虽然事实上家庭是存在的，但是父亲这个人他就相当于不存在，什么都做不了，我们家长他自己是这样说的，只出经济不出精力，每个家庭承受的压力相当大。

问：您目前最担心的是什么？

张：最担心的是，当我们不在的时候，监护人的选择问题。选谁？我们都选了五年了，就是在我们公益组织的家庭里选了五年了，都没有选出来。愿意承担的人，可能看中的不是这份责任而是被监护人身后的利益。还有我们的遗产问题，我们选了监护人，那谁来监督这个监护人？监护人和财产支配人不能是同一个人或不能是同一个机构的，国外的经验是这样的。现在没有一个完善的法律保障。当我们老了的时候，谁来照顾他？当我们老去了，孩子去哪儿？这个社会保障还没有完善。

问：您觉得国外有哪些好的经验我们可以借鉴的？

张：阎上还是有自己的想法，而且能够清晰地表达，刚好有一个国际会议，阎上去了，回来之后又被邀请到美国去。在美国的时候他在 QQ 里和我说，我觉得生活在美国的心智障碍人士是世界上最幸福的。因为很多心智障碍人士是完全按照自己的愿望和要求来安排的，比如说有的人不愿意工作，有一个比较重度的，他喜欢马克杯，所以他家整面墙上都是不同的马克杯，凡是喜欢他或者看望他的朋友都知道他这个爱好，都会送给他一个马克杯，他就都摆在墙上。他就是不会做饭，到做饭的时间社工就会来做支持。还有非常重度的，虽然他坐在轮椅上，但是他可以做主持人。另外他还看到了心智障碍人士在庄园里面用割草机在割草，这就是就业的一个部分。那里尊重个人意愿和能力选择就业岗位。如果不愿意就业的，国家也是有保障的。所以他参访后感触很深。

他跟我们的理事长一起到美国华盛顿去参加融合国际会议，之前还跟理事长一起到尼泊尔首都加德满都参加过亚洲融合国际会议。融合国际就是全球最大的家长组织。他去之前我进行了很长时间的爱国主义教育。我说如果人家要采访你，问你现在就业了吗，你有工作吗，你要实话实说，你说没有，但是你相信未来一定会有的，因为你是中国人，你出去就代表着中国的残障人士整个群体，社会的发展一定会向积极的方面好的方面去的，不能说不利于我们国家的话。我和很多国家的家长都曾有过交流，他们也是经过几十年的推动和倡导才走到这一步的，所以我相信政策一定会越来越好，一定是向好的。

问：您觉得国家在保障智力障碍人士方面有哪些进步？

张：现在确实好多了，首先有特教学校，每个区都有特教学校了，适龄孩子基本都可以到特教学校学习。不像我儿子那时候上学真的比较困难，好像那

张大欣母子合影

时有需求的人比较少，特教学校也少，北京就那么一所学校，一年招十五个，招十六个都是超标的。

广东好一点，广东的家长组织推动融合教育，最早的就是做了一个调研，调查有多少孩子有上学意愿，有多少家长愿意让他们上融合学校，他们有人是专门学这个的，所以写的报告都特别棒。调研报告交到省教育部门，教育部门特别重视，很快就行动，派人去调查，到学校去推动，找到相关的部门，次年就做成功了融合教育。普校老师对孩子的特点不熟悉，有的家长就自愿做资源支持，自愿陪伴。当孩子有一些行为表现的时候，志愿的家长能看得懂或能听得懂，明白他需要什么支持。家长们去当支援教师，在学校还成立了支援委员会，轮流去做支援。因为每个孩子年龄、特点都不同，需求也肯定不一样，会有差异。融合教育过程中会出现各种各样的问题，需要政策支持，家长支援小组跟教育局保持沟通，教育局局长每个月安排一个会见日，家长支援委员会轮流对话局长。广东省教委和家长们在全国率先推动了融合教育。沿海地区领导的理念还是很棒的，他们的融合教育做得特别好。

有一次我也是通过国际特奥组织接触到国外来的一个家长组织，他们特别想了解我们中国的融合教育情况，在美国大使馆的见面会上，我向他们介绍了广州扬爱家长俱乐部做得特别好，推动了融合教育并有成功的经验。他们听了还挺高兴的，就是中国有这样的，做得好的。

问：您对特奥运动还有哪些建议？

张：阎上从特教学校毕业后基本上没怎么在家待，就是因为有了特奥这个衔接，让阎上慢慢走出家庭，特奥确实可以改变人，让人自信。我前两年到山西去参加一个特奥论坛，那边学校里开展特奥活动，特别是小年龄的特奥运动普及做得不错。我希望特奥运动常态化，每年只有一个特奥日是不够的。我认为特奥的目的不仅是强身健体，还应该让更多的孩子融入社会，被社会接纳，让更多的人参与，这才是最终的目的。

问：对未来我国的残障人士保障有哪些期许？

张：我更愿意看到有更多的家庭走出来，更多的家长主动来承担推动这些事情。比如说去开发资源，承担一些日常活动，虽然一分钱都没有，但是这么多人愿意来承担就好。有的孩子是自己来参加活动，在往返过程中，自己群体内部能给一些支持，比如说在公交车上见到某个孩子独立乘车或参加活动，我们家长一定要提示孩子下车啦或者带他一起上车，或者提示他需不需要喝水、上厕所什么的。

现在社会的亲和力更好一些，不像以前，以前可能也是资源缺乏，社会保障不是特别完善，家长压力特别大，情绪也是没有地方去释放。现在的公益组织也会定期组织户外活动或者旅游，尽管费用都是 AA 制，但群体结伴出游，孩子身心很放松，大家互相照应，家长也能够有短暂的喘息。

家长和家长之间互相分享一些政策，互相通报一些保障信息，相互倾诉内心的压力，也能够得到一些释放。我不知道你听说过没有，我们圈里家长常会说：最大的希望是能比孩子晚走二十四小时。如果孩子走在我们前面，我们就没有什么后顾之忧，身外之物是谁都带不走的，如果我们先他们而去，这孩子能不能有尊严地活着？这是每一个家长最担心的事情。因为保障还是不完善，反正靠着大家的推动会有一个好的发展，这次习主席的报告里，又再次提到民生的问题，相信我们这个群体也会有所改变。

张大欣同事口述

李顺凤，张大欣单位同事，幼儿园老师。

口述者：李顺凤
访谈者、撰稿者：曲赞竹
访谈时间：2019 年 5 月 26 日
访谈地点：微信访谈

问：请您简单介绍一下自己，好吗？

同事：我叫李顺凤，和张大欣是单位同事，我们都是幼师毕业的。

问：您是什么时候认识张大欣老师的？

同事：我是在 1984 年到的单位，当时张大欣没在单位，在休产假，她休完产假回来的时候，孩子已经会走了。

问：您什么时候知道他们家的情况的？

同事：她到单位时带着孩子。所以就知道了，有这样一位老师和她的孩子。

问：在您印象中，这位家长是怎样的一位家长？她为孩子付出了什么？

同事：我这位同事特别聪明、好学、语言表达能力极强。如果她没有把全部精力放在孩子身上，也许真可以成为我们学前教育行业的领袖。这些年我们看着她为孩子付出了全部，真是一言难尽。或许也只有她才能做到这样培养孩子，这样为孩子付出。

问：您作为同事，觉得这个过程中对这位家长来说最难的是什么？她有没有和您谈论过这方面的问题？

同事：她也和我们提到过，随着自己年龄增长，孩子以后的生活由谁来照顾，自己能不能独立生存的问题。这应该是最头疼也最重要的问题了。

问：您觉得孩子有什么变化？家长有什么变化？

同事：孩子还是挺让人欣慰的，所有的事情都能自理，很优秀的孩子，在体育方面也很有成就。他是个热心肠，爱帮助别人，心思比较细腻，另一方面又很胆小。家长有这样的孩子，她的内心是强大的。

问：您自己有孩子吗？如果有的话，您是怎样和孩子说明这些特殊家庭的？您的孩子会和他们一起玩吗？

同事：我自己有孩子，我们是邻居，孩子见面都会打招呼。

问：和您一样认识这位家长的人，他们对这类家庭的态度普遍是怎样的？您觉得整个社会对这类家庭的政策、态度怎么样？

同事：家长和孩子都不容易。现在的社会对这样的家庭虽然也有一些优惠政策，但总有一些条条框框的条件限制，给的补贴不算多，再加上社会支持也不够，都是一些小恩小惠，不能解决根本问题。

问：这位家长和孩子分别给您印象最深的事情是什么？

同事：家长带孩子去了地图上有的、没有的许多地方，使孩子开阔了眼界，增长了知识。阎上在见识和阅历方面要比许多孩子见多识广。这孩子参加全马，锻炼了意志，说明他的意志坚定，为了完成这个目标，他在努力。这些经历、这些品质，张大欣对孩子的付出，以及孩子的努力都使我自愧不如。

张大欣儿子观察记录

观察时间：2019 年 2 月 25 日

观察地点：张大欣家中

观察者、撰稿者：曲赞竹

时间	活动内容	备　注
9:00	独自骑车去西城区残联内的职康站参加活动。	1. 刷人脸或刷三代残疾证报到。 2. 换穿工作服、工作裤，戴工作帽。 3. 领口袋，分装餐具：叉勺、独立包装湿纸巾（将一次性叉勺及湿纸巾一同装进袋子里），供普通在校学生午餐之用。 4. 协助老师将装箱的餐具搬到楼外装卸车。 5. 协助老师给学员分发午餐。 6. 午餐。 7. 擦饭桌。 8. 洗餐具。
16:30—17:30	返回家中，与妈妈聊天，说日间活动情况。	在这期间独自烧水、泡茶，同妈妈一边聊天一边吃水果。
17:30—19:00	协助妈妈做晚饭。	帮妈妈洗菜、准备食材、盛饭等等，在一旁帮忙打下手。
19:00	参加跑团活动。	自行安排常态化跑步训练。
21:00	微信与朋友交流。	询问朋友近况，与朋友分享日常：参加了哪些活动，见到了哪些有趣的人。
22:00	洗澡、睡觉。	
注：周五、周日基本都去参加户外越野赛事志愿者服务工作：分发装备、赛事途中提供补给服务、起终点值岗、给参赛选手发奖牌等。采访日为周一。		

陪你一起成长

——冯文燕口述

冯文燕，湖北省武汉地区家庭领袖，特奥运动员孙熔焱之母。现在家附近养生馆工作，以便随时照顾家庭。

孙熔焱，女，2005 年 8 月 14 日出生，有一弟。现就读于武汉培智学校，特奥运动员。

口述者：冯文燕
访谈者、撰稿者：周康、王敏
访谈时间：2017 年 11 月 4 日
访谈地点：冯家

成为母亲前，我曾南下闯荡

问：您是哪一年在哪里出生的？

冯：我是 1979 年 5 月份，那个时候医疗条件差嘛，我就是在家里出生的。

问：家里面有几个兄弟姐妹呢？

冯：我们一家就是我跟我妹妹。

问：您受教育的经历是怎样的？

冯：我啊？就是职高毕业。1998 年毕业后就跟着老师一起南下深圳打工，全部人先后进到电子厂里面，一做就是五六年吧。在里面做过线路板的检查、质检、修理工作，修理偶尔还需要出差，或是组长代理人。平时还是比较忙的，星期六、星期天休息。

那个时候同学比较多，经常串串门，聊聊天，还是蛮充实的，也是蛮开心。到了过年，就特别想家，特别容易哭。九几年交通工具也少，没有高铁，只有火车和卧铺大巴车，经常买不到车票。第一年领导照顾新员工，早早就给我们这批学生放假了。我们都激动得一晚上睡不着，早早地就到车站等车，准备回家。后面的每年春节，领导就一视同仁了，我们假期时间变短了，肯定回不了家，同学们经常是聚在一起哭。

信息通讯也没现在发达，除了写信也不能干什么。一开始会去工厂电话亭打电话，家里人也接不到，后来就约个时间，告诉他们在哪里接电话。接到电话了，就说不出话。爸爸妈妈在电话那一端一直强调："要过年了，自己买点好吃的，不要舍不得，买几件新衣服。我们在家年货办得很丰盛，有啥有啥的……"一一排给我，他们都是报喜不报忧。我肯定也是把快乐分享给家人，隔几天就打电话回家。开始还是蛮难过的，慢慢就适应了。以前比较喜欢唱唱跳跳，搞一下轮滑。到了2004年，就回武汉结婚，结了婚后这些爱好已经丢了，没有爱好啦。回来在武汉先后做促销员，卖建材、卖食品啊这些。后来孩子身体不好，早上晚上都要搞孩子，就做了全职妈妈啦。

问：那您的爱人？

冯：他是1978年出生的。现在自己做一点小生意，所以他平常工作也比较忙，就像他们说，什么老板啊搬运啊司机啊，都是自己一个人做的。家里也管不了，孩子们也没空管。

问：您和您爱人当时是怎么认识的？

冯：也是同学，就初中、高中同学。

问：是一起南下去深圳呢，还是回来之后才在一起的？

冯：他没有，他在武汉当兵，我就去深圳。回来我们有联系，回家结婚，我就回到武汉来了。

问：还没有生孩子的时候，您就已经确定要做一个全职妈妈，还是其他考虑？

冯：那没有，准备是想来武汉做点事情啊，还是发展一下啊，还是这样想的。没想到孩子出生……出现这种状况，也就不能说去发展工作了，尽量以孩子为主。

你的诞生，太不容易

问：结婚后，曾经期望孩子将来成为什么样的人吗？

冯：那没有，那时候也没有什么目标，没有什么期望，反正就是要孩子健康。结婚那几年，2003、2004年，也没什么经济来源，工资也比较低，什么都没有，就想到了回老家，生活开支低一些，回老家生的姑娘。那里的医疗条件太差了，没想到就生成了这样。

问：当时生熔焱的时候做过产检吗？

冯：做过，就是家门口的武警医院，产检的单子都还在，结果都很正常，全部正常。孩子六个月的时候，我想着回老家去生孩子。那时我们住在中南路一个单间，自己也没有房子，什么都没有。就觉得这边费用也有点高，又没人照顾，当时我妹妹也还没成家。丈夫家也是，爷爷奶奶家也还有妹妹，没有嫁人，都有困难，没人照顾。所以我就想着回老家去生，离家近一些。哪晓得回去的时候六个月大了，还是七个月，回去还不到一个月她就出生了。

问：那就属于早产啊。

冯：对，是早产，并且是早产中的难产。出生还算快的，预产期还没到，就在家里要生了。妈妈就喊医生、喊车子来，因为是从小乡镇上、农村里面喊车子来，路上得两个小时，又是弯弯曲曲的山路，加上下雨天，又是晚上。车还没来家里面，熔焱就已经出生了。孩子出生就不对劲，到医院去，医生说还好，就是缺氧，那时候在老家乡镇医院里就住了差不多一个多月，出院也还好。来武汉了，才发现她可能有脑瘫。

问：孩子的问题有遗传因素吗？

冯：不是，这个不是。就是出生的时候医疗条件差造成的。

问：您记得她出生时有什么特别的地方吗？

冯：她更小一点，低体重，不到3公斤重。长还是有点长，有56公分长。在医院住了一个多月。后来感觉好像都恢复了，就回家啦。回家差不多有五个多月了，就来武汉，来武汉时她也不会走路。反正就是比正常孩子有一点慢。一岁三个月了还不会走路，就去医院查，也没查出问题来。

有一次发烧感冒了，她抽搐，去医院检查，医生说是高热导致的。后来不发烧她也抽搐，我们就转医院，去同济检查。医院说她有脑梗塞，有小脑萎缩，有癫痫。后来一直就看医生啦，这么多年，医院诊断就是脑瘫、癫痫。

问：一发现问题就赶紧去了医院，也没有耽误？

冯：对。因为一岁多了才发现问题，才去医治。出生的时候要是在武汉，医疗条件好的话，可能就还好一点。说实话，我对她还是蛮惭愧的，就是医疗条件差了，没有经济能力，回老家生，造成这样的，其实蛮正常的一个孩子。

问：后面去了同济医院，专家啊医生啊怎么说？

冯：他就说是癫痫。

问：有没有说怎么解决？

冯：说吃西药啊，就是服药。有的医生就是说脑萎缩、脑瘫。我们在中南医院也做了一段时间的康复，也没起到太大的效果。到处求医，儿童医院、同济、人民医院、中医院，别人介绍的北京啦西安啦，到处都看过，都没什么太大的改变。就是随着年纪的增长，倒强了一点点，就还好咯。

刚出生那几年，是不知道孩子这样，也没带过孩子嘛。再说我们初来武汉，老年人也在老家没有来，是近两年才过来的。那时候孩子生病了也不知道怎么弄，就赶快往医院跑。有时候半夜病啦，半夜发烧，就赶快送医院去。那时候也才成家没钱，说实话，住在医院里找同学找亲戚借钱。

问：那时候还顺利吗？

冯：借呢还是很顺利，身边还是有几个朋友，有些亲戚，找他们借，他们赶快借钱看病。熔焱那时候一个月要去医院三次。刚回来，没几天就又病了。一去医院，医生说要住院，又住几天。

问：当时开销很大吧？

冯：对，是的，当时住进去，她不就是抽搐嘛，要查这查那啊，反正也不懂，医生说要查就顺着查，没钱就找别人借。这几年来才稍微强一点点。

问：小的时候，上幼儿园之前，花销大概得有多少钱？

冯：上幼儿园之前，那也没怎么，反正一个月医生开医药费要 1 000 多块钱，吃的药。有时候还有检查，一年差不多也要好几万。欠的债现在才慢慢地还完。一直想着也蛮抱愧，你说要是不在老家，在这边生的话，孩子也健康，我们也不会欠债。

问：作为父母心情怎么样呢？

冯：就真的蛮惭愧，蛮抱愧。

（递纸，擦眼泪，缓和两分钟后）

问：确认脑瘫、癫痫的时候，是什么心情？

冯：当时，什么都不知道，只晓得哭啊。

问：检查的时候您和爱人一起去的？

冯：最开始检查是我和他都去。后来，一搞，生病了，也不能说不上班，他去上班我就一个人带着她在医院到处跑（哽咽）。那时候条件也差，电话坏了也联系不到人，我就带着孩子，生病了赶快到医院去，一会儿在那里抽血，一会儿在那里化大小便（擦眼泪）。他五点半下班回来，找不到人，就问街坊邻居，人去哪儿啦？街坊邻居就说去医院了，孩子生病啦。到了医院他也不好找，医院大嘛。

问：你们知道小孩是这个情况了，是什么心情？

冯：刚开始他不愿意跟亲人什么的说，因为在医院检查，医生也要问家庭、家族史，有没有这种情况是吧，问了之后反正也都没有这种情况。家里有时候去到哪里玩啊，他做生意嘛，带着也不方便。有时还是带着，别人都还是蛮同情，也还是蛮关照。

问：街坊邻居这些呢？

冯：也还好。以前住的小单间，就是平房，一长条，一出门都很熟，他们都还是蛮好。像现在楼上楼下，门都关起来了，就还不是太熟。以前住的小区，有时回来啊，人还认识的，还跟别人打招呼，都还是蛮好的。

普通幼儿园，压抑的时光

问：孩子上了四年的普通幼儿园，是在这附近吗？

冯：一开始我们住在中南路那边，街坊邻居有好人也有坏人，有心肠好的也有心肠差的。像熔焱一样大的孩子，有五个，别人有的两岁多就上幼儿园啦。就说，她家孩子怎么还不上幼儿园、她家孩子怎么又去医院啦，有的会这样说。有的还好，就说她家好可怜啦，她爸爸又不在家，你看小冯又带着孩子去医院啦，种种说法都有。有三四个孩子都上了幼儿园，我们也就把她送去了。两岁多上幼儿园。

但是在幼儿园呢，她健康这方面还好，就是学习进度跟不上。她已经小脑损伤了嘛，右手发育得差些，写字啊拿什么啊都是僵硬的，她直到现在拿笔的姿势都不对。我们私下里也跟老师说了，她比较特殊，反正跟着学，在学校也不逼她。有时候为了配合老师啊，说报什么兴趣班，我们也给她报舞蹈班，说实话还是不想她落后。

问：上幼儿园的时候比别人落后一点，那老师对她的印象怎么样呢？

冯：幼儿园的老师教的是正常的孩子嘛，老师也没有什么特殊的……可能有，但是也没直接跟我们说什么，就是说她吃饭慢一点啊，帮忙照顾一下。

问：还算顺利地读完了。

冯：对，还算顺利地读了四年。幼儿园都是缴费用的，一学期差不多六七千块，一年差不多一万多块。幼儿园还是学了点东西，拼音啊什么的她还是学了。

问：熔焱她自己喜欢去幼儿园吗？

冯：还行，有时候叫她练舞蹈她还是不愿意。在幼儿园还走丢了一次，在何家垅小东门，那里不是蛮繁华的嘛，离家有点远。从岳家嘴，我们到东亭那一块，过来还有四五站、五六站路。早上我又没车子，她爸又要去上班，坐公交车又挤，那时候我们节约一点，没有坐校车。街坊有一个孩子，也是一个幼儿园，他爸爸呢就早上送，我就下午接。那天下午我去接，我把另外一个孩子接啦，不知道什么时候熔焱就走丢了。另外一个小朋友，就是我帮忙接的那个小朋友就在那里喊，阿姨阿姨，孙熔焱没看见啦。我到处找，厕所里面找啊，那个小朋友也找，我就说赶快，你就在这里，我赶快去找。后来，幸好有一个舞蹈老师，不教她们，但是兴趣班老师，坐在公交车上，看到她在菜场那里到处跑，可能也知道走丢了。我这才知道了，赶快从马路跑到菜场那里把她找回来。旁边理发店的人呢可能也知道这孩子有点智障，坐在那里说别批评她，但是我带回来还是狠狠地批评了她一次。那天我猜还是有什么人把她带到那里去的，我猜应该有什么企图的。因为要过两道斑马线，有两个红绿灯十字路口，蛮危险的，那个时候又五点多，下班高峰期。如果自己走的话那还是蛮危险、蛮困难的。

那是正常学校，很多家长说话都是不一样的，有些用异样的眼光看你啊，或者是背后私下里说啊，都蛮多。所以，一般开家长会啊，或者学校做什么，我都是一个人在一边，不怎么跟他们交流。因为他们都讲，哎呀我的孩子舞蹈跳得多好啊，或者是我们家孩子……大声地讲啊。我们家孩子很差，我也插不上话题，就在一边不怎么作声。

问：她走丢啊，您去问老师，也说不清楚？

冯：诶，她也说不清、也表达不出来。我说你跟谁一起走的，你怎么过马路的啊，她也不知道。她说我一个人。我说那你怎么过，她说我跟着他们走的。后来，在她们班上，我就问老师，我说那个家长是不是有点可疑，是不是他带走了。老师也肯定不知道，就说不会啊。我说调监控看一下，老师也不愿意。最后要写个感谢信啦，要怎么怎么的，学校要求嘛，就把幼儿园名气搞好一点，夸一下他们。那要写我们还是写。有时候夏天，给老师买点水啊，给办公室买点东西啊，怕他不要孩子了噻。还是想办法送去读。

问：她可能年纪也小，不会表达，在学校经历了什么，回来也不会说？

冯：是的，有的孩子是爷爷奶奶带的，也不教他礼貌。有时候我们回家，坐公交车回家，他还说，孙熔焱你怎么话都说不清楚啊。别人奶奶也不拦他，也不说他。坐公交车都一起坐，有的小孩就说什么，孙熔焱你别跟我一起走。她知道，她也还是自卑。她说，我不跟他一起坐，他欺负我，他总是打我。甚至有的小男生调皮，他就说你别跟我走，你话都说不转，他就这样说的。她自己也知道，就说，我不跟他一起走，我们等下一趟车吧。

培智学校，心情灿烂

问：2012年上了培智学校，是吗？当时是什么机缘呢？武汉就只有这一家学校吗？

冯：对，2012年。好像江汉区还有一家，也不多，就江汉区和武昌区两所学校，其余就是私立的学校。

差不多五岁多、六岁了，要上小学了。到底去哪里上小学？当时也没找到残联啊政府啊，根本也不懂社会上有好心人士、单位那些救助，反正也没找过。到处问亲戚啊，后来是我妹，她在恩施教书，她说武汉有个培智学校适合她读，就想办法进了这个学校。进了这个学校我们才真的心情好一点，她的心情也好些了。

问：后来发现社会对这一块人群还是蛮关注的。

冯：对，还是蛮关心的。上了四年幼儿园，我们家长经常偷偷地哭，也没得一个朋友。

问：进学校有没有什么条件、要求啊？

冯：那还是有的。进这个学校，开始说要武昌区的户口；再一个就是学生的人数，只能有十个到十二个，不超过十二个，十二个满了你就进不来了；再就是在人民医院去做体检，好像是智商七十分以下才收，最后我们还是想办法满足条件了。

当时到学校，是现在的副校长接待我，学校跑了好几次，校长就告诉我要准备哪些东西，把这些材料准备齐了。那我就回去，赶快就搞户口啊，然后带她去做检查啊，都弄好了，开学的时候就把这些都带来，学校就收下她了。

在这个学校呢，孩子还是蛮有信心，就感觉她其实是蛮阳光的。以前在幼儿园，她经常跟我说同学欺负她，但是哪个同学她也说不清楚。

问：学校的收费是怎样的呢？

冯：这是政府办学，就收中午在那里吃饭的费用。

问：学校的条件怎么样？

冯：条件，反正也还可以。提升他们成长的那些班级还是有的，虽然没有那么豪华，但是普通的还是有。像什么音乐室啊美术室啊都还是有。文化课没多少，语文、数学、英语这些少，主要是特色课，体育方面的多一些，像什么滚球啊轮滑课啊，还有打鼓的腰鼓队啊那些。

问：学校的作息是怎样的？

冯：孩子们是八点十五分到校，中午在学校吃饭，也可以在家里吃饭，家长自己选择。

问：中午的休息时间是多久？

冯：从十一点到一点四十五。平时熔焱在学校吃饭，吃完饭愿意睡午觉的睡午觉，愿意看电视的看电视。

问：学校有宿舍吗？

冯：没有，就趴在桌子上睡。

问：熔焱上这个学校适应得还算可以吧？

冯：还行，上这个学校她也有自信，我们心情也舒畅一点。有时在门口接，跟其他家长还有共同的话题。毕竟大家都有这种孩子。这边有爱心的家长还是多一些，那么少数一两个，家庭条件特别优越的，联系就少一点。

问：学校其他孩子的情况比较复杂是吗？

冯：没有那么复杂的，有的是走路不方便啊。像他们班上，有腿脚不方便、走路需要老师扶着的，你不敢离得很近，怕绊倒啊；还有的见到人就打啊，书也给他们丢了；有的孩子坐着坐着好好的，突然好大声地吼叫。他是一种开放式自闭症，时不时嚎叫一下、搞一下，也有的人是内向的自闭症。

问：熔焱玩得好的朋友是什么情况呢？

冯：她好像也是出生的时候造成的医疗事故，情况和熔焱差不多。

问：学校的老师是受过培训的吧？

冯：嗯，他们可能是受过特殊培训的。说实话，学校的老师、校长都还是蛮有爱心的。学生很多都是高高大大的男生，有时候在校长身上拍啊打啊抱啊，他还是说，快进教室去、进教室去，都还是蛮不错。九年级还有一个托养班，有的十八九、二十几岁都还在那里读。因为家长工作繁忙啊，没人照顾啊，关在家里不安全，白天家长上班的那个点，他到这里来学一下什么串珠子工艺品，放学自己回。

问：熔焱跟老师相处得怎么样？

冯：都挺好的，所有老师都还蛮喜欢她。

问：老师是来做家访，还是您去学校的时候跟您沟通的？

冯：家访也有过，但是少，有时候可能一年、一学期一次，可能就是在楼下坐着讲一下。反正比起在普通学校，那还是好多啦。一般都是我过去，送去上学的时候跟老师沟通一下，有时候也开家长会。

问：老师有没有向您说过和孩子相处的一些方法？

冯：老师经常说，他觉得她在学校是怎么样啊，他觉得这种方法比较好啊，他会给我推荐。说实话，熔焱有时候是两面性的，她还是怕老师的，这一点她和正常孩子一样。在学校她很听话，回到家里就有点任性。有的孩子就不一样，在学校不管是怎么样都不怕。她老师就跟我讲，你们换一种方式说，不要批评她。老师给我提出，要让她像在学校这样子，给她多戴高帽子，多夸一下她，她蛮能干（笑）。她做好一件事，你要不停地表扬。在家里也是，她做好一件事，给她不停地表扬，你越表扬她越高兴。她做错了一件事，你说她，她烦了就知道打，她经常打弟弟、欺负弟弟，还打奶奶啊，抢东西啊，就是这样。

问：可能不能以我们平时的态度去对她？

冯：是的，她有时不听话我就严厉地批评她，我跟老师们也经常交流，我说有时在家里就很严厉地批评她。老师说，那你换一种方式啊，正面地跟她交流，她可能就是因为你对她凶了，她就用反抗来对你。老师经常这样跟我们沟通。

问：您跟家长之间有联系吗？

冯：那有联系！

问：会有什么组织吗？

冯：家长组织还没有什么，但是也提到过，有些家长就是说我们班上组织一次出去谈谈心啊，就带着我们的孩子谈谈心啊，从去年开始就想要组织的，总是今天这个不能到场，明天那个有事不能到场，就是组织不起来。不过还是都有意愿，就组织一起，把孩子也带上，孩子也交流，家长也交流下，但是就没有组织起来。

问：他们是九年义务教育，读完九年，接下来是继续读书吗？

冯：接下来，就不知道了嚜，有蛮多人在关心他们的就业问题，踏入社会的问题，也是我们关心的问题，就不知道怎么弄。

九年以后读完了，有好多在家里，就靠父母每天陪着，这种孩子你不能把她一个人放在家里。老师也讲学校出去的也有做保安的啊做餐馆的啊，但是毕竟是少数。就不知道他们踏入社会怎么搞、怎么弄，这也是我们最关心的事。你讲正常人都不好找工作，像他们这种有智力障碍的，出去更不好做工。

问：国家对这一块好像是有帮助的吧？好像是有阳光工场？

冯：阳光家园、阳光工场，反正蛮多家长有时候一起讨论这些事情。好像广东沿海地方有，北京那边不知道有没有，反正这边是没有。

特奥运动，小溪汇入大海

问：您是通过什么机会了解到特奥运动的？

冯：学校老师经常锻炼他们啊，她今年参加了特奥滚球比赛，2017 年 5 月在邯郸举行特奥滚球比赛，她参加还夺了个银牌。

问：您让她出去比赛，是怎么考虑的？

冯：只要老师肯带，证明她还是比较能、比较优秀的，我们配合嘛。不管再怎么没时间呐，或者说没钱，还是抽出时间来陪她一起去。

问：当时您陪她一起去的？

冯：嗯，要家长陪。家长陪，住宿这些费用都自理，孩子就是学校和政府来负责。家长你愿意去就去，不愿意去就不去。但是大多数家长都陪同去，因为好像都是小的儿童组，没有年龄大一点的。

问：您去邯郸比赛的情形是怎样的？

冯：反正就是很激动，她也不懂规则啊，乱投。他们是团体比赛，另外一个伙伴是个唐氏宝宝，更听不懂规则，拿着就乱丢的。她呢，还听得懂一点规则，但是她心里紧张，她说我怕比输了啊，又怕挨不到球啊。她心里其实压力也蛮大，我也知道。颁奖的时候，一说念到她的名字啊，真的是激动地哭了，又是激动，又是感动。还是不错的。

问：熔焱对这个项目是什么感觉？

冯：她也是喜欢，表现也还可以，老师也教得蛮好。她上的那个叫什么课，就是培养她的协调能力的，就是说有滚球啊、串珠子那些东西。

问：加入特奥运动会是一个怎样的报名程序？

冯：主要是老师在负责，就是说你们孩子准备几月份参加特奥，你们家长支不支持？那肯定支持啊，配合，坚持训练一段时间后去参加比赛。

问：平时是怎么训练的？

冯：平常上课的时候练啦，然后放学了就抽出一个小时在学校练习。体育老师陪着，家长也陪着。

问：现在比完赛以后还训练吗？

冯：那也还训练，平常有体育课程。就是训练得少一些啦。

问：特奥的内涵比较丰富，除了比赛之外老师有没有让她参加其他的活动？

冯：有，像在湖北大学参加特奥运动啊、融合运动啊这些，中医药大学也去过的，再就是像实验中学啊，经常有特奥融合比赛。后面的这些比赛就是玩的，比较轻松，就是让他们融入社会，增加感情嘛。

问：去参加特奥运动，他们和伙伴的关系怎么样？

冯：那很好啊，就是在邯郸去参加特奥，是全国特奥的滚球比赛，像四川的、海南的，都很好的。下场都拥抱啊，就都跟她交流，“你叫什么名字啊”“你几岁啦”。这些伙伴沟通起来都还是蛮好。问她，你喜欢班上哪个老师啊。都还是有共同语言的。

问：有没有她回来一直提到的、关系特别好的朋友？

冯：她也经常提，以往出门就要我跟她拍个照，就说，妈妈你给我拍个照。要我给她保留下来。她四川的那些小姑娘就跟她拍照啊，一起交流啊。

她在学校比赛，像今天滚球比赛。她赢了呢，蛮开心，她说妈妈我一定要拿块金牌回来，要争取得个金牌。要是成绩不好呢，就有点气馁，她说我不想去了，我不去了，她就是这样的。

问：特奥运动员的家长之间熟悉吗？

冯：特奥运动员？那都是后来参加比赛训练的时候才熟悉的，只跟本班的家长熟悉，别个班的家长还是不熟悉，都是训练的过程中才熟悉的。

问：后来您是成为了家庭领袖，是吧？

冯：反正，也不是说家庭领袖（笑）。

问：您是哪一年成为的呢？

冯：家庭领袖？就是今年，2017 年 6 月份的时候。

问：当时是什么样的情况呢？

冯：就是因为参加特奥滚球比赛从邯郸回来，校长就说要家长讨论一下，最后就推荐我去杭州参加东亚区的家庭论坛，学习了一次。

问：武汉有多少家庭领袖？

冯：武汉这边，暂时好像就两个？两三个，反正不多。

问：去杭州的经费是怎么样的？

冯：去的话是政府、国家拿钱嘛①，去杭州参加家庭领袖学习等于是国家拿钱的。

问：您做家庭领袖，您的爱人还有奶奶是什么态度？

冯：都蛮支持的，也蛮开心。

问：现在是刚做家庭领袖不久，有什么具体的工作吗？

冯：现在，工作也没有落实得很具体。反正学校有什么活动啊组织一下，就是说要是学校公益活动，要家长配合、要记者来、要发言什么的，就配合一下。都是简单的小事情。

问：那有没有跟您说家庭领袖以后要怎么做吗？

冯：有，杭州开会了回来有说过，就是说以后可能要把家长组织起来，搞一些活动，搞一些讲座，讲一下这些智障孩子、关于智障孩子以后的一些问题。在学校这方面，需要家长出面，或者是搞个什么活动，需要家长参加，我们就会去。像学校搞个什么朗诵诗歌，需要评委呀，或者是需要其他什么，家长都很自愿，学校这边也做得蛮好，家长比较省心。学校老师也蛮有爱心，很多方面都负责任。我不好组织家长，组织不起来，老师安排，家长就会听，也会执行。我们家长，也没有微信群，没办法把活动组织起来。而且这些家长怎么说呀，都各有各的事情和想法。再说孩子在学校受到学校的教育，学校有统一的安排呀，家长已经很省心了，没怎么操心。

说实话，这方面还是感到蛮惭愧，没有付出，什么都得得到。怎么说呢，我感觉我在家长中间没有起到一个大的作用。有时候像湖北大学这边，他们经常举办特奥嘉年华，差不多一学期有个两到三次吧，爱天使工作室，他们搞得也还挺好的。这段时间学校老师不够，有很多时候，我们家长陪着学生，帮老师照顾一下他们。以前我们也经常去华师参加活动，还有很多地方，远一点的地方也经常去。这几年老师不够，所以去的远的地方也不是很多啦，大多数都是在湖北大学这边吧。

我从去年开始参加特奥会的家庭领袖活动，参加过两次，我觉得那些家长们都做得很好；而且特奥东亚区这边，也对我们这些家长付出蛮多，做得也蛮好。去年群里要搞周年活动，在西安举办，我去那儿，觉得做得是蛮好的。

我自从做了家庭领袖，一起学习两次，就从阴影里面慢慢地自己走出来了。以前走不出来，以前别人谈论孩子的时候，我就是在一边不说话，免得别

① 此处讲述有误，差旅费由特奥会东亚区提供。

人说你的孩子。别人都在学跳舞呀画画呀钢琴呀，那些人会问你们家孩子怎么样样都不学呀，怎么怎么的，别人都有一种异样的眼光，或者说是你自己心里就有一种不一样的看法。自从孩子进入培智学校，多少就强一点了，反正跟这些家长在一起还是有共同话题，跟正常孩子的家长在一起讲话，没有共同话题，因为别人都不懂得不理解我们这种特殊家庭的家长的心理。

家庭领袖组织的活动像一根线把我们连在一起，组织的家庭领袖座谈会，我像打了鸡血一样，很开心。说实话，刚开始只听得感动，感动得流泪呀，觉得怎么的，孩子们不容易，家长更不容易。后来慢慢地就是一种促进，就觉得这家长真的很了不起，很优秀的。再后来就觉得很平常吧，就你觉得心里没有阴影了。

问：开会的时候有没有提到以后活动的经费、场地这些问题怎么解决呢？

冯：那还没有具体弄。这可能是一个未来的工作，到时候要开会才决定这些问题。

问：您觉得特奥会还存在什么问题吗？

冯：这个我只参加过一次。反正他们也搞得很公平公正的，我作为家长也没觉得什么不足（笑），还可以。因为这种全国性的特奥运动会，我也才参加一次，我觉得他们也搞得蛮严谨。

问：我个人觉得您上次陪同去邯郸，也应该把您的经费解决了，毕竟孩子们也是需要家长陪同的。

冯：是，我们过去也是多一份沟通。要是家长不去，老师又要顾孩子，又要顾赛场，又要顾后面其他问题，事情多着！要是家长去的话，老师就只要顾这些赛场上的事情，孩子的安全呐，穿衣戴帽，家长可以分担一部分。

问：根据你们平常的交流，特奥运动员的家庭普遍是一个什么样的状况？

冯：就我们这次去的特奥运动员，家庭不是说很富裕，也不是说很可怜，大多数呢都还是普通家庭，有几个家庭还是爷爷奶奶带着的，爸爸妈妈都还是在做事。这些家庭的孩子一般都是两个，不是一个的。有的还照顾弟弟妹妹。差不多有一半是爷爷奶奶陪伴。

问：这么多年纪大的爷爷奶奶陪同，特奥方面对这种情况怎么处理呢？

冯：学校不会让年纪太大的去很多。

问：九年毕业以后，要是去工作，您觉得可以做哪方面的工作？

冯：还真是没有想到过，不知道她做个什么工作比较好。她现在这样，算账也不会，你说她给别人做个饭呐，她好像也不那个……

冯文燕母女合影

问：既然存在问题，您觉得现在政策、社会或者学校还有哪些地方需要改进的？

冯：我觉得像她们这种孩子，交流方面没大障碍的，还是可以做一点力所能及的事的。

问：从今天的接触来看，熔焱还是比较正常的，可以做一些事，不是只能过每个月领点补贴钱的那种生活。

冯：对，还是不想这种生活方式，还是想让她出去，踏入社会、融入到社会里面，做一点事情。我一直是说，想看她大一点了能做点什么，或者是让她慢慢培养一下，还是要踏入社会。现在就是也没发现她有什么爱好，也没发现她有什么特长。边走边看，看她大一点了有没有什么爱好，可以培养一下。

家庭新变化，姐弟情深

问：怎么想到再要一个孩子呢？

冯：她两三岁，一直病一直病，医院里那些医生、主任都熟悉了。医生也劝，你们还是考虑再生一个，她以后也有个伴，免得你们老了，她也不会好到哪去。医生这样说，身边的亲戚朋友们也是劝。但是她爸爸就是说不生，怕以后再生一个，对她怠慢了，对她不好。还是就带她。医生也是把我和他喊到一起说，你们现在三十三岁就要生，到了三十六岁以后就是高龄产妇，你想要都不能要了。他身边那些同事也晓得姑娘情况，也劝他。

后来我们就是说也生一个，不会对她有怠慢。她爸爸就想再生个女儿，姊妹两个贴心一点，好陪伴。反正也不知道，也没做什么检查，就是在中南医院生的，生下来，医生都认识了，儿科医生全都认识，妇产科的医生也听说是哪个哪个，打招呼了，说是她家的，也就知道我们了。问生下来是男孩是女孩，我就说不知道。后来，才知道是男孩。

这些年里弟弟一如既往地对她好。有很多例子，比如学校要搞“六一”活动，两个都是周五上午，需要家长陪。我就问姐姐，你是要我陪去吗？她说要妈妈陪她。弟弟也同意，蛮感动。不管什么时候，二十四小时他都是先让姐姐做决定，他再做决定。小时候姐姐什么都不会，我就是说，让她自己慢慢弄，慢慢搞，总有一天还是要自己弄。她就喊弟弟快来过来帮我一下，她弟弟就赶快去帮她。我要是想批评她，弟弟就会说，没事没事，给她一次机会吧。让我给她一次机会。我真的是蛮感动，觉得弟弟真的是对姐姐很好。

冯文燕女儿口述

口述者：冯文燕女儿孙熔焱
访谈者、撰稿者：周康、王敏
访谈时间：2017 年 11 月 4 日
访谈地点：冯家

问：熔焱，你最开心的事情是做什么呀？

女儿：去动物园。

问：和谁去的？

女儿：和我老师和同学们。

问：是几个老师带着？有多少个同学？

孙：雷老师。

问：一个老师带着？

女儿：嗯。

问：全班都去吗？

女儿：张老师，两个张老师。我有两个老师，张老师，还有一个雷老师陪我们去的。

问：那去了玩什么？玩旋转木马、碰碰车？

女儿：(点头)。

问：下午回来的？

女儿：对！下午是我妈妈去接我回去。

问：学校不是寄宿的？

冯：不是，也是每天早去晚回。

女儿：下一次我想去动物园。

问：你想让老师带你去，还是妈妈带你去？

女儿：下一次我要把妈妈、奶奶还有全家的人都带去。

问：弟弟也要去哦。

女儿：嗯！想去动物园。

问：想去动物园看什么？

女儿：长颈鹿、狮子！还有，兔子。

问：你想喂长颈鹿，知道长颈鹿吃什么吗？

女儿：叶子。

问：在学校里玩得开心吗？

女儿：开心。

问：平时是早上几点上学？

女儿：九……嗯……八点到校！

问：中午怎么办？在哪里吃饭？

女儿：中午在学校吃饭。

问：早上怎么去的？自己一个人去还是妈妈送去？

女儿：奶奶送。那里拦着的，那里拦着了，就奶奶把我送过去。奶奶送过了马路，就我自己去的。

问：平时都怎么上课？有哪些科目？

女儿：有上语文、数学，还有音乐、美术。

问：美术课你有什么作品吗？画了什么东西吗？

女儿：我们做杯子！

问：然后呢？

女儿：我们又画了小船。

问：老师夸奖你没有啊？

女儿：（点头）语文就是听老师讲。

问：他会不会让你起来读一下？

女儿：是的，反正我举手回答！

问：你在班上有玩得好的同学吗？

女儿：有。

问：是同桌吗？

女儿：是。我跟 A 是一对好朋友。

问：你们放学以后联系吗？打不打电话交流？去不去他家玩？

女儿：我不知道他的家在哪里。

问：你们平时怎么玩啊？一起干吗啊？

女儿：一起……一起画画。今天调位置了！

问：你和他分开了是吗？

女儿：没有，我还是挨着 A 坐的。因为是必须换了位置，因为是必须，老师让我们挨着。

问：你们换位置是怎么换？自己想和谁坐就和谁坐吗？

女儿：张老师说要把 B 同学调给 C 同学一起坐。

问：老师为什么要这么做啊？

女儿：因为是必须，他了解 C 呗。C 最爱说脏话！

问：这个不好，老师肯定要批评她的。

女儿：我们老师还有教鞭！

问：老师平时用教鞭吗？

女儿：要用。

问：班上有同学被打过吗？

女儿：就 D 咯，他很调皮。

问：你表现这么乖，老师肯定不会惩罚你哦？

女儿：对，不会。

问：2012 年入学，现在是五年级咯，是六年级以后就毕业，还是？

冯：九年的！

问：学校有什么？老师办公室去过了吗？

女儿：我有一次，张老师要我给陈老师送本子，我就是自己去的。

冯：还有音乐室，还有什么？嗯……你们下雨在哪里轮滑的？

女儿：在四楼，看视频。

问：美术课是在教室上还是去其他地方上？

女儿：在教室。

问：她的那些同学都还可以吗？

冯：他们学校，反正，她算交流起来还比较顺畅的。她在他们那个年级还算可以，他们有脑瘫啊自闭症啊，还有唐氏宝宝的。

问：老师的管理？

冯：还蛮重的，因为各种各样的问题都有。

女儿：这就是我在五楼的时候买的。（拿出购物清单）一瓶营养快线、一个面包、一袋薯片、一个……

冯：这是么子？

女儿：这一块糖。这个，果冻……

冯：一袋果冻噻。

女儿：一袋果冻！一，一袋……一袋海……一块巧克力，一块海带，这是我买的。

问：还有什么啊？

女儿：我看一下（翻书包），这是我的音乐书。

问：唱歌的吗？

女儿：我不会唱。

冯：老师教给你，你不会唱啊？（笑）

女儿：（翻书）《美丽的黄昏》。

冯：那就唱嘛。

女儿：（小声唱）美丽的黄昏，美丽的黄昏。美丽的钟声，叮咚叮咚。

冯：这就唱完了？（笑）

女儿：妈妈，这个教了，可是我不会。

冯：教到这里来了？

女儿：这个我会，不教我都会！小老鼠，上灯台。偷油吃，下不来。喵喵喵，猫来了。叽里咕噜滚下来。

冯：又是读的，这还是在幼儿园上的吧。这是在幼儿园学的。

（孙翻书）

问：已经上到这里了吗？

女儿：没有，我们在电视上面天天看朵拉，因为朵拉是说英语。（翻书）

问：都最后一页了。

冯：都翻完啦。

问：等到新的书来，你又上新的年级了。

冯：我就是六年级。

（孙把音乐书放回书包，拿出语文书）

女儿：这是我的语文。这是第一课。（读课文）

问：这语文里面你最喜欢的是哪一篇？读一篇给我们听一下，最喜欢的哦！

女儿：第二课，《两只小猫》。（大声朗读课文）

冯：哪只猫懂事啊？

女儿：小白猫。

冯：哦，小白猫懂事些哦。你休息一下，你眼睛看太近了，要休息一下啦，看那么近。

问：你休息一下咯，我们跟妈妈聊会儿天，然后再跟你玩。

冯：你也可以去下会儿棋。

女儿：我不想下棋。

冯：去下一会儿，没事。

女儿：我还有作业。

问：那你去做一下作业，休息一会儿，然后我帮你检查，可以吗？

女儿：（点头）。

冯：好，可以，你去做去。

冯文燕女儿观察记录

观察时间：2018 年 12 月 1 日
观察地点：学校和室外
观察者、撰稿者：周康

时间	活动内容	备　　注
9:00—9:45	在操场上体育课。	
9:55—10:55	在教室上文化课。	
10:55—11:40	继续回到操场和同学们上体育课。	
11:40—12:20	到学校食堂吃饭。	
12:20—13:20	在教室午休。	
13:20—14:00	自由活动，下午准备和同学们一起参加融合活动。	
14:00—14:12	和家长、老师上车，一起去往华中师范大学。	
14:12—14:36	到达华中师范大学篮球场。	场边已经拉起了横幅和海报幕布，海报左边的横幅写着“第 26 届国际残疾人日迪卡侬基金会特奥校园行”，右边写着“小天使我想对你说”。
14:38—14:43	聆听发言，宣布融合活动正式开始。	
14:44—14:50	参加当天活动：运篮球，和华师、湖大志愿者配合运动，参观华师志愿者物理实验表演。	
14:50—16:30	拍照留念，领取礼物。活动结束后与老师们一起乘车离开。	

早期干预很重要

——D先生父子口述

D先生，陕西省西安地区家庭领袖。陕西某医院医生，育有两子：长子1979年生，毕业于某985重点大学；幼子小D，特奥运动员。

D先生之子小D，1987年生，唐氏综合征。1994年至1997年就读于某普通幼儿园，2003年6月毕业于某普通小学。由于干预早，小D看上去很阳光，生活能自理，喜欢画画、唱歌、跳舞、打乒乓，能正常与他人交流。

口述者：D先生、D先生之子小D
访谈者、撰稿者：李巧宁、陈海儒
访谈时间：2017年8月10日、2018年1月14日
访谈地点：D家

在普校顺利成长

问：大夫，您是哪一年的？

D先生：我是1949年生的，今年68岁了。

问：小D，你是哪一年出生的？

儿子：我是1987年12月25日出生的，属兔子的。我的大名是我爸给我起的，小名是我妈起的。我还有个英文名叫Peter，是以前在慧灵的时候，有个英语非常棒的老师给我起的。

D先生：他妈嫌他的大名笔画多，写起来麻烦，又给小D取了个小名，写起来方便。

问：小D，你哥哥大你几岁？

儿子：八岁。他和我嫂子现在都在西安，他们都对我很好，很爱护我。他们现在有两个孩子，一个女儿一个儿子。我特别喜欢我侄子和侄女，侄女是在

广州出生的，她很小的时候我就抱着她，现在都上小学了。小侄子快一岁了，会叫我“叔叔”了。

问：小D，你在哪儿上的幼儿园？

儿子：在我家旁边的幼儿园，是六岁多去上的。刚开始到幼儿园学认字的时候我觉得比较难，后来老师和爸爸妈妈耐心地不断教我，就不难了。

D先生：我们怕他小学跟不上，让他在幼儿园多待了两年多，把学到的东西巩固一下。从这方面来说，也是得到了幼儿园领导和班上的三位任课老师荣丽萍、姜云清、杨宝艳的特别关照，他们心地都很善良，在生活上对他特别照顾，但在学习上把他当正常孩子来严格要求，为了教会小D写字，手把手一遍又一遍不厌其烦。还有幼儿园的一位炊事员唯恐他吃不饱，每次午餐发花卷都给他多发一个。

问：小学呢？

儿子：小学也离家不远，一直念完了小学六年级。不管是学语文、数学，还是英语，对我来说都是很大的挑战，尤其是数学，我一直在努力。我是少先队员，上课一直都在认真听，回家后爸爸妈妈也经常辅导我。

D先生：孩子上学晚了两三年。小D上的是个很好的重点小学，能进去是这样的：我带着孩子去找该校教务主任详细说了情况，并请求她一定要帮忙。她对孩子仔细地进行了面试，看看小D认字写字都不错，也挺有礼貌的，又没有暴力倾向，向校长汇报后对我们说：“试试看吧！”就这样把小D收下了。

小D是该校建校至今唯一一个这样的孩子。那时许多这样的孩子被拒绝于校门之外，小D非常幸运地被普通学校接纳了。学校领导和老师们此后一直给予特别多的关爱和帮助，让他得以上完六年小学。所以，小D从童年和少年时代起，就感恩帮助过他的老师，逢年过节给老师打电话。他的记忆力很好，一直到今天，仍然记着老师家的电话号码。虽然别的孩子七岁上小学，他是大约十岁才上的，但是由于老师、家庭的帮助，以及他自己的听话和努力，他能够在学习上跟上进度，从没留级过。

上小学的时候，除了数学比较吃力，其他课程如常识、计算机（学会了电脑操作上网打字等）、音乐、体育、英语等都还好，没有不及格的。尤其是他喜欢美术，爱画画，成绩不错。再一个，他平时喜欢看故事书，语文很好。四年级的时候，期中考试，区教育局统一出题，他们班好几个同学语文不及格，他考了67分。另外，小D每学期的操行评语都是“良好”。至今我都保存着小学的所有成绩册，各科的教科书、辅导书和作文、日记、各科作业、试卷等。

小 D 上小学时很喜欢体育，一个重要原因是体育老师对他特别开了小灶，体育教研室主任甄老师认为小 D 多参加体育活动有利于身心健康，让他参加学校体育队，每天早上和队员一起跑步训练。小 D 下课没事的时候就爱到体育教研室去转，这是其他同学都不能享受的“特权”。有个叫刘慧芳的体育老师知道小 D 爱踢足球，还买了一个足球送给他。这些老师们教育同学要善待小 D、不许欺负小 D，这使得小 D 一直受到同学们的理解尊重，和同学们团结友爱。

2003 年 6 月小学毕业的时候，学校别开生面地在操场举行了一个毕业典礼，除了年级老师外，校长、教导主任、少先大队辅导员都参加了，年级的六个班毕业生围成一个方阵，小 D 在会上读着自己写的发言稿，说：“亲爱的老师、同学们，我就要离开这儿了，我心里很难受。离开这儿以后到哪儿去，我也不知道……”这是他的真实感受。说心里话，我也不知道孩子小学毕业以后会到哪儿去。当时，校长、老师听了都流眼泪了。市电视台进行了采访，以《一个特殊的毕业典礼》为题播出了。

问：小 D 上小学的时候，数学对他来说很难。难到什么程度？

D 先生：比如说，100 减 2 等于几他学会了，100 减 12 等于多少，他就要想想了，不能触类旁通。不像汉字，很直观，他写一个字，就能知道它的含义，比方说“水”字，他就知道对应的是什么东西，所以他语文一直不错。

问：按说 20 以内的加减法小 D 会做，日常生活中买个小东西之类他应该可以的？

D 先生：按理说应该可以，但我们以前对他缺少这个方面的训练。起初我们试着让他买东西，被人骗过，曾遇到不良商家给他少找一些钱，我们发现以后就很少让他买东西了。他现在在天智神画工作室[①]的午饭我们一般都给他带，但偶尔也让他去饭店买。他很喜欢自己独立去买饭。我跟他妈说，要让孩子锻炼这方面的能力，有时候也让他自己去超市、商店买东西。小 D 其实很聪明，出去买东西一般会要小票，拿回来让我们看一下对不对。现在我们总是给他一些钱，让他随身带着，根据需要自己买东西。小 D 挺喜欢这样，他买

① 天智神画工作室：陕西省西安市一家为残疾人提供艺术培训的公益机构，2017 年改组为西安市莲湖区天智神画阳光家园。

了东西如饮料、小吃之类回来会和我们报账，一般情况下都对。

问：他现在的数学概念还是比同龄人差一些？

D 先生：要差一些，这是他唯一的不足。别的方面他为啥行？是因为我们干预得早。数学方面，我们对他锻炼不够。我认识一个名叫 WR 的唐氏综合征孩子，父母是摆小摊的，他小时候一直跟着父母，经常接触应该找几毛钱之类的小账，时间长了，孩子的计算能力就挺强的。小 D 小时候买东西被骗了以后，我们就很少让他再去独自买东西了，这对他是个压力，他从此就怕自己去买东西，就错失了锻炼机会。我现在常想，父母教育孩子的时候，一定要放开，让孩子能够没有压力地去尝试；即使孩子没有做好，也一定不要责备。为什么小时候让小 D 放个录像机、开个电视机什么的，他一看就会，几乎是无师自通？玩电脑、手机比我和他妈强很多，我们经常搞不清楚怎么弄，是因为他做这些，我们每每表扬鼓励他，使得他增加了自信。所以，培养孩子的能力，正确的方法很重要。

问：小 D 的程度这么好，为什么没让他上中学？

D 先生：如果让他上普通中学，学的东西对他来说太复杂了，比方说数理化，我怕他跟不上，对他是一种打击。这种孩子对艺术方面的东西接受得快一些，抽象的东西接受起来比较困难。我想着不如让他走向社会，学一点生存技能，做点对他来说不太困难的事，比方说画画、做工艺品，同时发挥他打乒乓、跳舞之类的特长参加演出比赛。

不断攀登新舞台

问：小学毕业以后小 D 就到慧灵去了吗？

D 先生：小学毕业以后在家里待了一个多月，2003 年 8 月就去慧灵了。当时西安慧灵才建立。

这年 7 月，我的一位老友 LZF 为了患有自闭症的外孙，曾经到北京慧灵去考察，认识了慧灵的港籍创办人孟维娜。西安慧灵成立后，孟维娜来西安，见到 LZF，说从北京派到西安慧灵的负责人要回京，让 LZF 帮助在西安找一个合适的人选主持管理西安慧灵。LZF 找到我，我当时正为孩子离开学校的去向没有头绪，立即前去和孟维娜畅谈。详细了解了慧灵的情况后，我认为这个培训机构确实不错，但一直做医生的我不一定能管理好，应当由教育专业的人士来做，我答应可以尽力帮忙，并且把小 D 放在慧灵。后来，孟维娜从北京慧灵派来张丽红担任西安负责人，聘我做顾问。我建议慧灵建立家长委员会，以便家长和老师沟通。

小D到慧灵后，我们家经常去做一点服务、奉献，如，妈妈每周都要去做义工，并将家中物品消毒柜之类捐送给慧灵。他哥已经在外企工作了，也经常去慧灵看望小D并买食品给那里的孩子，孩子们都高兴地对小D说："你爸、你哥人可帅了!"

那时，我还专门到慧灵附近兼了一家医院就是德通医院每周半天的专家门诊，离慧灵很近，每周都买些小食品去慧灵看望孩子们，了解小D和机构的情况。小D每天自己坐车往返慧灵，经过一段时间，老师觉得他能力比较强，就让他做老师的助手，有意识地让他为伙伴们做些服务，帮助老师做些事情。比方为了锻炼独立生活能力，小D有一段时间全天候在慧灵，晚上和几个学员住在家庭公寓，有男同学洗澡，他帮着给放热水调试水温，开关热水器等。

问：慧灵招收学员有年龄限制吗?

D先生：年龄没有明确的限制，但慧灵希望招一些程度轻的、好带教的。小D离开慧灵的时候，慧灵的老师说："慧灵的大门什么时候都是为你敞开着的。"我们后来又介绍了智障人士群体里的一些家长带着孩子去了慧灵。

问：小D去的慧灵的哪个机构?我在网上看它叫慧灵智障人士工作站，下面有五个分支机构。

D先生：最开始它在西安只有一个机构，在西安莲湖公园对面。后来发展很快，有了五个分支机构，甚至扩展到西安市以外，比如商洛。慧灵虽然收费稍贵一点，但教育观念先进，思想活跃，活动比较丰富多彩。像这种孩子就应该到这种地方去。很多孩子反映，去了慧灵以后进步很大。有个女孩L，以前一直待在家里，小D觉得跟她说个话得解释半天，去了慧灵几年以后，现在我们见到，进步很大，和小D在一起什么都可以聊。

儿子：我是在莲湖公园对面的慧灵。慧灵对我来说是个非常好的学习地方，在这里学会了好多本领，像舞蹈、唱歌、做手工。老师带我们经常参加演出，记得2009年夏天我们还在西安电视台的《周末大家乐》里演出了两次。最难忘的是到香港去巡演，那是非常好的机会。

问：你什么时候去的香港巡演?

儿子：2006年，我十九岁。

问：你们到香港去巡演，主要表演什么节目?

儿子：主要是舞蹈，是团体的，像《感恩的心》《动起来》，还有诗歌朗诵、走模特。

D先生：小D在慧灵学会了许多舞蹈、歌曲，以及语言节目如绕口令等，表演的机会多，主要接待参观来访的中外爱心人士。他舞跳得很好，一直领舞，并参加社会上举行的各种活动演出。教育小D，我感觉是你越鼓励他，他越自信，越胆大，就敢于去尝试，就有了提高。

儿子：慧灵的老师还带我们去过广州、顺德、东莞、深圳、澳门巡演。广州是一个很大的城市。那个时候我哥跟我嫂子在那儿工作，我们去巡演，我哥买了很多东西给我们慧灵的学员，还请大家吃饭。

D先生：慧灵的总干事张丽红很喜欢小D，在很多场合都表扬他，并且给他发挥才能的机会。慧灵重在开展开放式的教学和活动，老师除了带学员们去公园、郊外游览外，还经常教学员们唱歌跳舞什么的。小D在慧灵跳舞很出色，他跳的独舞和领舞《感恩的心》《动起来》《凤凰传奇》等。除了经常接待国内外到慧灵参观访问的爱心人士与团体外，也经常参加社会上的表演和比赛。比方说，2010年小D参加过由共青团中央主办、在北京举行的包括残疾青年在内的全国青年《炫亮中国》才艺大赛，就是跳的独舞《感恩的心》。我陪他去的。那么大的场面，他一点都不紧张，很冷静，一上台去，还临场发挥讲了一段话："我喜欢跳舞，但是没想到今天我能在这里表演，感谢这次宝贵的机会……我想给大家表演手语舞蹈《感恩的心》。"下面立刻响起一片掌声。他跳完以后，铁道部总文工团的一个老年评委这样评点："这个孩子跳得这么好，把我都感动了！我从来没见过有人跳这个舞把真挚感情表达到这个程度。"她说着就掉眼泪，拿出手绢来擦。一个总政歌舞团的女评委接着说："这个舞蹈难度不是很大，但是我所看到的最有真情实感的表演！"她们这么一说，评委们都鼓掌了。那次小D被划分到大学生组比赛，总共有五六百人参加，得表演一等奖的有三四十人，他得了一等奖。

儿子：《感恩的心》这首曲子和舞蹈非常励志，我们在慧灵学了很长时间跳这个舞。为啥叫"感恩的心"？因为每个人都要对帮助过自己的人们感恩。演出舞台是每个人展示自己的很大的平台，以我的心态来说，就是正常发挥就行，自己是什么样子就是什么样子。我在慧灵的时候，不管是巡演，还是接待外国人表演节目，我觉得都是很好的学习和锻炼机会。

问：慧灵也像一般的学校一样教文化课，像语文、数学、英语吗？

儿子：语文、数学最开始有，后来就用其他方式取代了，主要是英语、手工这些。老师教我们手工比如穿手链，作为小礼品送给来慧灵的客人。每个月还给做手工的学员发5块钱。我们经常接待的有美国、英国、澳大利亚等国的人……这些国家的人到慧灵去，我们就用英语跟他们交流，对英语学习是很大的帮助。我们有英语老师，经常给我们教日常英语会话。像澳大利亚是“Australia”，英国是“English”；美国可以说成“USA”，或者“America”。

问：小D在慧灵待了多长时间？

D先生：有八年多吧。小D在这里和老师与学员们结下了深厚的情谊。像张丽红和现在继任总干事的蔡景华，还有潘存军、钱大宏、常燕、庞小红等老师，小D都经常说起。

由于慧灵当时没有就业项目，我们希望能有一个培养小D工作能力的地方，就让他2011年离开慧灵，去了位于西安东郊的馨乐阳光家园，参加了电脑培训等。

不到一年，又离开馨乐，去了心心特教中心，在那儿学习做灯笼，有一年多时间。由于心心特教中心工作环境不理想，2014年2月，小D又离开了。

我们当时认为，小D已经成人了，让小D具备生活能力和工作能力、有一技之长、融入社会刻不容缓。当时我和他妈妈都已经退休，就帮助他提高生活技能，如在家里学习做饭、洗衣之类等，并辅导他读书学习，如每天写日记、练字、画画等，由于小D很喜欢书画、打乒乓球，我们就陪伴他参加了由西电残联与爱心人士在南郊杨家村办的免费书画学习班，学习书法、画画。同时，每周参加西安市残联乒乓球训练中心的练球。此外，还让小D到好友开的饭馆做过几个月帮工，参加社会实践。陕西省和西安市智协以及我们家所在社区组织的活动，小D也经常参加，还不时被张家村办事处下的鸿雁阳光家园及志愿者组织邀请去参加一些演出活动，如和省团校联欢、学雷锋日、助残日活动等等。这样约有一年，直到后来去天智神画室。

问：小D现在在哪儿？

儿子：我现在西安北关的莲湖区天智神画工作室。我是从参加画风筝那个活动开始去那里的，我去那里整整三年多了。我们在那里学画动漫、国画、水彩画。我现在画的是咱们中国传统的手工喷绘——彩绘葫芦。

D先生：2014年3月的时候，省残联在陕西省图书馆前开展爱耳日活动，由专门培训聋哑孩子的天智神画室操办。神画室负责人车国娟就来电话给我请小D去参加这个活动，她是西安美术学院毕业的，一直有志于在培训智障人士绘画能力方面做些工作，三年多前我曾经带小D去找过她，想让她教小D绘画，当时一并带去了小D的自学动漫画作。她当时还没有办起画室，就告诉我们等待机会。爱耳日这天她特地请小 D 在白纸糊成的风筝上画画，小 D 就一连画了几幅动漫画，参加活动的人们很惊讶，觉得小 D 画得挺好。连当时省残联工作人员都向小 D 要画。

事后车国娟老师就打电话给我们，要小 D 去她办的天智神画室。进天智神画工作室是要考的，要能通过，车老师认可小 D，要小 D 去那里学画、制作手工艺品葫芦。这种葫芦是一种精美的挂件，可以作居室、汽车上的饰品，已经注册商标，远销国内外。从此小 D 一直在这里学习和工作，从给葫芦上底色到在上面画花卉，都能独立完成。

就在这一年 5 月的助残日之前，西安电视台记者去天智神画工作室采访在这里学画的聋哑青少年，但是看到正在另一个桌子上画葫芦的小 D，十分好奇，就转而对他进行了详细的采访。助残日这天，西安电视台播放了《小 D 的故事》这个专题节目，引起了不小反响。许多残疾人，包括面临毕业的西安启智学校的学生家长都来到天智神画室，一时间神画室的学员就达到饱和了。

顺便说一下，小 D 曾经多次被媒体报道过。2006 年他在慧灵的时候，也是陕西电视台要做助残日的节目，到慧灵去，看到正在领舞的小 D，觉得他跳得真挚感人，特地采访了小 D 和我，在《述说》栏目制作了《幸福的小 D》这个节目。当时采访的记者在开播前电话通知我们说，虽然因为时间关系，压缩了一些内容，但是陕西电视台的艺术总监看了后还是感动得掉眼泪了。后来陕西电视台把这个节目推荐给四川电视台。四川电视台也到我家来进行了采访。当时民政部有个副部长看了节目很感动，来陕西的时候，就问起小 D，想给他拍一个电视剧。但是由于我和小 D 的妈妈都没有演出才能，就婉言谢绝了。

问：小 D，去那个画室要交学费吗？每天你都去吗？

儿子：对我们这些人都是免费。我们在这里制作彩绘葫芦，每个月给我们发 100 块钱工资。从周一到周四每天都去，周五去半天。周末那里有对残疾人的绘画课程。

问：画室有对外交流的活动吗？

儿子：有很多。比方说，2017 年 8 月，澳门的学生来西北大学交流，西北大学就联系我们画室的老师带我们去参加了交流活动，我们每个人都画了一幅画，送给了他们。我们还一起给澳门学生表演了舞蹈《小苹果》，我是领舞的。这个活动挺有意义的。我去福建参加全国特奥运动会的时候，和澳门的选手打过乒乓球比赛。

问：画室现在有多少人？

儿子：二十多个，有的是自闭症，有的是身体患有其他残疾的。画室原来有一个自闭症的男孩，是个很帅的小伙，他病情比较严重，后来离开了。

问：小D为什么没有上西安启智学校①？

D先生：启智学校招生有年龄限制，不能超过十六岁。我们之所以没有上，是小D年龄已经超了。早在2003年时，我们成立了智障人士家长联谊会，有几百人参加，去西安市残联、民政局要求为这些孩子办一个学校，一起为这事奔走了好几年。后在陕西省、西安市残联的支持下，终于成立了西安启智学校。

最开始，启智学校的孩子毕业以后的去向是个问题。2014年5月助残日西安电视台《幸福的小D》节目的播出②，在宣传励志的同时，也传递了天智神画室在残联支持下创办并招收学员的信息。这给了启智学校不少孩子家长们一个启发，带着孩子去了小D所在的天智神画室了解情况。我还记得2014年8月，在莲湖公园举行西安市特奥日活动时，小D和女大学生志愿者一起主持，好多孩子的父母看见小D后，就找我问："小D现在去的画室怎么样?"我说："很好!"于是也有家长把自己的孩子送到了画室。

问：小D的视力怎么样？他刚开始到天智神画室觉得怎样？

D先生：小D十几岁时，我的挚友美容专家周黎安无偿给他精心做过眼部美容手术，改善了局部症状。周本人也是个画家，他说画画是需要一双好眼睛的。

他开始去画室那阵，师资不到位，只有一两个，让小D也帮些忙，如每天早去帮老师开画室门之类。小D很喜欢做这种事情。

儿子：老师非常信任我，把钥匙交给我，后来老师多了，早上去得也挺早，我就把钥匙交给老师了。

问：小D，你的朋友多不？

儿子：多。西安东郊、北郊阳光家园的，慧灵的，画室的，参加了工作的同学都有，还有一些教过我的老师、志愿者，也和我有联系。画室的人主要来自西安启智学校，我们相处得一直非常好。

D先生：很多人都喜欢和他交往，包括一些女孩。像双休日，总是有很多

---

① 西安启智学校：2008年12月经陕西省西安市人民政府批准成立的第一所面向智力障碍儿童的特殊教育学校，在开展九年义务教育的同时，为智力障碍儿童少年提供职业教育和康复训练。2010年开始招生。

② 2014年助残日，西安电视台播放的节目《小D的故事》。

朋友来找他，一起游园、看电影、唱歌等。

问：小D的认字能力怎么样？

D先生：他认字认得很多，经常看书，如《哈利·波特》《上下五千年》之类。他办有省、市图书馆借书证，因为拜师学画，常去借阅美术一类书籍。他连一些繁体字都认识。那天我们一大家人去唱歌，屏幕上有些繁体字，有的同龄人都不认识，但他没有不认识的。

问：小D，你怎么认的繁体字？

儿子：我去香港巡演接触了一些，另外我在广州慧灵的时候经常听粤语歌曲，后来也跟着学粤语，接触了不少繁体字。另外，遇到不认识的，我会查字典。

D先生：小D的哥嫂有一段时间在广州工作，我们多次去广州，有一次把小D送到广州慧灵待了大约两个月。我岳父是西工大的教授，我岳母是我们医院的业务院长，他们抗战时期在汉中读的国立西北联大和西安医学院，退休以后多年居住在深圳工作的儿女家。我们年年带小D去看望二老。他们现在都去世了，一个去世两年了，一个今年去世了。

儿子：我姥姥和姥爷对我非常好，他们去世我非常难受。我姥姥去世的时候，家里人都瞒着我，怕我受不了，后来才告诉我。我姥爷去世前生病在医院里，我看着他在医院受疾病折磨，心里特别难受，总是看见他就想哭。

问：小D情商和智商都挺高的，他完全可以正常地生活。

D先生：好多人都这样说他。他也努力按照要求，努力提高独立生活能力，如坐公交去阳光家园、到工作的画室、去景区游玩，都是自己独自往返，而且他很懂事，出去如果不能按时回来，会给我们打个电话，让人很放心。还有自己洗衣服，会做一些饭菜。

参加特奥打乒乓

问：小D，你参加的是哪一届特奥运动会？

儿子：我参加的是第五届全国特奥运动会。我获得银牌两枚、铜牌一枚。

D先生：那是2010年9月在福州举办的，他参加的是乒乓球项目二十二至二十九岁组的男子双打、混合双打、单打。

问：你从小就练乒乓球？

儿子：我从一上小学就喜欢，我爸和我妈为了帮我练球，家里买了小型红双喜乒乓球案子，放在客厅里，家里人天天都陪我练。参加全国特奥会之前，去西安市少年宫还有西安市妇女儿童中心参加过训练，我妈妈的好友哈青珍、曹瑞两位阿姨经常陪我练。

D先生：说起孩子小时候练乒乓球，跟他妈妈有很大关系。他妈妈1960、1961年是西安体校的业余学员，一直热爱体育，觉得身体是孩子的根本，主张通过锻炼提高身体素质。乒乓球这个运动不是很剧烈，适合小D，我们就自己买了乒乓球台经常陪他练，他妈妈还请了同事和朋友里的打球高手教他。小学毕业以后，我们又给他报名参加了市少年宫的培训班，提高乒乓球艺。他非常刻苦，人家练一遍，他就练好多遍。教练夸他："你看这孩子多努力！你们都要向他学习。"

儿子：我是2004年到2005年去的少年宫，还有市妇女儿童运动中心的训练班，每周练两次。

问：你咋知道特奥会的？

儿子：刚开始我不知道，是2010年夏天参加特奥夏令营时杨琪阿姨给我说的。她鼓励并且推荐我参加特奥运动会，还请西电残联乒乓球教练崔永红老师指导我，崔老师和她爱人白钢老师都是专门给特奥会乒乓运动员做教练的，给了我很大的帮助和勇气。一直到现在，我都还在练乒乓球。西电残联阳光家园的学员里有两个女孩L和J，也参加了这次特奥会，并且后来参加了世界特奥会比赛，我跟她们一起练球，成了最好的球友，直到现在。这两个女孩现在都有工作了，挣了钱还请我吃饭，对我特别好。当然我也用自己挣的钱请她们。

问：乒乓球训练对你来说艰苦吧？

儿子：我热爱体育运动，特别是打乒乓球，不管天冷还是天热，我都坚持去练。参加残联和智协组织的体育活动和比赛，即使有时有些累，我不觉得有多苦，对我来说是一种磨炼。

问：小D是否还被推荐参加了世界特奥会？

D先生：是的，但是没有成功。由于小D多年参加省、市、区残联智协组织的特奥运动会和相关活动，经常去西安市残疾人乒乓球训练中心打球，2015年3月，他被陕西省特奥会推荐到中国特奥委员会，参加当年在美国举行的第十四届世界夏季特奥运动会的乒乓球项目比赛，陕西是男女运动员各两名。推荐表已经填了报送上去，但是当时智协觉得不能四个男女乒乓运动员都是西安的，建议把两名男运动员名额给宝鸡，小D和另外一名一起经过选拔进去的男运动员就没去成。

问：你从什么时候开始做特奥创始人纪念日主持人的？

儿子：从西北大学那一次开始的[①]。

D先生：小D从2010年到2014年一直参加省、市残联组织的特奥日夏令营活动，在2011年作为特奥运动员领袖代表营员在大会上发言。从2012年起到2015年，在国际奥委会东亚区、陕西省暨西安市举办的EKS日[②]，就是特奥创始人纪念日大会上，小D一直当主持人，分别和西安科技大学、西北大学、西北工业大学等院校的另一名女大学生志愿者共同主持。小D还多次参加和服务于西安特奥家庭论坛，做过特奥运动形象大使、运动员领袖，参加过西安市迎奥运长跑、西安市特奥运动会等活动。

去年在新城广场的特奥日活动，五类残疾人都参加，西安市残联安排小D去接待省残联的理事长，小D拿着神画工作室制作的手工艺品，向理事长介绍、推荐。理事长很高兴，当下掏出钱买了下来。

由于小D多次在陕西省暨西安的特奥运动会纪念日当主持人，参加各种特奥运动会和活动，所以，这个群体中不少人认识了小D，他获得了很多朋友和友谊。现在的西安市智协主席杨琪和他第一次熟悉，是2010年夏天在长安区高冠瀑布下举办西安市第四次庆祝全国特奥日活动暨特奥夏令营活动时，会场气氛比较沉闷，杨琪让小D出来走了一下模特步，好多孩子纷纷上去跟着走，一下子气氛就活跃起来了。杨琪给了小D很多锻炼和展示才能的机会。在长期的交往中，杨琪和小D建立了深厚的情谊，杨琪让她的儿子叫小D哥哥，说小D是她的另一个儿子。对此，我们一直怀着感恩之心。

儿子：我参加的比赛、各种大型活动，给了我非常大的信心和正能量，就像我唱的那首《隐形的翅膀》、跳的《动起来》这样的舞蹈，让我感到自己很阳光。

尽全力干预治疗

问：通过和小D的交流，我发现他很多方面都很正常。当初你们是咋发现小D是个唐氏患者的？

D先生：我和小D的妈妈都是医学院毕业的医生，我是内科，他妈妈先

① 指2012年9月下旬在西北大学举行的特奥活动，当时小D是主持人之一。

② EKS日，即尤尼斯·肯尼迪·施莱佛（Eunice Kennedy Shriver 1921—2009）纪念日，在每年9月的第四个周六。尤尼斯·肯尼迪·施莱佛是国际特奥会的创始人。

是做儿科医生，后来到防疫站，做传染病防治工作。

小D刚出生时，是个“小样儿”，体重只有4.6斤，但是眼部及其他部位的唐氏症状不明显。满月后不久由于呼吸道感染发烧，住院期间，请了多个科室的医生来给他会诊。眼科主任侯医生很有经验，一看眼睛，就把我叫出去，跟我说小D可能是个唐氏患者。这种孩子主要症状是吊眉、眼距宽、伸舌头等，但小D此时这些特征不是很典型，也不明显，再加上小D的哥哥生下来很好，我们没想到第二个生下来会有什么问题。但是这是很要命的大事，必须马上搞清楚，我和妻子当即就抱着小D去西安市儿童医院做了染色体测定，接诊的主治医师邓奋良是一个印尼华侨，看先天性疾病比较有经验，结果出来以后诊断为唐氏综合征。我们不甘心这样的检查报告，又到西安医学院二附院去做了染色体测定，结果是一样的。确诊了，这对我们无异于晴天霹雳。

问：发现患了这种疾病后，你们的第一反应是怎样的？

D先生：刚开始断定小D是唐氏综合征后，他妈接受不了，终日以泪洗面，我也很痛苦。反思以后，我意识到，虽然他妈妈在产前做过一些检查，包括B超，都没有异常，但是由于我们大意，没有进行羊水穿刺做染色体检测，加上生育小D时，我们已近四十岁了，属于高龄生育，容易出现这种情况。小D生下来，不是他的错，而是我们的责任。

痛定思痛之后，我们决定，不管怎么样，不能够对不起这个苦命的孩子，一定要好好养育，哪怕千辛万苦，也坚定不移。在陕西电视台2006年做的《幸福的小D》那个节目里我也讲了我们的决心：明明知道抚育这样的孩子要肩担一辈子的重负，我们也绝不后悔，一定要探索唐氏综合征无良法医治的世界难题，我们深信“只要精诚所至，石头上也会开出鲜花来”。

就这样，小D还在襁褓之时，我们夫妻就走上了尽最大努力培育小D身心健康、让他能有较好的生活质量的漫漫苦斗之路。

问：确诊小D是唐氏患者以后，你埋怨过他妈妈吗？

D先生：埋怨过。我们第一次去儿童医院做检查的时候，还抱着一丝侥幸，也许不是唐氏患者。我们俩抱着小D，很忐忑。拿到检查结果以后，一看，我很生气：“怀孕的时候我让你做羊水穿刺检查，你为什么不做？”后来一想，事已至此，埋怨毫无意义，只有正视现实、互相理解、一心一意抚育小D，更何况谁也替代不了她作为亲生母亲对孩子的爱。那时，有的男子一看有这样的孩子，就会放弃婚姻，把孩子扔给女方。这种事我是绝对做不出来的。好多亲友、同事、同学都说我对小D精心耐心至极。我认为，抚养善待自己的孩子是天经地义的，也是一种修行。看到小 D 现在的情况，我觉得皇天不负苦心人，我们对得起良心。小 D 不仅有非常良好的生活习惯，对人也非常真诚。有个这样的孩子，我觉得我应该更多地做善事，才对得起大家的理解、支持和关心。

问：作为医生，你们都从哪些方面来对小 D 进行养育治疗的？

D 先生：自从小 D 的病确诊以后，我们就经常去陕西省图书馆、新华书店、医学书刊上查找相关资料，寻找有效的治疗方案。那时没有现在的互联网、电脑，全凭自己翻阅纸质的东西。同时，四处寻求有关专家的指教和帮助。

工作之余，我们把主要时间和精力放在照管小 D 和他哥哥上。对小 D 来说，首先是保证他身体特别是大脑发育的足够营养，保证经常有牛奶、鸡蛋、鱼肉、水果等等有助于发育的饮食。按照西医方面的治疗，主要是补充多种维生素，服用了 21 金维他，加强认知和肢体训练等。后来，我的大学同学、原北京铁路总医院现北京世纪坛医院神经内科主任屈晓霞还将运用较大剂量的维生素 B2 的治疗方法及时告诉我，并且给了我不少建议。按照中医“肾为先天之本”和“骨为脑之髓”的理论，我们给小 D 服用小粒六味地黄丸补肾，服用龙牡壮骨丸来补脑，等等。长此以往，中西医双管齐下，通过医食疗法与身体训练、按摩推拿强化肌体等的结合，取得了明显的效果，使得小 D 的身体得到了正常的发育。

其次是培育小 D 的认知能力。从婴幼儿时，我们就常带着小 D 外出看看外面的世界。当时我们居住的周围还是一片庄稼地，沿路看到羊、牛，就教他认识羊、牛。很多时候我们到外地去也把孩子带上。为了让他多见世面，他从上学前班时就跟着我坐火车、坐飞机。无论到哪儿，我们见到什么就教他什么。到火车站，就带他看火车；带他去珠海、青岛坐轮船，就抱着他去看海。平时的周末，就带他去公园、动物园，也带他看演出之类。接触各种东西，对他大脑是很好的良性刺激。他见多识广，就能提高理解力。这种孩子早期干预非常重要。

问：1987 年妈妈生小 D 的时候，您一直在跟前吗？

D 先生：小 D 是这年 12 月 25 日即圣诞节出生的，是一个吉祥的日子，所以直到现在，我都认为小 D 是命里注定送给我的孩子，我应当终身爱护他。他妈妈生产时就在我们医院，我一直在身边，接生的都是我们同事。整个生产的过程较长，大约有二十个小时。记得生下来以后，护士告诉我说：“生了一个带把儿的!”还说:“看看小样儿!”“小样儿”就是说足月怀胎生下来的婴儿显得有点老气。

问:小D生下以后吃母乳还是?

D先生:他妈妈是高龄生产,没有一滴奶,所以他一直是人工喂养的,很辛苦。

问:他小时候你带得多还是他妈妈带得多一些?

D先生:我带得多。他幼儿园和小学都在我们医院旁边,通常都是我送他去接他回,也经常抽空去看一看他学习、游戏、做操、上体育课的情况。他妈妈做防疫工作,经常要下基层和铁路沿线单位。

问:唐氏综合征到底是怎么回事?

D先生:唐氏综合征是一种先天性遗传疾病,患者比正常人多一条染色体,智力发育迟滞。武汉的指挥家舟舟就是这种患者,他在艺术方面有天赋。我们的经历表明,早期进行科学的、精心的治疗和康复训练,会取得非常好的效果。多年来,我在回答众多这类孩子的家长问话“你们怎么把小D培养得这么好”时,都这样说:“这种孩子你一定不要嫌弃,要更加呵护,干预治疗一定要早。”我也告诉他们,在用西医治疗此病的时候,不妨也从中医方面找些办法。前面说过,我们从生下发现病症以后,就给他增加营养,采用了中医的食疗方和补脑补肾的药物,如龙牡壮骨冲剂、地黄丸以及其他针对他的病症的药物如黄芪、太子参等。小D近一岁时,我又开始给他加用了耳压疗法。

问:为啥要做耳压呢?

D先生:我在医学资料中看到中医应用耳针或耳压治脑瘫有相当的效果,我就想,能治脑瘫就证明它能够改善大脑功能,就应该对小D有效。由于孩子小,用耳压比用耳针痛苦小、无创伤,更方便。事实证明,耳压确实有效。我们医院做耳压做得非常好的中医科主任罗兴中主任医师,八十年代的时候就已经治疗了不少脑瘫患者,医技精湛,医德高尚,在业界久负盛名。小D不到一岁时,我就把他带去请罗主任给他做耳压治疗。中医科还有一个张根生主治医师,人也很好,他们几个人承包了这个耳压科室。小D每次一去,不用挂号,不用排队,优先给他做,而且从来都是免费的。耳压的原理和耳针一样。耳针是通过针刺耳朵上的穴位来治病,而做耳压是用王不留行子,一种很小的颗粒,比六神丸还小,去压耳廓上的穴位,以到达治病效果。罗主任、张医生都是精心地把能够健脑益智、通心活络的穴位进行组合,在小D的耳朵穴位用镊子按上王不留行子后用胶布贴上。每两天耳压一次,一周三次,那时候还是每周休一天。我们一直认为，小D的心智和身体发育与持之以恒的耳压治疗有相当大的关系，罗主任、张医生等同事们为小D的精心治疗，我们永远都感激不尽。

问：小D做耳压做了多长时间？

D先生：有十来年，一直到他上小学后。做耳压要根据情况不断地变换穴位，耳朵上要贴的穴位很多，由于耳廓上多是软骨，肌肉少而薄，压上王不留行子还是有痛感的，但小D从来不叫苦。坚持耳压配合其他的药食治疗等，明显改变了小D生下来身体较弱的状况。以他的牙齿发育为例，该出乳牙时，我带着孩子去找我们医院牙科的王庆平医生，她检查了以后说："没问题，在里面萌芽着的，不到两个月就能长出来。"后来只过了一个多月就长出牙来，而且很整齐。从几岁开始，我们就教他自己刷牙、洗脸、洗脚。他到现在都是每天晚上洗脸洗脚或洗澡，换洗内衣内裤，养成了清洁卫生的好习惯，根据天气情况自己选择衣着，显得得体、阳光。

问：耳压那么好，为啥咱后来没给他做了？坚持做不是更好吗？

D先生：因为后来身体发育已经正常了，能上学了，此后要靠的是智力与学习、生活能力的提高，主要靠家庭、学校教育。

问：您和妈妈两边的家族有过唐氏这种情况吗？

D先生：没有，两边的家族都没有这种病史。出现这种情况，跟他妈妈高龄生育，也可能还与怀孕时感染病毒有关。我们的大儿子出生后心智发育良好，但是幼小时，可能与我们夫妻长期接触结核病等传染病患者有关，他身体受病毒感染了，得了病毒性心肌炎。病毒性心肌炎在八十年代初还是比较难治的。孩子老是发烧，心脏也有所增大，让我们很揪心。他五年级的时候，家里他的病历已经有一大摞了。我们经过考虑，决定再要一个孩子。那个时候申请生二胎很不容易，但我们带上大儿子的一大摞病历去计划生育委员会申请，通过了。

生小D的时候我爱人近四十岁了，高龄生产，再加上孕期她患风寒感冒，感染病毒，发了几回烧，吃了几次药，容易出问题。说心里话，除了主观原因，客观原因不容忽视，也就是说和我们的职业、当时的居住环境不好、经常接触传染病传染源有关系。生下老大是病毒性心肌炎，生下老二，又是唐氏患者。两个孩子小时候都把我们累坏了。大儿子屡屡因为病毒性感冒发高烧，小D抵抗力差，也很容易患感冒。

小D两岁左右的时候，得了一次严重的肺炎，住进我们医院儿科抢救，面罩二十四小时给氧，有人劝我们就此放弃孩子，免得一辈子受累，虽然都是出于好意，但是我们不为所动。给氧的时候，我和我爱人两个轮流守护，我们那时候只要一松手，面罩一掉就没氧了，孩子就会没命。我唯恐自己累睡着了，影响按着面罩给孩子给氧，用棉签狠扎我的大腿内侧。这期间，特别感谢医院的领导和同事们，尤其是德高望重的儿科主任吴明昭、贾娅医生等儿科的所有医生护士竭尽全力对小D进行医治护理。吴主任在小D住院期间还经常为小D做富有营养的饭菜送来。时任院长的李承志也几次来看望。医院还请了当时西安医学院的儿科主任李公正教授来会诊，他是我爱人的老师，我爱人是西安医学院毕业的，当时上学的时候他给上过课。李公正分析了小D的病情，鼓励我们说："孩子能吃能喝就能活。你们这么尽心，上天都会感动的。"真是孩子能吃能喝就能活！我们抢救了一个多月终于把小D抢救了过来。他好了以后，我们都特别高兴，我抱着他，和我爱人、我小妹妹一起在大雁塔那儿照了一张相。那两个多月我没理发，头发特别长。那是我平生最难忘的照片。从那以后，我们更坚定了决心：竭尽全力，一定要把孩子带好。

虽然唐氏综合征的症状是发育迟滞，但在我们的努力之下，小D各个年龄段可说都是发育正常的。比如认知方面，在幼儿时可以准确认人，哪个是他伯父，哪个是他姑，哪个是他舅、他姨，他都能分辨清楚。他三岁多的时候，能够把小童车从家里的这个房间骑着拐弯到另一房间，有的正常孩子都做不到。他动作协调能力还行。

问：他是本来就动作协调能力强，还是你们给他锻炼的结果？

D先生：锻炼的结果。比方说他婴儿的时候，我们就在他的床顶上方挂个铃铛，一响，他就转过去看，锻炼他的听力和脖颈的灵活性。他长大一点，我们教他手指游戏，像"斗斗飞"，锻炼他手的灵活性；他五岁时教他踢毽子，锻炼他身体手脚协调能力。记得当时我们给他买了很多毽子，以防毽子丢了和坏了没可用的。我们还手把手地给他教系鞋带、系红领巾、洗小手绢、洗碗……教他劳动，对手、对大脑都是很好的锻炼。

他在阳光家园的时候，老师也常锻炼他，让他帮着干一些事，比如让他领着其他学员做操、沿着公园散步等，当然老师们也不离左右。我给老师说："只要不危险，让他去干，对他是个锻炼。"这种孩子，就应该尽量让他多实践。

小D孩童时就肌肉不松弛，包括牙齿和骨骼都正常发育，这得益于我们懂得医学知识，早早干预，也与他能够配合锻炼有关。

语言方面，从咿呀学语时，我们就教小D发音、说话，指着各种物体、动植物等等，教他认识并说出来。童年时，为了锻炼小D的语言能力，我们自费在家里安装了电话，让他接电话、打电话，这个办法还强化了他和外界的沟通能力。总之，这样先天发育有问题的孩子，在培育中更要各方面都注意到，且越早越好，父母亲决不能够对孩子破罐子破摔，不仅不要错过幼年时代，而且即使是到了成年，也要在各方面进行指导，培养学习、生活乃至工作能力。要每天和孩子交流，了解他都在做什么，有些什么心理活动。《卖花姑娘》那个电影里有一句话叫“只要心诚，石头都能开花”。我真觉得是这样，我们的诚心在他身上见效了。比如读书写字，他一到幼儿园，老师手把手地教认字，严格地要求他读书，写字一遍一遍地写，使得他养成了写字工整的习惯。我们则从他上幼儿园起，就给他买了许多适合他的图文并茂的书，给他讲解。到了小学时，鼓励他看童话、神话、《上下五千年》《儿童身边的1 000个为什么》《动物百科》《西游记》等等，并让他写日记。直到现在，小D都经常写日记，把自己生活中的大事、参加的各种活动和感想记下来。

家长联合创未来

问：您前面说以前你们有个家长联谊会，是什么时候组织起来的？

D先生：是在2003年。小D小学毕业，去哪里成了我们面临的大问题，也是多数智障人士家庭共同面临的问题。当时我咨询了许多智障人士家庭及组织，一了解，没有专门的学校。那个时候西安能接纳这种孩子的学校很少，主要是在西安市第一、第二两个聋哑学校里设置了几个班，进行智障孩子的培训。我们带着小D去考察，发现这两个学校已经是人满为患。我们想，西安有那么多智障人士，要是能有个专门的智障人士学校对他们进行培训该多好！同时，我们也希望智障人士家庭能携起手来，一方面互通信息、互帮互助，一方面共同商讨和推进智障人士就业、社会保障等问题。当时智协的组织还不健全，国家出台的好多有关智障人士的政策落实不到位，现在当然是越来越好了。

我们心里很着急，就联络家长们成立了西安智障人士家长联谊会，推举离休老干部王明政为会长，我和西安仪表厂的职工张晋林为副会长，成员起初有几十人，后来越来越多，一度有二百多人。大家一起去找西安市残联、民政局反映问题。周末组织家长带孩子到公园搞一些活动，如演出之类，还募捐过一两次，作为给参加演出的这些孩子的一点报酬。我记得当时是给主要演员每人10块钱，其他演员每人5块。小D是主要演员，但为了避嫌，我也是给他5块。后来觉得不妥，就不搞募捐了。组织家长带着孩子们游山玩水，都是自费。此外，西安五星街天主教堂提供给家长联谊会一间很大的房子，作为每周搞活动、开会的室内场所。

那个时候，我们的活动搞得挺红火的，家长们都很热心，参加的人很多，商讨问题的时候，大家都很积极踊跃。有好几位家长主动把大家关注的问题写成书面建议，自己出钱打印，然后一起找政府的相关部门。尤其是王明政、张晋林、薛艳等成员，在这些活动中出了不少力。西安启智学校就是这样经过呼吁，残联、民政局积极行动办起来的。

令人感动的是，不少家长着眼的不只是自己孩子，而是西安智障人士群体。比如，呼吁办启智学校的时候，好几位骨干家长的孩子已经过了上学年龄，学校办不办跟自己的孩子关系不大。还有一件事也是我们家长联谊会促成的，就是我们为这些智障的孩子呼吁办公交免费卡，因为这些孩子中有不少不能够独自坐公交，我们还要求给作为监护人的家长也办理。当时这个建议书是我起草的，众多家长签名，我们复印了很多份，一起找省市残联、民政局、公交公司、西安广播电台、报社等部门。过了六七年，2011年西安终于实行了让所有残疾人都免费乘坐公共汽车的优惠政策。

问：这个组织是用什么方式把大家联络起来的？

D先生：最初主要是用电话通知家长骨干，再由他们分别通知自己熟悉的其他家长。慢慢有了约定俗成的时间地点后，大家都自动来参加。杨琪做了西安市智协主席以后，家长联谊会的活动就和智协的活动放到一起了。虽然杨琪平时工作忙，但对于智协工作非常尽力，活动搞得有声有色。比如，在杨琪的倡议下，我们联系西安交大等十余所高校开展过智障人士进高校活动，我和智协的王成柱副主席等参与并组织了每一次活动。智障人士和家长们与大学生们一起联欢交流，促使更多大学生志愿者加入助残活动中。陕西省残联认为这些活动很有意义，给予很多支持。

问：这个家长联谊会搞了多长时间？

D先生：两三年。到2005、2006年的时候家长联谊会就渐渐活动少了，我们中间一些比较活跃的成员如张晋林因为工作调动到外地，王明政年迈多病不方便再参加活动，我也因为兼职较多，工作繁忙；再加上杨琪当了西安市智协主席以后，智协在促进智障人士的社会融合、保障智障人士权益方面发挥着更大作用，家长联谊会继续存在的必要性不大了，我就召集联谊会的主要成员开了个会，在大家同意下把联谊会解散了。

问：家长联谊会有自己的资金吗？

D先生：西安家长联谊会仅仅在第一次开会成立时，大约四十位参加会议的家长每人交了一点钱作为会费，很少，大概是每人5元，作为开展活动时租用音箱、做条幅、打印复印资料等的费用。以后再没有交过。除了两次演出得到不足400元募捐外，其中100元是我妹妹捐助的，其余的费用是由我们几个主要的成员，包括会长、副会长、秘书长等，每人100元捐助过两次。这些钱我们请几个家长一起管着，有记账的，也有出纳。到联谊会解散的时候，把剩下大约不足100元当场一分不剩地平均退还给热心捐助的家长，我没有要。

问：智协是什么组织？

D先生：智协是残联领导下的五大外围组织之一，这五个组织分别是盲人协会、聋哑人协会、肢残人协会、智力残疾人及亲友协会、精神残疾人及亲友协会。智协是智力残疾人及亲友协会的简称。杨琪做了西安市智协主席以后兢兢业业，积极配合残联的工作，在智协王成柱、李玉玲等成员的协助下，联系和发动广大智障人士家长，开展了许多工作和活动，做了不少实事，受到智障人士和家长的一致好评，现在当了陕西省智协主席。

爱，让孩子有尊严

问：很多家长面对这样的孩子，可能觉得很没面子……

D先生：这个情况确实不少。有些家长采取鸵鸟政策，害怕把孩子带出去让人指指点点，所以老是把孩子关在家里。我觉得这是错误的。还有一些男家长，也有女家长，接受不了家里有这样的孩子，会选择离婚，把孩子留给对方。单亲家庭对孩子的成长是不利的。我们虽然非常疼爱小D，但是不让他宅在家里，把他送到慧灵、天智神画室等机构，让他进入社会、接触新的环境，提高他的能力，做一个有用或有一技之长的人。

我认为，一个充满关爱的社会环境，对让这样的孩子生活得有尊严是必不可少的。在我们这个社会里，善良的人太多了。小D成长过程中，无论是幼儿园、学校的老师、员工，还是街坊邻居，都对他很好，更不用说亲朋好友了。这就使得他能在愉快的氛围中成长。

毕业这么多年来，他一直都跟幼儿园、小学的老师保持着联系，过年过节打电话发短信问候。我们经常带小D去和亲朋好友聚会，吃饭、玩、唱歌什么的，小D在这些场合，常常演唱、跳舞、朗诵，博得大家的喝彩，让他感到自信、快乐。

作为小D的父亲，我感到我应该多做善事，来回报社会和大家的关爱。比如，我担任过陕西医学会科普学会四届的副主委、顾问，其间参与主办了抗击“非典”大型公益活动，并被卫生厅推荐为“抗击非典先进个人”；参与组织的多届“科技之春”送医下乡活动，深受边远贫困山区群众的欢迎，我本人也被评为学会先进工作者。

问：周围人的爱和鼓励让小D充满着信心。另外，我觉得小D能这么优秀，还有一个重要原因是您家人一直心态很开放，能坦然地把小D带出去，让他接触正常的社会，有利于提高他的认知能力。

D先生：上面说了，我们很多地方都带他去，只要有机会就带他去参加各种社会活动，以提高他的自信心，增加他的见识，这些对他的智力开发是很有用的。小时候，他哥经常带他去足球场，让他帮忙看衣服，或跟他哥的同学一起踢球玩，提高了小D与人交流的能力。去年全国智协的一个常委来西安，和小D交谈，说小D的表达能力不错，还主动和小D合了影。

儿子：我现在在手机上用拼音打字和大家聊天，也用语音聊天，也在手机上听歌、看电影什么的。我有什么事情都爱和我哥哥说。

D先生：小D生下的时候，他哥上五年级，以前他哥患心肌炎，有了小D以后，他哥哥的心脏就慢慢好了，去除了我们一块心病。他哥从小就对弟弟很好，穿衣、吃饭、有什么好东西都是先让着弟弟，直到现在，也是非常关爱弟弟，为弟弟买手机、衣服、鞋、学习用的平板电脑等，带弟弟参加同学聚会一起游玩，看演出、看电影等，对弟弟的事情几乎有求必应。

他哥哥处处为小D做榜样。哥哥品学兼优，从小学到初高中，一直都是保送的；高中时曾被评为省级优秀学生干部，就读的是陕西省重点高中，高考前有保送上几所大学的资格，但他最终没有去争取。他妈妈当时想不通，去学校找班主任老师，老师说：“我的学生我最了解，你儿子能行，他一定能考上好大学！”果然儿子以全校第四名的成绩考上国内某名牌高校的计算机系。

儿子：我哥跟我是亲兄弟，他是我生命里非常值得自豪的人。说实话，不仅我哥对我好，我嫂子对我也很好。他的很多朋友和同学对我也很好。我哥经常带我去和他同学朋友一起聚会。

问：他嫂子跟他哥哥谈恋爱的时候知道小D的情况吗？有没有嫌弃？

D先生：知道。小D的情况我们包括他哥哥从来没有对外隐瞒。他哥哥找女朋友很挑，其中一个主要条件就是对方一定要接受和善待弟弟。我儿媳和我儿子是高中同学，早就了解我家和小D。她一直都对小D很好，如为小D买衣服，带他去看电影，教小D学英语等，从来没有慢待过小D。

问：小D非常有主见。上次咱在一起吃饭，妈妈说起小D的嫂子生了孩子以后，在婴儿是否应该吃盐、婴儿生病后的处理方法上和妈妈有分歧。小D当时说了一句话："我哥和我嫂有他们自己处理事情的办法，你就不要管了！"

D先生：是。有时候有些事情上我们给他一些建议，他觉得不合适了，就坚持自己的办法。很多时候，事实证明他的办法是对的。他的朋友什么事情做得不好了，他就不允许我们议论，说："谁没有做错事的时候？他们毕竟是我的朋友。"

我们从小教育小D要善良、诚实、尊敬长辈、勤劳、懂事、守规矩，做事要小心谨慎，这也是我给他起的名字的用意。他能够按照这些教导去努力做，所以和他打交道的人都对他的品德、情商赞不绝口。有一次在慧灵，有个学员东西丢了，老师让其他学员站成一排排，老师挨个来查，查到小D跟前，就绕过去不查。小D刚去神画工作室的时候，管大门上和储存柜的钥匙，车老师很放心他。小D去画室之前，明慧阳光家园、北郊的馨乐阳光家园都有老师来找过我，想让小D去给他们当个助理，帮他们管管学员，可以给他一份工资。也有人说可以让小D去超市推推小车；我们小区居委会2004年也给我说让小D参加小区的清洁队，刮风下雨不去，每天干两三个小时，每个月挣400块钱。我都拒绝了。为什么？不是说劳动不光荣，他在家里、在画室、在阳光家园，我们都很支持他积极地干这干那，但专门让他去干这些活，我担心他的身体。本来这样的孩子就由于先天不足，身体抵抗力差，我不想让他活得太累。

问：小D啥时候意识到自己有这个病的？别人指指点点时，他生气吗？

D先生：应该说，他从上幼儿园就知道。周围的人说，他肯定能听到，避免不了的。他再大一点，对于外人的目光，他不可能感受不到。他对自己的情况心知肚明，只是不说罢了。他能够对那些盯着看他的人置之不理，这一点是他心智不错的表现。他说："他们看我，我不看他们，就当是没看见他们。"他这样应对，真是让我百感交集。尤其是有些人特别讨厌，当着这些孩子的面指指点点，甚至会去欺负。许多人也没有帮助这些弱势群体的意识。比如，在公交车上，我从来没见过有人给小D让过座。反倒有一次，在公交车上，有个四十岁来的中年男人坐着，让小D给一个不到五十岁的妇女让座，我给小D说："你坐着，你是残疾人，我来让座！"后来那个男的挺不好意思的。

问：考虑过小D的婚姻吗？

D先生：小D青春期有过这种需求，让我们很纠结，反复考虑后，就决定"先不考虑这个问题"。说实话，其实是我们不敢直面这个问题，往后拖。当时，慧灵有几个也处在青春期的女孩子，对小D表示了爱恋之情。老师对我们说了。我们担心这样的孩子在一起交往多了会出现不好的后果，只有经常告诫小D，避免和这些女孩子多接触，更不可做亲昵的行为。小D很听话，不折不扣地按照我们和老师的话去做，他认可我们的话。

但是，他们和正常青年一样都有着对爱情的憧憬，也有生理需要，让他们克制自己——实际上这些孩子后来结婚的也不鲜见——设身处地为孩子们想，是很残酷的事情，这需要小D有很强的定力。讲一个实例。当时有个和小D年龄一样大的女学员GH，对小D追得很厉害，有个星期天，她约小D去慧灵对面的莲湖公园，我不放心，和小D一起去了。GH当着我的面对小D说："你只能对我好，不许和其他女生好。"我当时就给她说了，这是不行的，你们只能是同学关系；你们年龄还小，只能够好好学习。类似这样的情况，我们也和有的女孩子家长联系，共同管控孩子。虽然是扼杀了这些青春期孩子不可避免的生理心理上的需要和情感，有些不近人情，但是不这样做又怎么办？

一晃又是十来年过去了，小D所面临的婚姻问题，无时无刻不困扰着我和家人。尽管小D身边也有和他很要好且本人条件也不错的女朋友，比如轻度智力障碍且有基本能力甚至有一技之长的，但是说到婚嫁，又让我们很担心：他们自己能独立生活已经很不容易了，再有个孩子怎么办？更何况，如果遗传给孩子怎么办？小D身边好几个女孩曾向他表示过那种意思，他们在一起玩得很好，但我们至今不能够下决心。直到现在小D和女孩的交往都属于正常同学朋友，对于相处十多年的、年龄大点的我让小D看作姐姐，小的就让他看作妹妹。他能把握住度。

小D很单纯。日常生活中小D的手机短信和电话很多，尤其是双休日，找他的朋友很多，有男有女，年龄相仿，一起去游玩、唱歌、看电影等。

问：为了小D，你们付出了很多！

D先生：冥冥之中有一种东西，很奇怪……我在医学院上学的时候，对唐氏综合征就很注意。当时我买了一本《临床体检图谱》，其中有一种病叫"先天愚"，患者吊眉、眼距宽、婴幼时爱把舌头伸出来，说的就是唐氏综合征。

随着医疗水平的提高，我相信这种病以后是可以治疗的，至少不会像现在这样给家长带来这么沉重的无奈和负担，从孩子生下起就要花费比别人多十倍、几十倍的心力。我在医院里得的好口碑有一个就是来自于对小 D 的态度。很多同事都说没遇见过我这样能够舍弃一切对孩子竭尽全力的父亲。

多少年来，为了小 D，我们的确尽力了，也放弃了不少东西，包括个人的升迁。拿我来说，小 D 上小学期间，曾经有人举荐我去陕西某县任卫生局局长；省政协也联系过我，动员我给某位省政协副主席做秘书，我都没去，我需要有足够的精力陪小 D。我从八十年代中期就被聘为广州《家庭医生》杂志的特约编辑，九十年代中后期，杂志发行量高达 270 万，杂志社扩大规模，办了不少实体，社长关勋添老师希望我能够调到该杂志社，待遇很优厚，同时调我妻子一起去，并且解决住房。杂志社已经把调我的申请报给时任中山医科大学校长的黄洁夫，《家庭医生》杂志是中山医科大学办的。但是关键时刻我犹豫

小 D

了，想着我调过去以后钱是挣得多了，可是就没有更多精力照料小 D 和家了。反复权衡，最后我决定不去广州。这件事使我一直对辜负关老师厚望而非常内疚。几年以后，我去广州、深圳探亲，顺路去看望《家庭医生》关社长和几位朋友，他们还为我没能调过去感到遗憾。

我认为为小 D 的所有付出都是值得的。且不说他现在的学习生活和工作能力让我宽慰，就说他对我的回报吧，你看，小 D 现在是我的小棉袄，处处关心我，我有糖尿病，他经常提醒我："爸，吃药了没有？"我每次出门，他都会叮嘱我："爸，记得带上公交卡和家门钥匙。"天寒时节，晚上睡觉，他操心给我盖被子；我回家一进门，他就给我拿拖鞋，给我倒开水喝……这些，不是哪一个孩子都能够做到的。

他也知道关心别人。他画室的同学 L，家长不放心让一个人回家，小 D 每次就陪 L 坐车到 L 家的车站，自己再转车回家。

问：小 D 能取得让人瞩目的成绩，除了家人的精心培育和周围人的关爱与鼓励外，还有一个至关重要的因素，那就是小 D 本身肯努力。

D 先生：对，小 D 一直在努力提高自己。他自己从小喜欢画画，就不间断学、练，除了在学校学，他还参加了残联、智协提供的西安美术馆、爱心人士办的书画班，一边坚持跟班学习，一边对照我们为他买的动漫书籍，自学动漫画。现在，他又做了我的一位满族画家朋友韩平刚先生的入室弟子，跟着学习国画。从小学至今，他一直坚持自己写日记，把他认为有意义的事情记下来。他小学的时候已经把家里除了《红楼梦》之外的其他中国三大名著都看完了。虽然完全理解不了，但是他记性非常好，把一些主要人物和情节都记得清清楚楚。现在，他依然喜欢看书，节假日自己去书店、图书馆。

问：小 D，你看到没，爸爸真是以你为骄傲！

D 先生：您说的要让残疾人有尊严地生活，我很赞同，多年来我也一直为小 D 能够这样生活在努力。但是真正要让这些孩子生活得有尊严，还是需要政府出面给他们一定的经济保障，比方说，这样的孩子不能够全靠家庭来负担，应当让他们享受低保，特别是普通工薪阶层和农村贫困家庭的智障人士。尤其是应当保证智障人士能够在养护监护人去世后得到社会庇护，生活有保证。

现在，有的省市对这类孩子每个月有六七百甚至七八百的最低生活保障金，还提供一些服务，这些真是应当大力推行的。

前段时间有个新闻报道：广州一个老太太亲手用药毒死了自己智障的孩

子，她在法庭上哭诉说，她现在七八十岁了，身体不行了，担心自己死了以后这个孩子得不到照顾会受很多罪，所以想让儿子走在她前面。这个报道让我心里久久不能平静，不由想到我们和小D。我想，对于已步入老年的我们，也该有所准备。令我们欣慰的是，我们还有个大儿子，可以在我们百年之后帮助我们照顾小D，做小D的监护人。到时候，我们就把我们名下的房子留给小D和他哥哥俩。而且，我岳父母在生前已经立下遗嘱把他们的房产留给了小D，还要特别感谢小D的舅、姨一直以来对小D的关爱。这些连同我们所有积蓄就是我们在自己人生尽头对小D最后的心力吧。

D先生妻子口述

D先生妻子，1948年生，退休前为医生。

口述者：D先生妻子
访谈者、撰稿者：李巧宁
访谈时间：2017年12月15日
访谈地点：西安市布丁酒店

问：嫂子，1979年5月您生老大的时候31岁了，当时是顺产吗？

妻子：那个时候我在宝鸡一所医院儿科工作，回西安生孩子就在我妈所在医院妇产科。临产时，由于是大龄，又是难产，生了十七个小时。当时孩子他爸在外地工作赶不回来，按说我妈会照顾一下，但是我妈是五十年代就入党的老党员，一心为公，总是把工作摆在第一位。当时她是医院业务院长，下属的咸阳卫生所发生医疗纠纷，那天需要她去处理，她对我说："我走了，我有任务，这里医生护士都是熟人，你就在这放心生吧。"她连夜就走了，等她回来，孩子都生完了。我丈夫闻讯赶回来也已经是当天深夜，我一个人在产房里，疼得！

问：您生了娃以后，坐月子您母亲管吧？

妻子：她上班忙，回家才能照看一下。坐月子主要靠自己。丈夫他家母亲去世了，只有老父亲，他的几个妹妹都上班，所以生完孩子后我就回到我妈那住了，产后几天就自己弄热水洗尿垫，丈夫请假帮了几天，平时啥都是自己干的。我在农村当过知青，受过苦，所以根本就不娇气。

问：那您不怕落下月子病？

妻子：还管得了那！这种情况下，你不干怎么办？人家都在上班。咱这人皮实，生孩子前半个月还在单位值夜班呢。我们那儿的儿科24张病床，只有三个大夫，那时候肺炎多得很，生孩子前工作环境就是这样的。

问：您不怕感染什么病毒？

妻子：那没办法！只能戴着口罩嘛。后来老大生下以后，患了病毒性心肌炎，心肌肥大，成天生病，一个礼拜发一次高烧。直到他七岁，才申请了生二胎的指标。给指标的时候我都三十七八岁了，老怀不上，等到生小D的时候我都快四十岁了。

问：老大还小的时候就发现他心肌炎，为啥咱不早生二胎嘞？

妻子：当时没想，后来才想到生二胎，已经有些晚了。那时候计划生育抓得很严，生我老大的时候是在宝鸡要的准生证，我都三十一岁了，还要领了准生证才能生。

问：生小D的时候难生吧？

妻子：难生。我肚子可大，羊水多，还羊水早破，年龄大了，老生不下来，生了将近二十个小时。小D生下来才四斤六两。我们都是学医的，一看孩子眼距宽，又是横掌纹，就知道不好，但我们又不愿意放弃。刚满月，我们就把孩子带到儿童医院去了，诊断了以后，把我难过得！他爸也是心里难以接受，就觉得是因为我没有做羊水穿刺。其实怀小D的时候，做了好几次B超，都说是好的，就只有羊水穿刺这一个没做，因为这个误差挺大的，做了也不一定能查出来。小D不到两岁，得了一次肺炎，很严重。他爸对我说，咱们一定要把孩子救活。我们日以继夜守护，连续输氧，有个医生给我说："你下个狠心，长痛不如短痛，现在把孩子氧气一拔，孩子马上就没有了。"我说："我受不了！他的命是我给的，我就要尽我的力量养活他。"他说："将来你咋办？"我说："将来再说将来的话！"就这样一步步走过来了。

小D小时候发育还好，我给他找过四个保姆，最后一个保姆老家是千阳县的，对小D最耐心，我一直很感激。她的婚姻是我介绍的，现在过得可幸福了，我们至今都是当亲戚走着的。

问：小D的婚姻咱考虑过吗？

妻子：考虑呢，他都三十岁了，我们就想着碰到合适的给他找个伴。他在这类孩子中算是情况好的，他生活能力挺强，应该有享受婚姻生活的权利，而且给他找个伴，他们可以互相照顾。原来我也没打算给小D找伴的，后来我老大结婚了以后成天忙得不亦乐乎，他虽然对他弟弟很好，但他现在有了两个孩子了，生活压力也不小。我不想再因为他弟弟而增加他的负担，就想应该给小D找个伴，哪怕肢体有点残疾的，我们都不嫌弃，我和小D他爸不靠她，只要她心地善良、对小D好，他俩合得来，就行。

问：小D的生活能力怎么样？

妻子：随着长大成人，融入社会，小D和许多人有了交往，人事关系能处理得很好，也会做饭、洗衣、上电脑、用手机，能够读书看报、写信作文写日记，喜欢画画、打乒乓球，能歌善舞，经常参加演出、比赛和社会活动。

他唯一的短板是数学比同龄人差些。他上小学的时候，我把乘法口诀贴得满墙都是，但他记不住。后来我就想通了：不在数学上强求他了，在生活能力上培养他，比如戴红领巾啦、系鞋带啦……就这样一步步一点点走过来了。

他爸对小D的培养也是很下功夫。我们医院的人都说："人家小D的父亲过个马路都在教孩子!"

D先生儿子的朋友口述

L，男，约1995年生。唐氏综合征。在天智神画阳光家园和小D同桌，称小D是他最好的朋友。语言表达能力较强。

口述者：D先生儿子的朋友L
访谈者、撰稿者：李巧宁
访谈时间：2017年12月14日
访谈地点：西安市莲湖区天智神画阳光家园

问：你能在本子上给我写一下你的名字吗？

儿子朋友：我会写。（边写边说）我名字难写得很！我妈妈给我起的名字。

问：你认识小D多久了？

儿子朋友：很久了。

问：你原来在启智学校上学，小D没在那儿上过学，你怎么认识他的？

儿子朋友：看电视[1]。

问：看电视之前你认识他吗？

儿子朋友：认识。

儿子：以前在西北大学搞活动的时候，我是主持人，他们启智学校的去了好多人都在台下，就认识我了。

问：你到这里多久了？

儿子朋友：两年了。

问：你一来这儿就开始点葫芦[2]吗？

儿子朋友：刚开始一来，先在纸上练习画线条，后来就点葫芦。

问：你为啥喜欢小D？

儿了朋友：帅！

---

① 指2014年助残日西安电视台制作播放的电视片《小D的故事》。

② 指在上了油漆的小葫芦上用画笔点花瓣和花心。

问：还有……

儿子朋友：《小苹果》跳得好。

问：你的《小苹果》是小D教的？

儿子朋友：嗯。

儿子：他说得不完全对。《小苹果》是我们这里画室的刘老师教的，她把音乐下载到优盘，再把优盘插到电视上，我们在这里学的。

儿子朋友：我们一起跳《小苹果》，还有另一个同学。

问：此外，你还喜欢小D什么？

儿子朋友：我们是好朋友。

问：在画室里，你跟小D关系最好？

儿子朋友：嗯，我们是最好的哥们。

问：现在每天早上是妈妈把你送来，下午你跟着小D一起回家？

儿子朋友：嗯。还有个女同学跟我们一路的。

问：你们中午带饭过来在微波炉上热一下吃？

儿子朋友：嗯。

问：你和小D在一起吵过架吗？

儿子朋友：没有。

问：你们就没有矛盾吗？

儿子朋友：没有。

问：周末、放假在家里的时候，你们会联系吗？

儿子朋友：正常联系，聊天，一起玩。

D先生儿子的老师口述

李老师，为让2002年出生、患自闭症的独子接受良好教育，全家约十年前来到西安，丈夫打工，她陪伴儿子。目前，李老师的儿子是天智神画阳光家园一员，李老师在天智神画阳光家园工作。

口述者：D先生儿子的老师李老师
访谈者、撰稿者：李巧宁
访谈时间：2017年12月14日
访谈地点：西安市莲湖区天智神画阳光家园

问：您来天智神画工作室的时候小D就在这儿了？

李老师：对。我儿子是今年夏天才来这里的，原来我们在“拉拉手”特教中心，每周只来这儿画一次画。最后“拉拉手”涨价涨得太厉害了，我想着太贵了，没必要在那儿了，还是找一个实惠一点的地方，就来到这儿了。

这儿原来是一个阳光家园的工作组，在3楼，是年龄大一点的孩子；阳光家园在21楼，里面是小龄段的孩子，像我儿子这样的。现在这个阳光家园和工作组合并了，叫天智神画阳光家园，还没来得及换牌子。小D是来这儿最早的孩子中的一个。

问：您儿子在这里交费吗？

李老师：原来没合并的时候，他属于阳光家园，一个月出300块钱；合并以后，不收费了。西安市的，尤其是莲湖区户口的，来这儿都不收费，来了学着点画、计件，点一个葫芦给发5毛钱。

问：您儿子来了以后就和小D坐一桌吗？

李老师：嗯。这儿是男生和男生坐一起，女生和女生坐一起，毕竟这些娃娃都大了，不少都已经二十几了。

问：他们在一起起过冲突吗？

李老师：不会，这些娃娃很善良。再一个，我儿子不说话。

问：我想着孩子们在一起，可能会你把我的东西摸一摸，我把你的摸一摸，然后对方不让摸，就起冲突……

李老师：这些娃娃，家长都管得严，很规矩的，不会骚扰别人的。再一个，正常娃娃“淘气”的那种心眼，这种娃娃没有。偶尔可能这个不小心把那个撞一下，我们老师和家长都会开导，告诉他是不小心啊、没看见啊，让互相道个歉。能来这里的娃娃都是情况好的、简单的生活能自理的。像这里有个别孩子，能到银行里去存取钱，能绑葫芦上的细绳子。

问：绑细绳子，这里大多数娃娃干不了吗?

李老师：一般的干不了，他们大多手上特别慢，不是很灵巧。像点葫芦，他们一般是上午三个，下午两个。这些娃娃不知道保护眼睛，你得提醒他们不时休息。

D 先生儿子观察记录

观察时间：2017 年 12 月 14 日。

观察地点：西安市莲湖区天智神画阳光家园①

观察者、撰稿者：李巧宁

时间	活动内容	备　　注
9:10	背着书包匆匆到达天智神画阳光家园门口。看到站在门口等他的观察者，他进屋跟一个女士说："老师，这是我阿姨……"	观察者跟在小 D 身后进了阳光家园，向老师说明此行目的，并声明会安静地坐在屋角，尽量不打扰正常教学。老师很客气地同意观察者在教室里观察。
9:14	放下包，换好护衣，取画笔，清洗颜料碟，调颜料，摆放涮笔水。	
9:22	坐在桌前用画笔给已经上了红漆、约 6—8 厘米高的葫芦上点白色花瓣，画室的师生称之为"点葫芦"。	
9:15—9:30	几个同学和一位四十多岁的女士陆续到画室，小 D 丝毫不受影响，安心干自己的活。	这位女士是画室的工作人员，大家称她"李老师"。
9:49	观察者走近小 D 身边，端详他点的葫芦，问他："每个葫芦上的花朵都一样吗?"他回答："上部 2 朵，下部 6 朵，每一朵具体点在哪里，要根据葫芦的形状。"	D 妻担心画室不接受观察者对小 D 的观察，打电话给画室工作人员，询问情况。
10:00	观察者提醒小 D 休息一下，小 D 没有停下手中的笔，只是站起来点葫芦，偶尔和同桌的 L 随便聊几句。	
10:15	离开桌子，拿了水杯边喝水边休息。观察者问小 D："喜欢这里吗?"小 D："喜欢，在这里很开心，大家在一起。"	

① 原名"天智神画工作室"，师生和家长都习惯称之为"画室"。

（续表）

时间	活动内容	备　　注
10:18—10:29	观察者和L聊天，向L了解小D的情况，小D在一边不时帮L解释几句。	
10:30—11:02	继续点葫芦，其他同学也各干其事。	观察者和李老师坐在小D桌子的另一头，边修剪成品葫芦的红线绳，边低声聊天。约十年前，为让自闭症儿子能接受特殊教育，李老师一家三口来到西安。李老师的儿子长得白皙秀气，很腼腆，语言能力极弱，但能听懂大人的话。每次拿起葫芦，都要向大人“嗯”两声，征询大人的意见，只有大人告诉他“点吧”，他才开始点葫芦；特别爱干净，手上稍微沾一点颜料，就去水龙头下洗手。
11:03—11:20	搁笔休息，看手机。观察者和旁桌的女生M聊天。M是小D的好朋友。M一字一顿地回答，有的同学插嘴，小D很有礼貌地止住插嘴的同学：“让M自己说。”	大多数同学都开始休息。
11:21	去厨房微波炉里加热从家里带来的午饭。	其他同学也陆续去厨房加热自己的饭，然后回到桌边开吃。李老师介绍：“同学们吃完饭会休息一下，再继续点葫芦。多数同学一般早上能点3—6个，下午2—3个葫芦。”小D早上点了5个葫芦。
11:30	在自己桌边吃午饭。	观察者取出带来的各种形状的巧克力给李老师，请她发给同学们。次日中午，D先生坚持请观察者吃自助餐，小D和妈妈也一同参加。饭桌上，D先生告诉观察者，小D回家后告诉家人：“李阿姨带去巧克力分给同学们，同学们非常高兴，我觉得很有面子，因为是我的阿姨带的。”
11:32	观察者起身告辞，小D跟观察者挥手告别。	画室里的孩子们和陌生人交往时，比较胆怯。很多时候，正常人跟他们交流，他们一言不发，不是出于冷漠，而是不知所措。他们需要社会的关爱，需要正常人友好的眼光、耐心的交流和温暖的帮助。

放手锻炼，独立生活

——苟会章口述

苟会章，陕西省西安地区家庭领袖，特奥运动员苟淋铜之父。2019 年 3 月不幸病逝。

苟淋铜，男，1983 年生。特奥运动员，现在某企业工作。

口述者：苟会章

采访者、撰稿者：高启

访谈时间：2017 年 8 月 16 日、8 月 21 日

访谈地点：陕西省西安市莲湖区残疾人联合工会

影响智力的因素很多

问：叔叔您是哪一年出生的？

苟：我是 1955 年的。

问：家里有几个兄弟姐妹？

苟：我家里有六个兄弟姐妹。

问：您排行？

苟：老大。

问：您是老大，您能讲述一下您受教育的情况与经历吗？

苟：我们生活在“文革”时期，那会儿受教育、上学什么的，都比较不正常，所以说我中学毕业就当兵去了，在部队上的中专。

问：在部队上的中专？那您爱人呢？

苟：她上的大专，她是大专生，以前老河海大学的。

问：您转业回来后的经历是怎样的？

苟：我回来后就在西安市莲湖区政府工作，曾经在体改办、建设局、房改

办、残疾人联合会等单位工作。

问：您和您的爱人是怎样相识的？哪一年结婚？

苟：我们是1982年结婚的，是经过我的战友介绍。

问：您爱人做什么工作呢？

苟：她在新疆巴音郭楞蒙古自治州水文勘测大队，她是搞水质分析的。

问：生孩子时，您爱人是在新疆吗？

苟：在新疆，我还在部队服役嘛，那时候她在新疆巴音郭楞蒙古自治州医院产科生的。

问：您有没有想过是因为接触检测水质的化学物品，导致孩子不健康的？

苟：没有想过，她也好我也好，那时候我们思想都很简单，只要国家需要我们，就不会考虑对个人对家庭对孩子有什么影响，只要工作需要，我们都会去做。

问：您在孩子出生前，对孩子有什么样的期望？

苟：这个和所有的家长都是一样的。我们对他没有太高的要求，就希望他能平安健康地成长，只要能学习，我们就尽力供他，让他去好好学习，最后能成为一个对国家有用的人就行了，不要成为社会的负担，不要出类拔萃，但也要差不多，这么个想法。

问：只要他能上，您就会供他上学，其实和我们现在大众父母都是一样的。

苟：对，就是一样的心态。

问：您太太在产前做过检查吗？

苟：检查都很正常。那时候就是1983年1982年嘛，没有像现在把孩子看得那么贵重，但是正常的检查也都在做，都正常。

问：您孩子是哪一年出生的？

苟：1983年7月15日。

问：您还记得孩子出生时候的情况吗？

苟：那还都可以，第一天下午住的院，第二天早上生的，八点钟左右？

问：当时是顺产，中间也没有经历什么波折吗？

苟：是顺产，有两个因素：当时新疆巴州缺少大夫，有一个护士长改为大夫，她那天值班，她接生的；第一天晚上为了生得快就把羊水放了，孩子第二天早上八点多才出生，过程就是这样子。

问：是因为先放的羊水最后导致的这种情况？

苟：根据这个分析就是缺氧嘛，小孩子在母亲的子宫里就是靠的羊水，羊水放了孩子缺氧肯定造成了一些影响的。

问：生孩子时，您是在病房外边守着还是在部队？

苟：在部队。生这个孩子影响的因素就多了，我当时在部队，部队核试验我也经常参与，对身体也有影响的。最后也没有确定是哪一种原因导致孩子成了这种状况。

问：那您是什么时候第一次见到孩子的？

苟：是第二天、第三天见到孩子的。

孩子和别人不一样

问：您第一次见到孩子，是什么情况？

苟：孩子倒是乖乖地躺着呢，也不哭也不闹，也都挺好的。

问：您见到孩子应该也很欣喜吧。

苟：那是当然的，觉得孩子挺好，这就是我儿子！很兴奋很开心的感觉。

问：当时医院检查也都好着呢？

苟：当时都好着呢。

问：那在医院待了几天？

苟：也就是在医院观察几天，正常着就出院回家了。

问：回家后是不是您爱人一直带孩子的？

苟：是我爱人带着的，她专门带的。

问：通过您爱人还有您和孩子的互动，您发现孩子情况怎么样？

苟：和同龄孩子相比，他好像比较弱。首先是软，人家的孩子可以站了他还站不起来，半岁以后腿还没有劲。当时把他抱着，他外婆还在，就整天轮换着抱着，抱一抱后来就觉得还可以，就硬邦起来了；硬邦起来了，但是语音发育稍微有点差，语言还可以，一岁多说话的；体质很差，经常会感冒呀、闹病。

问：他小时候和其他孩子一样，也会睡觉不开心了哭闹？

苟：这孩子从小哭得少，不会闹。

问：相对其他孩子来说比较安静？

苟：比较安静，乖。

问：你们第一次发现孩子和别的小孩不一样是什么时候？

荀：基本上就是一岁左右，他发育就和其他孩子整个都不一样，他发烧呀什么的去医院，巴州医院曾经诊断为先天愚型。

问：因为这个诊断你们才发现孩子有些不同吗？发现以后采取过什么措施，把他带去哪治疗过？

荀：就在那个医院治疗嘛，在部队273医院也治疗过，但是没什么办法，对这种孩子没有治疗的方法。

问：咱中国人有些人比较相信土方、老中医，您当时有没有找过？

荀：当时找的巴州医院，巴州医院就是大一点的医院，部队的273医院也是大医院，团级医院。但是每个大夫说的也不一样，我们也都积极地想办法给他调理，一直在给他治。

问：也没有什么别的办法？

荀：反正就是补脑的，哪一方面的药都给他用。后来发现他爱动，嘴里面叨叨叨，爱自言自语说话，有些行为和别的孩子不一样，别的孩子稳稳的静静的，他就静不下来。东北那里有个静灵口服液，我们成箱成箱给他批发买呀，长期吃，但是效果也不是很明显，反正当时来说那就是最好的了。

后来我转业回到西安了，到西安医学院二附院给他看，大夫就说："你这孩子是个典型的智障的孩子。"就给他开叶酸片、西药的VC呀多种维生素，调理神经的谷维素呀，反正都是西药，吃了效果也不明显。

也看了中医，又进行道家又进行佛家的调理和治疗。当时有一个佛光医院，在陕西乾县，那里有一个释果渲师父，人还是不错的，很有缘，他给开的藏药，调理了以后孩子的抵抗力就上来了。本来他抵抗力可差，稍微一受凉就发烧感冒，经常会感冒，吃了药以后身体慢慢就强了，那个药还管用了。

问：医院专家除了吃药还给过其他的建议吗？

荀，没有，建议就是你们生个二胎，这个孩子靠不住，对这个孩子你们能尽点心就尽点心，带着就行。

问：确定孩子这个情况后有没有想过要二胎？

荀：当时我们在新疆时就有二胎指标，回到地方后又给批了，但是我们都没有生，感觉这一个孩子把人带得都够累了，还敢要？就这一个孩子，比带十个孩子都累。

问：确实很辛苦，你们也没有想过要二胎养儿防老？

荀：那时候就不想这事了，只想着要让这个孩子独立起来，要他锻炼出来，主要就是这想法。没有想我们老了是怎么样的，想不到这些，眼下的事都解决不了还想别的事？

问：家里亲戚知道孩子情况以后，态度是怎样的？

苟：他们也就是表示同情，为我们感到惋惜，我们都正正常常、健健康康的，咋就生的孩子这样的，都觉得是不可思议的事。我老家是农村的。

问：您和爱人应该说事业有成，他们当时还有什么建议吗？

苟：他们建议就是你们再生一个吧，那种朴素的想法，他们不会像我们理解得那么深。我们想就不生了吧，我也担心我自己核辐射影响下一代，后来就没有生。

尝试不同学校

问：在确诊之后，对孩子的生活教育有没有采取什么措施，比如更加小心，分出更多时间来陪孩子？

苟：当然了。也给他上学，上了巴州幼儿园，幼儿园对他是特殊照顾的。回到地方后，过了两年就开始上小学，小学在莲湖区北窑头小学，都不错，老师对他很照顾。那就跟着让学吧，其实他也学不进去。回到家里我们给他也教，他妈用心多一些，一直在教。他就是学得很慢，把人急得不行，很简单的一个事，他可能想一晚上都想不出来。把大人气得没有用，就赶快出去转转，把气消了，回来再给他教。

莲湖区有个枣园启智班，后来我们就把他放到那里去锻炼，启智班都是智障孩子。莲湖区这个班是比较早的，锻炼了以后还是不行。

问：去启智班的时候多大？

苟：五岁六岁。

问：为什么后来不继续在那边了呢？

苟：那边教东西，不是那么正式，基本上就是看娃行事的，都不是特教老师在教，是普通老师在教特殊孩子。老师来了，管你听不听的，我就这么给你讲完课，他就走了，他就应付完了。比如讲数学，讲个 1 + 1 = 2、2 + 2 = 4，黑板上这么一写就让大家算，无论孩子算不算，他这一节课就算上了，上了以后他的工资不少。光我看的，语文课教“春夏秋冬”，在黑板上放了几个月都是“春夏秋冬”那几个字，这个班就没有把教育放在主要位置上。这里给孩子生活自理方面有了一点锻炼，孩子穿鞋子、扣扣子、穿衣服或者其他生活技能得到了锻炼。他们也没有生活老师，没有认真地排课时，没有根据每个小孩安排专门的锻炼方式。但是这所学校还是陕西省的先进单位，毕竟那时候全省就那么一个单位，还是个明星，但是正常老师做特殊教育毕竟是外行。

问：上幼儿园的时候孩子特别胆小，上了一段时间启智班，情况有没有改善？

苟：有。在那个环境下，他交了一些启智同学朋友，他也知道哪个同学好，哪个同学有什么表现他回来也会讲，在那个地方没人歧视他，他会产生自信心，自信心会上来一些。

问：孩子在上启智班的时候，心理有些改善。

苟：他就喜欢去，那个地方不错，他性格就开朗了一些。

后来我们把他送到西关三小上学，他经常受欺负，过得很艰难。我们觉得这个学校上不成，上学学校也不要。我毕竟在机关里，找教育局领导商量，领导也都很同情，就说把他收上，让他随班就读吧。但是不行。

学校上不成，社会上有个别看管智障孩子的机构，我们就送去。送去也不行，那个机构不太负责任，我们出差一个礼拜回来，他眼睛都翻起来了，肿得胀得那么大，像桃子一样，眼仁都翻出来了，非常惨。我们没办法，也不在他那里放了，就自己带自己教。

问：孩子上学阶段的成绩怎么样？

苟：他就不参与考试。

问：你们发现孩子哪一门稍强一些呢？

苟：语文能强一些。

问：那有没有针对弱项给孩子进行特殊的训练？

苟：特殊训练在学校里没有。

问：回家以后呢？

苟：回家以后，每天按时给他辅导功课呀。有时候早上我带他出来跑一跑，锻炼身体，他不跑，拉都拉不动，让他跑步他就不跑，就那样强制地拉，有时候拉着走一圈，就是要让他运动。

问：孩子生活自理方面，都是什么时候学会的呢？

苟：洗脸、洗手什么的六七岁他就会了，就是洗不干净他也能洗了，家里母亲教得多一些。

问：他小时候有没有什么表现出来的喜好？

苟：喜好他也是有的，比如说画画，还有就是听音乐，他还想要弹钢琴、弹电子琴什么的。把他带到玩具店去，教他弹琴，他也不会按着点去弄。但是有个自动播音乐的功能，他就听着音乐，放到哪里他就用手弹着键，可以跟着节奏，但是不会按着音去走。

问：发现孩子喜欢画画，对音乐也感兴趣后，有没有继续在这方面给孩子找老师？

苟：给孩子请过家教，家教觉得这孩子难教，不好弄，基本上一个个换着，也走掉了。

问：从欣喜地见到孩子出生，到把孩子带回家自己教，这个过程您的心态改变也是巨大的，您能讲一讲心路历程吗？

苟：孩子成这样，肯定都很沉重。人家也生孩子呢，咱怎么就是这么样的孩子？感觉走不到人前去，和别人提起孩子我们觉得很自卑。别人孩子这样那样，在一起说孩子多么优秀，咱就说不了。有这样的孩子，家长压力也很大。

但是自始至终我们坚持的是，不管怎么样这是我们的孩子，我们出去始终把他带着。也许其他人家感觉孩子不正常，可能不敢带出去，嫌带出去丢人。我们不，不管是到朋友家、到战友家、还是到同事家或者是出去上街，我们都把他带着。我骑着自行车，就让他看着车牌子，给他教车牌子怎么念，看到街道上广告牌、商店名字我就给他一个个念，慢慢他就识字了。他集中精力的时间比较短，你教的时候他兴趣来了还能记住些。只要礼拜六礼拜天，那时候都没有大礼拜，就是礼拜天，就把他带出去一边玩一边教，他在街道上淘知识淘了不少，学了不少字。回去以后教他数数呀什么的，都是在家里慢慢给他灌输。

我把他当正常孩子带，不娇惯他，这是最重要的。我们一家人都不会娇惯他，包括把他送到农村锻炼。当时我的父亲还在世，我就把他放回农村去，农村地方大，他可以跑一跑锻炼一下，另外也让他感受一下农村的生活。把他放了两年，我们接回来以后，他心智也在慢慢地长大。最重要的一点，大人不要讨厌他、不要嫌弃他，大人要面对他。

我在残联工作以后，宝鸡有个自强中专，那时候叫盲人按摩学校，我把他送到那里去锻炼，那里是健全生和残疾生混合的学校。一开始他也不习惯，我就每个礼拜都去看他，给他送生活费。生活费一送，就被健全生拿去买啤酒买花生米、小吃锅巴什么的，就把他的钱花光了。他在宝鸡锻炼了三年时间，后来在西安按摩医院也实习了一年时间，那时候他好像智力在上升，慢慢进入正常状态。现在在一家企业里，有时候也能帮帮忙。

在学校受欺负

问：在新疆上幼儿园的时候，被欺负了，孩子会不会反抗？

荀：没有，他都四五岁了，刚会走路的小孩往他旁边走，他都往后躲，胆子特别小，谁要是打他，他就是眼睛一闭往后躲，他不会反抗也不会去还手。

问：刚刚您说去过一个启智班，在那里面受欺负吗？

荀：那里面不会有欺负的，一个是老师照顾，二是其他孩子也是那样，他可能比其他孩子还强一点。

他在西关三小上学，经常被孩子们打，咋说呢，就是被人当马骑，去的时候穿的衣服干干净净的，回来满头的灰、沙子，满脸的血，满身的血，打得鼻血流出来了。我们大人去接的时候，看到的真是个非常狼狈的孩子。找老师，老师说“上课我可以管，下课我可管不住”。他们把他拉到操场的沙滩里去，在那里跳远跳高，他们就把他当马骑、拿沙子埋他，就干的那些事。

孩子都吓得，每次看到他们都躲，躲都躲不及。别的孩子就用绳子把他手一绑，拉到背巷子里面去打、用脚踢、在他身上练拳击，就那样子打，我们家长去了，那两个男孩还在那里打。

问：班级除了欺负他的，还有和他关系比较好的同学吗？

荀：没有，那些孩子就是强者欺负弱者，没有强者帮助弱者的意识。学校都是独生子女，都是教的不能吃亏，谁打你你打谁。我们在教育孩子上，一直按照正常孩子在带，而且我们要求孩子不要打人、不要骂人，到现在为止他都不会骂人，也不会动手打谁去，他是非常正直的一个孩子。

问：现在很多家长很自私。

荀：对呀，其他家长有“你给我打必须打赢，打了有妈给赔呢，打死了有妈给赔偿”，都是那样的教法。我们不那么教，我们这个孩子本身是个弱势群体，你如果一打人骂人，他可能吃亏更大，所以我们一直教他打不还手、骂不还口，就是这种教育模式。

问：咱孩子上学时期，开家长会时，老师有没有提过哪些建议，促进咱孩子和其他孩子更好地交往？

荀：这个很少。包括小学，学校就是我把你孩子放在最后一排的角角上，就放一个小桌子就完了。你来了他也装着看不见，你走了更好，老师属于那种有他没他都不管的状态。孩子很认真说要开家长会，我们就会当正常的一样去参加，但是没有用。最后我们只能给老师说一说："孩子就这样了你们多照顾一下。"只能这么说。老师也就说："照顾着，照顾着，上课时我们照顾，下课了我们都看不住。"就是这样。

问：孩子上学这么长时间，老师反映过对孩子的印象吗？

苟：少。我的印象里都没有。

问：基本上都没有哪个老师反映？

苟：除了说我和你们孩子沟通了交流了，或者我注意观察你们孩子了之外，哪些表现好哪些不好，没有人反映这些东西。

问：有些老师对弱势孩子关注得还是少。咱孩子在上学期间，是怎么表达自己的喜恶的？

苟：他开心的时候，就觉得这个东西很好，也会笑、也会表达自己。不开心的时候就是不吭气、不说话，大人要是问，他还不敢反映出来。比如别人把他打了，问谁打的他不敢说，或许人家说了，"你要是告诉父母，回来再收拾你"，他下来也就不敢说这事了。

问：他在普通学校，心情是不是有所回落，又变得有些自闭自卑？

苟：那当然的，他就觉得人家怎么都是这样子，都是欺负他的，老师也不理他，同学们都欺负他，个个都觉得他是多余的，好像都是不喜欢他的，他也感觉到了。去的时候悄悄的，挨打了回来以后，满身的血、满身的土，他自己一直也就是忍着嘛，所以现在把他锻炼得忍性很大，包容心也大。

他在宝鸡中专待了两年三年，也是受欺负。我每次去他都没有钱了。后来我就采取办法，学校有食堂，周围还有私人开的食堂，我就给一家姓张的师傅说了，孩子要是没饭吃、没钱，就在你这里记账，我来给你结账。

学校里面是架子床，他在一层床，健全孩子们把洗脚水往他床底下泼，水能把鞋子都漂起来；拿他的毛巾擦皮鞋，拿他的床单擦皮鞋。我每个礼拜去都要给他清理、洗，但是我们也没有埋怨过别人。把这个情况给学校反映了一下，越反映那些孩子越变本加厉地欺负他，就这样我们还是在坚持。

第二年的时候，他被一个学生砸了一凳子，当时就砸晕过去了，学校赶快用车拉到宝鸡市医院，才把他救活了，差点砸死了，休克了四十多分钟。学校也觉得非常对不起我们，要看我们的意见怎么处理那个孩子。我们孩子非常善良，他说"哎，都是同学嘛"，虽然他是个智障孩子，可是他的心胸练得什么都包容得了。他那句话我们大人也就听了，都是同学就算了，啥也没追究，包括医院的治疗费我们也没有提这个事。学校觉得我们家长没有什么胡搅蛮缠的事，也就过去了。这个孩子我们带得比较心酸吧。

问：咱孩子被欺负以后，有什么表现吗？

苟：在宝鸡的时候，一个宿舍的暖水瓶打开水都是他，扫地必须是他扫。这些事我都没有反对过，我说在这种情况下让他多锻炼是可以的。但是别人把暖瓶打碎了也说是他打的，我过去了以后就给他们买暖瓶，赔了七八个暖瓶。只要他没在干什么，他们就在宿舍里把门关了，用拳打、用脚踢，这都是经常的事。这些事都比较心酸的。

问：他们欺负咱孩子，您有没有给咱孩子撑腰，去教育一下他们，比如用咱的道理去教育他们？

苟：教育过。比如就在他们的宿舍，他们宿舍也有舍长，孩子都在的时候，我就给孩子们买点东西，我说："苟淋铜自己本身弱一些，你们不要和他一般见识，你们都很聪明，都是好孩子，有精力了照顾一下他，没有精力了也不要和他计较什么。"我给他们买点吃的、带点东西，那孩子会说："叔叔放心放心，都没问题。"可是走了以后是另外一回事。

问：您发现言行不一致的情况以后，有没有和他们的家长取得联系？

苟：家长没有，我和学校取得过联系，给学校反映这种情况，学校里面也只能普遍地教育教育，但是没有用。基本上去那个学校的都是社会上的二流子，考学考不上，其他学校不要，学校把门锁着不让出入，但是他们翻墙出去翻墙回来的这种孩子。

问：他会不会像有些小孩一样，为了讨好同学，把自己的零食分给别的同学？

苟：他还是大方。但是在学校里面咱也看不到，学校里面不允许拿零食，也没有拿过，幼儿园也没有。但是家里来个客人，他会很大方地把自己东西都分享给别人。

问：能去家里的都是亲朋好友，这些孩子有没有一直和咱孩子保持交往？

苟：有也是有的，特别是比他大一些的或者和他差不多的，也会和他去玩，玩的时候，总觉得他和他们玩不到一起，玩不到一起他们也就放弃了。

问：在新疆上幼儿园的时候，上小学之前，有没有一批固定的玩伴？

苟：没有玩伴，他基本没有长期玩伴。

问：平时放学、放假他都是在家里面吗？

苟：他就是在家里面，我们去上班以后他外婆在带着他，有时候在家里给他放放录音机、放放音乐什么的，听一听。

问：孩子上学之前与上学之后，在家里管他的人有没有变化？

荀：上学以后他外婆还在，但是他外婆基本上都带不了了，年龄大了，身体也不太好，没法带了，回家基本都是他妈带的。

参与特奥，收获喜悦

问：孩子是从哪了解到的特奥会？

荀：有一次参加特奥活动。他感觉还好玩，一次给他报了两项，一个是托着乒乓球走，一个是拍篮球，拍篮球他就觉得很好玩。志愿者把他带上，志愿者毕竟都不欺负他嘛，都是健全的人，都很配合他，他就感觉很温馨很温暖，就愿意参与这个事。

问：孩子是哪一年正式加入特奥运动的？

荀：就是上面说到的这次活动，2010 年。

问：当时孩子的表现怎么样？

荀：开始很拘谨，他很紧张，因为周围有志愿者有裁判，他觉得这些都是陌生人，很紧张嘛，他就不敢动球，也不敢去参与，站得直直的。我们硬把球塞到他手里，他就抱着，抱着也不敢往地上扔，就是那样的状态。后来志愿者和大家都给他教，拍的时候他也不会拍，球下去了他拍，球上来了他又不拍了，始终拍不到点上。到最后就老练了。

问：那一次比赛结果怎样？

荀：比赛结果，数量不多吧，第一次连着能拍五六下就算是不错的，到后来参加就可以了。

问：孩子对比赛的反应是怎样的？

荀：是兴奋的，他觉得这个活动他没有参与过，毕竟是第一次见到那个场面，还是很开心的。这一天的心情都很好，回去后一直处于兴奋、乐呵呵的状态。

问：后来您告诉他再要去参加活动，他有没有很开心？

荀：有嘛，他就很期盼这个日子，会有期盼这个日子到来的感觉。

问：您觉得孩子参加特奥活动后有哪些具体变化？

荀：能开朗一些吧，过去可能郁闷一些，现在就感到很开心，有快乐感。

问：孩子这么开心，有没有冲淡在学校经历的伤心，冲淡对正常人的抗拒？

苟：能冲淡。

问：孩子和其他特奥运动员之间的关系怎么样？

苟：都还好，他们还能交到一些朋友，到现在还能记很多人的名字。

问：志愿者有没有继续和孩子联系？

苟：没有，活动结束了大家都走了。

问：您觉得特奥运动对孩子哪些方面有帮助？

苟：一个帮助就是他自己性格开朗了，他就会感觉到阳光，他就不会感觉到自卑抑郁，这点是很明显的，而且他对这个活动也很喜欢。另外一个就是能见到更多的朋友、更多的人，起码那个环境下没人欺负他，而且健全人比较多，志愿者比较多，他们可以见识很多人。还有一个就是他本身不爱动、比较懒，你要强迫他，他才动几下，你要是不强迫他，他的自觉性就比较差。在那种环境下，比赛是有规矩的，要是不努力就不能参加，他本身就不爱跑步，我拉着他都不动，在那个环境下他跑了，而且跑得特别卖力气，虽然没有其他孩子快，但是他还是很卖力气，锻炼了身体。

问：孩子日常对体育锻炼是什么态度呢？

苟：他对体育运动的态度，就是他喜欢参与这样的活动，他开始拿个羽毛球也不会打，打两下他就觉得是从无到有了嘛，也就开心；再个就是人多，人多他就可以见不少人，他也感到很开心，最后还能给他一个小纪念品，他就觉得这个活动很好，就有快乐感。

问：孩子有没有擅长哪一项活动，或者是特别喜欢哪种活动？

苟：一个就是篮球，还有一个跳绳，他开始不会跳，一下都跳不来，后来他还能弄几下，他最喜欢的其实还是篮球，还有乒乓球。篮球家里倒是有一个，在楼房里不好拍，他也弄不了，出去了拍一拍，给他传一传球，让他接一接。

问：孩子其实不是一个爱动的孩子，在特奥活动里面他是主动的还是被动的？

苟：他就是有那个冲动去做，没报那个项目也想做。比如赶珠项目，就是用拍子托着球，他感觉这个项目好玩，他就要积极地去参加。

问：特奥运动是通过怎样的方式来报名的呢？

苟：智亲协会统一报名的，智力残疾人亲友协会给报名了嘛，先把名单征集上来，最后再报给上边，再编组什么的。开始的特奥活动，都是咱杨琪主席张罗举办的，通知家长报名，我们就报名参与了，后来参与的都是智亲协会组织的。

问：组织这个活动，家长担心经费、场地吗？

荀：担心嘛，特别是一开始，没有钱，当时就是杨琪主席自己垫的钱来做这些事，场地也是求爷爷告奶奶地给人家说好话找的场地，开始的时候在公园找一块平地，给公园管理员说一说，就是这样弄的。这些年好一些，好像重视了一些。

问：平日里孩子有没有接受训练呢？

荀：平时训练的条件比较差，因为咱环境有限，平时的训练就是杨琪主席组织一下就参与一下。

问：能否简单地介绍一下咱这个机构的情况？

荀：这个机构还是不错的，我感觉在条件差、没人支持、没人关怀的情况下，这些年坚持下来真是不容易，包括她自己组织这些活动都是自己垫的钱在做，包括一些器具、运动器械有时候也很缺少，训练场地也很缺少，都在克服这些困难，一直做、一直坚持，不容易。我感觉到她对这个事情很用心，当然杨琪主席也有这样的孩子，她对这方面很了解，我们也很支持她。

问：杨琪主席哪一年创办的这个机构？

荀：这个日子我记不得了，可能要早一些。

问：这个机构在您加入之后，是怎样发展的？有没有得到政府或者社会其他公益组织的帮助？

荀：残联的支持力度大了一些，比如说一个活动给一定的费用，这个费用给的是死的，怎么用就自己去算，不够了人家也不管，但是就是有钱了。后来不但给费用，还有运动器材，器材包括篮球、羽毛球、乒乓球、拍子、跳绳呀，这些东西还都给买，这就不一样了，从残联这里支持力度就大了。

问：有了残联支持，组织大家出去活动的频率有没有变得更多？

荀：作为市残联来讲，基本就是特奥日这一天，它会给予支持和帮助，平时也是家长自费的，自己组织的。

问：平时就是家长们自费？

荀：就是杨琪主席组织嘛，她是陕西西安这边特奥管理员嘛，她就组织了。

问：家长有没有因为参加活动导致了自己的经济压力？

荀：这个大家都能理解，别人不可能去关心操心这个事，作为家长来说掏点钱大家也都乐意，为了给孩子搞个活动嘛，也都能承受，也就没有意见。

问：组织内部特别团结。

苟：是特别团结的，也是特别热心的，往往是心有余而力不足，但大家对这个活动还是很认真的。

问：平时家长之间有没有什么活动？

苟：家长就是交流嘛，有时候大家就会一起谈一谈孩子们的事，在一起交流。

带领大家融入社会

问：您是哪一年成为家庭领袖的？

苟：家庭领袖，我都忘了哪一年，那年特奥会和我在这里交流呢，也是智亲协会杨主席推荐的。

问：由于怎样的契机，确立您为家庭领袖的？

苟：他们就觉得我带这个孩子比其他家长带孩子康复得快，进步大，所以他们就接纳我了。

问：您带孩子康复得快一些，有什么诀窍呢？

苟：第一个，家长的心态是最关键的，家长的心态表现在几个方面：第一就是不要歧视孩子，比如一家有两个孩子，老二比较聪明，老大可能不太好，有的家长宁可给老二健全孩子花 10 万，给这个不健全的 100 块钱都舍不得花，这就是家庭歧视，不应该这样。另外一个要面对现实，有的家长不愿意把孩子带出社会，认为给自己丢人，就把孩子放在家里，什么机构也不送，什么教育也不给，把孩子又孤立起来，不利于孩子康复。

我们不管，我们就是开放性的，面对他、接受他，也不怕别人说，也不给别人说，把他当正常孩子带。不管别人怎么说，我们就说你好着呢、好着呢，你没有问题，你就是慢一点，还有比你更慢的。这样他慢慢就不会感觉自己是一个废物了，慢慢就不一样了。教孩子东西，会了就会了，不会也不要紧，不必把事情的结果看得那么重。社会上的事情，比如我战友、亲戚在一起聚餐什么的，我们就要给他教，敬酒呀、夹菜呀，他都会做的，把他当正常孩子一样带，这样孩子就能感觉到，家里没有歧视他。到了社会上，我们大人在，别人也不会对他不友好，这样就可以建立他的自信。

问：您给了孩子自信，也为你们树立了信心，您有没有将您成功的方法与别的家长交流？

荀：也交流，孩子康复得快一些的，都是家长心态好的。首先不只是对自己孩子心态好，对别人的孩子心态也要好，家长不要有自卑心。我就是这样的，我觉得我的孩子是独一无二的，也是最可爱的，我们不感觉我们孩子比别人那啥。特别是不要感到这孩子特殊，就特意去溺爱。必须要反对溺爱，你只要一溺爱，或者把所有的事情都做了，不给孩子做、不让他去干，这就是最大地伤害孩子。

问：帮助孩子独立，帮助他自理。

荀：嗯，帮助他独立，就是他不会干，一个月干不好再继续干，一直要让他去做。我家里洗碗就让他去洗，让他洗碗、扫地、拖地，这些活他不会，有时候就乱跑呢，拖把都拿不好，那也让他去锻炼。

问：我们西安市有多少家庭领袖呢？

荀：西安市家庭领袖也不少，现在可能发展最少都七八十人了。

问：您的家人对您成为家庭领袖，有什么看法？

荀：他们觉得我还能成个家庭领袖，自己的孩子带得也没有太那啥，也没有反对，也没有太多的赞扬。

问：家庭领袖具体需要做什么工作呢？

荀：家庭领袖首先是一个家长，对孩子要把监护责任肩负起来，这种孩子自己知道，要监护一辈子；第二个就是一定对孩子不要溺爱，一定要有正确的思想、正确的行为去诱导他、带动他；第三个一定要积极地把他带到社会上参与活动，让他不要脱离社会，越是人多的地方越要把他带上，要让他见识。人都说读万卷书不如行千里路，行千里路不如阅人无数，我就让他多见人嘛，他见得多了自己就在成长。我们到哪个地方去旅游呀，去深圳、广州、郑州、新疆呀，只要出去就把他带着，让他到处轮着转，叫他看，这就是我们家长的责任。

问：在家长组织里面，您需要做什么工作？

荀：给我没有分配帮助其他孩子的任务，我们主要就是家长交流这块，联系其他家长。

问：家庭领袖的工作，有没有和您的本职工作发生冲突？

荀：有时候也会有的，和其他家长联系的时候也有难度，家长们往往有的上班出不来，有时候需要和他谈，他有时间我在上班，时间有冲突，总会有这种。

问：您曾经组织特奥运动员与家长的什么活动？

苟：我们和杨主席一起开过家长会研讨会这些，搞过两三次。

问：这些家长研讨会对其他家长有什么影响？

苟：有，首先一些家长对特奥会参与起来了。过去家长就认为，这些孩子能拿个什么奖嘛，他们能参与什么嘛，把这个孩子领到街道去，领到那个环境去干啥？他们就觉得这个孩子领不出门的。通过交流，起码这些家长开始觉得我能走出去，我要把孩子带出来。

问：能否讲述一个您印象特别深刻的例子？

苟：比如说过去我们这个地方有个家长，是北关的，叫了他几年都不出来。有一次终于把他叫出来了，他把孩子带出来了，那孩子个子也大，他在打篮球方面还行，他就走出来了。

问：您在做家庭领袖工作的过程中有没有遇到特别的困难？

苟：有嘛，就是不管你说得再多，你给他妈把工作做通了，他爸又不同意，像这样的还比较多。他妈说是带出去人家组织了一个活动，又不问咱要钱，人家孩子也多，比咱孩子差的人家也领出去了，可是另一个家长就是不同意："领啥呢领啥呢？还不够丢人的？"这种还是有的。

问：您遇到这种情况是怎么解决的？

苟：解决这个东西，还就是做工作嘛，谈嘛。给另一个继续做工作，想办法告诉他们尽量不要把孩子圈到家里面，要参与社会活动。

问：您领导和参与过的活动中，经费、场地、人员通常由哪一方支持呢？

苟：如果说家长这边来弄的话，还是自己出钱，大家 AA 制嘛。或者由一个人统一把钱垫起来，最后多少钱、谁参与了，一摊。

问：政府和社会各界有没有相对稳定的帮助渠道？

苟：这个也就只有特奥日，残联是比较可靠的、稳定的一个支持单位。

问：您组织特奥运动以及家长之间的联合活动，还有什么困难？

苟：一个是经费，一个是场地，这主要还是人们的认识问题、思想重视问题。要解决这些，首先要从领导层解决这个问题，政府方面要加大认识，国家这些年都是以经济建设为中心了，都去抓经济了，这方面的事就顾不上、忽略了。而且残疾人本来就是一个少数群体，智障孩子就更少，那政府往往就会忽视这方面的。政府要重视起来，首先是从资金上重视，这些都花不了太多的钱，场地的话其实有很多免费场地是可以提供的，只要政府重视这个问题是能解决的，所以要从政府这个角度重视问题。

问：据您的观察，特奥运动员的家庭普遍情况是怎样的？

荀：家庭的普遍情况都是缺少场地、缺少器材，想要培养孩子，有兴趣没环境。特奥会组织的活动，时间次数也是有限的，一年也就是组织一次。可是家里弄的话也没有条件；缺少辅导，有些家长自己也不会辅导。

问：据您观察，特奥运动对家庭的改变主要体现在哪些方面？

荀：最大的改变就是家长们感到自信了，我的孩子能走出来了，我的孩子不仅走出来了，在某些项目领域还很优秀很不错，给家长一种支持和鼓励，觉得孩子还是不错的；对孩子来说，进步就更大了，收获也更多了。

问：您除了参加组织专门的活动之外，有没有和其他家庭有小范围的联合？

荀：和家庭没有。我们这里不是有很多阳光家园嘛，像莲湖区这里就有十几家阳光家园，每个阳光家园都有十几个孩子，孩子在这些家园里有活动我们还会去参与一下。阳光家园毕竟有场地，也有一些器材。阳光家园是专门为智障孩子设立的日托或者集中托养的机构，在里面有老师来辅导怎么做。

问：您和您所联系的家庭之间，以及这些家庭相互之间的关系如何？

荀：关系还都是和谐的，个别家长也会很固执，他会反对你不停地谈论这事："你就能得不得了，我自己的孩子我自己管，用不着你们为我操心。"也有这样的家长，很拗的。大部分家长还是不错的，最起码能听进去。

就业结婚初步自立

问：现在您孩子的生活怎么样？

荀：生活上他都能独立，接触社会以后他基本都能融入社会。

问：孩子是在企业里工作？

荀：嗯，在企业里工作。他负责理货，在库管那里理货，实际上就是搬运工，把东西摆整齐，或者把东西搬下来，从一楼搬到三楼、送到二楼的，把东西运上来运下去。

问：孩子在宝鸡上的是按摩学校，现在这个技能还会使用吗？

荀：他功夫不行，按摩需要内力的，要练呢，他不好动这是最大的问题。为什么让他积极参加特奥呢？特奥就是让他在有乐趣的同时多运动运动。这几年在那里干活搬运，他力气也就大了，但是按摩这事也都放弃了，就没有做。

问：对他未来的工作，您有什么计划或者打算？

荀：一个打算就是他自己平平安安的，在那个地方能干多久让他干多久，只要他能健健康康的就行。

问：在之前的采访中我了解到有专门针对弱势群体的工作岗位，您知道吗？

荀：有残疾人按比例安置就业的政策，一个单位是按照职工人数1.5%的政策安置残疾人的，但是一般单位都不愿意接纳，宁愿缴纳残保金，也不愿意接纳残疾人。岗位比较少。

问：社保这一方面的保障呢？

荀：社会保障这一方面，现在提出来一个辅助性就业，就是对重度残疾人和智力残疾人进行辅助性就业。但是国家现在才开始提倡，拿出来了一些方案，可行性很弱。为什么呢？因为重度残疾人、智力残疾人、精神残疾人，都属于需要监护人的，他不可能创造像普通正常人创造的那样高的价值，它实际是一个福利性的岗位，可是这个福利性的岗位，福利是谁给的？有政策但是谁给钱呢？话说回来企业也要赚钱呀，也要生存呀，政府不扶持，社会不扶持，企业也担不起呀！所以说看起来是个好事，但是执行起来很难。

问：现在有专门为智障人士设立的帮助就业的机构吗？

荀：有，莲湖区这里有一个叫新源残疾人就业服务中心，它依托一个医药行业，有一个厂子，在那里培训。挑选一些程度相对比较轻的人，进行简单的岗位培训、技能培训、知识培训，培训几个月。完了之后再去实习，实习完了再到岗位上去，说是能提供工作岗位，但是那也要求残疾程度比较轻一些，三四级的程度才可以。

问：咱孩子做的是物流对吧？

荀：不是，他是库房里搬运。

问：待遇如何？

荀：待遇就比较低了，执行的是西安市最低工资标准，一个月就是1000块多一点，再一扣养老医保，还有个就业三险，全部扣了以后就没有多少钱了，生活包不住，我每个月要给他贴。

问：有没有其他的福利待遇？

荀：其他福利待遇没有，不过他过生日的时候给他发一些小的纪念品、小的礼品，年底会给他发一点奖金。

问：和其他普通员工的福利待遇相比呢？

荀：他在那里干的活是最累的，但是他拿不到工资。相对来讲，企业能收你已经不错了，但是要作为一个劳力放在那里的话，他的待遇就是太低了。

问：您的孩子结婚了吗？

荀：结了，去年结婚的，就是春节前结的。

问：另一半的情况是怎样的？

荀：也是智障三级，在阳光家园里面锻炼着呢。

问：两个人是独立生活还是跟着您？

荀：和大人在一起。

问：还是需要您的照顾？

荀：对，以前是监护一个，现在是监护两个，给他们带着，给他们锻炼。

问：您对孩子未来的期望是怎样的？

荀：随缘吧，孩子们检查了一下，身体状况还可以，也没什么遗传病，他们要是有孩子我们当然也很高兴，没有了咱们也不去强求这些事，这些都是随缘的事情，只要他们两个人能平平安安、快快乐乐的就可以了。

希望重视残疾事业

问：您觉得国家在保障弱势群体、智障人士方面还有哪些可以改进的？

荀：一个就是对于智障孩子，根据我们带孩子的经验，国家应该更加重视教育、康复，加强康复机构和特殊教育机构的建设。现在需求量很大，但是唯独公家的没有，西安市就一所启智学校，各区县都没有。国家曾经有个意见，要求三十万人以上的区县，都应该有一所特殊教育学校。可是这个只是说说，没有执行到位，西安市各区县没有一家建的。像莲湖区有六十多万人，建一个可能都不够，应该建两所，可是没有。

教育一直是个很弱的环节。虽然陕西省关于随班就读政策已经下来了，对残疾孩子允许随班就读，但是大家都知道随班就读毕竟不是特殊教育学校，而且正常老师没有学过特教，让你进去后不知道怎么下手怎么教育。这些孩子进入正常学校，就和我孩子一样整天挨打，老师又管不上怎么办？把他的自信心都打没了，他还学什么呢？那个环境对孩子的伤害很大。正常学校把孩子接受了，接受了以后进去也是伤害，也达不到学习的目的，没有解决教育的本质问题。

最好的就是建立特殊教育学校，特殊孩子应该由特殊教育学校来教，而不是正常学校去教，国家应该在这方面加强。

康复的话，包括康复机构，西安市就莲湖区做得比较好，这里康复机构十多家，阳光家园也十来家，其他服务也都有。但是机构有了，机构的生存是个大问题，国家的支持比较低。所以国家应该深入实际地调查、到各个机构去调查，在残疾人家庭多做一些调查，真真正正不要脱离群众，实实在在地根据家长的目的和建议去做，而不是自己坐在办公室去制定一个政策，而底下没法落实。

在特殊教育上，在康复上，在特奥运动上，其实能做的文章很多很多，我们为什么不能建一个特殊教育基地、特奥基地呢？西安市完全可以有一个特奥基地，是不是？西安市五十多万残疾人呀，智力残疾人也几十万人呢，为什么不能建立一个特奥基地呢？完全是可以的。这样的话，大家训练起来，有专门的老师、专门的设施，这些孩子增强锻炼，运动以后其他各方面机能都有提升。我感觉最重要的事情还是沟通政府，应该引起领导们对这个事情的重视。特奥运动也好，残疾人就业也好，残疾人康复也好，残疾人其他的工作也好，都是要深入实际地来，进入残疾人群体里征求意见，这样子才能得到一个更准确有效的解决政策。

问：在培养孩子过程中，您的家庭遇到最大的困难是什么？

苟：困难，还是社会的接纳程度比较差，不管走到哪里都是歧视的眼光，都是一种……怎么说呢？好像是给他们找麻烦来了，只要这孩子出现他们就认为是找麻烦来了。你领到学校去了以后，都头疼，没有说我要想个办法，这是我教学范围内的。虽然我们没有特殊教育学校，但是到我们学校了，我们给一些同情，那也是不错的，对家长也是一个安慰。最大的困难就是冷眼、歧视。

苟会章妻子口述

口述者：苟会章妻子

采访者、撰稿者：高启

访谈时间：2017 年 8 月 28 日

访谈地点：西安市莲湖区残疾人联合工会职工宿舍。

因为“与众不同”，多了自我保护

问：请问，您对哥哥小时候性格的变化有什么看法吗？

妻子：他小时候性格比较温顺，要是让他一个人出门，他就不愿意出去。我就有意识给他一两块钱，让他出去买东西，因为小孩子嘛，你让他买东西他就会买他喜欢吃的东西，就这样，也是有时候走半截他就不愿意出去了。也因为他从小身体弱、老闹毛病，呵护他的时候多一些，所以他自己就不自信。

我们上班了以后，他就自己在家开电视开收音机，自己听，那时候有收录机嘛。他一般不去惹别人，就是特别乖巧那种，也可能是他小时候我们教他不打人不骂人，有别人欺负他了就给老师说，让他形成了那种缺少一点男子狠爆的、能自己保护自己的性格。

问：我看哥哥还是很擅长言谈的，您有没有认为他现在比以前提高了？

妻子：现在比以前提高了。原来他只和熟悉人比较亲近，他要是和我们哪个朋友熟悉了以后，他就非常健谈；如果是陌生的刚一见面他就不讲话，熟悉一阵后他就比较健谈。再个就是别人要是对他不歧视，有好感了以后，在交流中他就和人家特别亲热，如果他感觉歧视或者有点压力时，他就会把他的心扉关掉，不和你交流，但是他不属于自闭。

问：哥哥是自尊。

妻子：他就是自我保护比较强一些。

有意培养，学会了成长

问：我听叔叔说过教哥哥认车站、认站牌、督促他自己坐公交，您当时也参与教导吗？

妻子：小时候一直带他出去，现在为什么他能自己上下班、坐车、倒车？就是从他六岁多学前班的时候，就给他教往哪里走，怎么回家；给他教安全意识，马路要走右边，不要走左边，不要逆行，看到车了你要看那边过来的车，要停下来等车过去了你再过。所以他现在比较遵守交通规则，非常认真，不该过的时候他就不会过的。

坐车，就让他从始点坐到终点，再让他坐回来，让他认中间的路线。所以他现在的方向感还是比较好的，要是走到哪儿迷失方向了，他会打电话告诉我们；他会倒车回来，或者他会问路边的老大爷或者别人，问出来以后他就倒车回来。像前一段时间上班，晚上十点多才下班，107 路车就没有了，他竟然能沿着 107 路的路线，走了两个多小时走回来了。所以说他意志力挺强的，不怕吃苦，这些都是平常教他的。

另外就是，从小我们给他教，吃的东西不能乱扔，吃的袋子或者手里拿的矿泉水瓶子，他一定要到有垃圾箱的地方才扔，绝不会扔到马路上，让环卫工人打扫起来还挺辛苦的，要尊重他们的劳动果实，这些道理他都懂，教过他。

再个就是，我是搞水质分析的，对节约用水、节约用电，他都非常注重。谁家要是几个房间都开的灯，人都在一个房间，他就会提示人家“灯亮着浪费电呢，要节约能源”。要是谁把水开着哗哗哗不关，他就会说：“把水龙头关掉嘛，那水资源会浪费掉的。”

他小时候，他爸爸一直早出晚归管不上孩子，基本上就是我连上班带接送他，早上送中午接，下午送下午接，还要上班，都是我管着他，蛮辛苦的。像我们这样带，十几个孩子都能带出来，在他身上花的功夫不是一般的。

好在现在让我们很放心的就是，他在家里能简单地炒土豆丝呀，做个米饭呀，做得很好，有时候下个汤圆呀。自己的衣服用洗衣机洗，他都能做到。上下班也不用我们天天去叫他，自己就按时上下班走了。我们最大的希望就是他们夫妻两个人等到我们老了以后，能够独立安排好自己的生活，这就是我最大的心愿。

问：听您和叔叔都说过，现在他的自理能力特别强了，当初教育他的时候，遇到的困难肯定也有很多。

妻子：是的。

问：能简单地说一两个吗？

妻子：可以。像他小时候，做饭上面我教他，可能在七岁多吧，我想着我要是哪天不在家里，最起码他要能自己做做饭吧，去教他熬稀饭呀，或者蒸米饭，所以他现在蒸米饭都是一粒一粒的。以前水放多了放少了，有时候也把菜炒着火了，有一次弄啥呢，就炒着火了，吓得他，最后谁知道了给灭掉了，这种事他也碰到了。我们鼓励他不要担心，就告诉他火要是着起来了，你不能看着它，要拿锅盖把它一盖，盖着就灭了；再一个就是要注意安全，先把煤气阀关掉，火源断了就会安全了，所以他现在就知道了。

还有就是在 1994 年吧，我手摔断了，他爸爸上班早出晚归，我妈妈还瘫在床上，那时候就教他炒菜，洗韭菜切韭菜打鸡蛋，最后炒的韭菜鸡蛋。他自己也很自觉，知道妈妈病了，奶奶也病了，他就自己给我们做了。手断了以后，骨头都翘起来了，我就说：“你给妈妈打一盆热水。”把手泡进去，能够伸展了，伸出手来，我就说：“你给妈妈拉着。”拉着那个大包，大包平了以后按着，到医院检查，人家说已经复位复好了。我闹病的时候他非常乖，你让他干啥他就去弄。

我那次宫外孕大出血，在医院休克了。他才九岁，从晚上十点钟到凌晨四点钟，他都不睡觉。他爸爸把我背着，从三楼下到急诊室，他就把我两个脚提住，把我鞋子拿住。别人说他“你睡吧”，他说“给妈妈开完刀了，我要看妈妈”。平时看他啥也不管，到了真正的时候他还是比较操心的，所以虽然他比别的孩子弱一些，但我们没有把他像别的孩子一样太呵护，所有东西都让他自己自理，自己去弄。包括在宝鸡上自强中专的时候也是。三年时间，刚开始我们是一个星期去看他一次，后来就是一个月看他一次，他锻炼了，慢慢就大了，也就敢走出去了。现在我们最欣慰的就是他和他单位的同事们也处得挺好，就是同事请他吃饭了，他也很大方请同事吃饭，给他们买水喝。

问：听叔叔说过，哥哥刚开始上班也会坐反车，当时您有没有特别担心，有没有想着再去送他？

妻子：没有，坐车反了，打来电话我们就告诉他怎么倒车，或者说你问问旁边的人，到你那里上班怎么去倒车，还是让他自己处理，没有送过他上班。

问：您有没有想过以后让哥哥在他兴趣这一方面继续发展？

妻子：我们当时就是想让他去参加集体活动，目的也是要培养他的自信心和他独立处事的能力，接触社会嘛。你要是一直在大人旁边、在亲朋好友身边，大家都是呵护你。到了外头有的人呵护你，未必所有人都呵护你，那时候做错事该批评就得批评。所以我们就给他讲，做错了什么，老师也好、朋友也好，批评你，错了就要改正，改正了就是好的，不要这次错了下次还错，这就不对了。我们一般都是有意识地培养他。

支持公益，甘做家庭后盾

问：哥哥小时候对很多事情展现出了天赋，因为经济和时间限制没有去专门培训，叔叔上班特别忙不是太顾家，您有没有因为这些埋怨过叔叔？

妻子：可以说从我们成家到孩子长大，这么多年我基本上都是支持他的工作，从来没有拖过后腿。虽然他顾不上家，但是我知道家里总要有一个人，让他的工作能做出成绩来，所以说没有抱怨过他。后来发现，在培养孩子这方面他也是顾不上。总结下来他对家庭的付出少了，对孩子的关心少了。我曾经说："男孩的成长，能让男孩有阳刚之气，〔起作用的〕主要在父亲。母亲带得多，肯定就是比较弱。"像一般男孩在小时候，打球呀、游泳呀，按道理说都应该是父亲带着去的，我们在这方面就比较欠缺了。

我手摔断那天，我还庆幸他晚上八点多回来了，平时都是晚上九点十点多才回来。他经常爱加班，从我们成家以后，星期六星期天基本就没怎么休息过，成天都是忙。我说你不知道忙啥嘞，你就自己能力的范围内，你拿的收入的范围内，做好了本职工作就好了，你天天加班肯定要有一个人在家里面，所以说我只能牺牲我了。实际上我是一个很上进的人，但是由于他要那样忙工作，家里的家务，家里的吃喝拉撒，家里的买粮都是我，应该是男人干的事都是我在干。

问：您对叔叔做家庭领袖有什么看法？

妻子：他做家庭领袖，从 2008 年以后对孩子可能更关心了。原来他就是以工作为主，住的地方离上班的地方比较远，早上六点多钟七点钟就走了，到晚上八九点钟才回来呢。以前咱西安好像是六点下班，住得远的回到家里都八点多钟了，所以说基本上都顾不上了，孩子那会儿也要休息睡觉了。这几年孩子大了、孩子上班了以后，他对孩子绘画呀之类的兴趣比较尽心了。

问：叔叔做了家庭领袖之后对孩子的付出多了，您有没有特别开心？

妻子：我以前也上班做我自己的工作，我也爱学习，从这个角度看，他做他的工作，我支持他。我也没觉得特别开心，就是说已经习惯了这种方式了吧。孩子五岁多的时候出去，老让我抱，不要他抱，因为他经常出半年差，半年都不见孩子，孩子和我亲近比较多。

现在这几年，由于工作性质的关系，他才对孩子比较注重，也知道原来我们对孩子的培养欠缺了一些。我原来想的是，孩子再不懂，你天天给灌输天天给灌输，他也会成长的。我见过一个部队上的教导员，他孩子生下来一岁左右，见到谁都手里划着给教。1998 年以后我们才知道潜能教育，就是幼儿在零岁到六岁之间，以寓教于乐的形式进行教育，就学会了。如果那时候父母亲有时间和孩子做游戏，我相信这个孩子比现在要进步。那时候忙工作，回家给孩子做饭洗澡洗衣服，洗完之后孩子就睡觉了，我们就忙家务了，第二天早上和打仗一样。

最近这几年，他爸爸对公益事业和残疾孩子方面付出很多，他喜欢就让他付出嘛，我会默默支持他，不会阻拦他。至于我，让我也天天像他那样忙去，我可能还做不到，我觉得家里总要有个人，有个人出去，有个人在家，有些公益不一定亲身去，有能力的时候出能力，没能力的时候我们就是参与，或者在能力范围内适当地捐助一些钱物，我们也都在做。

问：对以后的家庭生活，您有什么想法？您对叔叔有没有什么期望？

妻子：我们的焦点、重点就是在孩子身上嘛。希望在有生之年、下半生，把孩子培养得更加独立，我们到老了也就放心了。至于说事业发展多大，我没有太高的期望，我自己多多少少也在做点事。目前孩子结了婚，一直都是我过去给孩子、媳妇教怎么做饭这些，因为她都不怎么会做。他爸爸还是该出他的差出他的差，该上班上班去，他上班不是像人家退休去挣工资，他去是做的公益、做义工这些，他爱好这些。只要身心愉快，身体健康，我们多活几年对孩子也是个帮衬吧，所以也没有过多地要求他怎么样。

问：现在哥哥已经工作结婚了，您对他以后的工作生活，有什么期望？

妻子：期望肯定有，每个父母都希望自己的孩子过得幸福。对于他们不能像对在外边打拼闯荡的孩子一样，我的希望就是他们能够健康地生活，把自己小两口的日子过好，两个人不吵架不恼火，平平安安的。他比较善良，不会欺负别人，所以我们担心会找到一个欺负他的人，但是还好这个孩子还可以，起码他们两个人能相容吧。

问：谢谢阿姨，这次的访谈就到这里了。

荀会章观察记录

观察时间：2017 年 8 月 28 日 9:00—14:00

观察地点：西安市莲湖区残疾人联合工会职工宿舍

观察者、撰稿者：高启

时间	活动内容	备　　注
8:50	来到残联工会职工宿舍。	与同事打招呼，打电话谈论下午的安排。
9:00—9:30	在职工宿舍里打扫、烧水、整理儿子以前的作品。	给观察者介绍儿子以前的作品以及意义，介绍智残人士的其他天赋。
9:30—9:40	接从家里赶到残联职工宿舍的妻儿。	
9:41	拜访同事邻居。	指点孩子见到长辈要行礼，不能自己坐着，要讲礼貌，让孩子去倒水。
9:43—10:50	同事与一家人交流。	更多地谈论获得工作支持方面的事情，在客人与儿子交流过程中鼓励孩子交流。
10:50—11:45	看电视与儿子谈心。	谈到以前的绘画作品，鼓励孩子把兴趣继续发展下去，教育孩子学会坚持，不能找各种理由放弃，自己努力才能成功。
11:50	准备吃饭。	鼓励孩子自己去盛饭，提醒孩子要节约，不能浪费，对粮食心存感激。
11:56	吃饭时间。	教育儿子不能剩饭，不能一心二用，认真吃饭，不要只关注电视。
13:20	洗碗，收拾餐具，倒垃圾。	鼓励孩子做家务，培养孩子独立能力。孩子偶尔需要提醒与帮助，十分认真。
13:32	看电视。	给孩子讲述孩子感兴趣的事情，谈论一些国家大事与知名老演员，鼓励孩子学习新的知识并且提醒孩子不要只看到别人的成功，要看到别人的奋斗。孩子也多次提到要成功就要付出。

（续表）

时间	活动内容	备　注
13:40	吃水果。	孩子把自己喜欢吃的放在眼前，提醒孩子要有礼貌，与他人分享，心存感恩。新吃食上来时，孩子会忘掉父亲的提醒，再次提醒后，儿子会真诚地与他人分享。
13:55	打电话，准备出门。	接到同事电话，谈到高新区某公司意欲支持。准备出门，并且邀请儿子一同前往。可以看出儿子知道那个地方并且很熟悉，但儿子拒绝。转而同意下午回来后与儿子去公园玩。
14:00	出门前往高新区某公司谈论工作。	

积极成长路

——刘洁口述

刘洁，陕西省西安地区家庭领袖，特奥运动员张俊文之母。

张俊文，男，1995年出生。独生子女。智力障碍三级。2003年进入特殊教育学校学习。2014年进入陕西省西安市莲湖区天智神画工作室。

口述者：刘洁

访谈者、撰稿者：李雯

访谈时间：2017年8月4日

访谈地点：陕西省西安市莲湖区天智神画工作室

历尽波折终降生

问：请问您是哪一年出生的呢？

刘：我是1971年9月10号。

问：可以说一下家里有几个兄弟姐妹吗？

刘：嗯，有一个弟弟，就我们两个人，还有父母。

问：能否讲述一下您的教育和职业经历？

刘：中学毕业以后，我上了一个属于职业学校的幼儿师范。上完幼儿师范，隔了一年，我就在幼儿园工作了。

在幼儿园工作期间，我上了陕西师范大学的一个夜大，当时是专科吧，上的是学前教育。我们那一届叫音乐教育，其实就是学前教育。

上专科那一年，我孩子是四岁。两三年后我毕业，他大概七岁吧，七八岁。

毕业以后，又隔了两三年，我上了中央电大的本科，学的是汉语语言文学。

问：您是哪一年结婚的呢？

刘：我是 1994 年。

问：在您孩子出生之前，您有没有设想过孩子以后的抚养和教育问题？

刘：当然啊，也会憧憬很多啊。我们是学幼师的，幼师里面有很多专业课，唱歌、跳舞、画画呀，都是我们非常喜欢的。但是，幼师教的可能不像专业学舞蹈、唱歌、声乐、钢琴呀这些，教得那么深，它只是够你教幼儿园用，就够了。

我们毕业后，也都希望自己以后有孩子了，可以让他学个美术啊音乐啊舞蹈啊，弹个钢琴啊，都有这方面的憧憬。现在，我很多同学的孩子也都是往这方面发展的，弹个钢琴，女孩儿学个舞蹈，都是这样。

问：您怀孕的时候有没有做过产检？

刘：当时做产检，不像现在检查得这么细。我是在西安电力医院检查的，第一次做是在孩子五个月的时候，化验了一个微量元素、一个肝功，就没再做什么检查了。

问：医生说一切都很正常吗？

刘：没有。第一次给我做产检的，还是电力医院的一个妇产科主任。他说，“怎么听着孩子没胎心”。我当时只是听见这句话，他也没再说什么，我想着是不是又听到胎心了。

反正第一次检查说是没有胎心，我感觉也没有引起他们的重视，回想起来是没有重视。第一次怀孕嘛，没想那么多，也没有经验，大夫说什么就是什么。不像现在，接触媒体，接触互联网，可以自己查。

问：医生有没有说怀孕期间需要注意什么？

刘：第一次检查，大夫说：“缺微量元素，缺铜。”当时我们邻居有一个跟我差不多大的女孩儿，也怀孕了。她检查以后，也是缺铜，就补铜嘛，也没有什么。

问：您孩子是哪一年在哪个医院出生的呢？

刘：1995 年 3 月 6 号，在电力医院出生。

问：您还记得当时生孩子的情景吗？

刘：生孩子我是提前住院的。我当时检查的时候，已经超了预产时间。

当时为什么住院呢？最后一次检查大夫说我，“羊水少，你是第一胎，生的时候破水了，害怕会出现危险”。所以我提前了一个多星期住的医院。

我在单位的时候就休假了，就类似休产假一样。我记得很清楚，那时候有个洗澡堂，我每个星期三，或者星期五，要去洗一次澡。我们幼儿园跟我们单位的澡堂挨在一起。我去洗澡的时候，先到幼儿园转一圈，和单位的同事说："我这会洗完澡，可能就不来了，下回可能就要生了。"结果又去了将近三四次，还是没有生。

我在医院住的时候，超预产期了。我看别人，也有一个超了十天吧，打的催产素。她生了以后，我的主治大夫给我说："你也着急了?"我笑了一下。然后，就在那天，给我也打的催产素。

打了催产素之后，中午孩子他爸爸还来看我了。他走了以后，一个朋友也来看我了，就是在她看我的时候，大概两点半，我的肚子开始疼的。肚子一疼，我就让她赶快给孩子爷爷他们打电话。那阵儿也没有手机，她赶快回去，到单位给我家里打电话。

大夫过来一看，说："疼得厉害，一分钟一疼的时候，你赶快叫我。"他刚走没多久，就十分钟，我开始那样子，就进产房了。进产房后没多长时间，我就生了，前后两个多小时吧，四点半就生了。所以等家里人都来了，我也就生了，很快。

问：您还记得您当时见孩子第一面时的情景吗?

刘：刚见的第一面，感觉就是特别难看，怎么是这个样子的哦。（笑了一下）

问：小孩子刚出生皱巴巴的。

刘：嗯，他又特别瘦，出生的时候，就是低体重儿。他当时是2300克，4斤6两。推到产房以后，把孩子抱来，当时提倡母婴同室，孩子不送走，是在旁边的。

那阵子让母乳喂养嘛，他一生下来，就要抱着他。我当时都没注意，觉得这个孩子眼睛也没睁。孩子的姑姑还说孩子的眼睛肯定大吧。我和他爸爸眼睛都大，这个孩子肯定也不会那啥。然后等了三天，孩子也没睁眼睛，还说："没事，再等等吧。"

第三天，睁了一点儿，就前面一点点，还是一个眼睛。然后说："这咋办呀?"当时给那个——也不是助产师，类似于护士吧，就是催奶的那个——给她说了以后，好像护士还是医生同意了，点了点儿眼药水啥的，把眼睛掰开，就是这样子嘛，哈哈。（笑了一下）

问：您孩子出生以后，多久回家的？谁带的呢?

刘：嗯，就我带的。出生以后，在医院住了没一个礼拜吧，五六天时间。

问：回家后您坐月子，顺便看小孩儿吗？

刘：对，就是这样子。

问：是您一个人吗？

刘：一个人。当时我是跟他奶奶住的，我们是在一起住的。

问：奶奶也会负责看孩子吗？

刘：嗯，因为我父母也在那周围住着嘛，有时候会过来看一看。

体弱多病愿安康

问：孩子小的时候，您跟他互动情况怎么样？

刘：他小时候很难带。当时也不知道他有什么问题，就觉得他好像睡眠很少，基本上我晚上呀都不能连续睡觉。我生完孩子非常困，正常的孕妇生完孩子都很困，我也很困，他睡眠又不好，睡上那么十几分钟、二十分钟，就开始哭了。

后来想着，哭声好像也跟别人不太一样。感觉像是咳嗽了一下，然后才开始哭，声音也很低沉，不像其他家里的孩子，哭的声音很洪亮。他出生的时候，声音也不是很洪亮的。

问：您发现孩子有些问题之后，有没有想过去看一下医生？

刘：嗯，当时我自己是没有发现的。咱们陕西不是有讲究，要在婆家坐月子，满月以后要到娘家，叫“挪窝”。

到娘家以后，我抱着孩子在阳台和我妈聊天，我妈说：“这孩子怎么眼睛那么黄，尿尿也是黄的，脚都变黄了。”之前家里的房子很小，也看不清，关得很严嘛屋子，开着灯，注意不到他。到我妈那儿，是在阳台上坐着，太阳光直照着，看眼睛都是绿的，这才去医院看的，医生说：“黄疸又出来了。”

也不知道黄疸是又出来了，还是一直没下去。因为在医院的时候，刚生下来的孩子都有黄疸，一段时间之后，就又回去了。不知道什么时候，黄疸已经很重了。黄疸很严重，害怕时间长了，影响孩子的脑子，所以就住院了。住院后有一系列的检查，大夫听心脏的时候就说，“心脏有杂音，做个B超吧”，发现是“房间隔缺损”。那个时候还不知道他智力有问题，就是“房间隔缺损”。当时就觉得，呀！天都要塌了，怎么会有心脏病？那阵觉得心脏病，太害怕了。呀！那哭得简直是。

那阵还不知道他有智力问题呢，在医院住了有两个月吧，黄疸治好了。但因为有心脏病，大夫说，“不能进行体育锻炼，他很弱，时不时地会感冒”，会干什么……然后说，“大一点看能做手术不”。那阵觉得做手术肯定会花很多钱，就回来了。

回来以后，就很爱得病。基本上他一岁以前，只要我一发工资，不管是发多少钱，不管是发工资，还是发奖金，或者是单位发一点什么小的啥钱，他就绝对会病，只要我一发钱，他就有病。那阵儿觉得也很神奇，怎么我一发钱他就要有病？那一阵儿，不停地有病。

他七个月的时候还住了一阵儿院，“毛细支气管炎”，就是喘、咳嗽，喘得不停。这病住院也没有治好，最后打的抗生素，打得菌群紊乱，鹅口疮都出来了。这没办法，不出院怎么办？

刚好那阵儿，他爸爸发现儿童医院退休的一个大夫，当时在儿童医院周围有个“牌楼巷”，他在那儿有一个诊所。推拿、针灸、刮痧，就带孩子到那儿去治疗了一下。

很可怜啊！刮痧！他那么小的呀，还不到一岁嘛！他当时刮痧是在两个前臂、腿上，然后在胸口、后背都刮。刮完以后，就在这个膝盖、大拇指和食指中间扎针（用手比画着膝盖），往里边打红药水。呀！现在想起来都觉得特别残忍。也是没有办法了。当时都没有意识到孩子有多痛苦，反正就觉得肯定是很疼的。打完红药水以后，他就哭得……可能也累了。

当时还给他弄的中药丸。我当时也很残忍，给他弄的是那种胶囊，里面灌的中药粉呀，不是说咱这种药粉，是他们自己做的那种中药粉，颗粒很大的。把它磨成药粉，不像西药，一化就化成水了。它化起来就像咱们冲板蓝根，还有渣渣，当时就给他磨那个。倒到他嘴里，然后拿水硬给他灌水，给他硬冲下去。他就在那嚼着，不好好吃嘛，喂了他就吐出来。

好像痧刮了一回吧，当天下午就见效了，睡一觉起来就没有那么喘，光是咳嗽了，我那会儿觉得很神奇。他小时候，就是在他几岁的时候，一直用那个方法，一有病我就不到医院，基本上就是到那儿给孩子刮痧。

问：您觉得刮痧这种治疗方法比较有用吗？

刘：嗯，就到那儿治，刮痧就是快，一去一刮，当天就见效了。后来，那个诊所也找不见了，搬家的时候给我说了个地方，我也找不见。没办法，最后就到大医院看。小孩小时候换个医院也是需要一段时间适应，后来也是可以了。

正常学校不容他

问：您孩子上幼儿园时，老师或者同学怎么评价您家小孩儿？

刘：他刚开始上幼儿园是在我的单位上的嘛，当时是企业嘛，我本来就在幼儿园工作，大家都知道有点问题，反正跟我关系好一些的吧，都对他很好。

我们幼儿园跟洗澡堂在一起，每次洗澡都不用我操心。小时候就是我先去把孩子脱了，给她们送进去，然后我进去洗我的。她们在里边给孩子洗好了之后，又专门给孩子接出来，然后抱到幼儿园里，当时没上幼儿园就是那个样子，抱到幼儿园就开始吃饭。

问：同事啊老师对孩子都会比较照顾？

刘：嗯，都很好。中间就是有一个保育员不太那个啥，我也意识到，所以就换了一个幼儿园上的。人嘛！都是有长处、有短处的，有的毕竟很有爱心的，那也有的……咱也不能要求人家必须对我们孩子那个什么吧。老师不会有这方面的问题，保育员素质还是有待提高吧，也是企业的职工抽调到幼儿园的，她肯定也是没有这方面训练。

当时是有一次，我到我们前边那个幼儿园——跟我们机关是连着的，我去那边办事去了，当时孩子没有跟出来。但是我走了以后，她们没有看住，孩子自己跑到前边。他那时候小嘛，四岁多吧，他小时候爱滚轮胎，我们公司机关前面那有草地，放的有废弃的轮胎，他就去滚轮胎了，就找不见了。

后来不知道谁给带回来的，可能是园长。园长可能觉得，你怎么可能把孩子找不见了？反正找到以后，她们意思就是想让我承认我把我娃给带走了，或者我娃跟我出去了。当时不是我不愿意承认，因为我们园长是亲眼看到我出去了，孩子就没有跟着。

后来我觉得带着孩子在幼儿园不太好。有的阿姨可能觉得他有问题吧。其实我能理解，孩子跑了老师也很着急呀，丢了一个孩子，但咱可不知道。一数数，发现孩子不够了！咱们可不知道他就在前面嘞，没找到的时候，人都很着急，这个我理解。后来开饭的时候，就拿勺子，就这样子顺手敲了一下孩子（用手轻轻比画了一下）。当时企业幼儿园都是那样了，员工好多都是那个样子。

当时我的心情，就不像现在了，因为孩子也会学嘛，他说，“穿红鞋鞋那个大妈”，他都叫大妈，因为我们都是幼儿园同事嘛，“穿红鞋鞋那个大妈拿勺勺敲我头啦”。他是无意中说的。我觉得你对我娃有点那个啥……我也会不舒服。就是觉得不让孩子受一点委屈，就是那种心。而且这个事情很尴尬，我以后跟同事也不知道怎么相处，我孩子不在这儿，我很坦然，就是那种……

所以我就把他转到另一个幼儿园去了，就过个十字路口，另一个大一点厂里的幼儿园。那个幼儿园刚好是我毕业实习的幼儿园，在那干了一年，老师什么的都很熟。我假期就给幼儿园当时的早教主任说了，以前都是跟我一块儿带过班，她就说，“没事，让孩子过来吧”。我就把孩子送过去，我觉得还挺好。那个幼儿园的老师呀，都是招的年轻的小姑娘，都很有爱心，也是临时工吧，刚毕业也很有热情，也很重视，在那儿待着我觉得也挺好。

问：上幼儿园的时候，有没有跟您孩子特别要好的小伙伴？

刘：嗯，有，当然也有。

问：孩子有没有经常跟您说，他在幼儿园发生了一些什么事情？

刘：他在别的幼儿园待的时候，我不太知道，他回来不会学这方面。因为他跟咱们正常孩子不一样，不会像别的小孩那样，回来后滔滔不绝地给你学。但是你问他，谁谁谁孩子咋了，他偶尔会给你说一下，谁今天咋啦。

问：有没有老师对他不好呀，跟小朋友之间有打闹呀，会不会跟您主动说一下？

刘：那他倒不会。在原来幼儿园那次，他往外走失，就是跑到前边玩去了那一次，是我们后来问的。

问：刚开始学穿衣、走路的时候，您有没有特别在哪方面锻炼一下孩子的生活能力？

刘：他比别的孩子晚一点。我觉得他比别的孩子说话晚一点，走路都到两岁多了，说话基本上都到三岁了。

问：您会让他学习走路，或者经常与他对话吗？

刘：是呀。我记得他四岁的时候，我就想着到外面去闯一闯吧。当时不是早教很风靡嘛，在外面我应聘了一个，还考上了一个早教中心。

我记得是在新城广场的少年宫，我应聘的单位叫“幸福泉”，当时到北京培训去了。好多早教中心，你像“蒙氏教育法”呀，都是对智力障碍孩子的教育，学习怎样辅导小孩儿、婴儿。我记着当时有《三字经》呀啥的，我就按着那个方法，在家把孩子辅导一下。我学的就是这个。

比如读书，你看这个字，不要点着，要这样一页一页、一行一行指着。虽然他不认识字，但他知道我这样阅读是一行一行看的，这一页看完指到这没了，我就翻一页书看下一页（用手指着笔记本上的字，从左到右滑着，到页底翻页）。按照那个方法，培养他的阅读习惯，先不是说教他认识多少字。我学的是这个专业，可能相比别的孩子家长，办法多一些。他们不知道咋教，我有时候也给他们介绍。

问：您是在什么时候发现孩子有智力方面的问题的？

刘：也就是上学的时候。一开始也觉得有点跟别人不一样，他坐呀爬呀，这些都比别人晚。当时想着有的孩子就是晚，说话也晚，没想那么多。他智力有问题，小时候长相也怪，是能看出来点。

孩子本身也瘦。我到单位上班，抱着他，端他尿尿，老阿姨见了，就觉得心脏不舒服。别的小孩胖的时候，屁股圆圆的，他屁股是个尖的，尾巴骨那块儿，没肉。人家见的孩子多了，就给我说："呀，你刚才抱你孩子来的时候，我那阵儿心脏都不舒服。"

刚开始发现孩子有点不对劲，自己也是不愿意往那边想。发现了以后，就到儿童医院一查，人家就说是智力障碍，智障嘛。当时给他评估 IQ，智商是 64，正常智力边缘是 70、75 那个样子。咱们一般正常人是 120，你想他就差那么一点，70 是边缘智力，他是 60 多，还是差那么一点的。

问：这大概是哪一年去查的智商？

刘：他 1995 年出生，可能也就是七岁的时候吧，就是 2002 年的样子吧。

上小学，你明明知道他有点问题，硬还是让他上普通小学。因为当时我就是幼儿园老师，我就教他，背个唐诗呀、数个数呀，他还能数。但是一上学就露馅了，你想别的孩子都坐到那儿，他会到台前头去一下。反正就是能看出来，跟别人不一样。

后来，学校让你到儿童医院开个智力有问题的证明，就不算成绩了。但是，那里还是容不下他，觉得什么都跟我的孩子有关。比如说正常孩子在一起，男孩在一起，谁推一下谁呀，这也是很正常的啊。再一个因为我是做老师的，我就知道他不是那种爱欺负别人的人，不是那种人，而且，孩子不是太那个啥的……这不是说我溺爱这个孩子，我护着他，不是那种〔情况〕。

那一批和他同班的孩子，对他都能好一点。当时在学校，都是我带的，那两所幼儿园毕业的，都在我们那个地区。所以，他上一年级，同班的学生基本上就是他上的幼儿园的同学和我带的学生，都认识他，家长也都不会太那个啥。但是，以我现在的想法——当时我也是这种想法——我可能也没碰到太那个什么的老师吧，容不下他，就想让你走。都不算成绩了呀，他又不是特别胡捣乱的那种孩子，我觉得容不下他，绝对容不下。

不像现在国家规定，学校必须有一个班接收这种孩子，或者自闭症的孩子，随班就读。有的学校是有这种说法，教育局规定必须有随班就读；但当时没有，人家就是想让你走，老师就是觉得，我多一事不如少一事。老师想撵你走的时候，就会说别的家长容不下，他不会说他容不下你，他会鼓动别的家长那个啥。

当时我就觉得很绝望呀。我们小时候看过一个电影叫《苗苗》，当时是谁演的我忘了，就是讲一个新从师范毕业的老师，她到小学教书，就好奇老校长怎么带这个孩子，为什么他来一笑，这孩子就听他的话？就想尽各种办法，跟各种孩子交流、做朋友，来当他们的老师。我就想着我怎么碰不到这样的老师呢，我觉得很绝望。嗯（笑了一下），就这样。

从未想过放弃他

问：您发现孩子智力方面有问题时，有没有想过要积极地进行治疗？

刘：当时也是很崩溃的吧，也是哭呀，整天哭，就是觉得这个样子也很那个啥，当时还没有到启智学校。但是，没有像之前发现心脏病的时候那么难受。

他不是发现黄疸和心脏病住院嘛，他隔一段时间就好像憋气那种，憋得脸红得涨得呀，然后过一阵就好了。到现在都不知道是什么原因，我估计还是跟他缺氧有关系吧。好像大夫给他吸吸痰，就好了。那阵住院很频繁，隔一个礼拜，无缘无故突然就哭闹。

还没有发现智力障碍的时候，他爸爸就给我说："别人说的，要不然就放弃吧。"我觉得，因为他们没有来带孩子，我在医院全程陪着的，我说："他活蹦乱跳的，好的时候甚至给你笑一下，给你玩嘞。你告诉我咋把他放弃？""不治了嘛，管他呢嘛，不治了嘛，他就慢慢自生自灭嘛。现在他不是黄疸退不下去嘛，退不下去，他有时候……"那意思就是不管他了。我就从来没想过，"你给我说我咋不管他"，我当时很生气。

同事也劝我，有一个同事的孩子是听障，她也劝我："要不然就不要了？"我说："咋能不要嘞！"她说："就哪次得肺炎不给他治，他就没了。"我说："那咋能不给他治，不能把他掐死吧？"我说："从来没有想过不要他。"

问：发现孩子有病时，家里人是怎样看待的？

刘：我觉得当时家里人，好像不像我那么绝望，家里其他人就觉得还好吧，就觉得孩子长长就好了。我们这是第一个孩子，一开始没有比较。后来，别的孩子出生了，可能他爸就觉得，人家孩子会啥会啥，就说，“看，人家会啥了，都会啥了”。

家里人都没有什么，到哪也都把他带上，好像没有像我压力那么大的。他奶奶爷爷、他爸爸没有觉得多大压力。你像我到哪儿，我都要准备一下，我心里就想我要给他穿得好一点，洗得干净一点。长得不好看吧，我给他穿得好一点，最起码能干净一点吧。你要是本身长得不好看，再给他弄得脏兮兮的更那个啥，所以我小时候就特别注意他。

他奶奶在家带他吧，我就觉得把他带得脏兮兮的，我就很不高兴。当时也就有这方面的矛盾，我不愿意给她说出来，就是孩子本身就那个样子，你还不给他弄干净点。这方面还有点小矛盾。

问：您发现孩子智力有问题时，有没有想过要公开，还是要隐瞒呀？

刘：像我们这些家长刚开始发现孩子有问题时，都有一个过程。包括现在有的家长都接受不了，自己没有过这个坎儿。朋友圈里一块儿吃饭，我就不愿意带他去；再比如上街呀，能不带就不带吧。那种压力就是，我坐公共汽车，抱着他，或者领着他，别人看见你，就会多看一眼，你到哪儿，别人就会这样看你一眼（用眼神示意）。当时，我就觉得这是嘲笑我孩子的，或者觉得这样看，咋是这个样子的。因为人的处境不同，不同的时候对事情的理解就不同。

你要搁我现在的心态，人家为啥就不能多看一眼嘞？咱们看到人家哪个孩子、哪个人长得跟咱不太一样，咱们也会多看一眼。人家多看一眼，不一定都是恶意。但是，当时就觉得，你为啥多看一眼嘞？你看我一眼的时候，我就盯着你看，别人就不好意思了。其实，当时就觉得别人都是恶意的。

问：不希望自己的孩子……

刘：嗯，不希望别人盯着看孩子，别人一盯着我看，我就马上看着他，都是这样子。这些家长都是这样。我们当时幼儿园的保健医生吧，孩子就是听障，聋哑学生，她也是。她给我说：“别人要看我孩子，我就盯着他看，直到他不看了为止。”就是这种，现在都好了。

我这个情况还好，过渡的时间很短。因为我的同学都是师范毕业的，都是老师，在这方面不像别的人群，他们很能接受这样的孩子，也知道应该怎样跟孩子相处。每次出去吃饭，或者谁过生日，小范围聚会，他们就说：“把娃带上哦，咱们都把娃带上。”

启智打开一扇门

问：您孩子在启智学校上学是哪一年？

刘：应该是2003年吧，他8岁的时候到第二聋哑学校启智班。他7岁在正常学校上的，上了一年，不行，就容不下他。

问：您当时是通过怎样的途径了解到特殊学校的？

刘：就是我们单位的保健医生，她的孩子在第二聋哑学校上学，她知道那有一个启智班，专门招收智力障碍的、自闭症的孩子，她给我说的。

当时，我只知道那里收我们这些孩子，就去了，孩子就在那上。也是评估了一下，看有没有暴力倾向呀啥的，或者坐不住，然后随班就读。我可能陪了有一天吧，就说可以了，就在那上。后来，启智学校盖好以后，第一盲哑学校和第二聋哑学校智力障碍的启智班，全部就合到启智学校，又从社会上招了一些学生。

问：上启智学校之前，您有没有去学校考察过？

刘：嗯，先去的呀。我先去跟他们当时的教导主任见了一面。去的时候，教导主任正在启智班代课，我就在门口传达室等他。他上完课过来见我，我把孩子的情况给他说了一下，然后他说："没事，你让孩子过来吧。"我当时眼泪就已经忍不住了，我就觉得呀，终于有一个地方可以接纳我的孩子了。后来孩子上学的时候，我就觉得怎么早不来！就感觉好像在正常学校把孩子耽误了一样。

在正常学校上学，如果一直坚持下去，我觉得实际上是给大人留一种面子，就觉得我孩子是在正常学校上的。知识也学不到啥，很多有这方面问题的孩子，一开始几乎都是在正常学校上。

家长和孩子受到的伤害，我感觉不是在肉体上、身体上，而是情感上，被别人伤得遍体鳞伤的时候，才会想到：哦，我还可以再退一步，我到特殊教育学校来上。都是这个，被别人伤得遍体鳞伤的时候才会过来。

有的孩子可能还牵扯到身体上被别人伤害，就是别的孩子欺负你。一、二年级的时候不会，二年级再往上，别的孩子就会欺负你呀、打你呀啥的。但是，我觉得还是老师的思想、老师的认知指导着其他孩子。他们欺负你孩子不是他们的错，他们与生俱来就会欺负这样的孩子？我经历过，我觉得别的孩子是会看老师的。老师如果想让你这个孩子走，就会老是说这个孩子，同学也会欺负这个孩子。我是搞教育的，我觉得如果教师正确引导、教导孩子，“我们都要有爱心，对这样的孩子，他们跟你一样”，他如果正确引导，别的孩子就不会那个啥的。

我觉得正常学校还是缺乏这点……最起码不应该在学校欺负你。我觉得正常学校以后有待提高。还有就是整个社会吧，肯定会有方法，真正接纳这种孩子，怎么样才能让孩子在正常的学校上下去，最起码不欺负他。你可以教育你的学生，是不是？我们不应该欺负弱势群体。

问：您孩子上学的时候，作息大概是怎样的？

刘：现在吗？

问：上学的时候。

刘：他当时是八点到校。家长八点把孩子送到学校，他们就可以在那儿吃饭，吃饭后到九点钟就上课。然后中午有午睡，起床以后还有个点心呀啥的，跟别的学校可能还不一样。下午也有课，上到四点钟，我们在门口就去接他，也就是一天送接两回。

有的家长还想不让孩子在那儿住，中午接回去，再送去，他们就不可能工作。但是我觉得把他放在那儿，老师还是很让人放心，中午就在那儿住着。

问：孩子上学的前几天，回来后会不会给你说他在学校的情况？

刘：嗯，他不会主动说。但是我会问他：“好玩不？老师好不好？”他说：“好。”那个地方老师确实很好，真的很好，我觉得很好，很专业，对这些孩子也很有耐心。

问：他在学校里主要学习哪些课程？

刘：他们有教材，专门是用的外地的，好像是南京还是哪块的，就是“培智学校”的教材。很多内容是跟幼儿园一样的，幼儿园中班、大班的内容是一样的。

问：他学习的时候有没有表现出比较吃力？

刘：是啊，他在正常学校上的那阵儿是吃力。我也比较粗暴吧，他不会，我就打他，但现在没有打过。原来我跟好多家长也在一块儿，我们也说过，都打嘞。当时就不认命嘛。

我是幼儿园老师，带学前班，我教的孩子写字那么好的，你怎么就不行。其实他写字还可以，语文方面还能跟上，我教他，他写字还写得挺好的。在数学方面，我就觉得呀，一加一等于二，怎么我教你今天会了，明天你就又忘了。

我们这老师都说了："你教别的孩子那么有耐心的，怎么教你孩子就不行了?"我教别的孩子有耐心，因为我没有啥压力呀，我就是一点一点教你，你总会学会吧。但是我教他就没有耐心，我也不知道怎么回事，包括现在都是。可能自己的孩子，我就会想得太多了，还是自己想得太多。

问：学校主要的课程是文化课吗?

刘：有文化课，都是很简单的，适合他们学的。

问：他放学回来，你会给他做课后辅导?

刘：他们有作业呀，一样会有作业。

问：会对他进行辅导。

刘：嗯，对。当时我觉得还是人家老师有办法吧，我教不会他了，老师很容易就把他教会了，就那种，哈哈（笑了一下），我觉得很神奇。

问：您有没有向老师学一下经验?

刘：我想着可能也是他到那个年龄了吧，还是能接受难一些的；再一个人家老师也有办法吧。我看到老师给他们教的书上画的东西，好像就是"蒙氏"的那些专用教具，有数字棒，数数，几加几呀。

特奥运动新天地

问：您孩子平常会主动跟别人交流吗?

刘：会，原来也会。原来他性格比较开朗一些。

问：会邀请一些朋友呀到家里玩?

刘：嗯，会邀请。现在我们家里地方小了，就不太会，原来我们地方大，就会邀请。

我们家长也会经常走动，经常约着，因为跟别的群体出去吧，还是有点那个啥。我们十几个家庭经常约好一块儿出去玩，或者是七八个家庭一块儿出去玩，出去旅游也有。原来有时候周六、周天约到一起，带着他们到大明宫骑自行车。

问：你们自己组织的活动还蛮多的?

刘：嗯，他们愿意在一起。

问：孩子们很喜欢?

刘：无论去哪个地方，他们不在乎目的地，只要在一起，能坐车出去玩了，就行。

问：孩子会主动要求想去哪吗？

刘：会。我现在在草滩住着，到大明宫也远，有时候一下班就不想出来了。他就问我："妈妈，我们啥时候去骑自行车呢？"别人说到哪玩，他就说："妈妈啥时候去呢？"我说："太累了，等天凉快一点了吧。"也是因为我们懒得很。

问：有没有发现您孩子有特别喜欢的事情，在哪方面比较有特长？

刘：嗯，喜欢吧，也都是学校开展的活动。他刚到学校，第一次去特奥比赛，是8月份还是9月份，参加立定跳远和跑步100米这两个项目，那是老师给定的。

后来再参加特奥篮球队，他喜欢篮球，但是他的个子不高，身体素质好像达不到。我觉得他就是玩嘛，重在参与。特奥都是重在参与，不是非要比出什么结果。

现在他练足球，足球他也喜欢。我们有一个"陕西浪潮足球俱乐部"，是一个专业的俱乐部，给我们做公益的，有专业的教练免费教他们踢足球。

问：您是通过怎样的机会了解到特奥的？

刘：原来上第二聋哑学校的时候，特奥几年一次，每次就会选人去。我们孩子可能参加了两年吧，大连的那一届，还有福州的一届。现在好多，像中国智协搞的也参加过。去年温州的那个活动，我们就去了。

问：您是出于什么考虑让孩子成为特奥运动员的？

刘：当时在学校老师让去的，都是挑上就去的。

问：孩子有没有说我不想去呀？

刘：没有，他很愿意去的。因为参加这种比赛，他们也能玩嘛。这个比赛的目的性不是太强，要拿奖呀啥，不是。他们也就是重在参与吧，也没啥压力。

小的时候好像也不知道，没有竞争意识，现在大了还知道了。反正出去一次，能力就有很大提高，会提高很多，就是待人接物啥的，见的世面多了，就会觉得不一样。

问：您孩子喜欢哪一项体育运动？

刘：他现在足球呀篮球呀，都喜欢。

问：第一次参加特奥的时候是？

刘：第一次是立定跳远和100米跑步。

问：这个也是老师帮助选的？

刘：对，老师给选的。选特奥运动员，根据年龄、根据你的智力水平，让你参加哪一组的。

问：运动方面，是要专门培训吗？能具体说一下吗？

刘：参加之前会进行培训。让你在学校训练一下，都让家长陪着去训练。

问：能举个具体的例子吗？

刘：比如说那一年去福州，他是参加篮球队，我们就在学校统一训练，假期的时候突然叫去训练了半个月。当时篮球队组建晚，我看别的省市很早都比赛了。

当时他腿脱臼，刚把打的石膏去了，腿还有点僵硬。我给老师说："他这刚去石膏。"老师说："没事，重在参与。"

我觉得学校还是会挑一些自己能力比较强、安静的学生，而且家长也愿意配合的家庭去。因为出去之后什么事情都有可能发生，首先要孩子安静一些，能管住的，会派这些学生去。

问：孩子训练了半个月，是每天都训练吗？

刘：嗯，每天都训练，从早上很早就开始训练。

问：孩子有没有说好辛苦呀，好累呀？

刘：孩子可能也不会说啥。当时我们在大雁塔小学训练足球，我是带他们去的。这些家长都会议论，呀，娃会不会累？娃会不会热？娃会不会那个啥？就是把他们当小孩那样子带。踢足球也是的，家长们会说，你说娃这么晒的去！我说，"你看人家那小学生，一二年级不是照样在那晒着呢！"对不对？咱们不要太那个啥呀。他大了，咱们不要像原来那样子，人家学生都能受。咱们这娃毕竟都二十二岁了，虽然智力有问题，身体也不如大人……

一下雨有些家长就会问："下雨了，还练不练了？"我说："教练他没说不练，那就练。足球比赛还有下雨比的呀，咱们第一次参加第一场足球比赛，就是大雨中进行的呀，那下雨本身也就是一种训练啊。"

后来我们也老问，教练就考虑到了，害怕他们智力、身体素质不好，就没让去。因为你老问，教练可能想着，你是不是不想来了？我说："那以后咱们不问，他通知咱们就去，哪怕咱们白跑一趟，本身人家是免费教咱们的，做公益的，咱们还在这挑肥拣瘦，不好，这样就有点溺爱孩子了。就是多锻炼，也是为孩子好。"

当然都心疼嘛。因为从小好多家都是溺爱，觉得他们智力方面有缺陷吧，心智都有缺憾，好像什么都应该满足他们。其实孩子本身不会提出来有多苦多累，都是家长考虑得多：呀，他热了吧？冷了吧？就那种。

比如踢足球的时候给孩子喝水，刚开始很明显。旁边那是小学生比赛，就一场训练完了以后，老师说休息一会儿，水就在旁边地上，人家都自己拿毛巾、喝水、擦汗。即使家长在旁边，都是在阴凉的地方坐着，都不过去。我们这孩子踢一场一下来，家长就把水端过去，还不能喝凉的，也不能喝热的，要弄得不凉不热，然后问衣服热不热，把汗给擦着。

我就说："你首先都不把孩子当成正常孩子养，别人怎么能把你孩子当成正常孩子一样？有时候你正常对待他，对孩子也是一种尊重。他说不出来，但是感觉，我这么大了，人家那么小的，是不是？你这样觉得难为情不？"家长有时候确实由不得，要慢慢改。

问：您孩子第一次参加特奥，比赛之前有没有说我好紧张呀？

刘：小时候不会说他紧张呀啥的，现在会说了。现在比赛前他会说："呀，紧张得很。"

问：取得了什么成绩？

刘：小时候篮球，因为训练得太晚了，就真是重在参与，没有拿什么名次。

我们第一次比赛足球的时候，下雨了，当时拿的是个二等奖。因为室外比赛，很多因素都是瞬息万变的，很可能发生下雨，当时雨下太大了。当时和阳光家园的孩子踢也是没问题的。

问：是怎么教孩子比赛项目的规则的？

刘：他要比赛以前，发通知的时候会出一个跟正常规则不一样的比赛规则。当时是五人足球，规则都给你写好了。

问：这个规则，是发下来之后教他们的吗？

刘：对，当时规则就是给教练了嘛，教练就看着那个给他们训练。

问：比赛之后，取得成绩或者没有取得成绩，孩子会不会表现出来高兴，或者失落？

刘：以前不会。以前拿个奖牌，人家就说："来，举个奖牌。"孩子们就举个奖牌，不是太懂。小时候他拿个奖牌，肯定会高兴，没拿到他也没关系。

现在就是有竞争意识，没拿到，他也觉得很沮丧。

这一次比赛我们踢得很好，是分组的。本来说是循环赛，后来因为时间关系，天气太热，就直接分小组比赛。我们和他们的母校启智学校的队分一组。我们当时跟他们是 2∶2 平，最后还是点球分的胜负，他们赢一个球。

问：孩子比赛完会不会给你说，他在比赛场上表现得怎么样？

刘：会，现在会说。大了以后会主动给你说，原来要问。

他们现在大了会在一起聊，那个谁谁谁，咋了咋了的。“你咋不跑呢嘛，我球都给你”。还是积累经验，刚开始练光知道接到球自己射门，不给别人。现在带球快到门口，我叫你名字，你就到门口去，知道打配合了。

问：您孩子总共参加过几届特奥？

刘：加上智协的这个，一共是四届。

问：都参加过哪些运动？

刘：田径的就是立定跳远、100 米跑，还有篮球、足球。

问：您觉得参加这个比赛，对孩子有什么帮助吗？

刘：我觉得运动对他的智力还是有帮助的。

问：接触面呀社会交往呢？

刘：对，在比赛过程中，他不是只看结果。他到比赛场地，中间会碰到很多事情，都需要自己来处理的。虽然有家长跟着，也需要你自己处理，整个比赛程序这样走下来，就餐呀住宿呀，能接触到这些方面，他开阔了视野。

虽然平时出去玩是家长跟着，家长全权做主，但最起码要跟着老师，人家老师说你住哪个房间，我们就会把牌子给他，然后让他们带我们家长去。虽然我们跟他们住一个房间，还是会有意识地锻炼他，是你带我们去，不是我们带你去。

有些你给他讲一百遍都不顶用，好多事情要在实践中锻炼他。比如经常参加运动会，在哪个宾馆住，他就知道了。他们同学之间，“你是哪个房间？你一会儿吃完饭到我这个房间来”。他们都会这样子交流，比自己平时待在机构要好得多。

问：特奥家长有没有自己的组织？平常组织一些活动之类的？

刘：真正在一起，原来就是特奥比赛。我们也没有专门组织什么特奥的一个群呀啥的，但是我们有家长的群。一般参加特奥的也都是这些家长里头的，没有说专门弄一个特奥的群。因为咱们参加特奥的人毕竟还是少数。

我们这个家长群叫“天使妈妈”。这个群里面，前边多数都是原来启智学校的家长。现在我们肯定会碰到一些家长，孩子原来没有上过启智学校，比如在阳光家园碰到的一些家长，我也会把他拉到这个群里边，因为这个群的群主是我。

问：你们也会经常组织一些活动，带孩子一起？

刘：对，这些家长基本上都是认识的，即便不认识，第一次见面也没有陌生感，因为都有一个这样的孩子，没有陌生感。

放手锻炼生活技能

问：您是什么时候开始让孩子单独出门买东西的呀？

刘：买东西方面，我觉得还是环境吧。刚开始就觉得他不会花钱咋办呀，到超市别的孩子都知道要东西，他就不知道要东西。别人就说："他还没到时候呢。"

原来他学校放假，我要是上班，他会到奶奶家。他愿意到奶奶家，奶奶家管他不是那么严嘛。他到他奶家，奶奶有时候会在外边聊天，或者就在院子里头打麻将。他奶奶那边打牌，他要去小卖部买个啥东西，就给他 5 毛钱，让他在小卖部买，慢慢锻炼他。

问：没有刻意地让孩子自己去买？

刘：嗯，小卖部人家也不可能骗他吧，都是一个院子的，他奶奶就在旁边坐着打麻将，买东西就是从那开始锻炼的。后来就慢慢给他点钱，让他去买个酱油呀，买个馍呀，他就慢慢会了。

现在发展到找钱这些，都行。我们现在一般不给他 100 块，50 块钱以内还是可以的。他有时候都不要 50 块钱，觉得要算半天。

然后就是坐车。开始就是我带着他坐了两回，接着我就跟着他，看他会坐了，是定点的，从家到学校。刚会坐车就转到启智学校了，会的时间短。

后来突然有一次他从奶奶那儿回我这儿，他自己回来的。我就问他："咋回来的？""唉，我奶让我坐的。"还倒车呀！从来没让他倒过车呀！他说："我奶让我从那儿坐车，坐到胡家庙，倒了个 708 回来了。"我说："那你会不？"他说："会呀。"就是他有那能力，你觉得他不会，他可能还是会的，只不过是我们放不开。

比如，到他奶奶家，他有时候骑自行车玩。他骑自行车好像还可以，别的智力障碍的孩子有好多都还不会骑自行车，他会骑，还带着人，就在他奶奶家疯。后来我也在这反思，如果让我带着他，他的能力可能不一定发展得这么快。

问：管得比较严？

刘：我可能还是太放不开。后来我就有意识锻炼他，当时到启智学校上学，我就告诉他怎么坐车、怎么倒车到学校，也告诉他如果坐过站要怎么办。

有一次他就坐过站了。我说：“那你咋能坐过了？你咋还不下车？”他说：“那个女的在门口挡着，太挤了，来不及下去，坐过了一站。”我说“那你咋办?”他说：“我就走回来，走到水司坐的。”所以，我觉得他是有好多能力的，家长太放不开了，有点束缚他了。

问：您当时知道这个事情是特别开心呢，还是有点后怕？

刘：我当时是挺后怕的。但是后来慢慢这样，我就给有的家长说：“你要放开呢。”有一个家长和我关系很好，我就给他说：“要是纯让我一个人带娃，我现在是跟你一样的。”他现在这个娃还是接送，他也意识到，我也意识到，但是就还是放不开。

还有一个家长，他们两个都是上班的，孩子每次都是他爷爷送。我说，“你娃应该会坐车”，她说他不行。他爸爸说：“他妈妈不行，他妈妈觉得他要是丢一次，她可能就疯掉了。”我说：“你看，我们踢足球都是你娃带着我们坐地铁，坐到南稍门，从哪个出口出，他带着我们走，他咋能不会坐车嘞。”他也是坐地铁到那儿嘛，他肯定是会坐，但是家里人就觉得害怕。

家长性格不一样，带出来孩子也不一样，他放不开，觉得他受不了。如果今天孩子自己坐车，家长一天都会觉得那个啥。

问：担心？

刘：嗯，当时社会也很乱吧，也有很多把人骗到煤窑呀卖器官呀，家长就想得很多，尤其是我们这种孩子。那些人要他没用，但是他身体好，如果真是把他们弄那儿去，你说是不是要疯掉了？那个家长就说：“我爸不在了，我雇个保姆来回接送他都行，我没有打算让他自己去回家。”

进了阳光家园，当时这块儿不管饭，很多家长也想太多，我就给他们开导：“你们觉得学校管饭你们就很自由，那你们在家干啥呢？你坐到那儿，又开始想你娃咋办。现在到这儿，你就是给他早上带点儿饭，就在这热，这肯定锻炼孩子能力了呀。说难听话，等咱们死了，他们最起码会拿微波炉热个饭吧，在外面打个馍他饿不死吧。要现在连微波炉都不会用，那咋办？这对咱来说也是个挑战吧。有的孩子会买东西、在外面买饭，这样慢慢带着别的孩子也就会买了，你要让他学会买东西呀。要不然你死了给他留那么多钱，他不会花呀，你要让他学会花钱呀。”

“刚开始学会花钱，也许有的人会骗他，但他买东西回来，我们会检查，看花的钱对不对。不对，这个应该是多钱，你下回就记住。比如说这一阵儿吃饭，你这几天、这几个礼拜你就吃两样东西，一个炒面一个油泼面，你就记清楚这两个是多钱了，慢慢就会了嘛。你像我的孩子和另一个大一点的孩子，知道钱，有时候让他们领着去，慢慢地他这个能力也就培养了。这个能力在别的阳光家园是学不会的，不是说阳光家园给你弄一个游戏，比如小超市，你去买个东西，你就会了。你要会真正地在社会上去消费、去买东西。这还是要慢慢锻炼，咱们孩子能力比别的孩子要强一点，你就要把他往上提高，你不能老叫他留在这儿。咱们光想让他能力提高，你自己首先就要放开。”

还有坐车，到现在有的家长都放不开。孩子明明应该会坐车，但是家长害怕，接受不了如果孩子丢一次，那咋办！就这样子，还是家长自己放不开。

问：平常除了您照顾孩子、接送孩子之外，家里其他人有没有帮过忙？

刘：也接，就是我父亲接。

问：爷爷奶奶那边呢？

刘：我们上学校的时候，爷爷有时候也接，但是爷爷也上班，他退休以后在外边也干着嘞。

妙笔生花画葫芦

问：您是怎样了解到阳光家园的？

刘：他上二聋校的时候，我们都听说过这个阳光家园，但那时不太普及。有个音儿，“那个谁谁谁不上了，到哪个阳光家园去了”；“阳光家园，那块儿有个阳光家园”。那时还不是太普及。

东郊有一个孩子，在二聋校，他当时该毕业了，就没有来启智学校。当时二聋校上启智班，没有年龄限制，你可以一直上下去。现在启智学校是有时间限制的，你上够三年，十九岁，就让你毕业了。二聋校是只要你愿意，就可以一直上下去。但是，当时他们也觉得在那儿上下去没有意思了，就想到阳光家园。一方面为了培养孩子一些职业技能吧，以后大人不在了，孩子有自己的生活能力。

我记着听别的家长说，当时阳光家园好像是让有能力的、认识钱的去卖报纸。领《华商报》在外边卖，规定好时间，再一块儿回阳光家园，有时候还教孩子们一些电脑知识。

所以，他十九岁毕业，我们就已经知道阳光家园了。没毕业的时候，有的家长就开始看哪个阳光家园好。家长们事先都去考察了一下，有的阳光家园学生年龄都大一点，当时去的时候刚睡完午觉起来，孩子都趴在那儿睡午觉。本身孩子智力有问题，看着就很木，又刚起床，看起来就觉得严重得很。

之前启智学校招学生是挑的，在这么多学生里面挑程度好一点的，好带嘛。因为刚开始老师呀学校呀都要积累经验，就会找程度好一点的。等有经验了，再慢慢带程度差一点的。所以我们家长接触的也都是程度好的。当时二聋校为什么陪读？也是让你试着上一个礼拜课。你太差了，自理能力太不行了，人家也不要你呀。所以我们从二聋校到启智学校的这些学生都是轻度的，我们觉得都挺好的。

去阳光家园的学生，一般就是上不了启智学校，因为程度差人家不要。所以我们这一毕业一去到阳光家园，突然遇见程度比这些差的，就觉得很那个啥。

你在上正常学校的时候，别的家长排挤你；你在上这个学校、上阳光家园的时候，人家孩子严重，你也不想让你家孩子和人家孩子在一块儿。因为跟着程度好的他会越来越好，所以咱们就理解人家。有的人是有爱心，有的人是没爱心，你没有办法，你没有办法道德绑架人家，是不是？

当时他毕业，阳光家园很多了，尤其莲湖区的阳光家园在西安市是最多的。这儿还能学点东西，而且不收费用。费用对一些家庭来说也是一个事情，如果家里有一个人是不上班的，一家人就全是靠父亲一个人养家。所以又不收费，还能学点东西，何乐而不为呢？就来这试试。

我们当时报的是“慧灵”阳光家园，准备待在那儿。这个阳光家园是专门教画画的，周五半天到这儿来学个画画就行。结果一报完名，这儿刚好开了一个创业班，叫“日间班”，是不收费的。

问：咱们西安这边儿，有多少类似于阳光家园的地方？

刘：莲湖区是最多的，新城区那边有三个，别的区我不太清楚，因为这两个区我接触得多一些。

问：孩子从启智学校毕业，初到阳光家园的时候，有没有表现出自己的喜好？

刘：他们很喜欢这儿，很喜欢。

问：来到这儿以后有没有发现孩子对什么特别感兴趣，能力比较好的？

刘：他们现在是个创业班，制作车挂。我这是拿了个他们前期做的，就是这种（拿起旁边的葫芦车挂）。这是前期做的，这种颜色。我们现在做的是大红色的葫芦，这上面是一个中国结，有两个穗，是做车挂的。

问：都是孩子自己编的吗？

刘：他们不是自己编。他们现在就是学嘛，刚开始学，他们可能学了有两年了，还是三年了。

第一年，基本上就是练习基本功。拿毛笔，可细的毛笔，在宣纸上画细道道，控制你手腕，反正是简单，但是没有画过的人，手会抖。他练基本功练了有半年。

现在他们学会点花和画叶子，画第一层叶子。这是我们原来画的（指着葫芦车挂），没有勾外面的叶子。他们就会画第一层叶子和画花。现在还是老师给勾外面的线。然后，边上加中国结穗，是家长给加。我们买回来的穗线不是粗嘛，能力强的孩子就自己给编线，编成细线。这个葫芦车挂他们做完以后去销售。

我们这个阳光家园在陕西省是唯两家挂牌的创业基地之一，是智力障碍人士的辅助性就业。辅助性就业，必须要靠正常人来帮他销售，他们自己可以去站柜台、可以卖。我们和别人沟通，联系下销路，看各个企业呀年会呀，需不需要小礼品。

问：您孩子除了学习做挂件之外，还学习别的吗？

刘：他们现在就是画画，现在在这个阳光家园，就是类似学徒一样。这里一开始是个阳光家园，但是现在具体来说，就算一个创业基地。

楼上是个阳光家园，在三楼。阳光家园的孩子程度比他们差一些，就是坐不住，还需要学一些知识或一些生活上面的能力。楼底下的人是不需要上课的，来了就开始画葫芦，一个人一个工具箱、一个工作台，有一个台灯。他们画完一个葫芦是 5 毛钱，到月底的时候计件、点数，这样子。

问：当时学画葫芦，是您孩子自己选的还是？

刘：我们来的时候还没有画葫芦，这块的负责人教孩子画大的摆件。后来我们慢慢发现，大的摆件卖起来又贵，画起来又麻烦，而且不是我们这些孩子一时半会儿、短期内能掌握的，于是就放弃了，把摆件放弃了，就去做挂件。

挂件现在他们就是点花，也是我们经过很长时间摸索出来的，开始我们画的花难，他们基本上掌握不了。后来想着这个简单，还好看，能够让他们掌握的必须要简单，他们能掌握才是前提。

难的他们画不了，如果还是我们老师在画，或者家长在画，就是没有意义的，对吧？就想着到最后全方面都该让他们掌握，从画花到叶子。现在我们要辅助性给他添一些，因为他们还没画到最后一步呢，只学到中间这一步，到最后全部都要他们掌握。

问：在这里他跟其他孩子相处很融洽？

刘：还可以，挺好，他们聊天儿。

问：老师呢？

刘：我们这儿的老师，就像我啊，还有楼上的这两个老师，都是孩子的家长。我们这块儿用人，首先用孩子家长，用家长里边能胜任教师工作的。

像我，比如说我有教师资格证的，我本身是干这个专业的。你想在启智学校的老师好多也是学幼师毕业的，只不过他后期再进行一个专业方面的培训。首先要是个幼儿园老师或者师范小学的老师，再看家长里有没有有耐心的、感觉能当老师的，你要是太粗了，就不会让你来。

现在有两个老师，楼上有一个生活老师，还有一个老师在这儿。后面再选老师，本身就是有残疾的人。楼下两个老师，教美术的，一个男老师和一个女老师是聋哑人，这些画都是他们画的（指向墙上那些精美的画），他们原来带过一批学生。

我们现在新招了一个女老师，二十二岁，跟我们孩子是一样大的。她原来就在我们这儿，当时开的周末美术班，就是国画、工笔画这些班，就统称美术班吧，就是培养听障的孩子。这个老师就是听障班培养出来的，后来考上美院了，现在毕业以后来这儿上班。这画就是老师和她同学画的，那个是楼底下老师画的（指向墙上的画）。

乐观开朗做领袖

问：您有没有想过以后怎样照顾孩子？孩子未来要怎样生活？

刘：发现他智力障碍、上了启智学校以后，接触这方面家长也多了。就觉着这些孩子还不像人家肢体残疾呀听力残疾呀，那些智力是正常的，他们会想办法，我怎样跟人家接触，我怎么寻求帮助。但是，智力障碍的这些孩子，是不知道怎么寻求帮助的。

当时就想着有我在，有我一口吃，就有他一口吃，不存在问题。我们想的更多的是，我们老了以后，不能动弹的时候，孩子该怎么办？他很小的时候，能力就是那个样子，如果一直这样该怎么办？其实当时是没有想到，后来他会慢慢发展得好一些，各方面能力会有提高。

我觉着家长们在一块儿的时候，每天心里很不愉悦，为了孩子的事整天想着，晚上睡觉都睡不好，孩子咋办？都有那段时间。后来就是，呀，你想也没用呀，你天天想，他还是那样子呀，你想也没用。

因为我无意中的表现，家长就认为我很阳光，就愿意跟我在一块儿聊天呀啥的。我也不是开导他们，这些家长都是自己在家待着，有个这样的孩子，就不可能上班了呀。像我是在幼儿园，因为他上学，我也是抽个时间，给园长请个假，我去接接他，或者让我父亲去接一下。而且他的程度相对要好一些。那有的家里，父母不在这儿，接不成，就得自己去接，上学以后，他家长就没办法工作，就陪着孩子。陪着以后，孩子一上学，你是不是就一个人在家里啊，就想这个事情，越想越钻牛角尖。

有时候我去接孩子，我们家长在那儿聊天呀干啥，“还是应该跟你多聊”，别的家长就说。我就跟他们说，不是跟我多聊，而是你想开一点，你高高兴兴也是一天。你那么不愉快的，把自己弄得痛苦的还是一天，孩子还是没有改观。不是说我今天难受一点、哭一场，我孩子就好了。如果这样他们能好一点、进步了，那也可以。咱天天哭，没有啥进步，与其那样子，你还不如高高兴兴，过好现在的每一天。比如说有的像自闭症，你积极地给他治疗，你积极地想办法让他康复吧，提高他的能力，还不如这样。

有的家长还是抱怨，慢慢也就不愿意在一起，因为抱怨多了也影响我心情呀，是不是？我本来想开一点，你一说然后我又想起来了，那总是一个痛嘛。你老提它，每天掀一下，就跟你的伤口，明明知道它在那儿，我不想它我还舒服点，你老是过来把它掀一点掀一点，我也不愿意，不愿意让你掀它吧，就是这样。

问：您是哪一年成为家庭领袖的呢？

刘：我现在担任的是新城区智协副主席。我们新城区之前的智协副主席，他的孩子病得很严重，有时候搞活动，他就去不了，我去得多一些。

我们经常搞活动，比如说新城区搞啥活动，我也会叫上别人，在我们这个家长群里面叫，这些都是相通的。比如说我们现在画室搞活动，可以让外边人参加的，不限于莲湖区，我也会在“天使妈妈”这个群里面发消息。

再比如说外出旅游，要光是我们这个阳光家园，人不够，会多叫一些，跟我们一块儿出去。开始就是让我去组织呀，或者接洽旅行社啥的多一些，有的家长不太愿意抛头露面。所以现在他们如果是有啥事，也愿意让我帮他们去弄，说不上什么家庭领袖吧。（不好意思地笑了一下）

问：您在这个组织主要做哪些工作？

刘：残联有一些什么活动帮着组织一下；家长有一些什么想法，反馈给智协。主要是沟通反馈的工作。

问：您组织工作的时候遇到过哪些困难？有没有得到什么支持或者帮助？

刘：有时候要说困难也不算困难吧。当然作为家长，我们也愿意让政府多多考虑这些孩子，就是多多考虑孩子的出路，将来他们大龄了以后，对他们有一些帮助，比如低保。

现在低保这个问题，家长很看重，不是说因为他家条件不好他才看重，条件好他也会看重这个。为啥呢？条件再好，像我们这些智力障碍，或者自闭症的孩子，就是家里再有钱，有可能家长不在了，一夜之间这个钱会被别人骗去的，最不好的就是被别人骗去了，或者干啥了。如果他还有个低保，每个月发个低保，这是他自己的钱吧。咱们就是考虑最坏的方面吧。当然像社会发展了，社区帮助呀啥的，这个是好的。但我们会往最坏的去考虑，觉得孩子有个低保好。

问：现在家长希望解决低保问题？

刘：嗯，家长就是希望解决低保。像这些智力障碍，不像其他肢体呀听力障碍的残疾人，人家可以去配个钥匙呀，盲人可以去弄个按摩啥的，都可以，会自己挣钱。因为他们可以动脑子，根据我的情况，我要怎么去挣钱养活我自己。但是我们这些孩子就不会呀，他们没有自主就业的能力嘛，必须要靠其他人。

就像现在这个就业基地，也是辅助性就业，还是要靠正常人来帮助他。所以家长就是需要在我们有生之年，把孩子低保问题解决了，真是帮了大忙了，是不是？不管他到哪儿，不管出现任何事情，就算他的钱被别人骗了，孩子还有一份固定的收入吧。就是这个低保，迫在眉睫地需要给我们解决。

这两天，我们正在做这个工作，统计哪些愿意签名的，把电话、名字留给我们，我们会做成表格，上报上去，呼吁嘛。单独立户这个问题，像人家东北那边，上回来了一个家长说，东北那边只要是智力障碍的孩子，包括自闭症，只要成年就给你办低保，无论你家里面是什么情况，都给你办了。

问：以您的观察来看，特奥运动员的家庭状况，目前都是怎么样的？

刘：我觉得多数还是普通家庭吧，甚至是有一点困难的。因为你要是完全去照顾孩子，他不可能上班嘛。孩子小的时候是不可能上班的，大一点了、可以上班了，也没有单位要你了呀，是不是？

我在这儿[①]上班，是刚好遇到这个事儿了。给他报名的时候，刚好人家要

---

① 指陕西省西安市莲湖区天智神画工作室。

开这个班，刚好这个领导又算是学妹吧，都是幼师的，低我几届，她要招一个这样的老师，希望我来，家长也给她推荐了。主要是家长也说："让她留下来吧，留下来吧。"她也想要我。

我当时没想来是因为家里面有别的事情，我回复她："我得考虑好，你给我一个星期的时间，让我考虑好。应人事小，误人事大，我答应你了，我再做不下去，就把你耽误了嘛，我一定要考虑成熟，我才能答应你。"后来才过来的。

问：当地除了阳光家园之外，还有没有设立一些帮助孩子就业的组织？

刘：现在各个阳光家园都在摸索，往就业这块发展，但是难得很。我们这个领导还是八零后吧，脑子还是很活的，抢占了一个先机。现在我们跟别的阳光家园比起来，还是很有优势的。首先我们这儿的葫芦，虽然宣传还欠着呢，但是已经有很多人知道了。我们是有专利证书的。

我们在小寨军人服务社还有个摊位，相当于免费提供给我们，一个月就交一点点钱，跟没交一样。周六周天在那儿卖做好的这些东西。

很多企业也帮助我们，现在主要销路还是靠爱心企业。我们就觉得现在宣传还没有跟上，跟上以后就想跟旅游景点合作。红十字会现在也帮我们宣传，红十字会里面的人就是各个企业的老总、负责人，他们都是有经济能力、有爱心的。

红十字会的会员有两万多人，一人买一个葫芦，这就是两万多个呀，也是一笔不小的数目。他们每个人用他的能力去帮你宣传，比如他那个圈子两万多人，有一部分接受了，就解决了很大的销路。

我们现在也是加大宣传，如果宣传做到了，这也算是一个很好的项目吧，发展前途很不错。那阵子我们领导说他在这个阳光家园带孩子干累了，很多阳光家园都给他打好招呼，说你要是不想干了就交给我们，把葫芦带过来，就意思是把这个专利项目也带过来。

问：您孩子正式出去工作过吗？

刘：没有，一直在这。

问：您想过您孩子未来的婚姻问题吗？

刘：婚姻问题还是看吧。多数家长考虑的就结婚吧，他们觉得我孩子有这个能力。但是我觉得结婚吧，就害怕别人欺负他，是不是？

你像现在这样找一个他们同学，也是智力障碍的女孩，就是能力强一点的，这样是最好的。但是存在一个问题，就是能力强一点的女孩儿，她会想着找一个正常的，家里也都会想让她找一个正常一点的，就是家里面穷一点的正常孩子。

比如说原来我们认识的那个女孩儿，她家就是咱们附近郊区的，人家政府一分房，分多少套房，钱不成问题。人家整个村子分的房都在一起，我把女婿招来，他不会把我娃咋样，因为村子都认识。而且她本身能力也强一些，看着也没多那个啥。有的就是智力差一点，但是能力非常强的这种，农村对这个方面，觉得没有什么，大不了就说你是个八成儿，就不算是有啥智力问题。农村的孩子，轻微有一点智力问题，人家也不认为你有啥智力问题。

问：您有没有想过给您孩子找个正常女孩儿？

刘：找个正常的不可能。找个正常的，如果肢体方面有点啥，我孩子身体

刘洁母子合影

又不行，因为瘦弱得很。如果他是五大三粗的，也可以帮你干活，是不是？咱也要考虑这个。如果她肢体都不行，还要靠他来干活，他也干不动。

反正是看吧，这种事情可遇不可求。我现在害怕别人、别人家庭欺负他，但也不可能因为这个原因不让他找。就还是看吧，走一步看一步。如果真正到那一步，遇到一个合适的，觉得可以的话，也会考虑让他结婚。

问：您对您孩子未来有什么期望吗？

刘：我就是希望我们这个创业——葫芦这个事业，有所发展，有一些收入。在就业最初的这一段我能陪着他，跟他一起，跟着这些家长，我们一起把他们这个葫芦梦做到最好吧。我们原来有一篇文章叫作《孩子们的葫芦梦》，把这个梦做到最圆满，就是希望这个样子。

问：您还希望得到社会或者政府一些帮助吗？

刘：当然希望。希望政府在一些必要的项目上对我们的葫芦项目给予支持，比如说他们会议上，有一些小礼品，多多用孩子们制作的这些东西，给他们一些帮助。在考虑残疾人的同时，也考虑一些智力残疾人的需要，再有一些好的政策给他们。

刘洁儿子口述

口述者：刘洁儿子张俊文
访谈者、撰稿者：李雯
访谈时间：2018 年 1 月 17 日
访谈地点：天智神画工作室

问：你还记得你小时候发生的事情吗？
儿子：不记得了。
问：你有没有印象比较深一点的事情？
儿子：没有。
问：有没有会让你觉得比较开心的事情？
儿子：有，钞票。（笑）
问：有没有发生不开心的事？
儿子：没有。
问：你以前不是在启智学校上过吗？
儿子：嗯。
问：你还记得在启智学校发生的事情吗？
儿子：同学。
问：跟同学关系特别好。
儿子：嗯。
问：有没有你喜欢的同学？
儿子：没有。
问：现在还有没有跟启智学校的同学有联系了？
儿子：有。
问：偶尔会在一块儿玩吗？
儿子：嗯。
问：我听妈妈说你小时候在奶奶家学的自行车？
儿子：哦。

问：你是咋学会的？

儿子：自己骑。

问：是看看周围的小朋友，然后跟着学的吗？

儿子：嗯。

问：你觉得学自行车困难不？

儿子：不困难，好骑。

问：你还记得第一次出去买东西吗？

儿子：不记得了。

问：你还记得你什么时候到这边创业基地吗？

儿子：毕完业到这边的。

问：你平时都是跟妈妈一起来这工作室？

儿子：嗯。

问：大概是几点到的？

儿子：七点。

问：七点起床？

儿子：嗯。

问：然后九点到这里？

儿子：嗯。

问：下午几点回去的？

儿子：五点。

问：你喜欢这里不？

儿子：喜欢。

问：为什么呢？

儿子：有朋友。

问：我看你一整天都在画葫芦？

儿子：嗯。

问：你喜欢画葫芦吗？

儿子：喜欢。

问：你学画葫芦，有没有觉得有点难？

儿子：不难。

问：你是不是特别喜欢画画？

儿子：对。

问：听你妈妈说你参加了特别多的特奥比赛？

儿子：嗯。

问：你喜欢运动吗？

儿子：喜欢。

问：有没有你特别喜欢的一个项目？比如说足球呀篮球呀？

儿子：有，都有。

问：你喜欢哪个？

儿子：都喜欢。

问：你在这儿有没有特别好的朋友？

儿子：有，丁丁。

问：还有呢，还有别的同学吗？

儿子：不知道了。

问：你平常喜欢跟别的同学交流吗？

儿子：交流。

问：你在这里画葫芦之外，还会做什么？

儿子：就是玩。

问：有没有让你觉得特别有趣的地方？

儿子：有，就这块。

问：你平时会和妈妈一块出去玩吗？

儿子：会。

问：你最喜欢去哪块玩？

儿子：有，深圳。我还没去过嘞。

问：你为什么想去深圳？

儿子：喜欢深圳。

问：喜欢深圳，是因为听丁丁说的吗？（下午的时候俊文和丁丁聊天提到深圳）

儿子：嗯，对。

问：你有没有想过交女朋友啊？

儿子：没有。

问：你觉得你自己是一个怎样的人？

儿子：不知道。

问：我听丁丁说你是一个特别活泼、可爱的人。

儿子：嗯。

问：你觉得呢？

儿子：也是吧。

刘洁儿子的同学口述

口述者：刘洁儿子同学李同学
访谈者、撰稿者：李雯
访谈时间：2018 年 1 月 17 日
访谈地点：天智神画阳光家园

问：你跟俊文是什么时候认识的？

儿子同学：我跟俊文……我在西北大学的时候主持……刚好不是有一个特奥活动嘛，特奥活动我不是在台上当那个主持人。当时他们启智学校就来了，然后俊文在台下看到我了，看到我了之后，看到我当时在画室的视频，他就知道我，他就认识我了，就这样。

问：你跟俊文的关系好吗？

儿子同学：关系非常好，其实他对我真的很好。俊文呢，他就是感觉非常，感觉就是比较可爱吧，比较帅气，每回都想着我。

问：平常俊文会主动跟同学交流吗？

儿子同学：会，他每天都会，跟同学聊。

问：你们平时有没有组织，一起出去玩？

儿子同学：会，有时候就是老师，就是俊文她妈，我们的刘老师，平时都是像出去玩，有大型的活动，我们就一块到世园会，然后呢，会组织大家到世园会玩。

问：你觉得俊文平时表现怎么样？

儿子同学：他呢，挺好的，非常棒。

问：有没有觉得他有特别优秀的地方？

儿子同学：优秀的地方，花画得特别好，他画的葫芦上的花，画得特别好。

问：他比较有耐心？

儿子同学：嗯，他比较有耐心。

问：你们平时在生活中会出现一些小摩擦吗？

儿子同学：呀，生活中，生活中应该差不多，挺好的。

问：你们平时在这里都会做什么？

儿子同学：我们平时就是会画葫芦，他们有些老师就是忙着做中国结呀，因为今年是狗年嘛，然后他们在弄这个台历，很多的东西。

问：他平时会主动和人打招呼吗，就是一进门就会说早上好之类的？

儿子同学：会，他每次来非常地友好，对我们大家都挺好。我们这里头男生包括女生都是很友好，梦洁[①]都知道，俊文平时在这里头最会说话了。

---

① 工作室里的一个女同学。

刘洁儿子观察记录

观察时间：2018 年 1 月 17 日 10:00—17:06

观察地点：西安市莲湖区天智神画工作室

观察者、撰稿者：李雯

时间	活动内容	备　　注
10:00	和母亲一起到天智神画工作室。	工作室的老师和同学跟张俊文和刘洁打招呼。刘洁让儿子准备画葫芦。
10:02	放下自己所带的物品。	
10:06	在房间走动，准备去拿晒好的葫芦。	
10:08	准备画葫芦的工具。	张俊文按照惯例，熟练地准备颜料、调色盘、画笔和清水。
10:12	开始画葫芦，左手拿着葫芦把，右手拿着画笔，蘸取颜料在葫芦上点花瓣。	别的同学和老师在忙自己的工作，张俊文很仔细，一笔一笔地点花。
10:20	开始画第二个葫芦。	
10:25	和同学、老师聊天。	工作室的老师和同学做着自己的事情，时不时地相互聊天，开玩笑。
10:30	让刘洁看自己画的葫芦，并让刘洁指导下一步怎么画。	张俊文听得很仔细。
10:32	继续画葫芦。	中途时不时地停下来，看看周围，与同学说话。
10:38	开始画第三个葫芦。	
10:43	停下来休息、喝水，听周围人说话。	刘洁提醒儿子画葫芦。
10:46	去洗手间。	
10:48	继续画葫芦。	中途时不时停下来，听别人说话。
10:58	有人敲门，去开门。	
11:03	与同学聊天。	

（续表）

时间	活动内容	备　注
11:10	继续画葫芦。	时不时停下来休息，与同学说话，开玩笑。
11:18	听到同学咳嗽，停下画笔，询问同学是否嗓子不舒服。	
11:24	停下画笔，看刘洁拿手机播放的视频，与同学聊天。	刘洁在儿子旁边贴挂历。
11:28	继续画葫芦。	
11:35	与同学聊天。	
11:48	将画葫芦的工具收拾好。	刘洁提醒同学们到中午了，可以休息、吃饭了。
11:54	独自下楼去附近的小吃城买午饭。	给刘洁带饭。其他的老师和同学，自己带着饭的，在工作室的微波炉里热着吃。
12:00	仔细看周围来往车辆，过马路。	
12:03	买了一份炒面。	细心地告诉店家，自己饭量小，少做一点就可以了。
12:23	去另一家，买了一份饺子打包。	刘洁让儿子带一份饺子。
12:33	回到工作室。	给刘洁带了份饺子。
12:35	将饺子放到厨房，坐下来休息，与同学说话。	
12:40	收拾桌子，和同学一起铺床，准备睡觉。	中午有三个同学午休。老师和其他同学在另外的房间里做自己的事情。
14:33	午休结束，收拾好床铺，坐在一旁喝水，等待。	
14:48	帮一个同学扫地。	
14:52	到另一个房间的落地窗前坐了会儿，看看窗外。	别的同学和老师还在收拾东西。
14:58	准备画葫芦的工具，开始画葫芦。	老师开始贴挂历，另一些同学也开始画葫芦。
15:25	停下来休息，跟别的同学聊天。	

（续表）

时间	活动内容	备　　注
15:36	在房间里找白色颜料，与同学说话。	白色颜料快用完了，需要补充。
15:50	与同学聊天，听刘洁说话。	这时，只有老师和个别的同学在忙自己的工作，一些同学已经回家了。
15:58	收拾画葫芦的工具。	
16:06	在房间里走动，吃东西，整理自己的东西。	丁丁回家，张俊文和丁丁告别。
16:17	玩电脑。	同学在浏览器上输入拼音的首字母，搜索汽车、硬币和透明气球的图片。
观察员对同学进行访谈，观察中断		
17:06	回家。	

没有大门，就让阳光从窗户照进来

——张艳口述

张艳，云南昆明地区家庭领袖，特奥运动员和佳垠之母。

和佳垠，女，1993年出生，独生子女。特奥运动员。2017年毕业于昆明市五华区新萌学校，现在慧灵智障人士服务机构实习。

口述者：张艳、张艳丈夫和春云

访谈者：陈俊岚、罗雨

撰稿者：陈俊岚

访谈时间：2017年11月1日、11月23日

访谈地点：张艳家

寻医，坚持不懈

问：请问叔叔阿姨是哪一年出生的？

丈夫：我是1966年，她是1969年。

问：你们家有几个兄弟姐妹？

丈夫：我们家是两个姐姐一个妹妹，我是独儿子。

张：我有两个哥哥，只有我一个是女孩。

问：可以讲讲你们的教育经历和职业状况吗？

丈夫：我高中毕业后就到了广汉飞行学院，学管制专业——交通管理专业，毕业后就到了云南民航，从事管制工作，干了二十几年，现在接近退休了。整个职业生涯自己感觉还可以，从能力各方面来说，在单位也算是拿得出手吧，对得起自己也对得起单位。从我们这个角度来看也就是很平顺，不像孩子这么坎坷。我们这个专业危险性较高，压力也大。

怎么说呢，整个社会的压力，或者家庭的压力也体现在自己的身上，你看

我头发都白了。但是当事情都过去以后，感觉也没什么了，也就是很简单的事情。不管你干什么，就算孩子是健全的，也不见得生活有多轻松。总的来说自己感觉也没什么，过来了也就过来了。

张：我觉得我的工作也是平平淡淡的，也没出过什么问题。我主要是把精力都放在佳垠身上了，她去培训、去找特教、打乒乓球、训练，甚至画画，基本上都是我在找老师，包括现在这个学校都是别人介绍、我又亲自去看了过后才决定的。我把很大部分精力都放在了孩子身上，休息的时候就是带孩子。

问：您现在是做气象方面的工作吗？

张：嗯，气象观测。

丈夫：他们是为我们服务，他们发的报文、观测的数据就给我们，又由我们来给飞行员。

张：风、气压这些都是飞行需要的，我们就把观测到的数据给他们。我也是到后面又系统地学习了这个，开始没学那么深。

丈夫：她上了班以后，在单位表现好，逐渐就选拔出来，选拔出来就有幸到南京去上课。一开始选拔他们是因为这个专业没有学历要求，只要会干就行，但是后面民航就逐渐走向了专业化，要求他们学习，单位就把他们送出去，重新打基础。

张：我们要学天气学、气象学，这些都得学，连仪器这些都要学。

问：现在你们两个都在民航工作吗？

丈夫：嗯，就在一个单位。

张：只是干的不一样。

问：你们俩怎么认识的呢？

丈夫：那时候工作也没那么忙，工作结束下来，刚好他们气象的就在我们隔壁，当时人也不多，就这样认识了，谈着谈着自然就好上了。

张：他是住宿舍，我们上业务班也是安排了住宿舍，所以就经常在一起，食堂也只有一个。

丈夫：那时整个民航就九百人，现在你看，一个航空公司就将近万人。

问：你们谈了几年恋爱后结婚的？

丈夫：也没几年。

张：大概是两年多，结婚是在 1991 年 9 月。

问：怀着佳垠的时候对孩子有什么打算吗？想过这个问题吗？

张：没想过，没想那么多，不像现在的孩子。

丈夫：人有些时候不能太理智了，如果我们想那么多，那可能连这个孩子都不会要了。因为大家都是想当成功的人，那还有失败的人呢，失败的毕竟是99%，成功的只有1%。

问：怀孕的时候有去医院做过检查吗？

张：怀孕的时候一直按要求做检查的。

问：还记得生产的时候是什么样的情景吗？

张：当时我们俩出去转了一圈回来就破羊水了，然后就去市人民医院，是剖腹把她生出来的。

问：出生后几天出的院呢？

张：七天，出院后就回到我妈那儿去了。反正开始就很正常，她爸给她换尿片，二十几天就可以抬头了。还有就是体格大，体重也重，个子也高，才五十几天的时候就是56厘米，就已经5公斤了，生出来都有3.6公斤，也是个大个子，有51厘米。

问：生出来是外婆带吗？

张：嗯，开始是，后来我们就自己带了一两个月，等着我上班了又送到我妈那里去，由她带了。

问：佳垠有什么症状，让你们发现她突然不一样了呢？

丈夫：我们之前没发现，她在五岁之前一直都很好的，很正常，能讲话，能思考，蹦蹦跳跳的。我们去幼儿园接她，都很正常，只是幼儿园老师说她经常尿裤子，晚上也是尿床。我们还想不会那么差吧，她懂事得也还算比较早，以为她是小便失禁；另外一个就是尖叫、哭，我们也没感觉到这个有什么问题，就这样过了两个月，就不讲话了。

问：夜晚尖叫是在睡梦中吗？

张：对，半夜。

问：之后就不会说话了？

张：后面就不说话了，你问她什么，她也不说，后来我们就带她出去看病。

丈夫：她是晚上睡的时候抽搐，因为很浅，也不是很严重，我们可能就没发现。我们后面带她去做CT检查，脑细胞都是完好的，她受损的是语言细胞。

张：他们说是脑干听受损。

丈夫：开始也没什么问题，后面到儿童医院挂了个号，儿童医院还给她检查了听力，听力也是好的。

问：可以详细地讲讲求医的过程吗？

丈夫：那会儿是各种医院都去过了，中医院、儿童医院、云大医院都去了，还有盘龙区医院，后来我们又到北京去看，也没有一个确切的结果。但是医生说是属于自闭症，当时自闭症是比较普遍的，而且自闭症发现晚的也是五岁多，所以我们先就按自闭症治了一段时间。后来我们回来，听到云大有一个老师会催眠，催眠以后能找到病因，我们就带她去，那个老师给她催眠，她也不配合，催眠不了。医生就把另外一个医生找过来，也是他同学，当时就转精神科，后面又转神经内科。神经内科医生去网上查，查了以后说这个不属于自闭症，有点类似，但是又没有自闭症的执著。自闭症的孩子干一件事情很执著的，这方面她没有；另外她对感情方面也不是自我封闭，所以她这不是自闭症。然后就开始打人血蛋白进行干预，国外成熟的研究发现，一旦有癫痫以后，打人血蛋白可以进行干预，干预记忆力。

那时距离我们发现她的问题已经一年多了，干预以后就没有再恶化下去了，但干预后也没有特别的效果。医生就讲，到青春期的时候自己恢复的可能性也有。我们还问医生，像她这种送聋哑学校行不行，医生说最好不要，送正常的学校最好。但是后来到她青春期的时候也没有康复。我们以前心里还有希望，但是后面逐渐也就接受现实了，现在能这样我们已经很欣慰了。

我们在治疗上走了一些误区，一开始是按照精神类的药治的。因为她这个癫痫波很浅，不会体现出很强的抽搐，所以我们都不知道。这个癫痫波怎么来的我们也不清楚，它不是脑膜炎引起的，也不是发烧引起的，就是突然有癫痫波，然后讲话就讲不清楚了。

问：完全确认病因是她几岁的时候？

张：八岁多，九岁的时候就做了最后一次检查，之后就不发病了。后来去工人医院做了三小时的脑电波测试，医生一看就说没有癫痫波了，她的癫痫症状已经治好了。

问：到九岁癫痫治好后还在吃药吗？

丈夫：没有，之后就在特教了，因为需要训练讲话还有其他一些事项，这个特教是一个私人办的训练机构，是针对一些智力发育不健全的正常人开办的。

张：也有心理有问题的，它是分正常和非正常的，每个孩子都有一个单独的教案。

问：家里的人对佳垠的变化是什么反应呢？

张：最早是觉得有点可惜，然后就帮我们看哪种治疗可以，又告诉我们一些治疗方法，一会儿他们又自己看看有什么方法，还是比较操心，最主要还是靠我们自己。

丈夫：这个也不存在什么看不看法，既然来了，一个是不甘心，另外一个是痛苦，还有就是治愈的希望，这个希望支撑了好几年。但是逐渐走到现在，心里也就平静了，各方面也能接受了，能正常地面对了。

怎么说呢，我们孩子是有这方面的问题，但如果是一个教坏了的正常孩子比这种还麻烦，还让父母操心。有些东西有得必有失吧，也不去强求。我们现在至少还有个二十四岁的丫头陪在我们身边，这样也可以了，一直像个小孩子一样单纯。

问：佳垠生病之后身体上有什么反应吗？

张：开始是烦躁发脾气，不听你的话。我晚上陪她去散步，你跟她说什么她不听你的，就发脾气，自己一个人往前跑。然后又发现她脚后跟不会落地，后来人家就告诉我们走平衡木，以前昆明有一个花台，有水泥砌的台子，就每天牵她去花台那儿走，走着走着就好多了。

丈夫：凡是脑子有病的小孩都是踮着脚尖走路，她这是脑神经的问题。

问：生病之后怎么跟她沟通，怎么照顾她的呢？

张：一开始用手势比。

丈夫：毕竟是一起生活，她还是容易接受我们的。逐渐让我们欣慰的就是，我们说话、命令她，比如叫她吃饭，她能听懂，这个大概是在十几岁以后。

张：以前要把她叫过来，有时候叫她也不理你，必须要把她叫过来当面说。

丈夫：她一开始就像失聪一样，听不见，给人感觉就是自我封闭，所以就是按自闭症来治的。后面感觉不是这么回事，我们跟她交流，一开始也是很茫然，感觉沟通不了，需要说几遍，比如叫她开灯，要说好几遍。逐渐好了以后，说什么她就能听懂了，有些不懂的就多说几遍，实在不行就写字，她也就能够明白一些东西。刚好赶上网络时代，她自己在网上下电视剧来看，有些东西看着看着，她自己也就学进去了。

问：如果她不高兴，会通过什么方式向你们表达呢？

张：开始在外面走不理人，就一个人走在前面，我们也不管她，因为她也有不对的时候，但是她认为她是对的，所以就要让她把火气走没有，这时候，才能跟她说，要是她发脾气你跟她说，是根本没有办法教育的，因为我们这种孩子的力气比你都大。

问：在这个过程中，哪一段时间是沟通非常困难的？

张：才发病的那一段时间，发病到上学那一段时间。在新萌学校上学的第一年，老师都还跟我告状。那时候她跳级了，之前在学前班要求不是很高，然后一下跳到了二年级下学期，老师就跟我告状，说她在教室里面会发出声音，但是她们上课我也没办法，过了一个月还是两个月她开始融入在里面，慢慢就会听课了。

问：上课发声音，老师会责怪她吗？

张：老师就跟我反映这种情况，我也没办法，我跟她说她也理解不了，我跟她说不要出声音，她也不知道自己到底是不是出了声音，后面过了一段时间，她自己就不出声音了。

问：那段时间她不能与你们沟通，你们是怎么做的呢？

张：只能说是我们主动跟她沟通。

问：她发病的时候需要你们整天陪伴着吗？

张：基本上是我们两个分开来整天陪伴她，很少在我妈那儿。我觉得她那会儿发病了，就在家玩，看电视，她爱看动画片就放给她看。也要带她出去，不可能一整天都待在家。她六岁的时候还教了她一段时间自行车，不过没教会。但是后来人家自己就学会了，我们家那会儿住五楼，就把自行车扛下去骑，我跟在后面大概跑了三天吧，后来实在是跑不动了。她个子高，直接坐在自行车上面，腿也能直接放到地下，我说我要上去做饭，叫她看着点车，后来发现人家自己就会骑了。

问：你们看了那么多的医院，医生给过你们什么建议吗？

张：只有最后这个建议是最有帮助的，其他都是哼哼唧唧的，没有实质性的那种。

丈夫：她一个是保守治疗，因为牵扯到脑神经的问题；另外一个就是医生给她吃癫痫的药物还有安神的药物，其实是有副作用的，但我们之前都不知道，后面我们还是给她停掉了。我们通过催眠的医生找到最后的这个医生，带她吃了几年中药，西医治不好就抓中药吃，找中药老医生吃了好几年中药。

佳垠还是吃了好多苦。她生病以后我们第一想法就是康复，至于康复以后能干什么根本没想过。到后面医生说看到青春期能不能好，那时候她已经快九岁了，我们感觉只有等了。等到青春期过了以后，好像也没有什么，但是还是有一定进步的，我们唯一的希望就是她能生活自理，我们培养的目标也是生活自理。希望我们离开了以后，她也能够照顾自己。再就是找一个好的机构，对我们而言也不是说有太大的希望。你刚才说我们对她的未来有什么想法，其实我们也没有什么想法，第一个就是康复，第二个康复了以后生活能够自理，就这两个。

问：现在也是这样的想法吗？

丈夫：现在基本上生活能自理了。现在就是在我们力所能及的情况下，让她生活得幸福。

从普通学校到特教学校

问：她是几岁在哪儿上的幼儿园呢？

张：三岁，就在我们民航幼儿园。

问：她喜欢幼儿园吗？

张：也谈不上喜欢，不像现在她表现出喜欢哪些地方直接就会说。

丈夫：她那时唯一的要求就是让我们接的时候第一个接她。

问：如果你们去晚了呢？

张：我们基本上也没去晚。

问：为什么会让你们第一个去接她呢？

丈夫：不知道，好多小孩都有这种要求。

张：嗯，可能都有这种现象，都希望家里第一个，不要最后一个。

问：她那时和小朋友相处得怎么样？

张：也不是说有很好的朋友那种，但是也还算可以。

问：她在上幼儿园的时候有什么特殊的表现吗？

张：没有，我们就觉得她很优秀。因为是单位的幼儿园，家里面还有点关系，老师就会多注重那一块，但是又不好怎么说。那会儿我还带着她想让她去跳舞，但是幼儿园老师就说不让她去，我说不去就不去。到后面幼儿园毕业，到了这个新萌学校，她就很突出了。以前我觉得她体育不行，后来没想到她还是可以的。还有学校跳舞，每次参加比赛、表演都有她，我觉得她就体现出自己了。学校做手工，有时候老师都做不赢她，叫她去帮忙做。这一块在学校是很突出的。

问：上幼儿园的时候老师对她的评价怎么样？

丈夫：很普通一小孩，也不是说很优秀的那种，也不是很落后，就是很中性的、普普通通的、爱笑爱闹那种，其他也没什么特别突出的。

问：她上幼儿园是从三岁上到了几岁呢？

张：好像是五岁半，就差一个两个月毕业。

丈夫：基本上是上到五岁半，5 月份发病以后就没有去了，上到大班了，基本上是快毕业了。

问：她发病之后你们就带着她到处去看病，没有上学了吗？

张：先是看了一年的病，一年之后去学校上了一小段时间。

丈夫：先是到关上小学学前班学了一个多月吧，老师说什么她都不听。

问：那一年看病就跟着你们，完全没有去上学吗？

丈夫：就是到北京去看病，回来以后一直在治疗，其间聋哑学校也去过，上的聋哑幼儿园。

张：不叫聋哑幼儿园，其实就是特殊幼儿园，叫新兴安康幼儿园，现在都还在，专门针对智障的、脑瘫的、聋哑的。我们去了一段时间，但是一点成效都没有，最后我们就没去了。

丈夫：我们当时还想着她会康复，9 月份就给她报了学前班，因为她年纪还小，不到六岁，报一年级人家不收，所以就给她报到学前班去了，学前班待了一个多月吧。我们当时是以治疗为主，教育基本上谈不上。

问：上了一个多月，是学校不让她去了吗？

张：也没说，我们就带她去看病，所以就没去了。

问：看到了几岁又回来读书的？

丈夫：那个时候看了一个星期多一点，然后我们又回来，回来以后听人家讲云大医院神经科。

问：之后又是去哪里上的学？

张：她爸爸表妹工作的学校，是一个普通的小学，就上一年级。

问：她在那个学校表现怎么样？

张：数学老师对她印象很好，语文老师就没说话。

丈夫：因为语文要读，她根本不吭声，包括后面测验听写，她根本不写。

张：她发病前 10 以内的就可以加减了，她那会儿已经会写名字，还可以从 0 写到 100，后面可以写到 1 000，反正有规律嘛。在学校打算盘，她上亿都可以打出来，只是她不懂什么意思。老师就说她算盘打得是真的可以。

问：去那里上学，学校提出过什么要求吗？

丈夫：因为我表妹在那个学校，可能有些负面的东西他们也不会跟我们讲，人家看她面子，也反馈不到我们这里来。

问：在学校这段期间有发生什么意外的事情吗？

张：没有，乖乖的。作业照样抄回来，该做什么就做。

问：需要你们辅导吗？

张：要辅导，特别是语文，数学直接就可以做了，算出来我们就看下对错。

问：后来为什么又不读了呢？

张：后来我们说带她去聋哑学校。问了一下聋哑学校，他们就叫我们试读一下。

问：为什么会突然想到转去聋哑学校呢？

张：我觉得她可能通过比手势更能跟人交流。

丈夫：我们当时认为她语言神经已经彻底毁掉了，就是希望通过手语进行交流。但是她很烦躁，还嫌弃人家，不跟着学，后面我们就没有去了。后来我们打听到新萌学校，就送到那儿去了。

问：你们是通过什么途径找到新萌学校的呢？

张：有一个朋友介绍，我们就去看，看了以后去问。我6月份去的，他们说8月份报名，我们就去报名，把材料什么的都拿去。去了以后一看，那些比我们还严重的都有，年龄又大的，还严重的，还从来没进过学校的，有些看着严重的孩子学校还不收。

丈夫：你如果生活不能自理，他也不能收，一个老师要管十个人，有些连上厕所都不会的也没办法。现在的学前班，也就是看你生活能不能自理，佳垠开始还是有点这个的，我们还送了两次裤子，到后面就越来越好了。

张：我们送过两次裤子，她拉过一次还穿过别人的裤子回来，后来就直接放了一条裤子到那里。之后老师说她已经好了，相当于她已经有这个意识了。我们拿去的裤子一直放在那儿，最后到了三年级期末了，老师就说你们家这个裤子放在这里这么长时间都用不上，可以拿回去了，我们就拿回来了。

问：报名的时候需要交哪些材料呢？

张：就是要户口簿、借读证明，因为不属于那个区域，还有就是智力测评鉴定。到了学校以后才办的残疾证，学校说要办这个，我们也不知道要办什么残疾证。说是到建工医院，刚好那会儿放寒假就带她去看，先让她测听力，人家看这个听力没有问题，我就拿着结果又去看语言，医生又看她语言也没损伤。最后测到智力这一块，才办了一个智力方面的。我们从楼上跑到楼下，除了肢残的没去，所有的都跑了一遍。到最后学校就真的只要智力障碍的，其他只办语言、精神类的都不行。

问：当时测出来是 43 分吗？

张：不是，她九岁的时候就测了，进学校必须要有这个测评。是在云大医院智力康复科测的，那里也是云南省的权威。像新萌学校这种特殊学校，进去都要有个智力测评，新萌学校指定是在云大医院这个科做测试。我先挂号预约，然后告诉我星期几，测的时候是 8 月份，那是一个早上，我带她去测的，不让家长进。以前我都是一起陪伴着她，她一个人的话，人家问她她也不理人家。后来医生就拿了瓶饮料进去，问她会不会扭瓶盖，后来一看会呢，饮料没喝又给盖上了。

问：测了以后就去办的证吗？

张：嗯，办证的时候就说给我们办个三级。我们也不知道一二三级是个什么情况，反正最后就办了个三级。还好办了个三级，要是办四级的话，现在好多政策她还享受不了，最轻的那种好多就不能享受，刚好三级还能享受一点。一二级又不可能出去给你工作，虽说给你一定的生活费，但是我觉得你能体现这个价值，为什么一定要生活费呢？那会儿挺好办的，不像现在我觉得比佳垠严重多了的，问能不能给办个二级，他们就说这个办个四级得了。有一个小孩的妈妈就说你们家程度比我们好多了，我们家还办个四级。现在很严格了。

问：在新萌学校也要先读一个学前班吗？

丈夫：新萌学校的学前班就是观察，观察你适不适合在这个学校读，它不是像我们普通理解的那种教你什么东西的学前班。在这个学前班就是简单的生活自理，看你能不能自己上厕所，坐不坐得住，看能不能听老师的。有些如果老师都拉不住你的话，还是不能读。它是观察你一年，看你适合哪一种，观察完以后有的就直接到二年级，有的就到一年级。后面这个学前班就没有了。

张：严重的就叫家长陪读，你不能陪读就劝退。

丈夫：也没有办法，不是说学校怎么样，它毕竟是学校，如果连自己去学校都去不了，就没办法。有些脑瘫就是保姆陪着去，像唐宝宝要稍微好一点。

张：自闭症的要扰乱课堂的这种也是叫家长陪读，就坐在那儿管着自己的孩子，不要影响别人上课。

问：她在这个学校和同学们相处得怎么样？

张：那会儿就很突出了，能力好，表现好，打扫卫生老师也说弄得干净，老师也叫她去协助别的同学。老师要干什么也是叫她。就是她做手工，去参加市残联组织的手工艺，像后面那个南瓜也是她最早学的，都是她一片片拼起来的。

问：老师对她的评价怎么样？

张：每次都是好的，在他们那里面是最好的！特别是上了中专以后。

丈夫：只是说她胆子小、腼腆，每次都是说这个，希望她主动。一般她是不主动，只有老师叫她做什么，她才去做；老师不叫她，她就躲在一边。

问：她在新萌学校对哪些比较感兴趣呢？

丈夫：也没有什么感兴趣，学校就是教这些东西，或者说更像是一个幼儿园。这些小孩，你要教他学文化，不现实。

张：有好多都是从上学到毕业，一个字都不认识。

丈夫：有些到毕业连名字都不会写。有的是在学校教，有些是回来我们父母教，包括有些老师出的作业，你要她理解，她都理解不了。

张：再后面上网，有互联网后，她的语文都不问我们了，直接上网去搜。

问：在学校有受挫的情况吗？

张：这个学校真的还没有，不像是以前。

丈夫：这个学校的老师也非常有爱心，也不骂学生。

张：学校的老师都是夸奖学生，鼓励他们，他们真的太有爱心了。孩子把脏东西搞在身上了，老师都还帮着洗。有个老师带自闭症的孩子，那孩子一不注意就咬别人的手，把老师的手都咬烂了，咬得别的学生家长都不干了。学校还教洗澡，但是大部分学生都不会洗澡，就佳垠，她都会自己洗，老师都是表扬她，说是不用操心。

丈夫：学校就是教他们生活，最主要就是生活、礼仪，要让他们更好地融入社会，能够学会讲话。他们甚至还上过烹饪课，就是很正常的特殊教育的形式。只是没有统一的教材，我看他们教材隔两年换一组，有些甚至还倒回去，可能因为感觉到原来学得比现在还深奥。

问：佳垠在学校学了烹饪，回来会自己尝试着做吗？

张：基本上不会尝试，只有你忙的时候她会自己炒炒。

丈夫：像新萌学校会布置家庭作业，让学生在家长辅导下做一个菜，然后还写心得，她基本上就是甩手掌柜。她会，但是你叫她做，她不做。

问：在学校的作息时间是怎么样的？

张：比正常学校稍微晚一点。八点二十上课，十一点半下课。下午是两点半上课。放学就早了，三点五十就放了。

丈夫：我们因为住得远，中午就不接她出来。在新萌学校有一个宿舍，女生宿舍、男生宿舍，都要睡午觉，睡觉方面也还可以。在宿舍里面她给自己扎头发，还给别人扎。其他人睡了午觉起来不会扎头发，她还帮别人扎，帮别人系鞋带。后面人家都知道，鞋带松了就伸脚找她了。到现在毕业了，老师都跟我打电话，说她走了，好多事情他们都要自己动手了。

丈夫：这就是我们觉得她程度好的地方，弱点就是她不会交流。比如她和可亮比，可亮至少还会说出来。

张：手工这一块就根本不用担心，她看下图都可以自己做。

问：您孩子没到学校之前，你们和其他家长有联系吗？

丈夫：没有。当时我们还想着这是个例，还不知道社会上有这么多人，到了学校才发现有那么多这样的小孩，到后面发现社会上还有很多没有进到学校的小孩。特别像自闭症，这是个很特殊的群体，智商高的可以达到 190，但是这是单方面的，情商就很差，生活能力非常差。

张：他们学校有一个织毛衣的功课，人家看一眼就知道怎么打了，我就织了一朵花，那个自闭症小孩就知道怎么打，回去帮她洋娃娃打的毛衣就是看我织的花。

特训十年，进步显著

问：训练语言找的什么机构呢？

张：最开始就是在工人医院那里，由于费用太高，我们就休息了一段时间。后来他们学校有一个家长，他们家小孩就一直在一个机构训练，我们就先去问了一下。它要先做智力考评，觉得你的孩子适合什么方法，他就打电话告诉你，一个星期至少要去几次、具体要做些什么。跟他约好时间，我们就坚持不懈地送她去，别人感冒都不去了，我们都还是坚持去。

问：具体训练什么呢？

张：首先是让你嘴部练习、舌部练习还有发声练习，回到家里还守着她练习，每天都要做这个动作，就叫她按照老师的要求练。会说话了以后，又继续做其他的训练，就是我说的识字那些。和佳垠认识好多字，都是跟这个王老师有关系，跟王老师还弹琴，弹电子琴，我们都很惊讶，她还能跟着弹电子琴，她听进去的音乐不一定是这个调，但是她弹出来的还是可以。一个星期，就是特训加一次电子琴，就这两样！之前我们是三天做一次特训，后来减成两天。

一开始还有感统训练，智力正常的小孩都是要做感统训练的。后来她去打乒乓球了，就跟负责人说能不能停掉感统训练，训练价钱倒是不贵，但是她练乒乓球后协调能力练得更好了，所以感统训练的负责人也就答应了。到后面老师还给我们想个办法，做了一点逻辑思维的训练，不过她一看就知道怎么摆了，老师说不需要专门交钱学，你们家孩子不需要训练这一项。最后还是以语文为主，就是教词、分段，把段顺过来，把一篇文章做好，然后词语连成一句话，这样练出来的。

问：她去这个机构之后，有哪些变化呢？

张：感觉发音有进步，到后面逐渐地开始讲话了。只是你们听得很不清楚，有些时候她讲话不是很注意，比如“板栗”，她就说“栗板”，她明明知道是板栗，讲出来以后她自己都笑了，她就是讲话不受控制。而且有些字组成词之后的意思，她不是很清楚，需要你给她解释，解释以后她才知道，你不解释的话对她来说字还是字。

她第一年跟小桂老师的时候，都还有点紧张，不是很放得开。后面跟着王老师，她学的东西多，而且老师也是经常笑眯眯的，所以她也是很喜欢、很愿意去。到佳垠二十二岁的时候，王老师因为女儿生小孩就走了，我们也就没做了。

问：是从几岁开始的呢？

张：是从十二岁以后了。

丈夫：也就是一周两个多小时的训练，训练是按小时收钱的。一开始老师是学医的，学医的比较专业一点，但是形式枯燥，比较费体力，弹舌或者推球这些佳垠做得还是有点抵触的。她在那里只是学两小时，回来以后我们每天都要叫她做。

张：她要给你个表，每天做过了以后就打勾。

丈夫：那个老师很严格。后来老师跳槽以后，这方面就没有老师了，我们就按照原来老师教的方法教她做，这样做了一段时间。

张：她能发声，汉语拼音是全部都可以念，单独发声母、韵母也可以，但是合起来就不行了，就读不了。

丈夫：这对她帮助很大，后面她玩电脑，有些不会的字她就查拼音，她能查得出来的，什么意思她都能看得懂。

张：以前她爸还给她买了一个“汉王”，手写的那种，后来佳垠在网上自己下了一个，直接自己就可以写了。

问：所以这个学校对她的帮助还是挺大的？

张：就是特训学校。像新萌学校，老师不可能管那么多，一个老师管十个，不可能完全根据你的孩子来教学。这边训练后，现在至少她还可以给你微信。你听不懂，她还可以写字给你看，我们慢慢地教了她识字，她能组成一段语句，只是有点颠倒，但是你知道是什么意思，看得懂。她至少能把它写出来，你能知道她想说些什么。

问：叔叔阿姨在教育自己的孩子过程中产生过分歧吗？

张：她爸爸在她第一次去做特训的时候想放弃，但是我没放弃。他觉得她学了一年了，第一年的时候没有多大成果。我想这钱反正还不是留给她，她要不会用还不是一堆废纸，所以我就一直坚持，直到那个老师走了以后我们才没学了。她现在到超市刷卡、微信付款都可以，去超市她是一点问题都没有的。一开始他跟我妈两个人都是持反对票，就说不要去，觉得没效果。我一直坚持，那个老师来了以后就开始有效果了，就越来越好了。后面他们也就不说什么了，就一直坚持。

问：他们反对是因为有点贵而且又没有效果吗？

张：嗯，才开始第一年真的没效果。那个老师后来女儿生小孩就没在那儿了。

通过特奥，普及认知

问：特奥运动是在新萌学校知道的吗？

张：嗯，最早的时候我们也没有想过她会有运动细胞，她那会儿有点胖。后来是代建荣老师介绍的，就说有乒乓球训练你们要不要去，我们说好嘛。周末的时候我们就送过去看了一下，她开始还是有点笨拙，就拿直拍发球。

问：是代老师向你们提出来才知道特奥的吗？

张：嗯。她们学校有一个女生，年龄比她大好几岁，就跟那个女生两个人，还找了两个男生，他们一起去。那会儿我还觉得她不是去参加比赛的那种层次！但是到后面她就更强了，比赛以后就觉得她还可以，就学得更认真了。

过了两年，在五华区俱乐部那边，代建荣老师找了个教练愿意免费教她们，代老师忙不过来，所以她们带着训练了一段时间。一周好像是两次，学了以后就发现有成效，后面五华区俱乐部被收掉了。一个学校的校长聘请了退休的老师来教学校的小学生打乒乓球，就让她们也去，星期三下午两点到四点就在那儿训练，四点以后是训练他们学校的。就在那儿练到她十六岁，全国特奥乒乓球运动会，代老师就带着她去银川比赛，比赛回来看还有点成绩，后来慢慢她越练越好。最后人家介绍我们一个原来省队的教练，我们就去银滩训练，他把方法教给她，脚怎么移动。之后又参加了两次全国的特奥比赛。

问：她一开始就是练乒乓球吗？

张：一开始我们让她练羽毛球，但学校觉得羽毛球有两个还是三个人在练，乒乓球没人，所以就叫她去。

问：是你们陪着她吗？

张：我们在家陪着她一起练。

问：佳垠在训练方面有遇到什么挫折吗？

张：好像没听到老师说有什么挫折。

问：你们去看过佳垠训练吗？

张：我是看过。

问：训练的场景是怎样的呢？

张：差一点的老师就教发球、接球简单的，像她们就是对练，两个程度好点的就是对打。

问：训练的强度大吗？

张：就一个多小时，不是很大，没有她参加特奥运动强度大。那是真正的很辛苦，又要跑步跑几圈，跑完了又接着打，然后老师教方法。

问：集训的时候也去看过吗？

张：看过两次。集训的时候专门有老师，还有教练加入。原来是云南省体育学院的一个教授，后来第二次参加全国特奥的时候，因为之前的老师有事，所以就让他的学生给她们训练，只有她和另外两个女孩，她们三个是自己管自己，因为没有那么多老师管。反正老师就告诉她们几点到哪儿训练，跑步跑多少圈，几点吃饭，就自己到教职工食堂吃饭，自己打饭吃，吃完休息，下午又继续训练。反正时间告诉她们，就自己安排自己。训练的时候是有老师在的，生活这一块是没老师在的。

问：是集训时候的事吗？

张：嗯，一个月，就不回来，一个月都在那儿。

问：你们担心吗？

张：我们开车去看一下，人家生活也挺好的，衣服洗好了晾了，反正也不用我们操心。

问：老师训练有什么特殊的方法吗?

张：我感觉就跟正常的一样，就是两两对打。

问：佳垠会回来跟你们分享一些学校的事情吗?

张：会呢，学校发生什么事她就会讲。像学校谁没吃着饭、谁吃的肉又多，这些她都会说的。连可亮在广州晚上不睡觉就玩手机，她都回来告状。

问：她是说开心的多一点，还是不开心的多一点呢?

张：她也没有不开心的，都是讲别人的笑话。

问：她第一次去参加比赛是怎么样的状况呢?

张：就跟着代建荣老师，代老师就打电话来说了一下，生活一点都没问题，东西收得好好的。打得也还可以，反正就得了个单打第二名、双打第三名，后面就是拿冠军了。本来去意大利的时候也是要参加一个比赛，刚好去意大利就没去成。

问：她参加比赛的时候你们去看过吗?

张：没有，我们刚好上班，我们上班有点特殊。总要让她自己去闯。第一次比较揪心一点，是代老师带着她们到青海去打单项，那是第一次离开我们出门，比较揪心。但是回来我们看她各方面都好，后面我们就放心了。她离开我们生活能力很强，跟我们一起就很懒。参加第一次特奥，她们要待一个半月，我就问她衣服会不会晒，教练说她可以。她把衣服洗得干干净净的，晒得好好的，也不会丢东西，什么都收得好好的就回来了。她出去比赛的时候外面还有志愿者，跟那些志愿者交流也挺好的，还跟人家加微信。

问：她主动的吗?

张：人家一跟她说，她就很愿意，她不会很主动的。

问：参加这么多比赛，在比赛当中有和其他的运动员成为好朋友吗?

张：运动员好像没有，他们都是属于不能很主动结交的朋友。连可亮的微信，我都加了她好长时间，后来还是她妈妈说，你怎么还不给佳垠妈妈加微信，才加上的。她们不会很主动。

问：她第一次参加比赛和后面参加，有什么不一样的表现吗?

张：第一次有紧张，拿着球拍就有点……后面比赛去得多就好些了，到现在更不紧张了。

问：一共参加了多少次呢?

张：全国特奥是两次，福州一次，四川一次。专项的乒乓球比赛有两次，一次是青海，一次是嘉兴。然后在五华区运动会跟聋哑人也打过好多次，篮球打过，乒乓球也打过。

问：听说她还当过旗手，她是怎么被选去当旗手的呢？

张：就是第五届特奥会，刚好她又是少数民族，学校加入云南队，就问我们有没有少数民族服。另外还有个白族的，少数民族人少嘛。白族那个可能程度稍微差一点，最后就叫佳垠去，高高大大的就穿着那身衣服，旗手就进场了。

问：和爸爸是纳西族吗？

张：嗯。

问：做旗手有没有经过什么排练呢？

张：没有，老师就直接告诉她怎么入场，就教她。

问：之后还当过吗？

张：没有，后面第六届会场分开了。她是在江油，可亮她们好像是在绵阳，就全分散了；成都好像有个足球还是什么，反正就分成三个地方来比赛。

问：她当旗手有什么反应吗？

张：就觉得很自豪。

问：除了练过羽毛球和乒乓球，还练过其他的运动项目吗？

张：篮球、排球都打过，她篮球投篮还在五华区残联得了第一名。

问：参加特奥，爸爸支持吗？

张：嗯，支持。学校说了以后，反正开始也只是试试，没想着她能打上。到后面她练出点成绩了，我们就去找教练，还是学了好长时间，学了大概有七个月，一个星期四次，100 块钱一次，我们差不多花了 3 000 多块钱。

问：专门在外面自己花钱请老师教吗？

张：自己花钱，因为有的东西特校老师不一定教得那么深。像我说的那个脚步都不会移的孩子，她到那边就是教你怎么移，身子弯到哪个程度，然后拍子就变成横拍，现在就是用的横拍。她爸爸也是很支持的。

问：佳垠除了参加比赛还有参加其他有关特奥的活动吗？

张：没有。只跟艺术类有关系，就是美术，昆明市第一届就先拿了一个鼓励奖还是三等奖。后来毕业那一年官渡区残联叫她去画画，就拿了一个三等奖。

问：您觉得这些孩子参加过比赛之后有什么改变吗？

张：应该是孩子自信心增强了，家长看到孩子好肯定也就好了。

问：您为学校的特奥活动做过什么事情没？

张：我倒没做过。但是我提议过，我觉得很多程度比较好的学生，完全可以训练出来，特别是乒乓球这一块。乒乓球和羽毛球训练的人少，乒乓球还是需要协调能力要好一点的，不一定所有人都学得出来的，跟羽毛球一样。代老师说就是让很多孩子都尝试一下，如果能在这方面发展，就最好发展这一块。

问：这类孩子都会参加特奥吗？

丈夫：没有。特奥只是有能力参加运动的孩子参加，只是很小一部分，属于智力残疾里面比较好的学生。

张：中智协办的特奥联谊会要求比较低，只要你参与就可以了。但是也不是每年办的，办得少，去年还是前年办了一次，只要孩子去了就可以，不要求你得第一，只要参加就行了。

问：毕业之后还有参加运动吗？

张：几个月前在五华区残联参加过一次。

问：现在也还是保持着运动状态吗？

张：偶尔。因为在慧灵没人跟她打乒乓球，他们都是打篮球、排球。

问：她参加这么多比赛后有什么变化吗？

张：好像后面都没有了，第一次还感觉有点拘束，代老师带着他们照相，都还一起跟着照的。性格嘛她以前就很开朗。

问：沟通方面呢？

张：没有，她还是这样，讲话还是这样，别人听不懂，我们听得懂。第一次特奥的时候，跟人家一起斗地主，感觉集体生活过得很好，是第一次过集体生活。那会儿是一周回一次家，待得时间长点，好像是一个半月。

问：如果以后还有参加比赛的机会，还会让佳垠去吗？

张：如果还有的话肯定更好，毕竟参加比赛也能让他们更多地接触外界，提升自己的自信心，整个人都更开朗了，但是现在她也没怎么练了。

在慧灵也比较特殊，平时还组织跳舞。她现在一个是年纪上来了，另外一个是离开学校后参加的机会也不多。上次代老师打电话告诉我们，让我们去参加，好像是9月份，去五华区，没拿到名次。因为好久没练了，发微信跟我们说没拿到名次。

问：她还是会跟你们分享吗？

张：嗯。

问：如果得奖了，会跟你们要什么奖励吗？

张：没有，他们很单纯，跟他们接触过以后，我觉得我接触的所有的这些孩子都是很单纯的。不像肢残的，他们智力这块没问题。

问：您觉得特奥在组织方面有什么需要改进吗？

张：我觉得不能像前年那种，残奥会跟特奥会放在一起开，特奥就是特奥，要跟残奥分开。

丈夫：这个就是对残奥和特奥的认识不清楚，把智力残疾跟肢体残疾混为一谈。其实他们比肢体残疾人更为困难，肢体残疾的思想是正常的，行为是正常的，像智残很多是思想、行为不正常的。

还有，特奥只能涉及一小部分人，但是通过特奥来推动政府在残疾方面分清认识也是好的，至少在省级、县级残疾联合会有这个意识，肢体残疾和智力残疾是不一样的。肢体残疾，哪怕是盲人都有自己生活的能力，但精神残疾和智力残疾再训练也不可能达到那样。像佳垠比赛完了以后，我们到区残联办事，把和佳垠参加比赛的资料给他们看，他们就觉得，啊，还有这种运动会？他们根本不清楚，只知道残奥会，只知道这种是归残疾人的，根本不知道单独的特奥。既然人家国际社会能把特奥单独列出来，那你在工作中也应该单独列出来，你做的工作就是不一样的。生活不能自理，政府就应该找个家长信得过的机构把这个短板补上。

张：有比赛了，每次都是学校来通知我们，残联的都没有说过。

丈夫：整个云南省昆明市接到特奥的通知，实际上都是委托新萌学校来通知的。

问：应该直接通知家长是吧？

丈夫：这个应该是从省残联，然后市残联、区残联到街道，但是他们根本不知道有这个，所以他不会做，不会做就丢给新萌学校。像和佳垠如果代老师不通知我们，我们根本不知道。更何况这些资源都集中在昆明，那些地州级的更不知道。虽然特奥办了很多次，但是知情人不多，不要说社会人不知道，就是我们作为这样一个家庭我们都不知道，和佳垠参加之前我们都不知道。

张：各种项目也不知道。我们看到那些特殊的家庭，就有地滚球、自行车，投篮也分好多，什么定点投篮、五人组的小型篮球比赛，这些我们都不知道，是我看到别人发的孩子是练什么的，我才知道那些项目。

问：这种资源应该为全社会服务。

张：有些没上学的，但是跑步跑得很快的。

丈夫：他们理解的残疾就是聋哑、盲人、肢残，理解的就是这些。

张：有些就问你们家孩子会不会打人什么的，我就说为什么会打人，他意识就没改变过来，不是所有这样的孩子都会打人。我还不是见过精神残疾，他也不打人，就是犯病的时候扔东西，每个人的个体也不一样嘛。

为孩子走上职高讲台

问：新萌学校毕业后又读了一年吗？

张：毕业后又读了一年，那会儿还允许读。后来停了一年。停一年后，她们学校办了职高，就又去读了。

问：停的那一年在做什么呢？

张：也是在做特训，那个老师还在。一周去绘画；出去玩；朋友那儿编绳结，就是那种拿来戴的玉石，可以编好几种。人家教给她，我都还没学会她先学会了。

问：停了一年后，有职高就又送去读职高了？

张：嗯，4 月份的时候学校就说有这个了，就打电话给校长。跟校长出去参加过打乒乓球，有他的电话。校长说行啊。等到 6 月份打电话，就说 8 月份报名。后来就把我的电话留了。学校打电话说要考试，他们那一批程度还好的很多。

问：考试考什么内容？

张：用剪刀把图画剪出来，还有画尺子——你要多少规格的，还有圆规，还有什么问答题，后面还有一幅绘画。

问：职高里面还有其他的专业吗？

丈夫：新萌学校唯一能够开展的就是绘画，你要说其他涉及文化课的也没有，涉及动手的也没有，只能说绘画是唯一能跟职业中专相关的，其实就是给她一个能够再就业的机会。

张：为什么只有这一个专业呢？因为当时的校长是从一职中专——昆明市第一职业学校，调到这儿的。他们虽然在新萌学校上学，但是学籍是一职中专的学籍，相当于是特殊类的，到毕业都是一职中专的文凭。

丈夫：是跟新萌学校联办的，新萌学校出老师。

张：他们没有资质办，所以跟他们联合。

问：读职高，她的作业多吗？

张：不是很多，就是九年义务教育那种。

丈夫：还是有的，特教就比较正规了。生活语文，生活中碰到的一些东西叫你写下来，比如妈妈今天教我做了红烧肉，香喷喷。把生活中的词汇组成一段，小孩就比较能够接受；数学的话就叫她去买菜，多少钱，总共花了多少。

张：然后东西南北，教你看哪个地方在哪个位置。

问：一个老师带她们吗？

张：没有，有语文、数学、手工，都有。

丈夫：我们都去当老师的，我们教他们手工。

问：你们也是里面的老师吗？

张：就是教手工，开始就是纸盒，佳垠他们这一批能力很强，可以教。到后面这些程度比较差，就有点难教。他们学校有两个，我教到毕业都没有教会，力气又大，串珠的那个绳，就是尼龙线，他都有本事把它扯断。

问：你们是从什么时候开始去教他们的呢？

张：职高二年级的时候，一周就一次。

丈夫：一开始他们是串珠珠，后面是纸盒，因为我们会，我们两个就去。能力好的可以单独做，能力不好的要一针一线教他们。

问：那个时候佳垠几岁了？

丈夫：二十二岁了。

问：是学校叫你们去的吗？

张：嗯，叫我们去教，到现在学校都要我们去带他们。

丈夫：现在学校没有家长会做那些东西，都想叫我们回去，但我们感觉精力不够了，这是一个；还有一个是我觉得也应该叫那些家长去，他们更熟悉自己的子女能够干些什么。我们去教的时候，和佳垠就像老师一样，她也不单独做，别人有什么问题她就去帮人家。

问：你们是怎么学会这个的？

张：我们也是无意当中逛街看到的，我们就买了一个，试了一下就会了，后来就在网上买。

丈夫：它也有图纸，你可以照着图纸绣，很简单。对孩子有个好处就是练坐功吧，练他们的耐心。有些你告诉他十遍，他还是不会，你一直教不会，这就是特教的困难。

问：为什么校长当时会想着请家长去教呢？

张：因为看到家长会做，她觉得能不能叫家长抽半天时间教孩子做手工。

我们就说行，试一下。然后我们就上网买东西，买了以后学校给报账，就让他们做，还是做出很多成品来。

问：当时有多少家长去教呢？

张：才开始就我们，还有另外一个，我们两家。

丈夫：那个家长会做珠珠串成小动物图案。

张：先开始是两个家庭，后面又多一点，然后慢慢地又变成只有我们两个家庭了。

问：你们大概坚持了多久呢？

张：可能一年多。

问：每周都去吗？

张：每周二下午，教到四点，教到佳垠放学，接她一起回来。

问：后来是因为什么原因又没去了呢？

张：一个是和佳垠没读书了，然后我们的精力也不够了。后面我买这些东西把老师教会了，就叫老师教学员。

问：你们轮着去吗？

张：都休息的时候就一起去。

丈夫：不上班的都去。那个班程度差的小孩多，你要手把手地教，四五个老师都不够，一个人真的忙不过来。那些小孩一拉就把线拉出来了。

张：他们还可以把针玩得弯掉，很粗的毛线针。

问：你们没有去了，这个课程怎么办呢？

张：就停掉了，最后就没有手工课了。6 月份她毕业的时候我们去学校，校长就跟我们说，有空的话还是回去教，我就说实在没有办法。

问：你们当时面对的学生是几年级的？

张：就是职高，他们班的，一二年级的，他们两个年级合到一块儿。

丈夫：相对二年级的程度要好一点，一年级程度太差了。

张：反正看着逻辑思维好的就做得好一点。

问：你们教这个是义务吗？

张：嗯，义务。你不接触还不知道孩子程度会差那么大。

丈夫：接触了才知道这些老师真的困难，一个简单的动作教十几二十遍都不会，更别说比较复杂的东西。你去教他们，我觉得有些时候不是我教他们，是他们教我，教完他们后耐心都变得很好了。你也不能生气不能发脾气，有些时候他们喊叔叔针脱了，穿针都要排着队来穿，因为穿针都穿不进去。

张：白色的线最后弄得脏兮兮的，叫他们洗手洗得干干净净的，线还是要弄黄。

问：这个过程有什么有意思的事情吗？

丈夫：也没有什么，还有些捣乱的。

张：他不想做，就把毛线撕开，要么剪成一小截的。也有能力好的。

丈夫：还有边做边聊八卦的。

问：做这些是拿去义卖吗？

张：是交给学校，学校拿去义卖。我们做了一大堆，到今年差不多都卖完了。

期待慧灵办下去

问：她是几岁的时候去的广州慧灵？

张：二十一岁。那时候在读职高，我们就让她去感受一下人家的智障社区家庭。他们每个家庭里面有六个孩子，就男孩女孩在里面，白天一大早去慧灵打卡，然后上班，跟着他们画画、串珠子，她会根据不同的要求来做，到中午就去“90 工作室”跳舞。她们去意大利不是纯玩的，到那儿还要表演节目，还要挣自己的一部分费用，我们出了一万二，剩下的费用是要靠她们自己挣下来，待了十几天，来回大概十八天。

问：下午一直待在那儿吗？

张：一直待在那儿，待到五点钟，开始是家庭妈妈来接她们，后来是她们自己回去，生活很有节奏。我就喜欢那个模式，她们一起拣菜，所有的人都参与进来，拣完菜就安排能力强的炒菜；然后就跟家庭妈妈一起洗澡，洗完澡内衣内裤是自己洗，大的衣服全部都丢洗衣机；接着就是吃饭，吃完饭就安排谁洗碗，然后把衣服拖出去晒。所有的人都有活干，不会说一个孩子是闲着的。

问：她和可亮两个人去的吗？

张：就她们两个人。

问：是她们自己坐车去的吗？

张：开始是她爸爸送着去，送到那儿然后看需要什么，比如饭盒、杯子，需要什么就买，待了两天她爸爸就回来了。回来的时候是她大舅把她们两个接回来的。

问：是通过什么知道慧灵，然后送去的呢？

张：是昆明慧灵，因为跟他们有微信，就看到他们发了一个信息，那会儿她和可亮都不是昆明慧灵的学员。我就问了一句不是会员的能不能去，可亮妈妈看我问了一句，她也赶紧问了一句。后来就说他们问一下，一问就同意了。然后就用手机拍了孩子的视频给慧灵看，因为我们没陪同，好多孩子是有大人陪同的，所以我们就要给她拍个视频，拍了一点生活状态，发过去他们看了后，才同意了。而且昆明这边没派老师过去，就她们俩去。

问：拍的大概是什么内容呢？

张：就讲了一段话，她喜欢画画，然后弹了一段琴，电子琴。

问：是因为喜欢那种模式才让她去的吗？

张：慧灵在全国智障大龄孩子这一块是很有口碑的，我喜欢他们那种模式。它除了养老这一块没有，从小一直到六十岁都很完善，政府也很支持。佳垠在的家庭水电有一定的补助，基本是免费的，超过了多少才交钱，所以他们夏天都是吹风扇没用空调，水也是免费的。房子是教会买的房子，在二十几年前，买了三套还是四套，拿来捐赠，所以它的费用就比我去重庆看的少了好几千块。

丈夫：他们主要交住宿费和伙食费。它有两种，一个是庇护工场，就是你到里面做工，计件的，如果你工作能力比较强了，就安排一个社工陪着你，然后让你出去就业，它有一个就业前期辅导；如果你出不去，可以一直在庇护工场做工，它可以找到很多适合你的活来干。做教会里面一些小的吉祥物，比如有些是拿一个木牌，有的人做支架，拿手支撑起来，然后和佳垠她们就在上面画画，画好以后就有人负责把它贴上去。拿个盒子装进去交给教会，教会就拿去卖，教会也会讲清楚这些是孩子们做的。另外就是做陶瓷，专门请了一些社工来做高温陶瓷，因为高温这种东西他们是不可能做的，都是请社工来，更多的社工是教会里的神父、修女，那些人就陪着孩子做这些东西，烤了以后专门跟教会说，这是需要关怀的人做的，可以出 10 块 20 块，每周就把东西卖出去。做完以后教会就给神父、修女锻炼的机会，送你去国外的教会深造。教会的支持也很重要。

张：一个是社会支持，一个是政府。每个慧灵都是有补贴的，分为不同的程度。托养就是程度差的，不能走路、行为能力差，但它毕竟是一个机构，不能接受太多的学员。残联政府补贴基本上是占了费用的一半以上，家庭支付很少一部分。程度好的就在庇护工场，就给 100、200 块生活补贴。国家的政策在它那里落实得比较好，政策每年都有，包括今年十九大也说到了，但是每个地方落实下来就不一样。

丈夫：有些是地方政府出钱，另外就是中央财政出钱。发达地区的残联是服务型的，不像我们是机关性质的。国家有政策，你可以花这些钱的，但是是通过搞活动的方式来花，这就是机关性质的，它就搞活动，活动就把钱就花掉了。

张：像我们家庭就属于程度好一点，可以少补贴一些；但是有些重度的，父母必须去工作，你不工作的话就没办法支付孩子的费用。所以有好多机构嘛，重度的费用是佳垠的一倍，就是 1 200 块，有些困难的就不能把孩子送到这种机构去。我跟可亮妈妈，我们还是很想呼吁政府能够购买服务。

问：您亲自去广州慧灵看过吗？

张：我是 10 月份去的，去年 10 月。刚好邀请她去表演，做募捐，在广州、深圳，还有香港三个地方去表演。当时我带着我妈去的，我去看了一下工场，看了下她在的那个社区家庭，也就像这样一个家，比较温馨的，看了家庭的生活。然后到庇护工场看了下孩子，做了些什么，根据不同程度的，我看每个人都有事情干，他们挺开心地找我聊天，跟我不停说话。

问：佳垠去的时候您没去是吗？

张：没去过，但是他们每天都发微信给你看她们在做什么。工作的、跳舞的，还有生活的，每天都给你发。

问：他们每天工作的内容是什么呢？

张：画画，画教会的耶稣。还有画瓷盘。周末去教堂打扫卫生，每周去打扫一次，程度稍微好的几个轮流。最早还串过珠子。

问：学跳舞是跳些什么呢？

张：我看了，还是有内容的，慧灵有一个四十九岁的智障人士得癌症，要走的时候就演了这个，他们还很伤心；又跳了一段……一个男老师在慧灵待了一段时间，觉得跟这些孩子在一起很压抑，就辞职走了，最后他又回来了，学员就很高兴很热情地欢迎他，就表演这个内容；还有水桶舞，还有戴厨师帽呢。有点像舞台剧，但是不要求你做得很到位，只要你站到位，看着很整齐就可以了。

问：去了广州之后还去了意大利吗？

张：就是广州慧灵挑选的。也是去意大利教堂表演，还去了养老院，还让她们见着了大主教。一共三个月，在广州待了两个多月，然后就去了意大利。

问：你们也花钱了吗？

张：出了路费和一点生活费。

问：去广州慧灵花钱了吗？

张：花了，你去别人家庭要吃住，每个月交 3 000 块钱。我觉得还是能承受，因为我到重庆看了“乐一融合”，一个月吃住是要 5 000 多呢。

问：去意大利去了十几天吗？

张：十八天。我们没跟着去，一个甘肃的修女带着她跟可亮两个。本来要求昆明慧灵去一个，但是昆明慧灵才成立没多久，这边派不出老师来，刚好那个修女没有学员。她们每个人都有个吊牌，怕走丢，吊牌上就是他们的一些信息。

问：去意大利回来后，又继续上学，是吗？

张：在职高里面上了一会儿，后面就去实习了。实习是去慧灵，做一些义卖的东西、本子，还有些手工、绘画、串珠子那些。

昆明慧灵不是把每一个孩子关在里面，这些孩子可以到外面，包括自闭症的孩子，想去外面走一下都可以走出去，只是有老师跟在后面，只要不要伤害别人，就很自在。我见过好多，比如杨仙坡不是也有一个日间照料站吗，费用很低，300 块钱，我也去看过，还做过他们的义务老师，但是我不喜欢它。它把孩子关在那儿，老师不教的时候就坐在那儿。

在慧灵，只要能动手的孩子都有活干，包括最差的都可以让他倒垃圾，简单拖地，不一定拖得好，但是能让自己学到一点东西。其实别看他们是智障的，他们也有能力，他们不缺乏劳动力，所以你教他做点什么，他是能做下来的，包括很严重的那种。我觉得他们能创造自己的价值，不是说光给他睡睡吃吃就可以了。

问：她在里面实习了几个月呢？

张：待了一年，后面直接就在里面了。

问：什么时候去的那儿呢？

张：二十三岁。

问：现在佳垠算是在慧灵工作了吗？

张：也不是，它是一个托养机构，等于是我们每个月出 600 块钱，把孩子放到那里，他们有一些技能的培训。因为她已经从学校毕业了，如果关在家里会退化，那么就要找一些托养机构，她也喜欢去，她的大部分同学都在里面。

中午吃一顿饭是 10 块钱，这个要我们自己出。平时组织她们学习，也有爱心人士去教她们画画，也找工作来做，比如包纸盒这种，就往纸盒里面塞纸，像我们看到餐馆里面那种；还有垃圾袋，就让她们做，做了以后给她们一小点收入，拿给她们也挺高兴的，就四五十块钱，她们也挺高兴的，慧灵拿到这个工资也给她们工资。

慧灵不属于工作单位，就属于比较好的一种机构，它的模式是我们比较认可的，在我们看的所有大龄的智障机构中，我们是对他们的模式相当认可。也不是说他们就做到最好了，就是在整个昆明市包括在云南省，我们都觉得它这种模式比较适合我们的孩子待在里面。它就是智障服务中心，像广州那个就比昆明发展得早，它们有重度托养机构，就是像养老院一样的；有轻度，就是干活的，它有一个农场，有一个庇护工场，还有一个“90工作室”专门练舞的；程度好一点的，到了机构里面它可以把你推出去，就给麦当劳一部分，然后在糕点厂里面也推了几个。就是说每个人，你可以干什么，它就给你安排好。实在严重的，比如走路这些行动不方便的就在托养机构。几年前还搞了个幼儿园，就是针对这个康复训练，就比较完善，在广州做了二十五年。

问：她在慧灵是做哪些手工呢？

张：做拼逗、画画、缝包链那些，她绘图案，然后把它剪下来，就跟老师一起缝。每天基本上是不闲的那种，有很多活干。他们不是有义卖那些东西吗，她手工厉害，基本上都是跟着一个老师在一起做。

问：佳垠第一次拿到工资是用来做了什么呢？

张：存着。她拿了好几次呢，广州慧灵拿的要多一点，因为经常叫她们做一些东西，好像是拿了180块钱。她和其他人不一样，是属于能自己干活的这种，跟纯照顾的不一样。

问：用这些钱来做了些什么呢？

张：去春苑画画的时候请她奶奶吃了顿饭，本来我们是给她充到卡上，但是那天卡上没钱了，她就请了顿饭。

问：现在每天自己去吗？

张：自己去，因为离我们近。到了那儿就发个微信告诉我们，她到慧灵了。

问：她每天是几点去几点回来呢？

张：八点十分出门，四点多回来。四点那边完，除非有活动。她很喜欢慧灵的模式，因为早上一开始是在外面活动，然后就安排打扫卫生，如果有义卖就叫她画画，这两天在画数字油画。运动完后就问今天喝什么汤，所有学员就表决，哪个票数最多就喝哪个汤。然后就安排人去超市买菜，自己做个汤，饭和炒的菜是人家送过来，有时候包饺子是自己包。

问：现在的慧灵达到你们的要求了吗？

丈夫：现在也还没有。现在他们也是举步维艰。昆明慧灵 40％是我们家长出，剩下的 60％里面本来有 30％是政府出，30％是慧灵的各种义卖、赞助这些。现在政府的这一块，还有社会这一块，这两个部分资金是欠缺的。能不能办下去也是个未知数，这些都是凭着老师的一腔热情办下去的。

张：应该说是他们的爱心，如果没有爱心根本办不下来。

丈夫：原来他们的负责人还是比较有能耐的，能拉到一些赞助。

问：她在慧灵的作息时间是怎么样的？

张：非常满。我不是给你看了，今天她们是包饺子活动吗。明天要到五华区残联活动，下午又去学洗车。星期五上午在昆明慧灵干一下，下午可能就是美食小组要炸薯条，就叫学员带洋芋、调料、香菜，他们下午就做那些。我们在家叫她干什么，她根本不做。周五美食课，土豆、红薯这些基本上都是她切。

丈夫：她跟我们出去买东西，问她多少钱，她也不说话，就看着我们。在慧灵的时候，她还带着小朋友去买菜，回来告诉我们多少钱的白菜，多少钱的西红柿，用了多少钱，她自己跟人家算多少钱。

张：慧灵还有一个手撕篆字的孩子。原来他们家跟我说，他们家有点困难，他能不能靠篆字来赚钱。我说这个简单，就拿个桌子在那儿，需要的时候就撕。但是没办法，他要心情好的时候才撕；心情不好的时候，你叫他干什么，他不会干，所以没办法。

丈夫：你要让他就业，最主要的就是让他们稳定。稳定下来就可以就业了，稳定不下来就没办法。

张：前期的康复就是这一块——他要会听指令。会听指令了，至少是会跟别人一起干。

家长携手，抱团取暖

问：叔叔阿姨听过“阳光之家”吗？

张：我听过，在上海，好像贵阳也有。

问：佳垠去过吗？

张：没有，后来不是垮掉了嘛，像上海这个就想让慧灵接手了。[①]因为机构要生存，又不盈利，确实很难维持。现在政府出资这一块也是由慧灵自己出的，所以也是举步维艰。

问：佳垠没有去过，那您去过吗？

张：没去，那时她还在上学。

问："阳光工场"呢？

张："阳光工场"就是组织他们这种有能力的去做一些事情，能力差的也做不了，他们很大一部分还是干不了活的，能干活的还是推上社会了。

问：所以佳垠也没有去过吗？

张：没有，昆明也没有这些。

问：能讲讲您和周琼阿姨做的"梦飞工作室"的事吗？

张：梦飞里面很多都是智障孩子，我们就搞了一个梦飞智障家长俱乐部。我们一般就是唱歌，每周四上午在五华区残联给我们的一个地点，找了新萌学校的退休老师，她是学声乐的，教我们唱歌。如果市残联、省残联要求我们妈妈团去唱歌，我们就去唱歌；慧灵需要我们凑个节目，我们也会去。

问：平时排练节目的场地是你们自己去找吗？

张：场地这一块是我们家长去找五华区残联，五华区残联还是很支持的，唱歌就是他们提供的场地；音响这些就是孩子妈妈出的，我们家出的电子琴；老师是义务来教我们的。

问：梦飞工作室有主要负责人吗？

张：主要就是可亮妈妈，还有另外两个妈妈，还有我，我们四个。

问：其他两个妈妈的孩子都毕业了吗？

张：都毕业了，她们家小孩要更大一点。

问：她们的孩子现在在干嘛呢？

张：就在家里。

问：你们四个作为领头人会为大家做什么工作呢？

张：就是召集大家，或者有什么活动就直接告诉她们，在群里发了以后愿意的就跟帖。

问：你们现在群里大概有多少人？

张：一百零九个现在。

---

① 此处口述有误。上海的阳光之家由政府创办，目前运作正常。

问：爸爸也在里面吗？

张：爸爸基本上是不参加的。

问：你们自驾游出去玩，爸爸也不去的吗？

张：去呢，司机还是要的。

问：梦飞工作室是什么时候成立的？

张：好几年了，可能就是 2010 年吧。最早的时候是叫新萌学校家长俱乐部。

问：最早是由谁提出来的？

张：是学校的家长开的，就是一届一届的这种。我们开始是组织拼车出去玩，去过香格里拉，去过两次寻甸，去看澳大利亚绵羊狂奔，带着孩子去，小孩就觉得跟人自然接触很高兴，家长也很高兴。后来又有新的家长，我们又去了一次寻甸，先去看绵羊，后来又去了石板河风景区。我们有个群，要去就报名，谁家有车有多少个人，谁家没车有多少个人，最后就安排谁家搭谁家的车，有电话号码就自己联系，说一些具体事项，就在哪儿集合。

问：这个是谁提出来的呢？

张：开始是可亮妈妈和白老师两个，我是后加入的。还有另外一个自闭症孩子的妈妈一起组织。后来自闭症又搞了个“星宇协会”，就没跟我们在一起了。但是我们活动还是邀请他们的，因为我觉得我们这个家长应该是一个群体，不应该是分派的，你愿意来我们也很欢迎，一般都是去玩两天。

问：大概会去多少人呢？

张：每次都是四十来个，家长和孩子，车每次都是八辆。基本上是到假期我们就会提议到哪儿玩，又开心又聊天了！

问：后面有新的妈妈加入你们吗？

张：有，今年本来是超了，但是车不够了。

问：那你们出去玩经费是怎么安排的呢？

张：AA 制。

问：会有负责人来提前订好房那些吗？

张：嗯，全部都有人做好。像今年我们去就很轻松，是去泡温泉，因为连吃带住一共才 65 块钱，你一到那儿也不需要给谁，直接就给住那个地方。只是到最后吃火锅的时候就要问，因为有些家庭比较困难。

问：一年出去玩的次数多吗？

张：就是一次。表演还可以有两三次的。因为出去风险也大，尤其是带着这些孩子，每次出去都要强调安全问题，自己家要管好自己的孩子。

丈夫：一个安全问题，另外一个是经费问题，因为有些家庭条件没那么好。

问：你们一年一般什么时候出去呢？

张：暑假，去年是7月，前年是8月，我们一般都不在节假日去的，人太多了。

问：其他还有什么活动吗？

张：目前还没有什么活动。本来我们想搞一个烘焙的，但是一个是地点，一个也没有老师。

问：做这些活动跟您上班有冲突吗？

张：还是有的，我有时候上班就没去，就发通知，他们不上班的就去了。

问：印象比较深刻的是哪一次活动呢？

张：去年吧，去年刚好是我组织的。我叫朋友替我找住的，还有时间那些，考虑得就更多！

问：您觉得这些活动对这些家庭有什么影响或者改变吗？

张：也有改变，有些孩子程度好的，他还是会问的，你可以教他一些方法。我们主要的目的就是要给他们正面的影响；还有个目的就是我们到残联呼吁，残联能购买机构服务，我们就更高兴了，就是国家给的政策能落实到昆明就很满意了。

问：您参加过哪些中智协的活动呢？

张：去学习，要给自己充电嘛。

问：你们学习回来会分享给其他家长吗？

张：对。我们回来就叫他们去看《海伦·凯勒》，因为她又聋又哑，但是为什么能那么杰出？就看这部电影来学习。

问：参加过几次这种学习的活动呢？

张：三次，除了重庆，在广州那边也听过，然后在曲靖也是跟着老师，和家长们分享。

问：这些是属于民间的组织吗？

张：它也属于机构。

丈夫：不是属于政府机构，属于民非机构。

问：您在广州和曲靖是参加什么活动呢？

张：就是家长分享，她教孩子有什么成果，然后我们去讨论，你是不是赞同她这个，反正就是属于分享。曲靖的校长孩子就是自闭症，所以她搞了这个学校。

问：您是通过什么途径知道这些活动的呢？

张：家长学习群。像今年曲靖也发了一次，只是我们没空，就是吃住都包了，只是路费我们自己出。

问：根据您的观察，现在这些家庭都有哪些困难呢？

张：经济，人的意识。就像我们想的，比如说进养老院至少不会跟老人抢饭吃，至少她会知道怎么到点去排饭，她不会饿着，然后会自己照顾自己，会洗澡、刷牙、洗脸。你把她照顾得太好了，什么都帮她做了，她到成人了，以后你走了，她怎么办？所以家长的意识也相当重要。

丈夫：这个很严重的。有些孩子比如妈妈不在的时候，自己拿筷子吃饭；妈妈在的时候，还要拿勺子喂。

张：个人卫生方面也是，我们去教手工的时候就发现，男生寝室门一打开，就差点晕了，竟然几天都不刷牙不洗澡。你想味道那么重，个人这方面怎么能走进社会呢？就算程度好也不行。

三口之家的生活

问：周末的时候会做什么呢？

丈夫：她就没有周末的，原来是去做特训，到后面就是画画。

张：以前是星期一到五在学校，星期五中午画画，相当于中午都不得休息的，吃完饭就赶去画画了，星期六星期天做特训。现在是一到五在慧灵，星期六星期天在画画，所以她没有节假日。教绘画的老师在春苑小区租了一小间房子，带着一些学生就跟着一起画。

问：是画什么画呢？

张：水粉、彩铅、线描、素描，这些都画。

问：绘画老师是怎么找到的呢？

张：原来是在爱乐艺术学校，这个老师在里面教书，教了几年以后她出来休息了一段时间，但是我们还是在家里画。后面她又在春苑这个地方，我们就找着过去，就跟着她画。这个老师带了她很长时间了，她跟老师有一种特殊的交流，所以我们就基本上是跟着这个老师走。

问：在那里学的大概有多少人呢？

张：也不一定，最多的有十几个吧。

问：佳垠和这个老师之间有什么特殊的故事吗？

张：也没有。就是我们有时候跟她讲，她不一定听得太懂；但老师跟她讲什么轻轻地过渡、这个地方要重一点、那个地方要怎么样，她就听得懂。老师耐心很好，如果她听不懂，老师就先做示范。佳垠的观察能力比较强，老师示范以后她就明白了，老师给她讲要怎么做，她就听得懂。而且她的关注力要比一般的人强，比如她打乒乓球，老师演示一遍，她基本上就会琢磨。像玩手机这些，都是她自己摸索，她下载的 App 我们都没玩过。以前我们不是买了 MP3，爸爸教了她下歌，后来人家就自己下了，想听什么就下。

问：她喜欢听什么音乐呢？

张：多了，一个是看日韩的电视剧，看了就下里面的歌。有些比较舒缓的音乐她也有，各种各样的，有点杂。她兴趣还是很广泛的，也没有特定的。

问：周六周天去老师那里的时间是怎么安排的呢？

张：老师那里就是下午一点钟去，画完一幅画就可以走了；如果她还想画就可以画两幅。星期天早上十点去，人就少一点，反正她想画彩铅啊就随便她，彩铅要慢一点。下午就不去了，就自己的休息时间，除非她那幅画没画好，她就接着画。

问：画出来的这些画是自己留着吗？

张：有时候一个智障的协会会要，我就叫她自己再画一幅。她喜欢的画有时候不舍得，就再画一幅，把重新画好的那幅画给协会。好像给了好几张，也是用来做义卖，因为他们协会也要资金运作嘛，跟慧灵一样的，所以我们就把它捐给他。

问：你们跟教画画的这个老师交流多吗？

张：很熟了，老师你要是见着了，你接触她就知道是很负责的。

问：佳垠和她的感情也很好吧？

佳垠：嗯，是。

问：平时佳垠和爸爸妈妈在一起是做什么呢？

张：她时间很紧。像现在每天去慧灵，回来后吃完饭就去散步，回来一到七点半，她就赶快去看电视剧，各种电视剧她喜欢看得很。你要她做点什么事情，她就说时间不够，因为她九点半就要睡觉了嘛，只有两个小时。到周六，早上就睡个懒觉，起来玩一下手机，就去画画。基本上没时间。周日下午她更是疯狂地玩电脑、看电视剧，虽然二十几岁了，但还是跟个小孩儿似的。她看电视剧，我们也不反对她，她很多字都是我们没有教过她，她自己在电脑上自己就认得了。

问：平时和你们打牌吗？

张：她上网打麻将、斗地主这些都可以。好像都是她自己摸索的，原来我们教了一下打麻将，以前不是流行血战吗，后面自己就摸索出来了，要缺一门牌什么自己就知道。

问：寒暑假呢？

丈夫：寒暑假就跟着我们嘛。

张：反正一个星期的周末是做特训，星期四下午也要去画画。基本上休息时间不是很多，关键是她也喜欢。

丈夫：包括后面问她读中专去不去，她说去，我们才给她报名的。寒暑假如果我们休息，就带她出去玩，我们还办了公园的年卡，经常带她出去走。有互联网之后她基本上就是上网。

张：上上网，看看电视剧，一边看，手上还一边做着一些事情，不会说专门地盯着看，她能够找着她自己的事情干。

问：你们每年都要出去旅游，在外面她有没有做出什么让你们觉得很不一样的事情呢？

张：好像没有，反正你告诉她我们要去哪儿玩，她就会上百度搜那个地方有什么景点，有什么好吃的。

问：她喜欢吃什么？

张：好像是甜品，就是甜的凉的那种，就是小女孩喜欢吃的那些。像我带她去重庆，她就说喜欢吃凉糕，就喜欢吃这一个。

问：平时做过什么让您印象比较深刻的事情吗？

张：印象深刻？反正就是单独出去，单独出去了以后，她就会打电话了，因为我们很早就给她手机，她就打电话说比赛得了第几名，老师又带她去哪儿玩儿了。刚开始还没有微信，就是加了 QQ，QQ 不是有视频吗，就用 QQ 视频在聊天。

问：她会用这些软件来跟你们联系是吗？

张：她所有都可以。他们之前有个同学拿公交卡出门了，后来就回不了家，我一听这个事情，那一晚上我都没睡着觉，就想她万一到哪个陌生的环境，她找不回来怎么办。我们倒是教过她百度，你输哪个位置到哪儿，就会有坐哪一趟车，怎么走。但是万一到那个地方公交车站要走很长的路的时候，她回不来怎么办？就教了她一个微信上的定位。我们这种孩子很多东西决策都在父母身上，要重复教她很简单的动作，不像你们一遍两遍就可以教会。我一直在跟我们这群孩子的家长说——他们说我的孩子很成功很听话——我说你们没看到我难带的时候。以前她经常晚上不睡觉，白天我熬不住了，就把她送到我妈那儿。后来她就在我妈那儿搞破坏，把窗帘用剪刀给剪烂了。所以我说我们这些孩子家长不付出，想要得到成果是不可能的。

问：她和你们的关系怎么样呢？会和你们闹脾气吗？

丈夫：基本不会，会撒娇。

问：佳垠在家跟您更亲还是跟她爸爸呢？

张：好像是跟我更亲一点，但是跟她爸爸也挺亲的。她会看呢，比如说有些需要她爸爸的，她就很快去找她爸爸了；要是我这边，她就会找我了。

问：现在和家里的其他亲戚走动得多吗？

丈夫：也不存在多不多，就很正常的一个社会关系。我们大部分生活都是围绕她来，她好像是一个生活的核心。就像去画画要有人陪，参加活动远了我们要送，近了她自己回来，还要关注她到哪儿了，看看她上车没有下车没有这些安全问题。就是有了这种孩子以后，自然的生活的核心就围绕着她了。又怕她闷，我们休息就带她去转公园，出去旅游。换句话说如果她是个正常人，不在我们身边，我们也有自己的生活，可能社交群体就不会那么沉闷。包括她妈妈的社交群体大部分都是家长群。

张：因为有共同的利益、共同的目标，所以我们就在一起了。每个星期都在群里问；慧灵如果有困难了，就马上想怎么帮他们。就围绕我们这个群体了。

反思现状，憧憬未来

问：您觉得现在社会对这类孩子的关注度是怎样的呢？

张：我们说我们要跟别人融合，搞个什么活动，他们就说：“啊！你们的孩子能够带出来？不会打人吗？”我说我们打人的孩子是极个别极少数，最多就是2%左右，其他的孩子都是可以融入社会的，很重度的是不可能走出家庭的。

像和佳垠这个年龄的，有个同学比她大三岁。以前很开朗的一个孩子，我到他们家，经常问我：“阿姨你是不是坐26路回家？”我说：“是啊！”毕业过后就待在家了。她爸妈上班就头一晚上给她添一碗饭和菜，早上从冰箱里面拿出来，最后都不知道她会不会用微波炉热了，就这样把它吃掉，反正饭是吃了。开始还在客厅里面看看电视，后来我去她们家，她就到卧室里面，门都不出，怎么喊都喊不出来。就是从心智障碍变成精神障碍，成了双重残疾障碍。我觉得太可惜了。

问：是因为没有及早接受治疗吗？

张：他们这种孩子跟我们一样，要接触社会。像佳垠程度好，她可以进入工厂，工厂里面我就怕别人不理她，她心里就没这么阳光，没这么快乐。

我为什么把她送去机构？因为他们都是在平等条件下，可以互相打闹，互相交流，她就不会孤独，她有交流就不会退后。而且机构里面有社工，像慧灵会拉他们出去玩，他们与社会有接触，还可以跟社区的老年人一起活动，因为老年人也挺喜欢他们这种孩子，她就很阳光。你把她关到家里面了，就会退化了。为什么我说孩子要从小龄开始训练，越小的得到恢复就越好，有些是可以直接上正常学校的，因为佳垠上过康复训练，在那里待了十年，我们是看过不同年龄孩子的，年龄越大效果越差，越小的就是刚好学会走路的，康复效果是最好的，最好的真的就上了普通学校。

问：有康复的最佳年龄阶段吗？

张：越小越好，有些是从爬开始，感统训练，爬不是漫无边际地爬，是有规律地教你怎么爬。佳垠到最后训练得打麻将也挺厉害的。

问：你们在呼吁残联购买机构服务的过程中，遇到什么困难吗？

张：跑残联还是有点困难的，别人很不理解。我们去找了市残联主席，人家根本就没出现。到了就业这一块，就跟我们打太极，最后我们还是没有成功。但是我们还是想着在有生之年，把这个事业推动成功就好了。

问：你们希望得到残联什么帮助？

张：我觉得残联应该响应国家政策，要把国家政策落实好。它下面的每个社区，都有残联专干，残联专干对每个人残疾的程度、需要什么帮助，要了解清楚，每一个家庭都不一样；还有残疾人上学补贴情况，好多人都不知道。她上中专了，另外一个家长告诉我有补贴，我就去问，人家说都过了时间，我们之前完全不知道。

丈夫：你不去找他，他就不说。

张：我们家从来没有领过，虽说是很少的300块钱。

问：佳垠享受过政府的补贴待遇吗？

张：从来就没享受过。

丈夫：也不是没享受过，像官渡区残联中秋节还是发了300块钱。像沃尔玛，它就招很多的残疾人。

张：像她的同学，好几个能力好的就在那里面。

丈夫：这个不是说企业不愿意，他们也是愿意的，只是他们很多不知道国家对企业招收残疾人的优惠政策。要对企业做宣传、做动员，让他们知道这些好处。

问：昆明现在还没有这种福利吗？

丈夫：政府搞的大部分是肢残的。

张：搞了一个残疾人招聘会，去年搞了一次，今年搞了一次，我参加了今年的。人员的招聘只要肢残的，连坐轮椅的这种一看就不想搭理。肯招智力残疾的只有沃尔玛，我一问人家很热情，也是知道他们能吃苦耐劳。

丈夫：现在残联更多关注的是肢残，对智残的特殊性没有考虑。他办培训班，比如电脑培训班，都是对肢残的比较实用。像智力残疾人，他自己生活都有问题，怎么去练这个？智残的推出去的，就是在社会上干活；推不出去的，就没办法。我们想把这推不出去的，动员纳入到福利体制里面来，这是政府要做的事情。如果实在推不出去，需要政府找个机构，这样家庭里面没有后顾之忧，思想也就想得开，就不会去想那些不该想的问题。这是讲的是特殊群体，不是讲残疾人，残疾人太普遍了，像精神残疾的你出去根本看不出来，像和佳垠坐在那儿玩手机，别人根本看不出什么问题来。

习总书记讲从机关型转到服务型，这现实离要求确实还是有很大差距的。像哪些残疾人需要怎么样的帮助，在哪个阶段需要哪个帮助，这些都是政府要去做的。政府不去了解，甚至这个区有多少残疾人都是你来报给我，就没有去了解；像哪些残疾人有工作，哪些残疾人没工作，是什么情况，在贫困线以下还是以上，根本都不了解，都是坐在那儿，等你来问他有没有什么政策，都是一个被动型的。所以我们希望的就是政府有个服务；另外一个就是扶持非营利机构。

张：还有对家长的疏导，家长要认识，有意识给他康复训练、学习。有好多孩子比佳垠还小，还没上过学，他不知道有这种学校。每个社区有残联专干，是干什么？就是要摸清这种情况。

丈夫：包括这两个特殊学校都是归教委管，他根本不知道这些小孩的想法、需要什么东西。特别像农村的，别说边远的，就是城区里面知道的都不多。甚至有些还不知道智障是残疾的种类，就家长自己领，但是学校六到十四岁才能进，所以大了就不能读了。这个学校是属于教委的，所以残联不知道有这个学校的存在。

问：您考虑过佳垠的工作吗？

张：现在有个工作就是彩印厂，可以让她看着印东西、表格，有错的就拿出来，然后放在秤上称，看差几张，因为有克数，称了以后没问题就直接机器装订了。彩印厂我觉得还可以，也愿意要她。

丈夫：像沃尔玛她也适合，看货架上哪些东西少了就补充啊，她也可以做这个事情。

张：他们智障的要在一个组，比如说是四个人一组，我管这个货架，没货了就告诉你，单子填上去差多少要补货，就用叉车拉来摆着，只是把它放在货架上面。她还学了美甲，有一个朋友的表妹在那边，也是叫她去，只是说她无法跟人家交流。我觉得不说话的工作比较合适，像嘉华蛋糕这一块也还可以，因为她只管做，配料那些每个弄好，蛋糕做出来打包这一块的工作，她也还可以。

问：你们现在是还在担心什么吗？

张：她没有交流的对象。

丈夫：如果不交流，时间一长她就孤家寡人了，就沉默下去了；另外她工作的话，我们虽然希望她跟别人正常接触，但是她要能跟别人正常交流才行。比如说别人要她干个什么，不可能拿个本子这么写，一次两次可以，时间一长别人就会厌烦。所以她要跟别人交流，不能交流的话，我们又怕她沉闷下去。还有做指甲那些，去做指甲的非富即贵，你要弄到一点，人家不高兴的话直接去投诉你，所以这些东西也要考虑。工作这个事我们倒也不着急，只要孩子快乐。另外就是她也要有事情干，不能一天闲着，闲着就闲废了。所以在慧灵目前我们看也还是可以，每天高高兴兴地去了，高高兴兴地回来了。只要她高兴、健康、平安，什么都好。

问：现在不太放心的就是社会、政府这两方面吗？

丈夫：一个是规模上，规模小了你接触到的就少，像和佳垠他们现在能接到的活很少，也不是说靠这个赚钱。

问：叔叔阿姨觉得昆明慧灵如果要做得更好，需要做哪些方面的努力呢？

丈夫：这个怎么说呢，这个不是它努力不努力的结果。

张：我们觉得它很努力，但是有局限性，地方性的局限性。

丈夫：这是社会文明程度的表现。刚才说北京直接养起来了，它就不用你操心了，还给你生活费；广州可能经济更发达一点，考虑得更完善一点，它就是陪着你，觉得你条件可以，那些老师就陪着你去就业。比如你在麦当劳，她陪着你实习半年，直到你适合这个工作了，就为了你这个人，有义工专门陪着，直到你适应这个工作。这是一方面；另外社会各方面的关注也是一方面。像昆明也不缺乏爱心人士，她去义卖也都有人买，50、100 的也都有人买，但这只是零散的人士，她需要的是社会的关注程度。这不是说给多少爱心的问题，它要形成一种机制。

像和佳垠学校里面好多是单亲，如果智障人士的父亲或母亲突然走掉了，他都不知道怎么处理。中国不像国外，国外的如果你是有残疾的，它形成一种机制，就是定期的走访，一星期走访一下，看下你家庭生活有什么困难，一旦你家庭失去抚养能力，它马上就给你转成社会福利机构来抚养，或者指定人来抚养，那是一种完善的机制。

我们需要的不是说你今天献一点爱心、明天献一点爱心，需要机制。不管是为未成年儿童也好还是残疾人士也好，有机制的话要好一点。我们思考更多的是我们走了以后，就算我们给佳垠留了 1 000 万，她怎么花这个钱，她怎么生活，怎么自己养老，她不可能动这些脑筋的。如果是肢残，你给她这个钱，她可以吃喝不愁。

张艳母女合影

张：她知道怎么支配这些钱。像重度残疾的，比如你给她 150 块钱，说不定我拿一个棒棒糖就把这 150 块钱给骗走了，她就没有这个意识。这种你要靠政府也不现实，因为政府也是一个机构，那么就要靠非营利性质的可以信赖的机构。比如说慧灵，到时候真的办得成功了，它不会倒了，那么我们走了后就把遗产划入慧灵，和佳垠在这个机构能够到她生命的终结，这个你就很放心了。这是一个很现实的事情，我们肯定比她早走个至少二三十年。

张：我们把钱交给这个机构，钱的管理和监督这一块也要有人来管。

丈夫：这就是我们讲的政府该发挥的作用。每个社区有多少残疾人，需不需要被照顾，这些都需要政府去摸底，而不是这些人的家庭提出来。比如我们俩现在抚养和佳垠，突然哪一天我们走了，没有人抚养和佳垠，那么政府就应该发现这个问题，给她找一个合适的机构，由政府来埋单，把她养老送终。这不是慧灵一个小机构能够办成的，也不是政府单方面能够办成的，它是整个社会的文明程度的体现。比如说我把钱留给慧灵，要有一个律师机构来给我做这个，但现在国内的律师只打官司没有这种服务。

问：对佳垠的未来有什么打算吗？

张：没有想那么久远。

丈夫：想了也没用。

张：原来我们是几家，就说租个别墅。

丈夫：就是刚才说的考虑到我们走了以后，有个机构能够养她，有个机构能够监督我们留给她的东西，就这么一点希望。

张：好多都是经济问题，就像我刚刚说的租个别墅，也不是说所有家庭都有这个条件。

丈夫：我们现在还有能力。政府养的话就是想把那些没有能力的纳入进去。社会伸出的手不是说经济的手，是要有机构供我们挑选，像现在只有慧灵，因为现在社会的文明程度还达不到。她只要能快快乐乐地把这一生生活下去，就是我们的希望了。

张艳女儿口述[1]

口述者：张艳女儿和佳垠、张艳
访谈者：陈俊岚、罗雨
撰稿者：陈俊岚
访谈时间：2017 年 11 月 1 日、11 月 23 日
访谈地点：张艳家

五岁时命运关上了我的门

问：佳垠现在多大了？

张：二十四岁。

问：佳垠小时候喜欢什么呢？

张（问佳垠）：你喜欢什么？

女儿：画画、做手工、看电影。

问：都看什么类型的电影呢？

女儿：美国的英雄电影啊。

问：小时候是谁把你带大的？

张：主要是我，然后是我妈，还有她爸爸我们一起。

问：她是什么时候开始上的学呢？

张：九岁。因为她五岁半才发癫痫嘛，拉肚子，用了小诺霉素引发癫痫，脑细胞受损，听干细胞就受损了，所以她后面就一下没有语言了，以前是正常的，后来我们就去治疗。她逻辑思维这一块在学校是最好的，她的手工、动手能力是相当可以的。他们学校的智障学生眼、手协调能力很差，佳垠这一块就不存在问题。

问：她五岁半之前和正常的孩子是一样的吗？

张：一样的。

---

① 由于和佳垠不能完全作答，大多数问题由母亲张艳代答。

问：她五岁半之前喜欢什么呢？

张：就是画画。

问：佳垠还记得都画些什么吗？

女儿：水粉画……

张：她以前就是画彩笔，动画片上的。

问：画的那些画现在还保留着吗？

张：没在了，都卖掉了。

问：家里有和她同龄的孩子吗？

张：我哥家里的小孩，但是都上学了，各家忙各家的。我们就带着去看病，后来找了好几个医生，最后到十岁的时候就看好了。

问：她五岁半之前上过幼儿园吗？

张：上过，刚好上到最后一年，大班的时候发病了就没去了。

问：在哪里上的幼儿园呢？

张：在民航幼儿园，以前叫民航幼儿园，现在是北师大还是什么，改名了。

问：佳垠还记得幼儿园的什么事情吗？

张：最记得什么？（问佳垠）被人咬了一口是不是？

女儿：嗯。

张：咬在手臂上，后来有一个疤，每次都抬起手来说有个小朋友咬的。

问：是因为什么被小朋友咬了一口呢？

张：也不知道是什么，可能是小朋友在幼儿园闹，就咬了她一下。

问：她是几岁去上的幼儿园呢？

张：三岁，刚好她九月份生日，九月份去的。

问：还记得和幼儿园的老师和同学怎么相处的吗？

张（问佳垠）：老师好不好？

女儿：好。

问：老师教你们做些什么呢？

张：带你们去玩，是不是？然后练字、练姓名，因为想着要上学了，就写自己的姓名。

问：老师向您反映过她在学校的表现吗？

张：她突然发病以后就不跟小朋友一起玩了，就觉得她有点孤僻。

问：之前和小朋友相处得怎么样呢？

张：还可以，反正也不是说很好，就不像在新萌学校，是不是？现在还有闺蜜。

女儿：嗯。

问：上幼儿园的时候作息情况是怎样的呢？

张：一大早八点以前送进去，五点接回来。

问：她五岁多是因为什么就发病了呢？

张：拉肚子，她经常拉肚子。

问：是因为医生开的药没对吗？

张：那个药后面国家停用了嘛，因为它有副作用，以前不知道，但是那时我们已经用了。

问：后来有去找过那个医生吗？

张：没去找，因为就用了几次，我们那会儿也没断定就是这个。后来她发癫痫，发现晚上有些症状，紧接着她就慢慢听不见了，你叫她就听不见了，所以才知道她有症状的。那会儿才开始，还是会说呢。到后来叫她，就越来越听不见了，其实她是能听见，但是不知道你在说什么。

问：她发病后家里其他人是怎样的态度呢？

张：就是带着去看病。

问：佳垠还记得生病时是怎样的状态吗？

张（问佳垠）：耳朵听不见的时候，你知道吗？

女儿：一点，很明显的。

张：反正她后面慢慢恢复了，她有时候会讲倒字，就开门讲成“门开”，板栗叫“栗板”，倒着说。

爸爸妈妈为我开了一扇窗

问：看病是怎样的一个过程呢？

张：我们先是在昆明看的，没疗效，又去北京看。北京看了后我们又回来，刚好云大医院有个主任，从国外回来，神经内科主任，那会儿还是个副主任，用了人血蛋白、高压氧，口服了灯盏花。最后怎么好的也不知道，反正最后好了，就再也没有服药了。开始还是走了很大的弯路，一点用都没有。

问：是五岁半到十岁左右才看好吗？

张：看好了以后还不会说话，是到心理康复机构去，从十二岁一直到十五岁，就会讲话了。

问：十二岁多去机构，学会说话的吗？

张：嗯，就不停地教你怎么练口型，教你怎么发声。那里很多不会说话的特殊小孩，用一个像医生压舌的板，教你怎么用舌头。

问：那她十岁到十二岁之间应该是上小学的时候吧？

张：她九岁就到新萌学校了。最开始是七岁的时候到了钟灵小学，在交三桥，是一个普校，她数学很好，但是语文不行，因为她汉语拼音不行。我们教到现在她可以分开读，但是合起来就不行。后面我们就直接教字，因为她会数学，查字典，教偏旁，她会数数，所以她会查字典。

问：是怎么找到这个普校的呢？

张：我们家亲戚在里面。

问：当时在学校对什么感兴趣呢？

张：好像就是数学，老师让她们到黑板上去，别人都不会做，她就走上去，就去做好了。

问：平时在家里也是对数学比较感兴趣吗？

张：买了一个以前按按钮的加减乘除的计算器，她就可以做，一做就是一百分。

问：在小学和同学们相处怎么样呢？

张：不跟别人交流，别人也不跟她交流，因为她没语言。她不发声。本来我们给她送到聋哑学校，试了一个月，但是她听得见。聋哑学校一年级的学生只会发出“啊啊”的声音，不像高年级用手势比，她也用手势，但是会发声，她就嫌烦，最后学校的老师就叫我们再找一下特殊学校。我们就干脆出来，带着她看了大半年的病，然后才进的新萌学校。

问：几岁去的聋哑学校？

张：就是七岁多吧，在正规学校上了一段时间，然后我们就去聋哑学校试了一下，聋哑学校校长还给她出数学题，她全部把它做出来了。

问：当时是为什么要从普校转到聋哑学校去呢？

张：我觉得小孩还是要有伴的，没人交流还是不行，所以我想到聋哑学校可能更适合她，谁知道送了去，她还不接受。

问：她是怎么表现很烦的呢？

张：她会捂耳朵。

问：她是为什么会觉得很烦呢？

张：就是在聋哑学校上课，老师就教他们说话，那些学生就会“啊、啊”地叫，叫不停的那种，所以她就学得很烦躁。

问：聋哑学校的老师是怎么给您反馈她的呢？

张：直接告诉我，她听得见，不需要来聋哑学校。

问：之后是怎么找到新萌学校的呢？

张：是我们家亲戚的同学，他们家生了一对双胞胎，也是因为智力有问题，送到这个学校，所以就介绍我们。我们6月份就去看，他就说几月份来报到。我们就8月份过去了，到9月份注了册，学校要求到云大医院去测评。

问：测评的结果怎么样？

张：当时她跟云大那个主任不是很配合，测评的分就很低，不过她当时确实有点糟糕。我们给她做了康复训练以后，再测评，就接近正常人的逻辑思维了。

问：她数学那么好是因为你们教她的吗？

张：我们教她一下，也点评一下。

问：佳垠，还记得小时候是怎么学数学的吗？

张：开始是用手指，后面就用心算。

问：现在还喜欢数学吗？

张：现在她生活加减这一块是没有问题。

问：之后去新萌学校学得怎么样？

张：她们里面最开始不是有一个学前班吗，学前班学了半年以后，人就增加了，学前班就多了。她会写字，就直接跳到二年级去了，生活能力这一块也没问题。

问：她生活上比如穿衣服、系鞋带这些都是自己做吗？

张：原来我觉得系鞋带有点困难，我以前都是买粘的那种。后来我看到她们学校教孩子系鞋带，我想他们都可以，我就买来教她，她爸才教了一遍，她自己就可以系了。

问：生活上的基本事情也都会吗？

张：好像也没怎么教，自己就会了，只是教了一下正反面、左右脚，正反面看衣服的领子，哪个低哪个就在前面，左右脚看脚形，就这样教了一下。好像上幼儿园之前就会自己穿了，因为那时是正常的，不像其他人很难教。像刷牙那些，牙膏挤好，就自己刷牙了，所以这一块就没怎么费劲。差不多两岁就自己会吃饭，因为正常的始终跟他们那种还是有区别的。

问：新萌学校里的同学们还记得吗？

张：大部分在外面碰到，她还是记得，她记性还是好。

问：在新萌学校和同学相处怎么样呢？

张：还挺厉害的，是不是？他们不会做的，老师就叫和佳垠去帮他们。他们画水粉画，画得很糟糕，全部给改掉，有什么不对的，她就去教他们。水粉画可以改，水粉把底色拿另外一个重一点的颜色敷上去，就把画改掉了；做手工啊那些，她都可以帮，线和针脱掉她可以帮他们穿针，谁一用完了就帮他穿线。

问：在新萌学校上到几岁呢？

张：上到十八岁，后面又可以多上一年，就上到十九岁。那会儿还可以多上一年，那会儿教委没管，就多上了一年。然后停了一年，在家我们就带着她到处玩。然后就出了中专了，就是职高，她就考了一下，就进了新萌学校职高，刚好学的是美术——设计与制作。她就和可亮一个班，开始她们还不是很好，到后面就相处得好，一直到现在，是不是？

女儿：嗯。

问：那会儿让她多读一年书是什么原因呢？

张：我觉得还没想好让她出来干什么，还没想过太多。

问：去新萌学校都是自己去吗？

张：开始我们还是不放心，特别是我们家老人，我妈就还是给她送到学校去，然后自己回来。其实她自己是完全可以的，但是怕路上有人跟她搭话那些。

问：送到几岁就自己去了呢？

张：还是基本上到毕业了，后面是我送的，送了一截，因为地址搬到杨家坡了，我送到潘家湾然后就她自己去。她直接就转 121 路公交车，因为 121 上同学和老师就多了，就不怕别人来骚扰了。我有次带她去画画，有个男的就一直盯着她看，最后我们俩从 185 路转的 62 路，他也换了一辆车跟着我们上去，所以这方面我们就有点不放心。后来毕业的时候她跟可亮两个人去广州慧灵，还去了意大利，之后就在广州生活了三个月，就脱离了我们。所以后面回到昆明慧灵，我们就没管了，她就自己去自己回来。

张艳和女儿观察记录

观察时间：2017 年 11 月 23 日
观察地点：昆明市五华区残联、张艳家
观察者、撰稿者：陈俊岚

时间	活动内容	备　　注
9:30		今天在五华区残联排练合唱节目，原定九点三十开始，老师还没来。
9:45	张艳到排练室与一名同事讨论。	
9:50	声乐老师来了，进行开嗓练习。	张艳站在前面，面对着大家。
9:57	和佳垠来找张艳，张艳让女儿跟着一起练习。	这个节目家长和孩子要一起参加。
10:01	张艳拿着谱子给女儿讲解。	
10:09	张艳与朋友交流，有说有笑。	排练中途休息。
10:11	继续排练，开始合唱。	合唱的歌曲是《感恩》。
10:16	完整练完一首歌，老师进行点评，张艳认真听取老师的点评。	
10:18	练习第二遍。	
10:21	张艳与旁边的人交谈。	第二遍练习完。
10:23	练习第三遍。	
10:26	老师进行指导，张艳与旁边人探讨。	
10:28	老师进行单句练习。	张艳负责合唱部分。
10:30	练习第四遍。	
10:33	张艳拿出手机看信息。	老师在进行指导。
10:37	练习第五遍。	
10:41	张艳拿出保温杯喝水。	这时候形体老师来了，调整大家的舞台队形。

（续表）

时间	活动内容	备　注
10:46	张艳又拿出手机看信息。	好像有什么事。
10:49	进行舞台队形的走位。	
10:54	张艳和几个朋友一起聊天。	形体老师在排队形，还没排到张艳。
10:56	张艳与一起排练的朋友们合影。	
10:58	再次进行排练。	
11:03	张艳与孩子们交流。	形体老师让所有的孩子也过来加入排练。
11:15	加上孩子再次进行排练。	
11:20	张艳拿出保温杯喝水，并让女儿也喝水。	
11:25	继续排练。	
11:40	张艳和大家聊天。	排练结束。
12:07	离开排练室。	
12:27	张艳来到一家餐馆，准备吃午饭。	
13:30	吃完午饭离开。	吃火锅。
14:23	坐公交车回家。	
15:00	到家。	
15:09	看书。	第二天要参加单位的党员考试。
16:10	出门买明天的早点。	
16:49	开始做晚饭。	和佳垠回到家。
17:40	吃晚饭。	
18:24	出门散步。	每天吃完晚饭都会同家人一起出门散步。
19:31	散完步回家。	

图书在版编目(CIP)数据

这一次　请听我说.特奥家庭领袖卷/廖梅总主编;
田乐主编.—上海:上海人民出版社,2021
(特奥口述史)
ISBN 978－7－208－16884－8

Ⅰ.①这…　Ⅱ.①廖…　②田…　Ⅲ.①人物-访问记
-中国-现代　Ⅳ.①K820.7

中国版本图书馆 CIP 数据核字(2020)第 257769 号

责任编辑　倪文君
封面设计　陈酌工作室

特奥口述史
廖　梅　总主编
这一次　请听我说·特奥家庭领袖卷
田　乐　主编

出　　版　上海人民出版社
　　　　　　(200001　上海福建中路 193 号)
发　　行　上海人民出版社发行中心
印　　刷　上海商务联西印刷有限公司
开　　本　720×1000　1/16
印　　张　35.75
插　　页　2
字　　数　612,000
版　　次　2021 年 7 月第 1 版
印　　次　2021 年 7 月第 1 次印刷
ISBN 978－7－208－16884－8/K·3036
定　　价　138.00 元